Land Legislation in Mandate Palestine

Land Legislation in Mandate Palestine

VOLUME 1

STANDARD REFERENCE
WORKS, PART I

Editor: Martin Bunton

an imprint of

CAMBRIDGE UNIVERSITY PRESS

Cambridge, New York, Melbourne, Madrid, Cape Town, Singapore, São Paulo

Cambridge University Press
The Edinburgh Building, Cambridge CB2 2RU, UK

Published in the United States of America by Cambridge University Press,
New York

www.cambridge.org
Information on this title: www.archiveeditions.co.uk

© Copyright in this edition including research, selection of documents, arrangement, contents lists and descriptions: Cambridge Archive Editions Ltd 2009

Cambridge Archive Editions is an imprint of Cambridge University Press.

Facsimiles of original documents including Crown copyright material are published under licence from The National Archives, London, England. Images may be used only for purposes of research, private study or education. Applications for any other use should be made to The National Archives Image Library, Kew, Richmond, Surrey TW9 4DU. Infringement of the above condition may result in legal action.

Subject to statutory exception and to the provisions of relevant collective licensing agreements, no reproduction of other parts of the work may take place without written permission of Cambridge University Press.

Every reasonable effort has been made to contact all copyright holders; in the event of any omission please contact the publisher.

First published 2009

Printed and bound by CPI Group (UK) Ltd, Croydon, CR0 4YY

British Library Cataloguing in Publication Data
Land Legislation in Mandate Palestine.
  1. Land tenure–Law and legislation–Palestine–History–
  20th century. 2. Land tenure–Law and legislation–
  Palestine–History–20th century–Sources. 3. Palestine–
  Politics and government–1917-1948.
  I. Bunton, Martin P.
  346.5'6940432-dc22

ISBN-13:   978-1-84097-260-3 (set) (hardback)
           978-1-84097-257-3 (volume 1)

Introduction

DOCUMENTARY IMPORTANCE

This project places before scholars a range of primary source material pertaining specifically to land legislation in Mandate Palestine. There are two specific aims. One is to provide the texts of major pieces of legislation that governed the rural land regime in Palestine between the years 1917 and 1948. Another is to provide some necessary context for that legislation by making accessible the major reports and memoranda produced by British officials during that period. A crucial part of this historical context is the legacy of Ottoman administrative structures: accordingly, also included in these volumes are the key sources of Ottoman land law upon which British officials relied.

Embedded in the question of land is a rich diversity of economic, social, legal and political relationships. This collection of governmental efforts to understand and control the variety of rights that governed access and management of land should be of wide interest. Some of these reports (for example, those authored by Sir John Hope-Simpson, Lewis French, and C.F. Strickland) are frequently cited in the extant literature, but exist only in government archives. Other reports (for example, those of the chief land adviser to the Palestine government, Sir Ernest Dowson) are less well known than they ought to be, both for their significance to the interwar history of Palestine and, as importantly, to the comparative study of colonial administrations in the twentieth century. Reproducing these reports here in their original draft form, and where possible including marginalia and copy edits, sheds useful light on the contentious inner workings of the policy-making process in a colonial context.

For the study of Mandate Palestine, this series complements the 16 volume collection of administrative reports published in 1995 by Archive Editions, *Palestine and Transjordan Administration Reports, 1918–1948*. Included in that series are the annual reports, put together by the departments of lands and surveys, which include essential information not reproduced here in the same format. Also included in the collection of administrative reports is the extensive 1946 *Survey of Palestine*. The reproduction here of *Survey of Palestine Volume IV*, a collection of important maps, completes publication of this essential resource. The reader's attention is also directed to *The Law Reports of Palestine*, the abridged collection of legal judgments of the Palestine courts that were published between the years 1920 and 1947.

HISTORICAL OVERVIEW

For the purpose of studying the laws and legislation that made up Palestine's land regime, an important starting point is recognition of the various and overlapping administrative structures that mediated and defined the rules governing property rights. At the beginning of the twentieth century Palestine was part of the Ottoman Empire, a world empire that had ruled the Arab lands of the Middle East for 400 years through a system of administrative districts known as *vilayets* and *sanjaks*. The defeat of the Ottoman Empire in World War One precipitated the negotiation of new political arrangements, primarily between Britain and France, which not only defined the borders of the new state of Palestine, but also set the stage for a new set of administrative patterns. Though effectively run as a crown colony in the interwar period, Palestine was recognized by the newly formed League of Nations as an 'A' mandate: technically, this meant that it was to be administered like a trust by Britain until ready for self-government. But it was also subject to special stipulations recognizing Britain's earlier promise in 1917 to facilitate the establishment of a 'Jewish national home'. Each of these overlapping designations – *sanjak*, colony, home, state – played key roles in the transformation of Palestine's land regime between the years 1917 and 1948. Their actual significance can be usefully elaborated upon by dividing the years of British rule into four periods: 1917–1920; 1921–1929; 1930–1939; 1940–1948.

The British policy-making process in Palestine

Britain was selected in 1920 by the principal Allied powers as mandatory for Palestine. This status was officially recognized in 1923 by the Council of the League of Nations. The League demarcated different classes of mandates: for less advanced 'B' and 'C' mandates, longer periods of trusteeship were proposed, whereas the more advanced 'A' mandates involved countries judged to have already 'reached a stage of development where their existence as independent nations can be provisionally recognized subject to the rendering of administrative advice and assistance by a Mandatory until such time as they are able to stand alone.' The Arab lands of the former Ottoman Empire, including Palestine, were all defined as 'A' mandates. In Palestine, however, this definition was disregarded in practice, with the result that the population there would enjoy less share in their government than in Ottoman times.

In 1920 government in Palestine passed from that of the military administration, established by British soldiers upon their victory in late 1917 over Ottoman forces, to that of a crown colony. Failed attempts in the early 1920s to draw the Palestinian population into a legislative council, as was the norm in other British dependencies, meant that governing power in Palestine was limited to the High Commissioner and his own council of British officials (mostly ex-officers who had arrived as part of the military operations of World War One). Meanwhile, in London, control passed in 1921 from the Foreign Office to the Colonial Office where officials of a Middle East department assisted the Secretary of State for the Colonies in managing affairs. Although the League of Nations put together a Permanent Mandates Commission to watch over mandatory affairs from Geneva, British colonial officials do not appear to have been overly constrained by such oversight in their day-to-day running of Palestine. Representatives of the commission did not seriously challenge the extent to which the mandatory government of Palestine was practically a British colonial administration.

As a rule, all ordinances formulated in Jerusalem were to be submitted to London for the approval of the Colonial Office. The closest supervision was saved for expenditures. The establishment early on of a grant-in-aid to cover the costs of the continued presence of a British military force in Palestine formed for many years the basis of the British Treasury's claim to exercise general control. While Britain's domestic financial situation cast a long shadow over Palestinian governance, one should also note the extent to which London's role provided opportunities for a variety of external political pressures to influence the legislative process in Jerusalem as well. Nonetheless, thousands of miles away and with limited resources at their disposal, officials there were often forced to defer to the men on the spot and their closer knowledge of Palestinian conditions.

In Palestine, the administrative system was highly bureaucratic and autocratic, but it was not monolithic. Two dominant features largely influenced the formation of land policies. Firstly, given the cardinal rule of British imperial policy that colonies pay their own way, finance was the overriding consideration in Jerusalem as it was in London. Though Palestine was, as commonly noted, 'taxed to the hilt,' there was rarely much left over beyond essential security and administrative expenditures. The burden of balanced budgets, combined with an overall lack of capacity on the part of a small and generally inexperienced government service ensured that official policies tended to favour maintaining a conservative *status quo*. Accordingly, British officials relied heavily on the administrative structures of the land regime inherited from the Ottoman Empire. Added pressure to respect the Ottoman *status quo* of course came from well-established patterns of military administration which, governed theoretically by the 1907 Hague rules, restricted substantial changes to the laws of an occupied territory.

For these reasons, the official entry into Jerusalem by Edmund Allenby, Commander-in-Chief of the Egyptian Expeditionary Force, in December 1917 presents significant problems as a starting point for the study of Palestine's land regime. In fact, the state-building processes of Palestine in the interwar years owe a great deal to the bureaucratic and administrative reforms of the Ottoman Empire in the mid- to late- 19th century, a period commonly known as the *Tanzimat*. Of course, emphasizing the importance of the Ottoman administrative legacy should not obscure the highly contested processes by which Ottoman legal and tenurial categories of land came to be understood, or deliberately misunderstood, in the context of British colonial rule. The fact that the central government in Jerusalem was unable to associate the people of Palestine with the administration of their country through some form of legislative council vastly complicated the efforts to ensure that land legislation acquired a certain level of legitimacy in the eyes of the local population. Nonetheless, to be successfully implemented, colonial land legislation and policy were determined in important ways by the need to align with prevailing notions of property.

The second fundamental feature of post-1917 Palestine was the *ad hoc*, sometimes even contradictory, nature of British land policies. A useful preliminary step to untangling the various aims and intentions of colonial land policies is to address the utilitarian set of expectations which colonial officials commonly held themselves about the proper role a property rights regime was expected to play. They include: identifying and protecting the public domain; lowering transaction costs and facilitating the transfer of land to its highest value use; providing and securing agricultural credit; ensuring the proper and efficient taxation of immovable property; and, encouraging private enterprise and development. While not readily acknowledged by British officials, there was available to them an Ottoman administrative grid and body of legislation which in fact had already anticipated the very registration of rights over immovable property upon which their own utilitarian set of expectations was premised. However, to fully grasp the nature of colonial land polices in Mandate Palestine, one must treat with care the single coherent generalized abstraction regurgitated in official reports. Officials had to contend throughout the mandate period with the very real tensions and contradictions that bedeviled their abstract thinking about it. Colonial Office officials in London, government officials in Jerusalem, and the district administrators on the spot, all had reason to factor these tensions differently, with the result that colonial policies were far from consistent.

The Jewish National Home

Along with the directive to establish in Palestine the instruments of self-rule, the League of Nations' mandate incorporated the promise made in 1917 by British Foreign Secretary Arthur James Balfour to facilitate the creation of a Jewish national home in Palestine. Under the British mandate, the population of Palestine accordingly increased from approximately 700,000 at the time of the First World War to nearly 2 million in 1947. Whereas, at the outset of the mandate, nearly 10 per cent of the population was Jewish, at the end nearly one-third was Jewish, mostly of east European origin. Owing to the pace and volume of Jewish immigration and to continual failures in advancing constitutional issues – the debates over which usually hinged on the powers to control immigration – the interwar period witnessed a general politicization of Arab and Jewish communities which affected other issues, such as land, in particularly significant ways.

Indeed, the key to understanding the convoluted history of land legislation lies in applying due weight to the politics of the Jewish national home. Most of the literature on the history of the mandate has focused on the question of land transfer from Arab owners to Jewish purchasers. However, disproportionate emphasis on Arab–Jewish conflict risks reading history backwards. Only a relatively small proportion of Palestine, less than 10 per cent, was actually acquired by Jewish land purchasers before 1948. Nonetheless, the focus of many historical accounts tends to be on Zionism as a determinant force in the development in Palestine of a new land regime, which itself is thus misrepresented as a fundamental disjunction from what was there before. Great care must be taken to avoid underestimating the significance of other factors essential to the proper determination of overall frames of reference. One of the clear advantages of a series of primary source material such as this one, which lays out the documentary record in chronological order, is that it offers the scholar the opportunity to see how the history of land legislation was lived forward.

Periodization

In any colonial context, the way British officials viewed property and the meanings given to it changed with time. But colonial land officials in Palestine probably had more reason than most to fret about how the march of events tended to outstrip legislation. The history of land legislation falls neatly into four main phases corresponding to the four decades spanned by British rule: 1917–1920; 1921–1929; 1930–1939; 1940–1949.

The period of military administration in Palestine began in 1917 with the military victory over the Ottoman army, the establishment of the borders of the Occupied Enemy Territory Administration (South), and the exercise of direct rule by British officers based in Jerusalem. Military rule lasted until June 1920 when, despite the fact that official ratification of the mandate had to wait until the 1923 signing of a peace treaty with the new state of Turkey, the military administration gave way to a civil administration in order to relieve the British military (and through it the British taxpayer) from continued expenditures. This brief but transformative period of military rule was characterized by two main features: firstly, the need, in the face of war-time humanitarian crises and administrative chaos, to initiate a program of economic reconstruction; secondly, the need, both for expediency and in order to appease the French, to adhere to the principle of maintaining the *status quo* in Palestine.

In the 1920s, something as close to a typical colonial administration as possible came into being. The role of the colonial state in the legislation process can be seen chiefly in the dominant role played by British officials (in the corridors of power in London and in Jerusalem, as well as in the district courts and revenue offices) and in the ways in which ordinances from other British dependencies were drawn upon as templates. One clear example of this influence was the prevailing anxiety with the extent to which transaction markets in land inevitably raised the question of peasant dispossession which in turn risked contributing to political instability. Accordingly, the land transfer ordinances of 1920 and 1921 included provisions aimed at protecting the status of agricultural workers and ensuring also that sellers themselves, if in occupation of the land, retained sufficient land to maintain their families. This legislation also aimed at facilitating the Jewish purchase of land, but the overall influence of Zionism during this period appears rather muted. The main constraint, as in other colonial contexts, was the need to ensure that land legislation at some basic level was acceptable to the local population. This is well-illustrated in the writings of Sir Ernest Dowson, the pre-eminent adviser during the 1920s to the Palestine government in Jerusalem, as well as to the Colonial Office in London thereafter. For example, in 1925 Dowson authored three very influential reports that are noteworthy for the limited attention directed at the subject of Jewish land acquisition. The priority instead was placed on ensuring the cooperation of local cultivators, particularly in regard to measures aimed at the effective collection of tax revenue and the successful establishment of a cadastral survey. Of greatest significance for an understanding of land legislation during this period, the keystone 1928 land transfer ordinance in particular, is the attention

Dowson directed towards continuities with the Ottoman past and in particular the challenges of interpreting Ottoman land law. Much useful light is shed on this process by the inclusion in this series of official documents of Dowson's own annotated copy of the 1919 edition of Stanley Fisher's *Ottoman Land Laws containing the Ottoman Land Code and later legislation affecting land*.

In the 1930s, British officials struggled greatly to make necessary decisions on important questions relating to land policy. The context which defined the troubled decision-making process in this period was created by the political instability instigated by the 1929 Wailing Wall riots, one of the major turning points in the history of Mandate Palestine. Reports written in the wake of these disturbances, particularly those written in 1930 by the Shaw Commission and Sir John Hope-Simpson, all drew close attention to the growth of a body of landless Arabs and to the feelings of disaffection and unrest that, it was widely argued, had intensified to the point of constituting a political danger. The earlier legislation passed in the 1920s was criticized for having achieved too little in checking the tendency towards the dispossession of cultivators from their holdings. The mere provision of monetary compensation as allowed in one amendment that replaced earlier safeguards was judged actually to have encouraged that tendency. As outlined in the October 1930 Statement of Policy, as well as in the subsequent February 1931 letter written by Prime Minister Ramsay MacDonald to Dr. Chaim Weizmann[1] Britain accepted responsibility for the resettlement of Arab cultivators, for the improvement and intensive development of the land, and for the establishment of centralized control over land transactions. As ambitious as this legislative agenda was, it faced huge obstacles in the acute financial stringency felt at home during this period as well as in the growing hostility among Arabs and Jews in Palestine. Although full power was reserved for Palestine's High Commissioner to protect tenancy and occupancy rights, including those of squatters, official consideration of any legislation that would prevent owner-occupiers from disposing of their land was strictly avoided, at least until 1936. But at that point legislation was again outstripped by the march of events: the Arab disturbances of the 1936–1939 period brought about a general breakdown of British administrative structures. The High Commissioner was, finally, given general powers to prohibit and regulate all transfers of land under the terms of the 1940 land transfer regulations.

Historical studies of Mandate Palestine often sacrifice coverage of the last decade of British rule, ending their examination with the 1936–1939 disturbances and the consequent breakdown of economic and political structures. Clearly the increased political pressure due to the intervention of external factors distinguishes this final phase in terms of the toll it took on the legislative process. During the last eight years of British rule in Palestine, the government in Jerusalem was severely limited by the constraints thrown up by American interests that now had to be factored into the policy process; and, of course, the by-now irreconcilable demands of Arabs for majority rule

---

1 Palestine: Letter from the Prime Minister to Dr. Chaim Weizmann, 13 February 1931, CO 733/199/7A 87072/1 Part 1. [See Volume 8, section 9.02.]. Oddly, the very paragraphs, (paras 10–12), officials highlighted in the original text, and constantly referred back to in later official correspondence, have been 'ellipsised' in documentary readers such as Laqueur and Rubin, The Israel–Arab Reader, 6th edition, Penguin 2001, p. 39.

in a unitary state and the worldwide push for an independent Jewish state in the wake of the Holocaust. Despite, or perhaps because of, the inevitability of a destructive civil conflict, land policy nonetheless continued to develop in constructive ways during the last few years of the mandate. Most intriguingly, the Palestine government was busy to the end making its mark, as witnessed for example by a ten-year forestry plan scheduled to begin in 1946–1947. Much more importantly, the overwhelming sense of insecurity in the last couple of years convinced British officials of the need to photograph, at great expense, all records of land title and ownership lest the originals not survive the chaos of impending civil war. This huge effort, in a time of prevailing scarcity, stands as a remarkable testament to the significance attached to land records as instruments of government rule. But it is also an impressive indication of the importance that would continue to be attached to land registers by those whom the British government officials left behind.

For many historians of British empire, Palestine represents its greatest failure. As early as 1925, one British colonial official had prophesied that 'The secret of success for Palestine is to leave the country alone and let it subside into somnolence. Writing about it is a disease that attacks us all in turn.'[2] Reflecting a similar level of frustration, a memorandum circulating in the Colonial Office during the previous year had argued that 'our work in Palestine has been severely hampered by continued uncertainty. The plant has been continually dug up to see how it is growing. It could not be expected to survive under such conditions.'[3] Officials working in Palestine commonly bemoaned its curse as a land of committees, not milk and honey: 'I shudder at the prospect of anybody conducting another enquiry to be embodied in a special report,' reflected Secretary of State Philip Cunliffe-Lister, as early as 1932, on the accumulation of written material generated by committees and commissions in Palestine.[4] All in all, the 30-year British administration of Palestine left behind a formidable archival record. Whether the copious records can themselves share in the responsibility for this failure is an intriguing question. What is undeniable is the degree to which historians of Mandate Palestine rely upon them.

Dr. Martin Bunton

University of Victoria, 2009

---

[2] Minute by Keith Roach, January 1925, CO 733/110. [Not reproduced in this set.]
[3] 'Palestine: Memorandum by Middle East Department, Colonial Office,' February 1924, CO 733/78. [Not reproduced in this set.]
[4] Sir Philip Cunliffe-Lister to Sir A.G. Wauchope, 3 June 1932, CO 733/214/9. [See Volume 7, section 7.05].

Land Legislation in Mandate Palestine

CONTENTS

VOLUME 1:

STANDARD REFERENCE WORKS, PART I

Section 1: *Corps de Droit Ottoman: Recueil des Codes, Lois, Règlements, Ordonnances et Actes les plus importants du Droit Intérieur, et d'Études sur le Droit Coutumier de l'Empire Ottoman,* Vol. VI, George Young. (Oxford, Clarendon Press, 1906)   1

Section 2: *Ottoman Land Laws containing the Ottoman Land Code and later legislation affecting land, with notes and an appendix of Cyprus laws and rules relating to land,* Stanley Fisher, with annotated notes by Sir E. Dowson. (London, Oxford University Press, 1919)   121

Section 3: *The Ottoman Land Laws, with a commentary on the Ottoman Land Code of 7th Ramadan 1274,* R.C. Tute. (Jerusalem, Greek Convent Press, 1927)   325

Section 4: *Translation of Turkish Tapu Laws made from French translation contained in George Young's* 'Corps de Droit Ottoman' *and revised after comparison with the original Turkish text.* (Compiled by Chief Political Office Staff, Basra, 1916) [FO 371/3047]   537

Section 5: *Translations of the Ottoman Constitutional Laws and the Wilayet Administrative Law, the Municipal Law and Various Other Laws,* Ministry of Justice, Baghdad. [CO 733/159/2]   555

Section 1: *Corps de Droit Ottoman: Recueil des Codes, Lois, Règlements, Ordonnances et Actes les plus importants du Droit Intérieur, et d'Études sur le Droit Coutumier de l'Empire Ottoman, Vol. VI,* **George Young**

CORPS DE DROIT OTTOMAN

Recueil des Codes, Lois, Règlements, Ordonnances et Actes les plus importants du Droit Intérieur, et d'Études sur le Droit Coutumier de l'Empire Ottoman

PAR

GEORGE YOUNG

2ᵐᵉ SECRÉTAIRE DE L'AMBASSADE D'ANGLETERRE

VOL. I

OXFORD
AT THE CLARENDON PRESS
1905

[Preliminary pages to Vol. 1 with introduction to entire work]

HENRY FROWDE, M.A.
PUBLISHER TO THE UNIVERSITY OF OXFORD
LONDON, EDINBURGH
NEW YORK AND TORONTO

HVNC LIBRVM

CVIVS IPSE PATRONVS FVIT AC PAENE PATER

VIRO EXCELLENTISSIMO NICOLAE RODERICO O'CONOR

EDVARDI REGIS AD PORTAM SVBLIMEM LEGATO

GRATO ANIMO DEDICAT

GEORGIVS YOUNG

COHORTI LEGATIVAE ADSCRIPTVS

PREFACE

THE 'Corps de Droit Ottoman' requires of its Editor a few prefatory words of acknowledgement and of explanation.

To the Marquis of Lansdowne, Secretary of State, and to Sir T. Sanderson, the Permanent Under-Secretary for Foreign Affairs, thanks are due for a support and indulgence, without which the publication of the complete work would have been impossible; much is also owing in this respect to the goodwill and enterprise of the Oxford University Press, of which the *personnel* has proved itself as painstaking as proficient in its treatment of a mass of unfamiliar matter.

During the preparation of the work the Editor was much indebted to Mr. H. Babington Smith, the former President of the Council of the Ottoman Public Debt, and to the present occupant of that office, Mr. Adam Block, formerly Oriental Secretary of Embassy at Constantinople, for exceptional facilities of access to the resources of their admirably organized Administration, and to their able Archivist for valuable assistance in availing himself of those facilities. Other sources of information were opened to him in the Ottoman Bank, by favour of the Assistant Director, Mr. Nias, where important help was also afforded by the Statistician, M. Pech, whose co-operation amounted almost to collaboration. In the Tobacco Régie the Sub-director, Mr. Ramsay, proved one of the most practical and influential of his allies, and thanks are also due to the wise and kindly Principal of Robert College, Dr. Washbourne, for important help. Among those who contributed material aid were Mr. Blech, the Archivist of the Embassy, whose encyclopædic knowledge rendered invaluable his revision of the whole work in manuscript, and again in proof;

PREFACE

Mr. Waugh, the Legal Adviser, ever ready with expert criticism and cordial encouragement; Mr. Schmavonian, Legal Adviser to the United States Legation, who assisted in nursing the enterprise through an imperilled infancy; the late Mr. Whitaker, with his thirty years' experience of Constantinople as *Times* Correspondent, and his energetic successor, Mr. Braham; in the provinces, Mr. Drummond Hay, Consul-General at Beirut, Mr. Graves, Consul-General, and Mr. Blunt, Postmaster, at Salonica. There are many others whose assistance the Editor would wish to acknowledge if it were allowed, but as it is he can only add the name of the late M. Collas, the proprietor of a library containing the only important collection of European literature accessible to him at Constantinople.

Such assistance and encouragement, liberally accorded by those so well qualified to judge, suggests itself as the best excuse the Editor can offer for venturing on such a work without being able to claim any special qualifications as a jurist or Orientalist. It was only after satisfying himself first that an attempt to execute the work by a committee of local lawyers was unworkable and that no one among those better qualified than himself could be induced to enter the field, that the Editor undertook the whole labour of compilation and translation. He was encouraged to this decision, in the first place, by the general recognition of the urgent need of such a work by those engaged in administrative or diplomatic affairs, in legal or commercial business, and in literary or scientific research in the Ottoman Empire, and by the fact that the Ottoman Government itself had repeatedly initiated action in the matter (v. p. xiv note 6 and pp. xii and xv). In the second place, it seemed that for such a work a little local influence and colloquial proficiency would be worth more than much legal training and philological erudition; for, in the absence of public records or previous publications and under the social and political conditions prevailing in Constantinople, the collection and correction of material became rather

PREFACE

a matter of diplomatic negotiation than of scientific research: moreover, as a member of the staff of an embassy, the Editor had access to sources of information otherwise closed—could devote more leisure than other foreign residents to a laborious and somewhat tedious task, and could enjoy greater liberty of action than others not under foreign protection. On the other hand the privileges of his position entailed corresponding responsibilities; much had to be done indirectly which could have been better and quicker done personally, and much left undone and unwritten which would have added to the value of these volumes in deference to the susceptibilities or out of consideration for the interests of the various parties concerned. If in spite of all precautions anything has been published distasteful to the interests involved, the Editor hopes that his disclaimer of any intentional injury will be accepted, to which he would add that he is solely responsible and that no official assistance toward the preparation or publication of these volumes is to be considered as involving an acceptance of responsibility for their contents.

The object of the 'Corps de Droit Ottoman' is, within the restrictions indicated above, to bring within reach of the most inexperienced, and to render of easy reference to the expert, the domestic legislation of the Ottoman Government, which plays so large a part in the everyday life of the Levant and which has hitherto only been ascertainable, if at all, in inconvenient and incomprehensible forms and at an extravagant expenditure of time, money, and influence. This domestic legislation is shown in the introduction (p. vii) to consist of the statutory law of the Ottoman Empire and of the customary law of the various races composing it, which together form a body of civil law (political and private, commercial and criminal), distinct on the one hand from the religious law of Islam, which forms the basis of the greater part of it, and on the other from the international law of capitulations and conventions, which has a contractual sanction of its own.

vi PREFACE

While it is evident that a large part of these volumes can only interest those directly connected with the Ottoman Empire, they will nevertheless be found to contain much that bears on international affairs in the near East, and it is hoped that the chapters treating, for instance, on such matters as the rights of the autonomous provinces, the privileges of the religious communities, domestic slavery, the passage of the Straits, &c., will contribute new material to the study of some questions of general importance.

The scheme of the work comprises the publication of the customary law in the form of short commentaries and of the statute law in translations of the latest texts in full, amended up to date as far as ascertainable and with references to the original text; the addition of such introductory notices and explanatory footnotes as seemed advisable and admissible; the indication of all open questions by quotations from the case of each contesting party; the arrangement of the whole in logical sequence, each volume being complete in itself, and the provision of a general index.

As the time which the Editor could devote to preparation of a work on these comprehensive lines was limited to two years, and still further lessened by his official duties, it was necessary to carry it out in a manner permissible only to a pioneer. Happily those to whom the incompleteness and the many imperfections of his work will be most apparent are also those who can best realize what difficulties were involved in the conditions under which it was produced. If the result should tend in any way to lighten the labours of workers in that foreign community of which he was for three years a member, and still more, if it should prove of any real service to the Government and to the subjects of His Majesty the Sultan, he will feel that his pains have been more than amply repaid.

MADRID,
Dec. 1904.

INTRODUCTION

Le Droit Ottoman peut se diviser en trois catégories, classification adoptée ici comme commode, mais qui peut se justifier aussi au point de vue scientifique, attendu que chacune de ces trois catégories a une source et une sanction distinctes. Ces trois catégories peuvent être désignées : — Droit canonique d'Islam (Chériat) ; Droit coutumier civil ; et Droit capitulaire.

Le premier est le droit religieux commun à tout l'Orient Musulman ; le second, le droit coutumier et civil, est plus ou moins basé sur le droit religieux, mais ses sources et sa sanction ont été en grande partie laïcisées et sa portée est limitée à l'Empire Ottoman ; le droit capitulaire est de caractère international et n'intéresse en général que les Communautés Étrangères établies en Turquie.

Le droit canonique (Chériat) est tiré directement des sources fondamentales du droit Musulman. Les sources primitives (asl-ul-asl) sont d'abord 'la Parole d'Allah' communiquée au Prophète et consignée par lui en termes identiques dans le Koran et ensuite 'la Conduite du Prophète' qui est également un effet de l'inspiration et conservée par ses Compagnons dans le Sounnet (tradition).

Outre ces sources de pure révélation il en existe aussi deux autres. La 'Consultation juridique' (idjma) est un code de droit composé des solutions données aux questions juridiques par les Assemblées Consultatives (idjmai-i-oummet) [1]. 'L'Analogie légale' (kiass) est une procédure

---

[1] 'L'assemblée consultative' a été inaugurée par le Prophète qui consultait ses compagnons sur l'application à donner aux préceptes de la révélation. La pratique de l'Idjma, comme moyen législatif, fut consacrée par les trois premières générations après le Prophète, i. e. les 'Compagnons,' les 'Adeptes' et les 'Suivants,' dont les opinions exprimées en assemblée ont une autorité toute spéciale. Ce procédé législatif a été continué sous Omar Faroukh qui l'employa pour fonder son système administratif.

INTRODUCTION

législative qui consiste à établir des analogies entre les faits déjà appréciés par la loi et ceux qui, résultant du progrès de la civilisation, n'ont pas été prévus par le Législateur de l'Islam ([2]).

Grâce à ces deux sources secondaires, le droit canonique d'Islam a pu prendre un développement dont la direction et l'étendue ont été déterminés par les besoins de la civilisation sans sortir de ces bases fondamentales au point de vue religieux.

C'est en suivant ces méthodes que les législateurs ottomans ont pu créer un droit coutumier et civil par des Actes (kanoun) ayant pour source l'autorité du Sultan comme Chef religieux (Kalif) et comme sanction, son pouvoir de Souverain temporel (Padisha). La question difficile et délicate de la connexité de ces deux catégories de droit a été suffisamment traitée ailleurs et son examen appartient plutôt à une étude sur la théorie de la jurisprudence islamique ([3]).

La juridiction de ces deux catégories de droit, droit

([2]) Le procédé qui consiste à établir une analogie entre une question à résoudre et une question résolue directement au moyen d'une preuve tirée d'une des sources principales, est appelé 'effort législatif' (idjtihad). La dénomination et en même temps la nature de ce moyen législatif, qui fournit la sanction du procédé, sont bien expliquées par la tradition (hadith) du Sounnet. Mahomet demanda à son représentant envoyé au Yemen, Moaz ibn Djebel : 'Comment jugeras-tu les différends qui seront portés devant ton tribunal ? ' Moaz répondit 'En appliquant le Koran.' 'Et si tu n'y trouves pas de dispositions applicables au cas ? ' 'J'aurais alors recours au Sounnet.' 'Et si cela ne te suffit pas ? ' 'Alors' répondit Moaz, 'je ferai un effort (idjtihad). Par ce moyen Moaz résolut, dans le Yemen, un grand nombre de questions résultant de transactions inconnues dans le Hedjaz.

'Dans la grande majorité des cas qui peuvent se présenter aujourd'hui au jurisconsulte légiférant (mudjtehid) le critérium de l'analogie légale trouve une application qui est non seulement aisée, mais qui amène aussi à des solutions rationnelles et absolument conformes à l'esprit et à la lettre de la loi Mahométane.' (Savas Pacha 'Théorie du droit Musulman,' vol. I, p. 547.)

([3]) Dans cette question des relations théoriques du droit coutumier au droit Canonique (Chériat), la tendance des Orientalistes étrangers est de les considérer comme indépendant l'un de l'autre ; par contre les jurisconsultes Ottomans les regardent comme interdépendants. Les thèses de ces deux écoles opposées sont dûment exposées dans les extraits suivants, tirés des deux derniers ouvrages sur la théorie du droit islamique.

Savas Pacha, ancien Ministre de Justice de la S. Porte, écrit dans son

INTRODUCTION ix

canonique et droit coutumier et civil, est déterminée en tout pays islamique, excepté peut-être dans l'État des Wahabis en Arabie, comme suit. Le droit canonique règle toute question de statut personnel, telle que majorité, mariage,

---

ouvrage 'Théorie du droit Musulman' (préface et p. 573). 'L'islamisation du droit moderne est l'unique voie conduisant à l'acceptation empressée de la civilisation moderne par l'Islam, et par conséquent à une entente sincère et stable entre les deux éléments les plus importants de l'humanité, les Musulmans et les Chrétiens. . . . Les Musulmans conservent un esprit de résistance digne de toute notre estime ; ils subissent avec résignation la volonté de celui qui les gouverne, mais ils ont en horreur le progrès et la civilisation qu'il leur apporte. . . . On peut affirmer pourtant que le progrès est inscrit dans la loi de l'Islam, qu'il est pour ses adeptes une nécessité ordonnée par Dieu . . . affirmer que le Musulman, parce qu'il est Musulman doit fermer les yeux à la lumière toutes les fois qu'elle lui arrive de l'Europe civilisée, est une accusation injuste. . . . Le Musulman acceptera la science européenne avec toutes ses conséquences, dès qu'il lui sera prouvé qu'elle est consiliable avec sa religion. Aussitôt cette démonstration faite conformément aux règles de la méthode du droit Musulman (oussoul), il se regardera comme obligé de l'accepter. . . . Mais il ne suffit pas d'affirmer l'extensibilité sans limites du droit Musulman — il faut la prouver. . . . Les deux actes que je viens d'examiner (de la traite et du chèque) représentent deux transactions humaines dont l'islamisation est de date tout à fait récente. Ces exemples suffisent, me paraît-il, pour convaincre les plus incrédules de la richesse, l'abondance même des moyens législatifs islamiquement corrects et procédant de la révélation que la méthode de droit, telle qu'elle a été comprise par l'Imami-azam et les grands jurisconsultes de son école, offre au légiste. . . . Tous ceux (i. e. savants occidentaux) qui ont lu le Koran, n'y ont admiré que quelques préceptes de morale, de sociologie ou d'hygiène. Ils n'ont pu apprécier que très imparfaitement la valeur législative inépuisable de cette source de vérités juridiques.'

L'école opposée peut être représentée par l'extrait suivant de l'ouvrage 'Muslim Theology,' par D. B. Macdonald, 1903, p. 113 : 'The grasp of the dead hand of Islam is close, but its grip at many points has been forced to relax. Very early, as has been pointed out, the canon law had to give way to the will of the sovereign, and ground once lost it has never regained. Now in every Muslim country, except perhaps the Wahabite State in Central Arabia, there are two codes of law, administered by two separate courts. The one judges by this canon law and has cognizance of what we may call private and family affairs, marriage, divorce, inheritance. . . . The other court knows no law except the custom of the country (ada) and the will of the ruler expressed in statutes (kanoun). Thus in Turkey at the present day, besides the Codices of Canon Law, there is an accepted and authoritative Corpus of such statutes. . . . This is the nearest approach in Islam to the legislation by statute, which comes last in Sir Henry Maine's " Analysis of the growth of law." . . . The canon lawyers on their side have never admitted this to be anything but flat usurpation. They look back to the good old days of the rightly guided Khalifas, when there was but one law in Islam, and forward to the days of the Mahdi, when that law will be restored. There, between a dead past and a hopeless future, we may leave them. The real future is not theirs.'

x INTRODUCTION

succession, dons pieux (wakf) et esclavage ainsi que les affaires essentiellement religieuses; les tribunaux qui l'appliquent ont un caractère religieux et une composition sacerdotale, et en Turquie ils sont subordonnés à l'office du Cheikh-ul-Islam créé par Mohamed le Conquérant. Une autre conséquence de l'impossibilité éprouvée en pays d'Islam de laïciser le droit du statut personnel, est que le Gouvernement Ottoman a toujours laissé aux autorités des Communautés non-musulmanes de l'Empire le droit d'exercer une juridiction exceptionnelle dans ces questions comme dans leurs affaires purement religieuses. Il en résulte qu'au droit canonique de l'Islam, et aux Tribunaux religieux Musulmans de l'Empire, il faut ajouter un droit canonique non-Musulman et des Cours Communales soumises aux Chefs (Patriarche, Rabbin ou Vekil) des Communautés chrétiennes, juives, etc., avec une compétence plus ou moins limitée, selon les privilèges accordés à la Communauté en questions de statut personnel (v. Titre XXII[A]).

La seconde catégorie, le droit coutumier et civil, règle toute question commerciale ou criminelle, conformément aux principes du droit français en tant qu'ils ne sont pas directement contraires aux préceptes de l'Islam, en vertu de l'autorité du Souverain exprimée en décrets (Hatt, Firman ou Iradé) et n'est appliquée que par les Tribunaux laïques 'réglementaires' (nizamiés) du ressort du Ministre de la Justice. Le droit coutumier et civil n'a qu'une sanction, celle de l'autorité temporelle du Souverain, mais il peut être considéré comme ayant deux sources: le droit coutumier turc qui est incorporé dans la vie de la nation et qui se trouve en relation directe avec le droit canonique du Chéri dans les questions telles que droit de propriété immobilière, successions et esclavage ; et le droit formé par la législation du gouvernement civil en matière conventionelle, criminelle et commerciale, qui n'est lié que par la théorie au droit révélé du Chéri et trouve son inspiration principale dans les Codes français et la législation occidentale.

Mais les complications du Droit Ottoman ne s'arrêtent

INTRODUCTION xi

pas là. Pour la cause indiquée plus haut — i. e. le caractère islamique du Droit Ottoman primitif, les Communautés étrangères se sont assurées par des actes internationaux intitulés 'capitulations' des privilèges de juridiction exceptionnelle encore plus importants que ceux laissés aux Communautés non-musulmanes. Cette juridiction, dite extra-territoriale, des étrangers ne se borne pas aux questions purement religieuses et rituelles, ni aux affaires quasi-religieuses, telles que mariage, pension alimentaire et successions, mais s'étend à toute affaire conventionnelle, criminelle et commerciale entre étrangers, et même entre étrangers et Ottomans. Ces dernières questions, intéressant étrangers et Ottomans, ont créé une juridiction spéciale dite 'mixte' et sont jugées par des Tribunaux composés de sujets Ottomans et d'étrangers appliquant un code et suivant une procédure arrêtée d'accord avec les Missions (v. Titre XIV). Une conséquence des capitulations qui complique le droit civil Ottoman se trouve dans le droit d'intervention, et même de veto, en toute législation intéressant les étrangers, que les Missions considèrent comme leur appartenant en vertu de ces capitulations. Il résulte de ces prétentions qu'une partie assez importante de la législation Ottomane n'est pas applicable de droit aux étrangers, bien que le droit d'intervention est en grande partie contesté par le Gouvernement Ottoman ([4]).

A cette seconde catégorie, il faut encore en ajouter une

([4]) L'insistance des Missions sur ce droit d'intervention et l'intransigeance de la S. Porte, qui va toujours croissant, ont créé une situation assez ambiguë à l'égard de l'application aux étrangers de plusieurs lois importantes. Ainsi la Loi des Mines, la Loi établissant le système judiciaire, la Loi des Marques de Fabrique, la Loi du Timbre, le Règlement Douanier, et beaucoup d'autres actes de première importance, ont été appliqués de fait aux étrangers, qui ne peuvent pas leur être assujettis de droit, puisque les Missions ont refusé d'en accepter certaines dispositions.

La question est d'une si grande importance pour les intérêts matériels étrangers d'un côté et pour l'indépendance administrative de l'Empire de l'autre, que deux documents donnant les plaidoyers opposés ont été cités *in extenso* parmi les textes contenus dans le vol. I (v. Titre XV, Texte², arts. 3 et 6 et Texte³). Le point de vue de la S. Porte est résumé dans la phrase suivante : 'Les étrangers ont droit à la protection des lois de l'Empire mais ce droit même entraîne pour eux l'obligation

INTRODUCTION

troisième, le droit capitulaire tout pur, c'est-à-dire, les conventions internationales et lois étrangères appliquées par les Tribunaux consulaires en vertu de la juridiction extra-territoriale qui leur est accordée par les capitulations. Ces tribunaux dépendent plus ou moins, selon la nation, des tribunaux de la métropole étrangère et n'appliquent généralement que la loi étrangère.

De ces trois catégories de Droit Ottoman, c'est la seconde qui constitue l'objet de cet ouvrage, qui traite du droit coutumier Ottoman, i. e. de la législation islamisée de l'ancien régime, et du droit civil, c'est-à-dire de la législation par statut depuis l'établissement du nouveau régime datant du Tanzimat de 1839. Par conséquent les questions de statut personnel, etc., ne sont traitées que brièvement et en tant qu'elles peuvent être considérées comme composant le droit coutumier Ottoman et les actes internationaux du régime capitulaire ne sont cités que comme commentaires de la législation domestique.

Il existe en effet déjà nombre considérable d'ouvrages sur le droit canonique de l'Islam ; et chacune des quatre écoles et surtout celle des Hanéfites, qui est suivie dans l'Empire Ottoman, a été un sujet d'études récentes par des Orientalistes expérimentés. Le régime capitulaire a aussi souvent attiré, et continue d'attirer l'attention des jurisconsultes européens, et les recueils contenant les actes internationaux de l'Empire sont nombreux. Par contre le droit coutumier et les statuts de l'Empire Ottoman ont été entièrement négligés par les étrangers et, à peu d'exceptions près, par les publicistes Ottomans et écrivains turcs eux-mêmes. Cette omission s'explique en partie par le fait que tout en ayant une importance politique de premier ordre cette législation n'a que peu d'intérêt ethnologique et littéraire, et que sa publication, bien que presque indispensable aux autorités officielles et aux intérêts légaux et commerciaux, ne trouverait qu'une clientèle fort restreinte dans les marchés

---

corelative de se soumettre à ces lois. Cette règle découlant du Droit des Gens n'a point été supprimée par les Capitulations.'

INTRODUCTION xiii

littéraires de l'Europe. Il est évident, d'ailleurs, que dans ces circonstances, la préparation d'un tel ouvrage devait être aussi pénible que les bénéfices en résultant devaient être précaires, et que les difficultés pratiques et politiques qui s'opposeraient à sa préparation et encore plus à sa publication, seraient des plus formidables.

L'obstacle qui se présenta à l'éditeur dès le commencement du travail et qui ne cessa jamais d'être une entrave sérieuse à sa continuation fut le manque de sources accessibles et d'autorités reconnues auxquelles il pourrait recourir pour les renseignements, même les plus élémentaires. Pas de bibliothèque, pas de collection de documents, presque pas d'ouvrages imprimés. En effet aucune publication en langue étrangère traitant du droit coutumier et civil Ottoman n'a paru depuis un quart de siècle, et par conséquent une grande partie de la législation Ottomane, soit les actes les plus récents, n'est pas à la portée d'un étranger. Pour le reste, c'est-à-dire la législation antérieure à 1880, il n'existe qu'un seul ouvrage 'La Législation Ottomane' d'Aristarchi Bey. Même si cet ouvrage avait été à la hauteur de la tâche qui lui était ainsi dévolue, le moment était depuis longtemps arrivé où une revision et un supplément s'imposaient ([5]). Les seules autres publications en langue européenne sont des traductions sous forme de brochures de quelques codes et règlements séparés.

Pour ceux qui ont les connaissances philologiques et la patience exceptionnelle requises pour se servir des rares publications en langue turque et grecque, les sources ne sont guère plus nombreuses. Lors des réformes administratives de 1871, on commença à rassembler les statuts les

---

([5]) La 'Législation Ottomane' est une compilation de traductions françaises de lois et règlements, publiée en 1873-4, par un journaliste grec et supplémenté en 1878. Les traductions ne sont pas impeccables quant à la correction, et les renvois aux textes turcs manquent; l'arrangement est confus et peu commode, et il n'a pas d'index. Peut-être un tiers du contenu a été abrogé et un autre tiers a été modifié—pourtant, faute de compétiteurs, cet ouvrage se vend à des prix exorbitants, soit £T10 à 15 et le supplément ajouté en 1878 est presque introuvable.

xiv INTRODUCTION

plus importants et à les publier de temps en temps en turc dans un recueil dit 'Dustour.' Ce recueil de huit volumes, qui ne contient que la législation publiée jusqu'en 1866, est la seule collection officielle et autoritaire des statuts Ottomans, ce qui rend encore plus regrettable l'absence de méthode dans le classement, d'uniformité dans les chronologies et de toute facilité, telle que renvois — index et notes — défectuosités qui en rendent l'emploi difficile et dangereux ([6]). Depuis 1886 quelques ouvrages modestes en turc ont été publiés par des avocats plus ou moins expérimentés, ou pour faciliter l'emploi du Dustour ou pour le supplémenter ([7]). Une entreprise privée qui avait pour objet de publier de temps en temps un recueil des statuts importants a rencontré des difficultés insurmontables et a dû être abandonnée.

Le texte d'une nouvelle loi doit être publié dans les journaux ([8]) et ceux qui intéressent les étrangers sont

---

([6]) Le Dustour consiste en huit volumes dont quatre sont supplémentaires (Zeil). Il y a deux éditions du vol. IV avec une pagination différente ; l'arrangement des matières n'est ni catégorique, ni chronologique, ni commode ; les dates employées sont indifféremment tirées des quatre systèmes, système arabe, turc, julien ou grégorien ; des erreurs typographiques sont fréquentes, surtout l'omission de la négation qui s'exprime en turc par une seule lettre.
Après la conclusion de la série officielle du Dustour en 1886 une Commission fut nommée pour étudier la question de la publication des lois ; la Commission, à ce qu'il paraît, existe toujours, mais ses travaux n'ont pas encore abouti à un résultat déterminé.
([7]) En dehors de ces ouvrages turcs il y a une traduction grecque d'un grand nombre des textes du Dustour intitulée 'Kodikes Ottomanikoi.' La même absence de méthode se fait remarquer dans cet ouvrage, e. g. un texte assez bien traduit dans un volume, se trouve dans une traduction inférieure dans le volume suivant, etc., et il n'y a ni index ni renvois.
([8]) Élaboration et promulgation des Lois et règlements.
    Loi.   25 Reb.-ul-Akh. 1289.   Dust., vol. I, p. 16.
'Dans le cas où il sera nécessaire de modifier totalement ou en partie les dispositions d'une loi (kanoun) ou d'un règlement (nizam-namé) ou d'élaborer une nouvelle loi ou un nouveau règlement, ils ne pourront avoir force exécutoire qu'après l'accomplissement des formalités d'usage, c'est-à-dire après délibération et décision par le Conseil d'État et ensuite par le Conseil des Ministres, et après avoir été sanctionnés par un Iradé Impérial en ordonnant l'exécution.'
'Toute modification de la législation en vigueur et toute législation nouvelle sera exécutoire à la date fixée dans la loi pour leur mise en exécution, et si cette date n'est pas fixée elle sera exécutoire quinze jours après sa publication dans le Journal officiel (Takvimi-vekai) à

INTRODUCTION xv

traduits quelquefois par les journaux paraissant en langue étrangère, mais faute de bibliothèque publique où l'on puisse consulter ces journaux il est difficile de profiter de cette source.

Cet état de choses impose une entrave fâcheuse à l'expédition des affaires, tant publiques que privées, tant politiques que commerciales, et tant étrangères que locales, et expose tout investigateur des affaires du Levant au danger de tirer des conclusions erronées, faute de données exactes ([9]).

Pour combler la lacune ainsi créée il a fallu d'abord déterminer et coordonner les lois coutumières, civiles, criminelles et commerciales qu'on pourrait supposer être en vigueur dans l'Empire, et en fixer les dates selon les divers systèmes; ensuite en faire des traductions et les référer aux textes originaux turcs; ajouter les explications nécessaires pour donner une conception de la situation réelle et commenter, modifier et supplémenter les textes pour les rendre conformes autant que possible au dernier Iradé;

Constantinople et en province dans le Journal officiel du Chef-lieu, et aux endroits où il n'existe pas de journal officiel, quinze jours après sa notification au public dans les villes et kassabas, chef-lieux de vilayet et de sandjak.'

'Aucune loi ou aucun règlement ne peut avoir effet rétroactif excepté les dispositions légales atténuant une peine.'

([9]) Les exemples suivants sont cités comme preuves de ma thèse et pas comme critiques d'ouvrages en général plus exacts probablement que n'est le mien.

'Le Régime des Capitulations' de Rausas, 1902. Le chapitre sur la liberté de circulation (p. 155) est basé sur la loi des passeports de 1869 qui a été abrogée par la loi actuelle. L'étude sur les Tribunaux consulaires d'Angleterre reproduit le système établi par l' 'Order in Council' de 1895 tandis qu'un système très différent est en vigueur depuis l' 'Order in Council' de 1899.

'La Législation foncière ottomane,' Padel et Steegg, 1904 (p. 50). Il est dit que les Serbes jouissent du droit de propriété foncière, dans les conditions établies pour les autres étrangers par la loi du 7 Sefer en vertu d'un Traité Commercial de juin 1902, tandis que la loi en question n'est pas datée du 7 Sefer (v. XX[2]) et l'acte international est la Convention Consulaire du 9 mars 1896. Encore, l'impôt foncier (Verghi) est-il perçu à des taux de 4 %, 8 % et 10 % comme il est dit à la page 331, mais il y a aussi une catégorie importante qui paie 5 % qui n'est pas mentionnée.

'Les Finances de la Turquie,' Moravitz, 1902. La description du système des dîmes sur page 78 ignore les modifications récentes de la législation à ce sujet.

'Les Puissances Étrangères dans le Levant,' Verney et Dambman, 1901, n'a aucune connaissance du système judiciaire établi au Liban depuis le Statut organique.

xvi INTRODUCTION

relever toute question de conflit de juridiction ou de choix de loi entre les diverses juridictions et jurisprudences susmentionnées ; arranger le tout d'après un système simple et commode qui ferait de chaque volume un ensemble complet et de fournir un index compréhensif. Les recherches pour apprendre la loi réellement appliquée ont été très difficiles et délicates et, en certains cas, se sont prolongées, jusqu'au moment même de la publication, sans aboutir à une certitude absolue ; tout en exploitant le plus possible sa situation officielle, ses heures de loisir, la bienveillance de ses amis, et les connaissances de ses collaborateurs, l'éditeur doit reconnaître qu'en plusieurs cas les résultats à cet égard sont incomplets et que dans d'autres ils sont peut-être incorrects.

Grand nombre de traductions ont été livrées plus ou moins terminées, tandis que les autres ont été préparées par l'éditeur et ses collaborateurs. Mais la langue turque est si difficile, son vocabulaire et si peu adapté à exprimer les idées, même les plus simples du législateur occidental, son style et sa syntaxe manquent tant de clarté et de concision, et l'écriture arabe est si peu adaptée à en exprimer les vocables, que cette partie du travail laisse également beaucoup à désirer.

Le commentaire donné en notices préliminaires et notes a dû être strictement limité aux aperçus les plus anodins et aux généralités les plus banales.

Le Corps de Droit Ottoman n'offre pas de solutions, pas même d'opinions, mais il a pour seul but de fournir un recueil commode des renseignements légaux nécessaires aux fonctionnaires du Gouvernement Ottoman, aux employés des Missions, Consulats et établissements commerciaux étrangers, à la profession légale et à tout homme d'affaires habitant l'Empire Ottoman sous le règne de Son Auguste Majesté Impériale Abdul Hamid II.

TABLE DES MATIÈRES

Ire PARTIE [Vols. I, II, III]

VOL. I [Titres I a XX]

DROIT ADMINISTRATIF

Titres I a VI

	PAGE

Conseil d'État [I]; organisation et juridiction administrative; *notices* (2) *et règlements* (3 dont 2*) . . . 1

Fonctionnaires d'État [II]; jugement et nomination; *règlements* (6*) 11

Ministère de l'Intérieur [III]; organisation et administration provinciale ; *Hatti-Chérif, lois des vilayets et des municipalités, arrêts de réforme etc.; notice et textes* (12 dont 4*) 27

Provinces Privilégiées. Principauté de Samos [IV]; *actes organiques, régimes électoral et douanier ; notice et textes* (5 dont 3* et 1**). Gouvernement du Liban [V^A]; *statut organique et protocoles ; notice et textes* (8). Djebel Druse [V^B]; *notice*. Îles Sporades [VI^A]; *notice*. Thasos [VI^B]; *notice* 113

DROIT JUDICIAIRE

Titres VII a XVIII

Ministère de la Justice [VII]; organisation, *notice et règlement* (**). Tribunaux 'Nizamiés' [VIII]; *règlement organique* (**). Fonctionnaires judiciaires [IX]; nomination; *règlement* (**). Avocats et Notaires [X]; exercice de la profession; *règlements et tarif* (4 dont 2*). Bureaux exécutifs [XI]; *notice, règlement et tarif* (4 dont 2*). Frais de justice [XII] pour Ottomans et pour Étrangers; *textes* (2*). Tribunaux de Commerce [XIII] et juridiction commerciale; *étude et règlement organique* 159

(**) indique des matières inédites.
(*) signifie des documents traduits pour la première fois.

T. I.   b

TABLE DES MATIÈRES

	PAGE

TRIBUNAUX MIXTES [XIV] à la capitale — en province — procédure — compétence — appel. *Études et règlements organiques;* textes (3 dont 2**) 239
PRIVILÈGES JUDICIAIRES DES ÉTRANGERS [XV]; *études et textes* (5 dont 2* et 1**) 251
TRIBUNAUX CONSULAIRES [XVI]; organisation et compétence. *Étude et textes* (2**) 279
TRIBUNAUX DU CHÉRI [XVII] et Cheikh-ul-Islamat — appel — nomination des juges — compétence sur successions — *notices et textes* 7 (6*) 285
TRIBUNAUX DE L'EVKAF [XVIII]; compétence sur successions; *texte* 298

DROIT SUCCESSORAL

TITRE XIX

SUCCESSIONS MUSULMANES [XIX^A]; aux biens 'mulk.' *Étude et tableaux* 304
    „   aux biens 'miri-mevkoufé'; *texte* . . . 316
    „   aux biens 'moussakafat-moustaghilat'; *texte* 318
SUCCESSIONS NON-MUSULMANES [XIX^B] en général; *notice et texte* 321
    „   aux biens 'mulk'; *textes* 3 (*) . . . 326
    „   aux musulmans; *extraits* . . . 328
SUCCESSIONS ÉTRANGÈRES [XIX^C] en général; *notice, etc.* . 329
    „   aux biens 'mulk'; *texte* (*) . . . 331
    „   par naturalisation; *texte* (*) . . . 332
    „   par mariage; *textes* 2 (*) . . . 333

DROIT DE PROPRIÉTÉ IMMOBILIÈRE

TITRE XX

IMMEUBLES DES ÉTRANGERS [XX]; *étude, loi et protocole;* *textes* 2 334
IMMEUBLES DES NON-MUSULMANS; *loi* (*) 345

TABLE DES MATIÈRES   xix

VOL. II [Titres XXI a XL]

DROIT DES COMMUNAUTÉS PRIVILÉGIÉES

Titres XXI a XXIX

	PAGE
COMMUNAUTÉS PRIVILÉGIÉES [XXI] en général et liberté de culte. *Étude et Hatti-Humayoun*	12
COMMUNAUTÉS ORTHODOXES [XXII]. Patriarchat Œcuménique; *étude et règlements; textes* 7 (*). Patriarchat de Jérusalem; *notice et règlement* (*). Patriarchat d'Antioche; *notice*. Mont Athos; *historique et règlement* (*). Exarchat Bulgare; *historique et textes*. Église Bulgare-Unie; *notice*. Église Serbe; *notice*. Communautés Valaques; *extrait* .	69
COMMUNAUTÉS ARMÉNIENNES [XXIII]. Arméniens Grégoriens; *historique et statut organique* (**). Arméniens Catholiques; *historique et Bérats*	97
COMMUNAUTÉS PROTESTANTES [XXIV] — de Constantinople; *historique, firmans et règlement* (3 dont 1**); — de Jérusalem; *notice*	111
COMMUNAUTÉS GRÉCO-LATINES UNIES [XXV]. Melkites; *notice*. Maronites; *notice*	113
ÉGLISES ORIENTALES [XXVI]. Nestoriens et Chaldéens Unis; *notices, etc.* Syriens Jacobites et Syriens Unis; *notices* .	121
COMMUNAUTÉ LATINE [XXVII] de Péra; Protectorat français; Vicariat apostolique; Protectorat autrichien; Communauté albanaise; Communauté de Palestine. *Études, etc.*	139
COMMUNAUTÉ ISRAÉLITE [XXVIII] — organisation et sectes; *notice et statut organique* (**) — établissement en Palestine; *notices et actes* (**)	158
COMMUNAUTÉS NON-PRIVILÉGIÉES [XXIX]. Ismaïliens; *notice*. Sectes islamo-chrétiennes; *notices*. Sectes islamo-païennes; *notices*	165

DROIT PERSONNEL

Titres XXX a XXXIV

ESCLAVAGE [XXX]. — Droit Coutumier; *étude.*—Droit Administratif. Esclavage des blancs; *firmans, etc.* Esclavage des noirs et commerce; *actes et loi* (**). Transport, *correspondances* (**). Affranchissement; *actes* (**). Asiles; *actes* (**). — Droit International. La traite;

xx TABLE DES MATIÈRES

PAGE

étude, convention avec l'Angleterre et extrait de l'Acte de Bruxelles 206
Majorité [XXXI] ; *notes* 207
Mariage [XXXII] ; mariages mixtes ; *notice et texte* (*). Loi somptuaire (**). Mariage musulman ; *étude basée sur des ouvrages officiels inédits* (**) 222
Nationalité [XXXIII] ; *notice*. Naturalisation ; *notice et loi*. Protection ; *notice et loi*. Bureau de Nationalité ; *règlements* (*) 242
État Civil [XXXIV] ; *loi* (**) 261

DROIT INTÉRIEUR
Titres XXXV a XXXIX

Passeports [XXXV] de et pour l'étranger ; *notice et règlement* (*). Bureaux des Passeports ; *règlement* (**). Passeports intérieurs ; *règlement* (*) 278
Police [XXXVI]. Extradition ; documents. Expulsion d'étrangers ; *notice*. Surveillance de suspects ; *règlement*. Ministère de la Police ; *notice et documents* (**) . . 294
Sûreté Publique [XXXVII]. Port d'armes ; *acte* (*). Importation d'armes ; *notice et textes* 8 (4**). Fabrication et vente de munitions ; *règlement*. Usines ; *règlement*. Pétrole ; *notice et règlements* 4 (2**) 319
Censure [XXXVIII] de la Presse ; *notice, règlement et documents* ; — des Imprimeries, etc. ; *notice et loi*. Colportage ; *règlement* (**). Droit de propriété littéraire ; *règlement* 351
Instruction Publique [XXXIX] ; administration ; *historique et loi organique*. Écoles publiques et communales ; *loi organique*. Écoles normales ; *règlement*(*). Lycée ; *règlement*. École civile ; *règlement*(*). École de Droit ; *notice*. Université ; *notice et extrait* (**). Écoles : — Achiret ; Dar-ul-Chefakat ; — des Arts et Métiers ; *notices*. Musée, *notice*. Loi sur les antiquités (*) 394

DROIT MILITAIRE
Titre XL

Armée [XL] ; organisation ; *notice*. Recrutement ; *résumé de la loi*. Service militaire ; *résumé de la loi*. Ministère de la guerre ; *notice*. Grande maîtrise de l'artillerie ; *notice*. Gendarmerie ; *notice* 408
État de siège ; arrêts, etc. (**) 410

TABLE DES MATIÈRES xxi

VOL. III [Titres XLI a LIV]

DROIT EXTÉRIEUR

Titres XLI et XLII

	PAGE

Ministère des Affaires Étrangères [XLI]; organisation; *notice.* Consulats Ottomans; *règlement, tarif et instructions* (3*) 40
Cérémonial [XLII] — diplomatique et consulaire; *notice et instructions* (**) — maritime; *instructions, etc.* (**) . 45

DROIT MARITIME

Titres XLIII a XLVIII

Détroits [XLIII] et navires de guerre étrangers; *étude et textes* 6. Stationnaires étrangers; *notice.* Flotte volontaire russe; *notice et document* (**). Yachts anglais; *document* (**) 61
Marine Marchande Étrangère [XLIV]. Cabotage; *notice.* Navigation intérieure; *notice.* La Mer Noire et les Détroits; *étude.* Formalités de passage—jusqu'en 1871; *historique*—pendant la nuit; *notice et textes* 6 (4**) . 85
Marine Marchande Ottomane [XLV]; son développement; *règlement et instructions* (*) 94
Port de Constantinople [XLVI]; *règlement et tarif* (1*) 104
Service des Phares [XLVII]; *notice, règlement, tarif et concession avec prolongation* (3**). Phares de la Mer Rouge; *notice* 117
Service de Sauvetage [XLVIII]; *notice, règlement et arrangement* (**) 124

DROIT SANITAIRE

Titres XLIX a LI

Administration Sanitaire [XLIX]; origine et organisation; *notice.* Quarantaine et actes internationaux, *résumé*; provenances par terre, *notice*; par mer, *règlements quarantenaires* [sur le choléra, transit en contumace, l'arraisonnement et en général] *textes* 8 (4**). Droits Sanitaires — Commissions mixtes; *historique*; Bilan — Tarif et dispositions y relatives; *textes* 2 (1**); pouvoirs judiciaires et disciplinaires du Conseil; *texte* . . 194

TABLE DES MATIÈRES

PAGE

Affaires Médicales Civiles [L] ; organisation du Conseil ; *règlement*. Médecins et pharmaciens civils ; *règlements* 3 (2*). Médecins et pharmaciens municipaux ; *règlement* (*). Spécialistes ; *règlement* (**). Droguistes ; *règlement* (*). Parfumeurs ; *règlement* (*) . . . 211

Inspection Médicale (LI) et analyse chimique ; *notice et règlements* 3 (* 1**) 219

DROIT COMMERCIAL EXTÉRIEUR

Titres LII a LIV

Régime Douanier [LII] ; administration ; droits de douane ; Traités de Commerce ; législation douanière ; droit de douane intérieure ; *notices*. Franchises douanières des Consulats et Couvents ; *règlements* 2 ; franchises industrielles, agricoles etc.; *notices et texte*. Tarif spécial (**). Règlements douaniers ; *texte composé* (**). 'Hamalage'; *règlement* (**). Régime douanier des chemins de fer ; *règlement* (**) 323

Quais [LIII] — de Constantinople ; *concession et tarifs* (**) — de Haïdar-Pacha ; *convention, tarifs et statuts* (**) — de Beyrouth ; *notice et tarif* (**) — de Salonique ; *notice et tarifs* (**) — de Smyrne ; *notice et tarif avec règlement* (**) 394

Conventions Commerciales [LIV] — avec la Grèce ; *convention de* 1903 — avec la Roumanie ; *convention de* 1901 — avec la Serbie ; *convention de* 1902 — avec la Bulgarie ; *arrangement de* 1900 — avec l'Égypte ; *arrangement de* 1890 415

xxiii

SOMMAIRE ABRÉGÉ DU CONTENU
DE LA 2ᴹᴱ PARTIE.

Vol. IV.

Droit commercial intérieur. — Ministère du Commerce ; Chambres de Commerce ; Courtage ; Bourses ; Changeurs ; Vente de promesses ; Taux d'intérêts ; Marques de fabrique ; Brevets d'invention ; Concessions ; Sociétés anonymes, ottomanes et étrangères.

Droit des Travaux publics. — Chemins de fer ; Routes et prestations ; Postes : services intérieur, international et étranger ; Télégraphes ; Poids et mesures.

Vol. V.

Droit financier intérieur. — Système monétaire ; Ministère des Finances ; Administration provinciale ; Banque Ottomane.

Droit financier extérieur. — Dette publique ; Administration de la Dette : unification, conversion et fonctions supplémentaires ; Service du malié ; Indemnité russe.

Droit fiscal. — Administration des revenus concédés (sel, spiritueux, chasse, timbre, etc.) ; Régie des tabacs ; Société de Tombac ; Perception des impôts ; Taxe d'exonération militaire ; Temettou ; Dîmes et la Banque agricole ; Aghnam, etc.

Vol. VI.

Droit foncier. — Forêts, administration et taxes ; Mines et carrières ; Code des terres ; Vente forcée et hypothèque ; Defter-Khané et Tapou ; Evkaf ; Impôt foncier ; Expropriation ; Location ; Constructions à Constantinople.

Droit municipal. — Sergents municipaux ; Incendies ; Éclairage ; Pesage ; Voirie ; Maisons publiques ; Maladies contagieuses ; Vaccination.

Vol. VII.

Droit justicier. — Code civil ; Code pénal ; Code de commerce ; Code de commerce maritime ; Code de procédure commerciale ; Code de procédure civile ; Code de procédure pénale.

Index.

CORPS DE DROIT OTTOMAN

Recueil des Codes, Lois, Règlements, Ordonnances et Actes les plus importants du Droit Intérieur, et d'Études sur le Droit Coutumier de l'Empire Ottoman

Ouvrage honoré de la médaille d'or du Liakat

PAR

GEORGE YOUNG, M.V.O.
2me SECRÉTAIRE DE L'AMBASSADE D'ANGLETERRE

VOL. VI

OXFORD
AT THE CLARENDON PRESS
1906

HENRY FROWDE, M.A.
PUBLISHER TO THE UNIVERSITY OF OXFORD
LONDON, EDINBURGH
NEW YORK AND TORONTO

TABLE DES MATIÈRES

IIe PARTIE [Vols. IV, V, VI, VII]

VOL. VI [Titres CI a CXIII]

DROIT FONCIER

Titres CI a CX

	PAGE
Forêts [CI]; administration et taxes; *notice et textes* 5 (2* 1**)	1
Mines [CII]; *notice et loi*, p. 15. Carrières; *loi*.	38
Code des Terres [CIII]	45
Vente Forcée d'Immeubles [CIV]; *notice et loi*	84
Ministère du Cadastre (Defter-Khané et Tapou) [CV]; *notice, textes* 5 (3*) *et tarif*	90
Ministère de l'Evkaf [CVI]; *notice et étude sur le vakouf*	112
Impôt Foncier [CVII]; *notices et textes* 2* . . .	119
Expropriation [CVIII]; *loi*	127
Location d'Immeubles [CIX]; *loi*	132
Construction d'Immeubles [CX]; *loi* . . .	137

DROIT MUNICIPAL

Titres CXI et CXII

Municipalité et Préfecture de Constantinople; *notice et loi* 149
    Sergents municipaux, p. 156. Incendies, p. 160. Éclairage, p. 161. Pesage public, p. 162. Voitures, *tarif,* et voirie, p. 163. Maisons publiques, p. 164. Maladies contagieuses, p. 166. *Textes.*
Vaccination [CXII]; *loi* 168

DROIT CIVIL

Titre CXIII

Code Civil 169

(*) signifie des documents traduits pour la première fois.
(**) indique des matières inédites.

[Pages 15 to 44, and pages after 118 of the original have not been reproduced here.]

SOMMAIRE ABRÉGÉ DU CONTENU

IIe PARTIE.

Vol. IV.

Droit commercial intérieur. — Ministère de Commerce ; Chambres de Commerce ; Courtage ; Bourses ; Changeurs ; Vente de promesses ; Taux d'intérêts ; Marques de fabrique ; Brevets d'invention ; Concessions ; Sociétés anonymes, ottomanes et étrangères.

Droit des Travaux publics. — Chemins de fer ; Routes et prestations ; Postes : services intérieur, international et étranger ; Télégraphes ; Poids et mesures.

Vol. V.

Droit financier intérieur. — Système monétaire ; Ministère des Finances ; Administration provinciale ; Banque Ottomane.

Droit financier extérieur. — Dette publique ; Administration de la Dette : unification, conversion et fonctions supplémentaires ; Service du malié ; Indemnité russe.

Droit fiscal. — Administration des revenus concédés (sel, spiritueux, chasse, timbre, etc.) ; Régie des tabacs ; Société de Tombac ; Perception des impôts ; Taxe d'exonération militaire ; Temettu ; Dîmes et la Banque agricole ; Aghnam, etc.

Vol. VII.

Droit justicier. — Code pénal ; Code de commerce ; Code de commerce maritime ; Code de procédure commerciale ; Code de procédure civile ; Code de procédure pénale.

Appendices.

Index.

TITRE CI

FORÊTS

L'Administration forestière fait partie du Ministère de l'Agriculture, des Mines et des Forêts.

La superficie des forêts de l'Empire a été estimée *grosso modo* à 10,000,000 d'hectares. Il est probable que cette estimation comprend une certaine proportion de terrains déjà déboisés. Aucune mesure générale pour le reboisement n'a été encore réalisée; il est vrai que les autorités locales, remarquant les effets désastreux produits sur le climat et sur l'agriculture par la dévastation des forêts, ont fait en quelques provinces des expériences à ce sujet ([1]).

De son côté, la S. Porte n'ignore pas les avantages que le fisc peut retirer des forêts et, déjà en 1860, elle chargea des forestiers français de réformer le système forestier; aussi la législation, que nous allons voir dans les annexes qui suivent et qui représente les résultats de leurs travaux, s'occupe-t-elle principalement du profit à tirer par le fisc de l'exploitation organisée des forêts ([2]).

Il est vrai qu'une mesure modeste de protection accordée aux forêts dans un règlement publié en 1903 (v. p. 11)

([1]) L'art. 9 d'une loi de 1297 (Dust., Zeil, vol. I, p. 76), attribue aux Chambres d'agriculture le soin de veiller au développement des forêts.
Pour les mesures administratives contre les incendies, v. Djér.-i-Meh., p. 100.

([2]) 'Les forêts sont loin de procurer à l'État les recettes que leur ferait produire une exploitation rationnelle. Celles du vilayet de Brousse, qui couvrent près de 24,000 kilomètres carrés, donnent un revenu brut de Ps. 2,272,000 et un produit net de Ps. 1,900,000; celles du vilayet de Kastamouni, où l'État exploite 8,700 kilomètres carrés, ne lui rapportent que Ps. 1,750,000. Ce sont d'ailleurs les seules étendues boisées dont l'Administration forestière tire un parti appréciable. Les forêts d'Arghana et d'Angora, d'Alep et de Van ne fournissent du bois qu'aux localités voisines; les célèbres forêts du Liban ont presque entièrement disparu.' (Moravitz: 'Finances de la Turquie,' p. 216.)

† r. vi   B

2   FORÊTS

changera cet état de choses aussitôt qu'il aura été mis en application générale (³).

TEXTE CI¹.

Forêts, organisation du service, instructions,   7-20 mars 1295-1880.   Dust., vol. IV, pp. 454-478 (turc). Kod., p. 3429 (grec).

[traduction abrégée.]

Art. 1er. Le service forestier comprendra des inspecteurs généraux des vilayets, sandjaks, kazas et du contrôle, des aides, des contrôleurs, des employés rétribués ou payés par un tant pour cent sur leurs encaissements, des secrétaires et des gardes forestiers à pied et à cheval, dirigés par la Direction générale des Mines et Forêts.

Art. 2. Les Contrôleurs généraux seront membres permanents du Conseil des Forêts et fonctionneront à Constantinople. Leur juridiction sera divisée en quatre sections : (1) Constantinople et ses environs, Andrinople, le Danube, Salonique avec la Thessalie et Monastir ; (2) la Bosnie, Scutari d'Albanie, Janina, Prizrend ; (3) Trébizonde et Djanik, Kastamouni, Erzeroum, Sivas, Angora et Brousse ; (4) les Iles de l'Archipel, Aidin, Konia, Adana et la Syrie.

(³) 'The new law is theoretically all that could be desired, but in practice it has not ameliorated the development of forestry to any appreciable extent, owing, in great part, to negligence on the part of local authorities and to the absence of roads.

'The former is responsible for the havoc played by the frequent fires due to the ill-will of shepherds and woodcutters, and for the indiscriminate felling of timber by villagers, and the latter is accountable for the gradual decay of trees out of reach of woodcutters.

'The regulations provide for the punishment of incendiaries, but legal proceedings have rarely procured a conviction.

'In no locality has the Administration been known to have taken any steps to enforce, to any appreciable extent, the plantation of young trees, though in a few districts it has been encouraged to some extent. In general terms the Government have apparently not yet thoroughly woken up to the importance of the beneficial influence of forests from a physical, economic, and hygienic point of view.

'Words have always been neglected and trees cut down without replacing them, but since the establishment of a Forest Department, and the appointment of local forest officials, the process has become disastrously rapid. Formerly the villagers would waste their wood, but were able to prevent damage by others, but now anyone can obtain for a small sum a permit to export charcoal, and it is to the interest of the forest official to grant as many of these permits as possible.' ('Rapports consulaires,' n° 589, Foreign Office, mai 1903, p. 24.)

ADMINISTRATION FORESTIÈRE 3

Art. 3. Les inspecteurs des vilayets, sandjaks et kazas fonctionneront à leurs chefs-lieux respectifs et seront aidés par un aide et un secrétaire pour les vilayets, un secrétaire pour les sandjaks, et un secrétaire et un employé dans les kazas, avec un nombre suffisant de gardes forestiers à pied et à cheval distribués dans le pays.

Art. 4. Les inspecteurs du contrôle formeront un Conseil spécial à Constantinople siégeant à la Douane des Bois et Charbons, où il existe déjà un service de gardes et d'employés; dans les provinces, c'est le service forestier qui se chargera de ces fonctions.

Art. 5. Les inspecteurs des forêts et leurs aides seront nommés parmi les étudiants de l'école forestière.

TEXTE CI[2].

Forêts,		Dust., vol. II, p. 404 (turc).
règlement,	11 Chev. 1286.	Kod., p. 3406 (grec).
modification	1er janv. 1870.	Arist., vol. III, p. 500 (franç.).
à l'art. 7.		Dust., ann. II, p. 329.

[traduction d'Aristarchi revisée.]

TITRE Ier.

Des bois et forêts de l'Empire.

Art. 1er. Les forêts de l'Empire Ottoman sont divisées en quatre catégories:
 1º Les forêts appartenant à l'État;
 2º Celles qui dépendent de l'Administration de l'Evkaf;
 3º Les forêts communales ou baltaliks;
 4º Les bois et forêts des particuliers.

Tout ce qui concerne les bois et forêts de la dernière catégorie étant traité dans le Code rural ottoman, les dispositions du présent règlement ne leur seront point applicables. [Cf. Code des Terres, arts. 19, 92 et 104.]

CHAPITRE Ier.

Art. 2. Toutes les forêts de l'État seront reconnues et délimitées: Les dispositions du présent règlement ne seront applicables qu'à celles qui auront été soumises au régime forestier, c'est-à-dire dont l'État aura pris l'administration ([1]).

([1]) L'État n'a pas pris l'administration des forêts du Hedjaz, conformément à l'instruction du 17 Chev. 1292. (Dust., vol. III, p. 281.)

4 FORÊTS

Art. 3. Nul ne pourra désormais couper du bois dans les for[êts] de l'État, s'il ne se conforme aux dispositions du présent règleme[nt].

Art. 4. Un règlement spécial annexé au présent traitera tout ce qui concerne la livraison des bois de l'Arsenal et l'Artillerie à prendre dans les forêts de l'État, dans celles de l'Ev[kaf] et des particuliers (²).

Art. 5. Les habitants des communes seront autorisés à prend[re] gratuitement dans les forêts de l'État les bois destinés à leu[rs] besoins tels que construction et réparation de leurs maisons, grenie[rs,] étables, voitures, instruments aratoires, ainsi que tout le bois [à] feu nécessaire à leur ménage. En outre, les bois et charbons qu'[ils] transporteront à l'aide de leurs voitures ou de leurs bêtes de somm[e] pour être vendus au bazar de leur commune leur seront égaleme[nt] délivrés gratuitement. Néanmoins, s'il s'agissait de quantit[és] considérables ou de ventes, devant avoir lieu en dehors du marc[hé] ci-dessus indiqué, ils seraient tenus de payer le prix fixé par l'A[d]ministration.

Les habitants des communes seront assimilés aux commerçan[ts] et tenus de se conformer aux dispositions du règlement des forê[ts] pour les bois dont ils voudraient faire commerce. Un règlemen[t] spécial, relatif au contrôle à exercer par l'Administration sur le[s] délivrances gratuites, sera ultérieurement promulgué (³).

Art. 6. La désignation des arbres à abattre sera faite au moye[n] d'un marteau spécial, dit marteau de l'État, et les agents forestier[s] dresseront un procès-verbal de cette opération.

(²) Règlement sur la fourniture du bois à la Marine et à l'Artillerie. 6 Chev. 1286. Dust., vol. II, p. 415 Arist., vol. V, p. 510.

D'après le mémoire annexé à la loi forestière l'État, en vertu de l'art. 2[8] du Code des Terres, 'aurait le droit d'exploitation gratuite dans les bois et forêts dépendants des terres domaniales et occupés par des particuliers ; ce droit n'a pourtant pas été exercé jusqu'ici et les possesseurs des forêts ont continué à en jouir exclusivement.' C'est pour cela que le règlement concernant la fourniture des bois propres au service de la Marine et de l'Artillerie, quoique promulgué quelques jours avant la promulgation de l'Iradé de 1286, ne consacre en faveur de l'État le droit de servitude sur les forêts privées, c'est-à-dire de prendre des bois pour le service de la Marine et de l'Artillerie qu'exceptionnellement et sous la condition que 'les arbres à prendre devront avoir au moins 2 archines de tour à 1½ arch. du sol. Sont exceptés de cette servitude les arbres existant dans les jardins clos de murs, ainsi que ceux situés à l'entour des habitations' (art. 11). Cependant 'quant aux rares pièces que l'on aura à choisir, il est juste que l'État en paye le valeur': 'l'estimation en argent ... sera faite en présence du propriétaire' (art. 15), et 'si les agents de l'Administration forestière ne parviennent pas à s'entendre avec le propriétaire sur le prix des bois, des experts (khibrès) désignés par les autorités locales seront chargés de le fixer et leur décision devra être agréée soit par l'Administration forestière, soit par le propriétaire' (art. 16).

(³) Pour ce règlement v. Dust., vol. III, p. 285, et Arist., vol. V, p. 169.

ADMINISTRATION FORESTIÈRE 5

Art. 7. [Comme modifié le 11 Djem. II 1312, Lah.-i-Kav., vol. II, p. 329 :] 'L'abattage des arbres dont les feuilles tombent pendant l'hiver et qui ne sont pas des arbres résineux, n'est permis que pendant la saison dans la localité en question où la sève se retire ; est permis en toute saison l'abattage des arbres résineux ainsi que des arbres dont les feuilles ne tombent pas pendant l'hiver.'

Art. 8. Chaque année les agents forestiers désigneront les limites des coupes de bois de feu. Ils désigneront les emplacements où la carbonisation devra être effectuée.

Art. 9. L'abattage et le transport des bois de construction dans les coupes vendues ne pourront être opérés sans une autorisation par écrit de l'agent forestier ([4]).

Art. 10. Les bois de cette sorte provenant des forêts de l'État recevront avant leur sortie de la forêt une marque particulière qui sera apposée par les soins des employés forestiers. Cette marque tiendra lieu de certificat d'origine.

Art. 11. Les concessionnaires ou adjudicataires de bois dans les forêts de l'État déposeront un cautionnement pour garantie de l'exécution de leurs engagements et de l'acquittement des condamnations qui pourraient être prononcées contre eux et leurs ouvriers. Toutefois ils pourront dans certains cas, au lieu de cautionnement, être tenus de présenter un garant solvable.

Art. 12. Quel que soit le mode de vente, et quelle que soit la nature de la coupe, par volume ou par contenance, les conditions de la vente seront réglées par une convention spéciale à laquelle les acquéreurs seront tenus de se conformer.

Art. 13. Tous les ans le moukhtar de chaque commune devra remettre à l'agent forestier local un état indiquant l'espèce et le nombre des bestiaux que les habitants désireront introduire dans les forêts de l'État.

Art. 14. L'agent forestier, après avoir pris connaissance de cet état, procédera à la désignation des cantons dans lesquels les troupeaux pourront être admis ; il fixera l'époque et la durée du parcours ainsi que les conditions dans lesquelles il devra être exercé.

Art. 15. Les bestiaux appartenant aux habitants d'une même commune seront placés sous la surveillance d'un gardien ou pâtre commun qui veillera à ce que les limites assignées au parcours ne soient pas franchies.

Art. 16. Les marchands de bestiaux étrangers à la commune, qui voudront faire stationner leurs troupeaux dans les forêts de l'État, devront en obtenir l'autorisation de l'agent forestier local qui déterminera les lieux de station. Ces propriétaires seront soumis au payement d'une redevance, conformément aux règles et prescriptions existantes.

---

[4] Pour des instructions réglant la vente du bois dans les forêts de l'État v. Lah.-i-Kav., vol. III, p. 21.

6 FORÊTS

Art. 17. Les habitants des communes pourront être au[torisés]
par l'agent forestier, à ramasser, sans payer aucune redeva[nce,]
bois mort et gisant dans les forêts de l'État situées sur le ter[ritoire]
de leur commune.

Art. 18. Il est défendu d'extraire, sans autorisation, des p[ierres]
de la terre, des feuilles, vertes ou mortes, des minerais ou [autres]
productions du sol des forêts. Une instruction spéciale r[églera]
les délivrances de cette nature.

Chapitre II.
Des forêts de l'Evkaf.

Art. 19. Ces forêts sont assimilées aux terres releva[nt de]
l'Administration de l'Evkaf dont les revenus sont dépensés [pour]
l'entretien des fondations auxquelles ces terres sont affectées ([5]).

([5]) Décision. Dust., vol. IV, p. .
  Kod., p. 3449.

Il a été décidé qu'à l'avenir les forêts faisant partie des va[koufs]
'mulhakka' (c'est-à-dire des vakoufs qui tout en ayant un mutévell[i sont]
surveillés au point de vue des comptes et de l'Administration p[ar les]
comptables du Ministère de l'Evkaf), seront désormais exploitées p[ar les]
fonctionnaires forestiers (à l'exception de quelques vakoufs reconn[us ab]
antiquo et limités en nombre, appelés 'mustesna'), à l'instar des [forêts]
faisant partie des vakoufs 'mazboutés', et seront administrées à la sui[te de]
l'extinction du mutévelli par les comptables du Ministère de l'Evka[f.]
Cette décision a été rendue d'accord avec le Ministère de l'Evka[f par]
une Commission spéciale et, après avoir été approuvée par le Consei[l des]
Ministres, elle a été sanctionnée par Iradé Impérial.
En conséquence, il est arrêté ce qui suit relativement aux taxe[s qui]
doivent être perçues à l'avenir desdites forêts :
1° A l'instar des forêts appartenant à titre de propriété à des par[ticu]
liers, on percevra la dîme sur les bois de charpente et autres produit[s des]
forêts possédées à titre de double location (bil idjarétéïn) et rele[vant]
d'un vakouf, et un droit de timbre sur les bois et charbons. L'Adm[inis]
tration des Forêts ne percevra sur lesdites forêts aucune autre tax[e]
forestière ni autre.
2° La taxe forestière (orman hakki) et le droit de timbre perçus [sur les]
produits des forêts de l'État conformément aux instructions et t[arifs]
spéciaux seront également perçus des produits des forêts vakoufs appa[rte]
nant aux catégories 'mazboutés' et 'mulhakka.'
3° La taxe forestière perçue sur les produits des forêts 'mazboutés[et]
'mulhakka' est prélevée sur la valeur pécuniaire ; en déduisant de c[ette]
taxe la dîme qui revient au fisc, le solde devrait revenir à l'Evkaf. M[ais]
comme, conformément aux décisions rendues, le 10 % de ce solde [doit]
être versé à la Caisse de l'Administration locale pour défrayer [les]
dépenses de l'Administration des Forêts, c'est seulement le surplus [qui]
sera versé. contre reçu, au Comptable de l'Evkaf.
4° Les droits de timbre perçus desdites forêts reviendront en tota[lité]
au fisc.
5° Ces dispositions pourront être modifiées par la suite d'après [les]
résultats que présentera l'application de la présente décision et d'ap[rès]
les constatations faites.

ADMINISTRATION FORESTIÈRE

Art. 20. Les forêts administrées directement par l'Evkaf seront soumises à une surveillance régulière. Les ventes et les exploitations y seront faites de la même manière que dans les forêts de l'État, conformément aux dispositions du présent règlement, ainsi qu'aux règles et dispositions qui pourront être adoptées et publiées par la suite. Quant au mode d'exploitation et de payement de la valeur des bois propres au service de la Marine et de l'Artillerie, il sera conforme au règlement spécial.

CHAPITRE III.
Des 'baltaliks' (bois communaux).

Art. 21. Les 'baltaliks' sont les forêts qui ont été affectées de tout temps aux communes pour leur usage et leur profit.

Art. 22. Par suite et en vertu des arts. 91 et 92 du Code des Terres, les habitants de ces communes ont seuls le droit d'en jouir, à l'exclusion de ceux des communes voisines et de tous autres individus ([6]).

Art. 23. Il est défendu aux particuliers d'acquérir d'une commune une portion quelconque du sol d'un 'baltalik,' ou un nombre quelconque d'arbres dans le but d'en jouir sur pied. En un mot l'aliénation d'une portion quelconque du fonds ou de la superficie est interdite en dehors des exploitations régulières.

Art. 24. Dans les procès relatifs aux 'baltaliks' il est interdit en vertu de l'art. 102 du Code rural d'invoquer le bénéfice de la prescription.

Art. 25. Les habitants d'une commune jouissent de leur 'bal-

([6]) Titre des propriétés forestières, instructions. 23 Mouh. 1293. Dust., vol. III, p. 300. Kod., p. 3472. Arist., vol. V, p. 184.

Art. 5. Les 'baltaliks' étant, suivant l'art. 21 du règlement des forêts, des bois ou forêts, laissées et réservées *ab antiquo* pour un village ou un bourg, doivent être en quantité suffisante pour que les habitants des villages et bourgs, qui y ont droit, puissent en tirer le bois nécessaire pour leurs besoins de tous les jours, pour leurs instruments d'agriculture, et autres choses indispensables ; mais on ne devra point prendre en considération les réclamations élevées par des habitants de village ou de bourg, et donner cette dénomination de 'baltalik' à une quantité de montagnes cultivables, d'une étendue beaucoup plus grande que celle qui aurait suffi à leurs besoins, par la seule raison que les limites assignées à ces montagnes sont rapportées dans les Hodjets et Ilams rendus par les autorités locales à la suite de contestations des habitants de villages ou de bourgs entre eux, et dans les Ordonnances qui ont confirmé ces écrits. Les arts. 11 et 23 dudit règlement sont basés aussi sur ces principes. Par conséquent, toute forêt ou 'baltalik' aussi, qui dépasse la mesure d'utilité des paysans, et qui ne se trouve en la possession de personne en vertu de titres authentiques, sera, suivant le règlement, compris parmi les montagnes cultivables, et séparée immédiatement, sera placée sous l'Administration des Forêts de l'État.

8 FORÊTS

taliks' soit individuellement soit en commun. Les bois exploi[tés]
dans un but de négoce, seront assujettis à la dîme.

Art. 26. Les habitants sont chargés de veiller à la conservati[on]
de leurs 'baltaliks.' Des instructions concernant la police de [ces]
forêts seront publiées ultérieurement et les agents de la fo[rce]
publique seront tenus concurremment avec les moukhtars de [les]
faire exécuter.

TITRE II.

Des poursuites, peines et condamnations.

SECTION Ire.

Des poursuites (⁷).

Art. 27. Les tribunaux ordinaires (Méhakimi Nizamié) co[n]naîtront de tous les délits commis dans les forêts de l'État et [de] l'Evkaf qui seront soumises au régime forestier.

Art. 28. Les procès-verbaux des délits devront être remis [à] l'autorité locale par l'agent forestier, le plus tôt possible après constatation des délits.

Art. 29. Ces procès-verbaux indiqueront toujours les nom[s,] prénoms, profession et demeure du délinquant : la date du déli[t,] sa nature et la partie de forêt dans laquelle il aura été commi[s.] Les fonctionnaires convaincus d'avoir empêché le cours des pou[r]suites seront punis selon le Code pénal.

Art. 30. Le dépôt effectué en vertu de l'art. 46, par le pro[-]priétaire des bestiaux trouvés en délit sera restitué à ce proprié[-]taire, si les poursuites exercées contre lui sont reconnues m[al] fondées. Quant aux bestiaux vendus d'après le même article, leu[r] prix en sera définitivement acquis à l'État, et quel que soit c[e] prix, quand même il serait inférieur aux condamnations encourue[s] le délinquant sera à l'abri de toute poursuite ultérieure pour l[e] même fait.

Art. 31. Les actions en dommages-intérêts seront prescrite[s] par trois mois à partir du jour où les délits auront été commis, e[t] l'exécution des jugements sera prescrite par trois mois à dater d[u] jour où ils auront été prononcés.

Art. 32. L'autorité du chef-lieu du district rendra compt[e] immédiatement aux agents forestiers du résultat des poursuite[s] auxquelles les procès-verbaux transmis par ces derniers auron[t] donné lieu.

(⁷) Les arts. 16 à 19 du Code de Procédure pénale traitent des délit[s] commis dans les forêts.

D'après l'art. 19 de ce Code, les gardes forestiers sont considérés comm[e] des officiers de police judiciaire.

Les arts. 162-166 traitent de la compétence relative aux délits forestiers.

ADMINISTRATION FORESTIÈRE 9

Section II.
Des peines et condamnations.

Art. 33. La coupe ou l'enlèvement sans autorisation de bois dans les forêts de l'État sera punie d'une amende égale. A 8 bechliks pour les arbres de 1 à 2 archines de tour; à 15 bechliks pour les arbres de 2 à 3 archines de tour; à 20 bechliks pour les arbres de 3 archines et au-dessus.

La circonférence sera mesurée à 2 archines du sol toutes les fois que cela sera possible et, dans le cas contraire, sur la section.

Pour les arbres qui auront moins d'une archine de tour l'amende sera de 4 bechliks pour chaque charge de bête de somme et de 2 bechliks par fagot ou charge d'homme. Pour le chêne, les amendes ci-dessus spécifiées seront doublées.

Art. 34. Ceux qui auront écorcé ou mutilé des arbres seront punis comme s'ils les avaient coupés sur pied ([8]).

Art. 35. Ceux qui auront commis les délits prévus par l'art. 18 seront punis d'une amende égale à 2 bechliks pour une charge d'homme, à 5 bechliks par charge de bête de somme et à 15 bechliks par voiture.

Art. 36. Outre les amendes prévues par les articles précédents, il y aura toujours lieu à la restitution des objets enlevés, à des dommages-intérêts et à la confiscation des instruments de délit. Les employés sont autorisés à saisir ces instruments, mais ils devront immédiatement les déposer entre les mains de l'autorité.

Art. 37. Toute exploitation de bois dans une coupe avant que l'agent forestier n'en ait donné l'autorisation par écrit sera punie dans la personne du délinquant ou à défaut dans celle de l'adjudicataire, du concessionnaire ou du garant solidaire, de l'amende prévue pour les bois coupés en délit.

Art. 38. Tout enlèvement de bois dans une coupe avant l'autorisation par écrit de l'agent forestier local sera également puni comme ci-dessus.

Art. 39. La coupe ou l'enlèvement dans les coupes autorisées d'arbres autres que ceux désignés dans le procès-verbal de matelage donnera lieu contre le délinquant ou à défaut contre le concessionnaire, l'adjudicataire ou le garant solidaire à une amende double de celle prévue pour les bois coupés en délit, sans préjudice des dommages-intérêts et de la restitution.

Art. 40. Dans les coupes marquées en délivrance, les souches qui ne porteraient pas l'empreinte du marteau de l'État, seront considérés comme appartenant à des arbres coupés en délit, à moins qu'il ne soit prouvé que l'enlèvement de l'empreinte résulte d'un accident involontaire.

Art. 41. Les bois des coupes autorisées qui ne seront pas

([8]) v. Code pénal, art. 133.

FORÊTS

enlevés dans les délais fixés par l'Administration, pourront ê confisqués et vendus au profit de l'État.

Art. 42. Toute contravention aux conditions stipulées soit le présent règlement, soit par des actes spéciaux relativement mode d'exploitation et à la vidange des coupes, ainsi qu'à l' traction des produits quelconques du sol des forêts, sera pui sauf les cas déjà prévus, dans la personne du délinquant ou défaut, de l'adjudicataire, du concessionnaire ou du garant solidai d'une amende de 10 à 20 bechliks, sans préjudice des dommag intérêts, s'il y a lieu.

Art. 43. Il est défendu de faire paître des animaux quelco ques dans les forêts de l'État, sous peine contre le propriéta d'une amende de P. 1 par animal. Dans le cas de pâturage n autorisé, il y aura toujours lieu à des dommages-intérêts qui pourront être inférieurs à l'amende simple.

Art. 44. Lorsque les animaux trouvés en délit feront partie (troupeau communal, les poursuites seront exercées contre le gardi de ce troupeau.

Art. 45. Les bestiaux trouvés en délit seront saisis, à moi qu'ils ne fassent partie du troupeau communal, et vendus au prof de l'État par les soins du moukhtar, si dans les trois jours q suivront la saisie, le propriétaire n'a pas déposé entre les mai dudit moukhtar une somme égale au montant des condamnatioi encourues. Toutefois la saisie ne portera que sur un anim: lorsque le nombre de ceux trouvés en délit ne dépassera pas 2(Elle portera sur deux animaux si le nombre est compris enti 21 et 40, sur trois s'il est compris entre 41 et 60 et ainsi de suit dans la même proportion.

Art. 46. Toute fabrication de charbon dans des places autre que celles qui auront été désignées par les employés forestier donnera lieu contre l'adjudicataire, le concessionnaire où le garan solidaire à une amende de 20 bechliks.

Art. 47. Tout individu convaincu d'avoir mis volontairemen le feu à une forêt sera condamné à la peine prévue par l'art. 16; du Code pénal.

Art. 48. Tout contrefacteur du marteau de l'État sera pun de la peine prévue par l'art. 150 du Code pénal.

Art. 49. Si plusieurs individus sont poursuivis pour le même délit, ils seront solidaires des condamnations prononcées contre eux conformément à l'art. 46 du Code pénal.

Art. 50. Les propriétaires seront garants solidaires des condamnations prononcées contre les gardiens de leurs troupeaux, sauf leurs recours contre eux.

Art. 51. Les adjudicataires et concessionnaires sont responsables des délits et contraventions commis par leurs agents et ouvriers, et garants solidaires des condamnations pécuniaires prononcées contre eux.

TAXES FORESTIÈRES 11

Art. 52. En cas d'impuissance à payer les amendes ou à fournir caution, chaque amende de 2 bechliks sera remplacée par un emprisonnement d'un jour.

En tout cas, la durée de l'emprisonnement ne devra pas dépasser 91 jours.

Ordonnance.

La mise en vigueur des dispositions du présent règlement ayant été autorisée par Iradé Impérial, le Ministère des Finances est chargé de son application.

TEXTE CI³.

Protection des forêts,
   règlement   *Servet*, 29 oct. 1903.
   élaboré par le Conseil d'État.

Art. 1ᵉʳ. Si l'arbre abattu mesure un pourtour d'une à 2 archines, il sera perçu une amende de 8 bechliks pour chaque arbre. Si l'arbre est de 3 archines, l'amende sera de 12 bechliks; au-dessus de 20 bechliks. Si le pourtour de l'arbre abattu mesure moins d'une archine, il sera perçu pour chaque charge de bête une amende de 4 bechliks et pour chaque charge d'homme une amende de 2 bechliks.

Art. 2. Les arbres abattus et l'outil utilisé pour la coupe seront confisqués. Cette confiscation pourra se faire sur place comme au moment de l'introduction dans une localité ou de l'embarquement.

Art. 3. Si le délinquant n'est pas en état de payer l'amende prescrite par le tribunal, il sera condamné à la détention. Pour chaque 2 bechliks il passera une journée en prison. Cette pénalité pourra être prolongée jusqu'à trois ans, au maximum.

TEXTE CI⁴.

Forêts,   Dust. III, p. 287 (turc).
   taxes sur le bois   15 Reb. I 1291.   Kod., p. 3459 (grec).
   et le charbon,   4 mai 1874.   Arist. V, p. 172 (franç.).
   instructions.

[extrait.]

Quotité du droit et mode de perception.

Art. 1ᵉʳ. Sur le bois coupé et le charbon brûlé soit dans les forêts de l'État et de l'Evkaf, soit dans celles laissées aux paysans, soit dans celles possédées par des particuliers, et qui est porté

12   FORÊTS

et vendu aux échelles sur la mer ou en rivière, ou aux statio
de chemins de fer, pour être transporté à Constantinople
à d'autres villes, il sera perçu du vendeur un droit fixe établi
l'art. 2.

Art. 2. Pour la charge d'un chariot de bois pesant 200 ocque
il sera perçu un droit de P. 1, et pour un chariot de charbo
pesant 200 ocques, Ps. 2 ; pour la charge de bois pesant 100 ocqu
d'un cheval 20 paras, pour la charge de charbon d'un poids ég
P. 1 ; pour du bois chargé sur un âne et évalué à 50 ocque
10 paras, et pour la charge de charbon d'un âne évaluée aus
à 50 ocques 20 paras.

TEXTE CI[5].

Taxe sur le bois et le charbon, instructions et tarif. 7 Nich. 1293. 19 avr. 1877. Dust., vol. III, p. 291. Kod., p. 3464. Arist., vol. V, p. 176.

[traduction d'Aristarchi.]

Espèces de taxes et de papiers.

Art. 1er. Les droits établis sur la charpente, le bois et le charbon, tirés des forêts, sont de deux espèces :

1º Un impôt (orman hakky) payé pour la charpente, le bois et le charbon, tirés des forêts de l'État ou des Vakoufs de la catégorie des 'tahsissat' ;

2º La dîme, perçue de toute sorte de charpente coupée et exportée de bois appartenant à des particuliers ou réservés pour les villages, et le droit de timbre, payé pour le bois et le charbon exportés de ces mêmes forêts.

Art. 2. La taxe (orman hakky), imposée sur la charpente, le bois et le charbon, tirés des forêts de l'État, ou de Vakoufs de la catégorie des 'tahsissat,' se subdivise en deux espèces :

1º La première espèce consiste au prix des arbres qui, suivant les arts. 6 et 12 du règlement des forêts, sont vendus aux enchères après avoir été marqués sur les lieux, ou séparés par terrains circonscrits ;

2º Les habitants de villages situés près de forêts, devant, d'après la disposition expresse de l'article suivant, payer un impôt (orman hakky) et un droit de timbre sur la charpente de toute sorte (qui aura moins de huit piques de longueur, et moins de huit pouces de largeur ou de hauteur), le bois et le charbon, que dans un but de commerce, ils tireront de ces forêts, la seconde espèce de la taxe c'est l'impôt en question, en dehors du droit de

TAXES FORESTIÈRES

timbre, et qui doit être perçu, conformément au tarif spécial (¹), sur le prix de ces objets sur la place où on les aura portés.

Art. 3. Sont exempts de la taxe imposée par l'art. 2, la charpente, le bois et le charbon que les habitants de villages voisins de forêts couperont et brûleront dans ces forêts, soit qu'elles appartiennent à l'État, soit qu'elles dépendent de Vakoufs de la catégorie des 'tahsissat' (²), pour des constructions nécessaires, telles que leurs habitations, greniers, étables, ainsi que pour leurs besoins indispensables de ménage ; il ne sera aussi perçu aucun droit sur tous les instruments d'agriculture, le bois et le charbon, que ces mêmes villageois couperont dans lesdites forêts, et qu'ils transporteront, sur leurs chariots ou à dos d'animaux, dans divers endroits, et surtout dans les marchés, où ils les vendront directement aux habitants des villes et des bourgs, pour les besoins indispensables et incessants de ces habitants. Mais, lorsque la charpente, le bois et le charbon se vendent dans les villes et les bourgs, à des fabriques où il s'en fait une grande consommation ou à d'autres établissements semblables, qui donnent des profits plus importants encore, ou lorsqu'ils sont portés à des échelles de mer ou de rivière, et à des gares de chemins de fer, pouvant servir de débouchés pour d'autres endroits, alors on en percevra une taxe (orman hakky) et un droit de timbre (³).

Art. 4. La taxe sur la charpente, le bois et le charbon, coupés et exportés de forêts appartenant à des particuliers ou réservés pour les villages, est aussi de deux espèces :

1º La dîme, 10 % sur le prix de toute sorte de charpente en général ;

2º Le droit de timbre, 20 paras pour 100 ocques de bois, et 40 paras pour autant d'ocques de charbon.

(¹) Tarif de la taxe sur le bois (orman hakki) à percevoir sur le prix au lieu d'arrivage et proportionnel à la distance entre le lieu d'arrivage et le lieu de coupe.

N'est pas comprise dans cette distance la traversée par mer, par fleuve ou par chemin de fer.

L'heure de distance équivaut à 3½ kilomètres.

La charpente est longue d'au moins 8 pik et large et haute d'au moins 8 pouces.

Sur une valeur de Ps. 100, charpente, bois et charbon :

D'une heure à cinq	25 %			12 %
De cinq ,, dix	20 %			8 %
De dix ,, quinze	15 %			6 %
De quinze ,, vingt	12 %			4 %
Au-dessus de ,,	10 %			2 %

(²) v. art. 91 du Code des Terres.
(³) Note grand-véz. du 7 sept. 1286, publiée dans le Kam.-i-Kav., p. 138 :
'Est aussi exempt de la taxe le bois de construction coupé pour les émigrés et pour les institutions de bienfaisance.'

14   FORÊTS

Art. 5. En percevant les droits mentionnés dans les arti(
précédents, on emploiera deux sortes d'écrits, et des timbres
10, 20 et 40 paras ; dans les cas où il est impossible d'appliqu
de ces petits timbres, comme par exemple pour des radeaux, (
navires, des vagons de trains, etc., on se servira de timbres
Ps. 10, Ps. 50, Ps. 100, Ps. 500 et Ps. 1000.

Art. 6. L'une des deux espèces d'écrits mentionnées dans l'art
sera, sous la dénomination de permis de transport, employée po
la charpente tirée des forêts de l'État et des Vakoufs de la catégoi
'tahsissat,' ainsi que pour le bois et le charbon, sur lesquels il fa
prélever, outre le droit de timbre, la taxe d' 'orman hakky' comi
il sera expliqué dans l'art. 7 ; la seconde espèce d'écrits, appel
reçus de dîme, s'applique à la charpente exportée des forêts (
particuliers, ou de celles réservées pour les villages ; les timbr
enfin s'appliquent au bois et au charbon tirés tant des forêts (
l'État et des particuliers que de celles réservées pour les villages.

Arts. 7, 8 et 9. [Mode de perception de la taxe et emploi de
papiers y relatifs.]

Art. 10. La charpente, le bois et le charbon pour lesquels
n'y aurait point de reçu, ou dont la qualité et la quantité diffé
reraient de celles rapportées dans le reçu, les autorités susmen
tionnées auront la faculté de les séquestrer, mais elles devront e
avertir immédiatement le chef-lieu du sandjak et l'inspecteur de
forêts. La charpente, le bois et le charbon en question seron
considérés comme des objets de contrebande, et sur le surplus i
sera pris le double du droit établi.

Art. 11. Attendu que, pour toute espèce de charpente, de boi:
et de charbon, apportée par mer d'une échelle à une autre, ou i
Constantinople, on doit être muni du certificat, ou du permis
mentionnés dans l'art. 7, pour prouver que la taxe (orman
hakky) ou le droit de timbre a été payé, dans le cas où seraient
arrivés à une échelle de la charpente, du bois ou du charbon sans
le certificat ou le permis de rigueur, les employés forestiers, douaniers ou administratifs de l'endroit, en séquestrant ces marchan-
dises pour en percevoir le double du droit établi, porteront le fait
à la connaissance de l'inspecteur des forêts et du gouverneur, s'il
s'est passé dans une province, et à celle de la direction générale
des forêts, s'il a eu lieu dans les échelles de Constantinople.

Art. 12. Si un autre que ces fonctionnaires, quelqu'il soit,
avertit l'autorité de la charpente, du bois et du charbon ainsi
frauduleusement apportés, il aura la cinquième partie du double
droit qui sera prélevé en cette circonstance.

Arts. 13, 14 et 15. [Formalités administratives.]

[Pages 15 to 44 of the original have not been reproduced here.]

TITRE CIII

CODE DES TERRES

TEXTE CIII[1].

Code des Terres ([1]) et de la propriété foncière.
7 Ram. 1274.
21 avr. 1868.

Dust., vol. I, p. 165 (turc).
Kod., p. 1003 (grec).
Arist., vol. I, p. 57 (franç.).
Ongley (angl.).

[traduction revisée ([2]).]

Chapitre Ier.

Art. 1er. La terre est classée, en Turquie, en cinq catégories, comme suit :

1º La terre 'mulk' ([3]), propriété appartenant, de la manière la plus absolue, aux particuliers.

2º La terre 'miri,' domaine public, propriété de l'État.

3º La terre 'mevkoufé,' bien de mainmorte, non sujette à mutation.

4º La terre 'metrouké,' laissée (pour l'usage public) ([4]).

5º La terre 'mévat' morte.

Art. 2. Les terres mulk ou de propriété privée sont de quatre sortes :

1º Celles qui se trouvent dans l'intérieur des communes (koura) et cantons (kassaba), et celles qui, s'étendant sur la

---

([1]) Ce Code est aussi désigné 'Code de propriété foncière' et 'Code rural.'

([2]) Cette traduction par M. Bélin publiée d'abord dans le *Journal asiatique*, année 1861, chap. xi, a été reproduite dans l'ouvrage d'Aristarchi.
Les traductions de plusieurs articles ont été empruntées à la 'Législation foncière ottomane,' par MM. Padel et Steeg ; Pédone, Paris, 1904.

([3]) Mulk, plur. emlak.

([4]) Le terme 'erazi-emirie' ou tout simplement 'erazi,' est employé souvent dans les textes turcs pour désigner ces deux catégories de 'miri' et 'mevkoufé.'

CODE DES TERRES

lisière de ces circonscriptions, dans un périmètre d'un demi-c
au plus, sont considérées comme complément d'habitation.

2º Celles qui, distraites du domaine public, ont été c
à titre mulk valide (en toute propriété) à tel individu pour e
en pleine propriété (milkiet), selon les prescriptions de
religieuse.

3º Les terres de dîme (uchrié), c'est-à-dire celles qu
tagées lors de la conquête, entre les vainqueurs, leur c
données en toute propriété.

4º Celles dites 'kharadjié,' qui, à la même époque, c
laissées et confirmées dans la possession des indigènes
musulmans).

Le tribut (kharadj) de la terre est de deux sortes :

'Kharadj-i-moukassemé' (impôt proportionnel), qui, selor
portance des produits du sol, peut s'élever du dixième jusc
moitié de la récolte.

'Kharadj-i-mouvazzaf' (impôt fixe), à payer à forfait c
année.

La pleine propriété de la terre mulk appartient au propriéta
elle se transmet par voie d'héritage, comme tout autre bie
les dispositions de la loi, telles que la mise en vakouf, le ga
hypothèque, la donation, la préemption (choufa) lui sont
cables.

Toute terre 'uchrié' ou 'kharadjié,' au décès sans héritier c
propriétaire, fait retour au domaine public (Beit-ul-Mal) et de
ainsi 'miri.'

La législation et la procédure relatives à ces quatre sort
terres mulk, se trouvant dans les livres de jurisprudence relig
(fiqh), ne seront pas traitées ici ([6]).

Art. 3. Les terres 'miri' relèvent entièrement du dor
public. Ce sont les champs, lieux de campement et de par
d'été et d'hiver, les forêts et autres domaines, dont le Gouv
ment donnait la jouissance par fermage, et qui s'acquéraient a
fois, en cas de vente ou de vacance, moyennant la permission
concession délivrées par les feudataires de 'timars' et de 'ziar
considérés comme maître du sol (sahibi erz), et, plus tard,
celles des 'multezims' et 'mouhassils.' Cet ordre de choses
aboli, la possession de ces sortes d'immeubles s'acquerra, do

---

([5]) Littéralement : la servitude de la terre 'mulk' relève du pro
taire 'rakaba,' qui s'emploie principalement pour les personnes
êtres animés, indique la nuque, sur laquelle repose le joug ; c'est do
servitude de la terre qui se trouve dans le *dominium plenum* de
propriétaire. (Bélin *op. cit.*).

([6]) Le droit du Beit-ul-Mal correspond au 'fiscus' du droit ro
(v. C. civ. franç., arts. 33, 539, 768). Actuellement le Beit-ul-Mal
plus qu'une subdivision du Ministère des Finances chargée du reco
ment des successions dévolues aux orphelins ou sans héritiers légit
(Bélin, *op. cit.*).

PROPRIÉTÉ FONCIÈRE

vant, moyennant la permission et la concession de l'agent *ad hoc* du Gouvernement (⁷). Les acquéreurs de ces possessions recevront un titre possessoire dit 'tapou' revêtu du 'toughra' impérial. Le 'tapou' est un 'mouadjelé' (payement anticipé), qui se fait en échange du droit de possession, et qui est versé entre les mains de l'agent compétent, pour le compte du trésor (⁸).

Art. 4. Les terres 'mevkoufé' sont de deux sortes :

1º Celles qui, étant réellement mulk dans l'origine, sont devenues vakouf par l'accomplissement des formalités prescrites par le 'chériat' (loi religieuse). La propriété (rakaba) de ces terres, qui exerce sur elles tous les droits et tous les droits qui en résultent appartiennent au Ministère de l'Evkaf, elles ne sont point régies par la loi civile (cânoun), mais uniquement d'après le dispositif des conditions établies par le fondateur ; le présent Code n'est pas applicable à ce genre de vakoufs.

2º Les terres qui, distraites du domaine public, ont été converties en vakoufs, soit par les sultans, soit par tous autres, avec l'autorisation souveraine (⁹). Comme cette sorte de vakoufs n'est que l'attribution par le Gouvernement d'une partie des revenus publics, telle que la dîme et les redevances 'ruçoum,' à une destination quelconque, ce genre de vakoufs n'est donc pas un vakouf réel et proprement dit. Au reste, la plupart des vakoufs de l'Empire sont de ce genre et comme cette catégorie de terres, devenue vakouf subsidiairement par suite de la destination spéciale à laquelle elle a été affectée, dépend du Beit-ul-Mal, tout aussi bien que les terres purement et primitivement 'uchrié,' elle suit la procédure civile, dont on trouvera ci-après le détail. Seulement, les droits de 'firâgh' (vente), 'd'intikal' (transmission par héritage), et le prix d'acquisition des terrains vacants, qui, lorsqu'il s'agit de propriétés pures et simples de l'État, sont versés au trésor public, doivent, pour ces sortes de vakoufs, être versés à la caisse de l'Administration du vakouf (¹⁰).

La législation ci-après, qui régit les terres vakoufs toutes les fois que, dans le présent Code, il sera question de terres 'mevkoufé,' c'est de celles-ci qu'on voudra parler, c'est-à-dire de terres devenues vakoufs subsidiairement, et par suite d'une destination spéciale, à laquelle elles auront été affectées.

Parmi ces vakoufs il s'en trouve encore d'autres qui se divisent en deux classes :

L'une appartenant à l'État, quant au fond, et dont la dîme et

---

(⁷) v. CV², note 1.
(⁸) Pour les conditions dans lesquelles la terre 'miri' est cédée par l'État, v. arts. 8 et 130. Pour les obligations qu'impose sa possession (houkouk-i-tessaroufié), v. art. 68.
(⁹) 'Erazi-mevkoufé-ghair-i-sahiha' = vakoufs improprement dit ; cette catégorie s'appelle aussi 'takhsissat-kabilinden.'
(¹⁰) Pour la terminologie des vakoufs v. CVI.

48 CODE DES TERRES

les autres 'ruçoumât' (¹¹) reviennent à l'État, le droit de possession (c'est-à-dire le prix d'achat pour obtenir la jouissance) étant seul affecté à une destination donnée.

L'autre appartenant à l'État, quant au fond, et dont la dîme, les autres revenus et le droit de possession (le prix d'achat pour la jouissance) sont affectés à une destination déterminée. Les dispositions civiles (kanounié) relatives à la vente et à la transmission (par héritage) ne sont pas applicables à ces sortes de terres ; elles ne peuvent être cultivées et mises en état de rapport que par l'administration même du vakouf, ou par voie de louage, et le produit en est employé selon les dispositions du fondateur.

Art. 5. Les terres 'metrouké' sont de deux sortes :

1º Celles (mahmié) qui, comme la voie publique, par exemple, sont laissées à l'usage commun des populations.

2º Celles (murefeké) qui, comme les pâturages, sont laissées pour le service de la généralité des habitants d'une commune et d'un canton, ou de plusieurs communes et cantons réunis.

Art. 6. Les terres 'mévat' sont les terrains vagues qui, n'étant en la possession de personne et n'ayant pas été laissées ou affectées à la population, s'étendent loin des communes et cantons, à une distance d'où la voix humaine ne peut se faire entendre du point extrême des endroits habités, c'est-à-dire un mille et demi, ou environ la distance d'une demi-heure.

Art. 7. Le présent Code est divisée en trois livres :

Livre Ier. Domaine public : 'erazii-mirié vè mevkoufé.'

Livre II. Terres abandonnées et terres mortes : 'erazii-metrouké vé mévat.'

Livre III. Diverses sortes de propriétés non classés dans les catégories précédentes.

LIVRE Ier.

Domaine public.

Chapitre Ier.

Terres domaniales (miri).

Acquisition et possession (tessarouf) (¹²).

Art. 8. La totalité des terres d'une commune ou d'un canton ne peut être concédée, en bloc, à l'ensemble de ses habitants, ou

---

(¹¹) 'Ruçoum' ou 'ruçoumât' est un terme générique qui semble indiquer, ainsi que 'miriiât,' tous les impôts autres que la dîme et la douane, ce qui correspondrait assez aux impôts indirects de France. (Bélin.)

(¹²) Ce droit de possession (tessarouf) tient le milieu entre la 'locatio perpetua agrorum civitatis vectigalium' et l' 'usus fructus' de la législation romaine. Les droits sont exclusifs de ceux de toute autre personne mais

ACQUISITION DES TERRES MIRI

bien, par voie de choix, à un ou deux d'entre eux. Ces terres sont concédées à chaque habitant séparément, et on lui fait remise d'un titre possessoire (tapou), établissant son droit de possession.

Art. 9. Les terres miri susceptibles de culture et de labour pourront recevoir, directement ou indirectement, par voie de louage ou de prêt, toutes sortes de cultures, telles que blé, orge, riz, 'boïa' (garance), et autres grains. Elles ne pourront rester incultes, à moins d'excuses valables, déterminées au titre (déshérence) et dûment constatées.

Art. 10. Les prairies, dont l'herbe est fauchée *ab antiquo*, et sur le produit desquelles la dîme est payée, sont considérées comme terre cultivée ; la possession en est donnée par tapou ; le possesseur seul peut tirer profit de l'herbe qui y croît, et peut empêcher tout autre d'en jouir([13]). Ces prairies, moyennant l'autorisation de l'autorité compétente, peuvent être labourées et mises en culture.

Art. 11. Le possesseur par tapou d'un champ en jachères peut seul tirer profit de l'herbe dite 'kilimba' qu'il y croît, selon le besoin. Il peut interdire aussi l'entrée dudit champ à quiconque voudrait y introduire des bestiaux pour la paisson ([14]).

Art. 12. Personne, sans la permission préalable de l'autorité compétente, ne peut travailler la terre dont il a la possession, pour en faire des briques ou des tuiles. En cas de contravention, que cette terre soit miri ou mevkoufé, le contrevenant devra payer, pour compte du trésor, le prix de la terre ainsi employée par lui, selon la valeur qu'elle aura sur les lieux.

Art. 13. Tout possesseur de terre par tapou peut empêcher qui que ce soit de traverser son terrain si on n'y a pas droit ; mais s'il existe, *ab antiquo*, un droit de passage, ledit possesseur ne pourra s'y opposer.

Art. 14. Personne, sans l'autorisation et l'entremise du possesseur, ne peut couper arbitrairement le terrain d'autrui, y faire des meules ou tout autre acte arbitraire de possession.

Art. 15. Lorsqu'une terre possédée par indivis par plusieurs personnes est susceptible d'être divisée, c'est-à-dire lorsque chaque portion peut donner séparément autant de revenu que si elle continuait de faire partie de l'ensemble, et si le partage est demandé par l'un au moins des copossesseurs, les parts seront formées en

---

sont limités d'une part par l'obligation imposée d'exploiter le terrain de manière à ce que la dîme soit régulièrement acquittée et de l'autre par la défense d'accomplir sans autorisation par l'État certains actes qui pourraient en diminuer la valeur ou en modifier indirectement la nature juridique.

([13]) Le Code civil, art. 1257, n'accorde au propriétaire des terres mulk que le droit d'empêcher l'entrée sur son domaine. Le Code des Terres enlève au profit du 'possesseur' d'une prairie miri, le caractère de 'moubah,' i. e. chose à libre disposition de tous qui lui est attribué dans le Code civil.

([14]) Mais v. art. 125. Confirmé par ordre véz. du 9 Reb. I 1305.

CODE DES TERRES

tenant compte de leur valeur et réparties par tirage au sort selon les prescriptions du droit religieux ou de toute autre manière équitable ; ce partage est fait en présence des intéressés ou de leurs représentants, et par les soins des autorités compétentes qui attribuent à chacun sa part. Si les terres sont reconnues n'être pas susceptibles de partage, elles devront rester dans l'indivision ; dans ce cas, on ne pourra pas recourir au partage de la jouissance (mouhaïa) ([15]).

Art. 16. Après le partage de la terre, dans les formes déterminées au précédent article, quand chacun des copossesseurs, ayant fixé ses limites, aura reçu 'tradition' de la partie lui échéant, et quand il en sera entré en possession, aucun d'eux ne sera plus habile à demander l'annulation du premier partage pour faire procéder à une nouvelle répartition.

Art. 17. Le partage de la terre ne peut avoir lieu sans l'autorisation et le ministère de l'autorité compétente, ni en l'absence du possesseur ou de son mandataire, sous peine d'être considéré nul et non avenu.

Art. 18. Si un ou plusieurs des copossesseurs de l'un ou l'autre sexe sont mineurs le partage des terres en leur possession et susceptibles d'être divisées, conformément à l'art. 15, aura lieu par l'entremise de leurs tuteurs. Il en sera de même des terres appartenant à des individus en état de folie ou de démence ; le partage en sera fait par l'entremise de leurs tuteurs ([16]).

Art. 19. Tout individu ayant seul la possession, par tapou, de forêts ou de 'pernallik' ([17]), peut les abattre pour en faire des champs destinés à la culture. Mais si ces forêts ou 'pernallik' sont en possession collective, l'un des copossesseurs ne peut, sans le consentement des autres, abattre tout ou partie desdites forêts ou 'pernallik' pour en faire des champs ; s'il le faisait, ceux-ci seraient *aussi* copossesseurs de la partie de terrain ainsi défriché ([18]).

Art. 20. Lorsqu'une personne ayant droit à la possession d'une terre miri l'aura laissé occuper par une autre pendant dix ans sans la revendiquer en justice, et sans pouvoir invoquer aucune excuse valable telle que la violence exercée par l'occupant, la minorité, la

---

([15]) La traduction de cet article est celle donnée dans la 'Législation foncière ott.' de MM. Padel et Steeg, et diffère de celle de M. Bélin.

([16]) 'Véli' désigne le tuteur naturel, celui qui est investi de cette qualité par le droit de la parenté du sang ; ce droit n'appartient qu'au père et grand-père ; la mère n'est point 'véli,' mais le testament du père peut lui déférer la tutelle. — 'Vassi' est le tuteur nommé par testament. — 'Kaïm' est le tuteur nommé par l'autorité, quand il n'y a ni 'véli,' ni 'vassi.' (Tornauw : 'Droit musulman,' p. 290.)

([17]) Terrain où croît le pernâr (grec, *prinari* ou *prinos*), chêne yeuse, (*quercus ilex*) ; il y a aussi une autre espèce de pernâr, c'est le chêne kermès (*quercus coccifera*).

([18]) Dans le texte de M. Bélin se trouve le mot 'seulement,' ici remplacé par le mot 'aussi.'

ACQUISITION DES TERRES MIRI 51

démence, l'absence pour cause de voyage, les procès tendant à la restitution de la possession de cette terre ne pourront pas être accueillis ([19]). Le délai de dix ans court à partir du moment où les excuses ci-dessus auraient cessé d'exister. Mais, si le défendeur reconnaît qu'il a pris possession de la terre et qu'il l'a cultivée sans droit (fouzouli), il n'est pas tenu compte du délai qui s'est écoulé et la terre est remise au légitime possesseur ([20]).

Art. 21. Lorsqu'une personne ayant pris possession, sans droits (fousoulén) ou par violence, d'une terre miri, l'aura cultivée et aura payé, chaque année, les impôts dûs au fisc, et qu'elle devra restituer la terre, après jugement et sur l'ordre des autorités, ni le fisc ni le demandeur, ayant obtenu la restitution, ne pourront réclamer du détenteur une indemnité pour la moins-value de la terre, après la récolte (noksan-i-erz) (v. § 60), ni un droit de louage (idjr-i-missil) ([21]). Les mêmes dispositions sont applicables à la terre appartenant aux mineurs ou à des individus en état d'imbécilité et de démence.

Art. 22. Lors de la restitution des terres prises et cultivées, arbitrairement ou par violence, l'individu qui aura réclamé sa terre pourra faire enlever, par l'entremise de l'autorité compétente, les semailles ou herbages que l'usurpateur aura pu y jeter ou y faire croître ; il n'a nul droit de se les approprier ([22]).

Supplément à l'art. 22.   15 Djem. I 1302.   Lah.-i-Kav., vol. III, p. 130.

Lorsque les semailles ne sont pas encore sorties du sol au moment de la restitution, le demandeur prendra possession de la terre avec

---

([19]) Si le Gouvernement concède aux réfugiés des terres mortes (khaliés), ou tombées en déshérence (mahloul) et si les réfugiés les ont cultivé et y ont élevé des constructions, les procès en réclamation de 'possession' desdites terres intentés de la part d'autrui après un laps de deux ans seront déboutés. 11 Djem. 1305 (Djiz.-i-Kav., p. 477).

([20]) Cet article ne fait que reproduire, à l'égard de la prescription des terres miri, les règles du Code civil concernant les immeubles mulk (v. art. 1662.
Les commentateurs du Code foncier relèvent cependant entre les deux législations une différence portant sur le contenu de l'aveu (ikrar) par lequel celui qui a prescrit peut lui-même interrompre la prescription. Le possesseur de la terre miri ne perdrait le bénéfice de la possession de dix ans que s'il avouait formellement l'avoir acquise par un acte arbitraire (fouzouli). (Législation foncière, p. 167.)

([21]) Cette disposition est motivée par la préférence donnée par cette législation aux intérêts du fisc sur ceux de tous autres ayants droit. La faveur ainsi accordée au seul fait de la détention provoquait à l'usurpation des biens d'autrui. Dans les cas d'usurpation manifeste un ordre du Ministère de l'Intérieur, 5 Techr. II, n° 137 (' Lég. fonc.,' p. 94), ordonne d'expulser l'usurpant sur la demande du propriétaire muni de titres possessoirs en règle sans que celui-ci fut obligé de s'adresser aux tribunaux. Cf. C. civ. franç., arts. 548-550, 597, 613-614.

([22]) L'usurpant ne sera pas indemnifié pour ses labeurs (v. C.civ.,art.988).

CODE DES TERRES

les semences à la condition d'en payer la valeur à celui qui les aura semées.

Art. 23. Tout individu qui, des mains du possesseur, aura reçu une terre à titre de louage ou de prêt, n'acquiert nullement un droit de permanence sur ladite terre, par le fait du long espace de temps pendant lequel il l'aura cultivée et en aura joui, dès qu'il s'en reconnaît locataire ou emprunteur. Conséquemment, comme on ne tient pas compte du temps, le possesseur de la terre aura toujours le droit de reprendre sa propriété des mains du locataire ou emprunteur ([23]).

Art. 24. Les pâturages d'hiver (kichlak) et d'été (yailak) à l'exception de ceux qui sont abandonnés à l'usage commun d'un ou plusieurs villages, ne diffèrent en rien des terres miri ordinaires, lorsqu'ils sont *ab antiquo* possédés par tapou, à titre particulier ou par indivis. Toutes les dispositions applicables aux terres miri le sont également à ces pâturages d'hiver et d'été ([24]).

Les deux espèces de 'yailaks' et de 'kichlaks' (c'est-à-dire ceux des communes et des particuliers) sont soumis aux droits sur les pâturages dits 'yailakié' et 'kichlakié' proportionnellement à leur rapport.

Art. 25. Personne, sans la permission des autorités compétentes, ne peut planter dans une terre en sa possession des vignes ou des arbres fruitiers, pour en faire un vignoble ou un verger. Si ces plantations ont été faites sans autorisation, le fisc a le droit de les faire enlever pendant un délai de trois ans ([25]). Au bout de ce temps, les arbres étant en état de porter des fruits, devront être laissés en place. Les arbres plantés avec l'autorisation du fisc et ceux qui, ayant été plantés sans autorisation, auront été laissés en place pendant trois ans ne sont pas considérés comme une dépendance du sol, mais ils appartiennent en pleine propriété (mulk) au possesseur du sol. La dîme seule est perçue annuellement sur le produit ; il ne peut être imposé de redevance fixe (moukataa) sur le sol de ces sortes de vignobles et vergers sur le produit desquels la dîme est payée.

([23]) Cf. C. civ. franç., arts. 2236-2240.

([24]) Les kichlaks, pâturages d'hiver, sont des terrains qui par suite de la douceur du climat, de leur situation abritée et de l'abondance de l'herbe et de l'eau, conviennent particulièrement à faire séjourner et pâturer les troupeaux pendant l'hiver.

Les yaïlaks, pâturages d'été, sont des terrains à l'abri des fortes chaleurs et qui, par suite de l'abondance de l'herbe et de l'eau, conviennent particulièrement à faire pâturer les bestiaux pendant l'été.

([25]) Les agents du Defter-Khané doivent consulter les Conseils administratifs pour s'assurer s'il est de l'intérêt de l'État ou des possesseurs du sol d'arracher les arbres. Si les arbres portent déjà des fruits ou si le fisc n'en sera nullement lésé les plantations seront laissées bien que le délai de trois ans ne soit pas encore écoulé. Circ. du Defter-Khané, 24 Reb. I 1309. (Mou.-i-Oum., 1311-1313, p. 9.)

ACQUISITION DES TERRES MIRI

Art. 26. Tout individu qui greffera ou élèvera des arbres venus naturellement sur la terre en sa possession, à titre unique ou collectif, en acquerre la propriété mulk, et ni l'autorité compétente, pas plus que le copossesseur, ne pourront s'ingérer dans la propriété desdits arbres sur le produit annuel desquels la dîme seule sera perçue ([26]).

Art. 27. Nul étranger n'a le droit de faire acte de propriétaire en greffant ou cultivant, sans l'autorisation du possesseur du sol, les arbres venus naturellement sur la terre d'autrui; si l'étranger à cette propriété veut faire cette greffe ou culture, le possesseur du sol a le droit de l'en empêcher. Si la greffe a eu lieu, le possesseur du sol est en droit, par l'entremise de l'autorité compétente, de faire enlever lesdits arbres de l'endroit où ils auront été greffés.

Art. 28. Tout arbre fruitier et non fruitier sans exception, savoir: la vallonnée (palamoud), le noyer, le châtaignier, le charme (gueurgen), et le chêne (méché), venu naturellement sur un terrain miri suit la condition de la terre; le produit revient au possesseur du sol: la dîme légale seulement (uchuri-cheri) est prélevée sur la récolte, pour compte du miri. *Les arbres venus naturellement ne peuvent être ni coupés, ni enlevés par le possesseur du sol, ni par qui que ce soit. Quiconque couperait ou enlèverait l'un de ces arbres serait passible, envers le miri, du payement de la valeur de l'arbre sur pied* ([27]).

Art. 29. Tout individu qui a planté des arbres non fruitiers, avec permission de l'autorité compétente, sur la terre en sa possession en a la propriété mulk; lui seul a la faculté de les couper et de les faire arracher. Toute autre personne qui voudrait en faire la coupe devrait en rembourser la valeur. Il est imposé sur ces sortes de bois une redevance foncière (idjârèi-zémîn) équivalant à la dîme, en tenant compte, suivant l'emplacement, du plus ou moins de valeur de l'immeuble.

Art. 30. Hormis les forêts des montagnes 'mubâh' et celles affectées à l'usage des communes, la coupe des arbres venus naturellement dans les bois destinés à l'affouage (kori), qui, passés de père en fils ou achetés de tiers, sont possédés par tapou, est

---

([26]) Cf. C. civ., art. 1244.

([27]) Cette disposition a été modifiée par Iradé du 16 Chev. 1286 (v. note), et abrogée par Iradé du 18 Reb. I 1293 (Lég. fonç., p. 80). Ce dernier a accordé expressément au possesseur de la terre miri le droit de couper les arbres fruitiers et non fruitiers venus naturellement sur sa terre.

Toutefois, même après l'abolition du droit de propriété de l'État sur les arbres venus naturellement, il faut toujours distinguer deux sortes de bois privés, les bois possédés à titre de tapou soit comme dépendance de la terre, soit comme objet principal de possession (art. 30), et les bois possédés à titre de pleine propriété (mulk). Le droit de l'État de prendre les arbres nécessaires à la Marine et à l'Artillerie s'étend indistinctement à toute sorte de bois appartenant à des particuliers. (v. CI², note 2.)

CODE DES TERRES

réservée ou possesseur seul de ces bois. Si tout autre veut faire cette coupe, le détenteur peut l'en empêcher, par l'entremise de l'autorité compétente ; *si la coupe a eu lieu, la valeur sur pied des arbres coupés sera remboursée pour compte du miri* ([28]). Pour ce qui est du sol de ces bois, le miri perçoit l' ' idjâréi-zémîn,' équivalant à la dîme. La procédure applicable à ces forêts est celle des terres miri.

Art. 31. L'édification de toute nouvelle construction (mudjeddeden) sur une terre miri doit être autorisée par les autorités compétentes. Les bâtiments élevés sans autorisation pourront être abattus par les autorités ([29]).

Art. 32. Si le possesseur d'une terre miri est dans la nécessité, selon les circonstances, d'y faire des constructions, il pourra, moyennant la permission du Defter-Khané, y faire bâtir des fermes, moulins, enclos, hangars, granges, écuries, greniers à paille, bergeries, etc. Quant aux terrains bruts, sur lesquels il n'existe aucun vestige de construction, et où l'on voudra bâtir un quartier ou un village, on devra obtenir un Iradé ; car, dans ce cas, la permission seule de l'autorité est insuffisante.

Art. 33. Personne, ni possesseur ni autre, ne pourra enterrer un cadavre dans une terre possédée par tapou ; en cas de contravention, le cadavre, s'il n'est déjà réduit en poussière, sera exhumé, par l'entremise de l'autorité compétente, et transporté ailleurs ; s'il n'en reste plus rien, le terrain qui le recouvrait sera nivelé.

Art. 34. [Comme modifié, Djiz.-i-Kav., p. 482.] Le terrain distrait d'une terre miri pour servir d'emplacement de ' khirmen,' et dont la possession est donnée ordinairement par tapou, à

([28]) Abrogé par l'Iradé du 16 Chev. 1286. (Dust., vol. I, p. 171) :
' D'après le Code rural ottoman les arbres végétant naturellement sur les terres domaniales (erazii mirié) appartiennent à l'État, et le possesseur du fonds doit l'indemniser de la valeur des bois qu'il exploite.

' Cette disposition étant préjudiciable aux propriétaires de biens-fonds, et entraînant la dépréciation de la propriété agricole, tous les articles du Code rural qui consacrent les droits de l'État sur lesdits arbres sont abrogés.'

([29]) Cette disposition a été modifiée par une circ. du Defter-Khané du 25 Redj. 1312, et abrogée par une décision (publiée dans l'*Ikdam* le 23 déc. 1900) qui ordonne de laisser en place tous les bâtiments élevés sans autorisation sur des terres miri, à moins que des motifs particuliers, par exemple, d'ordre militaire, ne viennent à s'y opposer. Mais la taxe fixe, remplaçant la dîme, devra être perçue à raison du double de celle-ci.

Une circulaire du Defter-Khané du 29 juin 1305 fixait cette taxe à 1 % pour les vakoufs à double redevance, et à 3 % pour les terres miri labourables et les moukata'a li vakoufs.

Une circulaire du même ministère (19 Mouh. 1308) portait que le montant de la taxe doit être inscrit dans les titres de possession.

Une autre circulaire du 6 Chab. 1305 invite les autorités communales à signaler aux fonctionnaires du cadastre toute construction sur une terre miri, entreprise, dans leur circonscription, sans autorisation régulière.

titre particulier ou commun, suit la législation des autres terres miri.

Art. 35. 1º Si quelqu'un élève arbitrairement des constructions, ou plante des vignes et des arbres (fruitiers) sur un terrain en la possession légitime d'une autre personne, celle-ci a le droit de faire abattre les bâtisses et enlever les vignes et les arbres, par l'entremise de l'autorité compétente ;

2º Si quelqu'un fait des constructions et des plantations sur les terrains possédés, à titre commun, par lui et des tiers, et ce sans y être autorisé par ses copossesseurs, ceux-ci procéderont de la façon indiquée au premier paragraphe du présent article, pour ce qui concerne la partie qui leur revient ;

3º Si quelqu'un muni d'un titre légal ou juste obtenu par l'une des causes amenant la possession, savoir : l'achat d'une autre personne ou du miri, la supposition que le terrain est vacant (mahloul), ou enfin la transmission par héritage paternel ou maternel ; si donc quelqu'un ayant fait des constructions ou plantations sur le terrain dont il se trouve ainsi possesseur, il survient ensuite une autre personne prétendant avoir droit au sol sur lequel se trouvent lesdites bâtisses et plantations, on vérifiera l'existence de ce droit ; et, après l'avoir constatée, si la valeur des bâtiments à démolir ou des arbres à enlever dépasse celle du sol, payement sera fait au demandeur du prix réel du sol, lequel restera alors entre les mains du propriétaire des bâtiments et plantations. Si, au contraire, le sol vaut davantage, le prix des constructions ou des arbres sera compté à leur propriétaire, après quoi ils feront retour au demandeur, possesseur du sol ;

4º Enfin, quelqu'un fait des constructions ou plantations sur certaines parties de terrains possédés en commun par lui et des tiers, et ce sans l'autorisation de ses copossesseurs, il sera procédé au partage de ces terrains conformément aux dispositions de l'art. 15 ; si le sol des constructions ou plantations échoit à l'un des copossesseurs, on procédera comme il est dit au § 2 du présent article.

Chapitre II.

Transfert (firagh) des terres miri [30].

Art. 36. Tout possesseur d'une terre miri peut, avec l'autorisation des autorités, la transférer à qui il veut, à titre gratuit ou

---

[30] Bien que les commentateurs turcs du Code foncier considèrent le régime des terres miri comme dérivé d'un contrat de location, ils ne peuvent que constater l'analogie complète existant entre la vente des biens mulk et le firagh des terres miri. Il y a donc lieu en cas de silence du Code foncier sur le firagh, d'en compléter les dispositions par celles du Code civil relatives à la vente. (' Lég. fonc. ott.,' Padel et Steeg, p. 109.)

CODE DES TERRES

pour un prix convenu. Le transfert accompli, sans l'autorisation et la participation des autorités, est nul. La validité du droit de possession de l'acquéreur demeure subordonnée à l'assentiment des autorités ; ainsi, s'il vient à mourir sans que l'assentiment ait été accordé, celui qui a transféré la terre (farigh) peut en reprendre la possession. Si ce dernier meurt en laissant des héritiers qualifiés pour recueillir la succession des terres miri, ceux-ci héritent du fonds. S'il n'y a pas d'héritiers aptes à recueillir cette succession la terre est transférée de nouveau contre la valeur du tapou. L'acquéreur (mefroug ounleh) reprendra le prix d'achat sur la succession du cédant (farigh). La mutation de la terre est donc subordonnée toujours à la permission de l'autorité. Tout transfert doit être accompagné du consentement de l'acquéreur ou de son mandataire.

Art. 37. Pour l'achat des terres miri la permission de l'autorité étant seule requise, si le cédant (farigh), muni de cette permission, vient à décéder avant que l'acquéreur ait put retirer le titre de tapou, la vente, malgré cela, est bonne et valable, et la terre ne peut être considérée comme vacante.

Art. 38. [Comme modifié le 23 Ram. 1286, Djiz.-i-Kav., p. 484.] Lorsqu'un transfert d'immeubles a été effectué à titre gratuit ni le cédant ni ses héritiers ne sont admis, en cas de décès, à réclamer le prix d'achat. Mais si le transfert ayant été fait en présence des autorités contre payement d'une somme déterminée, il n'en reçoit pas le montant, ledit cédant et ses héritiers ont le droit de se faire restituer la terre, soit de l'acquéreur, soit, en cas de décès, des héritiers jusqu'à concurrence du montant de la succession [31].

Art. 39. Toute personne qui, dans la forme valable et définitive, et avec permission de l'autorité, aura vendu sa terre gratis ou pour une valeur déterminée, ne pourra plus revenir sur cette vente.

Art. 40. Si un individu, après avoir transféré sa terre, avec permission de l'autorité, la revend à une autre personne sans l'autorisation de l'acquéreur, ce second transfert ne sera pas valable.

Art. 41. Celui qui est copossesseur ou cointéressé (cherik ve khalit) d'une terre miri, ne peut céder sa part à un tiers gratuitement ou contre payement, qu'avec l'autorisation de ses copossesseurs, ou avec celle des cointéressés, s'il en existe [32]. Si la

---

[31] Cette mesure a été étendue aux vakoufs à double loyer par un mazbata de la Commission du Medjellé de 1296.

[32] L'art. 1008 du Code civil donne les causes du retrait de l'indivision (choufa) dans l'ordre suivant : (1) Copropriété de l'immeuble vendu; (2) copropriétés de servitudes ; (3) voisinage immédiat ; le droit devait s'exercer dans cet ordre.

Le Code des Terres pourtant ne donne aucune préférence aux copropriétaires sur les cointéressés.

cession a eu lieu sans l'autorisation de ces derniers, le ' chérik ' ou
' khalit ' peut, pendant cinq ans, réclamer de l'acquéreur (mefrough-
ounleh) la restitution de la terre, en lui payant la valeur de la
terre au moment de la demande. Le droit de réclamer la terre
s'éteint à l'expiration du délai fixé, même si celui à qui il appartenait a été empêché de l'exercer par des circonstances telles que la
minorité, la folie ou l'absence. Mais, si l'intéressé a donné son
assentiment au transfert ou si, des offres de cession lui ayant été
faites, il les a repoussées, il ne peut plus faire valoir ultérieurement
aucune revendication sur le fonds.

Supplément à l'art. 41. 19 Chab. 1291. Dust., vol. III, p. 457.
Arist., vol. V, p. 248.

Si dans l'espace de cinq années l'associé venait à mourir, ses
héritiers qui auront droit de possession demanderont cette propriété
à l'acquéreur; si ce dernier venait à mourir, le coïntéressé
demandera la propriété aux héritiers de l'acquéreur; si l'associé et
l'acquéreur mourraient en même temps, les héritiers de l'associé
demanderont cette possession aux héritiers de l'acquéreur.

Art. 42. Si, parmi trois associés ou plus, il s'en trouve un qui
veuille transférer sa part, il ne pourra être fait aucune préférence
entre les coïntéressés. Si ces derniers veulent acquérir cette part
ils peuvent la prendre en commun. Si l'un des coïntéressés transfert sa part entière à l'un de ses coassociés, les autres peuvent
prendre, sur cette part, la portion afférente à chacun d'eux. Les
dispositions de l'article précédent sont aussi applicables à
celui-ci ([33]).

Art. 43. Si quelqu'un transfert arbitrairement, avec permission
de l'autorité, mais sans mandat *ad hoc* du possesseur ([34]), la terre
d'un tiers ou de son associé, et si ledit transfert n'est pas confirmé
par le possesseur, celle-ci sera reprise, par l'entremise de l'autorité
compétente, de quiconque en aura fait, de la sorte, l'acquisition
arbitraire.

Art. 44. Le possesseur de tout terrain sur lequel se trouvent
des arbres et constructions mulk, terrain dont la culture et la

---

([33]) Bien que l'art. 46 se basant sur le Code civil (arts. 1017-1018)
ait exclut les terres miri du droit de préférence (choufa). Il existe cependant un droit analogue applicable à ces dernières. Le droit de
préférence (hakki-rudjhan) accordé par les arts. 41 et 42 aux ' copossess-
seurs ' par les arts. 44 et 49 aux propriétaires de mulk sur un fonds miri
et par l'art. 45 aux habitants du même village n'est autre chose que le
droit de choufa dont une catégorie seulement, le retrait vicinal, est interdite pour terres miri par l'art. 46.

([34]) Un ordre du ' Verghi emaneti ' prescrit que les mandats pour aliénation des terres ne seraient délivrés que par les tribunaux du Chéri, à
l'exclusion des notaires.

CODE DES TERRES

possession suivent la condition desdits arbres et bâtiments, ne peut transférer ce terrain gratis, ou pour sa contre-valeur, à personne autre que le propriétaire desdits arbres ou bâtiments, si celui-ci demande à en devenir acquéreur, moyennant la formalité de tapou. Si le transfert est fait à tout autre, ledit propriétaire aura, pendant dix ans, la faculté de réclamer ce terrain et de le reprendre, pour sa valeur à l'époque où il en fera la demande ; pour ce cas, les motifs d'excuse, tels que minorité, démence et séjour en voyage, dans une contrée éloignée, ne sont pas admis.

Art. 45. Si le possesseur par tapou de terrains sis dans la circonscription d'une commune en a fait le transfert à une personne résidant dans une autre commune, les habitants de celle où se trouvent lesdits terrains, et auxquels ils pourraient être nécessaires, ont, une année durant, la faculté de réclamer en leur faveur l'adjudication de ce terrain au même prix que celui auquel il aura été vendu.

Art. 46. Le droit de choufa applicable aux terres mulk ne l'est pas aux terres miri et vakouf, c'est-à-dire que, si quelqu'un a aliéné pour un certain prix un terrain lui appartenant son voisin ne peut le réclamer en disant ' je le prends pour le même prix.'

Art. 47. Quand il s'agit de terres reconnues comme ayant la contenance d'un nombre déterminé de deunums et de dira, ce chiffre sera seul pris en considération. Mais s'il s'agit du transfert de terrains dont on aura indiqué et déterminé les limites, il n'importe plus de connaître le nombre de deunums et de dira de leur contenance, et l'on tient compte uniquement des limites. Ainsi, par exemple, si un terrain transféré, dont le propriétaire aura indiqué et déterminé les limites, tout en disant qu'il a une contenance de vingt-cinq deunums, se trouve en avoir trente-deux, cedit propriétaire ne pourra intenter d'action contre l'acquéreur, distraire sept deunums de ce terrain pour les reprendre, ou enfin exiger un supplément sur le prix d'achat; et s'il décède une fois le transfert accompli, ses descendants ou ascendants ne seront pas non plus admis à poursuivre. De même, si le terrain ne contenait que dix-huit deunums, l'acquéreur ne serait pas admis à réclamer, sur le prix d'achat, la restitution d'une somme équivalant aux sept deunums en question.

Art. 48. Les arbres venus naturellement sur le terrain d'un individu qui en a fait la vente suivent la condition du sol, et doivent entrer dans ce transfert. Toutefois, si, lors du transfert, le cédant a dénoncé l'état mulk des arbres existant sur ce terrain, l'acquéreur ne pourra en prendre possession avant qu'ils aient fait l'objet d'une vente spéciale.

Art. 49. Quand le propriétaire d'arbres, vignes ou bâtiments mulk, plantés ou élevés ultérieurement sur un terrain de tapou, a transféré, avec le concours de l'autorité, on fait transférer également le sol, toujours avec le même concours, à l'acquéreur desdits arbres, vignes ou bâtiments. On procède de la même manière lorsqu'il s'agit de forêts dont le sol est miri et les arbres mulk.

Art. 50. Le transfert des terres miri accompli par des impubères (saghir), des fous (medjnoun), ou des faibles d'esprit (ma'touh), n'est pas valable. Si le transfert a été accompli et si celui qui a cédé la terre meurt avant d'avoir atteint l'âge de puberté (bulough), ou avant sa guérison, la terre passe à ses héritiers et, à leur défaut, retourne au fisc qui la cède à nouveau contre le prix du tapou ([35]).

Art. 51. Les individus de l'un et de l'autre sexe en état de minorité, folie ou démence ne peuvent acquérir. Toutefois, s'il y a pour eux profit ou avantage constaté, leurs tuteurs ou curateurs peuvent, en cette dite qualité, acquérir en leur nom.

Art. 52. [Comme modifié.] Les tuteurs des mineurs de l'un et de l'autre sexe ne peuvent transférer ou acquérir, sous prétexte de payement de dettes, dépense d'entretien, ou tout autre, les terres transmises directement à leurs pupilles par héritage, ou celles qui, à tous autres titres, seraient passées en leur possession. Au cas contraire leursdits pupilles peuvent, dix années durant, après leur majorité, ou après être devenus habiles à posséder, réclamer du détenteur de leurs terres, et ce par l'entremise de l'autorité, la restitution et la mise en jouissance de leurs biens. S'ils décèdent avant leur majorité, ces terres passeront à leurs héritiers directs ; et, à défaut de ceux-ci, elles seront soumises à la formalité du tapou. Mais lorsqu'il est démontré que des fermes (tchiftliks) appartenant à des mineurs ne peuvent être administrées par les tuteurs que d'une façon onéreuse pour le pupille et que, les constructions et dépendances de la ferme ayant une certaine importance, il serait nuisible au pupille de les laisser se détériorer et diminuer de valeur et que, dans ces circonstances, la vente en serait prescrite par la loi religieuse, s'il est établi qu'en vendant séparément les constructions et les dépendances de la ferme on ferait un acte nuisible aux intérêts du mineur, il est permis de vendre le tout ensemble à son prix réel, après en avoir obtenu l'autorisation du tribunal religieux. Le transfert ayant été ainsi accompli, le mineur ne pourra pas, après sa majorité, réclamer la restitution de la ferme ou de ses dépendances. On procédera de même pour les terres des fous ou des faibles d'esprit ([36]).

([35]) Cf. art. 361 du Code civil, contrairement à ce qui a lieu pour la vente du mulk l'art. 50 assimile l'impubère capable de discernement et l'imbécile à l'impubère incapable et au fou.

([36]) Loi des titres possessoires (tapou) des 'tchiftliks' des mineurs, Chap. III (v. CV²).

Art. 31. Lorsque les 'tchiftliks' ordinairement appelés ainsi, c'est-à-dire les biens composés de bâtisses, bétail, bêtes de somme, vignes et d'autres propriétés, et de terres domaniales lesquelles, susceptibles de culture, en relèvent, reviennent par héritage à des mineurs ; ces 'tchiftliks' doivent être conservés dans l'état qu'ils sont pour les mineurs jusqu'à leur majorité, pourvu qu'ils puissent être affermés à un prix de

CODE DES TERRES

Art. 53. Si le possesseur male ou femelle d'arbres et vignes, devenus vergers et vignobles, ainsi que de constructions sur un terrain miri qui n'en constitue que l'accessoire dont la vente est permise par le Chériat, leurs tuteurs peuvent vendre ses immeubles ainsi que le terrain.

Chapitre III.

Transmission par héritage (tevsi-intikal) des terres miri ([37]).

Art. 54. Lors du décès du possesseur mâle ou femelle de terres miri ou mevkoufé, les terres en sa possession passent, par portions égales, gratis, et sans formalités d'achat, à ses enfants des deux sexes, présents sur les lieux ou habitant d'autres contrées. Si le décédé ne laisse que des garçons, ou des filles, les uns ou les autres en hériteront de même, seuls, et sans formalités d'achat. Si le possesseur de la terre laisse, à son décès, sa femme en état de grossesse, la terre reste dans le *statu quo* jusqu'à la délivrance ([38]).

---

fermage égal à un intérêt de 2½ pour 500 sur leur valeur estimée et sous la condition que les objets susceptibles à dépérir, à savoir les propriétés et le bétail, seraient cheptel de fer, c'est-à-dire remplacés par d'autres objets de la même espèce, en tant qu'ils disparaissent ou dépérissent.

Art. 32. Toutes les fois que la plus grande partie des biens composant les 'tchiftliks' seraient des biens meubles et que le dépérissement des autres biens du même 'tchiftlik' tels que bâtiments et dépôts de paille pourrait causer un préjudice minime relativement à la valeur des terres, les biens meubles seront sans ajournement vendus et les terres seront affermées, n'importe à quel prix, et conservées au nom des mineurs.

Art. 33. Aussitôt qu'il serait prouvé, d'après la loi religieuse, à dire d'experts que les biens immeubles situés dans la circonférence des 'tchiftliks' tels que jardins, vignes, moulins, et autres grands bâtiments, sont d'un prix considérable et que leur dépérissement causerait un préjudice important aux mineurs, on en poursuit la vente aux enchères publiques. Aussi procédera-t-on, à la suite de l'acte de vente et du rapport y relatif envoyés aux Archives Impériales, à la vente de terres dépendant desdits biens vendus. Pareillement il est permis de vendre en bloc avec une maison des terres dont on fait usage comme d'une chose dépendante et dont le prix serait de beaucoup diminué, si elles ne se vendaient pas avec ladite maison.

([37]) L'extension du droit de succession aux terres miri se divise en cinq périodes de modifications successives :

1° De la conquête jusqu'à 1567 sont admis à la succession les fils seuls.

2° De 1567 à 1847 sont admis à la succession les fils du possesseur masculin à titre gratuit ; d'une femme, contre payement de la valeur, ainsi que les filles, frères, sœurs, parents héritiers, copossesseurs et voisins.

3° De 1847 à 1857 sont admis à la succession les enfants à titre gratuit ; les petits-enfants contre payement.

4° De 1857 à 1867 (Code foncier) sont admis à la succession les enfants, le père et la mère à titre gratuit.

5° Depuis 1867 (loi du 17 Mouh. 1284) régime actuel (v. XIX[1]).

([38]) Les dispositions du Code des Terres sur la désignation et parts successorales ont été abrogées ou modifiées en grande partie par la loi du 17 Mouh. 1284 (v. XIX[1]).

SUCCESSION AUX TERRES MIRI 61

Art. 55. [Cet article a été remplacé par l'art. 1er et de la loi du 17 Mouh. 1284 ainsi que par la disposition du 29 Reb. II 1289 (v. XIX¹).]

Art. 56. Si partie des enfants du défunt, mâle ou femelle, existent et sont présents, et si l'autre manque, dans les conditions dites disparition absolue (ghaibeti-munkatia), les terres sont données aux enfants présents et existants. Toutefois, si l'absent reparaît dans le terme de trois ans *à partir du décès de son père ou de sa mère ;* ou bien s'il est avéré qu'il existe encore, il prendra sa part. *On procédera de la même façon quand il s'agira du père ou de la mère.*

Art. 57. Les terres de l'individu dont on ignore l'existence ou le décès, et qui aura disparu, dans les même conditions, durant l'espace de trois années, passeront, dans l'ordre fixé dit à l'art. 55, *à ses enfants ; à leur défaut, à son père ; et si celui-ci n'existe plus, à sa mère* ([39]). S'il n'y a aucun de ces héritiers, la terre sera soumise à la formalité de tapou ; c'est-à-dire que si, dans les conditions énumérées ci-après, il y a des héritiers collatéraux, cette terre leur sera concédée, moyennant la taxe de tapou. S'il n'y en a pas, elle sera adjugée aux enchères, au plus offrant.

Art. 58. [Comme modifié.] Le soldat employé à l'armée, en service actif dans une autre contrée, que son existence soit connue ou qu'il ait disparu, dans les conditions du 'ghaibeti-munkatia,' hérite des terres laissées par son père, sa mère, son grand-père, sa grand'mère, sa sœur, son épouse ou ses enfants. Elles ne peuvent être concédées à personne avant la constatation légale (religieuse) de son décès. La vente même eût-elle été faite, si cet héritier reparait, à quelque époque que ce soit, il a le droit de reprendre ladite terre, son patrimoine, des mains de quinconque en sera détenteur, et d'en prendre possession. Toutefois, et dans le seul but de sauvegarder les intérêts du Trésor, quant à la redevance payable par la terre si le soldat dont il est parlé n'a ni parent ni représentant pour gérer son bien, sa terre sera confiée à un tiers, afin de la mettre en rapport et d'assurer ainsi le prélèvement des droits.

Chapitre IV.

Concession des terres miri tombées en déshérence (mahloul).

[La loi de 1284 (XIX¹) ayant admis au droit de succession à titre gratuit la plupart des catégories d'ayants droit au tapou (hakk-i-tapou sahibi) énumérées dans ce chapitre, le nombre de ces catégories d'ayants droits se trouve réduit à trois.]

([39]) Depuis la loi de 1284 (XIX¹), la même règle est applicable aux cas de grossesse d'autres ayants droit.

CODE DES TERRES

L'art. 59. [Comme modifié.] Lorsqu'un possesseur de terre miri vient à décéder sans laisser d'héritiers qualifiés par la loi du 17 Mouh. 1284, la terre sera donnée moyennant la taxe du tapou, c'est-à-dire pour un prix fixé par des experts impartiaux, connaissant l'étendue et la contenance de la terre, ses limites et sa valeur relative proportionnée, selon la localité, à son rendement :

1º Par portions égales, aux individus qui auraient hérité d'arbres et de constructions mulk, se trouvant sur la terre. Leur droit de revendication est de dix années.

2º Aux associés ou coïntéressés ; leur droit de revendication est de cinq années.

3º A ceux des habitants de la localité à qui elle peut être nécessaire. Leur droit de revendication dure une année. Lorsque plusieurs habitants ont besoin de la terre, et revendiquent leur droit au tapou, la terre est partagée entre eux, si le partage peut se faire sans inconvénients. Si la terre n'est pas susceptible de partage, elle est donnée à celui des habitants qui en a le plus besoin. Si plusieurs en ont un égal besoin celui qui aura servi dans l'armée sera préféré aux autres. A défaut de ce motif de préférence on procédera à un tirage au sort ([40]).

Après avoir été ainsi adjugée la terre ne pourra plus être réclamée par aucun autre acquéreur ([41]).

Art. 60. [Comme modifié.] Si le possesseur mâle ou femelle de la terre décède sans héritiers directs, c'est-à-dire sans laisser les héritiers indiqués par l'art. 1er de la loi du 17 Mouh. 1284 (v. XIX^1) ayant droit au tapou ; ou si, en ayant laissé, ceux-ci encourent la déchéance de leur droit au tapou, par leur refus d'acquérir la terre moyennant la taxe de tapou, la terre alors devient purement et simplement 'vacante'; elle est mise aux enchères et adjugée au plus offrant. Si les ayants droit au tapou sont en état de minorité ou de démence, la déchéance ne peut être invoquée ni contre eux ni contre leurs tuteurs ([42]).

Art. 61. Les délais ci-dessus établis en faveur des collatéraux pour la revendication courent à partir du décès du possesseur mâle ou femelle de la terre ; et, pendant cette période, que la terre

---

([40]) Ce droit au tapou des héritiers selon le Chéri des constructions et plantations mulk sur terrain miri n'est pas à confondre avec leur droit d'héritage à titre gratuit dans le cas ou le terrain 'miri' est devenu simple accessoire de ces constructions 'mulk'; droit concédé par l'art. 81.

([41]) Ce droit au tapou des habitants de la même localité n'est applicable, d'après l'art. 18 de la loi du Tapou (v. CVI^2), qu'aux terres de peu d'étendue. (Cf. art. 3 de la loi du 17 Mouh. 1293, XX^b.)

([42]) Par conséquent ils peuvent demander une restitution *in integrum* contre cette privation de leur droit, et ainsi exercer le droit de préférence contre l'acquéreur de la terre, mais toutefois pendant le temps fixé pour l'exercice de cette action en revendication. (Règl. sur les tapous, arts. 31-33, v. CV^2.)

DÉSHÉRENCE DES TERRES MIRI

ait été ou non donnée à une autre personne, lesdits collatéraux auront la faculté de se la faire concéder par le miri, moyennant la taxe de tapou incombant à la terre, au jour de la demande. Ces délais écoulés, ou bien les collatéraux ayant encouru déchéance de leurs droits, les réclamations qu'ils pourront présenter en vertu de leur droit à tapou ne seront point admises. Les motifs d'excuse tels que minorité, folie ou séjour en voyage dans une contrée éloignée, ne sont pas valables dans les procès en revendication de droit à tapou. Si, par ces motifs, on a laissé périmer les délais, il y a, à leur expiration, déchéance du droit de tapou ([43]).

Art. 62. Si, parmi des collatéraux à égal degré, il s'en trouve qui encourent la déchéance de ces droits par leur refus de prendre, moyennant le tapou, la portion qui leur échoit dans les terres vacantes sur lesquelles ils ont droit à tapou, les autres peuvent prendre ces terres en totalité, en acquittant, bien entendu, cette dite taxe.

Art. 63. Si les terres vacantes sur lesquelles les collatéraux des deux sexes en état de minorité ou de folie, ou se trouvant en voyage dans une contrée éloignée, ont droit à tapou, n'ont pu leur être transférées, ces terres, sauf la faculté réservée auxdits collatéraux de faire valoir leur droit à revendication dans les délais fixés *ad hoc*, suivant les divers degrés, seront données, selon les règles, et moyennant la taxe de tapou, aux collatéraux du même degré ou du degré inférieur ; à défaut, ou en cas de déchéance, la terre sera mise aux enchères et adjugée au plus offrant.

Art. 64. [Comme modifié.] Si l'ayant droit au tapou du premier degré, dans les trois classes désignées ci-dessus, perd ses droits par son refus de prendre, moyennant tapou, la terre sur laquelle il a droit de tapou, celle-ci sera proposée à l'ayant droit du second degré, et en cas de refus au troisième degré. Si tous enfin la refusent, elle sera mise aux enchères et adjugée au plus offrant Si l'ayant droit au tapou décède avant d'avoir revendiqué le tapou, son dit droit de tapou ne passe pas à ses enfants ou à ses autres héritiers.

Art. 65. Si des individus en état de minorité, de folie ou de démence se trouvent parmi les ayants droit au tapou, et s'il y a avantage, pour leurs intérêts, à acquérir la terre sur laquelle ils ont droit à tapou, leur tuteurs ou curateurs feront cette acquisition pour leur compte, moyennant la taxe de tapou.

Art. 66. Si le possesseur d'une terre mise en culture, et possédée comme faisant suite aux arbres et constructions existant

---

([43]) La disposition de l'art. 61 en vertu duquel la prescription de l'action en revendication n'est pas suspendue pendant l'état de minorité, de démence ou d'imbécillité et d'absence, disposition exceptionnelle et contraire au principe consacré par le Code en faveur des mineurs et autres interdits (arts. 20, 52, 76).

CODE DES TERRES

sur le sol, et appartenant en mulk à un étranger (à la famille), vient à décéder sans laisser de collatéral dans l'une des catégories d'ayant droit à tapou ci-dessus énumérées, cet étranger aura la préférence sur tout autre ; s'il demande cette terre, elle lui sera concédée pour le montant de sa valeur. Si on la donnait à un tiers sans la lui avoir proposée, il aurait droit, pendant dix années, à la demander et à la réclamer pour le montant de sa valeur, au jour de la demande.

Art. 67. Aux soldats ayant droit à tapou ayant fait un service actif et personnel, dûment constaté, de cinq années, dans l'armée régulière, il sera accordé, gratuitement et sans contre-valeur, une étendue de terrain de cinq deunums dont le droit à tapou leur sera concédé ; pour tout ce qui dépassera les cinq deunums, les dispositions de la loi (civile) leur seront appliquées de la même manière qu'aux autres ayants droit à tapou.

Supplément à l'art. 67.   25 Mouh. 1287.   Djiz.-i-Kav., p. 482.

Le privilège d'avoir 5 deunums à titre gratuit dans les terres sur lesquelles ils ont droit à tapou est accordé non seulement aux officiers de l'armée régulière mais aux officiers en retraite, aux soldats de réserve de recrutement. Les soldats passés dans la réserve auront droit à $2\frac{1}{2}$ deunums des terres sur lesquelles leur droit à tapou est reconnu qu'il se trouvent au service ou non.

Sont privés de ce privilège ceux qui se sont libérés du service moyennant la taxe d'exemption.

Art. 68. Tout champ qui, sans l'un des motifs ci-après, dûment constatés, savoir :

Repos de la terre pendant un ou deux ans ou même plus, suivant le besoin, mais d'une façon toute exceptionnelle, et selon les localités.

Obligation de laisser pendant un certain temps le terrain qui aura été couvert par les eaux dans un état inculte après leur retraite, jusqu'à ce qu'il devienne susceptible de culture.

Ou, enfin, captivité du possesseur en temps de guerre. — Hormis ces conditions, tout champ qui ne sera pas cultivé directement par le possesseur, ou indirectement par voie de prêt ou de louage, et qui restera en non-rapport pendant trois années consécutives, sera soumis à la formalité du tapou, que le possesseur soit sur les lieux, ou en voyage dans une contrée éloignée ([44]). Si l'ancien

---

([44]) Selon le Droit romain l'emphyteuta peut être privé du droit d'emphytéose (1) dans le cas de détérioration du bien-fonds (Nov. 120, Chap. 8, cod. 1, 2) ce qui s'applique aussi dans le fermage du fonds (Lex. 3, cod. 4, 65), et (2) dans le cas de non payement de la redevance au propriétaire ou des impôts pendant trois années : 'sin per totum triennium neque pecunias solverit neque apochas domino tributorum reddiderit' (Lex. 2, cod. 4, 66).

CONCESSION DES TERRES MIRI

possesseur désire l'acquérir de nouveau, ce champ lui sera laissé moyennant le tapou de sa valeur. S'il n'en fait pas la demande, ce champ sera mis aux enchères, et adjugé au plus offrant.

Art. 69. [Comme modifié.]

La terre possédée par qui que ce soit, qui, pendant un long espace de temps, aura été inondée, et d'où les eaux se seront ensuite retirées, n'est pas soumise, pour ce fait, à la formalité de tapou; l'ancien possesseur la met en rapport et l'administre comme par le passé.([45]). Si l'ancien possesseur est mort, ses héritiers, indiqués par l'art. 1er de la loi du 17 Mouh. 1284, auront la possession et la jouissance à leur défaut sera donnée, contre le payement du tapou, aux ayants droit au tapou. Mais, si, lors de la retraite des eaux, et quand le terrain peut être mis en culture, le possesseur ou ses héritiers, comme il est dit plus haut, ne l'administrent pas, et, sans excuse valable, le laissent en non-rapport pendant trois années consécutives, il sera alors soumis à la formalité du tapou.

Art. 70. [Comme modifié.]

Ne sera pas soumise à la formalité du tapou toute terre qui, sans excuse valable, et après avoir été abandonnée ou laissée en non-rapport pendant deux années par le possesseur, aura ensuite été transférée par lui ; ou qui, à raison du décès de celui-ci, aura passée à ses héritiers, et sera laissée sans motif, par le nouvel acquéreur ou ses héritiers directs, pendant une ou deux années encore, à l'état d'inculture où elle était déjà sous le précédent possesseur.

Art. 71. [Comme modifié.]

Si le possesseur de la propriété dont l'état d'inculture pendant trois années consécutives, et sans excuse valable, aura été constaté, décède au bout de trois ans révolus sans avoir vendu la terre par l'entremise de l'autorité, et laisse après lui des héritiers, ceux-ci ne pourront hériter gratuitement de ces propriétés. On leur proposera de les prendre moyennant le tapou ; et s'ils refusent, ou si le possesseur desdites propriétés est décédé sans héritiers directs, on n'ira pas rechercher ayants droit au tapou ; la terre sera mise aux enchères et adjugée au plus offrant.

Art. 72. Si tous ou partie des habitants d'une ville ou village quittent le pays pour un motif légitime, la terre en leur possession n'est pas pour ce fait soumise à la formalité du tapou ; mais si l'abandon du pays a lieu sans motif valable, ou si les habitants n'y reviennent pas dans le délai de trois années, à partir du jour où les motifs légitimes qui les ont contraints à s'éloigner ont cessé ;

([45]) 'L'inondation ne change pas l'espèce du fonds, et pour cela lorsque les eaux se seront retirées il est indubitable que le fonds appartiendra à celui à qui il appartenait' (Lex. 6, dig. 41, 1).

et s'ils laissent ainsi la terre en non-rapport, elle sera soumise alors à la formalité du tapou.

Art. 73. La terre possédée par le soldat employé dans d'autres contrées dans un service personnel et actif à l'armée, que cette terre soit cultivée sous forme de louage ou de prêt, ou qu'elle reste dans le *statu quo* et en non-rapport, ne peut nullement être soumise à la formalité du tapou, tant que le décès du possesseur n'aura pas été constaté. Si, par hasard, elle avait été donnée à un tiers, ce soldat, en retour dans ses foyers, à la fin de son temps de service, pourra la reprendre de quiconque en serait détenteur.

Art. 74. [Comme modifié.]

Si un individu de l'un ou l'autre sexe, dont l'existence est connue, et qui se trouve en voyage dans un autre pays, hérite d'une terre provenant de la succession de ses père et mère, de ses enfants, de ses frères et sœur et du conjoint ([46]) et s'il ne vient pas lui-même mettre en rapport la terre dont il a hérité, ou s'il ne donne pas à quelqu'un, par écrit ou autrement, le mandat de la mettre en rapport, et la laisse pendant trois années consécutives en non-rapport, sans motif légitime, elle sera soumise à la formalité du tapou.

Art. 75. Si au décès du possesseur de la terre, de l'un ou l'autre sexe, on ignore si l'héritier direct absent dans les conditions du 'ghaibéti-munkatia,' est mort ou vif, ladite terre sera soumise à la formalité du tapou ([47]). Toutefois, si l'héritier reparaît dans le délai de trois années, à compter du jour du décès de la personne dont il hérite, il a le droit de prendre, sans frais, possession de la terre ; s'il ne reparaît qu'après l'expiration de ce terme, il n'est plus habile à faire valoir ses droits.

Art. 76. La terre possédée par des individus de l'un ou l'autre sexe, en état de minorité, démence ou folie, ne peut, en aucun cas, être soumise, pour fait d'inculture, à la formalité du tapou. Si les tuteurs la laissent en état d'inculture, soit indirectement, sans excuse valable, pendant trois années consécutives, lesdits tuteurs seront invités par l'autorité compétente à la cultiver eux-mêmes ou à la faire cultiver par des tiers. S'ils ne le peuvent ou s'ils s'y refusent, cette terre, dans le seul but d'être préservée de l'état d'inculture, sera donnée en location par l'autorité compétente, moyennant la taxe 'idjaré,' à ceux qui en feront la demande. La location fixée, et payable par le locataire, sera versée entre les mains des tuteurs pour compte de leurs pupilles, mineurs fous ou en état de démence ; à l'époque de la majorité ou de la guérison de ces derniers, ceux-ci retireront leursdites terres des mains des locataires.

([46]) v. note (37).
([47]) Cf. arts. 56, 57 et 100.

CONCESSION DES TERRES MIRI

Art. 77. S'il est constaté qu'un collatéral au premier degré ne l'ayant pas acquise du miri, recèle et détient une terre vacante dont il a la jouissance et la possession depuis un laps de temps moindre de dix ans, cette terre lui sera concédée moyennant le payement de la taxe de tapou due à l'époque où il a retenu la terre. S'il ne veut pas l'acquérir, et s'il y a un autre collatéral dont les délais fixés par la catégorie à laquelle il appartient ne soient pas expirés, la terre lui sera concédée. S'il n'y en a pas, ou si les ayants droit existants sont déchus de leurs droits, la terre sera mise aux enchères et adjugée au plus offrant. S'il est constaté que l'individu qui, de la sorte, a pris et cultivé arbitrairement la terre, pendant moins de dix ans, est un étranger (à la famille), la terre sera retirée de ses mains et concédée à l'ayant droit au tapou dû à l'époque où elle a été retenue arbitrairement ([48]).

Art. 78. Le droit de permanence sera acquis à toute personne qui, pendant une période de dix années, aura possédé et cultivé sans conteste des terres miri ou mevkoufé, que cette personne ait ou non entre ses mains un titre légal ou juste ; la terre ne peut dès lors être considérée comme vacante, et on doit lui délivrer, sans frais, un nouveau tapou. Cependant, si cette personne déclare et reconnaît que, la terre étant vacante, elle s'en est emparée sans droit, il ne sera tenu alors nul compte de la préemption, et proposition sera faite à cette personne d'acquérir la terre, moyennant la taxe de tapou ; si elle refuse, la terre sera mise aux enchères et adjugée au plus offrant ([49]).

Art. 79. Il ne sera rien réclamé, à titre de louage ou de moins-value de la terre, de toute personne qui, s'étant emparée arbitrairement de terres vacantes miri ou mevkoufé, les aura mises en culture, comme il est dit aux deux précédents articles, et qui aura acquitté les droits dûs par la terre.

Art. 80. Si le possesseur d'un champ (tarla) décède après l'avoir ensemencé, sans laisser d'héritiers directs, ledit champ est concédé par l'autorité compétente soit à des collatéraux (ayant droit au tapou), soit à tout autre acquéreur. Les semences qui seront déjà sorties de terre dans ce champ seront considérées comme faisant partie de la succession du possesseur de l'un ou l'autre sexe dudit champ ; l'acquéreur n'a le droit ni de les faire arracher, ni de réclamer de la succession aucun louage pour cet objet. Il en sera de même de l'herbe qu'on fait croître par la culture ou par l'arrosage. Quant à l'herbe qui aura poussé naturellement, sans l'intervention du travail du défunt, elle ne passera pas à ses héritiers.

([48]) v. les Textes CV, 1, 2, 3 et 4.
([49]) Cf. art. 2 de la loi sur le tapou et art. 8 des instructions sur les titres possessoires.

CODE DES TERRES

Art. 81. [Comme modifié par la loi sur les tapous (CV²).]

Si le propriétaire de bâtiments mulk, ainsi que d'arbres ou de vignes également mulk, dont il aura fait ensuite des vignobles et vergers, élevés et plantés avec permission de l'autorité, sur des terrains miri en sa possession, par tapou, vient à décéder, ses héritiers hériteront à titre de mulk desdits arbres, vignes et bâtiments ; et ils n'auront à acquitter seulement que les frais de succession (intikal) sur la valeur fixée du sol occupé par ces arbres, vignes et bâtiments. Ce sol sera concédé gratuitement à chacun des héritiers, proportionnellement à la part lui revenant desdits arbres, jardins et bâtiments ; après quoi, l'inscription des registres déposés (Defter-Khané) sera modifiée en conséquence et les titres délivrés ([50]).

Art. 82. Si des moulins, enclos, bergeries ou autres bâtiments mulk, construits *a posteriori* sur un terrain miri, sont ensuite tombés en ruines, et ne laissent plus de vestiges de construction, le sol sur lequel ils existaient est soumis à la formalité du tapou ; il sera concédé au propriétaire de ces constructions, si celui-ci le demande ; sinon il sera adjugé à un autre. Toutefois, si ce terrain a passé en la possession du propriétaire de ces bâtiments, par voie d'héritage des père et mère, des grand-père et grand'mère, des enfants des frères et sœurs et des conjoints, et s'il en acquitte le louage fixe au miri on ne pourra l'en dessaisir ni lui en enlever la possession.

Art. 83. [Comme modifié.]

Si des arbres et vignes mulk, plantés sur un terrain miri, possédé par tapou, et dont on a fait *a posteriori* des vignobles et vergers, se dessèchent ou sont arrachés ; et s'il n'en reste plus de traces, le sol est alors soumis à la formalité du tapou. Il sera donné au propriétaire desdits arbres et vignes, si celui-ci le désire ; sinon il sera adjugé à un autre concessionnaire. Toutefois, si ce terrain a passé en la possession du propriétaire des arbres et vignes par voie d'héritage des père et mère, des grand-père et grand'mère, des enfants des frères et sœurs et des conjoints ou d'une autre façon, on ne pourra l'en dessaisir, ni lui en contester la possession ([51]).

([50]) Ce droit de propriété (mulk) des arbres ou constructions sur une terre domaniale, 'possédée' soit par le même propriétaire des arbres ou constructions, soit par un autre possesseur, ressemble beaucoup au 'jus superficiei' du droit romain, d'après lequel 'le droit de superficie est fondé sur la conception qu'un édifice ou autre établissement qui se trouve sur un bien-fonds appartient à quelqu'un sans le sol ou le terrain. (Lex. 9, § 4, dig. 39, 2 ; L. 74, dig. 6, 1.) Cf. arts. 25, 26, 29, 48.

([51]) Suivant les dispositions relatives au droit du propriétaire des plantations ou constructions, le droit sur ceux-ci devient pleine propriété mulk : (1) lorsque le possesseur du sol les avait plantées ou construites avec l'autorisation de l'autorité compétente (arts. 25, 29, 32) ; (2) lorsqu'il a greffé ou élevé des arbres venus naturellement (art. 26) ; (3) lorsqu'il a planté des vignes ou arbres fruitiers sans autorisation, dont pourtant

CONCESSION DE TERRES MIRI

Art. 84. Tout terrain 'yailak' ou 'kichlak,' possédé par tapou, qui, sans excuse valable, ne sera pas occupé, pendant la saison, durant trois années consécutives, et dont on n'aura pas acquitté les droits, sera soumis à la formalité du tapou.

Art. 85. Toute prairie (tchâir) possédée par tapou, et sur le produit de laquelle on perçoit la dîme *ab antiquo*, qui, sans excuse valable, n'aura pas été fauchée durant trois années consécutives, sera laissée ainsi en non-rapport, et ne payera pas la dîme, sera soumise à la formalité du tapou.

Art. 86. Si au moment où un ayant droit à tapou va devenir, par le fait du payement du tapou, acquéreur de la terre sur laquelle il a droit à tapou, un étranger (à la famille), voulant l'acquérir, se présente, et offre une surtaxe de tapou, on ne tiendra nul compte de cette offre.

Art. 87. Si après la mise aux enchères d'une terre vacante, miri ou mevkoufé, et l'adjudication à qui de droit il se présente un acquéreur offrant une surenchère, l'adjudication ne sera pas écartée pour ce motif, sous le prétexte que le titre possessoire ne lui a pas encore été délivré ; et, il ne sera pas dessaisi de cette terre ; elle lui est acquise. Seulement, si après l'adjudication de terres vacantes, il est établi et constaté que ladite adjudication a été faite frauduleusement, à un prix inférieur à celui de la taxe du tapou, on exigera de l'adjudicataire qu'il complète, pendant dix années, à partir du jour de l'adjudication, la taxe de tapou, au taux de l'époque à laquelle la terre lui a été adjugée. S'il y manque, restitution lui sera faite du prix d'achat versé primitivement par lui, et la terre sera adjugée à tel acquéreur qui en fera la demande. Mais après dix années, à partir de la date de l'adjudication, elle ne pourra plus être acquise. Il sera procédé de la même façon pour les terres vacantes qui auront été concédées, moyennant tapou, à des ayants droit au tapou.

Art. 88. [Comme modifié.]

L'agent du tapou ne pourra, dans son district, et pendant la durée de ses fonctions, acquérir les terres vacantes ou celles qui seront soumises à la formalité du tapou. Il ne pourra non plus les faire acquérir par ses enfants, frères, sœurs, père, mère, épouse, esclaves mâles et femelles, ou tous autres dépendant de sa personne. Il peut seulement acquérir la possession des terres qui lui écherront

---

il a acquis la propriété par la prescription triennale (art. 25). Mais à l'égard de constructions d'une part, et de plantations d'arbres non fruitiers pour la formation d'un bois de l'autre, faites sans autorisation, la loi ne consacre aucune prescription en faveur du possesseur. Toutefois de la comparaison des arts. 29 et 31-32 avec les articles en question 82-83, il dérive que le droit de l'État sur telle construction qu'il peut abattre (art. 31), ou sur tel bois, ne peut être exercé que jusqu'à l'époque d'une aliénation de la part du possesseur à un tiers ou du décès de celui-là.

CODE DES TERRES

par héritage et s'il est de ceux ayant droit à tapou il peut obtenir possession des terres par l'entremise d'un agent de tapou d'un autre kaza.

Art. 89. Si un édifice constitué vakouf de telle ou telle œuvre, et bâti sur un terrain miri, est tombé en ruines au point de ne laisser nul vestige ; et si l'administrateur du vakouf ne le fait pas réparer et n'acquitte pas, envers le miri le louage (idjâré) de la terre, le sol est retiré des mains de cet administrateur, et donné à telle personne qui en fera la demande. Mais si l'administrateur fait les réparations nécessaires, ou s'il paye au miri le louage du sol, on ne l'inquiétera pas, et le sol sera laissé entre ses mains. Il en sera de même pour les localités dont le terrain est mevkoufé et le bâtiment vakouf d'une autre œuvre.

Art. 90. Si un vignoble ou verger dont le sol est miri, et les arbres ou la vigne vakouf de telle ou telle œuvre, est ruiné au point de ne plus laisser traces d'arbres ou de vignes ; et si l'administrateur du vakouf abandonne ces jardins ou vignobles, sans excuse valable, durant trois années consécutives, et ne paye pas, au miri, le louage, si, enfin, il ne ramène pas cet immeuble à son état primitif, en y faisant de nouvelles plantations d'arbres ou de vignes, ce terrain sera soumis à la formalité du tapou. Il en sera de même pour les localités dont le sol est mevkoufé, et les arbres ou la vigne vakouf d'une autre œuvre.

Livre Deuxième.

Terres laissées (pour l'usage public) et mortes.

Chapitre Ier.

Des terres laissées (pour l'usage public).

Art. 91. Les arbres des bois et forêts, dits ' baltalik ' (de coupe), affectés, *ab antiquo* ([52]), à l'usage et à l'affouage d'une ville ou village, seront coupés par les seuls habitants de ces

---

([52]) Les modifications apportées au Code par la loi forestière (v. CI¹) ne consistent que : (*a*) Dans la prohibition que non seulement l'État (art. 92 du Code), mais encore la Commune même ne peut pas aliéner ' une portion quelconque du fonds ou de la superficie ' (art. 23) ; quant au droit de superficie sur une terre domaniale pour formation d'un bois voyez art. 29 au Code. (*b*) Dans l'assujettissement à la dîme de bois exploités ' dans un but de négoce ' (art. 25) ; et cela, parce que suivant l'exposé des motifs dudit règlement ' ils ont la faculté de vendre les bois fournis par leurs Baltaliks.' (*c*) Dans la surveillance gouvernementale de ces forêts ; dispositions d'ailleurs qui, suivant l'exposé des motifs dudit règlement, ' ont été prises pour assurer la conservation des forêts communales.'

TERRES METROUKÉ 71

localités; personne autre n'aura le droit d'y faire des coupes ([53]), il en est de même des bois et forêts affectés, *ab antiquo*, pour le même objet, à plusieurs villages; les habitants d'autres localités ne peuvent y faire de coupes ([54]). Ces bois et forêts ne sont frappés d'aucun droit.

Art. 92. On ne peut donner à personne, par tapou, la possession, soit particulière, soit collective, d'une partie de bois ou forêts affectés aux habitants d'un village, pour en faire un bois séparé ([55]); ou, après l'avoir abattue, pour mettre le sol en culture. Si quelqu'un en acquiert la possession, les habitants peuvent toujours la lui retirer.

Art. 93. Personne ne peut élever, *a posteriori*, de constructions sur la voie publique ou y faire des plantations d'arbres. En cas de contravention, les bâtisses seront démolies et les arbres arrachés; en un mot, personne ne peut faire acte de propriété sur la voie publique et toute contravention à cet égard sera aussitôt punie ([56]).

Art. 94. Les édifices destinés au culte ([57]), ainsi que les places laissées, soit dans l'intérieur, soit à l'extérieur des villes et villages, pour remiser les chariots (arabas) et pour réunir le bétail, sont de la même catégorie que la voie publique. Ces emplacements ne peuvent être ni achetés ni vendus, et l'on ne peut y faire, *a posteriori*, ni constructions, ni plantations d'arbres; on ne peut en donner la possession à personne; si quelqu'un se l'arrogeait, les habitants de la ville et du village pourront y mettre obstacle.

Art. 95. Les localités inscrites au Defter-Khané comme étant laissées et affectées, *ab antiquo*, pour les marchés et les foires, ne peuvent être vendues ni achetées; on ne peut non plus délivrer de titre qui en donne la possession exclusive à personne. Si quelqu'un voulait s'attribuer cette possession, il y serait mis obstacle; et, quelle que soit la quotité du droit inscrit au Defter-Khané pour ces sortes d'emplacements, elle sera payée au Trésor.

Art. 96. Toute aire à battre (khirmen iéri) destinée et affectée *ab antiquo*, à tous les habitants d'un village en général, ne pourra

---

([53]) Cf. arts. 22 et 23 de la loi forestière (CI[1]).
([54]) Si les villageois d'une autre localité y abattent du bois ils doivent en payer la valeur. Code civil, art. 888 et *circ.* déc. 10 Reb. II 1293 (Dust., vol. III, p. 457).
([55]) Le fait que l'étendue des bois réservés est supérieure aux besoins du village ne dispense pas de l'application de cette règle. Circ. du Defter-Khané, 22 janv. 1309.
([56]) Cf. arts. 926, 927, 935, Code civil, et art. 264, Code pénal.
([57]) Droit musulman. — 'Les lieux pour la prière (mekane namaz), doivent être, suivant leur nature, purs et autorisés par la loi. A tous autres doivent être préférés les lieux spécialement affectés à la prière, comme les mosquées, ou les lieux qui ne sont la propriété de personne, comme le désert ou la campagne non cultivée. Il n'est pas permis de prier sur une propriété privée, sans le consentement du propriétaire.' (Tornauw: 'Droit musulman,' p. 54.)

être vendue ou achetée non plus que défrichée et livrée à l'agriculture ; on ne permettra pas d'y élever *a posteriori*, aucune bâtisse ; la possession n'en peut être donnée, par tapou, à titre particulier ou collectif. Si quelqu'un voulait s'attribuer cette possession, les habitants s'y opposeront. Les habitants d'un autre village ne pourront faire transporter leurs grains dans ces aires pour les y battre.

Art. 97. Dans tout pâturage affecté, *ab antiquo*, à un village, les habitants seuls de ce village feront paître leurs bestiaux ; ceux d'un autre village ne pourront y envoyer les leurs. Le pâturage attribué, *ab antiquo* et en commun, aux troupeaux de deux, trois villages, ou d'un plus grand nombre, sera le pacage commun des bestiaux de ces villages, quel que soit celui dans la circonscription duquel il se trouvera ; les habitants de ces villages ne pourront, réciproquement, y mettre obstacle. On ne peut ni vendre ni acheter ces sortes de pacages affectés, *ab antiquo*, soit exclusivement à un village, soit collectivement à plusieurs ; on ne pourra y faire, *a posteriori*, ni enclos, ni bergeries, ni autres bâtisses ; on ne peut non plus y faire des vignobles et vergers, en y plantant des arbres ou des vignes ; si quelqu'un y faisait des bâtisses ou des plantations, les habitants pourront, à toute époque, les faire démolir et arracher. Il ne sera donné à personne l'autorisation de défricher cette terre et de la mettre en culture comme une terre ensemencée. Si quelqu'un veut la cultiver, on y mettra empêchement ; ce terrain doit rester à perpétuité à l'état de pacage ([58]).

Art. 98. Quelle que soit l'étendue déterminée de la terre laissée et regardée, *ab antiquo*, comme pâturage (mer'a), cette étendue déterminée constitue seule le pacage ; on ne tiendra nul compte des délimitations qui pourraient avoir été fixées postérieurement ([59]).

Art. 99. Quel que soit le nombre des bestiaux des fermes (tchiftlik) du canton ou de la commune, envoyés ordinairement au pacage par celles-ci ou ceux-là, on ne pourra empêcher que le même nombre continue d'y être envoyé.

Quant aux pâturages autres que ceux-ci et affectés, *ab antiquo*, d'une façon exclusive à des fermes (tchiftlik), attendu qu'ils ne font pas partie des terres metrouké comme les pacages laissés et affectés, *ab antiquo*, aux habitants desdits canton et commune, le possesseur des pacages de 'tchiftlik' y fera seul paître ses

---

([58]) Pour le droit de pâturage des communes dans les forêts de l'État v. loi forestière (CI[1]), arts. 13 à 16, 43, 44, 50, 52. Pour le droit de pâturage sur les terrains 'otlak,' v. art. 105 du Code.

([59]) Par conséquent les habitants des communes ne peuvent acquérir par l'usucapion au nom de leur commune aucun droit de pâturage sur les terres domaniales non inscrites au Defter-Khané, comme destinées à l'usage des communes.

troupeaux ; il empêchera tous autres d'y entrer pour la paisson. La possession de cette dernière sorte de pacage s'acquiert par tapou, et l'on procède de la même façon que pour les autres terres miri.

Art. 100. Quel que soit le nombre des bestiaux qu'un paysan est dans l'usage d'envoyer au pacage particulier à la commune, ou commun à plusieurs, on ne pourra l'empêcher d'y envoyer aussi le croit de ces mêmes bestiaux.

Lorsqu'il y aura gêne pour les bestiaux du village, aucun paysan du lieu n'aura droit d'y faire venir, pour la paisson, des bestiaux autres que les siens. Mais si un paysan du dehors vient se fixer dans la commune et s'y bâtit un 'iourt' (habitation), il pourra, à condition qu'il n'y ait pas gêne pour les bestiaux de la commune, faire venir du dehors des bestiaux qu'il conduira au pâturage de la commune. Tout paysan qui aura acheté le 'iourt' (60) d'un habitant de la commune pourra envoyer au pâturage communal le même nombre de bestiaux que son prédécesseur.

Art. 101. Les habitants des localités auxquelles ils sont affectés ont seuls la jouissance de l'herbe et de l'eau des pâturages d'été et d'hiver (yailak et kichlak) inscrits sur les registres des archives impériales, et affectés, *ab antiquo*, soit à titre exclusif, à une seule commune, soit, collectivement, à plusieurs. Les habitants d'autres communes jouissant de l'herbe et de l'eau des 'yailaks' et 'kichlaks' payeront au miri, selon leurs moyens, les droits de 'yailakie' et 'kichlakie.' Ces pâturages d'été et d'hiver (yailak et kichlak) ne pourront être ni vendus ni achetés. La possession exclusive n'en peut être donnée à personne par tapou ; ils ne peuvent être mis en culture sans le consentement des habitants.

Art. 102. La prescription ne peut être invoquée dans les contestations relatives aux terres metrouké, telles que bois, forêts, voies publiques, emplacements de foires, marchés, meules, pâturages, lieux de campement, de parcours et de vaine pâture d'été et d'hiver, lesquelles ont été laissées et affectées *ab antiquo* à la population locale (61).

Chapitre II.

Des terres mortes (mévat) (62).

Art. 103. On désigne par terres mortes les terrains vagues, incultes, tels que montagnes, endroits rocailleux, 'pernâllik' et

---

(60) Le 'iourt' désigne l'habitation des nomades et pasteurs.

(61) v. art. 1675, Code civil, pour dispositions concernant la prescription ; v. arts. 1644 à 1646, Code civil, pour dispositions concernant la procédure.

(62) Les terrains 'mévat' (morts) sont ceux qui demeurent *ab antiquo*

CODE DES TERRES

'otlak' qui ne sont, par tapou, en la possession de personne, qu ne sont point attribués *ab antiquo* à l'usage des habitants de cantons et communes, et qui sont éloignés des endroits habité à une distance d'où on ne peut entendre une forte voix. Tou individu auquel ces localités feront besoin, pourra, moyennan permission de l'autorité ([63]), et à la condition de relever pour ce de 'Beit-ul-Mal ([64]),' en faire le défrichement et les mettre en culture Les dispositions de la loi civile en vigueur pour les terres mir ensemencées (mezroua) sont également applicables aux terre 'mévat' défrichées. Seulement si quelqu'un après avoir obtent permission de défricher une terre morte ne l'exécute pas, et laisse la terre dans le *statu quo* sans excuse valable, pendant trois années consécutives, elle sera donnée à un autre exploitant. D'autre part, si quelqu'un, sans la permission de l'autorité, a défriché et cultivé une terre de ce genre, on exigera de lui, pour la localité ainsi défrichée, le payement du tapou ; après quoi, concession lui sera donnée de ce terrain, et remise lui sera faite du titre de tapou.

Art. 104. Chacun peut couper du bois de chauffage et de construction sur les montagnes 'mubah,' qui ne font pas partie des bois et forêts affectés *ab antiquo* aux communes ; personne, de part et d'autre, ne peut y mettre empêchement. Les arbres qu'on y coupe et les herbes qu'on y recueille ne payent pas la dîme. Nulle partie de ces montagnes 'mubah' ne peut en être distraite, ni la possession donnée, par tapou, à qui que ce soit, par l'autorité, pour devenir un bois particulier, ou commun à plusieurs ([65]).

Art. 105. Si, en outre des pâturages affectés à l'usage des bestiaux du canton ou de la commune, il se trouve des 'otlak' dans ces mêmes circonscriptions, les habitants, sans avoir à acquitter pour cela aucun droit, auront la jouissance de l'herbe et de

---

inhabités et inexploités (Moulteka-ul-Ubhour, vol. II, p. 217) ; les terrains improductifs par toute cause empêchant la culture (Hédaya, *Journ. asiatique*, oct. 1842, p. 363).

([63]) 'Celui qui vivifie (chia) la terre morte en devient le propriétaire' (Hadith, cité par Bélin, *op. cit.*) ; mais Abou Hanifa considère que celui qui vivifie une terre morte n'en devient propriétaire que s'il a obtenu l'autorisation du Sultan, et le Code civil a développé cette théorie dans son art. 1272 qui accorde à l'État le droit de se réserver la nue propriété (rakaba) en ne laissant pas la pleine propriété au défricheur mais seulement 'la possession.' Ce droit a été établi comme règle par l'art. 103 ci-dessus, qui a assimilé 'la possession' des terres mortes défrichées à celle des terres miri ensemencées. (v. aussi art. 12 de la loi sur le tapou.)

([64]) i. e. la nue propriété (rakaba) sera conservée par l'État.

([65]) La loi forestière (CI[1]) ayant divisé les forêts en catégories distinctes parmi lesquelles ne figure pas celle de 'moubah' qui a été comprise parmi les forêts de l'État l'application de cet article est restreint au Hedjaz où l'administration n'a pas pris possession des forêts (v. CI[1], note 1).

TERRES MÉVAT ET MINES

l'eau qui s'y trouveront, et ils y enverront brouter leurs bestiaux. Tout individu qui, faisant venir des bestiaux du dehors, voudra profiter de l'herbe et de l'eau de l' 'otlak,' payera au miri un droit de pâturage (resmi-otlak) dans une proportion convenable. Les paysans ne pourront exclure celui-ci, ni prétendre prélever une part sur ce droit.

Livre Troisième.

Propriétés non classées.

Art. 106. Tout arbre venu naturellement sur terre memlouké, mevkoufé, miri, metrouké et mévat, ne peut être possédé par tapou. Seulement, les arbres venus naturellement en terre miri ou mevkoufé sont possédés comme dépendance de la terre, ainsi qu'il est dit au Chapitre Ier ([66]).

Art. 107. *Les mines d'or, d'argent, de cuivre, de fer ; les diverses carrières de pierres, de gypse ; les mines de soufre, de salpêtre, d'émeri, de charbon, de sel, etc., qu'on découvrira en terre miri, possédée par quiconque, reviennent au Beit-ul-Mal ; le possesseur de la terre n'a le droit ni de s'en emparer, ni de réclamer sur elles aucune part.*

De même, toute mine découverte dans une terre mevkoufé de la catégorie des takhciçat, c'est-à-dire affectée à certaine destination donnée, revient aussi au Beit-ul-Mal ; le possesseur de la terre et le vakouf ne peuvent exercer aucun acte d'ingérence ou d'intervention à cet égard.

Toutefois, quand il s'agira de terres miri et mevkoufé, on devra rembourser au possesseur du lieu la valeur du terrain pour la portion dudit lieu qui cessera, par le fait de l'exploitation de la mine, d'être placée sous le régime de la possession et d'être cultivée. — Dans les terres metrouké et mévat, le cinquième du produit des mines qu'on y trouve revient au Beit-ul-Mal, et le reste à l'individu qui a découvert la mine. Dans les terres réellement mevkoufé, les mines reviennent au vakouf. Celles qu'on trouvera en terrain mulk, dans l'intérieur des villes et villages, appartiendront au propriétaire du sol. Celles de matières fusibles, existant en terres uchrié ou kharadjié, reviendront, pour le cinquième, au Beit-ul-Mal, et pour le reste au propriétaire de la terre. Celles qui ne sont pas fusibles reviennent, en totalité, au propriétaire de la terre. Quant aux monnaies anciennes et modernes, ainsi qu'aux trésors de toute espèce dont le propriétaire est inconnu la législation qui les

---

([66]) Il ne s'agit ici ni des arbres non fruitiers plantés avec autorisation (art. 29), ni de ceux qui sont 'greffés ou élevés' (art. 26). Cf. art. 28 modifié et note.

CODE DES TERRES

régit est consignée en détail dans les livres de jurisprudence religieuse (fiqh) ([67]).

Art. 108. Le meurtrier ne peut hériter de la terre appartenant à sa victime ni avoir droit à tapou sur ladite terre.

Supplément à l'art. 108. 28 Reb. II 1292.

Les complices du meurtrier sont aussi interdits.

Art. 109. [Comme modifié par la loi du 17 Mouh. 1284, v. XIX[1].]

La terre du musulman ne peut passer par héritage à ses enfants petits-enfants, père ou mère, frère, sœur ou conjoint non-musulmans; de même la terre d'un non-musulman ne passe pas par héritage à ses enfants, petits-enfants, père ou mère, frère, sœur ou conjoint musulmans ([68]).

Le non-musulman ne peut avoir droit à tapou sur la terre du musulman et vice-versa.

Art. 110. [Comme modifié par la loi du 17 Mouh. 1284. v. XIX[1].]

La terre du sujet ottoman ne passe pas par héritage à ses héritiers sujets étrangers. Le sujet étranger ne peut avoir droit à tapou sur la terre d'un sujet ottoman ([68]).

Art. 111. La terre d'un individu qui a fait abandon de la nationalité ottomane ne passe pas, par héritage, à ses enfants, père ou mère, petits-enfants, frères et sœurs, et conjoint, sujets ottomans ou étrangers. Elle devient vacante par le fait; et, sans rechercher s'il y a des ayants droit au tapou, elle est mise aux enchères et adjugée au plus offrant ([69]).

Art. 112. Tout esclave mâle ou femelle qui, du consentement de son maître, et par l'entremise de l'autorité compétente, aura acquis la possession ou la concession d'une terre, n'en pourra être dépossédé par son maître, ni avant ni après son affranchissement; celui-ci ne pourra faire nul acte d'ingérence à cet égard. De même, si le maître décède avant l'affranchissement dudit esclave, ses héritiers ne pourront non plus faire acte d'ingérence ou d'intervention sur ladite terre. Si l'esclave mâle ou femelle décède avant d'avoir été affranchi, comme sa terre n'est transmissible à personne par héritage, personne autre que les associés, cointéressés ou habitants qui pourraient en avoir besoin, n'aura sur elle droit de tapou, s'il n'y a pas, sur ladite terre, des construc-

---

([67]) Cet article qui, conformément au Chériat, attribue la propriété de toute mine, etc., au propriétaire du sol a été modifié par la législation suivante : loi des mines de 1886 (v. CII[1]) ; loi des carrières de 1901 (v. CII[2]), et loi des antiquitiés (v. XL).

([68]) v. étude sur les successions, Titre XIX.

([69]) Mais s'il a changé de nationalité avec autorisation officielle la terre ne devient pas vacante et reste telle quelle, pourvu que le pays étranger dont il a revêtu la nationalité ait signé le protocole.

TERRES MIRI ET MEVKOUFÉ

tions et des arbres mulk. — Si le maître de l'esclave a, sur ce terrain, des arbres et bâtiments mulk, il aura la préférence sur tout autre acquéreur, et jouira, pendant dix années, de la faculté de revendication, moyennant la taxe de tapou. — Si l'esclave décède après son affranchissement, sa terre passera alors, par héritage, à ses enfants, père ou mère libres. A défaut de ceux-ci, et s'il n'y a, sur ce terrain, ni arbres ni bâtiments mulk, les ayants droit au tapou ne seront ni son ancien maître, ni ses enfants, mais ses propres parents libres ; la terre leur sera concédée contre payement de la taxe de tapou. A leur défaut, elle sera mise aux enchères, et adjugée au plus offrant. Si, enfin, il y a, sur ce terrain, des bâtiments et arbres mulk, il sera donné, moyennant la taxe du tapou, à celui des héritiers, ayant droit de premier degré au tapou, qui aura hérité de ces arbres et bâtiments mulk ([70]).

Art. 113. [Comme modifié.] Le transfert de terres 'miri' et 'mevkoufé' fait à la suite de la violence d'une personne capable d'intimider est nul. Si l'individu qui, par le fait de la contrainte et de la violence exercées, a acquis ces terres, les revend à un autre ; ou si, à son décès, cette terre a passé, par héritage, aux héritiers susindiqués ; ou si, décédant sans aucun de ces héritiers, la terre est devenue vacante, le cédant, objet de la contrainte, ou, à son décès, ses héritiers susindiqués, pourront formuler une plainte pour contrainte (ikra-davassi). S'il décède sans héritiers directs, la terre n'est pas considérée vacante, et elle reste entre les mains de qui elle se trouve.

Art. 114. Ne sont pas valables la vente et la concession de terres 'miri' ou 'mevkoufé' à des conditions réputées illégales par la loi religieuse du Chéri.

Modification ; 18 Sef. 1306, Lah.-i-Kav., vol. I, p. 33 :

Le transfert d'un immeuble 'miri' possédé par tapou à la condition que le cédant sera nourri jusqu'à sa mort par l'acquéreur est valable et cette condition est admissible. Le transfert une fois accompli et tant que l'acquéreur est prêt à nourrir le cédant, ce dernier ne pourra pas reprendre la terre. Cependant, si le cédant prétend que l'acquéreur ne le nourrit pas conformément au contrat et si l'acquéreur conteste cette plainte, on s'adressera à des experts pour constater les faits et si la réclamation du cédant est reconnue exacte le tribunal compétent lui restituera la terre.

Si l'acquéreur décède avant le cédant ses héritiers ayants droit à mutation seront tenus de nourrir ce dernier jusqu'à sa mort. S'ils n'acquittent pas cette obligation le cédant aura le droit de reprendre la terre passée aux héritiers. Si l'acquéreur décède sans laisser un héritier ayant droit à mutation la terre ne sera pas donnée à

([70]) v. Esclavage (XXX).

autrui mais fera retour au cédant. Tant que le cédant est vivant ni l'acquéreur ni ses héritiers ayant droit à mutation ne pourront aliéner la terre à autrui.

Dorénavant les transferts exécutés dans ces conditions seront valables et la condition susindiquée sera inscrite sur les titres. Les actions intentées au sujet de conditions de cette sorte pas inscrites dans les titres seront déboutées ([71]).

Art. 115. [Comme modifié par la loi du 15 Chev. 1288, v. CIV³.]

Le créancier ne peut s'emparer en échange de sa créance de la terre possédée par son débiteur ; il ne peut non plus le forcer à la vendre pour se rembourser de la créance sur le montant, et au décès du débiteur que celui-ci ait ou non des biens meubles, la terre en sa possession passera par héritage à ses héritiers ; s'il n'en laisse pas elle sera soumise au tapou et concédée moyennant tapou aux ayants droit ; à défaut de ceux-ci elle sera mise aux enchères et adjugée comme mahloul.

Cependant si une personne vivante a des dettes ses terres pourront être vendues à autrui pour payement de ces dettes même s'il possède d'autres immeubles mulk.

Art. 116. *La terre 'mirié' et 'mevkoufé' ne peut être mise en gage ; toutefois,* si le débiteur, en échange de sa dette, et par l'entremise de l'autorité, *transfert* à son créancier la terre dont il est 'possesseur,' à condition que celui-ci la lui rendra à toute époque où il acquittera sa dette, ou s'il en fait *le transfert à réméré,* dit 'firâgh bil-vefa,' c'est-à-dire qu'à toute époque où il acquittera sa dette, il aura droit de réclamer la restitution de l'immeuble, ce débiteur ne peut, avant l'extinction préalable de sa dette, qu'il y ait ou non fixation de terme, en exiger la restitution : il ne peut reprendre la terre qu'après acquittement intégral.

Art. 117. Si le débiteur, après avoir transféré à son créancier, en échange de sa dette, la terre dont il est possesseur, soit sous la condition ci-dessus énoncée, soit sous la forme de *transfert à réméré,* se trouve, au délai fixé, dans l'impossibilité d'éteindre sa dette, et s'il livre audit créancier un acte de procuration (ve kialet-i-devrie), c'est-à-dire s'il substitue celui-ci complètement à lui-même, en se dépouillant de la faculté de lui retirer ledit mandat, et lui donnant pouvoir de vendre ou faire vendre lesdites terres, de se rembourser sur le prix de vente du montant de sa créance, et de lui compter le surplus ; dans ces conditions, le créancier mandataire pourra, en cas de non-payement jusqu'au terme fixé, vendre ou faire vendre ledit champ, du vivant de son débiteur, par l'entremise de l'autorité et se payer du montant de sa créance ; ou bien si, comme il a été dit, le mandant débiteur a chargé un tiers de ses

---

([71]) Cette disposition est aussi applicable au 'moussakafat' et 'moustaghilat mevkoufé' à double loyer. (Lah.-i-Kav., vol. I, p. 573.)

pouvoirs, celui-ci pourra, à l'expiration du terme fixé, et en vertu de son acte de procuration, vendre la terre, et acquitter (entre les mains du créancier) la dette de son mandant ([72]).

Art. 118. [Comme modifié le 23 Ram. 1286, Djiz.-i-Kav., p. 520.] Si le débiteur qui a vendu sa terre à son créancier, soit sous la condition ci-dessus énoncée, soit sous la forme de *transfert à réméré*, décède avant l'entier acquittement de sa dette, et laisse des héritiers susindiqués, le créancier, et, en cas de décès de celui-ci, tous ses héritiers ont droit de mettre saisie-arrêt sur la terre : et les héritiers indiqués par la loi de 1284 du débiteur ne peuvent en prendre possession avant l'entier acquittement de la dette.

Si le débiteur vendeur décède sans héritiers susindiqués. S'il y a des ayants droit à tapou ne sera pas appliquée la disposition relative à la fixation du prix de tapou par experts et la terre sera mise aux enchères ; et si l'ayant droit à tapou le désire il pourra prendre 'possession' moyennant payement du prix de l'enchère ; du prix touché il sera retenu au profit du Trésor une somme équivalant une année des revenus et le solde sera affecté au payement des dettes qui n'auront pu être prélevées sur la succession du débiteur. Et si l'ayant droit à tapou renonce ou si le défunt n'a laissé aucun ayant droit, la terre sera donnée au requérant au prix établi aux enchères. En ce cas aussi une somme équivalant une année de revenus sera retenue au profit du Trésor et le solde sera affecté au payement des dettes.

Art. 119. [Comme modifié.] Toute action pour dol (tagrir) ou lésion (gabn-i-fahich) entre le cédant et l'acheteur au sujet de terres 'mevkoufé' en général sera reçue en justice ([73]) ; après le décès du vendeur les actions intentées par ces héritiers ayant

---

([72]) Les dispositions des arts. 116, 118 ont été modifiées et complétées par les arts. 25-30 du règlement sur les tapous (v. CV²) par le règlement sur la vente forcée (v. CIV¹), et par la loi de 1291 (v. CV³).

([73]) Compétence des tribunaux 'nizamié' et Chéri en matière immobilière :

1° Iradé communiqué dans une circulaire du Min. de la Justice, 20 Ram. 1296, Loughat-i-Kav., p. 568.

D'après l'art. 4 du Code des Terres les biens mulk devenus vakouf conformément au Chériat tels que les biens dédiés 'moussakafat' et 'moustaghilat' sont réglés par le Chériat et toute question y relative est de la compétence des tribunaux Chéri, ainsi que toute affaire à juger d'après la loi des 'mouvela' de 1201.

La compétence en toute question à l'égard des biens 'miri' et 'mevkoufé' possédés par tapou, aussi qu'aux terrains 'metrouké' et 'mévat' sont de la compétence des tribunaux 'nizamié' et seront jugés conformément au Code des Terres, au Code civil et à la loi du tapou.

2° Circulaire du Min. de la Justice, 17 mars 1304, Djér.-i-Meh., p. 1314.

Les procès concernant la possession des vakoufs à double redevance échappent à la compétence des tribunaux religieux, comme étant réglés par une loi émanée du pouvoir impérial. Les procès soulevés entre le

CODE DES TERRES

droit à mutation (intikal) ne seront pas reçues et la terre ne sera pas considérée vacante ([74]).

Art. 120. Est considérée bonne et valable le transfert de terre 'miri' et 'mevkoufé' faite en état de maladie mortelle ; la terre ainsi transférée par l'entremise de l'autorité ne passera pas, par héritage, aux héritiers directs ; et, à leur défaut, elle ne pourra non plus être soumise à la formalité du tapou ([75]).

Art. 121. Personne, sans avoir été investi au préalable par patente souveraine (mulknâmé), de la propriété pleine et entière des terres dont il est simplement 'possesseur,' ne peut les constituer 'vakouf' de telle ou telle œuvre.

Art. 122. Les terres attachées *ab antiquo* à une église ou à un monastère, et qui sont inscrites, en cette qualité, sur les registres des archives impériales, ne peuvent être possédées par tapou ; elles ne peuvent être ni vendues ni achetées ; par contre, si, ayant été 'possédées' de tout temps par tapou, elles ont passé ensuite, par un moyen quelconque, entre les mains des moines ; ou si elles sont possédées actuellement sans tapou, comme dépendant du monastère, on leur appliquera la législation des terres 'miri' ; et, comme par le passé, la possession en sera donnée par tapou.

Art. 123. L'ancien lit d'un lac ou d'une rivière qui sera desséché par le retrait des eaux, et présentera un terrain propre à la culture, sera mis aux enchères, adjugé au plus offrant et soumis à la législation des terres 'miri.'

Art. 124. Dans les contestations relatives aux cours d'eau potable ou d'irrigation, on tiendra compte uniquement de ce qui existait *ab antiquo*.

Art. 125. Il n'est pas permis de faire circuler les bestiaux à travers les vignobles, vergers et champs dits 'keuk-terké.' Si même il était d'usage de les y faire passer *ab antiquo*, comme le dommage (fait à autrui) ne peut jamais s'appuyer sur la coutume, le propriétaire des bestiaux sera invité à veiller, jusqu'après la

---

fisc et des particuliers, relativement aux taxes sur des vakoufs, relèvent également de la compétence des tribunaux ordinaires.

([74]) Cette disposition est une application aux terres 'miri-mevkoufé' de l'art. 358 du Code civil.

L'art. 356 du Code civil prescrit que la lésion pourra être invoquée indépendamment de la condition de dol pour les biens vakouf et miri des mineurs.

([75]) (*a*) Droit musulman : 'Quant le donateur fait un contrat de donation, pendant une maladie, cet acte conserve toute sa validité après la guérison ; mais si le donateur meurt de la maladie dans le cours de laquelle il a consenti le contrat, les héritiers ont le droit de garder au moins deux tiers de la succession et d'en laisser au donataire au plus un tiers' (Tornauw, 'Droit musulman,' p. 183), et cf. arts. 393 à 397 du Code civil. (*b*) Droit ottoman : 'Le Code, traitant en général d'une aliénation *mortis causa*, ne consacre rien à cet égard en faveur des héritiers.'

récolte, à ce que son bétail ne traverse pas ces champs ; si, malgré cet avis, il continue à occasionner ce dommage par l'envoi ou le passage de ses bestiaux, il en sera responsable, et devra indemniser le propriétaire du champ. Après la récolte, quel que soit l'endroit, à travers lequel on avait l'habitude *ab antiquo* de faire passer les bestiaux, on pourra les y faire passer encore, comme précédemment ([76]).

Art. 126. Si les marques de l'ancienne délimitation des villes et villages ont disparu ou sont méconnaissables, on choisira, parmi les habitants des villages voisins, des personnes âgées et dignes de confiance, on se rendra avec elles sur les lieux, et, *par l'entremise de l'autorité (religieuse)*, on déterminera les quatre côtés des anciennes limites ; après quoi, de nouveaux indices seront placés partout où besoin sera ([77]).

Art. 127. La dîme des produits ou de la récolte, quel que soit le lieu de l'aire (khirmen), est due seulement par la commune dont dépend la terre d'où provient la récolte. Selon le même principe, les taxes de 'vailakié-kichlakié' et 'otlakié' et sur les enclos, moulins, etc., sont dues par les communes dans la circonscription desquelles ils se trouvent.

Art. 128. Si, dans les rizières inscrites au Defter-Khané, le cours d'eau vient à se détériorer, on le fera réparer par l'individu auquel incombe l'ensemencement de ladite rizière. La jouissance s'acquiert par tapou, comme pour toute autre terre ' miri.' Seulement, on devra respecter les usages locaux suivis *ab antiquo*, relativement aux rizières.

Art. 129. La possession des terres dites ' khassé ' ([78]), attribuées, avant le Tanzimat, aux Sipahis et autres, celle de ' bachtèné ' ([79]), attribuées aux Voïnoughhan ([80]), dont le système est aboli ; et enfin celle des terres qui étaient concédées par tapou par les agents forestiers, également supprimés, s'acquiert par tapou ; et dans les mutations, telles que vente, transmission par héritage ou 'concession,' on suivra la législation foncière.

Art. 130. Les terres faisant partie du territoire d'une commune habitée ne peuvent être concédées (ihâlé) uniquement à une seule personne pour en faire une ferme (tchiftlik), mais si les

---

([76]) v. l'art. 261 du Code pénal.

([77]) Cet article semble avoir été abrogé par la circulaire citée dans la note 68, § 2.

([78]) ' Les domaines khâs étaient assignés, dans chaque province, à l'emploi du Gouverneur général, pour tenir lieu d'appointement à ce fonctionnaire ' (D'Ohsson, ' Tableau de l'Emp. Ott.,' vol. VII, p. 379).

([79]) ' Cette expression est bulgare ; dérivée de bachta "père," bachtèné désigne le bien patrimonial, celui qu'on tient du père ' (Bélin, § 316, note 1).

([80]) ' Boïnik, en bulgare, signifie "soldat." L'armée turque comptait autrefois dans ses rangs un corps de 6,000 Bulgares, mahométans ou chrétiens ' (Bélin).

habitants de la commune se sont dispersés, comme il est dit plus haut ; et si, la terre devant être soumise à la formalité du tapou, on reconnaît l'impossibilité d'y faire venir de nouveaux agriculteurs, de les établir dans cette commune, et de lui rendre sa physionomie primitive en concédant (tefriz) les terres par portions isolées, à chaque agriculteur, on pourra, dans ce cas, concéder lesdites terres en bloc, soit à une seule personne, soit à plusieurs, pour en faire une exploitation de labour.

Art. 131. 'Tchiftlik,' en termes judiciaires, désigne le champ de labour d'une charrue (de deux bœufs), cultivé et moissonné chaque année. Sa contenance est, pour la terre de première qualité, de 70 à 80 deunums ; pour celle de seconde de 100 ; et pour celle de troisième, de 130 deunums. Le deunum est de quarante pas communs (géométriques) en long et en large, soit 1,600 pics carrés. Toute portion de terrain inférieure au deunum est dénommée 'kit'a' (morceau).

Mais, vulgairement, on entend par 'tchiftlik' la terre, y compris les bâtiments qu'on y a construits, ainsi que les animaux, graines, ustensiles de labour et autres accessoires nécessaires à l'exploitation. Si le propriétaire de ce 'tchiftlik' décède sans laisser d'héritier, ni direct ni indirect (ayant droit à tapou), sa ferme est mise aux enchères par le 'mirié,' et adjugée au plus offrant — S'il ne laisse pas d'héritier *direct* (ayant droit à l'intikal) sur sa terre, les bâtiments, animaux, graines, etc., passent aux collatéraux (ayant droit au tapou) ; ceux-ci, comme il est dit au titre de la déshérence, auront droit au tapou sur la terre possédée et cultivée à titre d'accessoire du 'tchiftlik,' et ils en acquerront la 'possession' moyennant payement de la taxe de tapou. S'ils la refusent, celle-ci seulement, sans toucher en rien aux immeubles qui seront leur propriété mulk héréditaire, sera mise aux enchères, et adjugée au plus offrant.

Art. 132. Tout individu qui, muni de l'autorisation souveraine, aura comblé un emplacement pris sur la mer, en deviendra propriétaire (mâlik) ; mais si, dans le terme de trois ans, à compter du jour de l'autorisation, il n'en fait pas usage, il sera déchu de ses droits, et toute autre personne, munie d'une nouvelle autorisation souveraine, pourra, en comblant ce même emplacement, en devenir propriétaire. Tout emplacement pris sur la mer et comblé sans autorisation, étant la propriété du Beit-ul-Mal (du trésor public), sera vendu par le 'mirié' à la personne qui l'aura comblé. Si elle refuse de l'acheter, ce terrain sera mis aux enchères, et adjugé au plus offrant ([81]).

([81]) Selon un règlement spécial concernant la construction de nouveaux quais (richtim) sur le bord du Bosphore par les propriétaires des maisons situées près de la mer (du 9 Reb. II 1280) : 'ces nouveaux quais, comme dépendances des maisons et autres biens voisins, sont soumis à ceux-ci à

TERRES MIRI ET MEVKOUFÉ 83

Commandement. — La présente loi aura force et vigueur à partir du jour de sa promulgation. Tous décrets souverains, anciens ou récents, rendus jusqu'à ce jour sur les terres 'mirié' ou 'mevkoufé,' qui seraient contraires à la présente loi, sont et demeurent abrogés, et les 'fetvas' rendus sur cesdits décrets restent nuls et sans valeur. La présente loi sera la seule règle que devront suivre, dorénavant, le Cheikh-ul-islamat, les Bureaux impériaux, en un mot, tous les tribunaux et Conseils. Sont et demeurent abrogées les lois et ordonnances conservées au bureau de notre Divan, aux Archives de l'État et autres lieux.

---

titre de pleine propriété (mulk), ou à titre de vakouf, suivant la nature de la propriété des maisons' (art. 11).

TITRE CIV

VENTE FORCÉE D'IMMEUBLES

La législation ci-annexée sur la vente forcée d'immeubles est basée sur les articles 998-9 du Code civil, complétés par la loi sur l'exécution des jugements (v. vol. I, p. 197) et par l'art. 294 du Code de Procédure civile.

Mais pendant longtemps la vente forcée ne pouvait être appliquée qu'aux immeubles en pleine propriété (mulk); les immeubles domaniaux et dédiés (mirié, mevkoufé et vakouf en général) restaient soumis au principes du Chériat qui ne reconnaît pas la vente d'immeubles pour dettes. L'art. 115 du Code des Terres défendit expressément la vente forcée des terres mirié et mevkoufé et les vakoufs moussakafat et moustaghilat n'y avaient jamais été soumis.

La loi du 1er Reb. I 1279 (Dust., vol. I, p. 244) autorisa la vente forcée du vivant du débiteur de ses immeubles mirié ou mevkoufé et vakoufs moussakafat et moustaghilat pour le payement de ses dettes envers le fisc; et cette mesure fut étendue aux créances des particuliers par la loi du 15 Chev. 1288 (v. CIV[3]).

La vente forcée de ces terres après la mort du débiteur avait été interdite par l'art. 118 du Code des Terres et par l'art. 27 de la loi sur le tapou (v. CV[2], p. 99), et cela même dans le cas où la terre avait été hypothéquée. Il est vrai que si le débiteur laissait des héritiers le créancier pouvait saisir la terre jusqu'au payement, mais dans le cas d'un retour du bien au fisc à défaut d'héritiers le créancier n'avait aucun remède; en cas de transfert ou de mise aux enchères le prix du tapou était versé au débiteur sauf déduction de la valeur d'une année de récolte au profit du fisc.

VENTE FORCÉE D'IMMEUBLES 85

La loi du 23 Ram. 1286 (CIV¹) a permis le remboursement d'une dette garantie par une hypothèque par la vente forcée d'une partie suffisante des terres mirié, mevkoufé, moussakafat et moustaghilat engagées, qu'il existe ou non des héritiers. Cette procédure a été étendue aux dettes non garanties d'une hypothèque dues à l'État par la loi du 21 Ram. 1288 (CIV²).

Il est donc à remarquer qu'aucune législation n'a abolie la deuxième partie de l'art. 115 du Code des Terres et que le principe interdisant la vente forcée des terres susmentionnées est maintenu dans le cas où le débiteur est mort et la dette n'est pas garantie par une hypothèque ou n'est pas due au fisc (v. art. 4, CIV¹ et note 2).

TEXTE CIV¹.

Vente forcée (après le décès du débiteur) d'immeubles mirié et mevkoufé, moussakafat et moustaghilat hypothéqués.	23 Ram. 1286. 26 déc. 1869.	Dust., vol. I, p. 242 (turc). Arist., vol. I, p. 268 (franç.). Ongley (angl.).

[traduction d'Aristarchi revisée.]

Conformément aux arts. 3 et 5 de la loi sur l'extension du droit d'héritage aux vakoufs (XIX²) et l'art. 25 de la loi sur les tapous (CIII²) ayant été également modifié (¹), la vente forcée après décès des vakoufs moussakafat et moustaghilat mis en hypothèque pour dettes est dorénavant autorisée. Le présent règlement indique la procédure à suivre et du vivant et après décès du débiteur.

Art. 1ᵉʳ. Pour hypothéquer les terres mirié et mevkoufé possédées par tapou à un créancier, il y a lieu de se conformer à l'art. 25 de la loi sur les tapous (CIII²).

Art. 2. Si le gageur ayant donné en hypothèque à son créancier, au su de l'autorité compétente, ses terres mirié et mevkoufé meurt avant le payement de sa dette, celle-ci sera soldée à l'instar des autres dettes, de l'hoirie qu'il laisse. Mais, dans le cas où il n'aurait rien laissé ou de l'insuffisance de l'hoirie, une partie desdites terres, possédées par le de cujus, sera vendue et le montant de la dette sera prélevé sur le produit. La mise en adjudication

---

(¹) C'est-à-dire par la loi sur l'extension du droit d'héritage aux terres 'mirié' et 'mevkoufé' (XIX¹).

86 VENTE FORCÉE D'IMMEUBLES

desdites terres aura lieu si le de cujus avait des héritiers ayan droit à la possession, ou des personnes ayant droit au tapou de terres susdites.

Art. 3. Les dispositions du deuxième article s'appliquent aussi aux moussakafat et autres dépendances des vakoufs dont la transmission par droit d'hérédité a reçu une extension par la loi d 13 Sef. 1284 contre augmentation du loyer annuel.

Art. 4. Si le prix des terres et propriétés moussakafat hypo théquées ne suffit pas à payer la dette du débiteur décédé, l créancier ne pourra pas réclamer pour le payement du surplus de sa créance des terres et autres propriétés dédiées, possédées par l de cujus, mais n'ayant pas été données en hypothèque audi créancier ([2]).

Art. 5. Ces dispositions faisant suite aux lois du 17 Mouh et du 13 Sef. 1284 seront mises en vigueur à partir de la date de leur promulgation.

TEXTE CIV[2].

Vente forcée (après le décès du débiteur) d'immeubles mirié et mevkoufé, moussakafat et moustaghilat, pour payement de dettes à l'État. Appendice au CIV[1]([1]).	21 Ram. 1288. 3 déc. 1871.	Dust., vol. I, p. 243 (turc). Ongley, p. 216 (angl.).

[traduction non garantie.]

Art. 6. Les immeubles mirié mevkoufé aussi bien que les vakoufs moussakafat et moustaghilat à double loyer de ceux qui décèdent laissant des dettes, tant personnelles que par garantie, dues au fisc, en cas d'insuffisance des autres parties de la succession peuvent être vendues en payement de ces dettes.

Art. 7. Sont exceptés de l'application de l'art. 6 les biens vacants (mahloul). Les immeubles hypothéqués à un tiers ne

---

([2]) Par une note verb. id. du 21 avr. 1883, les Missions ont appelé l'attention de la S. Porte sur les préjudices que cause aux créanciers l'application de l'art. 4, en vertu duquel les propriétés 'vakouf' non-hypothéquées du vivant du débiteur sont exemptées de la vente forcée pour le payement de ses dettes après sa mort.

([1]) Par cette loi l'art. 115 du Code des Terres qui consacrait l'inaliénabilité de la terre domaniale sans le consentement du possesseur a été abrogé. En ce qui concerne la vente forcée : 1° des immeubles appartenant à un failli étranger, par les syndics de sa faillite ; ou 2° des immeubles d'un étranger débiteur, par un autre étranger créancier, qui a obtenu un jugement de condamnation devant les tribunaux étrangers ; cf. l'art. 3 de la loi concédant aux étrangers le droit de propriété immobilière (vol. I, p. 340).

VENTE FORCÉE D'IMMEUBLES

seront vendus qu'à condition que le montant de la créance pour laquelle l'immeuble a été hypothéqué ne soit prélevé du produit au profit de ce créancier.

Si l'héritier n'a pas de maison une demeure lui sera laissée et si le débiteur décédé n'avait autre moyen de subsistance que la cultivation du terrain, une étendue suffisante pour le maintien de sa famille selon l'estimation de l'autorité compétente, sera laissée aux héritiers.

TEXTE CIV[3].

Vente forcée des immeubles mirié et mevkoufé et moussakafat et moustaghilat pour payement de dettes.

15 Chev. 1288.
28 déc. 1871 ([1]).

Dust., vol. I, p. 242 (turc).
Arist., vol. I, p. 270 (franç.).

[traduction d'Aristarchi revisée.]

Art. 1er. Les vakoufs moussakafat et moustaghilat à double loyer (bil-idjarétéïn), ainsi que les terres mirié et mevkoufé seront vendues, sans le consentement du débiteur, comme des propriétés ordinaires pour le payement d'une dette jugée (mahkioum-bih).

Art. 2. Si le débiteur prouve qu'il pourrait, avec le revenu net de ses propriétés immobilières, se libérer de sa dette dans une période de trois ans, en payant aussi l'intérêt légal et les autres frais, et s'il cède à son créancier la perception des revenus susdits, lesdits propriétés ne seront pas vendues.

Art. 3. Si le recouvrement d'une dette jugée a été confié à un tiers qui assumerait cette charge et en notifiera le débiteur celui-ci jouira des mêmes privilèges que le premier créancier et pourra réclamer la vente des propriétés immobilières du débiteur.

Art. 4. Les propriétés immobilières d'un débiteur ne peuvent être vendues par des sentences susceptibles d'appel ; de même elles ne pourront être vendues par des jugements rendus par défaut avant que le délai de l'opposition ne soit expiré.

Art. 5. Lorsqu'un débiteur adresse une requête réclamant les sommes qui lui sont dues et demande, en cas de non-payement, la mise en vente des immeubles de son créancier, il est tenu d'adresser au lieu de résidence de ce dernier, soit directement, soit par le canal de l'autorité exécutive, un avis rédigé dans les formes ainsi qu'une copie de la sentence judiciaire.

Art. 6. On ne pourra demander la mise en vente des immeubles du créancier avant l'expiration d'un délai de 31 jours à partir de l'envoi de l'avis susmentionné. Dans le cas où 91 jours vien-

---

([1]) Aristarchi donne la date de 27 Chab. 1286.

88   VENTE FORCÉE D'IMMEUBLES

draient à passer après l'envoi dudit avis sans que la vente soit demandée, on devra envoyer un second avis, laisser s'écouler 31 jours encore et demander ensuite la mise en vente afin que la demande soit valide.

Art. 7. Les formalités prescrites dans les arts. 5 et 6 une fois remplies, l'autorité exécutive enverra un employé spécial qui opérera le séquestre ; il rédigera deux pièces pareilles qui contiendront un résumé du jugement du tribunal, la date de ce jugement, l'envoi de l'employé, la nature enfin de l'immeuble, son emplacement et ses limites. On devra, c'est-à-dire, si l'immeuble séquestré est un hôtel, une maison, un magasin, etc., écrire le nom de la ville ou de la bourgade où ladite propriété se trouve, ainsi que le nom de la rue, le numéro de la porte et la nature des immeubles avoisinants. S'il s'agit d'une terre, d'un champ, etc., on devra également écrire le nom du village et de l'endroit où se trouve cet immeuble ainsi que le nombre approximatif d'arpents qu'il contient. Si ce champ contient des bâtisses ou des arbres, on devra en spécifier le nombre et la nature. On devra enfin indiquer le tribunal qui a prononcé le jugement, ainsi que le nom, prénom et le lieu de la résidence du demandeur.

Art. 8. La mise aux enchères sera annoncée par des avis spéciaux et par la voie des journaux 21 jours d'avance. Ces avis seront affichés dans les localités les plus centrales de la ville où les enchères auront lieu.

Art. 9. Les enchères durent 61 jours ; à l'expiration de ce terme l'immeuble est adjugé au plus offrant, et l'adjudication est notée provisoirement par l'autorité exécutive à la pièce d'adjudication. Si dans un délai de 31 jours, à partir de la date susdite, il se présente un enchérisseur de 5 % les enchères sont reprises ; l'immeuble est adjugé au dernier enchérisseur, contre le payement du prix atteint aux enchères et des autres frais ; la section compétente remet alors audit enchérisseur les titres de propriété.

Art. 10. Si l'enchérisseur à qui a été adjugé la propriété immobilière se refuse de la prendre, les enchères seront reprises et la perte qui pourrait en résulter sera à la charge dudit enchérisseur ainsi que les frais d'exploit.

Art. 11. Les employés chargés de la mise aux enchères de l'immeuble ainsi que les membres du tribunal qui a décrété la vente dudit immeuble, ne pourront pas prendre part auxdites enchères ; en cas de contravention à la présente disposition ils seront passibles des peines édictées par la loi.

Art. 12. Celui qui entraverait la liberté des enchères sera puni d'après l'art. 218 du Code pénal.

Art. 13. Si quelqu'un venait à revendiquer des droits de propriété sur l'immeuble mis aux enchères, il devra intenter son action avant l'adjudication définitive ; et si son action venait à être regrettée, le préjudice causé par les entraves apportées aux enchères

VENTE FORCÉE D'IMMEUBLES

sera entièrement à sa charge. Une telle action intentée même après l'adjudication définitive ne saura être valide qu'en tant que le demandeur pourra établir qu'il a été empêché par des motifs légitimes d'intenter son action avant la première adjudication.

Art. 14. Si un créancier ne demande pas la vente de l'immeuble de son débiteur dans le délai prescrit, un autre créancier a le droit de le faire.

Art. 15. Si une partie des propriétés immobilières d'un débiteur suffit à payer sa dette, on vendra en sa présence la partie qu'il voudra et en son absence on tâchera de sauvegarder les intérêts du débiteur.

TITRE CV

MINISTÈRE DU CADASTRE

(DEFTER-KHANÉ)

'Bureau de Cadastre' est la traduction française consacrée pour exprimer le Defter-Khané ottoman, mais il faut faire observer que ce dernier n'entreprend aucune classification ou classement parcellaire des terrains et n'est qu'un bureau d'enregistrement et de délivrance des actes concernant la propriété immobilière, tels que transferts, mutations, hypothèques, etc.

Ce système d'enregistrement date du temps d'Omer Faroukh et se base aujourd'hui sur un recensement de terres entrepris en 975 A.H. et terminé en 1010, dont les registres sont encore conservés au Defter-Khané. Une tentative pour confectionner un cadastre, qui s'est bornée aux essais de 1860, n'a pu aboutir que pour les villes de Constantinople et de Brousse; en 1874 on renonça au projet de cadastrer l'Empire en se contentant d'une revision de l'ancien recensement. D'autres projets de cadastre, dont un fut proposé en 1895 et l'autre par un règlement publié dans les journaux turcs du 10 juillet 1900, n'ont pas mieux réussi.

Il existe actuellement à peu près un millier de registres fonciers à Constantinople sous la charge du Gardien du Sceau Impérial (levkii effendi) qui seul peut y effectuer des modifications et cela seulement en vertu d'un Firman. Les incriptions des registres sont considérées comme toujours exemptées de faux et constituant une preuve définitive (v. Code civil, art. 1757).

DEFTER-KHANÉ 91

Le Ministre du Cadastre ne siège pas au Conseil; son département comprend un Conseil, un Bureau des Titres et une Direction d'Affaires Immobilières du Divan. Pour l'organisation provinciale de l'Administration voir les instructions suivantes.

TEXTE CV[1].

Defter-Khané, organisation du service ([1]).   Arist., vol. I, p. 207.

[traduction d'Aristarchi revisée.]

Art. 1er. Un directeur du cadastre, deux secrétaires et même trois au besoin seront attachés à chaque sandjak jusqu'à ce que le cadastre soit terminé. Dans les kazas résidera également un secrétaire des tapous, relevant tous directement du directeur du Defter-Khané, au chef-lieu du vilayet ayant sous ses ordres un sous-directeur et un bureau (calem) de sept secrétaires (kiatibs); chacun chargé d'un sandjak. Les employés des kazas devront s'adresser aux secrétaires des tapous dans les sandjaks qui s'adresseront à la direction siégeant dans le chef-lieu du vilayet. La direction sera tenue responsable envers le Defter-Khané.

Art. 2. Le Code de la propriété foncière du 7 Ram. 1274, le règlement du 8 Djem. II 1275, et les dispositions explicatives du 15 Chab. 1276, resteront en vigueur. Néanmoins, la nouvelle loi sur les vilayets ayant modifié le service du cadastre, certains

---

([1]) Ces instructions, qui ne portent aucune date, ont été publiées (v. l'art. 2) après le nouveau système administratif de la loi sur les vilayets introduit en 1867. Elles ont pour but l'organisation du service du Defter-Khané d'après le régime administratif actuel, et déterminer les attributions et les devoirs des nouveaux fonctionnaires du cadastre, qui ont été préposés à tout ce qui est relatif aux titres possessoires des terres domaniales. Voir aussi les dispositions suivantes :

Defter-Khané,
  devoirs des fonctionnaires,   21 Djem. II 1296.   'Lég. fonc. ott.', p. 23.
  Ordre gr.-véz. au Min. de la Just.

[résumé.]

Les fonctions des employés du Defter-Khané sont les suivantes :

1° Représenter le fisc comme demandeur ou défendeur dans les procès entre celui-là et les particuliers ;

2° Assister aux procès entre particuliers relatifs à des terres 'mirié,' en qualité de représentants de l'État propriétaire (sahib-i-erz) (v. CV[2], art. 24).

3° Veiller à faire écarter les raisons pour lesquelles des terres 'mirié' demeureraient sans culture et à ce que les formalités légales soient régulièrement accomplies pour les terres 'mirié' transmises par succession ou devenues vacantes.

DEFTER-KHANÉ

développements des règlements, lois et ordonnances précités ont été jugés nécessaires.

Les affaires des terres 'mirié' possédées par tapou se divisent en plusieurs classes ; la première comprend toute question d'aliénation ou de transfert, de dévolution à l'État, et de la possession clandestine. Les employés seront tenus, pour tous les cas qui précèdent, à se conformer strictement au Code de la propriété foncière et à la législation foncière.

La seconde classe comprend les terres possédées moyennant des titres délivrés d'après l'ancien régime par des fermiers de revenus (multezims) ou des collecteurs, ainsi que celles acquises au détenteur pour avoir été labourées par lui pendant dix ans. Pour le premier de ces deux cas le Code ordonne que les vieux titres reconnus authentiques soient échangés contre de nouveaux ; pour le second cas, on confirme le droit du détenteur en lui remettant un tapou. Les employés se conformeront à ces dispositions. Les titres présentés devront être toujours soigneusement vérifiés et le droit de jouissance ne peut être obtenu que par la culture suivie d'une terre pendant dix ans ; la simple possession d'une terre qu'on a cultivée une ou deux fois et qu'on a abandonnée ensuite en friche, ne constitue nullement un tel droit.

Dans la troisième classe sont rangées toutes les terres qui ne sont pas nécessaires à l'État, les forêts et les montagnes communes, aliénées par l'État par les employés compétents après vérification. Sont exceptées, toutefois, de cette classe les terres cédées aux émigrants (prises parmi les terres en friche); celles allouées aux habitants d'un bourg ou d'un village comme ' baltalik,' celles comprises dans les terres d'un ' tchiftlik ' par firman impérial, et enfin les bois reconnus comme faisant partie d'un vakouf.

En outre, comme l'expérience a démontré que les limites quelquefois sont fixées simplement d'après un rapport partiel, ce qui cause bien des complications, on devra examiner toutes les terres de chaque village excepté les terres tenues par titres rédigés en forme et reconnus valables. Ces terres seront enregistrées et on agira à leur égard conformément à la loi.

Art. 3. Pour les bois à aliéner sur des terres friches ainsi que pour les terres à concéder qui ne sont sous la possession de personne et ne font pas partie des pâturages d'un village, enfin pour toutes les terres à aliéner dont parle l'article précédent, on devra prendre les mesures suivantes. On préviendra tout d'abord le Conseil administratif du kaza intéressé, et vérifiera si les terres et les bois en question sont aliénables. En ce cas on les classera et on fixera le prix proportionnel à la position, à l'utilité ou à la vogue des terres, ensuite on préviendra les personnes qui désirent acquérir ces propriétés, on les mettra aux enchères, par-devant le Conseil administratif du kaza, par lots et par arpents, et elles seront cédées au plus offrant. On percevra, au lieu de la dîme,

TITRES POSSESSOIRES (TAPOU) 93

par chaque arpent des bois et terres susdites, un droit annuel de 10 ou 20 paras, en prenant toujours pour base de cette taxation l'emplacement et la vogue dont jouissent lesdites propriétés. La somme ainsi à percevoir sera écrite sur le titre délivré à l'acheteur.

Quoique le Gouvernement ait permis de transformer certaines terres inutiles et recouvertes de broussailles en champs et qu'il en accorde même un tapou, néanmoins, là où le bois manque, le défrichement des terres couvertes de broussailles (pernallik) ne sera pas permis, mais elles seront concédées contre un prix modique à ceux qui s'engageront à les conserver, afin qu'avec le temps un bois se forme sur ces lieux.

Les employés devront veiller sur la distinction à faire entre les terres à conserver pour l'usage général et celles qui sont inutiles au public. Cette distinction étant d'une importance capitale, on ne devra procéder pour lesdites terres qu'après estimation faite sur les lieux mêmes et on devra en cas de doute recourir à l'autorité supérieure.

Arts. 4 à 12. [Formalités administratives de recensement.]

Art. 13. Les employés des terres et les secrétaires des tapous dans les provinces prendront part aux séances des Conseils administratifs toutes les fois qu'il s'agirait de délibérations concernant les terres; à la clôture des séances ils cachèteront aussi les procès-verbaux.

Arts. 14 et 15. [Frais de voyage, etc.]

TEXTE CV².

Defter-Khané, titres possessoires (tapou) pour mirié et mevkoufé.   8 Djem. II 1275. 14 déc. 1858.   Dust., vol. I, p. 201 (turc). Kod. (grec). Arist., vol. I, p. 170 (franç.).

[traduction d'Aristarchi.]

Chapitre Ier.

Art. 1er. Dans les provinces la concession des terres domaniales est attribuée *aux commis chargés de l'administration des finances du département et aux sous-gouverneurs, représentant le propriétaire de la terre* (¹).

(¹) Les opérations relatives aux biens domaniaux ont été attribuées après l'abolition des fiefs en 1839, aux fermiers des impôts (multezim). Plus tard le régime d'administration provinciale introduit par la loi des vilayets a institué des Conseils administratifs aux chef-lieux de kaza, de sandjak et de vilayet qui ont été chargés de la surveillance des opérations de tapou dont l'exécution avait été confiée, comme susindiqué, aux agents du Min. des Finances; cf. art. 3 du Code des Terres (CIII).

Les devoirs attribués aux fonctionnaires du Min. des Finances ont été transférés à l'Administration du Cadastre (v. CV¹).

DEFTER-KHANÉ

Art. 2. Les autorités chargées de l'agriculture n'ayant point à se mêler dans la vente, transmission et concession de ces terres, seront considérées relativement à ce sujet comme simples membres du Conseil investis des mêmes droits.

Art. 3. Tout vendeur doit se munir d'un 'ilmou-haber' (certificat) portant le cachet de l'Iman et des notables de son quartier ou village et constatant : (a) que le vendeur a réellement possédé les terres, (b) le montant du prix de vente, (c) le district et le village où elles sont situées, (d) les limites et le nombre de deunums.

Ensuite le vendeur avec l'acheteur ou leurs fondés de pouvoir se présentent au Conseil de la localité, le certificat est présenté et l'avance des frais de vente déposée. Cet acte de vente projetée doit être déclaré au mutessarif ou aux autorités fiscales suivant qu'il se fait dans un kaza, un sandjak ou un vilayet.

Un titre possessoire (tapou) est délivré, aussitôt les renseignements voulus pris et les enregistrements faits.

Si l'acte de vente se fait dans un kaza le tapou accompagné d'un rapport mentionnant les frais ci-dessus est envoyé à l'autorité administrative supérieure qui le retient et adresse, après l'avoir enregistré un autre aux Defter-Khané de Constantinople en y joignant le tapou afin que l'on y inscrive en marge la vente, si le titre est nouveau, ou qu'on l'y dépose et délivre un acte nouveau, au cas qu'il est ancien ; dans le cas où la vente de terres aura lieu dans un chef-lieu de sandjak, un rapport en est de suite dressé et envoyé au Defter-Khané ; on y fait mention de la détention réelle du vendeur, lorsque celui-ci n'a pas de titre ancien ([2]).

Art. 4. Pour vendre des terres situées en province à une personne demeurant à Constantinople, on se munira d'un certificat du Conseil du sandjak intéressé, constatant que le vendeur a vraiment possédé ces terres ; après quoi le vendeur et l'acheteur ou leurs représentants font au Defter-Khané les déclarations légales. Si le titre est nouveau, la vente en est inscrite en marge suivant l'article précédent, s'il manque, un nouveau sera délivré. S'il y a délivrance de tapou, le directeur doit en informer l'autorité administrative compétente pour qu'on fasse sur les lieux les observations nécessaires ([2]).

Art. 5. Lorsque la possession est transmise par héritage, l'Iman et les notables préposés (maires, adjoints, etc.) du quartier ou du village délivrent un certificat revêtu de leur cachet et constatant :

1º Que le de cujus possédait vraiment les terres à transmettre ;

2º La valeur approximative de ces terres et

3º Que celui à qui elles seront transmises d'après *les articles 54 et 55 du Code des Terres* a exclusivement ce droit. Les frais à recevoir dudit héritier et le rapport seront adressés au Defter-Khané suivant l'art. 3 ; ensuite la transmission en sera faite ([2]).

([2]) Ces dispositions ont été complétées et légèrement modifiées par les instructions du 7 Chab. 1276 (Dust., vol. I, p. 279 ; Arist., vol. I, p. 188).

TITRES POSSESSOIRES (TAPOU) 95

Art. 6. Celui qui devient possesseur de terres paye à titre de frais *cinq pour cent* sur le prix de vente ; en cas de fausse déclaration pour payer moins de frais, on en évalue et fixe le prix impartialement et perçoit les frais en proportion à cette évaluation; de même en cas de vente gratuite de terres.

[Les frais fixés par l'art. 6 ainsi que par les arts. 7, 8, 9 et 10 ont été modifiés par le tarif (v. p. 110).]

Supplément à l'art. 6. 24 Djem. II 1292. Dust., vol. III, p. 458.

En cas qu'un individu, en dehors des employés de l'Evkaf et des terres, aura notifié au Gouvernement et prouvé qu'il a été fait une fausse déclaration de la valeur des terres domaniales et mevkoufés, de biens urbains et dédiés et des terres mulks, qui ont été vendues, le vendeur et l'acquéreur seront obligés de payer à moitié le double des frais correspondant à la somme non-déclarée. La moitié de cet argent sera déposée au trésor Impérial et l'autre moitié sera remise à l'individu qui en a donné avis au Gouvernement.

Art. 11. Sur la déclaration du village ou du quartier respectif un rapport sera dressé et envoyé aux archives pour que de nouveaux titres soient délivrés :

1º Aux détenteurs de terres sans titres (sauf celles appartenant au domaine public et détenues clandestinement contre payement de tous frais tels que frais de transmission et *du prix de papier* ;

2º *Contre payement du prix de papier seulement*: (*a*) aux possesseurs de terres en vertu de titres anciens délivrés par des 'sipahis' locataires et d'autres semblables; (*b*) à ceux qui ont perdu leurs titres constatés dans les registres officiels.

Art. 12. Est faite gratis et sans frais, suivant l'art. 103 du Code des Terres, la concession de terres en friche à des personnes disposées à les défricher ; on leur délivre un nouveau titre contre payement de Ps. 3 pour prix de papier et on les exempte de payer des dîmes pour un ou deux ans au cas que ces terres sont vakouf.

Art. 13. Toute autorité administrative et fiscale doit surveiller afin que les terres en friche ne soient concédées qu'aux personnes disposées à les défricher et à les cultiver ainsi qu'il est dit ci-dessus, elles doivent porter leur attention particulière pour que des terrains situés sur des montagnes et abandonnés pour des raisons d'utilité publique ne soient concédés ni détenus par personne pour s'y installer, il leur incombe aussi de céder à la culture les terres, lesquelles faute de culture ne sont pas possédées par tapou ([3]).

([3]) Instructions (v. note 2).

Art. 5. Les terres en friche (boch ve kiratck) seront concédées gratis d'après l'art. 12, il n'y aura qu'un droit de Ps. 3 comme prix du papier et il sera perçu P. 1 en sus pour le commis. Les terres qui ont été déjà labourées une fois, mais qui sont restées incultes par la suite, faute de propriétaire, ne seront pas soumises à ce règlement ; elles seront cédées par adjudication. D'après l'art. 108 du Code des Terres, pour défricher une terre et la

DEFTER-KHANÉ

Art. 14. Les tapous imprimés qui seront délivrés aux détenteurs de terres portent en tête le Toughra Impérial imprimé et font mention tant du sandjak et du village où les terres sont situées que des limites et du nombre des hectares.

Art. 15. [Comme modifié. 7 Reb. II 1304. Lah.-i-Kav., vol. I, p. 32.] Le transfert (feragh), la mutation (intikal) et les autres opérations des terres situées dans un village seront faites au chef-lieu du kaza dont il relève. Les déclarations de transfert pourront être entendues aussi aux chef-lieux du sandjak et du vilayet dans la circonscription desquels le kaza se trouve. Cependant on ne pourra y procéder qu'après avoir constaté que le cédant ne doit rien au fisc du chef de ladite terre et qu'elle n'a pas été mise sous séquestre. Les enquêtes nécessaires doivent être faites le plus promptement possible.

Conformément aux arts. 16 et 18 de la loi le certificat sera rédigé dans la localité pour les terres dont les enquêtes et enchères auront lieu au chef-lieu du sandjak ainsi que pour celles dont les enchères auront lieu à la Capitale.

Art. 16. S'il y a des personnes qui *en vertu de l'art. 59 du Code des Terres* (⁴) doivent avoir par préférence la concession de terres par tapou, il sera procédé à une enquête faite sur les lieux (village, commune) où ces terres sont situées, par l'entremise du Conseil administratif local; après quoi on invite par ordre les ayants droit au tapou à en prendre la concession, moyennant une somme fixée, d'une manière juste et non préjudiciable au fisc, par le susdit Conseil; en cas d'acceptation, la concession se fait sans enchères; et de tout ce qui précède un rapport est dressé. Mais l'estimation dudit Conseil ne suffit qu'au cas où l'étendue de ces terres est au-dessous de cent hectares; dans le cas où elle surpasse ledit nombre d'hectares, il faut, outre l'estimation du Conseil de sandjak, celle du Conseil administratif du vilayet; et après cela ces terres sont concédées aussi sans leur mise aux enchères. En tout cas ces enquêtes et estimations ne doivent point servir de prétexte d'ajournement de la délivrance du tapou nécessaire; et les ayants droit au tapou, d'après la loi, ne perdront point en conséquence leurs droits.

Art. 17. Dans le cas où les ayants droit au tapou y renoncent, n'acceptant point les terres concédées à eux à un prix proportionnel, il sera procédé à la concession de ces terres, par voie d'en-

---

cultiver, il faudra permission du fisc (miri); les détenteurs de terres défrichées après la publication de la présente loi sans permission seront obligés de payer la valeur de ces terres au moment où ils les ont occupées et cultivées, et cela, s'ils se présentent dans le délai de six mois (à moins d'empêchement légal), payent le prix analogue et reçoivent le titre; en cas contraire les terres ne leur seront concédées que contre payement de la valeur actuelle desdites terres.

(⁴) L'art. 59 a été modifié (v. CIII¹).

chères, au dernier et plus offrant enchérisseur, et un rapport mentionnant la renonciation des ayants droit en est dressé.

Art. 18. [Comme modifié. 27 Chev. 1303. Lah.-i-Kav., vol. I, p. 30([5]).] Les terres qui, soite faute d'ayants droit au tapou, soit en cas de renonciation à ce droit, appartiennent exclusivement à l'État, et qui suivant l'art. 77 du Code doivent être concédées par voie d'enchères, et lesquelles sont d'une étendue de 300 hectares et cessibles par voie d'enchères doit être faite au dernier enchérisseur par le Conseil du kaza. Si ces terres sont d'une étendue de 300 à 500 hectares, l'adjudication définitive peut être renouvelée dans un délai de trois mois par le Conseil du sandjak; mais lorsque ces terres sont d'une étendue dépassant les 500 hectares une nouvelle mise aux enchères en est faite dans le même délai par le Conseil administratif du vilayet.

La date du commencement et de la fin des enchères aux Conseils de sandjak et de vilayet ainsi que les limites et l'étendue des terres seront publiés dans les journaux du vilayet; dans ceux de la Capitale pour les terres de plus de 500 deunums. Des copies de ces annonces ainsi que de l'acte des enchères seront envoyées au Ministre des Finances avant d'être publiées. Les enchérisseurs se trouvant à Constantinople s'adresseront à ce Ministère.

Les commis de tapou doivent assister aux Conseils de kaza et les agents du Defter-Khané aux Conseils de sandjak et de vilayet. Les membres de ces Conseils qui voudront surenchérir doivent se retirer du Conseil pendant les enchères.

Si la terre, étant d'une certaine valeur, n'est pas susceptible de partage ou dépend d'une ferme (tchiftlik), le droit à tapou appartient seulement aux ayants droit indiqués dans l'art. 59 du Code des Terres comme appartenant au 7me et 8me degrés, devenus 1er et 2me depuis la loi du 17 Mouh. 1284, c'est-à-dire à ceux qui ont hérité des arbres et constructions mulk et aux cointéressés et associés. Si les habitants de la localité ont besoin de la terre ils seront considérés comme ayants droit du dernier degré et la terre leur sera concédée selon leur besoin.

Art. 19. La somme perçue pour cause de concession de ces terres par l'État, ainsi que tous frais de vente ou de transmission et le prix de papier sont versés au fisc([6]).

Art. 20. [Comme modifié. 24 Djem. II 1292. Lah.-i-Kav., vol. II, p. 88.] Celui qui notifiera l'Administration de la vacance

---

([5]) L'art. 18 avait déjà été modifié sous date de Redj. 1288 (Arist., vol. I, p. 220).

([6]) Instructions (v. note 2).

Art. 6. La somme qui sera perçue en échange des terres concédées aux ayants droit au tapou ne sera fixée ni par le prix que lesdites terres pourront atteindre aux enchères, ni par le prix que quelqu'un pourrait offrir, mais d'après leur valeur intrinsèque, fixée par des experts impartiaux sur la base et par rapport à d'autres terres semblables.

98   DEFTER-KHANÉ

(mahlulat) des terres mirié, mevkoufé, moussakafat mevkoufé et emlak simple dont elle n'a aucune connaissance directe, excepté les employés du miri et de l'Evkaf reçoit à titre de récompense 10 % du montant de l'adjudication (bedel mouadjel) après le transfert de la terre au requérant (⁷).

Art. 21. Aussitôt la vente, transmission ou concession de terres faites, d'après ce qui est dit ci-dessus, et les frais versés, il sera délivré, sans ajournement, au nouveau possesseur un certificat revêtu du sceau du Conseil l'autorisant à les posséder et à les cultiver jusqu'à l'arrivée du titre de possession (⁸).

Art. 22. Est tenu au chef-lieu de sandjak un registre spécial des terres situées dans chaque commune; et des ventes, transmissions et concessions de ces terres.

Art. 23. Tout rapport sur la délivrance de titres de possession de terres est envoyé directement au Defter-Khané. Néanmoins il est aussi permis à la requête du futur possesseur de ces terres de le lui confier pour qu'il le présente lui-même au Defter-Khané.

Art. 24. Tout procès pour cause de dol ou fraude, ainsi que tout autre différend pareil, concernant des terres domaniales, qui sont jugés d'après la loi religieuse, seront poursuivis en présence des fonctionnaires *ad hoc* des finances ou de leurs délégués, qui représentent le propriétaire de la terre (⁹).

Chapitre II.

Du droit des possesseurs de terres domaniales de les hypothéquer pour dettes.

Art. 25. Il est permis, d'après le Code des Terres à tout possesseur de terres domaniales de les hypothéquer pour garantir le payement d'une dette ; *mais si ce débiteur meurt sans laisser aucun héritier jouissant d'un droit héréditaire sur ces terres, le créancier hypothécaire ne peut point les détenir en échange de sa créance ; un tapou lui est absolument nécessaire pour en prendre possession.* Néanmoins il lui est permis, d'après l'ordonnance Impériale du 9 Ram. 1274, vu l'intérêt public qui l'exige, d'en

---

(⁷) Pour la prescription en matière de vakouf v. note 5, p. 113.

(⁸) Ce système a été modifié ; au lieu du certificat comme titre provisoire jusqu'à l'envoi du titre possessoire, il est délivré une ' table indicative imprimée,' extraite des registres à souche.

(⁹) Aucune procédure par-devant les tribunaux, ni aucun acte de transmission d'un bien-fonds quelconque par-devant les fonctionnaires *ad hoc* ne peut avoir lieu, si l'intéressé n'aurait pas prouvé par le tezkéré *ad hoc* l'acquit des tributs. De même, tout sujet ottoman en général, et, dans les lieux où le cadastre est achevé, tout contribuable, doit produire en pareil cas son certificat personnel (noufous-teskéréssi) pour prouver son identité et l'acquit du tribut sur les biens et sur les revenus lequel, suivant ce système, doit être apostillé derrière le document.

poursuivre la vente pour recouvrer sa créance. Les dispositions suivantes auront trait aux conditions nécessaires pour grever d'hypothèque des terres domaniales ([10]).

Art. 26. Lorsqu'un possesseur de terres domaniales par tapou veut emprunter de l'argent en grevant d'hypothèque ses terres pour sûreté de la dette, le débiteur ainsi que le créancier doivent se présenter aux Conseils administratifs du kaza, sandjak ou vilayet suivant qu'ils sont dans la circonscription d'un kaza ou dans les chefs-lieux de sandjak ou de vilayet; ils y déclarent en présence de l'autorité locale sur les finances, la contenance et les limites des terres à hypothéquer, le montant de la dette et de l'intérêt légal à payer et la convention d'hypothèque. Sur cette déclaration on fait dresser un acte authentique et donne en dépôt au créancier hypothécaire le tapou de ces terres; et on en fait une mention sommaire dans un registre. En cas de radiation d'hypothèque pour acquittement de l'obligation, les deux parties contractantes doivent se présenter de nouveau au Conseil compétent; l'acte constitutif de la créance et le tapou sont rendus et on fait les observations nécessaires dans le susdit livre ([11]).

Art. 27. *La vente de terres hypothéquées comme ci-dessus ne peut être poursuivie ni par celui qui les a données en hypothèque ni par le créancier hypothécaire.* Toutefois, lorsque d'après l'art. 117 du Code des Terres le débiteur a nommé pour fondé de pouvoir soit le créancier hypothécaire, soit une autre personne, pour en poursuivre la vente et pour, sur le montant, se rembourser de sa créance; et dans, le cas où le débiteur n'aura pu s'acquitter de sa dette dans le délai convenu, ledit fondé de pouvoir met aux enchères les terres hypothéquées par le ministère de l'employé compétent dans un délai de quinze jours jusqu'à deux mois au

---

([10]) Cet article a été modifié par la loi de 1286 (CIV[1]).

([11]) La loi entend ici les Conseils du régime administratif antérieur; mais d'après le régime actuel qui interdit toute intervention des Conseils administratifs dans les affaires judiciaires (arts. 14, 34 et 48 de la loi sur les vilayets), il se présente la question de savoir si ces Conseils sont encore compétents à cet égard, ou si à présent les tribunaux ordinaires des arrondissements et des cantons sont compétents pour donner l'autorisation à hypothéquer un bien, en vertu de laquelle le tribunal civil religieux local (mehkémé) délivre le document (heudjet) de l'acte hypothécaire. Mais il est évident, si l'on considère que tout acte d'aliénation de terres mirié se fait par-devant les fonctionnaires sur les tapous, même après la promulgation de la loi sur les vilayets, qu'il faut admettre que l'acte hypothécaire doit se faire par-devant les Conseils en présence du fonctionnaire spécial et non aux tribunaux (v. CV[2], art. 15).

Cependant, si une telle juridiction volontaire leur appartient, il n'en est pas de même relativement à la juridiction contentieuse, c'est-à-dire aux procès entre débiteur et créancier à l'égard de l'hypothèque. Dans ce cas, c'est le tribunal ordinaire auquel appartient la compétence, et non les Conseils auxquels la loi a interdit toute intervention dans les affaires judiciaires. (Note d'Aristarchi.)

DEFTER-KHANÉ

maximum suivant l'étendue de ces terres et leur valeur ; le produit de l'adjudication servira à acquitter la dette hypothécaire. Il en résulte que la nomination d'un fondé de pouvoir sous la condition ci-dessus doit être insérée clairement dans l'acte authentique d'hypothèque dont il est dit dans l'article précédent, sous peine de ne pas pouvoir proposer plus tard une telle procuration ([12]).

Art. 28. Si le débiteur qui en présence et connaissance de l'autorité compétente, comme il est dit ci-dessus, avait hypothéqué les terres qu'il possédait par tapou est mort sans avoir pu s'acquitter avant, sa succession répond de cette dette ainsi que de toute autre obligation. Mais dans le cas où il n'a point laissé de fortune ou que ses biens laissés ne suffisent point à l'acquittement de ses engagements, les héritiers ne peuvent point prendre possession des terres en question, s'ils ne payent entièrement ce qui est dû ; le créancier a le droit de les en empêcher jusqu'à l'acquittement.

[Le dernier alinéa de l'art. 28 et l'art. 29 ont été remplacés par la loi sur la vente forcée (v. CIV^1).]

Art. 30. Lorsque le créancier et le débiteur ont fait, contrairement aux dispositions ci-dessus, un acte sous seing privé à leur gré, cet acte est nul et non avenu. Enfin tout procès relatif à une hypothèque est de la compétence du Conseil du lieu respectif, lequel Conseil en statuera, en présence de l'employé du fisc compétent, suivant l'acte authentique constitutif d'hypothèque et les observations du registre dont il a été dit ci-dessus.

[Pour les arts. 31, 32, 33, concernant les 'tchiftliks' des mineurs v. note à l'art. 52 du Code des Terres].

TEXTE CV^3.

Defter-Khané,
titres des immeubles mulk,
(en pleine propriété).

28 Redj. 1291.
10 sept. 1874.

Dust., vol. III, p. 447.
Ongley, 'Land Code,' p. 229.

[traduction non garantie.]

Cette loi règle l'émission des titres réguliers pour mulk y compris terrains, constructions, arbres, maisons, magasins, vignobles et jardins, ainsi que pour les mulks établis sur un fonds 'moukata'a' et 'mirié.'

Chapitre Ier.
Émission de nouveaux titres.

Art. 1er. De nouveaux titres avec le Chiffre Impérial (toughra) en tête seront livrés pour toutes les propriétés mulk dans les villes,

---

([12]) L'art. 27 a été modifié par la loi sur la vente forcée (CIV^1).

TITRES POSSESSOIRES (MULK)

villages et nahiés et désormais la possession de mulk sans titre est interdite.

Art. 2. Ces titres seront de deux sortes : 1º Pour mulk simple et 2º pour un fonds moukata'a avec arbres et constructions mulk.

Art. 3. Les employés du Defter-Khané sont chargés de cette procédure. Dans chaque sandjak il y aura un commis spécial sous l'agent du Defter-Khané et dans chaque kaza un commis d'Emlak sera associé au commis des tapous.

Art. 4. Un local spécial sera affecté au Defter-Khané au cadastre d'Emlak.

Art. 5. Partant du chef-lieu le commis d'Emlak fera le tour du kaza pour faire le contrôle (yoklama) des Emlak. Il prendra comme base le cadastre en tant qu'il est complété. Ainsi aidé par un membre du Conseil administratif du sandjak et du kaza et par le 'tahrir memour' et en présence de l'Iman, du Moukhtar et du Conseil des Anciens du quartier, il enregistra les Emlak et examinera les 'heudjet' et autres titres. Il se renseignera sur la manière d'acquisition des Emlak possédés légalement ou non, sans titres. L'accomplissement du 'yoklama' sera noté sur les titres ainsi que le fait que de nouveaux titres ont été livrés.

Arts. 6 à 8. [Formalités d'inspection, etc.]

Art. 9. Les titres ornés du Toughra préparés sur la base des registres seront envoyés par le Defter-Khané à ses employés qui les livreront aux propriétaires contre rendement des certificats provisoires.

Art. 10. En dehors d'un droit de papier de Ps. 3, et d'un droit de greffe de P. 1, un droit d'inspection (yoklama) sera perçu une fois dans les proportions suivantes : pour une valeur de Ps. 5000 à Ps. 10,000 un droit de Ps. 5 ; pour chaque Ps. 10,000 en plus, Ps. 5 ; au-dessus de Ps. 100,000, Ps. 100.

Chapitre II.

Procédure pour aliénation, succession, hypothèque, etc.

Art. 11. Pour aliéner une propriété mulk le vendeur doit obtenir un certificat (ilmou-haber) de l'Iman et du Moukhtar de son quartier, certifiant qu'il est vivant et que la propriété lui appartient, et, après avoir obtenu un 'kochan' du tahrir memour s'il y en a un, il aura recours au Conseil administratif de l'endroit et déclaration y sera faite par le vendeur et par l'acheteur ou par leurs mandataires légaux que la vente est légale, réelle et irrévocable, en présence du naïb et du Commis du Defter-Khané ou des tapous ; et après avoir été accepté par les parties l'acte sera enregistré, légalisé et scellé par le Conseil (¹).

(¹) Il est interdit aux notaires de légaliser des contrats relatifs à la vente d'immeubles. (Circ. du Defter-Khané, 18 Choub. 1307.)

DEFTER-KHANÉ

Si le payement de la totalité ou d'une partie du prix est remis à une date postérieure le Conseil fera consigner la dette dans un acte et cette obligation (deïn sened) sera aussi confirmée et scellée par lui (²).

Art. 12. On percevra de l'acheteur au profit du fisc un droit de vente proportionnel de *Ps.* 10 *par* 1000 (³) ; Ps. 3 pour papier et P. 1 pour droit de greffe.

Un certificat imprimé provisoire sera préparé constatant la vente et livré à l'acheteur, après avoir été scellé conformément à l'art. 7. Dans le cas ou le mulk vendu aura un nouveau titre seulement le droit de papier et le droit de greffe seront perçus ; s'il n'en a pas les droits spéciaux désignés à l'art. 10 seront perçus.

Art. 13. A la mort du propriétaire d'un bien mulk le Conseil administratif sera chargé de la procédure à suivre conformément au registre de successions (defter kassam) ou à son défaut, conformément au 'mazbata' signé et scellé par les autorités du Chéri et basé sur l'ilmou-haber de l'Iman et Moukhtar du quartier désignant les héritiers, et après que l'affaire a été enregistrée et légalisée un droit de succession de *Ps.* 5 *par* 1000 (⁴), un droit de papier de Ps. 3 et un droit de greffe de P. 1 seront perçus et les certificats provisoires seront livrés aux héritiers.

Art. 14. Les droits de vente et de succession seront calculés sur la valeur totale des 'emlaks' simples ; mais seulement sur la valeur des arbres et constructions mulk si le terrain est moukata'a.

Art. 15. Les biens mulk de ceux décédés sans héritiers et intestats seront vendus aux enchères au plus offrant à l'instar des terres mirié vacantes (mahloul) et le prix sera versé au Defter-Khané.

Art. 16. Pour antichrèse (terhin) des immeubles mulk, l'ilmou-haber du quartier (⁵) le 'tahrir kochan,' le ' deïn sened ' (v. art. 12) écrit sur papier timbré, et le titre de propriété sera remis à l'agent du Defter-Khané ou au commis des tapous, qui procéderont comme suit :

Une feuille imprimée à souche sera inscrite en présence du débiteur et du créancier ou de leurs mandataires, scellé par l'employé du Defter-Khané ou des tapous, séparée de la souche et livré au créancier avec le titre et l'obligation (deïn sened).

(²) Les Moukhtars et Imans doivent signaler aux employés du Defter-Khané toute vente d'immeubles dont ils auront connaissance. (Circ. du Defter-Khané, 17 août 1304.)
(³) Porté à 15 par 1000 en 1892. (v. tarif, p. 110, § 1.)
(⁴) Porté à 7½ par 1000 en 1892. (v. tarif, p. 110, § 4.)
(⁵) Cet 'ilmou-haber' doit déclarer que l'immeuble est libre d'hypothèque et de séquestre. (Art. 1ᵉʳ de la loi du 21 Reb. II 1287, Dust., vol. I, p. 237 ; les autres dispositions de cette loi ont été remplacées par la loi citée ci-haut.)

TITRES POSSESSOIRES (MEVKOUFÉ) 103

Un droit d'antichrèse de *P.* 1 *par* 1000 (⁶), sur le montant de la dette, Ps. 3 coût du papier et P. 1 droit de greffe. *Les mêmes droits seront* perçus pour la mainlevée (⁷) de l'hypothèque et l'obligation et le titre seront rendus au propriétaire. Les droits d'antichrèse et de mainlevée seront versés au fisc et envoyés au Defter-Khané du chef-lieu.

La procédure pour hypothèques ' bei-bil-vefa ' et ' bei-bil-istiglal ' sera la même que ci-dessus.

Art. 17. Sans un jugement du Chéri les formalités de transfert par donation ou par testament des immeubles mulk ne seront pas effectuées.

Art. 18. Les titres donnés pour immeubles mulk conformément aux formalités susindiquées étant officiels ils seront reconnus et exécutés par tout tribunal et Conseil.

Art. 19. Les procès intentés pour une antichrèse (terhin) ou une hypothèque (' vefa ' et ' istiglal ') dont le titre ne fait pas mention seront déboutés. Ainsi si le propriétaire vend définitivement l'immeuble en donnant à l'acheteur un acte de vente conforme à l'usage, mais intente procès allégeant qu'il l'a donné en gage ou conditionnellement il sera débouté.

Arts. 20 et 21. [Partage du produit des droits.]

Art. 21. Les formalités et la procédure concernant les immeubles mulk seront conformes aux dispositions réglant les immeubles mirié en tant que celles-ci ne sont pas contraires à cette loi.

TEXTE CV⁴.

Defter-Khané, titres des immeubles mevkoufé, règlement.

6 Redj. 1292.
7 août 1875.

Dust., vol. III, p. 452 (turc).
Kod., p. 1220.
Ongley, 'Land Code,' p. 249 (angl.).

[traduction non garantie.]
[extrait.]

Art. 1ᵉʳ. *Les titres pour moussakafat dans les villages et kasabas dont le terrain et les constructions sont vakouf ainsi que pour les constructions seulement de fermes (tchiftlik) vakouf à double loyer (idjarétéin) seront livrés comme auparavant par les mouhassébédjis de l'Evkaf; et les titres pour moussakafat et moustaghilat relevant de vakoufs exceptionnels (mustessna) seront livrés par les mutévellis* (¹).

Excepté les vakoufs susmentionnés les titres pour tout terrain payant une redevance fixe (moukata'a) ; pour tout immeuble

---

(*) Porté à 2¼ par 1000 en 1892. (v. tarif, p. 110, § 5.)
(⁷) Lisez : aucun droit ne sera perçu pour la mainlevée. (v. tarif, p. 110, § 5.)
(¹) Cette disposition a été abrogée et les vakoufs moussakafat et moustaghilat soumis au Defter-Khané. (v. CV⁵.)

vakouf payant la dime ou une redevance fixe équivalant à la dime et pour les vignobles et jardins dont les arbres et vignes sont vakouf, seront livrés par le Defter-Khané ; et la vente, mutation et autre procédure selon la législation réglant la vacance sera exécutée par les employés du Defter-Khané dans les sandjaks et par les commis de tapou dans les kazas d'après les formalités suivies *ab antiquo* à l'égard des terres mirié, mevkoufé et vakouf.

Art. 2. [Procédure pour l'enregistrement (yoklama).]

Art. 3. La possession d'immeubles 'mevkoufé' sans titre ayant toujours été illégale et la possession par titres autres que ceux émis depuis le 25 Ram. 1281 par le Ministère de l'Evkaf et portant le Chiffre Impérial étant également illégale depuis la date susmentionnée ; les titres livrés par ' mutévellis' et agents avant cette date et portant des sceaux reconnus doivent être changés contre des titres portant le Chiffre Impérial moyennant un droit de Ps. 4, le prix du papier et de l'écriture ...

Un nouveau titre sera livré aux personnes ayant perdu leur titre après examen des registres et moyennant le prix du papier et de l'écriture.

[Les articles 4 à 11 manquent d'intérêt général.]

TEXTE CV[5].

Defter-Khané, titres des immeubles vakoufs moussakafat et moustaghilat.   9 Reb. I 1293. 5 avr. 1876.   Dust., vol. III, p. 463 (turc). Kod., p. 1225 (grec). Arist., vol. I, p. 255 (franç.) ([1]).

[traduction d'Aristarchi revisée.]

Conformément aux dispositions du dernier Firman Impérial, les titres de propriétés vakoufs moussakafat et moustaghilat, situées tant à Constantinople que dans les provinces, seront désormais délivrés par le Ministère du Cadastre (Defter-Khané), comme c'est déjà le cas pour les terres mirié, mevkoufé ou mulk.

Chapitre Ier.

Délivrance des titres dans la Capitale.

Art. 1er. Le Bureau (senedat heyeti) chargé de délivrer des titres de propriété du Ministère de l'Evkaf est transféré au Ministère du Defter-Khané.

Désormais, toute mutation, transfert hypothèque (istiglal) et mainlevée d'hypothèque et toute autre opération sur les immeubles, sis dans le rayon de Cercles municipaux de Constantinople, seront du ressort de ce Ministère, d'après les règlements spéciaux.

([1]) La date donnée par Aristarchi est erronée.

TITRES POSSESSOIRES (VAKOUF)

Art. 2. Les mutations d'immeubles ne seront plus inscrites sur les anciens titres, mais il sera délivré aux ayants droit, comme dans les provinces, des titres provisoires, en attendant la délivrance du titre définitif. Inscription en sera faite dans les anciens registres; et l'ancien titre revêtu d'un timbre portant ces mots : ' Le nouveau titre est délivré' sera restitué au propriétaire.

Art. 3. Les formalités d'enregistrement remplies, le Ministère du Defter-Khané fera dresser, sur les tableaux présentés par l'Administration des titres, le nouveau titre qui sera délivré au propriétaire, contre la restitution du titre provisoire. Les titres définitifs seront dressés uniformément, et pour toutes sortes d'immeubles vakoufs moussakafat et moustaghilat ; seulement les titres des biens soumis à l'extension du droit de succession (tevsi-intikal) porteront au dos, en caractères imprimés, le texte de la loi y relative ; et les titres délivrés aux sujets étrangers porteront la loi sur le droit de propriété des étrangers.

Art. 4. Les titres des biens vakoufs ' mazbout,' légués par les souverains et régis par le Gouvernement, seront délivrés par le Defter-Khané et porteront son sceau. Les titres des biens vakoufs 'mulhak,' légués par les particuliers, seront revêtus du sceau du Ministère et de celui du ' mutévelli ' du vakouf.

Art. 5. Des registres spéciaux seront ouverts pour chacun des treize Cercles municipaux de la Capitale, et toutes les mutations y seront inscrites.

Art. 6. A l'exception des terrains destinés à l'usage public qui ne pourront être loués ni vendus, tous les immeubles moussakafat à double loyer (idjarétéïn) tombés en déshérence (mahloul), ainsi que ceux à loyer unique capables d'être convertis en double loyer et les terres dont la vente est permise, seront vendus aux enchères publiques, d'après les règlements spéciaux, au Ministère de l'Evkaf. Après l'adjudication définitive et le payement du prix de l'immeuble aliéné, le Ministère de l'Evkaf dressera un rapport, à l'effet de transférer l'immeuble en question à l'acquéreur. Le Defter-Khané, prenant acte de ce rapport, fera l'enregistrement réglementaire et délivrera à l'acquéreur le titre de propriété contre la remise du certificat d'adjudication.

Art. 7. Les appointements du personnel de l'Administration des titres de propriété, et les dépenses y afférentes, seront payés par la Caisse du Defter-Khané. Les frais de la préparation des titres, Ps. 3 pour le papier et P. 1 pour l'écriture, seront versés à ladite Caisse.

Art. 8. Tous les droits à percevoir dans les mutations des biens moussakafat et terrains vakoufs seront versés à la Caisse du Defter-Khané. La partie de ces droits revenant aux 'mutévellis' des biens vakoufs légués par les particuliers sera retenue pour leur être remise et le reste sera transmis, chaque semaine, avec un compte spécial, au Ministère de l'Evkaf pour être remis par ce

DEFTER-KHANÉ

département, d'après l'usage établi, aux employés (kiatibs) et receveurs (djabis) y ayant droit.

Art. 9. Les titres de propriété des biens mulks seront délivrés, à Constantinople et dans la banlieue, par le Defter-Khané, conformément à ce qui se pratique dans les provinces pour ces biens.

Chapitre II.
Délivrance des titres en province.

Art. 10. Les registres des biens vakoufs moussakafat et moustaghilat dans chaque district seront remis par les mouhassébédjis des vakoufs aux agents du Defter-Khané, comme il a été fait des registres des titres vakoufs.

Art. 11. Toute sorte de mutation des biens vakoufs moussakafat et moustaghilat, à savoir : le transfert, la succession, etc., seront inscrits, selon les règlements spéciaux, par les agents du Defter-Khané.

Des titres provisoires seront délivrés aux propriétaires, en attendant la livraison des titres définitifs qui seront expédiés par le Ministère du Defter-Khané, suivant les règles établies pour les terres vakoufs. Les anciens titres seront restitués aux propriétaires, après avoir été timbrés, comme dans la Capitale.

Art. 12. Un tableau des biens vakoufs moussakafat et moustaghilat, ainsi que des terres vakoufs, pour lesquels des titres provisoires sont délivrés par suite d'une mutation quelconque, sera transmis mensuellement au Defter-Khané, afin que ce Ministère fasse dresser et expédier les titres définitifs à délivrer.

Art. 13. Le droit que toucheront les agents du Defter-Khané et la part afférente aux mutévellis des vakoufs dans les provinces, seront prélevés sur la somme des droits perçus à chaque mutation des biens vakoufs moussakafat et moustaghilat. Le reste de cette somme sera remis à la Caisse locale pour le compte des mouhassébédjis de l'Evkaf, qui délivreront des récépissés, lesquels seront mensuellement transmis avec les comptes y relatifs au Defter-Khané.

Art. 14. Conformément à l'art. 13, les agents du Defter-Khané remettront le quart des revenus des vakoufs aux mutévellis ou à leurs substituts contre un récépissé provisoire. La part afférente aux mutévellis ou à leurs substituts qui se trouvent à Constantinople sera transmise avec les comptes y relatifs au Defter-Khané qui la remettra aux ayants droit, et fera dresser les titres à délivrer en les revêtant de son sceau. Il agira de même avec les titres des biens vakoufs, dont les mutévellis et les substituts feraient défaut, mais la part afférente auxdits mutévellis ou substituts sera transmise au Ministère de l'Evkaf pour leur être remise aussitôt que leur identité sera constatée.

TITRES POSSESSOIRES (VAKOUF)

Les titres définitifs dressés au Defter-Khané sur les tableaux arrivés des provinces seront transmis à leur destination. Les titres des vakoufs mazbouta, ainsi que ceux des vakoufs dont les mutévellis se trouvent à Constantinople, seront expédiés de la Capitale; de même, les titres des vakoufs dont les mutévellis sont en province, seront délivrés aux propriétaires par les agents du Defter-Khané, après les avoir revêtus du cachet du mutévelli et contre la restitution du titre provisoire.

Art. 15. Les mutations des biens moussakafat dans les provinces étant désormais du ressort du Ministère du Defter-Khané, tous les appointements du personnel employé et les frais de service seront payés par ce Ministère. Par conséquent, les droits de Ps. 3 pour le papier et de P. 1 pour l'écriture, à percevoir sur les nouveaux titres qui seront délivrés pour les biens moussakafat et moustaghilat, seront versés à la caisse du Ministère du Defter-Khané.

Art. 16. A l'exception des terres dont les opérations, conformément au Code des Terres, se feront en province et de ceux destinés à l'usage public, les biens moussakafat et moustaghilat à double loyer ainsi que ceux à loyer unique capable d'être converti en double loyer, et tous terrains vakoufs vacants dont la vente est permise seront, comme il est dit à l'art 6, aliénés par enchères publiques, conformément aux règlements et aux usages en vigueur.

L'adjudication, la réception du prix, et le transfert des immeubles, ainsi aliénés, seront comme par le passé du ressort des mouhassébédjis de l'Evkaf. Le dernier enchérisseur sera muni d'un certificat d'adjudication, et, sur le rapport du Conseil d'Administration locale, les agents du Ministère du Defter-Khané, après avoir fait l'enregistrement réglementaire, délivreront à l'acquéreur le titre provisoire.

Art. 17. Les droits d'idjaré des biens moussakafat et moustaghilat, à idjarétéin, sis dans les provinces, seront perçus annuellement par l'entremise des mouhassébédjis de l'Evkaf, qui sont chargés en même temps de la vente aux enchères publiques et des mutations des biens vacants. Les agents du Defter-Khané remettront annuellement aux mouhassébédjis de l'Evkaf un tableau des mutations, afin de percevoir régulièrement les droits d'idjaré annuels, de prendre connaissance des biens dont le droit de succession est élargi, de constater ceux qui sont devenus vacants et d'inscrire les mutations dans les registres tenus par les mouhassébédjis.

Art. 18. Le Defter-Khané aura soin d'élaborer les instructions nécessaires concernant les mutations des biens vakoufs tant à Constantinople que dans les provinces, et les attributions de ses agents.

108 DEFTER-KHANÉ

TEXTE CV⁶.

Defter-Khané,
titres possessoires, sans date.
instructions.

Dust., vol. III, p. 467 (turc).
Ongley, 'Land Code,' p. 269 (angl.).

[traduction non garantie.]

Art. 1er. Les certificats (ilmou-habers) pour l'aliénation, la succession et la construction à présenter par les propriétaires au bureau d'Emlak dans la préfecture de la ville seront obtenus de l'Iman du quartier où se trouve la propriété. Pour que les moukhtars puissent se tenir au courant de ces affaires et s'en rendre responsables l'ilmou-haber doit être scellé par eux.

Art. 2. Dans l'absence des moukhtars ou, en cas de leur refus de signer, le fait sera noté en marge de l'ilmou-haber et signé par l'Iman.

Art. 3. Les ilmou-habers émis pour ventes ou successions par les Patriarcats ou bien par le Grand Rabbinat exposera le nombre de propriétés, la rue où elles se trouvent, le nombre des titres, le nom, l'adresse, le métier, la nationalité du propriétaire et l'intérêt proportionnel des copropriétaires s'ils existent.

Art. 4. Les ilmou-habers requis pour aliénation d'un ghédik doivent faire savoir si le propriétaire est vivant ou non. Une déclaration scellée et certifiée au sujet de l'étendue et valeur du ghédik sera faite sur l'ilmou-haber par le Chef de la Corporation dont celui-ci relève ainsi que par le propriétaire du khan si le ghédik se trouve dans un khan.

Art. 5. Les ilmou-habers des quartiers sans date ou avec des ratures sont sans validité.

Art. 6. Pour que le fait de la vacance (mahloulat) d'une propriété par mort du propriétaire sans héritiers soit noté il incombe aux Imans et moukhtars de notifier le fait au bureau d'Emlak par ilmou-haber en même temps que le quartier notifie le Ministère de l'Evkaf.

Art. 7. Le propriétaire présentera au bureau d'Emlak les titres (kemessouk) qu'il possède en même temps que l'ilmou-haber pour aliénation, construction ou succession.

Art. 8. Si le propriétaire renonce à l'aliénation de son bien il incombe aux Imans et moukhtars de renvoyer au bureau d'Emlak l'autorisation émanée d'elle dans un délai de dix jours.

Art. 9. Les ilmou-habers seront rédigés conformément aux modèles ci-annexés ; application sera faite au bureau même pour tout ilmou-haber exigeant une rédaction différente de ces modèles.

DROITS SUR OPÉRATIONS FONCIÈRES

TARIF A.

Defter-Khané, frais d'opérations immobilières.

1. *Varaka*. Pour tout titre concernant les immeubles sis dans la Capitale, ou dans les chefs-lieux de vilayet ou de sandjak, ou un bâtiment affecté au commerce ou à l'industrie, ou une villa, et pour tout titre en blanc délivré aux mutévellis des vakoufs exceptionnels (mustesna), comme droit de titre (varaka) de 1re classe Ps. 10.

Pour tout titre concernant les immeubles dans les kazas et nahiés, comme droit de varaka de 2me classe Ps. 7½.

Comme droit de varaka de 3me classe dans les villages Ps. 5.

2. *Bédel-i-uchur*. Pour transfert d'un bâtiment mulk sur un terrain mirié, 30 paras par mille sur le prix du transfert ; et, pour mutation, le même droit calculé sur la valeur d'inscription.

3. *Idjaré-i-medjélé*. Cette redevance mensuelle est perçue conformément au titre.

4. *Idjaré-i-tevsi-intikal*. Cette redevance annuelle de 1 pour mille est perçue des immeubles soumis au tevsi-intikal pour compenser la diminution de probabilité de déshérence.

5. *Idjaré-i-zémin*. Même observation. (v. CIII, note 9.)

6. *Khoussous-khardji*. Cette taxe, pour frais d'envoi au domicile pour prendre le takrir est, dans la Capitale, de Ps. 50 à Ps. 300, selon la valeur de l'immeuble et la distance. Dans les provinces, elle n'est que de Ps. 30 au plus dans l'intérieur des villes, et, en dehors des villes, elle varie suivant le taux fixé par les autorités.

DEFTER-KHANÉ

Tarif B.

Opération.	Proportion sur Ps. 1000.		Perception ([1]).
	Sur mirié mevkouf, moussakafat, guédiks, eaux potables.	Sur mulk et moukataalu emlak.	
1. Vente et transfert à titre onéreux (kattien).	30	15	Sur la valeur d'inscription ou sur le prix du transfert lorsque celui-ci atteint un chiffre plus élevé.
2. Donation ou transfert à titre gratuit (medjamen).	30	15	Sur la valeur d'inscription.
3. Vente et transfert par échange (moubadélé).	30	15	Sur la valeur d'inscription.
4. Transmission successorale et par mutation (intikal).	15	$7\frac{1}{2}$	Sur la valeur d'inscription [2].
5. Antichrèse (terhin) hypothèque (véfaen vé istighlalen).	5	$2\frac{1}{2}$	Sur le montant de la somme empruntée.
6. Acquisition sans titre écrit (sénetsiz).	50	25	Sur la valeur.
7. Prescription (hakk-i-karar).	30	30	Sur la valeur.
8. Extension de transmission (tevsi-i-intikal).	30	—	Valeur d'inscription.
9. Droit d'encaissement (resmi-tahsil).	25	—	Sur le montant de la dette acquittée.
10. Courtage (tellalié).	20	—	id.
11. Partage (taxim vé ifraz).	2 (ou sur partie de Ps. 1000.,	—	Sur la valeur actuelle.
12. Attribution d'immeubles vakouf en déshérence (mahlul).	2	—	Sur le prix de vente.
13. Rectification d'inscription (tasshih-i-caïd).	2	—	Sur la valeur inscrite dans le titre.
14. Copies d'une inscription.	1	—	id.

([1]) En calculant les droits sur moukataalu et bedel-i-uchurlu $\frac{2}{3}$ de la valeur sera attribué aux arbres et constructions et $\frac{1}{3}$ au fonds. Dans les tchiftliks les droits sur les arbres, constructions, etc., sont estimés séparément. (Note officielle.)

DROITS SUR OPÉRATIONS FONCIÈRES
Tarif B.

Contribuable.	Exemption.	Explication.	Destination.
cheteur ou celui nom duquel le en est transféré.	L'administration des eaux ne touchera d'autre droit pour un transfert d'eaux potables.	Le droit pour les eaux potables de Tophané sera calculé sur la base de Ps. 15,000 par massoura; pour les eaux de Kirktchesmé Ps. 12,000; pour les eaux du Bosphore Ps. 12,000.	
nataires ou celui nom duquel le ansfert a lieu.	Rien n'est perçu pour restitution d'un bien après donation conditionnelle ou après transfert à titre gratuit à condition de l'entretien du transféreur.		
deux parties parément.			
héritiers ou inéficiaires par utation.			
débiteur.	Rien n'est payé pour la mainlevée, ni pour les engagements faits à la Banque Agricole ou en cas de biens d'orphelins.		
possesseur.		Pour les terres mentionnées dans l'art. 10 des Instructions sur le Tapou et art. 10 du règ. sur les mulks, il sera donné des titres (séned) contre payement du droit ' varaka ' seul pour cinq années à partir de 1318.	
bénéficiaires.		Ce droit est perçu sur les moussakafat, moustaghilat et guédiks vakouf.	Au profit du vakouf.
possesseur.		Prélevé par le Defter-Khané sur le produit de la vente des immeubles pour dettes.	Au profit du Defter-Khané.
créancier.		id.	Au profit du courtier.
id.		Pour les nouveaux titres de propriété délivrés en cas de partage ou de morcellement.	Au profit du Defter-Khané.
copartageants.		Perçu, la vente effectuée, par le représentant du vakouf.	id.
l'acheteur.			
requérant.			id.
propriétaire.		Pour copies délivrées sur demande d'un particulier ou sur l'ordre d'un tribunal.	id.

²) Le droit de transmission successorale est perçu sur la valeur de l'inscription et non le prix de vente. (Circ. du Defter-Khané, 6 Chab. 1305.)

TITRE CVI
MINISTÈRE DE L'EVKAF

Le droit réglant la dédication et l'administration des immeubles vakouf fait partie intrinsèque du Chériat et n'entre pas dans le cadre de cet ouvrage qu'en tant que certaines catégories de biens dédiés ont été soumises à la législation et à l'administration civile.

Cette étude sommaire n'a pour but que de donner une idée des relations de cette institution avec l'administration civile, de son caractère en général et de sa terminologie.

La surveillance des fondations pieuses et de la gestion des biens dédiés ([1]) affectés à leur entretien fut confiée par les Sultans d'abord au chef des eunuques blancs et après 1591 au chef des eunuques noirs avec le titre d'Administrateur Général des Vakoufs des Villes Saintes ([2]).

Les premières réformes du xixme siècle ont créé un Bureau d'Administration impériale de l'Evkaf, érigé en 1840 en Ministère. Le Ministre a un siège au Conseil des Ministres; sous ses ordres sont plus de 2000 fonctionnaires dont les traitements sont prélevés sur les produits des vakoufs. La compétence de l'Evkaf est déterminée par la nature du vakouf.

Le régime du vakouf, implanté par l'Islam en pays ottoman comme une institution sociale et favorisé par le caractère théocratique de la propriété foncière, s'est pro-

---

([1]) Le mot vakouf (wakf: plur. evkaf) exprime l'acte par lequel un objet est rendu inaliénable comme étant devenu propriété de Dieu; il désigne aussi le bien ainsi dédié et, dans le dernier sens, son pluriel est evkaf.

([2]) D'après la loi, deux personnes sont responsables pour chaque vakouf, l'administrateur (mutévelli) et l'inspecteur (nazir), qui sont nommés par l'instituant. Pour les fonctions à remplir par eux, v. Chap. X, arts. 329 à 374 des 'Lois régissant les propriétés dédiées,' traduction (1895) du 'Ahkiam-il-Evkaf' de Omer Hilmi Effendi (1890).

BIENS DÉDIÉS (VAKOUF)

fondément enraciné dans le droit et dans les mœurs ottomanes et s'est développé jusqu'à comprendre à présent plus des trois quarts des terrains bâtis ou cultivés([3]); il a même été adopté par les communautés non-musulmanes et par des colonies étrangères([4]). Les abus, les anomalies et les anachronismes de ce régime de mainmorte ont provoqué à la fin l'intervention de la législation civile, d'abord en imposant aux vakoufs affectés à la bienfaisance la surveillance par l'autorité administrative du Ministère de l'Evkaf (loi organique du 9 Sef. 1297; Dust., vol. IV, pp. 690, 733), ensuite par des tentatives de réforme du système lui-même.

En 1867 un Iradé a ordonné l'étude des mesures propres à la suppression totale des vakoufs; mais l'influence de la législation civile, même à cette époque de son apogée, n'était pas assez forte pour enlever au Chériat un domaine aussi vaste et opulent. Pourtant la réforme a réussi à apporter quelques tempéraments au régime des vakoufs coutumiers (adi), ceux-ci étant de la compétence de la législation civile([5]).

([3]) 'C'est par millions que se chiffrent les dommages causés à l'État par cette institution qui exerce une influence considérable sur la situation économique du pays et forme une des causes principales de l'état précaire de ses finances.' (Morawitz: 'Finances de la Turquie,' p. 111.)

([4]) (a) 'Lois régissant les propriétés dédiées,' Omer Hilmi Eff.:
Art. 59. Il n'est pas nécessaire que l'instituant soit sujet d'un État musulman; par exemple, si un étranger fait vakouf sa maison dans un pays musulman, son vakouf sera valable.
Art. 60. Il n'est pas nécessaire que l'instituant et le bénéficiaire (d'un vakouf) soient de la même religion. Il s'ensuit que si un musulman fait vakouf le produit de sa propriété en faveur des pauvres non-musulmans, ou si un non-musulman fait sa propriété vakouf en faveur de pauvres musulmans, ces vakoufs sont valables et la condition en est valable.
(b) Pour la procédure à suivre dans l'institution de vakoufs au profit d'établissements non-musulmans v. la Circulaire du Defter-Khané du 10 Kian. I 1310.

([5]) C'est par le Medjellé (arts. 1660-1-2) qu'a été fixée la prescription pour les actions concernant les vakoufs. Elle est:
De 15 ans pour les actions touchant la jouissance de vakoufs à redevance fixe et à double loyer;
De 36 ans pour les actions intentées par les mutévellis et relatives à la nue propriété des vakoufs;
De 36 ans pour les actions relatives à des servitudes.
Il ne saurait y avoir de prescription pour les vakoufs affectés au bien public. (Omer Hilmi, *op. cit.*, art. 445.)

114   MINISTÈRE DE L'EVKAF

Pour comprendre la portée et l'importance de la législation spéciale aux vakoufs, il est indispensable d'avoir une idée générale sur les diverses catégories de vakoufs et leurs relations soit avec la loi civile soit avec la loi du Chéri.

D'après leur nature, les vakoufs sont divisés en :

(*a*) Biens dédiés dont le bénéfice consiste dans l'usage du bien et non dans le revenu ; fondations de bienfaisance (mouassassat khaïrié) tels que temples, écoles, facultés, établissements de charité, bibliothèques, hospices, ponts, hôpitaux, fontaines, réservoirs, cimetières, imarets ([6]), etc.

(*b*) Biens dédiés mis en valeur au profit d'une œuvre pie. Ces biens sont :

1° 'Moustaghilat,' c'est-à-dire des immeubles tels qu'une vigne, un jardin, etc. ; des meubles, tels qu'une somme d'argent ou l'installation permanente des outils nécessaires à un métier (guédik) ([7]) ;

([6]) Imaret : espèce d'hospice pour écoliers (dans les médressés) et pour la nourriture des pauvres.

Le premier imaret a été fondé à Nicée par le Sultan Orkhan I, et ses successeurs ont consacré des sommes importantes à la fondation d'institutions de ce genre dans la Capitale et dans les grandes villes.

Pour une loi spéciale à ce sujet, v. Dust., vol. II, p. 180, et Kod., p. 1189.

([7]) Le guédik peut être représenté comme le matériel d'un atelier ou l'aménagement d'une boutique, ou encore comme le droit d'occuper un immeuble ou un site pour y exercer un métier contre payement d'un loyer fixe (guédik fixe = moustékirr) ; mais le droit peut aussi exister dans le vide, sans se rapporter à une bâtisse (guédik non fixe, ou servitude sur l'air).

Depuis l'Iradé du 8 Zilhi. 1277, il est défendu de créer des guédiks.

Règlement sur les guédiks, en date du 8 Zilhi. 1277 (Dust., vol. I, p. 258 ; Arist., vol. II, p. 338). Préambule :

' Les guédiks étant la source d'un grand nombre d'embarras, il a été ordonné par Iradé, sur décision de la Section législative du Conseil d'État et du Conseil privé des Ministres, qu'on ne donnera plus de guédiks et que désormais on ne vendra point les guédiks non fixés (havaï, sur l'air) dont la possession reviendrait au vakouf.

' Il est donc strictement défendu aux Bureaux et Tribunaux du Chéri et au Trésor de l'Evkaf (Beit-ul-Mal) de délivrer de nouveaux titres de guédiks ; et, comme il est également défendu, pour ce qui touche les guédiks possédés en tout ou en partie à titre de vakoufs en vertu de heudjets des tribunaux ou de teskérés des bureaux, de changer les heudjets des détenteurs ou de leur livrer des sénéds pour la partie relevant de l'Evkaf, on a trouvé plus avantageux de rattacher à un seul tribunal les actes touchant les guédiks possédés à titre de propriété (guédikiat-i-memlouké) et sis à Stamboul ou dans les trois villes, à l'exception des guédiks de marchands de tabac ; et il a été décidé que

BIENS DÉDIÉS (VAKOUF)

2° 'Moussakafat,' un immeuble de rapport, construit et couvert d'une toiture ([8]).

Les biens immeubles vakoufs, tant moustaghilat que moussakafat, se subdivisent en trois classes, selon le caractère du revenu :

(*a*) *Vakoufs à seul loyer* (*idjaré-i-vahidéli*), loués à terme fixe qui, à moins de permission spéciale, ne dépasse pas trois ans, contre une rente à affecter à l'œuvre pie et à l'entretien de l'immeuble ;

(*b*) *Vakoufs à double loyer* (*idjarétéinli*), c'est-à-dire ceux loués contre une avance à fonds perdus (idjaré-i-mouadjélé) et une rente mensuelle ([9]), et ceux dont la nue propriété (rakabé) est retenue par le vakouf ;

---

le Tribunal du Chéri de Stamboul connaîtrait seul de tous les actes concernant ces guédiks.'

([8]) 'Moustaghil' est un mot arabe (gal = produit). Il indique quelque chose de rapport et s'applique surtout aux biens de rapport ruraux.

'Moussakaf,' mot arabe (sakf = toit), est applicable à toute construction et surtout aux biens urbains.

Le mot 'moustaghilat' est employé le plus souvent pour indiquer le 'moustaghal' qui n'est pas 'moussakaf,' car à proprement parler le 'moussakaf' n'est qu'une espèce de 'moustaghal' (Omer Hilmi, *op. cit.*, p. 7).

L'art. 3 de la Loi du 2 Zilka. 1285 (v. XIX³) contient une définition un peu différente de celle donnée ci-dessus.

([9]) Avant le XVIIme siècle, les vakoufs possédés aujourd'hui à double loyer étaient détenus à un seul loyer, les frais d'entretien incombant alors au vakouf ; il arrivait pourtant que quelquefois les revenus du vakouf ne suffisaient pas pour faire face à la réparation, et qu'il ne se trouvait pas de locataire pour faire les dépenses nécessaires en acompte sur le loyer.

Par la suite s'introduisit le système à double loyer, par lequel le locataire devait faire une avance à fonds perdus suivant la valeur de l'immeuble (redevance immédiate = idjaré-i-mouadjélé) à affecter à la restauration nécessaire, et s'engager à payer une rente annuelle, se soumettant à être dépossédé si cette rente faisait défaut pour trois ans. Comme le locataire obtenait en même temps le droit de céder ses droits à un tiers et de les laisser à ses enfants, cette redevance annuelle était nécessaire pour sauvegarder de la prescription la propriété du bien dédié.

Aussi, les longs baux étant défendus pour les vakoufs par la loi hanéfite, pour bénéficier du principe du Chériat qui veut que la nécessité publique fasse loi, il fallait un jugement du Chéri (Omer Hilmi., 278), pour changer un vakouf à simple loyer en vakouf à double loyer ; mais avec le temps, un emploi abusif du système du double loyer est devenu général. Administrateurs de vakoufs et particuliers ont profité de ce système pour donner à des transactions intéressées la sanction d'une œuvre pie : des vakoufs à simple loyer étaient changés en vakoufs à double loyer sans que leur bon ou mauvais état fût pris en considération, et le résultat était le plus souvent la perte pour le vakouf et de l'avance et de la propriété. Des particuliers assuraient à leurs biens les privilèges des

MINISTÈRE DE L'EVKAF

(c) Vakoufs à redevance fixe (moukataali), qui sont des immeubles dont le terrain est dédié à un vakouf et dont les constructions, arbres, etc., sont la pleine propriété (mulk) d'un particulier à moins qu'ils ne soient dédiés à un autre vakouf. La propriété du terrain suit la condition des constructions, etc., et le propriétaire de ces derniers paye une redevance annuelle fixe (idjaré-i-zémin ou moukataa) égale à la valeur locative du terrain.

A un troisième point de vue, celui de la législation qui les gouverne, les vakoufs peuvent être encore divisés en vakoufs ' réels ' (sahiha) et en vakoufs ' fictifs ' (gaïri-sahiha). (Cf. Code des Terres, art. 4).

Vakoufs réels. Ce sont ceux constitués par les propriétaires de terres soumises à la dîme (euchriyé), ou tributaires (kharatchiyé), ou jachères (mévat) défrichées avec la sanction du Sultan, ou domaniales (mirié) devenues mulks par don du Sultan.

Ce genre de vakoufs n'est pas soumis à la législation civile, et se règle d'après les anciens principes du Chéri.

Vakoufs fictifs. Ce sont des vakoufs à destination spéciale (tahsissat) constitués avec des terrains distraits du

---

vakoufs en les cédant à une fondation pieuse contre une avance de 7 % à 10 % de leur valeur, en se chargeant d'une redevance annuelle représentant l'intérêt sur ce montant et en retenant l'usufruit et le droit de mutation.

Les fondations pieuses non-musulmanes profitèrent largement de cette manière d'immobiliser leurs capitaux, au grand préjudice du vakouf ou de son remplaçant, l'État, attendu que ces derniers se trouvaient privés des redevances pour mutations et déshérence.

Pour y remédier, l'art. 38 de la Loi du 19 Djem. II 1280 (Dust., vol. II, p. 146), a puni d'emprisonnement toute transformation illégale en moukataali, c'est-à-dire toute transformation qui se fait sans Iradé ; et un Iradé du 16 Ram. 1299 ordonna que tout bien vakouf bil idjarétein à affecter soit par un ottoman soit par un étranger à un établissement de bienfaisance doit être changé en moukataali. Comme compensation des redevances de mutation, etc., la redevance annuelle (moukataa) fût fixée à 1 % sur la valeur d'inscription (Omer Hilmi, *op. cit.*, art. 289).

Attendu que d'après la loi ottomane un tel établissement n'a pas de personnalité civile, aucun titre ne sera délivré dans ce cas par le Defterkhané, mais une note sera faite à l'inscription du terrain au Cadastre (tashih-i-kaïd) pour laquelle le droit spécial sera perçu. (Circ. du Defter-khané du 6 Zilhi. 1303, et du 7 Sef. 1308, Mou.-i-oum, ann. 1308-10, p. 5), et ' Cette méthode conforme à la législation religieuse n'a pas toujours été observée par les autorités compétentes. Il est arrivé même assez souvent que des maisons de cultes (églises) et des écoles étrangères

BIENS DÉDIÉS (VAKOUF)

domaine public (mirié) par le Sultan ou avec son autorisation ([10]). Ces vakoufs fictifs se divisent en trois catégories :

(a) Terres domaniales (mirié) dont les redevances (roussoumat), dîmes (achar), transfert (féragh) et mutation (intikal) ont été dédiés et reviennent au vakouf, mais dont la propriété reste au Trésor (Beit-ul-Mal).

Cette catégorie, sous le nom de 'mevkoufé,' est régie par la législation civile (art. 2, sect. 2 du Code des Terres).

(b) Terres domaniales dont les redevances reviennent au Trésor, mais dont l'usufruit et les droits sur la mutation ont été dédiés au vakouf qui exploite les biens en les donnant à bail à des métayers (mouzaria).

(c) Terres domaniales dont la jouissance, les dîmes et les redevances sont faites vakouf.

Ces deux dernières catégories sont soumises au Chéri et ne sont pas régies par la législation civile.

Enfin, à un quatrième point de vue, celui de leur administration, les vakoufs se divisent encore en trois classes :

1° *Vakoufs mazbouta* = 'saisis', propriétés administrées par le Ministère de l'Evkaf et subdivisées elles-mêmes en trois catégories :

(a) Les vakoufs des Sultans (evkaf-i-Chérifé), dont l'administration, appartenant à Sa Majesté, est déléguée au Ministère de l'Evkaf ;

(b) Vakoufs administrés par le Ministère de l'Evkaf par suite de l'extinction de la descendance de l'instituant.

---

ont été inscrites au nom de leurs consulats ou de la communauté même.' (Padel et Steeg, *op. cit.*, p. 244.)

([20]) La destination spéciale (tahsissat) d'un vakouf peut être de deux sortes : tahsissat 'réel' si les revenus appartiennent au Trésor sont affectés à un but qui est aussi à la charge du Trésor, et tahsissat 'fictif' si la destination de ces revenus n'est pas à la charge du Trésor (Omer Hilmi, *op. cit.*, art. 141).

Un vakouf 'tahsissat' peut aussi être constitué sur le terrain mulk par l'affectation des impôts faite par le Sultan à une œuvre pie. (Omer Hilmi, *op. cit.*, art. 137.) Le vakouf de l'île de Thasos est un exemple (v. VII²).

Si le propriétaire d'une terre mulk dédie ses droits à une œuvre pie et si le Sultan dédie les impôts de la même terre, un vakouf réel et un vakouf fictif tahsissat sont constitués sur le même bien. (Omer Hilmi, *op. cit.*, art. 142).

118 MINISTÈRE DE L'EVKAF

(c) Vakoufs dits 'idaressi,' dont l'administration est reprise par le Ministère de l'Evkaf moyennant une pension allouée à ceux en faveur de qui le vakouf avait été établi.

2° *Vakoufs mulhaka ou gaïri-mazbouta.* Ils sont administrés par l'agent (mutévelli) désigné par l'acte ou par le juge, sous la surveillance de l'Evkaf. Cette surveillance ne s'exerce qu'en vertu de pouvoirs délégués au Ministère par les bénéficiaires du vakouf.

3° *Vakoufs mustessna* = 'exceptionnels.' Ils sont administrés sans aucune immixtion du Ministère de l'Evkaf et divisés en deux catégories :

(a) Vakoufs des conquérants (ghazi), administrés par les bénéficiaires conformément à l'acte de donation exclusivement, sans ingérence du Defter-Khané même ([11]) ;

(b) Vakoufs dédiés aux établissements et églises des communautés et cultes non-musulmans, administrés par les chefs religieux en qualité de mutévellis.

([11]) L'administration de ces vakoufs est entièrement entre les mains du chef de la famille au profit de laquelle il a été fondé.

Celui-ci en concède les terres par tapou aux acquéreurs aux ayants droit ou aux héritiers et les vend aux enchères en cas de vente forcée en suivant la procédure appliquée par le Defter-Khané aux terres miri.

Quelques-uns des plus importants de ces vakoufs ont même une administration spéciale (tevliet-vekialeti). Un tel vakouf qui ne paye que le 'verghi' comme impôt direct constitue un véritable *imperium in imperio*.

[Pages after 118 have not been reproduced here.]

Section 2: *Ottoman Land Laws containing the Ottoman Land Code and later legislation affecting land, with notes and an appendix of Cyprus laws and rules relating to land,* Stanley Fisher, with annotated notes by Sir E. Dowson

OTTOMAN LAND LAWS

The Royal Institution of Chartered Surveyors

REFERENCE LIBRARY

This book is one of a collection made by the late Sir Ernest Dowson, K.B.E. (Honorary Member), and Mr. V. L. O. Sheppard, C.B.E. (Honorary Member) and presented to the Institution by Mr. Sheppard.

January, 1952

Dowson-Sheppard Collection No. 101A

OTTOMAN LAND LAWS

CONTAINING THE

OTTOMAN LAND CODE

AND LATER LEGISLATION AFFECTING LAND

WITH NOTES

AND

AN APPENDIX OF CYPRUS LAWS AND RULES
RELATING TO LAND

BY

STANLEY FISHER, M.A.,

of Brasenose College, Oxford,
Puisne Judge of the Supreme Court of Cyprus.

Sir E. Dowson's Office
OFFICIAL
Date..................

HUMPHREY MILFORD,
OXFORD UNIVERSITY PRESS,
LONDON, EDINBURGH, GLASGOW, NEW YORK, TORONTO,
MELBOURNE, BOMBAY, CAPE TOWN.
1919.

Printed by permission by
W. J. Archer, Supt. of the Government Printing Office,
Nicosia, Cyprus.

PREFATORY NOTE.

THE version of the Ottoman Laws in this Volume is mainly based on the French translations in Mr. George Young's Corps de Droit Ottoman (Clarendon Press, Oxford, 1906), and on the Greek translations in the Othomanikoi Kodikes published at Constantinople in 1890.

Except in the case of the Law dated 25 Rebi'ul Akhir, 1300, I have checked the Text with the Turkish original in collaboration with Mustafa Midhat Effendi, of the staff of the Idadi School, Nicosia.

In all quotations I have left the transliteration of Turkish words unaltered.

S. F.

Ottoman Land Code. 7 Ramaza 1274

    Introductory
    Book I. State Land "Arazi miri"   p. 6
        Ch. I. Concerning the nature of possession.   p. 6
        Ch. II. The transfer of State land   p. 15
        Ch III. Inheritance of State land   p. 20
        Ch IV. Escheat of State Land   p. 21

    Book II. Land left for the use of the public and dead land   p. 30
        Ch. I. Land left for the use of the public   30
        Ch II. Dead land   33
        Ch III. Unclassed land   33

Tapu law   Law as to the granting of title deeds for State land 7 J. el Akh. 1275   p. 43
        Ch. I   43
        Ch II. Right of holder to mortgage.   48

Regulations as to title deeds 7 Sha'ban 1276   50

    a   &c as over

If registered as Miri cannot be converted into Mulk.
Haji Costandi v. P.F.O. C.L.R. III, 155.
Digest p. 66.

No one can turn Miri into Mulk without express permission of Sultan.

Haji Kyriako v. P.F.O. C.L.R. III, 100.

Althout Tabu official is owner of the soil he cannot consent conversion of Miri into Mulk under Art. 2 of Land Code as Firman from the Sultan is required for that purpose.
Haji Costandi v. P.F.O. C.L.R. III, 155.

OTTOMAN LAND LAWS.

THE OTTOMAN LAND CODE.

(7 Ramazan 1274)[1]

INTRODUCTORY.

Art. 1.—Land in the Ottoman Empire is divided into classes as follows:—

    (i.) " Mulk " land, that is land possessed in full ownership;[2]
    (ii.) " Mirié " land;[3]
    (iii.) " Mevqufé " land;[4]
    (iv.) " Metrouké " land;[5]
    (v.) " Mevat " land.[6]

[1] 21st April, 1858.
[2] See Art. 2.
[3] State land. See Art. 3.
[4] See Art 4
[5] See Art. 5.
[6] See Art. 6.

Art. 2.—Mulk land[1] is of four kinds:

    (i.) Sites (for houses) within towns or villages, and pieces of land of an extent not exceeding half a donum situated on the confines of towns and villages which can be considered as appurtenant to dwelling-houses.

    (ii.) Land separated from State land and made mulk in a valid way to be possessed in the different ways of absolute ownership according to the Sacred Law.[2]

    (iii.) Tithe-paying land, which was distributed at the time of conquest among the victors, and given to them in full ownership.

    (iv.) Tribute-paying land which (at the same period) was left and confirmed in the possession of the non-Moslem inhabitants.[3] The tribute imposed on these lands is of two kinds:—

    (a.) " Kharaj-i-moukassemé "[4] which is proportional and is levied to the amount of from one-tenth to one-half of the crop, according to the yield of the soil.

    (b.) " Kharaj-i-mouvazzef "[5] which is fixed and appropriated to the land.

The owner of Mulk land has the legal ownership.[6]

It devolves by inheritance like movable property,[7] and all the provisions of the Law, such as those with regard to dedication pledge or mortgage, gift, pre-emption,[8] are applicable to it.

B

CONTENTS.

	PAGE
OTTOMAN LAND CODE—7 RAMAZAN, 1274	1
TAPOU LAW—8 JEMAZI'UL AKHIR, 1275	43
REGULATIONS AS TO TITLE-DEEDS—7 SHA'BAN, 1276	50
LAW EXTENDING THE RIGHT OF INHERITANCE—17 MUHARREM, 1284	56
LAW AS TO FOREIGNERS—7 SAFER, 1284	57
LAW AS TO FORCED SALE—23 RAMAZAN, 1286	59
LAW AS TO SALE OF IMMOVABLE PROPERTY FOR PAYMENT OF DEBTS—15 SHEVAL, 1288	61
LAW AS TO TITLE-DEEDS FOR PURE MULK—28 REJEB, 1291	63
LAW AS TO MUSSAQAFAT AND MOUSTEGHILAT VAQFS POSSESSED IN IDJARETEIN—4 REJEB, 1292 [OPTIONAL UNDER DECREE OF 15 ZIL QADE 1292.]	68
INSTRUCTIONS AS TO TITLE-DEEDS FOR MEVQUFE LAND—6 REJEB, 1292	71
LAW CONCERNING LAND—7 MUHARREM, 1293	71
LAW AS TO TITLE-DEEDS FOR MOUSSAQAFAT AND MOUSTEGHILAT VAQFS—9 REBI'UL EVVEL, 1293	72
LAW AS TO POSSESSORY TITLES—10 REBI'UL AKHIR, 1293	76
LAW AS TO PERSONS EXCLUDED BY ART. 1 OF 7 SAFER, 1284—25 REBI'UL AKHIR, 1300	77
NOTE ON RECENT LEGISLATION	78
APPENDIX OF CYPRUS LAWS AND RULES. (For contents see p. 81.)	
INDEX.	

[handwritten note: X according equal treatment to Moslem & non-moslem.]

[handwritten note: Tapu is translated "titre possessoire" by Young]

NOTE.

Immovable property in Cyprus is regulated by Ottoman Law in force on the 13th July, 1878 (13th Rejeb, 1295), as altered or modified by Cyprus Statute Law.

C.L.R.=Cyprus Law Reports.

STATUTE LAWS II.=The Statute Laws of Cyprus, 1907–1913, etc.

These publications are sold at the Government Printing Office, Nicosia.

2   OTTOMAN LAND LAWS.

Both tithe-paying land and tribute-paying land become State land when the owner dies without issue, and the land becomes vested in the Treasury (Beit-ul-Mal.)

The provisions and enactments which are applicable to the four kinds of mulk land are stated in the books of the Sacred Law, and will not therefore be dealt with in this Code.

[1] Mulk land, *arazi memlouké*, is land which is the subject of complete ownership in the same way as are chattels. See Mejelle, Arts. 125, 1192 and *Houloussi v. Apostolides* (1888) C.L.R., I., p. 51.

Its owner has both the *raqabé* and the *huquq-i-tessaruf* (the legal ownership and the right of possession) which "taken together constitute the full *dominium* or *proprietas* as understood in the Roman Law." See *Tsinki v. The King's Advocate* (1914) C.L.R., X., p. 61. "En un mot la terre memlouké est celle sur laquelle le propriétaire exerce un droit de propriété absolue, comprenant le domaine eminent (rakabé) et le domaine utile (tessaruf)." Chiha's De la Propriété Immobilière en Droit Ottoman, pp. 9, 10.

It is at the free disposition of its owner during his lifetime subject to certain rights, such as pre-emption, and the rights of co-owners (Mejelle, Arts. 1045 *et sqq.*) and at his death passes to those who inherit his movable property.

It would seem that the rights of the owner extend *usque ad coelum* (Mejelle, Arts. 1194, 1196) and, subject to mining legislation, *usque ad inferos*. (Mejelle, Art. 1194), qualified by certain restrictions designed to safeguard the interests of neighbours. See Mejelle, Arts. 1192-1212.

Mulk land was subjected to compulsory registration by the Law of 28 Rejeb, 1291. See p. 63 *infra*.

As to different kinds of mulk, see *Gavrielides v. Haji Kyriaco* (1898) C.L.R., IV., p. 87.

[2] See Art. 121 *infra*. As to mevat land being granted as mulk, see Mejelle, Art. 1272 and *Haji Kyriaco v. The Principal Forest Officer* C.L.R., III. at pp. 97, 99

[3] "Cependant dans d' autres provinces les terres conquises furent maintenues en la propriété absolue . . . des habitants non-musulmans, comme dans les iles de Chio, de Metelin, et de Chypre" Chiha's De la Propriété Immobilière en Droit Ottoman, p. 9.

[4] *Kharaj-i-moukassemé*, proportional tribute.

[5] *Kharaj-i-mouvazzef*, fixed tribute

[6] The words legal ownership represent the word *raqabé*, رقبة. This word is sometimes translated 'servitude.' See, *e.g.*, *Haji Kyriaco v. The Principal Forest Officer*, C.L.R., III., pp. 95, 99.

Savvas Pasha in Theorie de Droit Mussulman, p. 15, says. "Reqabé is the chain or ring which a slave wears round his neck, which makes his social condition known. As regards acquisition of immovable property the word has been converted into a terme de droit and denotes abstract ownership, *la nue propriété*."

It might perhaps be rendered in English by the word 'lordship,' or by 'légal estate.' In any case it appears that, as the result of having the *raqabé* vested in him, an owner of mulk land has the most complete form of ownership of land known to Ottoman Law.

[7] See Wills and Succession Law, 1895, which however does not apply to the property of deceased Mahomedans. (Sec. 63.)

[8] See Mejelle, Arts. 950, 1008-1044.

ART. 3—State land,[1] the legal ownership[2] of which is vested in the Treasury,[3] comprises arable fields, meadows, summer and winter pasturing grounds, woodland and the like, the enjoyment of which is granted by the Government.

All cultivable land, lying uncultivated, which is neither Mulk nor Mewat nor Metrukeh is Mahlul. Haji Kyriako v. P.F.O. C.L.R. III 103.

Lands which are not within any recognized category must be governed by the Law applying to that category of Land to which they come nearest.
Kyriako v. P.F.O. III, 95.

Miri is granted exclusively for the purpose of cultivation. Raghib v. Gerassimo C.L.R. III 139.

Mesaa-pasture can be held by Kushan Art. 84.

LAND CODE.

Possession of such land was formerly acquired, in case of sale or of being left vacant, by permission of or grant by feudatories (sipahis) of "timars" and "ziamets"[4] as lords of the soil, and later through the "multezims" and "muhassils."[5]

This system was abolished and possession of this kind of immovable property will henceforward be acquired by leave of and grant by the agent of the Government appointed for the purpose. Those who acquire possession will receive a title-deed bearing the Imperial Cypher.[6]

The sum paid in advance (muajele) for the right of possession which is paid to the proper official for the account of the State, is called the tapou[7] fee.

[1] State land (*lit.* lands), *arazi mirié*, "in the opinion of the commentators on the Law, is land which at the time of the Ottoman conquest of a country, was assigned to the Beit-ul-Mal, or land which has been granted out since by the Sultan for purposes of cultivation, on condition that the 'servitude' (raqabé) vests in the Beit-ul-Mal. They also lay down that lands which, whether by becoming mahlul, or *in any other way*, are left to the Beit-ul-Mal are arazie mirié, meaning by 'left to the Beit-ul-Mal,' we suppose, lands of which the Beit-ul-Mal has in any way acquired the servitude." See *Haji Kyriako v. The Principal Forest Officer* (1894) C.L.R., III., p. 95.

It may be described as a heritable leasehold. "The mutessarif (usufructuary) of arazie mirié is not of course a proprietor but a sort of lessee." Per BERTRAM, J. in *Tzapa v. Tzolaki* (C.L.R., IX., p. 81).

The subject matter of the lease is the surface of the land, and, speaking generally, the object of the grant is that the land may be cultivated (See Art. 9) and cultivated 'exclusively that the State may derive a tithe from the land.' *Raghib v. Gerasimo* (1894) C.L.R., III., p. 139. It is a personal tenure and therefore it seems that it cannot be granted to a Monastery. "The right to possession of State lands is throughout the Law treated of as a personal right, and as we have in effect already stated, the law speaks always of the State as owner of the land, and does not recognise the possibility of the existence of any right in or over it save a right of possession, which may be assigned by permission of the proper representative of the State and may pass by inheritance, but which becomes vested in the State on failure of heirs." See *Sophronios v. The Principal Forest Officer* (1890) C.L.R., I., p. 117.

Buildings may not be erected on it without leave (Art. 31), the subsoil must not be dug up in order to make bricks or tiles (Art. 12) or wells. See *Raghib v. Gerasimo* (1894) C.L.R., III., p. 105 and *Tsinki v. The King's Advocate* (1914) C.L R., X., p. 54. Nor must the character of the land be changed (Art. 107). For a history and analysis of *arazi mirié* see the judgment of Tyser, C.J., in *Tsinki v. The King's Advocate*.

[2] See note (6) to Art. 2.

[3] The Beit-ul-Mal.

[4] A timar was a fief with an annual revenue of less than 10,000 piastres, a ziamet was a fief with a larger annual revenue.

[5] Multezims, revenue farmers, muhassils, collectors of taxes.

[6] See the Tapou Law, p. 43 *infra*.

[7] Tapou. See Belin, De la Propriété en Pays Musulman, p. 172. note 2

ART. 4.—Mevqufé, dedicated, land is of two kinds:—

(i.) That which having been true mulk originally was dedicated in accordance with the formalities prescribed by the Sacred Law. The legal ownership and all the rights of possession over this land belong to the Ministry of Evqaf. It is not regulated by civil law, but solely by the conditions laid down by the founder. This Code therefore does not apply to this kind of mevqufé land.

(ii.) Land which being separated from State land has been dedicated by the Sultans, or by others with the Imperial sanction. The dedication of this land consists in the fact that some of the State imposts, such as the tithe and other taxes on the land so separated have been appropriated by the Government for the benefit of some object. Mevqufé land of this kind is not true vaqf. Most of the mevqufé land in the Ottoman Empire is of this kind. The legal ownership of land which has been so dedicated (of the takhsisat category) belongs as in the case of purely State land to the Treasury, and the provisions and enactments hereinafter contained apply to it in their entirety. Provided that, whereas in the case of purely State land the fees for transfer, succession and the price for acquiring vacant land are paid into the Public Treasury, for this kind of mevqufé land such fees shall be paid to the vaqf concerned.

The provisions hereinafter contained with regard to State land are also applicable to mevqufé land, therefore whenever in this Code reference is made to mevqufé land this land which has been so dedicated is to be understood as being referred to.[1]

But there is another kind of such dedicated land of which the legal ownership is vested in the Treasury (Beit-ul-Mal) and the tithes and taxes thereon belong to the State and of which only the right of possession has been appropriated for the benefit of some object, or the legal ownership is vested in the Treasury and the tithes and taxes as well as the right of possession have been appropriated for the benefit of some object.

To such dedicated land the provisions of the civil law with regard to transfer and succession do not apply; it is cultivated and occupied by the Evqaf Authorities, directly or by letting it and the income is spent according to the directions of the dedicator.

[1] *i.e.* to land of the takhsisat category. *Takhsisat*=special appropriations of revenue.

ART. 5.—Land left for the use of the public (metrouke)[1] is of two kinds :—

(i.) That which is left for the general use of the public, like a public highway[2] for example ;

(ii.) That which is assigned for the inhabitants generally of a village or town, or of several villages or towns grouped together, as for example pastures (meras).

[1] See Art. 91 *et sqq. infra* and see also Mejelle, Art. 1271, and *Haji Kyriako v. The Principal Forest Officer* (1894) C.L.R. III., p. 94. As to there being no prescription in respect of actions concerning public roads, etc., see Mejelle, Art. 1675.

[2] As to rights over a public way see Mejelle, Art. 926 *et sqq.* and see the Ottoman Penal Code, Art. 264, which makes it an offence, punishable by fine and imprisonment, to spoil or encroach upon public roads and places assigned for the use of the public

For esheat of mewkufe see Arts. 89 & 90.

1. ~~State~~ Land i.e. State land rentably leased on miri tenure saying "waqfi" - i.e. that whenever waqf is mentioned in the code, it is this untrue waqf that is meant. Really Arazi miri el mevqufe' as a whole.

LAND CODE.

ART. 6.—Dead land (mevat)[1] is land which is occupied by no one[2] and has not been left for the use of the public. It is such as lies at such a distance from a village or town from which a loud human voice cannot make itself heard at the nearest point where there are inhabited places, that is a mile and a half, or about half an hour's distance from such.[3]

[1] See Art. 103 *et sqq. infra* and Mejelle, Arts. 1270-1280.
[2] Khali land.
[3] "This is no doubt a primitive definition meaning a considerable distance." See *Anastassi v. Haji Georghi* (1892) C.L.R. II., p. 67.

ART. 7.—This Code is divided into three Books.

Book I.—State Land. "Arazi Mirie."

Book II.—Land which has been left for the public, "Arazi Metrouké," and "Arazi Mevat." In this Book jebali moubaha[1] will also be dealt with.

Book III.—Miscellaneous kinds of land not classified in the preceding categories.[2]

[1] *Jebali moubaha*—mountains which have not passed into the possession of any one. See Mejelle, Art. 1243.
[2] As to treatment of land of no recognised category, see *Haji Kyriaco v. The Principal Forest Officer* (1894) C.L.R. III., p. 97.

OTTOMAN LAND LAWS.

BOOK I.

STATE LAND.

CHAPTER I.

Concerning the Nature of Possession.

ART. 8.[1]—The whole land of a village or of a town cannot be granted in its entirety to all of the inhabitants, nor to one or two persons chosen from amongst them. Separate pieces are granted to each inhabitant and a title-deed is given to each showing his right of possession.

[1] See Art. 130.

ART. 9.—State land may be sown with all kinds of crops, such as wheat, barley, rice,[1] madder (boia), and other cereals. It may be let on lease[2] or loaned for the purpose of being sown but it must not be left uncultivated, except for sound and duly established reasons set out in the chapter headed Escheat of State Land.[3]

[1] See Art. 128 *infra*.
[2] It was held in *Koukoulli v. Hamid Bey* (1907) C.L.R. VII., 85, a case of State land, that "A lease of immovable property must be in writing; if not in writing it is invalid and cannot be enforced either specifically or by damages.' The Law of 10 Rebi'ul Evvel, 1291, which was repealed by Art. 30 of the Law of 28 Jemazi'ul Evvel, 1299, was explained in that case. See also *Tritofides v. Nicola* (1900) C.L.R. V., 31. As to letting immovable property, see Mejelle, Book II., particularly Arts. 484-494, 522 *et sqq*.
[3] See Art. 68 *infra*.

ART. 10.—Meadow land[1] the crop of which is harvested by *ab antiquo* usage, and on the produce of which tithe is taken is reckoned as cultivated land. Possession of it is given by title-deed. The possessor alone can profit from the herbage[2] which grows there, and can prevent all others from making use of it. It can be broken up and put under cultivation by leave of the official.

[1] See Art. 85.
[2] See Mejelle, Art. 1242.

ART. 11.—The possessor by title-deed of an arable field which is left fallow in accordance with its needs can alone derive profit from the herb called "kilimba" which grows there. He can also refuse admission to the field to any one wishing to pasture cattle there.[1]

[1] Compare Art. 125, and see Ottoman Penal Code, Art. 261.

Art. 12.   Repealed by Art. 7
                            of Law of Disposi-
                            sion of 1331.

Art. 13.   See Art. 10 of Law
                            of Disposition of
                            1331.

Art. 14.   Ditto.

Art. 15.   See Law of Partition of 14
           Moharram 1332.

Can Kushan be cancelled ? Art. 3 of Law of
Disposition 1331.

LAND CODE.

ART. 12.—No one without the leave of the Official first obtained can dig up the land in his possession for the purpose of making bricks or tiles. Should he do so, whether the land is State land or mevqufé land, the offender shall pay the price of the soil thus used by him, according to its local value, into the Treasury.

ART. 13.—Every possessor of land by title-deed can prevent another from passing over it, but if the latter has an *ab antiquo* right of way he cannot prevent him.[1]

[1] See Mejelle, Arts. 6, 1224, 1225 and Chiha's De la Propriété Immobilière en Droit Ottoman (1906) pp. 178, 179

ART. 14.—No one can arbitrarily make a water channel or a threshing floor on the land of another, nor do any other arbitrary act of possession on it without the sanction and knowledge of the possessor.

ART. 15.—If any land possessed in individual shares by several persons is capable of being divided, that is to say if each portion can yield separately as much produce as if it continued to form part of the whole, if partition is demanded by the co-possessors, or by one or more of them, shares shall be parcelled out, according to their value, and distributed by lot in accordance with the provisions of the Sacred Law, or in any other equitable manner.[1] The partition shall be made in the presence of the interested parties or their representatives by the Official[2] who shall allot to each his share.

If the land is incapable of being divided it must remain undivided. In this event partition of enjoyment (mouhaia) that is possession by the co-possessors in turn cannot be resorted to.

[1] See Art. 15 of 7 Shaban, 1276, p. 50 *infra*, also Civil Procedure Law, 1885, s. 92, p. 98 *infra*, and the Immovable Property Registration and Valuation Law, 1907, ss. 30, 31, p. 130 *infra* and Mejelle, Art. 1114 *et sqq.*

[2] " An official of the Land Registry Office executing a writ of partition is for the time being an Officer of the Court and any person obstructing him is liable to be punished summarily." *Ayshe Ali Agha v. Salih Ali Agha* (1910) C.L.R. IX, 45.

ART. 16.—After partition in manner described in the preceding Article and after each co-possessor has set his boundaries and entered into possession of the share which has fallen to him none of them can annul the partition which has taken place and demand the making of another.

ART. 17.—Partition of land cannot take place without the leave and knowledge of the Official, nor in the absence of a possessor or his agent. Every partition which has so taken place is invalid.[1]

[1] Where a partition has taken place without the leave and knowledge of the Official and each party has had undisturbed possession for ten years of the land taken by each, in accordance with that division, each has a right to be registered as the sole possessor of the land each took under such division. See *Kyriaki v. Kyriaki* (1895) C.L.R. III, 145.

ART. 18.—If one or several co-possessors of either sex are minors partition of land in their possession which is capable of being divided in accordance with Article 15 must be carried out through their guardians. So also with regard to land possessed by lunatics or imbeciles of either sex partition must be effected through their guardians.[1]

[1] As to infants see Mejelle, Arts. 943, 966. As to lunatics and imbeciles see Mejelle, Arts. 944. 945.

ART. 19.—Anyone who has sole possession by title-deed of woodland or " pernallik "[1] can clear it in order to turn it into cultivable land. But if such woodland or pernallik is in joint possession one co-possessor alone cannot without the consent of the others clear all or part of it in order to turn it into cultivable land. Should he do so the other co-possessors will also be co-possessors of the land so cleared.

[1] Land on which the holm oak (*quercus ilex*) grows. See note in Young's Corps de Droit Ottoman, Vol. VI. p. 50. "A region grown with holly bushes and the like used as pasturage for goats." Redhouse's Turkish-English Lexicon.

ART. 20.[1]—In the absence of a valid excuse according to the Sacred Law, duly proved, such as minority, unsoundness of mind, duress, or absence on a journey (muddet-i-sefer)[2] actions concerning land of the kind that is possessed by title-deed the occupation of which has continued without dispute for a period of ten years[3] shall not be maintainable. The period of ten years begins to run from the time when the excuses above-mentioned have ceased to exist. Provided that if the defendant admits and confesses that he has arbitrarily (fouzouli) taken possession of and cultivated the land no account is taken of the lapse of time and possession and the land is given back to its proper possessor.

[1] See Art. 78. Compare Mejelle, Art. 1660 et sqq. This Article was exhaustively considered in *Mehmet v. Kosmo* (1884) C L.R. I, 12 and the above version of the Article aims at being in accordance with the decision in that case. The defendants had had uninterrupted possession for ten years of land registered in the name of the plaintiff. It was held that " the defendants had acquired a valid title to the land by prescription " under this Article. The Court negatived the contention that this Article required occupation *and* registration. It may be deduced from the judgment that the word *tapoulé* (طابو) is adjectival qualifying the word " land " and that it must be distinguished from the expression *ba tapou* (با طابو). That decision was endorsed by the same judges, after consideration, in *Hassan v. Sava* (1892) C.L.R. II, p. 58. Compare the wording of s. 29 of the Immovable Property Registration and Valuation Law, 1907. In *Haji Ahmet v. Hassan* (1906) C.L.R. VII, p. 46, the effect of the Immovable Property Limitation Law, 1886 (p. 111 *infra*) on this Article was considered and it was suggested that that Law may have been ignored by the Court in *Hassan v. Sava*, but the observations of the Court, composed of the same judges, in *Sophronios v. The Principal Forest Officer* (1890) C.L.R. I, pp. 120, 121 on that Law seem to point to the likelihood of their not having lost sight of it. In *Pieri v. Philippou* (1903) C.L.R. VI, 67 the Court held that a defendant who sets up a prescriptive title in answer to an action by a registered Plaintiff must bring a cross-action. But see now Rules of Court 1886 (as amended) O. VIII, r. 23a (Cyprus Statute Laws Vol. II, p. 692.)

Art. 19.

    1. Land............ Young's note merely says (1906) Terrain ou croit le pernar (Greek prinari ou prinos), chene yeuse, (quercus ilex); il y a aussi une autre espéce de pernar, c'est le chene kermes (Quercus coccifera).

Refers only to registered land <u>held by title deed</u>.

Note 3.   Whatever........Under Art.14 of
                          Law of Disposition
                          owner may claim
                          rent.

LAND CODE.

As to form of judgment where an unregistered possessor proves a title by prescription to property which is subject to compulsory registration see *The Bishop of Kyrenia v. Haji Paraskeva* (1897) C.L.R. IV, p. 57.

Undisputed possession for ten years of a share of land which has been partitioned without the assent of the Land Registry Office gives a prescriptive title to such share notwithstanding Art. 17. See *Kyriaki v. Kyriaki* (1895) C.L.R. III., p. 145.

An agreement to buy land, even if paid for, without occupation, is not sufficient to found a title by prescription. *Juma v. Halil Imam* (1899) C.L.R. V, 16.

As to nature of possession and abandonment see *Mourmouri v. Haji Yanni* (1907) C.L.R. VII, 94, a case under Art. 1660 of the Mejelle in which case the Court said (p. 96) "Possession for the period of prescription under a grant or sale not perfected by registration may no doubt operate to supply the defect of want of registration in the same way as *usucapio* operated to cure defective titles in Roman Law, but such possession, in order to be effective, must be maintained adversely to the person entitled to dispute it, and be of such a nature as to exclude the donor or vendor, continuously and substantially, from the enjoyment of his property," and " It is, we think, an undoubted proposition that, if a person, who is entitled to set up a prescriptive right against another person, expressly renounces his prescription, or does an act which is by implication equivalent to renunciation, he cannot afterwards reassert the prescription against the person in whose favour he has renounced it." Neglect of a person who has acquired a prescriptive claim to registration to obtain registration may estop him from setting up his claim against a *bonâ fide* purchaser for value, see *dictum* in *Haji Petri v. Haji Gligori* (1892) C.L.R. II, p. 113 ; *Sava v. Paraskeva* (1898) C.L.R. IV, 71 and *Mehmed v. Nikoli* (1909) C.L.R. VIII, 113. As to interruption of period of prescription see *Mehmed v. Nikoli supra*. As to prescription running against the State see *Haji Kyriaco v. The Principal Forest Officer* (1894) C.L.R. III, p. 99.

[2] Absence—Muddet-i-sefer. "A distance from place to place of three ~~hours~~ days at a moderate rate of travelling, that is to say, eighteen hours." See Mejelle (Translation by Tyser, Demetriades, and Hakki) Art. 1664. " In a country separated by a journey of eighteen hours." See *Francoudi v. Heirs of Michaelides* (1895) C.L.R. III, p. 229. Absence of the plaintiff is alone material, see *Muzaffer v. Collet* (1904) C.L.R. VI, 108 and *Chaoush v. Lapierre* (1907) C.L.R. VI, 72. In the former case Hutchinson, C.J., expressed the opinion (p. 110) that The Immovable Property Limitation Law, 1886, governs the question of excuses in Cyprus. See s. 2 (p. 111 *infra*). As to beginning of period against an absent person see *Francoudi v. Heirs of Michaelides* (1895) C.L.R. III, 221.

[3] " Whatever originally may have been the meaning assigned by the laws of the Ottoman Empire to the term "Year" the term by universal custom in Cyprus means a year containing 365 days." See *Yemeniji v. Andoniou* (1893) C.L.R. II, 140. Compare Omer Hilmi's " Law relating to Vakf Properties," translation by C. G. Stavrides and S. Dahdah (1895), paragraph 451. " Dans la prescription on considère l' année lunaire et non l' année solaire."

ART. 21.[1]—When land which has been taken and cultivated unlawfully or by violence and on which the taxes have been paid[2] has after trial been restored to the possession of the rightful occupier by the Official neither the Official nor the rightful occupier shall be entitled to claim from the person who unlawfully or by violence seized and cultivated it either damages for depreciation (*noksan arz*)[3] or an equivalent rent (*ejr misl*).[4] The same provisions apply to land belonging to minors, lunatics, and imbeciles of either sex.

[1] *Cf.* Art. 79 *infra* and Mejelle, Arts. 596, 881, 906 (which does not repeal this Art. see *Tzapa v. Tsolaki infra*) and 907, and see next Article. For criticism of this

10   OTTOMAN LAND LAWS.

Article see Chiha's De la Propriété Immobilière en Droit Ottoman (1906) p. 139 *et sqq.* See *Gavrielides v. Haji Kyriaco* (1898) C.L.R. IV., p. 97 as to the encouragement of agriculture being the basis of this Article.

² It seems that the payment of taxes is not an essential condition. See *Tzapa v. Tsolaki* (1910) C.L.R. IX., p. 81, in which this Article is discussed. The following comment on this reference to taxes by Khalis Eshref (paragraph 206) is there set out. " This is not an essential condition. Even in the case of lands on which no taxes have been recovered, no *noksan arz* or *ejr misl* is payable, but the taxes are recovered from the usurper by the proper Official of the Treasury. Even therefore where the unlawful cultivator has not paid the lawful dues, *e.g.* tithes, he cannot be ordered to pay any *noksan arz* or *ejr misl.* The Court cannot investigate as to whether the dues of the land have been recovered or not."

³ *Noksan arz.* See Mejelle, Arts. 886, 907 and *Haji Loizo v. Nailé* (1894) C.L.R. III., p. 49.

⁴ The wording of this Article up to this point is taken from the judgment of Bertram, J., in *Tzapa v. Tsolaki* (1910) C.L.R. IX., p. 81.

ART. 22.—On restitution of land taken and cultivated arbitrarily or by force the person who has reclaimed the land can have the seeds or crops which the usurper has sown or caused to grow there removed through the Official,¹ he has no right to take them for himself.²

Addition. 15 Jemazi'ul Evvel, 1302. When the seeds have not yet issued from the soil at the time of restitution the claimant shall take possession of the land with the seeds as they are on condition that he pays their value to him who has sown them.³

¹ " By the ' competent Official' it seems probable that the Law intends an Official of the Land Registry Office." See *Haji Loizo v. Nailé* (1894) C.L.R. III., p. 51.

² In the last mentioned case it was held (p. 46) that the measure of damages to which a trespasser is entitled should the owner without the intervention of the Official uproot crops sown by him is "the lowest value the crop would have had when standing in the field ripe for cutting, and not the value the grain might have when harvested and brought to market." In that case the Court said (p. 51) " when they (the Plaintiffs) were ploughing the land they were warned to desist, but in spite of the warning they persisted in their action and wrongfully kept possession and sowed the land " and expressed the opinion that the defendant should have brought an action against them, and that, not having done so, " the crop remained, in the eye of the law, the property of the plaintiffs and they would have been entitled to reap it " (p. 52). " The Land Code is largely founded on the principles of the Sher' Law, and the principle of the Sher' Law is that it is not lawful to cause an injury in order to repair an existing wrong " (p. 51). See Mejelle, Art. 19, and compare Art. 908.

³ This addition was enacted subsequently to the British occupation of Cyprus and according to *Haji Loizo v. Nailé* (1894) C.L.R. III., p. 51 is not in force in Cyprus. But see *contra* per Bertram, J. " As it is really declaratory of the principles laid down in the books of the Fiqh it may be considered as part of the law of this Island." *Tzapa v. Tsolaki* (1910) C.L.R. IX., p. 82.

ART. 23.—A person who takes land from the possessor under a lease or loan acquires no permanent right over the land by reason of the length of time for which he cultivates and possesses it, so long as he acknowledges himself a lessee or borrower.¹ Consequently no account is taken of lapse of time and the possessor will always have the right to take back his property from the lessee or borrower.

Art. 25. Trees can be planted. See Art. 5 of Law of Disposition 1331.

LAND CODE.

[1] His possession is not " adverse possession " as defined by s. 1 of the Immovable Property Limitation Law, 1886, See p. 111 *infra*.

ART. 24.[1]—Places which have been used as winter (kishlak) and summer (yaylak) pasturing grounds *ab antiquo*, other than those that are appropriated to the common use of one or several villages, differ in nothing from cultivable land when they are possessed by title-deed[2] by one person exclusively or by several persons jointly. All enactments hereinafter applicable to State land, are equally applicable to such pasturing grounds. From the owners of both kinds of pasturing grounds (whether those of communities or private persons) are taken dues called "yaylakié" and "kishlakié" in proportion to the yield.

[1] See Art. 101.
[2] " Yaylaks and Kishlaks may be metrouké or may be held by tapou" *Haji Constanti v. The Principal Forest Officer* (1895) C.L.R. III., p. 157 and see note to Art. 97. As to non-user of those possessed by title-deed see Art. 84 *infra*.

ART. 25.—No one can plant vines or fruit trees on land in his possession and make it a vineyard or orchard without the leave of the Official. Should he do so the State has the right, for three years, to have what has been planted removed. At the end of that period trees which have reached a fruit-bearing state must be left as they are. Trees and vines planted with the leave of the Official and those planted without leave which have been left for three years, are not considered as subject to the land but belong in full ownership to the possessor of the land.[1] But tithe is taken of the produce annually. Fixed rent (*moukataà*) shall not be charged on the site of such vineyards and orchards on the produce of which tithe is taken.

i.e. the mou tesaarraf

[1] According to the judgment in *Gavrielides v. Haji Kyriaco* (1898) C.L.R. IV., 84, where vines, though not planted by proper leave, have been left for three years (p. 88) the title to the State land on which they are is extinguished, so long as the land remains covered with vines, by the "mulk" ownership of the vines conferred by this Article. " From Articles 25 and 44 it may be gathered, I think, that the converse of the English and Roman rules of law '*solo cedit quod solo inaedificatur*' prevails under the Turkish Land Code, and that where vines and buildings (mulk) are lawfully planted or put upon arazi mirié then the arazi mirié becomes subject to the mulk." See last paragraph on p. 87 of that report, In *Englezakis v. Loizou* (1909) C.L.R. IX., 26, it was held that "the doctrine of *Gavrielides v. Haji Kyriaco* that an arazi mirié site on which mulk property is situate has no separate existence, being for the time being merged in the mulk, has no application to mulk in respect of which the occupier is neither registered nor entitled to be registered." Compare Art. 28 as to trees growing naturally on State land.

ART. 26.[1]—Everyone who grafts or cultivates trees standing naturally on land in his possession, with a sole or joint title, acquires full (mulk) ownership of them, and neither the Official[2] nor a joint possessor can interfere with the ownership of such trees. But tithe shall be taken on their annual produce.

[1] Compare Mejelle, Art. 1244.
[2] See note 1 to Article 22 *supra*.

OTTOMAN LAND LAWS.

ART. 27.[1]—No one has the right to graft or cultivate trees standing naturally on the land of another without the leave of the possessor of the land. If he attempts to do so the possessor can prevent him. If the grafting has taken place the possessor of the land has the right, through the Official[2] to have the trees cut down from the place where they have been grafted.

[1] Compare Mejelle, Art. 1245.
[2] See note 1 to Article 22 *supra*.

ART. 28.—All trees without exception, whether fruit-bearing or not, such as "*palamud* "[1] trees, walnut trees, chestnut trees, yoke elms, and oak trees, growing naturally on State land are subject to the land; the produce goes to the possessor of the site, but tithe is taken of the produce of the fruit-bearing trees by the State. Trees standing naturally can neither be cut nor uprooted either by the possessor of the site or anyone else. Whoever cuts or uproots any such tree shall be liable to pay to the State the standing value[2] of the tree.[3]

[1] Valonia, the large acorn-cup of a species of oak which grows round the Levant, used in tanning. See Chambers's Twentieth Century Dictionary.
[2] See note 1 to next Article.
[3] The last two sentences of this Article were repealed by an Iradé dated 18 Rebi' ul Evvel, 1293, which expressly gives the right to a possessor of State land to cut fruit-bearing and non-fruit-bearing trees growing naturally on the land. See Young's Corps de Droit Ottoman, Vol. VI., p. 53.

ART. 29.—Everyone who, with leave of the Official, plants non-fruit-bearing trees on land in his possession and makes it woodland (kurou) has full ownership of them; he alone can cut them down or uproot them. Anyone who cuts them down must pay their standing value.[1] On this kind of woodland a ground-rent (*ijare-i-zemin*) is charged, equivalent to tithe, taking into consideration the value of the site according to its situation.

[1] Standing value, *qa' imeten qimet*. See Mejelle, Art. 882.

ART. 30.—Woodland, not being woodland on the mountains (*jebali moubaha*)[1] or forests and woodland appropriated to the use of inhabitants of villages, on which the trees growing naturally are destined for fuel, and which has devolved by succession or has been bought from a third person, is possessed by title-deed, and the possessor alone can cut the trees thereon. If anyone else attempts such cutting the possessor, through the Official, can stop him. If the cutting has taken place, the standing value[2] of the trees cut shall be paid to the State.[3] A ground rent equivalent to the tithe is taken by the State for the site of such woodland. The same procedure as is applicable to State land is applied to this kind of woodland.

[1] See note 1 to Art. 7.
[2] See note 1 to last Article.
[3] The rights of the State were abolished by an Iradé dated 16 Sheval, 1286. See Young's Corps de Droit Ottoman, Vol. VI., p. 54.

Art. 27.   No one.......See Art. 10 of Law
                         of Disposition 1331.

Art. 28.   All trees....See Art. 10 of Law of
                         Disposition 1331.

Timber and vines may be cut down. See
Art. 5 Law of Disposition 1331.

Art. 31.　No one...... Repealed by Art. 5 of Law of Disposition of 1331.

Art. 32.　See Art. 5 & 6 of Law of Disposition 1331.

LAND CODE.

ART. 31.[1]—No one can erect a new building[2] on State land without previously obtaining the leave[3] of the Official. Buildings erected without such leave may be pulled down by direction of the State.

[1] This enactment appears to be no longer enforced in the Ottoman Empire. By a decree published in the *Ikáan* of 23rd December, 1900, in the absence of special reasons, as for instance military requirements, buildings erected on State land without leave are to be left as they are, a tax being levied on them in place of the tithe, and by a circular of the Defter Khané dated 19 Muharrem, 1308, it is ordered that the amount of the tax is to be written on the title-deed. See Young's Corps de Droit Ottoman, Vol. VI., note on p. 54. See also a note on recent legislation p. 79 *infra*.

[2] It was held in *The King's Advocate v. Heirs of Petrides* (1904) C.L.R. VI., 94, in which the question of what constituted a building within the meaning of this Article was discussed, that the Article applies to a building which is not "attached to the soil," and is capable of "being removed whole."

[3] As to inferring leave see *Haji Nicola v. Mozera* (1900) C.L R. V., p. 38. Fresh leave is required for erecting additions to a building erected with leave. See *King's Advocate v. Loizo* (1905) C.L.R. VII., 15 For a notice as to building on State and mevqufé land, see Cyprus Gazette, 13th February, 1914.

ART. 32.—With the leave of the Official a possessor of State land can erect, in accordance with the necessity of the case, farm buildings such as mills, mandras, sheds, barns, stables, straw-stores, and pens upon it. A ground rent, equivalent to the tithe, is assessed and appropriated for the site, according to the value of the situation. But for building a new quarter or village by erecting new dwelling-houses on bare land, a special Imperial decree must be obtained ;[1] in such a case the leave of the Official alone is not sufficient.

[1] For instances of exercise of this power by the High Commissioner see Cyprus Gazettes, 14th October, 1910, and 22nd October, 1915.

ART. 33.—Neither the possessor, nor a stranger, can bury a corpse on land held by title-deed (*ba tapou*).[1] In case of contravention of this provision if the corpse is not already reduced to dust it shall be exhumed by the Official and removed to another place ; if nothing is left of it the ground which covered it shall be levelled.[2]

[1] "Presumably because, if allowed, the ground would become a sacred place." See *Sophronios v. The Principal Forest Officer* (1890) C.L.R. I., p. 117.

[2] By an addition to Art. 264 of the Ottoman Penal Code burying in a prohibited place is made an offence, punishable by imprisonment for from one month to one year, and a fine of from one to ten Turkish pounds.

ART. 34.—Land separated from State land to be used as a threshing floor, the possession of which has been granted by title-deed with a joint or separate title, follows the procedure applicable to other State land. In this class are ranked also salt-pans which are separated from State land. For such threshing floors and salt-pans a ground rent, equivalent to the tithe, is taken annually.[1]

[1] In the Othomanikoi Kodikes (1890 Edition) Vol. II., p. 1015, is the following note to the last sentence of this Article; " Since salt is now subject to the monopoly system the paragraph relating to it in Art. 34 is repealed."

ART. 35.—(i.) If anyone arbitrarily erects buildings, or plants vineyards or fruit-trees on land in the lawful possession of another the latter has the right to have the buildings pulled down and the vines and trees uprooted through the Official.[1]

(ii.) If anyone erects buildings or plants trees on the entirety of land held under a joint title by himself and others without being authorized so to do by his co-possessors, the latter can proceed in the manner pointed out in the preceding paragraph so far as their share is concerned.

(iii.)[2] If anyone erects buildings or plants trees on land which he possesses by a lawful title which he has obtained by one of the means of obtaining possession, as for instance by transfer from another person, or from the State, supposing that the land was vacant (mahloul), or by inheritance from his father or his mother,[3] and there afterwards comes forward another person claiming to have the right to the site on which the buildings or trees are situated, and proves his right to it, in that case if the value of the buildings or of the trees, if they were to be uprooted, exceeds that of the site payment shall be made to the successful claimant of the value of the site, which shall then remain in the hands of the owner of the buildings or trees. If on the contrary the value of the site is greater than that of the buildings or trees then the value of the buildings or of the trees as they stand[4] shall be paid to their owner and they shall be transferred to the successful claimant of the site.

(iv.) If anyone erects buildings or plants trees on a part of land which is possessed in common by himself and others without the leave of his co-possessors, the land shall be partitioned in conformity with the provisions of Article 15, and if the site of the buildings or trees falls to the share of one of the other co-possessors the said procedure[5] shall be likewise applied.

[1] Compare Mejelle, Art. 906 and see *Haji Ali v. Elia* (1900) C.L.R. V., p. 68.

[2] This paragraph seems to apply to those who have acted in good faith. " Such a person cannot have built under the belief that he had a right to the land, and consequently the protection of Art. 35 of the Land Code does not apply to him." Per Bertram, J., in *Englezakis v. Loizou* (1909) C.L.R. IX., p. 28, and see Chiha's De la Propriété Immobilière en Droit Ottoman, p. 149. As to adjustment of the rights of the parties compare Mejelle, Art. 882 *et sqq*. Bentham (Theory of Legislation, Part II., Chapter I., vii. Possession in good faith with amelioration of another's property) says " Which of the two, in losing what belonged to him, would lose most ? Let him have the possession and let the other have an indemnity."

[3] See note to Art. 54.

[4] See note to Art. 29.

[5] " The said procedure " means that in paragraph (ii) according to Young's Corps de Droit Ottoman, Vol. VI., p. 55; that in paragraph (iii) according to Ongley's Ottoman Land Code, p. 19.

Art. 35. If anyone.......See Art. 36.
                          See Art. 11
                          of Law of
                          Disposition 1331.

ii   ....See Art. 13 of
                          above Law.

iii   ....See Art. 9 of Law
                          of Disposition
                          1331.

iv   ....See Art. 13 of
                          Law of
                          Disposition 1331.

(marginal)

Art. 36...............See Art. 5 of Law
                         of Disposition 1331.

Gift (Hiha) is applicable only to Mulk.
Sale without consideration in case of
Miri. Faragh bilta Bedl. Order of
27 Hizeran 1333 G 339.

LAND CODE. 15

CHAPTER II.

Transfer of State Land.[1]

Art. 36.—A possessor by title-deed of State land can, with the leave of the Official,[2] transfer it to another, by way of gift, or for a fixed price. Transfer of State land without the leave of the Official is void. The validity of the right of the transferee to have possession depends in any case on the leave of the Official, so that if the transferee dies without the leave having been given the transferor (farigh) can resume possession of it as before. If the latter dies (before the leave is obtained) leaving heirs qualified to inherit State land as hereafter appears[3] they inherit it. If there are no such heirs it becomes subject to the right of tapou (mustehiki tapou) and the transferee (mefroughunleh) shall have recourse to the estate of the original vendor to recover the purchase money.[4] In the same way exchange of land is in any case dependent on the leave of the Official. Every such transfer must take place with the acceptance of the transferee or his agent.[5]

[1] Transfer, اجراء=cession. See Redhouse's Turkish-English Lexicon. See Othomanikoi Kodikes (1890) Vol. II, p. 1017 for a note as to the legislator avoiding the use of the words sale, vendor, and purchaser in view of the possession, and not the *dominium*, being dealt with.

[2] " The object of Art. 36 of the Land Code is unquestionably to lay down the rule that in all cases of alienation of arazi mirié property, whether by way of sale, or gift, or exchange, the consent of the State, which is evidenced by registration, is necessary to a transfer of the legal right of possession. To such an extent is this the case that although a man may have paid his purchase money, if the consent of the State has not been obtained, the property remains legally in possession of the vendor, or if he die, passes to his heirs, or if he die without heirs reverts to the State. The Article no doubt states, that in either of the two latter cases, the would-be purchaser has the right to recover the money he has paid from the estate of the deceased. We consider that the meaning of this provision is that, where, during the negotiations for the purchase of property, the vendor dies, then the would-be purchaser has a right to recover from the estate of the deceased the moneys he has paid " See *Zenobio v. Osman* (1893) C.L.R. II., pp. 174, 175. The question of leave being subject to payment of taxes was considered in *Michaelides v. Thompson* (1890) C.L.R. I., 108 ; see now s. 2 of the Land Transfer Amendment Law, 1890, p. 118 *infra*.

As to leave being no longer necessary in Turkey see note on recent legislation, p. 79 *infra*.

It seems that State land cannot be granted to a Monastery notwithstanding, Art. 122. See *Sophronios v. Principal Forest Officer* (1890) C.L.R. I., p. 117.

As to specific performance see the Sale of Land (Specific Performance) Law, 1885, p. 103 *infra*.

[3] See Art. 54 *infra*.

[4] In *Lissandri v. Lissandri* (1899) C.L.R. V., 1, it was held that in order to recover money paid as purchase money for State land from the estate of a deceased person who dies without transferring the property there must be a *bonâ fide* intention to legally transfer the land.

[5] See Art. 3 of the Tapou Law, 1275, p. 43 *infra*, and the Land Transfer Amendment Law, 1890, p. 118 *infra*.

Art. 37.—The leave of the Official being the sole requirement for the transfer of State land, if the transferor, having obtained

OTTOMAN LAND LAWS.

leave, dies before the transferee has obtained his title-deed, the transfer is nevertheless valid, and the land cannot be deemed to be vacant.

ART. 38.—In case of a transfer by way of gift, that is without any price being specified, neither the transferor nor his heirs in case of his death, can claim any purchase money. But if a transfer has taken place with leave of the Official in consideration of a definite sum, and the amount has not been received, the transferor or in case of his death, his heirs entitled to inherit have the right to have the land restored by the transferee, or his heirs in case of his death. If however the price has been paid they have no right to bring an action for retransfer.

ART. 39.—No one who in a valid and definite way with leave of the Official has parted with his land, gratuitously or for a fixed price, can go back on such a transaction.[1]

[1] *Cf.* Mejelle, Art. 100. See the Sale of Land (Specific Performance) Law, 1885, p. 108 *infra*. As to an action for damages for breach of contract, see, *Chakalli v. Kallourena* (1895) C.L.R. III., 246.

ART. 40.—If anyone, having transferred his land with leave of the Official, transfers it to another without the leave of the first transferee this second transaction is void.

ART. 41.—The owner of an undivided share in State land cannot transfer his share, by way of gift or in consideration of payment, without the leave of the persons jointly interested. If he does so the latter have the right, within five years, to claim from the transferee the restitution of his share, on paying him its value at the time of the claim. The right of claiming back the land lapses at the expiration of the said term, even if there exist the excuses recognized by law, namely, minority, unsoundness of mind, or absence on a journey.

But if any person jointly interested at the time of the transfer has given his consent to it, or has refused to take the share in question although offered to him, he cannot afterwards maintain any claim.

Addition. 19 Sha'ban, 1291. In the event of the person jointly interested dying within the said period of five years his heirs, having the right of succession, shall have the right to claim possession of the property from the transferee or his heirs in the event of his death, and in the event of the death of both the person jointly interested and of the transferee the heirs of the former shall have the right to claim possession from the heirs of the latter.[1]

[1] Compare Mejelle, Art. 1008, *et sqq.* and see Chiha's De la Propriété Immobilière en Droit Ottoman pp. 298-311.

Art. 38. <u>Gift</u> prohibited <u>Sale</u> without price.

Art. 41. 5 years priority for co-owners of Miri.
For pre-emption in Mulk see Mejelle 1008.

Art. 44.   Owner of trees of buildings has 10 years priority over land.

Art. 45.   Villages 1 years priority.

LAND CODE.

ART. 42.—If amongst three or more co-possessors there is one who wishes to transfer his share, he may not give preference to anyone of those jointly interested. If the latter wish to acquire the share they can take it in common. If one co-possessor disposes of the whole of his share to one of the other co-possessors the others can take their proportionate shares in it. The provisions of the preceding Article[1] are also applicable in this case.

[1] *i.e.* presumably the provisions as to the period of five years; possibly also the provisions in the Addition.

ART. 43.—If anyone, with leave of the Official, but without the authorization of the possessor, arbitrarily disposes of land of a third person or of his co-possessor, and if the transaction is not ratified by the possessor, the latter shall have the right, through the Official to recover the land from whomsoever it has become vested in in consequence of the arbitrary act.[1]

[1] " By Art. 43 of the Land Law it would seem that the principle is that unauthorized alienation of the land of another will not confer a good title and that it can be cancelled." *Ibrahim v. Haji Nicola* (1901) C.L.R. V., p. 91.

ART. 44.[1]—The possessor of any land on which there are mulk trees or buildings, land of which the cultivation and possession are subordinate to (tebsiyet) the trees and buildings, cannot part with the land by way of gift or for a price, to anyone other than the owner of the trees or buildings, if he claims to have it transferred to him on payment of its tapou value (tapou-i-misl).[2]

Should such transfer however take place, the owner of the trees or buildings shall, for ten years, have the right to claim the land, and to take it on paying the value at the time when he made the claim (bedl-i-misl). The excuses of minority, unsoundness of mind, and absence on a journey are not applicable to this case.

[1] See *Gavrielides v. Haji Kyriaco* (1898) C.L.R. IV., 84. and note to Art. 25 *supra* and *cf.* Art. 66 *infra*.
[2] See Art. 59 *infra*.

ART. 45.—If the possessor by title-deed of land lying within the boundaries of a village has transferred it to an inhabitant of another village the inhabitants of the former place who are in need of (zarouret)[1] land have, for one year, the right to have the land adjudged to them at the price at which it has been sold.

[1] *Zarouret,* ضرورت is a word indicating strong necessity. See Chiha's De la Propriété Immobilière an Droit Ottoman, p. 301, *et sqq*, and compare Art. 59 (iii) *infra*. See Art. 127 *infra* the principle of which may be the origin of this right of pre-emption. See note in Bury's Gibbon (1898 Edition) Vol. V., p. 530.

ART. 46.—The right of pre-emption (shoufa)[1] which is applicable to mulk land, is not applicable to State or mevqufé land, that is to say if anyone has alienated land which belongs to him for a fixed price, his immediate neighbour[2] cannot claim it by saying "I will take it at the same price."

OTTOMAN LAND LAWS.

¹ See Mejelle, Arts. 1008 *et sqq.*
² *Lit.* " the man having the same boundary."

ART. 47.—When there is a question as to land sold as being of a definite number of donums or pics the figure alone is taken into consideration. But in the case of land sold with boundaries definitely fixed and indicated the number of donums or pics contained within them are not taken into consideration whether mentioned or not, the boundaries alone are taken into account. So for example if a piece of land which has been sold, of which the owner has fixed and indicated the boundaries, saying that they contain twenty-five donums, is found to be thirty-two donums, such owner cannot claim from the purchaser either the separation and return of seven donums of the land or an enhancement of the purchase money, nor if he dies after the transfer can his ascendants or descendants prosecute such a claim. Similarly if the piece of land only contains eighteen donums the transferee cannot claim the refund of a sum of money equal to the value of the seven donums.[1]

[1] Compare Mejelle, Arts. 224-226. As to fraud in a contract of sale, see Mejelle, Arts. 357 *et sqq.*

ART. 48.—Trees growing naturally on the land of a person who has sold it, being subject to the soil, are included in the sale.

But unless the transferor has sold the mulk trees on the land, mentioning them at the time of the sale, the transferee has no right to take possession of them.

ART. 49.—When the owner of mulk trees vines or buildings, planted or built with the leave of the Official subsequently to his taking possession, on land held by title-deed has sold them, he is bound to transfer the ground through the Official to the purchaser of the trees vines or buildings. The same result follows in the case of woodland of which the ground is State land and the trees mulk.

ART. 50.—Persons who have not attained the age of puberty, lunatics and imbeciles of either sex cannot transfer their land.[1] If any such person does so and dies before the age of puberty or before recovery the land passes to his heirs who have the right of succession as hereinafter appears, and failing them it becomes subject to the right of tapou.

[1] Compare Mejelle, Art. 361.

ART. 51.—Persons of either sex who are minors, lunatics, or imbeciles cannot buy land.[1] Nevertheless if it is shown that it is for their profit or advantage their natural or appointed guardians can, in their capacity as such, buy land in their name.[2]

[1] Compare Mejelle, Art. 361.
[2] Compare Art. 65 *infra.*

Art. 48. Art. 2 of Land Transfer Ordinance "lands" includes trees.

Art. 49. The Mulk trees are "senior" to the Miri land. The latter follows the former.

Art. 50. Minor (christian or Jew) is a person under 18.
Art. 20 of the Succession Ordinance 1923.

Art. 52. Minor's (share) matter of personal status. Order in Council Art. 51.

District Court has concurrent jurisdiction with religious court. Art. 20 Succession Ordinance.

LAND CODE.

ART. 52.—Natural and appointed guardians of minors of either sex cannot transfer to another or to themselves land which has devolved on their wards by inheritance, or in any way come into their possession, under pretext of payment of debts, expense of maintenance or otherwise. Should they do so the wards have the right, for ten years after attaining their majority or after having become capable of having possession, to reclaim from the possessor through the Official the restoration and possession of their property. If they die before attaining their majority the land will pass to their heirs, and in default it will become subject to the right of tapou. But when it is shown that chiftliks[1] belonging to minors of either sex cannot be managed by their guardians except in a manner which occasions loss to the wards, and that, the appurtenances of the chiftlik being valuable, it would be injurious to the wards to leave them to be destroyed or lost, and that in these circumstances the sale of it would be sanctioned by the Sher' Law, if it is proved that retention of the land alone would, by reason of its being separated from the buildings and other appurtenances, be injurious to the interests of the minor the sale of the land and its appurtenances at the true value is allowed after getting a hudjet from the Sher' Court. When a sale has been effected under these conditions minors will have no right to claim the restitution of the chiftlik or its appurtenances after attaining their majority.[2] The same provisions apply to the land of lunatics and imbeciles.

[1] See Art. 131 *infra*.
[2] See Arts. 31-33 of the Tapou Law, 1275, p. 49 *infra*.

ART. 53.—When persons of either sex who are minors, lunatics, or imbecile possess trees or vines which have become orchards or vineyards, or newly erected buildings on State or mevqufé land their natural or appointed guardians can sell such orchards vineyards or buildings on Sher' musaveghat conditions[1] and they can also sell the land on which they are as being subordinate to them.

[1] " Musaveghat conditions are of eight kinds :—

(*i*) When there is a candidate to buy at double value.

(*ii*) When the minor needs maintenance and has nothing except immovable property, and when it is necessary to sell it for his maintenance.

(*iii*) When the deceased leaves debts and there is nothing to pay them except the immovable property.

(*iv*) If one-third or one-fourth of what the deceased left is bequeathed to some object and it is necessary to sell the property in order to carry out the testator's wishes.

(*v*) If the income of the property is insufficient to pay the dues on it.

(*vi*) If the property is a house or shop or similar building and the minor has no funds to repair it with.

(*vii*) If the property is possessed in partnership and the share of the minor will not bring in a profit when separated.

(*viii*) If there is a fear of unavoidable interference by someone by duress." Khalis Eshref, (1315 Ed.) p. 334, (paragraph 374).

OTTOMAN LAND LAWS.

CHAPTER III.

DEVOLUTION OF STATE LAND BY INHERITANCE.

ART. 54.[1]—On the death of a possessor of State or mevqufé land of either sex the land devolves in equal shares, gratuitously and without payment of any price, upon his children of both sexes, whether residing on the spot or in another country. If the deceased leaves only sons or only daughters, the one or the other inherit absolutely without the formality of purchase. If the deceased leaves his wife pregnant the land remains as it is until the birth.

[1] Amended by the Law of 17 Muharrem, 1284, see p. 56 *infra*. As to succession in Cyprus it was held in *Della v. Haji Michaeli* (1902) C.L.R. VI., p. 25, that the Wills and Succession Law, 1895, does not apply to State land.

ART. 55.[1]—State and mevqufé land of which the owner dies without leaving children passes gratuitously as above to the father or if he leave none to the mother.

[1] Replaced by Art. 1 of the Law of 17 Muharrem, 1284, see p. 56 *infra*.

ART. 56.—If some of the children of the deceased are present and some absent under conditions called ghaibet-i-munqata (absolute disappearance)[1] the land devolves on the present living children : Provided that if the absent one reappears within three years from the death of his parent or is proved to be still alive, he takes his share in the land. These provisions apply also in the case of a father or a mother.

[1] See *Francoudi v. Heirs of Michaelides* (1895) C.L.R. III., p. 229.

ART. 57.—The land of a person who is not known to be alive or dead and who has disappeared under the aforesaid conditions[1] for three years shall pass as stated in the preceding Article to his children and in default to his father and failing him to his mother. In default of such heirs the land becomes subject to the right of tapou, that is to say that if under the conditions hereinafter set forth there are persons having the right of tapou, the land will be granted to them on paying the tapou value.[2] If there be no such heirs it will be put up to auction and adjudged to the highest bidder.

[1] See note to preceding Article.
[2] See Art. 59.

ART. 58.—A soldier in the Army actually serving in another country whether he is known to be alive or has disappeared under ghaibet-i-munqata conditions,[1] succeeds to the land left by his father, mother, grandfather, grandmother, sister, wife or child.[2] It cannot be granted to another without proof of his death in

Art. 54 (marginal note) see p. 56.

" See Law of Inheritence of 1331.

Art. 56. For administration of Estate of absent persons see art. 51 of Order in Council.

Art. 59.   For heirs see Law of Inheritence 1331.

"   See Art. 41, 44, 45 for similar periods.

LAND CODE. 21

accordance with the Sher' Law. Even if transfer takes place and the soldier heir reappears at any time he has the right to recover the land which devolved upon him from whomsoever is in possession of it, and to take possession of it. Provided that, solely with a view to safeguarding the rights of the Treasury, the land of such soldiers is caused to be cultivated by his relatives, or persons to whom he has entrusted his movable property and goods, or failing them by a third person, and thus the collection and payment of the dues are ensured.

[1] See Art. 56.
[2] As amended by 17 Muharrem, 1284.

CHAPTER IV.

Escheat of State Land.

ART. 59.[1]—When a possessor (of either sex) of State land dies without leaving heirs qualified to succeed under the Law of 17 Muharrem, 1284, the land will be given on payment of the tapou value, that is to say for a price to be fixed by impartial experts who know the extent, dimensions, boundaries and value of the land, according to its productive capacity and situation ;

(i.) In equal shares to those who have inherited[2] any mulk trees or buildings which are on the land. Their right to claim lasts for ten years.[3]

(ii.) To co-possessors, or those having a joint interest. Their right to claim lasts for five years.[3]

(iii.) To such inhabitants of the locality where the land is[4] as are in need and want of it (zarouret vé ihtiyaj). Their right to claim lasts for one year.[3] When several such inhabitants claim a right to take the land so to be disposed of as aforesaid, if there is no obstacle to partition and if no damage will result from it, the land is divided into shares, and a share is given to each of them. But if the land cannot be divided, or if damage would result from division it is given to the inhabitant who needs it most. If several have equal need of it one who has personally and actually served in the Army and has returned home after completing his time will be preferred to the others. In default of such recourse shall be had to drawing lots and the land will be given to him on whom the lot falls. After being so allotted no other person can lay claim to the land.

[1] As amended by 17 Muharrem 1284. Prior to that Law there were nine classes of persons having the rights conferred by this Article. See Arts. 66 and 81, and Art. 18 of the Tapou Law p. 46 *infra*.
[2] *i.e.* from the deceased.
[3] See Art. 61.
[4] See Art. 18 of the Tapou Law, p. 46 *infra*.

ART. 60.¹—If a possessor of land, of either sex, dies without direct heirs, that is to say without leaving heirs as designated by Article 1 of the Law of 17 Muharrem, 1284, nor any persons having the right to take the land on payment of the tapou value as above mentioned, or if having left such persons they have forfeited their right by refusing to pay the tapou value,² the land becomes purely and simply vacant (mahlul),³ and it is put up to auction and adjudged to the highest bidder.

If those who have the right to acquire possession of the land on payment of its tapou value² are minors, or of unsound mind, forfeiture of the right cannot be alleged against them or their guardians.

¹ As amended by 17 Muharrem, 1284.
² See Art. 59 *supra*.
³ Reverting to the State as Mahloul does not " make the Government liable for the payment of the debts " of the deceased. *Yanni v. The Queen's Advocate* (1888) C.L.R. I., 46.

ART. 61.—The above mentioned periods of time for making claims run from the death of the possessor of the land. During the currency of the said periods, whether the land has been given to someone else or not, those having the said right of tapou, can have the land granted to them by the State on payment of the tapou value¹ at the time when the claim is made. After the expiration of the said periods, or if those who had such rights have forfeited them no claim concerning such rights shall be any longer maintainable. Excuses such as minority, unsoundness of mind, or absence² do not apply in respect of claims of right of tapou, and after the expiration of the prescribed periods, notwithstanding the existence of any of these excuses, the right of tapou lapses.³

¹ See Art. 59.
² See note 2 to Art. 20.
³ And see Art. 74.

ART. 62.—If one of those who have a right of tapou of the same degree refuses to take his share of the vacant land on payment of its tapou value and thus loses his right over it, the others can take the entirety of the land on payment of the tapou value.¹

¹ See Art. 59.

ART. 63.—If minors, persons of unsound mind,¹ or persons who are absent² who have a right of tapou over vacant land, have not been able to take the land, the disposal of the land is not stopped nor postponed but it is given, on payment of the tapou value,³ to those who have a right of tapou of the same degree as that of those who have not taken it, or to those who have a right of a lower degree, preserving for the first mentioned, according to their degree, their right to assert their claim within the prescribed period. If there are no such persons, or if they have lost their right, the land will be put up to auction.

Art. 60.   If subject to Mortgage
           obligation attaches to
           land. Law of Mortgage
           1331.-

Art. 64. Right of Tabu does not pass to heirs.

LAND CODE.

[1] See Art. 65.
[2] See note 2 to Art. 20.
[3] See Art. 59.

ART. 64.—If persons having rights of tapou in the first of the three degrees enumerated above[1] lose their rights by refusal to take the land over which they have the right on payment of the tapou value it shall be offered to those of the subsequent degrees successively in turn. If they all refuse it it shall be put up to auction and adjudged to the highest bidder.

If anyone who has a right of tapou dies before having exercised it the right does not pass to his children or other heirs.

[1] See note 1 to Art. 59.

ART. 65.—If any of those who have a right of tapou are minors, lunatics, or imbeciles in whose interest it is advantageous to acquire the land over which they have such right their natural or appointed guardians shall acquire it on their behalf on paying the tapou value.[1]

[1] Compare Art. 51.

ART. 66.—If a possessor of land which is possessed and cultivated as subordinate to mulk trees or buildings upon it belonging to another who is a stranger as regards family dies without leaving anyone with a right of tapou as stated above, the said stranger shall have preference to any other person, if he claims the land it shall be granted to him on paying the tapou value.[1] If it is given to a third person without being offered to him he shall have the right for ten years to claim it, and to recover it on payment of its value at the date of the claim.[2]

[1] See Art. 59.
[2] See Art. 44.

ART. 67.—To those having a right of tapou who shall be proved to have served, actually and personally, for five years in the regular army, there shall be granted gratuitously and without any payment five donums of the land over which there is a right of tapou. In respect of anything more than five donums they shall be subject to the same provisions of the law as others having a right of tapou.

Addition. 25 Muharrem, 1287. The privilege of having five donums of the land over which they have a right of tapou given to them gratuitously is accorded to officers in the regular army, and to retired officers and private soldiers who are on pension. To those who have completed the military age and passed into the reserve, whether they are actually serving in the reserve or not, there shall be given gratuitously two and a half donums of the land over which they have a right of tapou. Those who joined the regular army as substitutes are not entitled to this privilege.

OTTOMAN LAND LAWS.

ART. 68.[1]—Except for one of the following reasons, duly established, namely :—

(i.) Resting the soil for one or two years, or even more if owing to its exceptional nature and situation it is requisite ;

(ii.) Obligation to leave land which has been flooded uncultivated for a time after the water has subsided in order that it may become cultivable ;

(iii.) Imprisonment of the possessor as a prisoner of war ; land which has not been cultivated, either directly, by the possessor, or indirectly, by being leased or loaned, and remains unproductive for three years consecutively becomes subject to the right of tapou,[2] whether the possessor be in the locality or absent.[3] If the former possessor wishes to recover the land, it shall be given to him on payment of its tapou value. If he does not claim it it shall be put up to auction and adjudged to the highest bidder.

[1] Articles 68 to 75 inclusive were repealed by the Confiscation of Public Lands Law, 1885, see p. 111 *infra*.
[2] See Art. 57 *supra* and Art. 13 of the Tapou Law p. 45 *infra*.
[3] *Muddet-i-sefer.* See note 2 to Article 20.

ART. 69.[1]—Land, by whomsoever it is possessed, which has been flooded for a long time and on which the water afterwards subsides does not for this reason become subject to the right of tapou,[2] the former possessor keeps it in his possession and under his control as before. If the former possessor is dead his heirs[2] shall have possession and enjoyment of it, and failing them it shall be given on payment of the tapou value, to those who have the right of tapou. But if on the water subsiding, and when the land can be cultivated the possessor, or his heirs do not enter into possession of it, and leave it unproductive for three years without valid excuse it shall then become subject to the right of tapou.

[1] See note 1 to Art. 68.
[2] See Art. 57.
[3] As designated in Article 1 of the Law of 17 Muharrem, 1284, see p. 56 *infra*.

ART. 70.[1]—If land which has been abandoned and left unproductive by the possessor for two consecutive years without valid excuse is then transferred by him, or, owing to his death devolves on his heirs,[2] and is left uncultivated as before for a further one or two years by the transferee or by the heirs without valid excuse it shall not become subject to the right of tapou.[3]

[1] See note 1 to Art. 68.
[2] See note 3 to Art. 69.
[3] See Art. 57.

ART. 71.[1]—If a possessor of land, who shall be shown to have left the land uncultivated for three consecutive years without valid excuse, dies after the expiration of the three years, without the land having been given by the Official to another, leaving heirs,[2]

Art. 68.

(i) within what must the Bedl Misl be paid ?
If transferred cannot be declared Mustahoki Tabu Art. 70.

(ii) - marginal - see sec. 17 p. 46.
    "   see art. 99.
(iii)   "   see Mejelle 1273.

 " For meadow land see art. 85.
For Mulk buildings on Miri see art. 82.

(iii) 1. Cyprus. (marginal).

Art. 74. Extinction of right of heir
or absentee after 3 years by
reversion to State.

LAND CODE.

they cannot inherit the land gratuitously, but it shall be offered to them on payment of the tapou value.[3] If they refuse it, or if the possessor died without heirs having the right to succeed, search shall not be made for persons having the right of tapou ; the land shall be put up to auction and adjudged to the highest bidder.

[1] See note 1 to Art. 68.
[2] See note 3 to Art. 69.
[3] See Art. 59.

ART. 72.[1]—If all, or a portion of, the inhabitants of a village or town leave their country (*vatan*) for a legitimate reason, the land in their possession does not become subject to the right of tapou. If however their abandonment of their country has taken place without legitimate reason, or if they do not return for three years from the day when the legitimate reason which constrained them to go away ceased and the land has thus been left unproductive without reason it shall then become subject to the right of tapou.[2]

[1] See note 1 to Art. 68.
[2] See Arts. 57 and 130.

ART. 73.[1]—Land possessed by a soldier actually and personally employed in the army in another country, whether it be under lease or loan or left uncultivated, shall not become subject to the right of tapou[2] so long as the death of the possessor has not been proved. If by chance it has been given to another, the soldier on returning home at the expiration of his time of service, can recover it from whomsoever is in occupation of it.

[1] See note 1 to Art. 68.
[2] See Art. 57.

ART. 74.[1]—If a person who is known to be alive and who is absent[2] inherits land from his father, mother, brother, sister, or spouse,[3] and neither comes himself to personally take possession of the land he has inherited, nor gives anyone authority, by writing or otherwise, to cultivate it, and leaves it unproductive for three consecutive years without valid excuse it shall become subject to the right of tapou.[4]

[1] See note 1 to Art. 68.
[2] See note 2 to Art. 20.
[3] As amended by 17 Muharrem, 1284, see p. 56 *infra*.
[4] See Art. 57.

ART. 75.[1]—If on the death of a possessor of land, of either sex, it is unknown whether an heir with right of succession who is absent under conditions of ghaibet-i-munqata (absolute disappearance)[2] is dead or alive the land shall become subject to the right of tapou.[3] Provided that if the heirs re-appear within three years of the day on which the person whose heir they are died, they shall have the right to take possession of the land without payment. If they appear after the expiration of that period they cannot make any claim nor bring an action.

OTTOMAN LAND LAWS.

¹ See note 1 to Art. 68.
² See Art. 56.
³ See Art. 57.

ART. 76.—Land possessed by persons, of either sex, who are minors, lunatics or imbeciles can never become subject to the right of tapou¹ by reason of its being left uncultivated. If their natural or appointed guardians leave it uncultivated or do not cause it to be cultivated for three consecutive years without valid excuse, the guardians shall be requested by the Official to cultivate the land themselves or by means of others. If they decline to do so it shall be let by the Official to anyone wishing to lease it on payment of the estimated rent, solely for the purpose of preserving it from remaining uncultivated. The fixed rent received from the lessee shall be paid to the guardians on behalf of their wards. When the wards attain their majority, or are cured, they can recover their land from the lessee.

¹ See Art. 57.

ART. 77.—If it is shown that a person having a right of tapou of the highest degree¹ over vacant land has secretly and arbitrarily occupied it,² without having had it transferred to him by the State, for less than ten years, the land shall be granted to him on payment of its tapou value at that time. If he does not wish to acquire it, and if there is any other person having a right of tapou in respect of whom the period of time applicable to the degree to which he belongs has not expired, it shall be granted to him. Failing such persons, or if being such persons they have lost their right, the land shall be put up to auction and adjudged to the highest bidder. If it is shown that the person who has so arbitrarily occupied and cultivated the land for less than ten years as mentioned above is a stranger, the land shall be taken from him and given to him who has the right of tapou on payment of the tapou value at the time of his taking it. Failing such person, or if he has forfeited his right, the land shall be put up to auction and adjudged to the highest bidder.³

¹ The effect of Art. 1 of 17 Muharrem, 1284, must be borne in mind in considering this Article. See note 1 to Art. 59.
² See Art. 4 of 7 Shaban, 1276, p. 51 *infra*.
³ See Art. 18 of the Tapou Law, 1275, p. 46 *infra*.

ART. 78.¹—Everyone who has possessed and cultivated State or mevqufé land for ten years without dispute (bila niza) acquires a right by prescription and whether he has a valid title-deed or not the land cannot be regarded as vacant, and he shall be given a new title-deed gratuitously. Nevertheless if such person admits and confesses that he took possession of the land without any right when it was vacant, the land shall be offered to him on payment of the tapou value, without taking into account the lapse of time; if he does not accept it shall be put up to auction and adjudged to the highest bidder.

Art. 78 - marginal - see art. 8 p. 53.
　　　　　　　　Double x fee.

"　　　Refers to Miri held by Kushan.
See ruling of Court of
Cassation p. 281, No. 125.
Applicant must prove that he
occupied the land by succession
or transfer from some person
entitled to transfer.
Instructions for Tabou Sanads
7th Shawal 1276 p. 53f.

Art. 81. applicable only to trees planted or buildings erected prior to 1331.

Law of Inheritence 1331.

LAND CODE.

[1] *Cf.* Art. 20 and see Art. 3 of the Law of 7 Sha'ban, 1276, p. 53 *infra*. This Article gives a right against the State. See Chiha's De la Propriété Immobilière en Droit Ottoman, p. 598. Possession and cultivation are necessary. " It enables a person by possession and cultivation to defeat the right of the Beit-ul-Mal to the Tapu value of the land." *Haji Kyriaco v. The Principal Forest Officer* (1894) C.L.R. III., p. 103, and see idem, p. 99, and as to there being no acquisitive prescription under this Article in the case of arazi mevat cultivated without permission see idem, p. 101, and see p. 100 as to there being no such prescription in the case of arazi mevat under the Mejelle. A translation of this Article will be found on p. 88 of the same case.

ART. 79.—Nothing shall be recovered in respect of diminution in value (noksan arz)[1] or by way of rent (ejri misl) from a person who has arbitrarily occupied and cultivated vacant State or mevqufé land, as stated in the two preceding Articles, and regularly paid the imposts on it.

[1] See note 3 to Art. 21.

ART. 80.—If a possessor of a field dies after sowing it, leaving no heirs entitled to succeed to it, the Official grants it to a person who has a right of tapou over it, or to some other applicant. The crops which have already come up in the field shall be reckoned as part of the estate of the deceased possessor, and the purchaser has neither the right to have them removed nor to claim any rent from the heirs. The same provisions apply to herbage which grows by cultivation or irrigation as to sown crops. As to herbage which has come up naturally without any labour on the part of the deceased, it does not pass to the heirs.

ART. 81.[1]—Vineyards and gardens made on State land possessed by title-deed by planting, after taking possession, mulk trees and vines thereon with the leave of the Official, as also mulk buildings newly erected thereon, pass on the death of the owner of the trees, vines or buildings to the ownership of his heirs in the same way as his other mulk property. A fee in the nature of succession duty (intiqal) shall alone be charged upon the assessed value of the land upon which the trees are and the land shall be granted gratuitously[2] to the heirs in proportion to the shares of the trees vines and buildings which they respectively inherit, and the records in the registers deposited at the Defter Khané shall be amended accordingly and a note thereof made in the margin of the title-deeds given to the parties.[3]

[1] *Cf.* Art. 66.
[2] *i.e.* presumably " without the payment of Muajelle." See *Gavrielides v. Haji Kyriaco* (1898) C.L.R. IV., pp. 88, 89
[3] Amended by Art. 3 of the Instructions dated 7 Sha'ban, 1276. See p. 51 *infra*.

ART. 82.—If mills, enclosures, sheepfolds, or other mulk buildings built on State land possessed by title-deed have fallen into ruin and leave no traces of building, the site on which they stood becomes subject to the right of tapou[1] and will be given to the

owner of the structures if he claims it, if not, to another. Provided always that if such land has passed into the possession of the owner of the structures by inheritance, from his father, mother, grandfather, grandmother, children of his brothers or sisters or from his spouse,[2] or otherwise, if he pays the fixed rent for it to the State he cannot be turned out or deprived of the possession of it.

[1] See Art. 57.
[2] As amended by 17 Muharrem, 1284, see p. 56 *infra*.

ART. 83.[1]—If mulk trees and vines of a garden or vineyard planted on State land held by title-deed afterwards wither away or are rooted up, and no trace of them is left, the site becomes subject to the right of tapou[2] and will be given to the owner of the trees or vines if he claims it, if not to another. Provided that if the site has passed into the possession of the owner of the trees or vines by inheritance from his father, mother, grandfather, grandmother, children of his brothers or sisters or from his spouse[2] or in any other way, he cannot be dispossessed of it nor can his possession of it be contested.

[1] " If we look at Art. 83 we find that when the vines are dried up and disappear, the land on which they stand becomes liable to Tapu with a preferential right to the late owner of the vines to purchase it for its Tapu value. That is to say it reverts to the Beit-ul-Mal which takes it again into the category of simple arazi-mirié. The only exception is that if the land has come to and been held originally by the owner of the vines as arazi-mirié, either by inheritance or by other means, then it is left in his hands without any interference from the Beit-ul-Mal. It is pretty clear from the first part of this article, that under the circumstances mentioned, there is no separate property or interest capable of disposal by sale. The reversion to the arazi-mirié devolves upon the Beit-ul-Mal." See *Gavrielides v. Haji Kyriaco* (1898) C.L.R. IV., p. 89.
[2] See Art. 57.
[3] See note 2 to last Article.

ART. 84.—Summer and winter pasturing grounds held by title-deed which have not been used for three years consecutively without excuse, and of which the dues have not been paid, become subject to the right of tapou.[1]

[1] See Art. 57.

ART. 85.—Meadow land held by title-deed, on the produce of which tithe is taken, and has been taken *ab antiquo*, which has not been sown and of which the tithe has not been paid for three years consecutively without excuse, and has thus been left unproductive, becomes subject to the right of tapou.[1]

[1] See Art. 57.

ART. 86.—If when a person having a right of tapou over land desires to acquire it on payment of the tapou value,[1] and a stranger to the family comes forward and seeks to take it for a sum in excess of the tapou value,[1] his offer is not taken into consideration.

[1] See Art. 59

Art. 88. Tabu officials cannot obtain
State land.

LAND CODE.

ART. 87.—If after vacant land, whether State or mevqufé land, has been put up to auction and adjudged to the highest bidder another person comes forward and offers an enhanced price, the latter cannot for the reason that the title-deed has not yet been handed over enter in and dispossess the former of the land which has been adjudged to him. Provided that if after such land has been given to anyone it is shown that it was given for a price very much less than its tapou value,[1] the grantee shall be bound within ten years to make up the price to the amount of the tapou value at the time it was adjudged to him. In default of his doing so the purchase money paid by him will be returned to him, and the land shall be given to the applicant for it. After the expiration of the ten years from the time when the land was adjudged to him he can no longer be interfered with nor can the land be taken from him. These provisions apply also to those who, having a right of tapou, have taken vacant land on payment of its tapou value.[1]

[1] See Art. 59.

ART. 88.—A tapou official in a Qaza cannot acquire vacant land or land which has become subject to the right of tapou in the Qaza during the duration of his service, nor give it to his children, brother, sister, father, mother, wife, slave of either sex, or any of his dependents. He can only acquire possession of land which has devolved upon him by inheritance.[1] If he has a right of tapou he must obtain possession of the land in the proper way through a tapou official of another Qaza.

[1] See Art. 1 of 17 Muharrem, 1284, p. 56 *infra*.

ART. 89.—If a building, standing on State land dedicated to a certain object falls into ruin leaving no traces and if the trustee (mutevelli) does not repair it and pay the State the ground rent, the place is taken from him and given to whomsoever wishes to buy it. But if the trustee repairs the building or pays the rent, there shall be no interference but it shall remain in his hands. The same provisions apply to places where the site is mevqufé and the building dedicated to another object.

ART. 90.—If a vineyard or orchard on State land, the vines and trees of which are dedicated to a certain object, is ruined and no trace of the trees and vines remains, and the trustee leaves them abandoned for three consecutive years without excuse, and does not pay the fixed ground rent, and does not restore the property to its original state by planting trees and vines, the land becomes subject to the right of tapou.[1] The same provisions apply to places where the site is mevqufé, and the trees or vines dedicated to another object.

[1] See Art. 57.

BOOK II.

LAND LEFT FOR THE USE OF THE PUBLIC AND DEAD LAND.

CHAPTER I.

LAND LEFT FOR THE USE OF THE PUBLIC.

ART. 91.—The trees of woods and forests called "baltalik"[1] assigned *ab antiquo* for the use and for the fuel of a town or village shall be cut by the inhabitants of such town or village only, no one of another town or village can cut wood there. So also with regard to woods and forests assigned *ab antiquo* for the same purpose to several towns or villages, the inhabitants of such places alone shall cut wood there and not the inhabitants of other places. No due shall be taken in respect of such woods and forests.

Addition. 10 Rebi'ul Evvel, 1293—3 March, 1292.

If it is proved that the inhabitants of another village have encroached upon or cut wood from a baltalik assigned to the inhabitants of a village, having had no right to do so, the standing value[2] of the trees which have been cut or uprooted shall be collected from those who have wrongfully interfered or cut them and the money so collected shall be divided amongst all the inhabitants of the village who have the right to cut wood from the baltalik.[1]

[1] *Lit.* fit for the axe, from *balta*, an axe.
[2] See Mejelle, Art. 882.

ART. 92.—Neither individual nor joint possession of part of a wood or forest assigned to the use of the inhabitants of a village can be given to anyone to make it into a private wood or to cut it down and plough up the ground for cultivation. If anyone acquires such possession the inhabitants can at any time stop it.[1]

[1] The fact that the extent of the wood is greater than is necessary for the needs of the village does not prevent the application of this provision. Circular of Defter Khané 22 January, 1309. See Young's Corps de Droit Ottoman, VI., 71.

ART. 93.—No one shall erect buildings or plant trees on a public road. If anyone does so they shall be pulled down or uprooted. In general no one shall do any act of possession on a public road, and if anyone does so he shall be stopped.

[1] See Mejelle, Arts. 926, 927, and Ottoman Penal Code, Art. 264. See note 2 to Art. 5.

ART. 94.—Places such as those assigned for worship, and open spaces left, either inside or outside towns or villages, for the use of the inhabitants for putting vehicles or collecting cattle are treated in the same way as public roads, and can neither be bought nor sold, trees shall not be planted, nor shall buildings be erected, upon them. No one can exercise a right of exclusive possession over such places. If anyone does so the inhabitants can stop him from doing so.[1]

[1] See Ottoman Penal Code, Art. 264.

ART. 95.—Places registered at the Defter Khané as having been left and assigned *ab antiquo* for use as a market, or for a fair, cannot be bought or sold, nor shall a title-deed giving a right to exclusive possession of such places be given to anyone. If anyone enters into possession of such a place he shall be stopped, and the dues, whatever they may be, for such places shall be taken by the Treasury.

ART. 96.—Threshing floors set apart *ab antiquo* for the inhabitants of a place in general, shall neither be sold nor cultivated. No one shall be allowed to erect any building thereon. Possession thereof cannot be given by title-deed either to an individual, or to persons jointly. If anyone takes possession of such a place the inhabitants can eject him. Inhabitants of other villages cannot bring their crops and thresh them on such threshing floors.

ART. 97.[1]—In a pasturing ground (mera)[2] assigned *ab antiquo* to a village, the inhabitants of such village only can pasture their animals. Inhabitants of another village cannot bring their animals there. A pasturing ground assigned *ab antiquo* to a group of two, three or more villages in common shall be the common pasture of the animals of such villages, no matter within the boundaries of which of the villages the pasturing ground is situated, and the inhabitants of one of the villages cannot stop the inhabitants of another of the villages from using it. Such pasturing grounds assigned *ab antiquo* for the use of the inhabitants of one village exclusively, or of several villages collectively, can neither be bought nor sold, nor can sheepfolds, enclosures, nor any other buildings be erected upon them ; nor can they be turned into vineyards or orchards by planting vines or trees on them. If anyone erects buildings or plants trees thereon the inhabitants may at any time have them pulled down or uprooted. No one shall be allowed to plough up and cultivate such land like other cultivated land. If anyone cultivates it he shall be ejected, and the land shall be kept as a pasturing ground for all time.

[1] *Cf.* Art. 105.
[2] " We understand the meaning of the words 'mera,' 'ialak,' and 'kishlak' to be that the particular land forming the mera or ialak or kishlak is assigned, and not merely the rights of pasturage over such land.' See *Haji Constanti v. The Principal Forest Officer* (1895) C.L.R. III., p. 158.

OTTOMAN LAND LAWS.

ART. 98.—So much assigned land as has been left and assigned as such *ab antiquo* is deemed to be pasturing ground. Delimitations subsequently made are of no validity.[1]

[1] See note in Young's Corps de Droit Ottoman, VI., p. 72. " Par conséquent les habitants des communes ne peuvent acquèrir par l'usucapion au nom de leur commune aucune droit de pâturage sur les terres dominiales non inscrites au Defter Khané commes destinées à l'usage de communes."

ART. 99.—Whatever number of animals of a chiftlik situated within a town or village have grazed *ab antiquo* in the common pasture of the town or village such number cannot be prevented from continuing to graze there. Pasturing grounds, other than common pasturing grounds of towns or villages, assigned to such chiftliks exclusively *ab antiquo* are not considered as metrouké land, as pasturing grounds left and assigned *ab antiquo* to the inhabitants of towns and villages are. In such a chiftlik pasturing ground the possessor of the chiftlik to whom it belongs can alone pasture his animals. He can stop others from bringing animals there to pasture. Right of possession of this last kind of pasturing grounds is acquired by title-deed, and it is subject to the same procedure as other State land. In respect of such chiftlik pasturing grounds a yearly tax is taken, equivalent to the tithe.

ART. 100.—Whatever number of animals an inhabitant of a village has been accustomed to send to a pasturing ground, whether it be that of a single village or common to several, the succeeding offspring of such animals cannot be prevented from grazing there also. An inhabitant of a village has no right to bring animals from elsewhere there and so prejudice the animals of his fellow inhabitants. A person who comes from elsewhere to a village and takes up his residence there and builds a house can bring animals of his own from elsewhere and pasture them on the pasturing ground of the village, provided that he does not prejudice the animals of the village. Anyone who acquires the dwelling of an inhabitant of a village can pasture without hindrance, the same number of animals on the pasturing ground of the village as did the owner of the dwelling.

ART. 101.[1]—The inhabitants of the places to which they were assigned have the sole and exclusive enjoyment of the herbage and water of summer and winter pastures registered at the Defter Khané and assigned *ab antiquo* to the inhabitants of one village exclusively, or to those of several in common. The inhabitants of other villages who are strangers cannot enjoy any benefit from the herbage and water of such pasture. Dues called yaylakié and kishlakié are taken for the State from the inhabitants who enjoy the benefit of the herbage and water of this kind of summer and winter pasturing grounds according to their ability to pay (tehammul). These summer and winter pastures cannot be bought and sold, nor can exclusive possession of them be given to anyone

Art. 103. - marginal - see art. 5 p. 63.

" The cultivation of arazi Mewat without permission does not give the cultivator a right to be registered.
    Haji Kyriako v. P.F.O.
    C.L.R. III, 87.
General permission is personal permission. No prescriptive right can be acquired by unauthorized cultivation. CLR. III, 87.

Amended by Mewat Land Ordinance 16.2.21.

LAND CODE.

by title-deed; and they cannot be cultivated without the consent of the inhabitants.

¹ See Art. 24.

ART. 102.—Lapse of time is not taken into consideration in actions relating to land which has been assigned and left *ab antiquo* to the use of the public, such as woods and forests, public roads, sites where bazaars and fairs are held, threshing floors, and summer and winter pasturing grounds.¹

¹ *Cf.* Mejelle, Art. 1675 and see Arts. 1644-1646

CHAPTER II.

Dead Land.¹

ART. 103.—The expression dead land (mevat) means vacant (khali) land, such as mountains, rocky places, stony fields, pernallik² and grazing ground which is not in the possession of anyone by title-deed nor assigned *ab antiquo* to the use of inhabitants of a town or village, and lies at such a distance from towns and villages from which a human voice cannot be heard at the nearest inhabited place. Anyone who is in need of such land can with the leave of the Official plough it up gratuitously³ and cultivate it on condition that the legal ownership (raqabé)⁴ shall belong to the Treasury. The provisions of the law relating to other cultivated land shall be applicable to this kind of land also. Provided that if anyone after getting leave to cultivate such land, and having had it granted to him leaves it as it is for three consecutive years without valid excuse, it shall be given to another. But if anyone has broken up and cultivated land of this kind without leave, there shall be exacted from him payment of the tapou value⁵ of the piece of land which he has cultivated and it shall be granted to him by the issue of a title-deed.

¹ See Mejelle, Arts. 1270-1280, 1289, and see *Haji Kyriaco v. The Principal Forest Officer* (1894) C.L.R. III., 87 as to arazi mevat being the property of the Sultan and "granted by him generally on condition that the servitude belongs to the Beit-ul-Mal or public Treasury," p. 99. See the note 1 to Art. 78.
² Pernallik. See note 1 to Art. 19.
³ See Art. 12 of Tapou Law, 1275, p. 45 *infra* and Art. 5 of 7 Sha'ban, 1276, p. 52 *infra*.
⁴ See note 6 to Art. 2.
⁵ See Art. 59.

ART. 104.—Anyone can cut wood for fuel and for building on mountains which are "moubah,"¹ which are not woods or forests assigned *ab antiquo* to the public, without anyone being able to prevent him. Trees cut there and herbage collected there are not titheable. No portion of such "moubah" mountains can be

D

OTTOMAN LAND LAWS.

detached and given possession of by title-deed to anyone, either individually or jointly, by the Official in order that it may be made (private) woodland.

¹ See note 1 to Art. 7

ART. 105.—If there is a grazing ground (otlak) within the boundaries of a village, other than the pasturing grounds assigned to the use of inhabitants of towns or villages, the inhabitants of that village shall have the enjoyment of the herbage and water there[1] and the right to send their animals to graze there, without having to pay any fee for so doing. Those who put in animals from elsewhere and profit by the herbage and water of the grazing ground shall pay the State a suitable grazing fee and the inhabitants of the village cannot prevent them nor claim any share of the grazing fee.

¹ *Cf.* Mejelle, Art. 1234.

Art. 107.   See art. 7 of Law of Disposition 1331. Woods and Forests Ordinance 1920.

BOOK III.

UNCLASSED LAND.

ART. 106.—Trees growing naturally on mulk, State, mevqufé, metrouké, or mevat land cannot be possessed by tapou. But trees growing naturally on State or mevqufé land are possessed as being appurtenant to the land, as stated in the chapter dealing with possession.[1]

[1] *Cf.* Arts. 26—29.

ART. 107.[1]—Minerals such as gold, silver, copper, iron, different kinds of stone, gypsum, sulphur, saltpetre, emery, coal, salt, and other minerals found on State land, by whomsoever it is possessed, belong to the Treasury. The occupier of the land cannot take possession of any of them, nor claim any share of any mineral which is discovered. Similarly all minerals found on mevqufé land of the takhsisat kind[2] belong also to the Treasury; neither the occupier of the land nor the vakf authority can interfere with regard to it. Provided that in the case of both State and mevqufé land the possessor must be indemnified to the extent of the value of the land which ceases to be in his possession and under cultivation owing to the working of the minerals. In the case of metrouké and mevat land one-fifth of the minerals found belongs to the Treasury and the rest to the person who finds them. In the case of true vakf land the minerals belong to the vakf. Minerals found in mulk land in towns and villages belong entirely to the owner of the soil. Fusible minerals found in tithe paying (uchrie) and tribute paying (kharajie) land[3] belong as to one-fifth to the Treasury, and the rest to the owner of the soil. All unfusible minerals belong to the owner of the soil. As regards ancient and modern coins and treasures of all kinds of which the owner is unknown, found in any kind of land, the legislation which regulates them is contained in the books of the Sacred Law (fiqh).[4]

[1] See Young's Corps de Droit Ottoman VI., p. 17 for Law of 14 Safer, 1324, as to Mines and p. 38 for Law published 2nd July, 1901, as to Quarries. And see the Mines Regulations Amendment Laws, 1882 and 1916.
[2] See Art. 4.
[3] See Art. 2.
[4] See Young's Corps de Droit Ottoman II., p. 389 for Law of 23 Rebi'ul Akhir 1301, as to antiquities, and Antiquities Law, 1905. And see *Haji Lambro v. King's Advocate* (1905) C.L.R. VI., 116.

ART. 108.—One who slays another cannot inherit land from his victim nor can he have any right of tapou over his land.

OTTOMAN LAND LAWS.

Addition. 28 Rebi'ul Akhir, 1292—22 May, 1291.

Nor can the land of the victim devolve upon those who helped the slayer, nor have they any right of tapou[1] over the land.[2]

[1] See Art. 57.
[2] Compare s. 13 of the Wills and Succession Law, 1895.

ART. 109.[1]—The land of a Moslem cannot devolve by inheritance on a child, grandchild, father, mother, brother, sister, or spouse of his who is not a Moslem, nor can the land of one who is not a Moslem devolve by inheritance on a child, grandchild, father, mother, brother, sister, or spouse who is a Moslem. One who is not a Moslem cannot have a right of tapou over the land of a Moslem, nor can a Moslem have a right of tapou over the land of one who is not a Moslem.[2]

[1] As amended by 17 Muharrem, 1284. See p. 56 *infra*.
[2] See 7 Muharrem, 1293, p 71 *infra*.

ART. 110.—The land of an Ottoman subject cannot devolve by inheritance on any heir[1] of his who is a foreign subject, nor can a foreign subject have a right of tapou over land of an Ottoman subject.[2]

[1] See 17 Muharrem, 1284, p. 56 *infra*.
[2] See 7 Safer, 1284, p. 57 *infra*, and *Francoudi v. The Heirs of Michaelides* (1895) C.L.R. III., 221, and compare s. 12 of the Wills and Succession Law, 1895. See note 1 to Art. 54.

ART. 111.[1]—The land of a person who has abandoned his Ottoman nationality without obtaining official permission from the Ottoman Government does not devolve by inheritance on his children, grandchildren, father, mother, brothers, sisters, or spouse who are foreign subjects, but immediately become mahloul and, without enquiry as to whether there is anyone with a right of tapou over it, it is put up for auction and adjudged to the highest bidder. But if a man abandons his (Ottoman) nationality by obtaining permission in the proper way his land does not become mahloul but remains in his possession as he will enjoy all the rights defined by the Law giving the right of possession to foreigners on condition that the State of which he has become a subject has signed the protocol attached to that Law.

[1] As amended by 17 Muharrem, 1284, (see p. 56 *infra*) 7 Safer, 1284 (see p. 57 *infra*) and 25 Rebi'ul Akhir, 1300, p. 77 *infra*. See Khalis Eshref's Commentary on the Land Code, p. 624, and p. 626 paragraph 841.

ART. 112.[1]—A slave, of either sex, who, with the consent of his master and through the Official, has acquired possession of land cannot either before or after being freed be dispossessed of it by his master nor can the latter intermeddle with it in any way. Nor, if the master die before the slave is freed, can his heirs in any

LAND CODE.

way interfere with such land. If a slave, of either sex, dies before being freed, as the land cannot devolve on anyone by inheritance, no one except co-possessors, persons jointly interested or inhabitants of the village who have need of it shall have any right of tapou over it, unless there are mulk trees or buildings on it. If there are any mulk trees or buildings on the land, the master of the slave shall have preference over every other person seeking to acquire it, and shall have his right for a period of ten years on payment of the tapou value. If the slave dies after being freed the land will devolve by inheritance on his free heirs.[2]

Failing them if there are no mulk trees or buildings on the land neither his master who freed him nor the master's children shall have a right of tapou but it shall be given to his own free relations who have a right of tapou on payment of the tapou value. Failing them it shall be put up to auction and adjudged to the highest bidder. But if there are mulk buildings or trees on the land it shall be given on payment of the tapou value to such of the heirs, having a right of tapou of the first degree, who have inherited the mulk trees and buildings.

[1] As to abolition of slavery in Cyprus see Involuntary Servitude Declaration Law, 1879, and see Padel and Steeg's De la Legislation Foucière Ottomane, p. 48 paragraph 39.

[2] As designated by 17 Muharrem, 1284.

ART. 113.—Transfer of State and mevqufé land brought about through duress,[1] exercised by one who is in a position to give effect to his threats, is void. If a person who through such duress has become possessed of land transfers it to another, or if at his death it has devolved by inheritance on his heirs as hereinbefore designated,[2] or if on his death without leaving heirs it becomes mahloul, the transferor, the victim of the duress, or his heirs after his death can bring an action based on the duress. But if he dies without leaving heirs[3] the land shall not be treated as mahloul, and it remains in the hands of the actual possessor.

[1] See Mejelle, Arts. 948, 949.
[2] See note 2 to Art. 112.
[3] i.e. heirs with right to succeed to his State land.

ART. 114.[1]—Transfer of State or mevqufé land on conditions regarded as unlawful (mufsid) by the Sher' Law, as for instance a transfer on condition that the transferee shall look after and maintain the transferor until the death of the latter, is invalid. Consequently if anyone transfers land to another on an unlawful condition, or if on the death of the latter it has devolved by inheritance upon his heirs,[2] the original transferor, or on his death his heirs, has the right to bring an action claiming the cancellation of the transfer on the ground of illegality on payment of its value.

Amendment of 18 Safer, 1306—12 October, 1304.

OTTOMAN LAND LAWS.

Transfer of State land held by tapou on condition that the transferor shall be provided for until his death by the transferee is valid and the condition is permissible. When the transfer has been carried out, and so long as the transferee is ready to provide for the transferor, the latter cannot take back the land. But if the transferor claims that the transferee is not providing for him in conformity with the contract and if the transferee disputes this, recourse is had to experts to ascertain the facts and if the claim of the transferor is found to be well founded by the competent court after trial, the land will be given back to him. If the transferee dies before the transferor, his heirs who have the right of inheritance to the land will be bound to provide for the latter until his death. If they do not discharge this obligation the transferor shall have the right to take back the land that has passed to the heirs. If the transferee dies without leaving heirs with the right to inherit the land it shall not be given to anyone else but shall be returned to the transferor as before. So long as the transferor lives neither the transferee nor his heirs shall have power to alienate the land to another. Hereafter transfers executed with such conditions shall be valid, and the condition shall be inserted in the title-deeds. Actions based on such conditions which are not so recorded shall not be heard.

[1] *Cf.* Mejelle, Art. 855.
[2] See note 2 to Art. 112.

ART. 115.[1]—Although a creditor cannot seize land in possession of his debtor against the debt ; he can force the latter by taking the appropriate steps to sell it to another and discharge the debt out of the purchase money ;[1] at the death of the debtor whether he has any movable property and other effects or not, the land in his possession shall pass to his heirs with the right of inheritance ;[2] if he leave none it shall be subject to the right of tapou and granted on payment of the tapou value to those who have the right of tapou, and in default of such it shall be put up to auction and adjudged to the highest bidder.

[1] As amended by Law of 15 Sheval, 1288, see p. 61 *infra*. See *Joannidi v. Stefani* (1892) C.L.R., II., 55. See The Civil Procedure Law, 1885. ss. 12, 20-51. And as to payment of his debts after his decease see pp. 49, 59 *infra*.
[1] See note 2 to Art. 112.

ART. 116.[1]—State and mevqufé land cannot be pledged ; provided always that if a debtor, against his debt and through the Official, transfers land in his possession to his creditor, on condition that the latter will return it to him whenever he discharges the debt, or if he makes a transfer with right of redemption called feragh-bil-vefa, that is to say that whenever he discharges the debt he shall have the right to claim re-transfer of the land, the debtor cannot without previously discharging the debt, whether there be a time fixed or not, force a re-transfer of the land ; he can only have it back after complete discharge.

Transfer of State......See art. 855
                       Mejelle.

LAND CODE.

[1] See Tapou Law Arts. 25 *et sqq.*, p. 48 *infra*, Law of 15 Sheval, 1288, Art. 1, p. 61 *infra*, and 28 Rejeb, 1291, Art. 16, p. 67 *infra*, and see Land- Transfer Amendment Law, 1890, p. 118 *infra*.

ART. 117.[1]—If a debtor after transferring land in his possession to his creditor against a debt, whether on the above-mentioned condition, or in the form of transfer with right of redemption (feragh-bil-vefa) finds himself unable to discharge the debt at the time agreed upon, and if he gives the creditor a power of attorney (vekialet-i-devrié)[2] that is to say if he entirely puts the latter in his position, without power of revocation, and gives him power to sell the land or cause it to be sold, to repay himself the amount of the debt out of the purchase money, and pay to him any balance ; under these conditions, the creditor so empowered, in case of non-payment at the time agreed, can sell the land during the lifetime of the debtor, through the Official and pay himself the amount due to him ; or if the debtor has invested a third person with such powers, the latter can, at the expiration of the agreed period, and in virtue of his power of attorney, sell the land and pay the creditor the debt due by the debtor, his principal.

[1] See the Sale of Mortgaged Property Law, 1890, p. 114 *infra*, the Law of 23 Ramazan, 1286, p. 59 *infra*, and Art 27 of the Tapou Law, 1275, p. 49 *infra*.
[2] See Mejelle, Art. 760.

ART. 118.[1]—If a debtor who has transferred his land to his creditor, whether upon the above-named condition or by transfer with right of redemption, dies before his debt has been entirely discharged, the said debt like his other debts are discharged from his available estate, and if he has left none, or insufficient to discharge his debts, a piece of his land sufficient to discharge the debt shall be put up to auction, and granted to the highest bidder for the price bid for it and the debt is discharged whether the debtor leaves heirs entitled to succeed, or to a right of tapou, or not.

[1] As amended by Art. 2 of the Law of 23 Ramazan, 1286, see p. 59 *infra*, and see Art. 28 of the Tapou Law, 1275, p. 49 *infra*.

ART. 119.[1]—Actions for deceit (tagrir) or excessive deception (gabr-i-fahish)[2] between a transferor and transferee in connection with State and mevqufé land in general shall be maintainable. After the death of the transferor, the heirs having right of succession[3] shall not have the right to institute an action and the land cannot be treated as mahloul.

[1] See Tapou Law, Art. 24, p. 48 *infra*.
[2] See Mejelle, Arts. 164, 165, and 356-360.
[3] See note 2 to Art. 112.

ART. 120.[1]—Transfer of State and mevqufé land effected in mortal sickness[2] is valid.[3] Land so transferred by permission of the Official shall not pass by inheritance to the heirs ; nor failing them, does it become subject to the right of tapou (mustehiki tapou).

OTTOMAN LAND LAWS.

[1] Compare Wills and Succession Law, 1895, s. 28 and see note 1 to Art. 54.
[2] See Mejelle, Art. 1595, and compare Mejelle, Arts. 393 et sqq., and 877 et sqq.
[3] See *Pieri v. Haji Pieri* (1895) C.L.R. III., 149.

ART. 121.—No one can dedicate land in his possession by title-deed to any object without being previously invested by imperial patent (mulkname) with the full ownership of the land.[1]

[1] See *Houloussi v. Apostolides* (1888 C.L.R. I., pp. 50, 51.

ART. 122.—Land attached *ab antiquo* to a monastery registered as such in the Imperial archives (Defter Khané) cannot be held by title-deed; it can neither be sold nor bought. But if land after having been held *ab antiquo* by title-deed has afterwards passed by some means into the hands of monks; or is in fact held without title-deed, as appurtenant to a monastery the procedure as to State land shall be applied to it, and possession of it shall be given by title-deed as previously.[1]

[1] This Article was considered in *Sophronios v. The Principal Forest Officer* (1890) C.L.R. I., 111. As to ecclesiastical property in Cyprus see the Titles Registration Law, 1885, ss. 11-13, p. 81 *infra*, the Immovable Property Limitation Law, 1886, s. 5, p. 112 *infra*, and the Ecclesiastical Properties Law, 1893. p. 122 *infra*.

ART. 123.—If pieces of land fit for cultivation come into existence by the receding of the water from an ancient lake or river they shall be put up to auction and adjudged to the highest bidder, and shall be subjected to the procedure applicable to State land.[1]

[1] See *Haji Kyriaco v. The Principal Forest Officer* (1894) C.L.R. III., pp. 102, 103.

ART. 124.—In disputes as to rights of watering crops and animals (haq-i-shurb) of irrigation and over water channels[1] only *ab antiquo* usage is taken into account.[2]

[1] See Mejelle, Arts. 1262-1269.
[2] See *Houloussi v. Fiori* (1892) C.L.R. II., 60; *Louka v. Nicola* (1901) C.L.R. V., 82; *Haji Polycarpou v. Haji Solomo* (1902) C.L.R. VI., 20 (and see p. 45 same volume); *Haji Michael v. Georgiades* (1905) C.L.R. VII., 1.

ART. 125.—The taking of animals through vineyards, orchards, and fields called geiuktereké[1] is not allowed. Even if there has been a practice of so taking them *ab antiquo*, as damage cannot be of time immemorial.[2] The owner of the animals shall be warned to firmly control his animals until after the crop has been removed. If after the warning they cause damage by being sent to or put in such places by their owner the latter will have to pay compensation.[3] After the crop is removed animals can pass over places over which it has been the practice *ab antiquo* to take animals.

[1] *Geiuktereké* means unripe and green products and cereals. See Khalis Eshref's Commentary on the Land Code paragraph 944, p. 691.
[2] See Mejelle, Art. 7.
[3] See Ottoman Penal Code, Art. 261 and the Field Watchmen Law, 1896, ss. 22, 23, 29, 32, 35.

Mulkname.
Temlikname ملكنامه a document granting State Lands as Mulk.

(Marginal) Compare Wills... see art. 8
                               of Law of
                               Disposition
                               1331.

LAND CODE.

ART. 126.—If the fixed and distinguishing ancient boundary marks of towns or villages have disappeared or are no longer distinguishable, there shall be chosen from among the inhabitants of the neighbouring towns or villages, trustworthy persons of mature years who shall go to the spot and through the mediation of the religious authority the four sides of the ancient boundaries shall be fixed and new marks shall be put where necessary.[1]

[1] See Ottoman Penal Code, Art. 246 as to destroying boundaries of property; and see the Immovable Property Registration and Valuation Law, 1907, s. 42, p. 134 *infra*.

ART. 127.—The tithe of agricultural produce and crops is regarded as the produce of the place within the boundaries of which the crop was grown wherever the threshing floor may be. On the same principle the taxes and fixed rates on summer and winter pastures, grazing grounds, inclosures, mills and such like are charged on the villages within the limits of which they lie.[1]

[1] See note 1 to Art. 45.

ART. 128.—If the water supply of any rice field registered at the Defter Khané as such deteriorates, it must be repaired by the person who sows the rice field. Possession of rice fields, as in the case of all other State land, is acquired by title-deed. Provided that local usages observed *ab antiquo* with regard to rice fields must be observed.

ART. 129.—Possession of land called "khassé,"[1] assigned before the organization (tanzimat)[2] to sipahis[3] and others, and of bachtene land[4] assigned to voinghs,[5] the system of which has been abolished, and of land granted by tapou by woodland officers, which system has also been suppressed, is acquired by title-deed, and is subject similarly to the procedure applicable to State land in respect of transfer, devolution by inheritance, and grant.

[1] *Khassé*, feudal estates granted to sipahis.
[2] Proclaimed by Reshid Pasha in Sultan Mejid's reign, 1255.
[3] *Sipahis*, mounted soldiers living in provinces on land assigned to them.
[4] *Bachtene*, estate (Bulgarian).
[5] *Voinghs*, Bulgarians serving as grooms and reapers under Turkish feudal lords.

ART. 130.[1]—The lands of an inhabited village cannot be granted in their entirety to an individual for the purpose of making a chiftlik, but if the inhabitants of a village have dispersed, as mentioned above,[2] and the land has become subject to the right of tapou,[3] if it is found impossible to restore it to its former state by bringing new cultivators there and settling them in the village and granting the land in separate plots to each cultivator, in such a case the land can be granted as a whole to a single person or to several for the purpose of making a chiftlik.[4]

[1] Compare Art. 8.
[2] See Art. 72.
[3] See Art. 57.
[4] See next Article.

OTTOMAN LAND LAWS.

ART. 131.—Chiftlik,[1] in law, means a tract of land such as needs one yoke of oxen to work it, which is cultivated and harvested every year. Its extent is, in the case of land of the first quality from 70 to 80 donums ; in the case of land of the second quality from 100 donums, and in the case of land of the third quality from 130 donums. The donum is 40 ordinary paces in length and breadth, that is 1,600 square pics. Every portion of land less than a donum is called a piece (kita). But ordinarily speaking "chiftlik" means the land of which it is comprised, the buildings there, as well as the animals, grain, implements, yokes of oxen and other accessories, built or procured for cultivation. If the owner of a chiftlik dies leaving no heir or person having a right of tapou, the chiftlik is put up to auction by the State and adjudged to the highest bidder. If he leaves no heir with right of inheritance to the land, and the buildings, animals, grain and so on pass to the other heirs, then the land is granted to the latter on payment of the equivalent value, as they have a right of tapou over the land possessed and cultivated as subordinate to the chiftlik, as stated in the Chapter on Escheat.[2] If they decline to take it the land by itself, apart from such property and goods as devolve upon them, shall be put up to auction and adjudged to the highest bidder.[3]

[1] "The Supreme Court decided that as the grant of a chiftlik might include both arable land and pasture . . ." *Loizo v. The Principal Forest Officer* (1892), C.L.R. II., p. 107, and see *re* the Malicious Injury to Property Law, 1894 (1910) C.L.R. IX., 124.
[2] See Art. 66.
[3] As to right of pre-emption in the case of a chiftlik see Law of 7 Muharrem, 1293 p. 72 *infra*, and see Art. 4 of 17 Muharrem, 1284, p. 57 *infra*.

ART. 132.—Any person who, with the Imperial sanction, reclaims land from the sea becomes absolute owner of it. But if for three years from the date of the Imperial sanction, he does not carry out the reclamation, he shall lose his rights, and any other person, with a new Imperial sanction, can by similarly embanking become the owner of the place. Every reclamation from the sea made without sanction is the property of the Treasury and shall be offered by the State on payment of its value to the person who has made it. If he declines to buy it, it shall be put up to auction and adjudged to the highest bidder.

Conclusion. This Imperial Law shall come into force from the day of its promulgation. All Imperial decrees, old or recent, heretofore issued with regard to State and mevqufé land of the takhsisat category which are inconsistent with this Law are repealed, and fetvas issued by the Sheikhs of Islam based on such decrees shall be null and void. This Law shall be the sole enactment which shall henceforward be followed, by the Department of the Sheikh-ul-Islam, the Imperial Offices, and by all Tribunals and Councils. The ancient Laws and Ordinances concerning State and mevqufé land shall not be observed in the Imperial Divan Office, the Defter Khané or elsewhere.

TAPOU LAW.

TAPOU LAW.

LAW AS TO THE GRANTING OF TITLE-DEEDS FOR STATE LAND.
8 Jemazi'ul Akhir, 1275.—14 December, 1858.

CHAPTER I.

ART. 1.—Inasmuch as the granting of State land in the provinces is entrusted to officials of the Treasury, that is Treasurers, Malmudirs, and District Mudirs, they are considered to be the owners of the land.

ART. 2.[1]—The directors of agriculture having nothing to do with the sale, devolution and transfer of such land, will be treated as regards these matters as ordinary members of the Council with equal rights.

[1] Arts. 2-5 were amplified and partly amended by the Instructions dated 7 Shaban, 1276. See p. 50 *infra*.

ART. 3.[1]—Every transferor must produce a certificate (ilmouhaber) bearing the seal of the Imam and the Mukhtar of his village or quarter, showing—(*a*) that he is in fact the possessor of the land, (*b*) the sale price, (*c*) the qaza and village where the land is situated, and (*d*) the boundaries and number of donums.[2] The transferor and transferee or their duly authorised agents, then present themselves to the Council of the locality, the certificate is presented and the fee for sale (muajele) is deposited. Declaration of the fact of the proposed sale must be made in the presence of the local Mudir or of the fiscal authorities, according to whether it is made in a qaza, or in a sanjak, or a vilayet. A title-deed is given as soon as the registration has been made. If the transfer is made in a qaza the title-deed, with a report mentioning the aforesaid fee is sent to the chief administrative authority who retains it, and after having registered it, sends another to the Defter Khané with the title-deed attached to have the transfer written in the margin if the title-deed is a new one, or to have it deposited there and a new one issued if it is an old one. In case of a transfer taking place in a chief town of a sanjak a report is forthwith drawn up and sent to the Defter Khané. When the transferor has not an old title-deed, note is made of his right of possession in the report to be made as mentioned above.

[1] See 7 Sha'ban, 1276. Art. 2 p. 51 *infra*.
[2] See Land Code, Art. 47 p. 18 *supra*.

ART. 4.—To transfer land in a province to a person residing at Constantinople a certificate must be obtained from the Council of the Sanjak interested, showing that the transferor has in fact possession of the land; after which the transferor and transferee, or their representatives make the declaration required by law at the Defter Khané. If the title-deed is a new one the transfer is noted in the margin in accordance with the preceding Article; if the title-deed is not a new one, a new one is issued. Whenever a title-deed is issued, a certificate will be sent from the Defter Khané to the place concerned so that local registration may be made.[1]

[1] See note 1 to Art. 2.

ART. 5.—When the right of possession devolves by inheritance, the Imam and the Mukhtar of the village or quarter issue a certificate bearing their seals showing :—

(1) That the deceased in fact possessed the land of which the right of possession has devolved,

(2) The approximate value of the land, and

(3) Upon whom the exclusive right to inherit it has devolved in accordance with Articles 54 and 55 of the Land Code.[1]

The fee to be taken from the heir (succession duty) and the report shall be sent to the Defter Khané in accordance with Article 3. Then the transfer will be made.[2]

[1] This must be read in the light of 17 Muharrem, 1284, see p. 56 *infra*.
[2] See note 1 to Art. 2.

ART. 6.—A transferee of land shall pay a fee of five per centum on the purchase money.[1] In case of a false declaration made with a view to lessen the fee, the land is valued impartially and the fee is taken in accordance with the valuation. The same procedure is followed with regard to a transfer of land by way of gift.

Addition. 24 Jemazi'ul Akhir, 1292 (14 July, 1291). If anyone, not being a person employed in the Evqaf or Land Office, has given notice to Government and proved that a false declararation has been made as to State or mevqufé land, moussakafat vakf land or mulk land, which has been sold, the transferor and the transferee shall each pay half of double the amount of the fee chargeable in respect of the amount which has not been declared. Half of this sum shall be paid into the Imperial Treasury and the other half shall be given to the informer.

[1] The amount of the fees imposed by this Article was afterwards altered. See Young's Corps de Droit Ottoman VI., pp. 95, 110.

Articles 7 to 10 prescribe the amount of the fees to be taken in respect of various dealings and transactions. They were afterwards amended.

ART. 11.—On the certificate of the village or quarter respectively and on the necessary enquiries being made a report shall be drawn up and they[1] shall be sent to the Defter Kkané in order that new title-deeds may be issued—(1) To occupiers of land without title-deeds (other than vacant State land clandestinely occupied) on payment of all fees such as succession duty, and the price of paper ; (2) On payment of the price of paper only : (*a*) To persons in possession of land in virtue of old titles issued by sipahis, multezims, and other similar persons.² (*b*) To persons who are shown by the official registers to have lost their title-deeds.³

¹ *i.e.* the certificate and report.
² See Art. 9 of 7 Sha'ban, 1276, p. 53 *infra*.
³ See Art. 10 of above, p. 53 *infra*.

ART. 12.—The grant of khali and kirach (stony) land¹ to persons intending to break it up in pursuance of Article 103 of the Land Code is made gratuitously and without fee. A new title-deed is issued to them on payment of three piastres for the price of paper, and they are exempted from payment of tithes for one year, or for two years if the land is stony.

¹ See *Haji Kyriaco v. The Principal Forest Officer* (1894) C.L.R. III., p. 93, and Art. 5 of the Regulations dated 7 Sha'ban, 1276, p. 52 *infra*.

ART. 13.—Administrative and fiscal authorities must take care as part of their duty, that dead land is granted only to persons who intend to break it up and cultivate it as above mentioned and that no one should seize such land in some other way. They must take special care that for land on mountains (moubaha) and land left and assigned for purposes of public utility title-deeds are not granted to anyone, and that they are not occupied by anyone. It is incumbent on them also to cause land to be cultivated which for want of cultivation has become subject to the right of tapou (mustehiki tapou).¹

¹ See Land Code, Art. 68.

ART. 14.—In the printed title-deeds bearing the Imperial Cypher at the top issued to occupiers of land stating their title to occupy it there shall be stated the Qaza and village where the land is situated, and the boundaries and number of donums, and they shall be sealed with the seal of the Treasury Office.

ART. 15.¹—Transfer, devolution by inheritance and other transactions concerning land in a village will be carried out at the chief town of the Qaza to which the village belongs.² Declarations of transfer can also be made at the chief towns of the Sanjak or Vilayet within which the Qaza lies. Nevertheless it can only be proceeded with after it is established that the transferor owes nothing to the Treasury³ in respect of the land to be transferred, and that it has not been put under sequestration. The necessary enquiries must be made as promptly as possible. In conformity with Articles 16 and 18 of the law the certificate shall be written in the locality for land concerning which enquiries and biddings take place at the chief town of the Qaza, as well as for that for which the biddings take place at Constantinople.

OTTOMAN LAND LAWS.

[1] This Article is as amended by the Law of 7 Rebi'ul Akhir, 1304 (22nd December). The original Article was as follows :—" As to chiftliks possessed by Imperial documents of title (mulknamés) the conditions contained in the said documents shall be enforced with regard to them." See Art. 4 of 17 Muharrem, 1284, p 57 *infra*.
[2] See Art. 15 of 7 Sha'ban, 1276, p. 55 *infra*.
[3] See *Michae ides v. Thompson* (1890) C.L.R. I., 108

ART. 16.[1]—If land becomes subject to the right of tapou (mustehiki tapou) when there are persons entitled to a right of tapou[2] an enquiry shall be held at the place where the land is, through the local Administrative Council ; after which those having a right of tapou shall be invited in order by the Council to accept the grant, on payment of a sum fixed justly, and not prejudicially to the Treasury. If the offer is accepted, the grant is made without any bidding, and a report of all the proceedings is drawn up. But the valuation of the said Council only suffices in case the extent of the land is under a hundred donums : if it is larger than that the valuation of the Council of the Vilayet is required in addition to that of the Council of the Sanjak ; and after that the land is granted, also without being put up to auction. In any case the enquiries and valuations shall not serve as a pretext for postponing the issue of the necessary title-deed ; and those who have a right of tapou according to law shall not lose their rights in consequence.

[1] See Art. 15 of 7 Sha'ban, 1276, p. 55 *infra*.
[2] See Law of 17 Muharrem, 1284, p 56 *infra*.

ART. 17.—If those who have a right of tapou renounce it, and do not accept the grant of the land at the price fixed, a report, mentioning the renunciation by the persons having a right of tapou, shall be drawn up, so that the land may be put up to auction as hereinafter mentioned and adjudged to the highest bidder.

ART. 18.[1]—Land which, in default of persons having a right of tapou, or in case of renunciation of such right, becomes vacant (mahloul) and which in accordance with Article 77 of the Land Code must be granted by being put up to auction, if it is not more than three hundred donums in extent must be put up to auction and granted to the highest bidder by the Council of the Qaza. If the land is from three hundred to five hundred donums it may be put up to auction for a second time by the Council of the Sanjak.[2] But when the land exceeds five hundred donums a fresh auction must be held by the Ministry of Finance after the auctions held by the Councils of the Qaza and the Sanjak. The date of the beginning and close of the biddings to the Councils of the Sanjak and the Vilayet, with particulars of the boundaries and extent of the land, shall be published in the newspapers of the Vilayet ; and in case of land of over five hundred donums in those of Constantinople. Copies of these announcements as well as the document relating to the biddings shall be sent to the Minister of Finance before being published. Bidders in Constantinople shall address themselves to this Ministry. Tapou clerks shall assist the Councils of Qazas, and officials of the Defter Khané the Councils of Sanjaks and Vilayets. Members of such Councils who wish to bid must withdraw from the Council during the bidding. If the land, being of a certain value, is not susceptible of partition[3] or is appurtenant to a chiftlik[4] the right of tapou belongs only to those who have the right pointed out in Article 59 of the Land Code as belonging to the seventh and eighth degrees which have become the first and second since the Law of 17 Muharrem, 1284, that is to say to those who inherit the mulk trees and buildings and to persons jointly interested and associated. If the inhabitants of the place need the land they shall be treated as having a right of the last degree and it shall be granted to them according to their need.

[1] As amended by an Article dated 27 Sheval, 1303.
[2] See Art. 15 of 7 Sha'ban, 1276, p 55 *infra*.
[3] See Art. 15 of the Land Code, p. 7 *supra*.
[4] See Art. 3 of the Law of 7 Muharrem, 1293, p. 72 *infra*.

ART. 19.—The sum required in advance for vacant land as well as all fees of transfer or succession and the price of paper to be obtained as before, shall be paid to the Treasury.[1]

[1] See Art. 5 of the Regulations of 7 Sha'ban, 1276, p. 52 *infra*.

ART. 20.[1]—Whoever, not being employed by the State or Evqaf Authorities, shall inform the Administration of the fact of State or mevqufé land or mussaqafat mevqufé or pure mulk, being vacant and of that fact being concealed, the Government not having heard of it, shall receive a reward of ten per centum of the amount for which the land has been adjudged (bedel muajel) after the transfer of the land to the highest bidder.

[1] As amended by 24 Jemazi'ul Akhir, 1292 (14th July, 1291).

ART. 21.—As soon as the transfer, devolution or grant of land has been carried out in accordance with what is stated above, and the payment in advance and the fees paid, there shall be issued, without delay, to the new possessor a certificate bearing the seal of the Council authorising him to possess and cultivate the land until the arrival of the title-deed.[1]

[1] This system was altered. See preamble to Regulations dated 7 Sha'ban, 1276, p. 50 *infra*

ART. 22.—There shall be kept in the chief town of a Sanjak a special register of the lands in each Qaza ; and of the sales, devolutions by inheritance, and grants of such lands.

ART. 23.—All reports as to the issue of title-deeds for possession of land shall be sent by post in a separate envelope direct to the

OTTOMAN LAND LAWS.

Defter Khané. Nevertheless it is also permitted on the request of the future possessor of the land to entrust such a report to him to be presented by him to the Defter Khané.

ART. 24.[1]—All actions for deceit or excessive fraud, and all other disputes of a like nature, concerning State Land, which are judged in accordance with the Sacred Law, shall be prosecuted[2] in the presence of financial officials appointed for the purpose, or their delegates, who represent the owner of the land.[3]

[1] See Land Code, Art. 119, p. 39 *supra*.
[2] In the Nizam Courts. See a Circular of the Ministry of Justice dated 20 Ramazan, 1296, in Othomanikoi Kodikes II., p. 1054.
[3] See Vezirial Decree dated 26 Zilhije, 1290, in Othomanikoi Kodikes II., p. 1056. But they are not to be present when the Court is considering its judgment. See a Vezirial Decree dated 21 Jemázi'ul Akhir, 1296. O.K. II., p. 1057. See also Circulars of the Ministry of Justice dated 15 Muharrem, 1291 and 11 Rebi'ul Akhir, 1301. O.K. II., pp. 1064, 1065.

CHAPTER II.

Concerning the Right of Possessors of State Land to Mortgage it for Debts.

ART. 25.—In accordance with the Land Code every possessor of State land can mortgage it to secure the payment of a debt; but if the debtor dies and leaves no heir with right to inherit the land the creditor cannot keep the land in liquidation of the debt;[1] it becomes by law subject to the right of tapou (mustehiki tapou). Nevertheless he is allowed, in accordance with the Imperial Ordinance of 7 Ramazan, 1274,[2] in view of the public interest requiring it, to recover the debt from the purchase money (bedel) of the land. The following provisions deal with the conditions which are necessary in order to mortgage (vefa en feragh) State land.[3]

[1] See Law of 23 Ramazan, 1286, p. 59 *infra*.
[2] See Art. 118, p 39 *supra*.
[3] As to mortgages in Cyprus see the Land Transfer Amendment Law, 1890, p. 114 *infra*.

ART. 26.—When a possessor of State land wishes to borrow money and mortgage his land as security for the debt, the debtor and the creditor or their representatives must go before the Administrative Council of the Qaza, Sanjak, or Vilayet accordingly as the land is within a Qaza, or in the chief town of a Sanjak or a Vilayet. They there make a declaration in the presence of the financial authority, as to the extent and boundaries of the land to be mortgaged, the amount of the debt and of the legal interest and the contract of mortgage. Upon that declaration an official document is drawn up and the title-deed of the land is deposited with the mortgagee, and a note is made in the register kept for the purpose.[1] In case the debtor wishes to release the land by paying off the debt the two contracting parties must present themselves again before the competent Council; the document creating the debt and the title-deed are given up and the registration in the said book is corrected.

[1] See Art. 1 of the Law of 23 Ramazan, 1286, p. 59 *infra*.

ART. 27.—The transfer of land mortgaged as before mentioned cannot be effected either by the mortgagor or the mortgagee: Provided that when in accordance with Article 117 of the Land Code the debtor has nominated as plenipotentiary the mortgagee or another person to effect the transfer and pay the debt out of the amount realized, in the event of the debtor not paying the debt within the time agreed upon, the said plenipotentiary puts the mortgaged land up to auction through the official for a period of from fifteen days to a maximum of two months according to the extent of the land and its value. The mortgage debt shall be paid out of the price realized. It follows that the nomination of a plenipotentiary under the said condition must be clearly mentioned in the official document of mortgage of which mention is made in the preceding Article and an action relating to such a power is not maintainable if it is not mentioned in the official document.

ART. 28.—If a debtor, who through the Official, as above mentioned, has mortgaged the land he possesses by title-deed, dies without paying the debt, his estate is liable for the debt in the same way as for all other liabilities. But if he leaves no property, or if his assets are not enough to meet his liabilities, the heirs cannot take possession of the land in question without paying what is due in full. The creditor has the right to prevent them from taking possession of the land until they discharge the debt.[1]

[1] The remainder of this Art. and Art. 29 were replaced by the Law as to Forced Sale of 23 Ramazan, 1286, see p. 59 *infra*.

ART. 30.—If a creditor and debtor, contrary to the above mentioned provisions, make a private document on their own responsibility it is null and void. All actions with regard to a mortgage are within the jurisdiction of the local Council, who will determine them, in the presence of the fiscal authority (malmemour) in accordance with the official document creating the mortgage and the remarks in the register before-mentioned.

CONCERNING CHIFTLIKS BELONGING TO ORPHANS.

ART. 31.—When chiftliks ordinarily so called,[1] that is to say property comprising buildings, cattle, pairs of oxen, vines and other property, and State land capable of being cultivated attached to it, devolve by inheritance on minors, such chiftliks must be preserved in the same condition for the minors until they attain majority ; provided that they can be let on lease at a rent equal to 2½ per 500 on their estimated value and on condition that existing movable property or cattle which is destroyed or perishes shall be replaced in accordance with the rule concerning *demir bash*, that is by other things of the same kind.

¹ See Land Code, Art. 131, p. 42 *supra*.

ART. 32.—When the greater portion of the property in such a chiftlik is movable property and when the depreciation of the other property of the chiftlik, such as some of the buildings or straw stores, might cause expense which would be very small in comparison with the value of the land, the movable property shall be sold without delay and the land shall be let on lease, no matter at what rent, and kept in the name of the minors.

ART. 33.—When it is proved in accordance with the Sacred Law by experts that immovable property belonging to a chiftlik such as gardens, vines, mills and other large buildings are of considerable value, and that their destruction would cause substantial loss to orphans the whole shall be put up to be sold by public auction, and permission shall be given for the transfer of the land as appurtenant to the properties sold under the document and report (*hujjet vé mazbata*) which is received by the Defter Khané. Similarly, if proved as above mentioned, land which is used as appurtenant to a house, the price of which would be substantially diminished if separated (from the house) may be sold together with the house.

Addition. 26 Safer, 1278. An action about a mortgage on State or mevqufé land of the tahsisat category is not maintainable in the absence of a document proving the mortgage.

REGULATIONS AS TO TITLE-DEEDS (TAPOU SENEDS).

7 Sha'ban, 1276.

PREAMBLE.

The fundamental provisions as to State land have been set out in the Land Code published in 1274, and in the Tapou Law published in 1275 but further measures having been taken to facilitate, assure, and regularise the system, certain provisions of those enactments have been modified, and others need some degree of explanation. Thus Article 21 of the said enactment of 1275 which provided that provisional certificates bearing the seal of the Council should be given to occupiers of land until the sending of title-deeds by the Defter Khané has been modified so that in future there will be given printed certificates in accordance with special directions ; they will be detached from printed

(Marginal)   Art. 1...... see p. 64 for
                           Mulk.

TITLE-DEEDS.

counterfoil registers which have been sent for this purpose to all parts of the Empire. Pending the publication of an exhaustive enactment which will complete the enactment in force, the publication of the following instructions has been deemed necessary to meet provisionally the necessities of the moment.

ART. 1.—No one in future for any reason whatever shall be able to possess State land without having a title-deed.[1] Those who have not one will be obliged to procure one, and those who have old title-deeds, excepting always title-deeds (tapou seneds) bearing the Imperial Cypher, must exchange them for new ones. Governors-General (Valis), Mutessarifs, Qaimaqams, Members of Councils and Fiscal Officials, District Mudirs and Tapou Clerks having been charged with the duty of making the necessary enquiries and taking the necessary precautions will all be held responsible for any default or negligence. The most trustworthy and competent of the clerks of the census, or of the Courts, or of the District clerks shall be chosen and employed as Tapou Clerk.

[1] " Where a plaintiff who seeks to recover possession of Arazi Mirié is not registered as possessor of the land in dispute judgment in his favour should provide for his obtaining registration as required by the Regulations regarding Tapu Seneds (7 Sha'ban, 1276) before he takes possession." *Haji Joannou v. Haji Georghiou* (1897) C.L.R. IV., 62.

ART. 2.—When anyone desires to part with his land, he must proceed in conformity with the provisions prescribed by Article 3 of the Tapou Law. But as, in consequence of the new procedure it is not allowed to make a separate report (mazbata) for one transaction, every month printed reports shall be drawn up in Districts and in the capitals of Sanjaks as explained in the above mentioned printed direction. When a transfer or any other transaction is effected the lists of certificates accumulating during the month shall be sent from the capital of the Sanjak at the end of the month to the Defter Khané. The said lists may be sent before the end of the month if necessary but it is forbidden to detain them in the place where they originate for more than a month.

ART. 3.—As a consequence of the new procedure the writing of notes in the margins of title-deeds is abandoned. For each transaction a new title-deed shall be given, and there shall be charged for each document a fee of three piastres for cost of the paper, and one piastre for cost of writing for the benefit of the local clerk. There shall be no charge except these fees.

ART. 4.—If an occupier of land dies leaving no heirs entitled to succeed, and if it is found that some one has taken possession of the land which has become subject to the right of tapou (mustehiki tapou) secretly, in such case in accordance with Article 77 of the Land Code if the possessor has a right of tapou the land will be granted to him on payment of its equivalent value at the time the discovery is made. In case of his refusal to take it or

OTTOMAN LAND LAWS.

if the occupier has no right of tapou, the land shall be put up to auction and granted to the highest bidder. But in consequence of this new system, now in force, a person having a right of tapou who has no legal excuse, such as minority, unsoundness of mind, imbecility, or absence from the country, is bound to present himself to the Local Council within a period of six months, from the date of the arrival in the country of the counterfoil registers, mentioned above, to demand a certificate in order to get a new title-deed for the land which he possesses secretly. If this formality has been omitted and the irregularity is subsequently discovered, the land will be put up for sale and offered to him to buy at the price it reaches at public auction. If he pays this price the land will be granted to him ; if not it shall be adjudged to the highest bidder. The Official shall always get from the occupier a document establishing his refusal to have the said land. The local authorities shall be obliged to explain these provisions fully to interested persons.[1]

[1] See Conclusion, p. 55 *infra*.

ART. 5.—Khali and kirach (stony) land far from inhabited places will be granted gratuitously[1] in accordance with Article 12 of the Tapou Law, in order to be broken up ; there shall only be payable a fee of three piastres for paper ; in accordance with the new system, one piastre shall be paid in addition for the local clerk. Land which has been tilled, but which subsequently remained uncultivated, in default of an owner, shall not come under this enactment, it shall be granted on sale. In accordance with Article 103 of the Land Code, in order to be able to break up land and make it fit for cultivation, the previously obtained permission of the State is necessary. Occupiers of land who after the publication of this Law shall break up land without obtaining the leave of the Official will have to pay the equivalent value of the land at the time when they occupied and cultivated it, and if the possessor does not present himself within the period of six months, as mentioned in the preceding Article, unless there is a legal excuse, and pay the equivalent value as above mentioned, then he will have to pay the equivalent value at that time and the land will be granted to him.

[1] See *Haji Kyriaco v. The Principal Forest Officer* (1894) C.L.R. III., pp. 88, 96.

ART. 6.—The equivalent value that shall be received for land granted to a person having a right of tapou is not the price that it would realize if put up to auction nor the price that anyone might offer, but in accordance with its actual value, fixed by impartial experts on the basis and according to the ratio of other similar land ; therefore it is illegal to put up to auction land over which there is a right of tapou, and if for cash or for any other motive the experts fix the price at higher or lower than the real value, as the price (equivalent value) of the land belongs legally to the Treasury, they shall be punishable with the penalties fixed

TITLE-DEEDS.

by the Penal Code.[1] Civil and fiscal officials will be specially responsible for this. The same formalities will be strictly complied with when valuing land for the payment of the ordinary fee (kharj mutal).

[1] Art. 88, and see Art. 83. of the Ottoman Penal Code.

ART. 7.—On the issue of title-deeds in accordance with the law for land on which there are chiftlik buildings, vineyards, gardens and such like a fee of five per centum on the value of the land will be charged. In making the estimate no account shall be taken of the buildings, vines, and trees which are thereon ; the land shall be valued as a mere field and it is on this valuation that the fee of five per centum shall be taken and not on the actual value. In the case of woodland on which the trees grow naturally the fee of five per centum will be taken on the total value of the trees and land.

ART. 8.—Persons who, in accordance with Article 78 of the Land Code, have a right by prescription having acquired possession by devolution by inheritance, sale by the previous possessor, or grant by competent persons and having had undisputed possession for ten years, but who do not possess a title-deed shall be given a new title-deed on paying a fee of five per centum. They will be bound also to conform with the above mentioned provisions within a period of six months ; after the expiration of that period, in default of a legal excuse those who have not a title-deed will pay a double fee.

ART. 9.—Article 11 of the Tapou Law provides that holders of title-deeds, issued by sipahis, revenue farmers (*multezims*) and other similar persons, will have issued to them new title-deeds, paying a fee of three piastres for price of paper, provided that the old title-deeds are trustworthy so as to be able to serve as proof ; that is to say the seal which these documents bear must be recognized and known in the place. Title-deeds which bear no seal and those of which the seal is not recognized shall not be considered valid, and occupiers of land by virtue of such title-deeds shall be treated in the same way as those who have none ; they shall receive new title-deeds, if a right by prescription is proved, on paying five per centum, the price of the paper and clerk's fee. But if a right by prescription is not proved they will be subject to the provisions contained in Article 4 with regard to land possessed secretly. Holders of old valid title-deeds as above mentioned must present them within a period of six months to be exchanged for new ones ; after the expiration of that time, in default of a legal excuse, they will pay the ordinary fee of five per centum.

ART. 10.—As provided in Article 11 of the Tapou Law, persons who can prove by official entries that they have lost their title-deeds, can obtain new ones, paying only three piastres for the price of paper. This provision applies to title-deeds issued by the Defter Khané bearing the Imperial Cypher, when lost. As to persons who claim to have lost title-deeds issued prior to the year 1263 by sipahis, revenue farmers, collectors of taxes (*muhassils*) and such like they will pay the ordinary fee of five per centum. Persons who prove by official entries the loss of title-deeds bearing the Imperial Cypher must, within a period of six months, obtain new ones. If they fail to comply with this formality without a legal excuse, they will be subject in every case to the fee of five per centum. In case holders of old title-deeds bearing the Imperial Cypher wish to exchange them for new ones, they will pay a fee of three piastres for the cost of the paper, and one piastre for the clerk, and their lists (*dzedveller*) will be sent, in accordance with the new procedure, to the Defter Khané. This exchange of title-deeds is entirely optional.

ART. 11.—If a person wishes to transfer to a third person a share of land possessed in common which has not been partitioned, it must first be offered to the co-possessor[1] and if he declines to take it a declaration in writing must be taken from him.[2]

This circumstance must be noted in the transfer column of the Schedule of Certificates. In case of partition of land possessed in common mention must be made in the transfer column of the same Schedule that the partition has been made in accordance with the law, in conformity with Article 15 of the Land Code, which provides for partition being made equitably, and the title-deeds in their hands[3] shall be changed.

[1] See Land Code, Art. 41, p. 16 *supra*.
[2] Presumably to prove the fact.
[3] *i.e.* of the partitioners.

ART. 12.—When a portion of a piece of land possessed by one or several title-deeds is divided off and sold separately a certificate will be sent to the purchaser as in the case of ordinary sales and all the formalities will be complied with. If in consequence of this separation, the boundaries of fields or the number of donums mentioned in the title-deeds are altered the title-deeds shall be changed.[1]

[1] *i.e.* exchanged for new ones.

ART. 13.—In case of sale of land which has not been transferred in a legal manner to a person to whom it belongs by right of inheritance, there shall be taken from the vendor, as mentioned in Article 10 of the Tapou Law, a fee of five per centum as succession duty ; there shall also be taken from the purchaser a like fee as transfer fee, but it is forbidden to exact a double fee for the transfer on the pretext that the father of the present vendor of the land inherited it from his father. If land which has not been transferred in accordance with the law to the heir is granted gratuitously, the succession fee payable by the transferor and the transfer fee payable by the transferee shall be fixed in accordance with the estimated value of the land.

ART. 14.—In accordance with the system now in force a person who wishes to sell his land, who already has a certificate detached from the counterfoil register, must previously deposit, before the arrival of the official title-deed issued by the Defter Khané, the amount of the transfer fee in accordance with the rule. After compliance with this formality the official will issue a certificate to the transferee and the certificate which is in the hands of the transferor shall be sent attached to the Second Schedule of the new certificate to the Defter Khané in accordance with the system, and in the column of reasons for issue it shall be written as follows:— " The Defter Khané not having yet sent the official document, the old certificate relating to this title is attached hereto." If the Defter Khané draws up and sends the official title-deed to its destination, issued on the basis of the old certificate before receiving the Schedule of the new certificate, in such case the title-deed must be retained at the place to which it has been sent[1] and when the title-deed to be drawn up on the basis of the new Schedule is received it shall be given to the transferee, and the retained title-deed will be sent with the transferee's certificate to the Defter Khané. The same steps will be taken in case the holder of a provisional certificate dies before the arrival of the title-deed.

[1] Until the arrival of the other title-deed.

ART. 15.—The transfer, devolution by inheritance and other matters concerning land in any village can only be carried out in the chief town of the Qaza in which the village is situated; it cannot take place in another Qaza nor in the chief town of the Sanjak. With regard to land in respect of which an enquiry is made, or which is put up to auction in the chief town of a Sanjak in accordance with Articles 16 and 18 of the Tapou Law, and also with regard to land which has to be put up to auction again in the Capital of the Empire, in the case of such land the formalities required by law must first be complied with, and then the certificates must be drawn up, as stated above, at the place itself.

ART. 16.—The counterfoils of certificates, as stated in the explanatory law on title-deeds[1] must be kept as a record in the capital of every Qaza. A summary book for each Qaza shall be kept at the capital of every Sanjak. These books as well as the counterfoils shall be kept deposited in safe places that they may be consulted when required.

Conclusion. In cases of doubt arising with regard to executing the new system applications for explanation can be made to the Defter Khané.

[1] 15 Sha'ban, 1276, which is in the nature of departmental instructions.

OTTOMAN LAND LAWS.

LAW EXTENDING THE RIGHT OF INHERITANCE TO STATE AND MEVQUFÉ LAND.[1]

17 Muharrem, 1284.—21 May, 1867.

His Majesty the Sultan, desiring to facilitate transactions (*i.e.* relating to landed property) and to further extend and develop agriculture and commerce and thereby the wealth and prosperity of the country, has sanctioned the following provisions relating to the transfer of State and mevqufé land, held by tapou:—

ART. 1.—The provisions of the Land Code which established the right of succession with regard to State and mevqufé land possessed by title-deed in favour of children[2] of both sexes in equal shares are preserved. In default of children of either sex (who constitute the First Degree) the succession to such land shall devolve on the heirs of subsequent degrees in equal shares without payment of any price[3] as follows:—

2nd. Grandchildren, that is to say sons and daughters of children of both sexes.
3rd. Father and mother.
4th. Brothers, and half-brothers by the same father.
5th. Sisters, and half-sisters by the same father.
6th. Half brothers born of the same mother.
7th. Half sisters born of the same mother.
and, in default of heirs of all the above degrees,
8th. Surviving spouse.[4]

---

[1] The title does not indicate the whole scope of the Law. See Land Code, Art. 109, p. 36 *supra*, as to succession in case of difference of religion.

[2] In *Della v. Haji Michaeli* (1902) C.L.R. VI., 23 it was held that "Under the Law of 17 Muharrem, 1284, children born out of wedlock have, when their mother is dead, a right to take the place of their mother for the purposes of succession (intiqal) to Arazi Mirié on the death of their mother's father The right of children to inherit under the Sher' Law does not depend upon their being born in lawful wedlock but on the fact of their paternity or maternity, as the case may be, being established."

[3] *Muajele*, a payment in advance in the nature of a premium

[4] See last paragraph of Art. 2.

ART. 2.—An heir of one of the above-named degrees excludes one of a subsequent degree; for instance grandsons and granddaughters cannot inherit State or mevqufé land if there are children (*i.e.* sons and daughters) so too a father and mother are excluded by grand-children, and so on. Provided always that the children of deceased sons and daughters take the place of their parents by right of representation in respect of the share to which their father or mother would have been entitled in the estate of their grandfather or grandmother. A surviving spouse has the right to a fourth part of the property which devolves on the heirs of all degrees from the Third to the Seventh inclusive, but not of that which devolves on those of the First and Second.

Art. 3.   Property remains m liable for mtge. debt after death. Law of Mortgage 1331 sec. 9.

FOREIGNERS.

ART. 3.—The system of *feragh bil vefa*[1] which is commonly made use of to make immovable property a security for debt, and the conditions under which immovable property, which is not mortgaged, can be made liable for the payment of the debts of the debtor (possessor) as also the procedure to be followed for this purpose, both in the lifetime of the debtor (possessor) and after his death, will be determined by special enactments.[2]

[1] *Feragh bil vefa*, transfer with right of redemption. See Land Code, Art. 116 p. 38 *supra*.
[2] See Law of 23 Ramazan, 1286, p. 59 *infra*, and Law of 15 Sheval, 1288, p. 61 *infra*.

ART. 4.—The rules applicable to State and mevqufé land shall be applied in their entirety to land and chiftliks which are held by virtue of an Imperial Mulknamé. But the annual rent paid by such farms and chiftliks shall continue to be paid as before in accordance with the special rules applicable to them.

ART. 5.—The provisions contained in the Land Code with regard to the possession of buildings and trees on State and mevqufé land shall remain in full force as before.[1]

[1] See Land Code, Arts. 26, 35, 44, 48, 49, 66.

ART. 6.—This Law shall come into force from the day of its publication. The Land Code and the Tapou Law shall be amended in accordance with the provisions hereinbefore contained and they shall be published and proclaimed (*i.e.* as amended).

Addition. 29 Rebi'ul Akhir, 1289. When a spouse dies after a revocable divorce but before the expiration of the legal delay (*iddet*, 130 days) or after the celebration of the marriage but before its consummation, the survivor has a right of inheritance over the land[1] if such right is duly proved according to the Sher' Law, and when a man divorces his wife irrevocably[2] being in a state of mortal illness and dies before the expiration of the legal delay the wife shall have a right of inheritance if such right is duly proved according to the Sher' Law.

[1] *i.e.* State and mevqufé land.
[2] *i.e.* he cannot revoke it without the wife's consent.

LAW GIVING FOREIGNERS THE RIGHT TO POSSESS IMMOVABLE PROPERTY IN THE OTTOMAN EMPIRE.

7 Safer, 1284.[1]

In order to secure the extension of wealth and property in the Ottoman Empire and to remove the difficulties, abuses, and doubts of all kinds which arise by reason of foreign subjects becoming possessors of property (emlak), and to place this important matter under a firm Law, and to complete financial and civil security this Law has been enacted by an Imperial Iradé as follows :—

OTTOMAN LAND LAWS.

ART. 1.—Foreign subjects are allowed, with the same title as Ottoman subjects and without any other condition, to enjoy the right to possess immovable property, urban or rural, anywhere within the Empire, except the province of the Hedjaz, on submitting to the laws and regulations which govern Ottoman subjects themselves, as is hereinafter enacted.

This provision does not apply to Ottoman subjects by birth who have changed their nationality, who will be regulated in this matter by a special Law.[2]

[1] In Ongley's Ottoman Land Code, p. 171, the date of this Law is given as "the end of" Jemazi'ul Evvel, 1284.
[2] See p. 77 *infra*.

ART. 2.—Foreign subjects, who are possessors of urban or rural immovable property in accordance with Article 1, are consequently in the same position as Ottoman subjects in all that concerns their real estate. This assimilation has the effect in law :—

(i.) Of obliging them to conform to all laws and police and municipal regulations which now govern, or shall govern in the future, the possession, succession, alienation and charging of landed property ;

(ii.) Of rendering them liable to all charges and dues of whatever form and under whatever designation they may be, which owners of immovable property, rural or urban, who are Ottoman subjects are now liable to pay or shall in future be liable to pay ;

(iii.) Of rendering them directly subject to the jurisdiction of the Ottoman tribunals in all questions relating to landed property, and in all real actions, whether as plaintiffs or defendants, even when both parties are Ottoman subjects, without being able in this matter to avail themselves of their nationality ; but subject to any privileges attached to their person and movable property in accordance with treaties. Such cases shall be heard in accordance with the rights, conditions and procedure concerning owners of immovable property who are Ottoman subjects.

ART. 3.—In the case of the bankruptcy of a possessor of immovable property who is a foreign subject, the syndics of the bankruptcy must apply to the Ottoman Government and tribunals for the sale of immovable property possessed by the bankrupt, which by its nature and according to law is liable for the debts of the possessor.[1] It will be the same when a foreigner has obtained a judgment in a consular court in a matter not connected with immovable property against another foreigner who is the possessor of immovable property. For executing such a judgment on the immovable property of his debtor, he shall apply to the Ottoman Government and tribunals in order to obtain the sale of such of the immovable property as is liable for the debts of the possessor, and this judgment can only be executed by such authorities and tribunals after it has been established that the immovable property the sale of which is sought really belongs to the class of that which can be sold by law for payment of debts.

¹ See Ottoman Commercial Code, Arts. 241, 277.

ART. 4.—A foreign subject has the right to dispose, by gift or by will, of such of his immovable property the disposition of which in this way is allowed by law. As to immovable property which he has not disposed of, or which the law does not allow him to dispose of by gift or by will, the succession to it shall be regulated in accordance with Ottoman Law.

ART. 5.—All foreign subjects shall enjoy the advantage of this Law as soon as the Power on which they are dependent shall have adhered to the arrangements proposed by the Ottoman Government concerning the purchase of immovable property.

LAW AS TO FORCED SALE, AFTER THE DEATH OF THE DEBTOR OF MORTGAGED STATE AND MEVQUFE LAND, AND MOUSSAQAFAT, AND MOUSTEGHILAT[1] PROPERTY.

23 Ramazan, 1286.—26 December, 1869.

As promised in Article 3 of the Law extending the right of inheritance to land,[2] which amends Article 23 of the Tapou Law, and in Article 5 of the Law relating to the extension of inheritance of moussaqafat and mousteghilat vakfs,[3] this enactment points out the procedure to be followed both during the lifetime and after the death of the debtor so that his debts may be paid after his death out of the proceeds of sale of his mortgaged land, or out of his moussaqafat and mousteghilat properties with extension of inheritance.

ART. 1.—In order to mortgage State or mevqufé land possessed by title-deed to a creditor the provisions of Article 26[4] of the Tapou Law must be complied with.

[1] *Moussaqafat* is " the name given to places on which there are buildings or which are appropriated and prepared for erecting buildings."

Mousteghilat is " the name given to lands which are possessed for purposes such as agriculture and tree-planting." See Vaqf Land Laws by Tyser, Demetriades and Izzet, p. 52.

[2] See p. 57 *supra*.
[3] This Law was repealed. See Art. 13 on p. 70 *infra*.
[4] See p. 48 *supra*.

ART. 2.—If a mortgagor having mortgaged his State or mevqufé land to his creditor through the Official dies before paying the debt it shall be paid like other debts out of the estate he leaves. But if he leaves nothing or insufficient estate, part of

OTTOMAN LAND LAWS.

that land sufficient to discharge the debt shall be sold by auction, for the equivalent value (*bedl-i-misl*) and the debt shall be discharged from the purchase money. The land shall be put up to auction whether the deceased left heirs with right of succession to the land or persons having a right of tapou over it or not.

ART. 3.—The provisions of Article 2 shall apply also to moussaqafat and mousteghilat vakfs the right of succession to which has been extended by the Law of 13 Safer, 1284,[1] and the annual rent (ijare muejele) whereof has been increased to *ejr misl*.[2]

[1] See note to Art. 5 of this Law.
[2] Equivalent rent. See Land Code, Art. 21.

ART. 4.—If the sum realised by mortgaged land and moussaqafat and mousteghilat vakfs is not enough to pay the debt of the deceased debtor the creditor cannot have recourse to[1] the other lands and moussaqafat and mousteghilat vakfs of the deceased which he did not mortgage.

[1] Lit. interfere with. But see Art. 6 as to debts due to the State.

ART. 5.—These provisions being an addition to the Laws of 17 Muharrem, 1284[1] and 13 Safer, 1284,[2] shall come into force from the date of their publication.

[1] See p. 56 *supra*.
[2] Or 17 Muharrem, 1284, for which 13 (or 7) Safer, 1284, appears to be an alternative date, which was repealed by Art. 13 of 4 Rejeb, 1292. See p. 70 *infra*.

ART. 6.—The State and mevqufé land as well as *idjaretein* (double rent)[1] moussaqafat and mousteghilat vakfs of persons who die leaving debts, whether personal or as guarantors, due to the State can be sold for payment of such debts in case their movable and immovable mulk property is insufficient to pay the debt to the State.

[1] A sum paid on taking possession and a sum payable periodically.

ART. 7.—Vacant land (mahloul) shall be excepted from the operation of Article 6. Immovable property mortgaged to a third person can only be sold on condition that the amount of the debt for which the property has been mortgaged is deducted from the sum realised by the sale for the benefit of the mortgage creditor. If the heir who inherits moussaqafat and mousteghilat vakfs has no other house sufficient for his living in, a dwelling place cannot be sold,[1] and if the deceased debtor had no other means of livelihood than husbandry, a piece of land sufficient for the maintenance of the deceased's family shall be left to his heirs, and the extent of the land to be thus left shall be fixed through the Court (*Mejlis*) before whom the case is brought.[2]

[1] See Civil Procedure Law, 1885, s. 21, p. 85 *infra*.
[2] See Civil Procedure Amendment Law, 1919, s. 3, p. 99 *infra*.

SALE OF IMMOVABLE PROPERTY FOR PAYMENT OF DEBTS.

15 Sheval, 1288.[1]—28 December, 1871.

ART. 1.—Moussaqafat and mousteghilat vakfs at double rent as well as State land shall be sold, without the consent of the debtor, like pure mulk property, for payment of a judgment debt,[2] but a house suitable for the condition of the debtor is not sold for his debt, and is left, and in case the debtor is a farmer some land sufficient for his maintenance, unless it is pledged and subject to *vekialet-i-devrié*,[3] also is not sold, but is left and the extent of the land to be thus left shall be fixed by the Court (*Mahkemé*) before which the case was tried.[4]

[1] The date of this Law is given in Legislation Ottomane and Othomanikoi Kodikes as 27 Sha'ban, 1286

[2] It was held in *Joannidi v. Stefani* (1892) C.L.R. II., 55 (see also *Hussein v. Dilaver* (1904) C.L.R. VI., 100) that this Law rendered State land liable to be sold in order to pay the debts of a possessor after his death, and that such land descends to heirs subject to this liability. It has been said that this view is not in harmony with that generally held by Ottoman Courts and commentators. As to this criticism see Youngs Corps du Droit Ottoman II., pp, 84, 85 and Chiha's De la Propriété Immobilière en Droit Ottomane, pp. 335, 336.

[3] See Land Code, Art. 117, p. 39 *supra*.

[4] See notes to Art. 7, p. 60 *supra*.

ART. 2.[1]—If a debtor proves that, with the net income of his immovable property, he can discharge his debt within three years, paying also legal interest and costs, and if he assigns the proceeds of the said income to his creditor, the property shall not be sold.

[1] *Cf.* Civil Procedure Law, 1885, s. 48, p. 92 *infra*.

ART. 3.—If a judgment debt has been assigned to a third person who accepts it and gives notice thereof to the debtor he can claim the sale of the debtor's immovable property in the same way as the original creditor.

ART. 4.—The immovable property of a debtor cannot be sold under a judgment which can be appealed against ; so also it cannot be sold under a judgment given in absence[1] before the period for taking objection has expired.

[1] *i.e.* in default of appearance.

ART. 5.—A creditor shall draw up a notice claiming the sum due to him and stating that in case of non-payment, he will apply that the immovable property of his debtor may be put up for sale ; he must send the notice to the debtor personally or to his residence together with a copy of the judgment.[1]

[1] *Cf.* Civil Procedure Law, 1885, s. 22, p. 85 *infra*.

OTTOMAN LAND LAWS.

ART. 6.[1]—The sale of the immovable property of a debtor cannot be demanded before the expiration of thirty-one days from the sending of the above mentioned notice. If ninety-one days pass after the serving of the said notice[2] a second notice must be sent, and a further thirty-one days must elapse.[3]

[1] *Cf.* Civil Procedure Law, 1885, s. 33 (3), p. 88 *infra*.
[2] Without any demand for sale being made.
[3] And demand then be made for the sale in order that the demand may be valid.

ART. 7.—The formalities prescribed by Articles 5 and 6 having been complied with the executive authority will send a special official to take over the immovable property. A document shall be drawn up in duplicate which shall contain a concise statement of the judgment of the Court, the date of the judgment, the cause of sending and the functions of the Official, and the nature of the immovable property, its situation and boundaries. If the immovable property to be sold is a khan, house, shop or such like, the name of the city or town, qaza and quarter where it is situated must be inserted, as well as the name of the street, the number on the door and the nature of the adjoining immovable property (aqar).[1] In the case of land there shall be inserted the name of the qaza and village and the situation of the property and also the approximate number of donums, and if there are buildings and trees on it their number and kind, the name of the Court issuing the judgment and the plaintiff's name and residence.

[1] See Mejelle, Art. 129.

ART. 8.—The auction shall be announced by special notice in the newspapers, twenty-one days beforehand. Notices shall also be posted in the most central places in the town where the auction is to take place.

ART. 9.[1]—The auction shall last for sixty-one days; at the expiration of that period the property shall be adjudged to the highest bidder, and the adjudication shall be provisionally noted by the executive authority on the document of adjudication. If within thirty-one days from the above named date a higher bidder comes forward with an advance of at least five per centum the bidding is reopened. The property shall be adjudged to the last highest bidder on payment of the price reached in the biddings and the other expenses. The proper office shall then issue the title-deeds for the property to the said bidder.

[1] It was held in *Themistocles v. Christophi* (1905) C.L.R. VI., 121, that this Article was repealed by s. 63 (now 35) of the Civil Procedure Law, 1885. See p. 88 *infra*.

ART. 10.—If the bidder to whom the property has been adjudged refuses to take it, the bidding shall be re-opened and any loss resulting as well as the expenses of the business shall be made good by him.[1]

[1] *Cf.* Civil Procedure Law, 1885, ss. 37, 38, p. 89 *infra*.

ART. 11.—The officials charged with the duty of putting immovable property up to auction and the members and officials of the tribunal who have ordered the sale cannot take part in the bidding. In case of breach of this provision they will be liable to the penalties laid down by the Law.

ART. 12.—Whoever interferes with the free course of a sale by auction shall be punished in accordance with Article 218 of the Penal Code.[1]

[1] The penalty is imprisonment for from fifteen days to three months and a fine of from one to one hundred gold medjidiés.

ART. 13.[1]—If anyone comes forward and claims proprietary rights over immovable property put up to auction he must begin his action before the final adjudication of the property; and if his claim fails any loss or damage caused by the auction having been postponed or otherwise shall be entirely made good by him. His right to bring an action after adjudication is not lost if he proves that he was prevented by a lawful excuse from coming and making his claim before the last adjudication.[2]

[1] It has been held that this Article is not applicable to a sale under the Sale of Mortgaged Property Law, 1890, (p. 114 *infra*). See *Haji Nicola v. Fieros* (1917) C.L.R. X., p. 102.
[2] In *Koumi v. Haji Christophi* (1894) C.L.R. III., 59, it was held, (1) that this Article was not repealed by the Civil Procedure Law, 1885, and (2) that it had " reference only to cases in which some person has acquired a right to be registered as against a registered possessor." *Cf.* Civil Procedure Law. 1885, s. 31 p. 88 *infra*.

ART. 14.—If a creditor does not ask for the sale of his debtor's immovable property within the prescribed period another creditor has the right to do so under the provisions of this Law.

ART. 15.—If part of the immovable property of a debtor is sufficient to pay his debt, if he be present, there shall be sold the part that he wishes, and if he be absent that of which the sale is most beneficial to the debtor.[1]

[An appendix to this Article provides that debts incurred prior to the date of publication of this Law shall be subject to the old Laws in force at the time the debt was incurred].

[1] *Cf.* Civil Procedure Law, 1885, s. 25, p. 86 *infra*.

LAW AS TO TITLE-DEEDS FOR PURE MULK TO BE ISSUED BY THE DEFTER KHANE.

28 Rejeb, 1291.—10 September, 1874.

This Law regulates the issue of title-deeds for pure mulk properties situated in cities, towns, villages, and nahiehs of the Empire that is to say houses, of which the ground and the buildings and

64   OTTOMAN LAND LAWS.

trees thereon are mulk, shops, vineyards, and gardens, and other immovable property[1] and buildings, vines and trees situated on moukata'ali mevqufé[2] and State land subject to bedel-i-ushr.[3]

[1] See Mejelle, Art. 129.
[2] See note to Art. 2.
[3] A fixed sum paid in lieu of tithe.

INTRODUCTION.

ART. 1.—New title-deeds with the Imperial Cypher at the head will be issued for all mulk property in cities, towns, villages and nahiehs, and henceforth possession of mulk property[1] without a title-deed is forbidden.

[1] As defined in the preamble. "It is not every kind of mulk property that requires registration." *Haji Stassi v. Vehim* (1890) C.L.R. I., p. 103. And see *Gavrilides v. Haji Kyriaco* (1898) C.L.R. IV., p. 92.

ART. 2.—These new title-deeds will be of two kinds : (1) For pure mulk, and (2) For moukata'a land[1] with mulk trees and buildings thereon.

[1] Vakf land subject to a fixed rent.

ART. 3.—The officials of the Defter Khané are charged with the duty of carrying out this procedure with regard to mulk properties. In each Sanjak there will be a special clerk under the official of the Defter Khané for mulk property business and in each Qaza a Mulk Property Clerk will be associated with the Tapou Clerk as representative of the said official, and they will have such assistants as shall be necessary.

ART. 4.—A special office in the Defter Khané will be set apart as the headquarters of the records of transactions relating to mulk property.

CHAPTER I.

AS TO THE ISSUE OF NEW TITLE-DEEDS FOR MULK PROPERTY.

ART. 5.—Starting from the chief city the Clerk of Mulk Properties will travel round the cities and towns and then the villages and nahiehs of each Qaza and will make an inspection (yoklama) of mulk properties. He will take as a basis of the yoklama the Registration Book of the places in which the registration has been completed. In this way accompanied by a member of the Administrative Council (Mejlis Idaré) of the Sanjak or of the Qaza, who is an expert in such matters, and in the presence of the registration official, of the Imam, and of the Mukhtars and Council

Art. 1. - marginal -   see page 51 for
                       Miri.

of Elders of the Quarter, he will register the mulk properties and will make up the Yoklama Book in accordance with the specimen. He will examine the hujjets and other title-deeds produced by the owners. He will enquire whether the possession of those who have no hujjets or title-deeds is based on a legal ground, and this shall be noted in the column for remarks. The hujjets and other title-deeds shall be stamped showing that the yoklama has been carried out and that new title-deeds have been issued. It has been decided that the yoklama in villages and nahiehs shall not be proceeded with until that of the properties in cities and towns has been made and completed.

Art. 6.—[Relates to approval of the yoklamas by Administrative Councils.]

Art. 7.—[Deals with issuing provisional certificates.]

Art. 8.—[Provides for there being different registers for pure mulk properties, for moukata'ali properties, and for the sending of copies of Yoklama Books to the chief city of the Sanjak with a report, and fees, and for the sending of a summary, with fees, to the Defter Khané.]

Art. 9.—Title-deeds bearing the Imperial Cypher prepared on the basis of the registers to be received will be sent by the Defter Khané to its officials who will hand them over to the owners on return of the provisional certificates.

Art. 10.—Besides a fee for paper of three piastres, and clerk's fee of one piastre, an inspection (yoklama) fee will be levied once in the following proportions : for property of the value of from 5,000 to 6,000 piastres a fee of five piastres which will be increased by five piastres for each 10,000 above, up to fifty piastres for 100,000 piastres, and above that 100 piastres. Below 5,000 piastres nothing will be charged for paper fee and clerk's fee.

CHAPTER II.

Procedure on Sale and Purchase, Mortgage, Succession, Gift and Devise.

Art. 11.—To alienate mulk property the vendor must obtain a certificate (ilmou haber) of the Imam and of the Mukhtar[1] of his Quarter, certifying that he is alive and that the property belongs to him, and, after having obtained a qochan from the registration official, if there is one, he goes to the Administrative Council of the place where the property is and a declaration will be made there by the vendor and purchaser, or their lawful agents, that the sale is legal, real and irrevocable in the presence of the

OTTOMAN LAND LAWS.

Naib and the Clerk of the Defter Khané or of the Tapou Clerk; and on the offer and acceptance by the parties the document will be registered in the proper book, and approved and sealed by the Council.[2]

If the entirety or part of the price is to be paid afterwards the Council will cause the debt to be secured by a bond and this bond (deyn sened) will also be certified and sealed by them.[3]

[1] Mukhtars and Imams must give notice to the officials of the Defter Khané of every sale of immovable property of which they have notice. Circular of Defter Khané 17 August, 1304. See Young's Corps de Droit Ottoman VI., p. 102.

[2] Notaries are forbidden to legalise contracts of sale of immovable property. Circular of Defter Khané 18 Sha'ban, 1307. See Young's Corps de Droit Ottoman VI., p. 101.

[3] The formalities prescribed by this Article have been superseded in Cyprus. See *Christofides v. Tofaridi* (1885) C.L.R. I., p. 23 and the Land Transfer Amendment Law, 1890, p. 118 *infra*.

ART. 12.—The purchaser shall pay for the benefit of the Treasury a proportional fee of ten piastres for every 1,000 according to the price of the property sold,[1] three piastres for paper, and one piastre clerk's fee. A printed provisional certificate will be drawn up in accordance with the specimen form showing the sale, and delivered to the purchaser after being sealed in accordance with Article 7. In a case where the mulk property being sold has a new title-deed only the paper fee and the clerk's fee shall be taken for this provisional certificate; otherwise the special fees set out in Article 10 shall also be taken.

[1] Raised in 1892 to 15 per 100. See Young's Corps de Droit Ottoman VI., pp. 102, 110.

ART. 13.—On the death of the owner of mulk property the Local Administrative Council shall be obliged to proceed in accordance with the Register of Successions (*defter kassam*) or, if there is not one, to act in accordance with the official report (*mazbata*) signed and sealed by the Sher' authorities based on the certificate of the Imam and Mukhtars of the Quarter showing the number of the heirs. After the matter has been registered in its special register to be kept in accordance with Article 11 and after it has been approved by being sealed at the foot of the page succession duty of five piastres per 1,000,[1] paper fee of three piastres and clerk's fee of one piastre will be taken by the Treasurer and provisional certificates will be given to the heirs.

[1] Raised to $7\frac{1}{2}$ per 1,000 in 1892. See Young's Corps de Droit Ottoman VI., pp. 102, 110.

ART. 14.—The sale fees and succession duty will be calculated on the total value of the pure mulk properties only; but only on the value of the mulk trees and buildings if the property is subject to a fixed rent (moukata'ali).

TITLE-DEEDS FOR MULK.

ART. 15.—The mulk property of persons who die without leaving heirs and intestate shall be sold by auction to the highest bidder like vacant State land (mahloul) and the purchase money paid to the Defter Khané, after being entered in the Book of Receipts.

ART. 16.—For mortgage (terhin) of mulk property the certificate and the registration counterfoil of the quarter where the property is situated, to be obtained as in Article 11, and the bond written on paper duly stamped, and the title-deed of the property shall be taken to the official of the Defter Khané or to the Tapou Clerk and the matter will proceed as follows :—A specially printed document in counterfoil for mortgage transactions will be filled up in the presence of the debtor and the creditor or their duly appointed representatives, sealed at the foot by the official of the Defter Khané, or the Tapou Clerk, and detached from the counterfoil and handed to the creditor with the title-deed and the bond.[1] There shall be taken a mortgage fee of one piastre per 1,000[2] on the amount of the debt, three piastres cost of paper and one piastre clerk's fee. The same fees shall be taken on redemption[3] and the bond and the title-deed shall be returned to the owner. The mortgage and redemption fees shall be paid to the Treasury and sent to the Sanjak with the monthly receipt book to be drawn up where it will be entered in the Summary Book and sent to the Defter Khané. The procedure in the case of mortgages by *bei-bil-vefa* and *bei-bil-istighal* shall be the same as above.

[1] The declaration shall state that the immovable property is free from charge or sequestration. See Art. 1 of Law of 21 Rebi'ul Akhir, 1287, Destour Vol. I., p. 237. Young's Corps de Droit Ottoman VI., p. 102.
[2] Raised to $2\frac{1}{2}$ per 1,000 in 1892. Young VI., pp. 103, 110.
[3] Read " no fee shall be charged on redemption " See Young VI., p. 103.

ART. 17.—Transfer of mulk immovable property by way of gift or under a will cannot be effected without an ilam of a Sher' Court.

ART. 18.—Title-deeds given for mulk property in conformity with the formalities hereinbefore pointed out, being official deeds, shall be recognised and given effect to by all tribunals and councils.

ART. 19.—Actions based on a pledge or a mortgage asserting that a transaction was subject to a condition of which no mention is made in the bond shall not be heard. Thus after a vendor has sold mulk property absolutely and a bond (sened) of sale has been duly handed to the purchaser, if he brings an action asserting that he pledged or mortgaged it, or sold it conditionally such an action is not heard.[1]

[1] For a case in which the Court gave effect to the admitted intention of the parties to mortgage a house, evidenced also by a written agreement, although there had been transfer and registration as on sale, see *Hussein v. Fardo* (1916) C.L.R. X., 91.

ARTS. 20 and 21. As to apportionment of fees.

OTTOMAN LAND LAWS.

ART. 22.—Enquiries and formalities with regard to mulk property and the drawing up and sending of the books and summaries shall be carried in accordance with the instructions and explanatory Law regulating State land[1] in so far as they are not repugnant to this Law.

[1] See p. 43 *supra*.

LAW AS TO MOUSSAQAFAT AND MOUSTEGHILAT VAKFS POSSESSED IN IJARETEIN.[1]

4 Rejeb, 1292.—24 July, 1291.

ART. 1.—The right of succession to all moussaqafat and mousteghilat vakfs possessed in ijaretein devolves as follows :—

(i.) On children of both sexes, as in the past, in equal shares if there are several heirs, or entirely on an only child ;

(ii.) In default of children of either sex on grandchildren, that is to say on sons and daughters of heirs of the first degree of either sex, in equal shares, or entirely on an only child ;

(iii.) On parents ;

(iv.) On full brothers and sisters, in equal shares ;

(v.) On brothers and sisters by the same father, in equal shares ;

(vi.) On brothers and sisters by the same mother, in equal shares ;

(vii.) On a surviving spouse ;

A surviving father or mother shall have the right to the whole portion devolving on both of them. This provision is equally applicable to brothers and sisters.

[1] By a Vizerial Decree dated 15 Zi'l Qa'de, 1292, the application of this Law was made optional on the part of owners. See *Chacalli v. Houloussi* (1892) C.L.R. II., 29. It was held in *Khanım v. Dianello* (1903) C.L.R. VI., 52, that this decree " does not authorise an application for the extension of inheritance of a part of a property without the consent of the Mutevelli."

ART. 2.—An heir belonging to one of the seven degrees above mentioned excludes heirs of a lower degree. For instance grandchildren cannot inherit if there are children ; parents are similarly debarred from inheriting if there are grandchildren ; Provided that children of sons and daughters who die during the lifetime of their parents take the place of such sons and daughters, inheriting by right of representation the portion of their deceased father or mother in the inheritance of their grandfather or grandmother. So that the share which would have devolved upon a deceased child in succession to his father or mother, supposing he were still living, will devolve in equal shares on his children of both sexes, or entirely on an only child. A surviving spouse shall have the right to a quarter of the inheritance in moussaqafat and mousteghilat vakf property which devolves on the heirs of the four degrees from the succession of the father and mother to the succession of the brothers and sisters by the same mother inclusive. In default also of brothers and sisters by the same mother, belonging to the sixth degree of inheritance, moussaqafat and mousteghilat properties devolve entirely on a surviving spouse, and in default of the latter they become mahloul.

ART. 3—The system of *feragh bil vefa*[1] made use of to secure a debt will continue as in the past. The conditions of this system and the procedure relating thereto will be determined by special enactments.

[1] Transfer with right of redemption.

ART. 4.—By way of compensation for the loss which vakfs will incur in consequence of the extension of the right of inheritance, an annual rent of one per thousand is imposed on the value of *moussaqafat* and *mousteghilat* vakf immovable property in accordance with their value registered in the new Registration Books, and all other former rents will be abolished. As to *moussaqafat* and *mousteghilat* vakf properties which are mixed with several vakf properties all possessed in *ijaretein*, the site of all such properties shall be subjected to survey and to delimitation; and the proportion of the rent to be paid to each of the vakfs shall be fixed separately upon the basis of the actual value of the whole property as recorded in the Registration Book. In case of any *moussaqafat* or *mousteghilat* property being mixed with a *moukata'a* vakf, or with a pure mulk property, the annual rent of one per thousand shall be imposed only on such part of the total estimated value of the property shown in the Registration Book as is attributable to the portion which is possessed in *ijaretein*.

ART. 5.—Heirs of the first degree will, as before, pay succession duty at the rate of 15 piastres per 1,000 on *moussaqafat* and *mousteghilat* property. Heirs of the second degree will pay succession duty at the rate of 30 per 1,000 and those of the third degree at the rate of 40 per 1,000. As to heirs of subsequent degrees, they will pay succession duty at the rate of 50 piastres per 1,000. In case of sale the duty to be paid will remain as heretofore at 30 per 1,000, and that for mortgage (*feragh bil vefa* and *istighlal*) and redemption at 5 per 1,000.

ART. 6.—A quarter of the fee received on the transfer of *moussaqafat* and *mousteghilat* vakf property to heirs of the first degree will be paid as heretofore to the clerk and collector (*djabi*) of the Vakf. Except in the case of heirs of the first degree, fees on transfer levied on heirs shall be paid to the Imperial Treasury in order to be placed intact to the credit of the vakf.

ART. 7.—The conditions and procedure above mentioned shall be also applicable in the case of *guédiks*[1] possessed in *ijaretein*, that is to say that according to the values registered in the Registration Book, both of the *guédiks* and of the mulk property

OTTOMAN LAND LAWS.

to which they are appurtenant, a rent of 1 per 1,000 shall be separately imposed.

[1] " The necessary implements which have been placed in immovable property to be kept there permanently and to be used in a trade or art." Vaqf Land Laws by Tyser, Ongley, and Izzet, p. 75. " On appelle ainsi les outils nécessaires à l'exercise d'une industrie qui se trouvent dans un immeuble d'une façon permanente." See Art. 40 of Omer Hilmi's "Laws regulating Vakf Properties." Translation into French (1895) by Stavrides and Dahdah. And see Chiha's De la Propriété Immobilière en Droit Ottoman, pp. 76-87.

ART. 8.—After the annual rent of *moussaqafat* and *mousteghilat* properties has been fixed in accordance with the above mentioned system if any of them are burnt down or destroyed their sites alone will be newly estimated, and only the proportion of the original rent attributable to the new value shall be received and the proportion attributable to the building which has been burnt or the property which has been destroyed shall be deducted.

ART. 9.—After the annual rent has been fixed in accordance with the new system of sites of which the buildings have been burnt down or destroyed, and of sites which had no buildings thereon, if buildings are erected on them, their new state shall be estimated by experts and an annual rent of 1 per 1,000 shall be fixed according to the new valuation.

ART. 10.—For five years from the fixing of the annual rent of *moussaqafat* and *mousteghilat* vakf properties in accordance with the new system, no increase or diminution of the rent, based on the increase or decrease in value of immovable property, can be made. Provided that every five years the value of *moussaqafat* and *mousteghilat* vakf properties shall be enquired into, and the rent shall be renewed or altered.

ART. 11.—Title-deeds issued under the new system shall henceforth have no marginal note. In case of sale, succession, division and partition new title-deeds shall be drawn up and issued. The old ones shall be returned to their holders with the note *batal* (null and void) thereon.

ART. 12.—*Moussaqafat* and *mousteghilat* vakf properties the site of which is held under the system of *moukata'a* (fixed rent) on which there are mulk buildings or plantations will be subject to the old system. In case of transfer or devolution of such properties the old *moukata'a* will be levied at the proper rate.

ART. 13.—The law relating to the extension of the right of inheritance to *moussaqafat* amd *mousteghilat* properties promulgated on the 17th Muharrem, 1284 (21 May, 1867) as well as the Regulation published on the 2nd Zi'l Qa'dé, 1285, annexed to the said Law, as to putting it into execution, are repealed by the present Law which comes into force from the date of its promulgation. The old rents are, and remain, abolished from the end of the month of February, 1290, and the new rents of 1 per 1,000 shall be levied from the 1st March, 1291.

INSTRUCTIONS AS TO THE ISSUING OF TITLE-DEEDS FOR MEVQUFE LAND BY THE DEFTER KHANE.

6 Rejeb, 1292.—7 August, 1875.

ART. 1.—Title-deeds for *moussaqafat* in villages and towns of which the site and buildings are vakf as well as for the buildings only of chiftliks which are *idjaretein* vakfs will be issued by the *Mouhassebedjis* of Evcaf; and title-deeds for *moussaqafat* and *mousteghilat* attached to exceptional vakfs (*mustessna*) will be issued by the *mutevellis*[1] as heretofore. Excepting the above named properties title-deeds for all places paying a fixed ground rent, for mevqufé land paying tithe or a fixed ground rent equivalent to tithe, and for vineyards and gardens the vines and trees whereof are vakf will be issued by the Defter Khané; and sales and declarations and sales by auction, according to the law, of the mahlouls of such property, and of other vacant land shall be carried out and heard by the officials of the Defter Khané in Sanjaks and by Clerks of the Tapou Office in Qazas in accordance with the formalities followed *ab antiquo* with regard to State land, mevqufé land, and vakf land.

[1] By the Law of 9 Rebi'ul Evvel, 1293, it was enacted that title-deeds for moussaqafat and mousteghilat vakfs should be issued by the Defter Khané. See p. 72 *infra*

ART. 2.—[Deals with the duties of Defter Khané officials with regard to inspections (*yoklamas*).]

ART. 3.—Possession of mevqufé land without a title-deed having been always illegal and possession by title-deeds other than those issued since the 25th Ramazan, 1281 (9 February, 1280) by the Ministry of Evqaf and bearing the Imperial Cypher being equally illegal since the above mentioned date; title-deeds issued by *mutevellis* and agents before that date, bearing recognised seals, must be exchanged for title-deeds bearing the Imperial Cypher on payment of a fee of four piastres, being the fee for the paper, and the clerk's fee. A new title-deed will be issued to persons who have lost their title-deeds, after examination of the registers and on payment of the fee for the paper and the clerk's fee.[1]

[1] This Article as here given is syncopated and follows the version in Young's Corps de Droit Ottoman VI., p. 104. There are eight more Articles to these Instructions dealing with fees, and departmental duties and obligations. The full text of the Law will be found in Ongley's Ottoman Land Code, pp. 249-256 and in Othomanikoi Kodikes II., pp. 1220-1224.

LAW CONCERNING LAND.

7 Muharrem, 1293.—22 January, 1291.

ART. 1.—Mussulman and non-Mussulman subjects are on the same footing as regards the acquisition or transfer of land belonging to land of chiftliks, pastures or villages in the Ottoman Empire, whether State or mevqufé land sold by auction or by individuals. In the case of any State or mevqufé land which cannot, in accordance with ancient local usage, be transferred to non-Mussulman subjects of the State, this usage is abolished and the provisions of this Law will be equally applied.

ART. 2.—Equality of treatment shall operate, in accordance with the Law, with regard to land and mulk immovable property acquired by Mussulman and non-Mussulman subjects from one another.

ART. 3.—Mussulman and non-Mussulman cultivators residing in certain chiftliks shall enjoy a preferential right to acquire land[1] sold by auction or transferred by private persons.

[1] Presumably land of the chiftlik.

LAW AS TO TITLE-DEEDS FOR MOUSSAQAFAT AND MOUSTEGHILAT VAKFS.

9 Rebi'ul Evvel, 1293.—5 April, 1876.

As it is necessary that title-deeds of *moussaqafat* and *mousteghilat*[1] vakfs, both at Constantinople and in the provinces, shall henceforward be issued by the Defter Khané the following instructions showing the procedure to be followed with regard thereto shall have effect.

[1] See note on p. 59 *supra*.

CHAPTER I.

TRANSACTIONS IN THE CAPITAL.

ART. 1.—The Office charged with the issuing of title-deeds of property of the Ministry of Evqaf is transferred and annexed to the Ministry of the Defter Khané. This Office shall be called the Defter Khané Administration of Constantinople, as in the provinces, and henceforward all transactions relating to every kind of land and property situated within the municipal limits of Constantinople, such as transfer, succession, mortgage (*istiglal*), redemption of mortgage, and such like will be carried out in this Ministry in accordance with special regulations.

ART. 2.—When transactions, relating to every kind of land and property, are carried out no marginal notes shall be written on old title-deeds, as in the provinces their owners shall be given provisional certificates according to the enclosed specimen until the issue of the Imperial (Khaqani) title-deeds, and the old title-deeds stamped with a stamp bearing the words " A new title-deed has been issued " shall be given back to the owner.

TITLE-DEEDS.

ART. 3.—For land and property with regard to which the formalities of registration have been carried out and provisional certificates have been issued the Ministry of the Defter Khané shall cause to be drawn up, in accordance with the tables presented by the Defter Khané Administration of Constantinople, a new title-deed which will be delivered to the owner in return for the provisional title-deed. The final title-deed will be drawn up uniformly, and for every kind of *moussaqafat* and *mousteghilat* vakf property; but the title-deed of properties which have been subjected to an extension of the right of inheritance shall bear on the reverse side in printed characters the law as to extension of inheritance; and title-deeds issued to foreigners shall have on the reverse side the provisions of the law as to rights of possession.

ART. 4.—Title-deeds of *mazbouta* vakf properties shall be issued by the Ministry of the Defter Khané and shall bear its seal. The title-deeds of *mulhaqa* vakf properties shall bear the seal of the Ministry and the mutevelli of the vakf will be called upon to seal it.

ART. 5.—New special registers shall be opened for each of the thirteen (municipal) areas of the Capital, and all transactions shall be entered therein.

ART. 6.—With the exception of land assigned for the use of the public which cannot be let or sold, all *moussaqafat* property in Constantinople and the environs which has become mahloul, as well as that held at a single rent which is required to be converted into *ijaretein*, and sites the sale of which is permitted, shall be sold by public auction, in accordance with special regulations, at the Ministry of Evqaf. After final adjudication and payment of the price of the property sold, the Ministry of Evqaf shall draw up a report, in order to effect the transfer of the property in question to the purchaser enclosing the *defter*.[1] The Defter Khané acting on this report will make the registration and will give the purchaser the title-deed of the property in return for the delivery of the certificate of adjudication.

[1] List or inventory.

ART. 7.—The cost of preparing title-deeds for mevqufé land and moussaqafat property, 3 piastres for paper and 1 piastre clerk's fee, will be paid to the Defter Khané: Provided that the salaries and expenses of the staff who issue the title-deeds, transferred from the Evqaf Ministry to the Defter Khané, shall be paid by the Defter Khané Treasury.

ART. 8.—All fees levied on transfer of moussaqafat property and mevqufé land shall be paid to the Treasury of the Defter Khané. The portion of these fees payable to the mutevellis of mulhaqa vakf properties will be retained to be paid to them and the remainder shall be sent every week, with a special account,

OTTOMAN LAND LAWS.

to the Ministry of Evkaf. The shares in these proceeds of the clerks (*kiatibs*) and collectors (*djabis*) entitled thereto shall be paid at once to them by the Ministry of Evkaf in accordance with the procedure relative thereto.

ART. 9.—Title-deeds for mulk property will be issued, and transactions relative thereto will be carried out, at Constantinople and the environs, in the same way as they are issued and carried out in the provinces by Defter Khané officials under special regulations.

CHAPTER II.

Issue of Title-Deeds in the Provinces.

ART. 10.—The registers of *moussaqafat* and *mousteghilat* vakfs in each district shall be handed over by the Mouhassebejis of Evqaf to the Sanjak officials of the Defter Khané, as has been done with regard to the registers of mevqufé land in the provinces.

ART. 11.—All dealings with *moussaqafat* and *mousteghilat* vakf property, that is to say, transfer, succession and other transactions shall be carried out according to special regulations by the officials of the Defter Khané. Provisional certificates will be issued by the officials to safeguard the owners until the issue of final title-deeds which will be sent by the Defter Khané as in the case of mevqufé land. Old title-deeds will be restored to the owners after having been stamped, as in Constantinople.[1]

[1] *i.e.* with the words "A new title-deed has been issued." (Art. 2.)

ART. 12.—A schedule of *moussaqafat* and *mousteghilat* vakf property for which provisional title-deeds have been issued in consequence of any dealing, as well as of dealings with mevqufé land, shall be drawn up and sent every month to the Ministry of the Defter Khané, in order that final title-deeds may be drawn up and sent.

ART. 13.—The fee to be paid to the officials of the Defter Khané and the portion to be assigned to the *mutevellis* of local *mulhaqa* vakfs shall be deducted and retained from the amount of the fees taken on each transaction relating to *moussaqafat* and *mousteghilat* vakf property, and from the mevqufé land fee. The balance shall be sent to the local Treasury for the account of the Mouhassebejis of Evcaf, who shall give receipts, which shall be forwarded every month with the accounts relative thereto to the Ministry of the Defter Khané.

ART. 14.—In conformity with Article 13 the officials of the Defter Khané shall pay forthwith one-fourth of the amount received from the fees of *mulhaqa* vakfs to the *mutevellis* or their

TITLE-DEEDS.

deputies who shall seal the provisional certificates. The portion set apart for *mutevellis* or their deputies who are at Constantinople shall be forwarded with the accounts relative thereto to the Defter Khané and they (*i.e.* the *mutevellis* or their deputies) will be sent for and their shares will be paid to them and the final title-deeds will be caused to be sealed by the Ministry. Title-deeds of vakf properties of which the *mutevellis* or their deputies are not certain, or cannot be found, shall be sealed by officials of the Defter Khané as agents in order that the title-deeds may not be delayed and the portion set apart shall be sent to the Ministry of Evcaf to be given to the *mutevellis* as soon as they appear. Final title-deeds, drawn up at the Defter Khané in accordance with records received from the provinces, will be sent to their destination. Title-deeds of *mazbouta* vakfs as also those of *mulhaqa* vakfs of which the *mutevellis* are at Constantinople shall be given to the owners as they are sent from the Capital; and title-deeds of *mulhaqa* vakfs of which the *mutevellis* are in the provinces, shall be given to the owners by the officials of the Defter Khané, after being sealed by the *mutevellis*, and in exchange for the provisional certificates.

ART. 15.—Transactions with regard to *moussaqafat* properties in the provinces being henceforward within the prerogative of the Defter Khané all salaries and all expenses of the service will be paid by this Ministry. Consequently the fees of three piastres for paper and one piastre clerk's fee taken in accordance with the practice on new title-deeds issued for *moussaqafat* and *mousteghilat* properties shall be paid into the Treasury of the Ministry of the Defter Khané.

ART. 16.—With the exception of land, transactions with regard to which have been carried out in the provinces in conformity with the Land Code, *moussaqafat* and *mousteghilat idjaretein* property becoming *mahloul* and *moussaqafat* of a single rent (*ijare vahide*) which is to be converted into *idjaretein*, and building sites the sale of which is allowed, excepting places which, as stated in Article 6 are not leased to anyone, and are assigned to the public *ab antiquo* and the sale of which is not allowed, such properties shall be put up to auction by the Mouhassebejis of Evqaf as before in accordance with the proper regulations and usages, and the purchase money (*muajele*) shall be received by them and the transfer (*ihale*) shall be carried out by them, and provisional certificates shall be issued to the highest bidders, to whom the transfer shall be made, and the necessary transactions shall be carried out by the Defter Khané officials in accordance with the auction bill and the proper report (*mazbata*) to be issued by the Administrative Council.

muajele. lit. an advance.

ART. 17.—The muajele idjare fees of *idjaretein moussaqafat* and *mousteghilat* properties in the provinces shall be collected annually by the Mouhassebejis of Evcaf as before who are likewise charged

advance rent payment

OTTOMAN LAND LAWS.

with the sale at public auction and transfer of vacant properties. The officials of the Defter Khané shall send monthly to the Mouhassebejis of Evcaf a table showing the transfers, successions and all other transactions and dealings in order that they may collect regularly the annual *ijare* fees, take cognizance of properties as to which the right of succession has been extended, and distinguish between those which have and which have not become vacant so as to facilitate the collection of rent and correct the records kept by the Mouhassebejis.

ART. 18.—The Ministry of the Defter Khané shall from time to time draw up and circulate the necessary instructions as to departmental procedure both in Constantinople and in the provinces, and as to the duties of Defter Khané officials.

LAW AS TO POSSESSORY TITLES.

Instructions as to Properly Drawing up Certificates to be sent to the Emlak Office.

10 Rebi'ul Akhir 1293.[1]

ART. 1.—Certificates (*ilmou haber*) as to transfer, succession, and construction of buildings, to be presented by owners to the Emlak Office at the Prefecture of the Capital shall be applied for and obtained from the Imam of the Quarter where the property lies. In order that Mukhtars may keep themselves acquainted with these matters and make themselves responsible these certificates must be sealed by them.

[1] These Instructions are sometimes labelled as undated, but this is the date in Destour Vol. III., 467.

ART. 2.—In the absence of a Mukhtar, or in case of refusal by a Mukhtar to sign, a note of the fact shall be made in the margin of the certificate of whatever kind it may be and sealed again by the Imam.

ART. 3.—Certificates issued for transfers or successions by the Mukhtars or by the Patriarchates or by the Grand Rabbinate shall state the number of the mulk properties, the road or street where they are, the number of the title-deeds, the name, address, and nationality of the owner, and the proportional interest of the co-owners, if there are such.

ART. 4.—The certificates required for transfer of a *guèdik*[1] must state if the owner is living or not, and after such a certificate is issued by the Imam and Mukhtars of the Quarter where the owner of the certificate lives, a note as to his share and as to the value of the *guèdik* shall be made and sealed on the certificate by the head of the body (guild) to which the owner belongs or by the mejlis of the khan, if the *guèdik* is in a khan.

[1] See note on p. 70 *supra*.

ART. 5.—Certificates as to transfer, successions, or construction, issued by Imams of Quarters, which are undated, or with words struck out or with erasures, are of no validity.

ART. 6.—In order that the fact of mulk property having become *mahloul* by the death of the owner without heirs may be noted it is incumbent on imams and mukhtars to notify the Emlak Office at the Prefecture of the Capital of the fact by certificate of the Quarter at the same time as the Ministry of Evcaf is notified.[1]

[1] *Cf.* Immovable Property Registration and Valuation Law, 1907, s. 32. p. 131 *infra*.

ART. 7.—The owner will present to the Emlak Office any title-deeds (*kemessouk*) that he has, together with the certificate for transfer, succession, or construction.

ART. 8.—If anyone, for any reason whatever, renounces the transfer of mulk property after the issue of a license by the Emlak Office it is incumbent on Imams and Mukhtars to send back to the Emlak Office the license issued by it, within ten days.

ART. 9.—The said certificates shall be drawn up in conformity with the form hereto annexed. Application shall be made to the said Office direct for every certificate which requires to be drawn up differently from these forms.

NOTE.—Specimens of forms are annexed to the Law.

LAW RELATING TO PROPERTIES (EMLAK) AND LAND OF PERSONS EXCLUDED BY ART. 1 OF THE LAW CONCERNING THE ACQUISITION OF PROPERTIES BY FOREIGNERS.

25 Rebi'ul Akhir, 1300.

ART. 1.—Persons who were originally Ottoman subjects and changed their nationality before the promulgation of the law on Ottoman nationality[1] whose assumption of foreign nationality the Imperial Government has recognised and ratified according to treaty, as also those who changed their nationality after the promulgation of the above mentioned law, in accordance with its provisions, shall enjoy all rights conferred by the Law of 7 Safer, 1284[2] which concedes to foreign subjects the right to possess immovable property. Provided always that it is essential that the State of which they have assumed the nationality has adhered to the protocol annexed to the said Law of 7 Safer, 1284.

[1] 6 Sheval, 1285   See Young's Corps de Droit Ottoman II., p. 226.
[2] See p. 57 *supra*.

OTTOMAN LAND LAWS.

ART. 2.—Persons who have changed their nationality without obtaining the official permission of the Imperial Government and whose nationality has been divested from them by the Imperial Government are deprived of the rights of acquisition of and succession to property in the Ottoman Empire.

ART. 3.—Immovable property (*aqar*) possessed by persons who, in accordance with the preceding Article, are to be deprived of the rights of acquisition and succession will be, like movable property, divided amongst their heirs who are Ottoman subjects, but in conformity to Articles 110 and 111 of the Land Code such persons will leave no right of tapou over State or mevqufé land. State and mevqufé land of which they become possessed before their change of nationality does not devolve upon their heirs, but becomes vacant (*mahloul*). These provisions are also applicable in their entirety to moussaqafat and mousteghilat vakf property held in ijaretein.

ART. 4.—The Ministries of Justice and of Finance are charged with the carrying out of this Law.

NOTE ON RECENT LEGISLATION.

The following provisional Laws affecting land were published in 1331 (1913).

(1.)—A Law, dated 11 Rebi'ul Evvel, providing for the delimitation, registration, and valuation of all immovable property in the Empire.

(2.)—A Law, dated 22 Rebi'ul Evvel, dealing with the possession of immovable property by juridical persons.

(3.)—A Law, dated 22 Sheval, giving Ottoman and philanthropic companies and societies an extension of six months for complying with the above-mentioned Law.

(4.)—A Law, dated 22 Rebi'ul Evvel, abolishing *guèdiks* (see p. 70 *supra*) in Constantinople.

(5.)—A Law, dated 27 Rebi'ul Evvel and gazetted on 3 Rebi' ul Akhir, amending the Law of Inheritance.

Under this Law the right of succession to the State and mevqufé land of a deceased person devolves, subject to the rights of a surviving spouse hereinafter mentioned, upon :—

(i.) His children, grandchildren, and great grandchildren; those of the two latter classes taking by representation the share which their deceased parent would have taken had he survived the deceased;

(ii.) His parents and their descendants. If both parents survive they take equally, if either of them die before the deceased their descendants have a right of representation.

(iii.) His grandparents on both sides and their descendants.

Rights acquired through more than one source are cumulative.

Heirs of a prior degree exclude all of a subsequent degree, except that if the deceased leaves children or grandchildren and parents or a parent, the parents, or parent, take one-sixth. A surviving spouse takes one-fourth if there are heirs of the first degree, one-half if the heirs are of the second or third degree. If descendants of a grandparent would succeed were there no spouse the share to which they would succeed in such a case goes to the surviving spouse.

If there are no heirs of the first and second degrees and no grandparent surviving, the spouse takes all.

The above provisions apply also to moussaqafat, musteghilat, and muqata'ali vakf property, and adjustments of the amount of rent, to meet the extension of the right of inheritance, are made ; but it is provided that where the limits of the right to inheritance have been extended in accordance with conditions laid down by the dedicator the conditions and rents so fixed are to continue.

(6.)—A Law, dated 27 Rebi'ul Evvel, concerning the collection of rents of vakf properties.

(7.)—A Law, dated 7 Ramazan, amending the above.

(8.)—A Law, dated 1 Rebi'ul Akhir, dealing with mortgages. It provides that immovable property of every kind, whether held in severalty or in common, may be mortgaged, and may be subjected to second and subsequent mortgages. Provision is made for protecting lease-holders of property sought to be mortgaged. Buildings, trees, and vines, on the property at the time of the mortgage, or erected or planted subsequently, are to be considered as part of the mortgaged property. The Law also deals with assignment, redemption, and sale.

(9.)—A Law, dated 5 Jemazi'ul Evvel and gazetted 11 Jemazi'ul Evvel, dealing with possession of immovable property. It tends to put possessors of State and mevqufé land into the position of absolute owners, preserving, however, the *raqabé* (see p. 2 *supra*) for the State. It confirms the necessity for holding by title-deed, and seeks to put an end to fictitious transactions and to registration in the name of nominees.

The following powers may be exercised by possessors of State and mevqufé land without official leave :—

(i.) They may alienate or mortgage it. (See Land Code, Art. 36).

(ii.) They may cut down timber, or vines (See Land Code, Art. 28).

(iii.) They may make gardens by planting trees, or vines (See Land Code, Art. 25).

(iv.) They may erect buildings for industrial or agricultural use (See Land Code, Art. 31), provided that a new village or quarter cannot be formed thereby (See Land Code, Art. 32).

OTTOMAN LAND LAWS.

(v.) They may use the soil for making bricks and tiles (See Land Code, Art. 12), and sell the sand and stone, subject to the special laws on the subject.

Trees, vines, and buildings planted and erected on State or mevqufé land become subject, as regards disposal and transfer, to the laws which are applicable to the land on which they stand.

Art. 8 confirms Art. 121 of the Land Code ; Art. 9 confirms Art. 35 (iii.) ; Art. 10 confirms Arts. 13, 14, 27, and 29 ; Art. 11 confirms Art. 35 (i.) ; Art. 12 confirms that part of Art. 19 of the Land Code which relates to co-possessors ; Art. 13 confirms Art. 35 (ii.) and (iv.).

Art. 14 appears to repeal Art. 21 of the Land Code in so far as it denies a right to *ejr misl*.

By Art. 15 thirty-six years is laid down as the period of prescription in actions concerning the *raqabé*.

Art. 16 enacts that State and mevqufé land, and moussaqafat and mousteghilat vakf property, shall be liable for the debts of the possessor during his lifetime and after his death, even if they become *mahloul*.

Land sufficient for the support of a debtor who is a cultivator, and house accommodation sufficient for a debtor, or for his family after his death, is exempted from being sold in execution, unless already subject to a mortgage or conditional sale, or unless the debt represents the price paid for the property.

Art. 17 confirms Art. 13 of the Law as to Forced Sale (see p. 63 *supra*).

Two provisional Laws affecting land appear to have been published in 1332. Of these one, dated 18 Rebi'ul Evvel, amends the Law as to leasing immovable property dated 28 Jemazi'ul Evvel, 1299 (see Young's Corps de Droit Ottoman VI., 132) ; the other, dated 14 Muharrem, deals with partition.

APPENDIX OF CYPRUS LAWS AND RULES.

Contents.	Page.
Titles Registration Law, 1885..	81
Civil Procedure Law, 1885	82
,, ,, Amendment Law, 1919	99
Rules of Court, 1886, Order 18..	100
Court Costs Rules, 1911, Rules 13, 14	102
Rules of Sale, 1901,	102
Sale of Land (Specific Performance) Law, 1885	108
Confiscation of Public Lands Law, 1885	110
Immovable Property Limitation Law, 1886	111
Fraudulent Transfers Avoidance Law, 1886	112
Sale of Mortgaged Property Law, 1890	114
Land Transfer Amendment Law, 1890	118
,, ,, ,, 1913	122
Ecclesiastical Properties Law, 1893	122
Education Law, 1905, s. 58	123
Securities for Debt (Offences and Protection) Law, 1905	124
Immovable Property Registration and Valuation Law, 1907	124
,, ,, ,, ,, 1913	136
Rules of Court, 1909	136
Corporate Bodies (Immovable Property Registration) Law, 1908	137

THE TITLES REGISTRATION LAW, 1885.[1]

[The remainder of this Law was repealed by the Immovable Property Registration and Valuation Law, 1907, s. 46.]

Church property held ab antiquo.

11. All immovable property shown by evidence to belong *ab antiquo* to any Church or Monastery shall be registered in the Central Office of Land Registration at Nicosia.[2]

No qochans shall be issued in respect of such lands, nor fees taken in respect of such registration.

[1] See also the Ecclesiastical Properties Law, 1893, p. 122 *infra*.
[2] See *Sophronios v. The Principal Forest Officer* (1890) C.L.R. I., p.118 and *Gavezian v. Pandeli* (1895) C.L.R. III., p. 259.

Other Church Property.

12. All immovable property, other than that belonging *a antiquo* to any Church or Monastery, which shall have passed by any lawful means into the possession of any Church or Monastery shall be registered in the name of some person as trustee for the Church or Monastery.[1]

G

APPENDIX.

The trustee shall be appointed by the manager of the Church or Monastery, and upon his death the property shall not devolve upon his heirs but shall be registered in the name of a new trustee to be appointed as hereinbefore mentioned.

No property so registered shall revert to the State by reason of the death of any trustee without heirs.

[1] See note 2 to s. 11.

Reduction of fees.

13. The amount of fees to be taken in respect of the transfer of any Arazie Mirié property by inheritance or by registration under Section 12[1] hereof shall be an amount equal to two-and-a-half per cent. upon the value of the property as registered in the books of the Land Registry Office for the payment of Verghi, instead of five per cent. on such value as heretofore.

And no unregistered owner shall be liable to pay fees in respect of any devolution of such property by inheritance prior to the immediate devolution thereof on him.

[1] See note 2 to s. 11.

CIVIL PROCEDURE LAW, 1885.

1. This Law may be cited as the Civil Procedure Law, 1885.

2. In this Law the following expressions have the following meanings:—

"Judgment creditor" means a person in whose favour a judgment ordering the payment of money is made;

"Judgment debtor" means a person against whom a judgment ordering the payment of money is made;

"Judgment debt" means money ordered by a judgment to be paid;

"The Court" means the Court before which the action in which any application or order is made, or any writ is issued, has been instituted, or the Supreme Court, or any judge thereof respectively.

Interim orders for sequestration, etc.

4.—(1) The Court may at any time during the pendency of any action therein make in the action an order for the sequestration, preservation, custody, sale, detention, or inspection of any property, being the subject of the action, or an order for preventing any loss, damage, or prejudice which but for the making of the order might be occasioned to any person or property, pending a final judgment on some question affecting such person or property or pending the execution of the judgment.

(2.) The order for sequestration referred to means an order appointing some person or persons to enter upon any immovable property, specified in the order, which is in the occupation of the person against whom the order is made, and to collect, take, and get into his or their hands the rents and profits thereof, and also the goods and movable property of such person, and to keep them for a time specified in the order or until the further order of the Court.

(3.) The order confers upon the person or persons thereby appointed full power to do everything which by the order is directed to be done, and all acts and things subsidiary thereto ; and, from the time when notice of the order is given to the person against whom it is made, it deprives him of every such power, subject only to his right to occupy the immovable property sequestrated and to carry on his business thereon and to use the movable property which may be thereon for the purposes of such occupation and the carrying on of his business.

Interim order restraining dealing with land.

5.—(1) Any Court in which an action for debt or damages is pending, may, at any time after the institution of the action, by its order direct that the defendant be restrained from parting with so much of the immovable property standing registered in his name or of which he has by law a right to be registered as the owner, as in the opinion of the Court shall be sufficient to satisfy the plaintiff's claim together with his costs of action.

(2) No such order shall be made unless it appears to the Court that the plaintiff has a good cause of action, and that by the sale or transfer of the property to any third person it is probable that the plaintiff may be hindered in obtaining satisfaction of the judgment of the Court if given in his favour.

(3) Every order made under this section shall specify so far as practicable the situation, boundaries, extent, and nature of the property affected by it.

(4) Where an order has been made under this section, the person on whose application it is made may deposit at the Land Registry Office of the District within which any property affected by the order is situate an office copy of the order, together with a memorandum in writing addressed to the Principal Land Registry Officer of the District, requesting that the property may not be transferred into the name of any person other than the person against whom the order is made.

(5) The order and memorandum shall be open to inspection in the office where they are deposited, and any subsequent transfer of the property made while the order continues in effect shall be null and void, and the remedy of any person into whose name the property may be so transferred shall be in damages only against the person by whom the property was granted or assigned

84   APPENDIX.

to him, whether by way of sale, gift, mortgage, or otherwise. And the Principal Land Registry Officer shall make an entry in a book kept for the purpose showing that the documents have been duly deposited, and shall communicate in writing the number of the entry to the person depositing the documents.

6. Any order under the two last preceding sections shall be subject to the provisions of Clause 36 of the Cyprus Courts of Justice Order, 1882.[1]

[1] Which provides for compensation where an order has been wrongfully obtained.

EXECUTION.

Against joint property.

9. Where a judgment is against any persons jointly, execution may issue either against any property belonging to them jointly or against any property belonging to any of them separately.[1]

[1] " The effect of a judgment against two debtors jointly is that each of them is liable to pay the whole amount, and execution can be issued against either accordingly." *Haji Hussein v. Bessim* (1907) C.L.R VII., 69.

Costs.

10. The party enforcing a judgment shall be entitled to recover his costs of execution[1] unless the Court shall otherwise order; and the sheriff or other officer executing any writ shall be entitled to retain in his hands the expenses incurred by him or any agent on his behalf in executing it.

[1] See s. 6 of the Civil Procedure (Amendment) Law, 1919, p. 99 *infra* and Court Costs Rules, 1911, p. 102 *infra*.

Disposal of proceeds.

11. All money payable under a judgment and raised by execution or otherwise, under the process of the Court, shall be paid into Court, unless the Court shall otherwise direct.

Payment into Court shall be effected by payment into the Treasury, or into any bank, or to some person or persons, as may be directed by Rules of Court,[1] the moneys so paid in being placed to the credit of and subject to the order of the Court.

[1] See O. xi. of the Rules of Court, 1886. Statute Laws II. p. 698.

Methods of execution.

12. Any judgment or order of a Court directing payment of money may, subject to the provisions of this Law, be carried into execution by all or any of the following means:

(a) By seizure and sale of movable property;
(b) By sale of or making the judgment a charge on immovable property;
(c) By sequestration of immovable property;
(d) By attachment of property under Part VII. of this Law; or
(e) By imprisonment of the debtor under Part VIII. of this Law

CIVIL PROCEDURE. 85

13. No judgment or order for the payment of money shall be executed except under the provisions of this Law.[1]

[1] See s. 97 *infra*.

EXECUTION AGAINST IMMOVABLE PROPERTY.

Sale.[1]

20. No writ of execution by sale of immovable property shall issue, except by the consent of the judgment debtor, unless a writ of sale of the movable property of the debtor, issued out of the Court and addressed to the Sheriff of the District within which the Court is situate, has been returned into the Court unsatisfied, or unless it appears that the debtor has no movable property actually in his possession.[1]

[1] See the Civil Procedure (Amendment) Law, 1919, s. 2, p. 99 *infra*.

What liable to be sold.

21. The immovable property of a judgment debtor which may be sold in execution shall include only the property standing registered[1] in his name in the books of the Land Registry Office. Provided[2] that where the property consists in whole or in part of a house or houses there shall be left to or provided for the debtor such house accommodation as shall in the opinion of the Court be absolutely necessary for him and his family.[2]

[1] " Rightly registered." See *Yemeniji v. Andoniou* (1893) C.L.R. II., p. 144, and *Koumi v. Haji Christofi* (1894) C.L.R. III., p 64.

[2] This proviso held not to apply to a sale under the Sale of Mortgaged Property Law, 1890 (p. 114 *infra*). See *Themistocles v. Changari* (1918) C.L.R. X., 124. For further proviso see s. 3 on p. 99 *infra*.

[3] See O. xviii., r. 19, p. 101 *infra*. For a case of a house belonging to joint debtors, see *Kakoyani v. Selim* (1897) C.L.R. IV., 51. In *Triantaphyllides v. Solomo* (1904) C.L.R. VI., 90, it was held that in case of an application under s. 53 (now 27) that section and this must be read together.

Issue of writ.

22. No writ of sale of immovable property shall be issued except on an application to the Court, notice of the application having been first given to the debtor;[1] and every such writ shall be signed by the judge, or one of the judges, directing its issue.

[1] See O. xviii., r. 8 p. 100 *infra* and see s. 4 on p. 99 *infra* in case of judgment being registered.

Duration of writ.

23. Subject to the provisions of the next section, where a writ of sale of immovable property has remained unexecuted for one year from the date of its issue by reason only of the non-payment of the expenses to be incurred in carrying out the sale, the Principal Land Registry Officer of the District may endorse on the writ that it has not been executed by reason of the non-payment

APPENDIX.

of the expenses ; and the writ shall then be returned to the Court by which it was issued and shall cease to have any legal force and effect.

Extension.

24. The Court may at any time before the expiration of one year from the date of the issuing of the writ, order that it shall remain in force for such further period as the Court thinks fit.

Order for sale of part first.

25. If a judgment debtor whose immovable property is sought to be sold, claims that it will be to his interest or to the interest of his creditors that any part of it should be sold before any other part, he shall bring the claim to the notice of the Court before the auction is concluded ; and if the Court thinks that any part of the property should be sold before any other part, it may so order accordingly.

Writ directing sale generally.

26. A writ of sale of immovable property, directing the sale of the debtor's immovable property generally, without other or further directions, shall be sufficient authority to the Sheriff and to the officers of the Land Registry Office to sell so much of the immovable property registered in the name of the debtor as may be deemed sufficient to raise the amount due under the judgment, with all expenses of execution.[1]

[1] See s. 69 *infra*. " *Semble* : The order of the Court for the issue of a writ of sale of immovable property effects a charge upon the property from the moment of the issue of the writ." See *Markou v. Haji Christodoulou* (1908) C.L.R. VIII., 62.

Property subject to a mortgage.

27.[1] Where the property is subject to a mortgage :—

(*a*) The judgment creditor may at any time after the mortgage debt has become payable, pay to the mortgagee on behalf of the judgment debtor all money secured by the mortgage, and may add the money so paid to the amount of his judgment debt ; and the Court, upon being satisfied that the money secured by the mortgage has been paid, may direct a sale of the property.

(*b*) If upon tender by the judgment creditor to the mortgagee of the money secured by the mortgage, the mortgagee refuses to accept it, the Court may, on the application of the judgment creditor, direct the property to be sold upon such terms as to the payment into Court by the judgment creditor, or as to his otherwise securing the payment of the mortgage debt as the Court thinks fit.

(*c*) The judgment creditor may, instead of paying or tendering to the mortgagee the money secured by the mortgage, give notice to the mortgagee of his intention to apply to the

Court for a writ of sale ; and upon such application, and upon the judgment creditor furnishing security to the satisfaction of the Court for the expenses to be incurred in and in connection with the sale, a writ may be issued directing the property to be sold, subject to a reserved bidding to be fixed by the Court, for securing the money due and to become due under the mortgage ; and if there is no bidding of as high a value as the amount fixed by the reserved bidding, the property shall not be sold.

(d) The money realized by any sale under sub-section (c) shall, so far as it extends, be applied ; first, in payment of the money due under the mortgage; secondly, in payment of the expenses of the sale ; thirdly, in payment of the judgment debt ; and the balance, if any, shall belong to the judgment debtor.

(e) If the money so realized is not sufficient for the payment in full of the money due under the mortgage and the expenses of the sale, the judgment creditor shall be answerable for the deficiency, but may, where the Court thinks fit so to order, add the amount of the deficiency to the amount of his judgment debt as costs of execution.[2]

[1] See note 3 to s. 21:
[2] See *Pierides v. Petrides* (1897) C.L.R. IV., 33.

Land registered in deceased debtor's name.

28. Where a writ has been issued for the sale of immovable property in satisfaction of a judgment debt owing by a deceased person, and the property stands registered in the books of the Land Registry Office in the name of the deceased, the Land Registry Department shall sell the property in satisfaction of the debt without first requiring its registration to be effected in the name of the heirs.

Subsequent writ.

29. Where a writ has been issued for the sale of immovable property, the Court may, on the application of any other judgment creditor, issue a writ for the sale of so much of the property as has not been sold under the first writ ; and may, upon the like application, order that the balance, if any, after payment of what is due under the first writ, shall be applied in satisfaction of the debt of the creditor by whom application is made.

Application by Sheriff for directions.

30. The Sheriff or any person executing a writ of sale of immovable property may apply to the Court for directions for disposing of any question arising or likely to arise in the course of the sale, and the Court may thereupon give such directions as it thinks advisable.[1]

[1] See O. xviii., r. 20, p. 101 *infra*.

APPENDIX.

Stay of sale.

31. Any person who claims to be interested in any immovable property for the sale of which a writ has been issued, may apply to the Court to stay the sale, and the Court may, after hearing all necessary parties, make such order thereon as seems just.[1]

[1] Compare Art. 13 of the Law of Forced Sale. p. 63 *supra*, and see *Koumi v. Haji Christofi* (1894) C.L.R. III., 59.

Auction.

32. Every sale of immovable property in satisfaction of a judgment shall be made by public auction at a time and place of which public notice has been given.

Notice of sale.

33.—(1) The notice shall be posted at the town or village within which the property is situate; at the town or village at which the sale is to be held; at the court-house of the Court out of which the writ of sale is issued; and at such other place or places as may be directed by the Court or by Rules of Sale[1] made under this Law.

(2) The notice shall specify the name and place of business of the person appointed to conduct the sale and of the person, if any, to whom biddings may be made pending the time appointed for the sale.

(3) The notice shall be a notice of at least fifteen days, but need not in any case exceed ninety days; and shall be issued for such time prior to the sale and shall be given in such manner as shall be provided by any Rules of Sale[1] made under this Law or, in default of any such rules, in such manner as the Court may direct.

[1] See p. 102 *infra*.

Written bids.

34. After the publication of the notice and until the time appointed for the sale, biddings in writing may be made to any person named in that behalf in the notice of sale, provided that they are made in conformity with Rules of Sale or, in default thereof, that they are signed by the person bidding in the presence of some person named to receive written biddings.

Close of sale.

35. At the time and place appointed for the sale the person appointed to conduct it, or his substitute, shall receive all biddings then made orally to him, and shall close the sale in conformity with the provisions of the Rules of Sale or, in default thereof, when he considers, from the time which has elapsed since the last previous bidding, that no further biddings are forthcoming.

CIVIL PROCEDURE.

Highest bidder.

36. After the close of the sale the person having the conduct of it shall declare the name of the highest bidder.

Liability of highest bidder.

37.—(1) Every person who makes a bidding, whether in writing or orally, shall, unless or until a higher bidding is made, thereby render himself responsible for the amount bid by him and that he will complete the purchase and pay all fees necessary for duly transferring the property into his name in the books of the Land Registry Office ; and if the highest bidder shall, on the demand of the person having the conduct of the sale, neglect or refuse to pay the money bid by him, or such portion thereof as may be prescribed by Rules of Sale, and also the above-mentioned fees, the biddings shall be reopened and the property shall again be put up for sale. And the highest bidder at the former sale shall be responsible for all losses, if any, occasioned by his neglect or refusal to pay the said sums.[1]

(2) If the amount realised at the subsequent sale is not sufficient to satisfy the amount due under the judgment in execution of which the sale is made, the amount, if any, for which the highest bidder at the former sale rendered himself responsible shall be recoverable in an action instituted by the judgment creditor, or, by leave of the Court, by the judgment debtor. In the contrary case the amount shall be recoverable in an action instituted by the judgment debtor.

[1] See *Peristiani v. Jassonides* (1905) C.L.R. VI., 83.

Penalty for failure to pay amount of bid.

38. When the person declared to be the highest bidder is not required by the person having the conduct of the sale immediately after the close of the sale to pay the whole of the money bid by him, then if he fails to complete the payment of the money bid by him within the time fixed by the conditions of sale, the judgment creditor may serve on him a notice in writing calling upon him to complete the payment within ten days after service of the notice ; and if he neglects or refuses without reasonable cause, proof whereof shall lie upon him, to complete the payment within the said ten days he shall be guilty of an offence and shall be liable on conviction to a fine not exceeding fifty pounds.

Court may fix reserve.

39. The Court on issuing the writ may direct that the property shall not be sold unless the amount bid for it is equal to or exceeds a reserve price fixed by the Court. Any such direction may be given by the Court on the application of the person whose property is ordered to be sold and on his securing, in such manner as the Court may approve of, the payment of any additional expenses which may be occasioned by the giving of the

direction ; and if any such direction is given, the reserve price shall in all cases be specified in the writ of sale, and no bidding or offer for the property shall be accepted unless it is equal to or exceeds the reserve price. Provided that this section shall not apply to property legally mortgaged or hypothecated for the payment of a debt.

Resale when reserve not reached.

40. When the property is not sold owing to the amount bid not having been equal to the reserve price, if, after the expiration of six months from the conclusion of the biddings, the property still remains unsold and the creditor applies to the Court to order it to be again put up for sale, the Court shall, unless it is shown that the debt is satisfied, make the order accordingly, and the property shall then be sold for the best price that can be obtained.

Power to hold sale with closed doors.

41. The doors of any room in which the sale takes place may, in the discretion of the person appointed to conduct the sale, or his substitute, be closed so that any person present at the commencement of the sale may not leave until the person conducting the sale has closed the sale and called upon the highest bidder to pay the purchase money or so much thereof as may then be payable.

Irregularity in sale.

42. If it is made to appear to any Court that there has been any omission or irregularity at the sale whereby any person has been actually damaged or prejudiced, the Court may set aside the sale and order a new sale upon such terms as it thinks just.

Inadequate bid. Suspension of sale. Setting aside writ.

43.—(1) Where the highest amount bid is inadequate, then, if the debtor applies to the Court within seven days from the time when the bidding was made for a stay of proceedings, and proves to the satisfaction of the Court that the highest amount bid is inadequate[1] as aforesaid, and if, when the application is made to the Court and when the Court is prepared to deal with it, it is possible to make an order on it without affecting the rights of or in any way prejudicing any person other than the debtor and his creditor, the Court may by its order direct that the proceedings under the writ be suspended or that the writ be set aside, as far as regards the property for which the highest bid is inadequate, either unconditionally or subject to such terms as the Court may think fit to impose.

(2) The Court shall not make the order if it appears that the debtor or any person with his knowledge and on his behalf, or in furtherance of any common purpose formed by him and others to prejudice, hinder, or prevent the sale of immovable property,

CIVIL PROCEDURE.

has in any manner acted so as to prejudice the sale of the property or hinder or prevent biddings being made for it.

(3) If, after the expiration of six months from the time when the Court ordered the proceedings under the writ to be suspended or the writ to be set aside, the property comprised in the writ still remains unsold, and the creditor applies to the Court to order it to be again put up for sale, the Court shall, unless it is shown that the debt is satisfied, make the order accordingly, without charging any further Court fees ; and the property shall then be sold for the best price that can be obtained.

(4) This section and sections 44 to 49 inclusive shall not apply to any property legally mortgaged or hypothecated for the payment of a debt.

[1] See *Dianello v. Ahmed* (1904) C.L.R. VI., 80.

"*Inadequate.*"

44. A bid shall ordinarily be deemed to be inadequate within the meaning of this Law if it is less than one-third of the value of the property as shown in the verghi registers. But the creditor may submit evidence to the Court that the value so shown exceeds the true actual value of the property, and the Court may, on hearing the evidence and any evidence submitted by the debtor in opposition, and after hearing the parties or such of them as attend the Court, determine what is the true value of the property ; and in that case the bid shall be deemed to be inadequate within the meaning of this Law, if it is less than one-third of the value determined by the Court.

Time for application.

45. Any debtor desiring to obtain an order of a Court suspending proceedings under or setting aside a writ for the sale of any of his immovable property, shall make application to the Court for that purpose within seven days from the date when the bidding has closed ; and no such application shall in any case be received after the expiration of seven days.

Re-sale.

46. When the proceedings under a writ have been suspended or a writ has been set aside under the provisions of this Law, any property which was ordered to be sold may, on the application of any person interested therein at any time afterwards, be sold, if the Court thinks fit so to direct.

Saving rights of creditor.

47. The suspension of proceedings under a writ or the setting aside of a writ shall not postpone the claim of the creditor on whose application the writ was issued to the claim of any other creditor, but all rights as against the debtor and all other persons claiming through or against the debtor which on the issuing of

92   APPENDIX.

the writ accrued to the creditor in respect of the property therein mentioned shall remain in full force until his debt is satisfied, with interest and costs.

Putting creditor in possession.

48. When the Court suspends the proceedings under or sets aside a writ, or if the highest bid is less than the reserve price fixed by the Court, the creditor may, if he so requires and if the Court thinks fit, be put into possession of the property for any period not being more than three years, at a yearly rent fixed by the Court.

Provided that if any person other than the creditor offers to rent the property and to enter into security for the payment of the rent, the creditor shall not be entitled to be put into possession at a smaller rent than that so offered.

Sale notwithstanding.

49. Notwithstanding that a creditor has been put into possession under the last preceding section, the property may at any time, by leave of the Court, be sold to any person who will give an adequate price for it.

Except as hereinbefore provided the Court shall not necessarily direct the property to be sold, but shall direct it either to be sold or to continue in the possession of the creditor, as may in the opinion of the Court be most conducive to the interests of all parties concerned.

Property not sold on day fixed.

50. If for any reason any of the property is not sold on the day fixed for the sale, the Court may give such directions as it thinks right for the sale thereof and for advertisements and notices.

Transfer after fifteen days from sale.

51. No transfer of immovable property sold in execution shall be made at the Land Registry Office until the expiration of fifteen days after the date when the biddings closed.

MAKING JUDGMENT A CHARGE ON LAND.

Registering judgment.

52. A judgment creditor may, for the time and to the extent hereinafter specified, render any immovable property in which his judgment debtor is beneficially interested, and which is registered in the books of the Land Registry Office in the debtor's name, security for the payment of his judgment debt by registering his judgment[1] at the Land Registry Office.

---

[1] Does not include an ilam of a Cadi.   *Gavrilides v. Ibrahim* (1898) C.L.R IV., 81.

CIVIL PROCEDURE.

How effected.

53. The registration shall be effected by depositing at the Land Registry Office of the District in which the property sought to be charged is situate, an office copy of the judgment, together with a memorandum, dated and signed by the judgment creditor or his agent appointed for that purpose, describing the property and claiming that the debtor's interest in it may remain answerable for the payment of the money due under the judgment.

The memorandum shall state the name, place of residence and occupation of the judgment debtor, the nature of the property, the town or village within the lands of which the property is situate, and a reference to the place in the registers where the registration of the property is to be found.

Duration.

54. Registration of a judgment shall ordinarily remain in force for two years only from the date when the judgment was first registered.

Extension of time.

55.—(1) The registration may, from time to time, be prolonged by an order of the Court for any further period or periods not exceeding one year at any one time.

(2) No order shall be made prolonging the registration unless :—

(a) the application for it is made at least one month before the expiration of the existing period for which it is registered ; and

(b) the Court is able, after hearing and considering the application and all evidence adduced in support of it, to make its order before the expiration of the existing period ; and

(c) notice of the application and of the time fixed for its hearing has been given to the Principal Land Registry Officer of the District within which the property is situate ; and

(d) the Court is satisfied that the judgment was not a collusive judgment, or obtained with a view to defeat other creditors, and also that a prolongation of the period of registration will not prejudicially affect the judgment debtor or any other judgment creditor or creditors.

(3) Notice of the order shall be given to the Land Registry Office by or on behalf of the judgment creditor and at his expense, by leaving at the office where the judgment is registered a notice in writing of the making of the order, or an office copy thereof, not later than the day on which, but for the making of the order, the registration of the judgment would cease to have effect, and, where notice only is left, by further leaving an office copy of the order at the Land Registry Office within fourteen days from the day last aforesaid ; and if the office copy or notice and office copy as aforesaid be not so left at the office, the creditor shall forfeit the benefit conferred on him by the order.

APPENDIX.

Effect.

56. During the time that the registration remains in force, the interest of the debtor in the property shall be charged with the payment of the debt due under the judgment in priority to all debts or obligations of the debtor not specifically charged upon the property before the deposit of the memorandum ;[1] and notwithstanding any transfer or mortgage made after the registration of the judgment, the property, or so much of it as shall be necessary to be sold to satisfy the judgment, shall, at any time while the registration remains in force, be ordered by the Court to be sold in execution of the judgment.[2] The remedy of any person into whose name it may have been transferred, or to whom it may have been mortgaged, shall be in damages only against the person by whom the property was transferred or mortgaged to him.

[1] In *Markou v. Christodoulou* (1908) C.L.R. VIII., 62, it was held that a previously issued writ of sale took priority to a memorandum.

[2] Notwithstanding subsequent bankruptcy. *Constantinides v. Boyadji* (1912) C.L.R. X., 45; and see the Civil Procedure Amendment Law, 1919, s. 4 *et sqq*, p. 99 *infra*.

Previous declaration for sale or mortgage.

57. Where a declaration for sale or for mortgage has been made, no memorandum deposited after the date of the declaration shall have any effect upon the property affected by the declaration until the expiration of twenty days from the date of the declaration.

Notice by creditor when judgment satisfied.

58. Whenever any judgment that has been registered is satisfied while the registration remains in force it shall be the duty of the creditor to give notice in writing thereof at the office where the judgment is registered.

The creditor shall be answerable to his debtor, and to any creditor of the debtor, for any damages they or either of them may incur by reason of a judgment remaining registered after it has been satisfied, unless he proves that the damage has been incurred in consequence of the judgment remaining registered after he has given notice at the Land Registry Office of its satisfaction.

Entries at Land Registry Office, inspection of.

59. The proper Officer of Land Registry shall enter in a book to be kept for that purpose a note of the date of the registration at the Land Registry Office of every judgment, and of the names, places of residence and ordinary occupations of all persons against whose immovable property or any part thereof, any judgment has been registered, and of the date of any order prolonging the registration, and of the period for which the registration is thereby prolonged.

The book shall also show the name of the village where the properties are situate.

The book, together with the office copies of judgments and memoranda deposited at the Land Registry Office under this Law, shall be open to inspection.

Delay.

60. Where there are two or more judgments against the same debtor in favour of separate creditors, and two or more of the creditors give notice to the same Land Registry Office of their judgments, the Court may direct that any creditor whose notice is prior in date to that of any other creditor shall be postponed to all or any creditors whose notices are subsequent in date to his and who may seek to execute their judgments, unless he proceeds to execute his judgment within a time to be named by the Court.

Right to surplus balance.

61. Where two or more creditors, by registering their judgments, have charged the same immovable property with the payment of their debts, and one of them has sold the property in satisfaction of his debt, if upon the sale there remains a balance after satisfaction of the debt and costs of execution, it shall be applied, in priority to the claims of any other creditor, in satisfaction of the debt of any other creditor who has registered his judgment, or, if there be more than one such creditor, in satisfaction of their debts in the order of priority of the registration of their judgments.

REGISTRATION IN DEBTOR'S NAME WITH A VIEW TO EXECUTION.

Judgment creditor may apply.

62. A judgment creditor who wishes to enforce his judgment debt by sale of the interest of his debtor in immovable property not registered in the name of the debtor or to render any immovable property not registered in the name of the debtor a security for his judgment debt, may apply to the Land Registry Office for the registration of the property in the name of his debtor; and whether the debtor is living or dead, registration may be effected in his name in the manner hereinafter provided.

Filing. Right of inspection.

63. The application shall be filed in the Land Registry Office, and the proper officer shall enter a note of it in a book to be kept for the purpose, and also in the book directed to be kept by section 59. The books, together with the application, shall be open to inspection by any person during office hours.

96

APPENDIX.

Effect.

64. Where such application has been made, the interest of the debtor in the property shall, during the period hereinafter appointed, be charged with the payment of the debt due under the judgment in priority to all debts or obligations of the debtor not specifically charged upon the property before the making of the application.

The property shall so remain charged until the expiration of six months from the date when notice is received by the judgment creditor, under section 66 of this Law, that the Principal Land Registry Officer has effected or has refused to effect registration in the name of the judgment debtor.

Land Registry Office may register.

65. Upon the application being made, and subject to the following conditions :—

(1) that a local inspection of the property be made ;

(2) that sufficient evidence be adduced of the right of the judgment debtor to be so registered ; and

(3) that all fees and charges (including the payment in advance of the cost of the local inspection) which would have been payable by the judgment debtor, if the application had been made by him, be paid by the judgment creditor,[1]

it shall be lawful for the Principal Land Registry Officer of the District in which the property is situate, notwithstanding that it is registered in the name of some other person, to cause it to be registered in the name of the judgment debtor.

[1] *Economou v Constanti* (1905) C.L.R, VI., 123.

Notice to creditor.

66. The officer shall forthwith give notice to the judgment creditor that he has effected or refused to effect the registration.

Refusal to register. Procedure.

67. If the officer refuses to cause the registration to be effected, the judgment creditor may apply to the District Court[1], or to a Judge thereof, for an order directing the registration, and shall in every such case give the Principal Land Registry Officer reasonable notice of the date fixed for the hearing of the application.

At the hearing of the application, the Principal Land Registry Officer may attend and adduce any evidence which he may consider material or proper to be known by the Court.

[1] Presumably of the District in which the property is situated. See *Economou v. Constanti* (1905) C.L.R. VI , p. 125.

CIVIL PROCEDURE.

Order on application.

68.—(1) If on the hearing of the application, the Court is of opinion that the property in question ought to be registered in the name of the judgment debtor, it shall order it to be registered accordingly.

Local inspection.

(2) Except where the Principal Land Registry Officer declares that a local inspection is unnecessary, no order shall be made for the registration of any property under the provisions of this part[1] of this Law, until a local inspection has been made.

[1] Ss. 62-70.

Fee, etc., to be deemed costs of execution.

69. All fees and charges (including the cost of local inspection) paid by the creditor for obtaining registration of the property in the name of his debtor, shall be deemed to be costs of execution.[1]

[1] See Court Costs Rules, 1911, p. 102 *infra*.

Application to set aside.

70. Any interested party may apply to the Court to set aside any registration effected under this part[1] of this Law.

[1] Ss. 62-70.

EXECUTION BY SEQUESTRATION OF LAND.

71. When a writ of sale of immovable property has been issued, the Court, on the application of the Debtor, and on his proving to the satisfaction of the Court that he is possessed of immovable property, and that the amount due under the judgment with all interests and costs payable and to become payable thereunder can be satisfied by sequestration of the property for a period not exceeding three years, may direct a sequestration of the property, and may thereupon stay execution by way of sale.[1]

[1] See *Koutsoudi v. Ioanni* (1910) C.L.R. X., 18.

MISCELLANEOUS.

Land Registry Officers may act on judgments.

91. Where a judgment settles any question of title to immovable property, service of a copy of the judgment at the Land Registry Office shall be sufficient authority for the proper officer of that Office to make all necessary registrations consequent on the judgment.[1]

[1] And see the Registration and Valuation Law, 1907, s. 34, p. 131 *infra*.

APPENDIX.

Writ of partition.

92. Where a judgment directs partition of immovable property, a writ of partition may issue directing that a partition of the property may be made by a Land Registry Officer or any other person whom the Court may think fit to appoint for that purpose.[1]

The Court before issuing the writ, may require the person applying for it to deposit such sum as the Court considers necessary for the costs of making the partition.

The writ shall be sufficient authority for the officer or person to whom it is addressed to make the partition ordered at any time after the receipt thereof by him, whether the persons amongst whom the property is to be partitioned are present at the time of making the partition or not.[2]

[1] Such person is an officer of the Court for the time being, *Agha v. Agha* (1910) C.L.R. IX., 45.
[2] And see the Registration and Valuation Law, 1907, s. 30, 31, p. 130 *infra*.

Judgments of Village Judges.

94. Where the judgment of a Village Judge remains wholly or in part unsatisfied, and no movable property of the judgment debtor sufficient to satisfy the judgment is found within the judicial division of the Judge, the judgment creditor may apply to a District Court for execution of the judgment, and that Court may issue the same writs and orders as though the judgment had been actually given by it,[1] and may stay execution in the same manner as it may stay execution of its own judgment, and shall have all such powers in relation to the judgment as are specified in Part IX. of this Law.[2]

[1] See s. 2 on p. 99 *infra*.
[2] Ss. 85-90, relating to examination of judgment debtors, and orders for payment by instalments.

Saving Clause.

97. Nothing in this Law shall be held to annul or abridge the right of any Court to enforce obedience to any judgment or order by the means provided in the Cyprus Courts of Justice Order, 1882.

Power to make Rules of Sale.[1]

98 —(1) The High Commissioner, with the advice and assistance of the Chief Justice and of the Registrar General may from time to time make Rules, (in this Law referred to as Rules of Sale), for regulating :—

(1) the conduct of sales of immovable property under this Law ;
(2) the appointment of persons to conduct the sales ;

(3) the fee to be paid to the Land Registry Office or to any person on such sales;

(4) the conditions under which the property is to be sold; and

(5) the form of notice authorised by section 38, and the manner of serving it.

(2) The Rules shall be consistent with this Law, and may empower the Principal Land Registry Officer to give any special directions as to the manner and condition of sale where he thinks it advisable, but so that he shall not be authorised to direct any sale to be carried out in a manner inconsistent with this Law.

(3) The Rules may repeal or alter any former Rules.

(4) The Rules shall be published in the *Cyprus Gazette*, and shall come into force at any time specified in the Rules or by order of the High Commissioner published in the *Cyprus Gazette*.

[1] See p. 102 *infra*.

CIVIL PROCEDURE AMENDMENT LAW, 1919.

1. This Law may be cited as the Civil Procedure (Amendment) Law, 1919, and shall be read as one with the Civil Procedure Law, 1885, (hereinafter called the Principal Law) and the Principal Law and this Law may be together cited as the Civil Procedure Laws, 1885 and 1919.

2. Notwithstanding anything contained in the Principal Law, Sections 20 and 94, writs for sale of immovables may be issued at any time by the order of a Judge of a District Court.

3. The Principal Law, Section 21, shall be amended by the addition thereto of the following proviso :—

Provided also that when the debtor is a farmer there shall be exempted from the sale so much land as shall in the opinion of the Court be absolutely necessary for the support of himself and his family. This proviso shall not apply in respect of debts incurred before this law comes into force.

4. Notwithstanding anything contained in the Principal Law, immovable property may be sold in execution without the consent of the debtor or an order of the Judge after one year has elapsed from the time when the judgment has been made a charge on the land by registration.

5. On the expiration of the year in the last section mentioned the judgment creditor may, on notice being given to the judgment debtor, apply to the proper Land Registry Officer for sale of the property in execution of the amount remaining due on the judgment debt, and the Land Registry Officer shall thereupon proceed with the sale unless the debtor disputes the amount of the debt owing in which case the matter shall be referred to a Judge of the District Court.

APPENDIX.

6. The Land Registry Officer may also sell so much property as is necessary to recover the charges incurred in such office and pay them to the judgment creditor; Provided that when the debt does not exceed £10 the creditor shall not recover a greater amount of costs than the amount of his debt.

7. The High Commissioner, with the advice and assistance of the Chief Justice, may make Rules for the carrying out of the objects of this Law.

RULES OF COURT, 1886.

SALE OF IMMOVABLE PROPERTY IN EXECUTION.

ORDER XVIII.

Application for writ.

8. Where a judgment of a District Court ordering the recovery by or payment to any person of money is sought to be enforced by a writ of sale of immovable property, the person seeking to enforce execution shall apply to the Court or a Judge for the issue of such writ.

No such writ shall be issued until the debtor has had notice of such application.[1]

[1] See ss. 2, 4 on p. 99 *supra*.

Particulars to be given.

9. Any person applying for the issue of a writ of sale of immovable property shall furnish the Court or Judge with all such information as may be required so that the writ may set forth all the particulars required by Rule 10 of this Order. The President of the Court or the Judge shall make a note of all necessary information furnished, and in disposing of the application shall also note any special directions as to the carrying out of the sale which the Court or Judge may think fit to give.

Contents of writ.

10. Every writ of sale of immovable property shall contain a description of the property, and a statement whether the property is registered in the books of the Land Registry Office in the name of the debtor or of any other person, or whether it is unregistered.[1] If the property be registered in the name of the debtor the writ shall contain a reference to the registration, and if not registered in the name of the debtor or if unregistered, the writ shall state what interest the debtor claims in the property. If the Court or Judge shall think fit to give any special directions as to the carrying out of the sale, all such directions shall be set forth in the writ.

[1] See the Civil Procedure Law, 1885, s. 21, p. 85 *supra*.

CIVIL PROCEDURE.

Duration and renewal.

18.[1] Every writ of execution if unexecuted shall remain in force for one year only from its issue, unless renewed in the manner hereinafter provided ; but it may, at any time before its expiration, by leave of the Court or a Judge, be renewed by the party issuing it for one year from the date of renewal, and so on from time to time during the continuance of the renewed writ ; and a writ of execution so renewed shall have effect, and be entitled to priority, according to the time of its original delivery.[1]

[1] This Rule is dated 20th May, 1899.

19.[1] Before a writ of sale of immovable property is issued under which any house of the judgment debtor might be sold in execution, the Court must be satisfied that such house accommodation is left or provided for the debtor as is absolutely necessary for the debtor and his family ; the creditor must specify the house to be left or provided, and shew that it is an existing house and not a ruin, and that it is in fact available for occupation by the debtor and his family. The writ must not be in such a form as to leave to the Sheriff or to the Land Registry Office the duty or power of deciding which house is to be excepted from the sale ; but every writ which directs the sale of the debtor's immovable property generally shall either state that all houses are excepted or shall specify the house which is to be excepted from the sale.

[1] This Rule is dated 16th February, 1901. As to the necessity for this Rule being strictly observed, see *Koutsoudi v. Yanni* (1910) C.L.R. X., 18.

20.[1] When the Sheriff or any person executing a writ of sale of any property wishes to apply to the Court for directions for disposing of any question arising or likely to arise in the course of the sale, he may forward to the Registrar a written application, which may be in the Form P in the Schedule hereto. The Registrar shall thereupon bring the application before the Court, and the decision of the Court (1) dealing with the matter, or (2) requiring further explanation or the appearance of the applicant or of any other person, shall be endorsed thereon, together with the date fixed for such appearance ; and the application so endorsed and signed by a Judge shall be returned by the Registrar to the applicant. Where the attendance of any person other than the applicant is required, the applicant may inform the judgment creditor at whose suit the writ has issued, and it shall then be the duty of the judgment creditor to give such notice to all persons concerned as may be required by the Court or by any Rule of Court. No fee shall be payable on the application.

[1] This Rule is dated 12th June, 1901.

APPENDIX.

FORM P.

Form of application for directions.

In the District Court of

(Title of action) No.

The applies for directions with regard to Writ of Sale No. issued by this Court in this action on under the following circumstances : (*here state the point on which directions are required*).

(*Signed*)

COURT COSTS RULES, 1911.

PART I.

Costs of execution.

13. Subject to the provisions contained in these Rules the party enforcing a judgment shall be entitled to recover his costs of execution unless the Court shall otherwise order.

In execution by sale of immovable property all fees and charges (including the cost of local inspection) paid by the execution creditor for obtaining registration of the property in the name of his debtor shall be deemed to be costs of execution.

Limit.

14. In execution against immovable property no costs of execution shall be recovered which are in excess of the amount realised at the sale unless for good cause shown the Court or a Judge shall otherwise order.[1]

[1] And see s. 6 on p. 99 *supra*.

RULES OF SALE, 1901.

[As amended by Rules of 20th November, 1902 and 22nd April, 1907.]

1. Unless otherwise provided for by the order of the Court every sale of immovable property shall be conducted by or under the direction of, and every Notice of Sale shall be prepared and issued by, the Land Registry Office of the District in which the property to be sold is situate.

2. Notice of Sale shall be given :—
   (a) By posting a notice in the form contained in Schedule A. hereto or to the like effect at the town, village or quarter at which the sale is appointed to be held ; and
   (b) By posting a notice in the form contained in Schedule B. or to the like effect—
      (i.) At the town, village or quarter in which the property to be sold is situate ;

RULES OF SALE.

(ii.) At the Court House of the Court out of which the writ of sale has issued ;

(iii.) At such other place, if any, as may be directed by the Court or a Judge or by the Principal Land Registry Officer of the District.

Provided that where the sale is appointed to be held at the town, village or quarter in which the property is situate the notice referred to in (b) i. need not be posted.

3.—(1) The time to be appointed for the sale to be held shall be—

(a) Where the gross value of the property to be sold does not exceed £10, not less than 30 days after the publication of the notice of sale ;

(b) Where the gross value of the property exceeds £10 but does not exceed £50, not less than 60 days after the publication of the notice of sale ;

(c) Where the gross value of the property exceeds £50, not less than 90 days after the publication of the notice of sale.

Where the property to be sold is registered in the books of the Land Registry Office, the registered value shall be taken to be the value of the property for the purposes of this Rule.

Where it is not so registered, the Land Registry Officer shall assess the value upon such information as he may be able to obtain from the judgment creditor or otherwise.

(2) The Principal Land Registry Officer of the District when fixing the date and place of sale shall have regard to the time and locality at which the property may be sold to the best advantage ; provided that at least the 15 days' notice required by Law be duly given. The notice may be for a longer period than 90 days ; but if the Judgment Creditor considers himself aggrieved where any such notice is for a longer period than 90 days he may apply to the Court for instructions to the Land Registry Officer on the subject.

4. The notices of sale to be posted shall be sent to the person appointed to conduct the sale, who shall enter on every notice the time and place of sale, such time being fixed by him as will allow of each notice being posted the required number of days prior to the time appointed for the sale. He shall cause all notices to be duly posted at their appointed places except that required by Rule 2, sub-section (b) ii. which shall be returned by him duly completed to the Land Registry Officer of the District, to be posted at the Court House.

5. If it shall appear to the Court or a Judge or to the Principal Land Registry Officer of the District that any notice of the sale other than the posting of the printed notices hereinbefore mentioned ought to be given, or if the creditor, debtor or other person interested in the property to be sold shall desire that any such

104   APPENDIX.

other notice be given, such other notice may be given at any time either before or after the posting of the printed notices hereinbefore mentioned.

6. Where the creditor, debtor or other person interested in the property shall require any such other notice as is mentioned in Rule 5 to be given, he shall be at liberty to do all things necessary for the giving of such notice, subject to the approval of the Principal Land Registry Officer of the District.

7. The Land Registry Officer may defer issuing the printed notices of sale until the expenses to be incurred in carrying out the sale according to the order of the Court or according to the directions of the Principal Land Registry Officer of the District have been paid.

8. At the time of the sale the person appointed to conduct it or his substitute, shall, before receiving any oral bid, declare the amount of the highest bid that has been made in writing, together with the name of the bidder; and, unless any higher bid shall thereupon be made, such bidder shall be declared to be the highest bidder. If further oral bids be made he shall continue to receive them until he shall consider, from the time which has elapsed since the last previous bidding, that no further biddings are forthcoming, when he shall close the sale and declare the name of the highest bidder.

9. Biddings by an Agent shall be supported by :—
   (1) The written authority of the Principal for the Agent to act in his behalf; or
   (2) The written statement of the Agent declaring that the bidding was made on behalf of the Principal named in the statement,
to be furnished to the person appointed to conduct the sale at the close of the sale, when transfer of the property sold may be made direct to the Principal.

Provided, however, that if the Principal fails to comply with the conditions of Rule 10, the Agent shall be held to be the highest bidder.

10. Except when otherwise specified in the printed notices of sale or by special notice of the Principal Land Registry Officer of the District at the time of sale all properties shall be offered for sale on the following conditions :—
   (1) That the person declared to be the highest bidder shall immediately after the biddings have closed pay to the person appointed to conduct the sale—
      (a) In respect of every lot the bid for which does not exceed £10, the full amount bid;
      (b) In respect of every lot the bid for which exceeds £10 but does not exceed £30, half the amount bid, but in no case less than £10;

RULES OF SALE.

(c) In respect of every lot the bid for which exceeds £30 twenty per cent. of the amount bid, but in no case less than £15 ;

(d) In the case where no such payment is required by the notice of sale, the amount due to the person appointed to conduct the sale, in respect of his fees, according to the scale in Rule 15,

together with the amount of the fees payable in respect of the registration of the property in the name of the highest bidder.

(2) That if the highest bidder shall fail to comply with the provisions of condition (1), the bidding shall thereupon be re-opened, and any loss which may result by reason of any subsequent highest bid falling short of the value of such original highest bid shall be made good by the original highest bidder, together with all expenses incurred in compelling him to make good the same.

(3) That the highest bidder will attend at the Land Registry Office of the District not less than fifteen and not more than twenty-five days after the day of sale and will pay the balance of the purchase money, if any, or so much thereof as he may be required to pay.

(4) That if the highest bidder shall fail to comply with the provisions of condition (3), any sum that has been paid by way of deposit shall be wholly forfeited and applied in liquidation of the claim in satisfaction of which the sale has been ordered ; that the property may again be put up for sale in the same way as though no previous sale had taken place, and that any loss which may result by reason of the amount of the highest bid at any such subsequent sale falling short of the amount bid by the highest bidder at the previous sale shall be made good by him, together with all expenses incurred in compelling him to make good the same.

(5) That the liability of the highest bidder under the foregoing conditions shall not be in any way affected by reason of any proceedings that may be taken against him under the provisions of the Civil Procedure Law, 1885, s. 38.

11. At the time appointed for the sale the doors of any room in which the sale takes place may, in the discretion of the person appointed to conduct the sale or his substitute, be closed so that any person present at the commencement of the sale may not leave the room until the person conducting the sale shall have closed the sale and called upon the highest bidder to pay the sum payable under Rule 10.

12. On the conclusion of the sale, the person appointed to conduct it shall inscribe on a copy of the printed notices of sale the name and place of residence of the highest bidder, together

APPENDIX.

with a statement of the amount of his bidding and of the sum or sums paid by him.

13. Persons authorised to conduct sales shall be appointed by the Principal Land Registry Officer of the District, and a list of the names of such persons shall be kept at the Land Registry Office and may be inspected on application.

14. The Principal Land Registry Officer in any District is empowered to give any special directions as to the manner and conditions of sale of any property where in his opinion it shall be advisable so to do ; provided that he shall not, in the exercise of such power, direct any sale to be carried out in a manner inconsistent with any Law or Rule of Sale for the time being in force and regulating the sale of immovable properties.

15. The fees stated in this Rule are appointed to be taken in respect of the matters hereinafter specified, that is to say :—

	£	s.
(1) For issue of printed Notices of Sale		3
(2) For posting the same, each notice (except notices posted at the Court House)		1
(3) As Auctioneer's fees :—		
On the amount bid, in respect of each lot sold—		
Where the highest bid does not exceed £2		1

(Provided that in no case shall the Auctioneer receive more than half of the amount bid).

					£	s.
	£2 & does not exceed			£5		2
	£5 ,, ,, ,,			£10		4
	£10 ,, ,, ,,			£20		7
Where the	£20 ,, ,, ,,			£50		10
highest bid	£50 ,, ,, ,,			£100		15
exceeds	£100 ,, ,, ,,			£300	1	0
	£300 ,, ,, ,,			£500	1	10
	£500 ,, ,, ,,			£1000	2	0
	£1000 ,, ,, ,,			..	3	0

16. A certified statement of account showing the result of the sale may be furnished by the Land Registry Office to any interested person on payment of the following fee for each certified copy :—

	s.	cp.
Where the person applying for the statement is the judgment debtor and the gross amount of the sale is under £25		4½
In all other cases	1	0

These Rules shall come into force on and from the date of their publication in the *Cyprus Gazette*.

RULES OF SALE. 107

SCHEDULE A.

Notice is hereby given that under an Order of the District Court of   dated the   day of   , 19 , the interest of   of
in the under-mentioned properties as registered in his name in the books of the Land Registry Office, will be sold by Public Auction in   lots by   of
who has been appointed to conduct the sale, at
at   o'clock   on the   day of   , 19 .
Biddings in writing may be made pending sale to the above-named Auctioneer.

Lot.	Village.	Locality.	Particulars of the property.			Boundaries.	Registered Interest offered for Sale.	Remarks.
			Nature.	Extent.					
				Don.	Ev.	No.			

The above interest in the properties stated is offered for sale without further warranty as to the nature or extent of the property or of the title of the judgment debtor. Unless otherwise specified the sale will be subject to the Rules of Sale, 1901.

19   *Principal Land Registry Officer.*

SCHEDULE B.

Notice is hereby given that under an Order of the District Court of   dated the   day of   , 19 , the interest of   of
in the under-mentioned properties as registered in his name in the books of the Land Registry Office will be sold by Public Auction in   lots by   of
who has been appointed to conduct the sale, at
at   o'clock   on the   day of   , 19 .
Biddings in writing may be made pending sale to the above-named Auctioneer.

Village in which situate.	Lands.		Trees.		Buildings, &c.
	No. of lots.	Extent.	No. of lots.	No. and Class of Trees.	

Full details of the properties to be sold and of the conditions of sale may be obtained from the Notice of Sale posted at   , or from the Auctioneer or at the Land Registry Office of the District.

19   *Principal Land Registry Officer.*

APPENDIX.

SALE OF LAND (SPECIFIC PERFORMANCE) LAW, 1885.

Formalities.

1. Subject to the provisions hereinafter contained, every contract for the sale of immovable property shall be capable of being specifically enforced under the order of a District Court or the Supreme Court, if it is a valid contract according to law and if the following conditions have been complied with in relation thereto, viz.:—

   (*a*) If it is in writing ;
   (*b*) If the purchaser shall within twenty-one days of the date of the contract deposit or cause to be deposited at the Land Registry Office of the District within which the property is situate a copy of the contract ;
   (*c*) If the purchaser has before the institution of an action to compel specific performance of the contract, called upon the vendor to appear before a Land Registry Official and declare that he has agreed to sell the property mentioned in the contract ;
   (*d*) If an action has been instituted within two months from the date when the contract was made to compel the specific performance thereof.

Enforcement.

2. Any law to the contrary notwithstanding, any Court may by its order direct that any contract for the sale of immovable property in respect of which the formalities prescribed by section 1 have been complied with shall be specifically enforced.

   Provided that the immovable property described in the contract shall at the time of the deposit of the copy of the contract at the Land Registry Office have stood registered in the name of the vendor under the contract.

Order to be enforced within three months.

3. If any person in whose favour an order directing specific performance of a contract for the sale of immovable property has been made, shall within three months of the date of the order apply at the office of Land Registry for the District within which the property is situate for the transfer thereof into his name, and do all acts and things necessary to enable the transfer to be made, the proper Officer of Land Registry, on production to him of the order or of an office copy thereof, may cause all such registrations to be made in the books of the Land Registry Office as shall be necessary for giving effect to the order.

Right lapses after three months.

4. If any person in whose favour an order directing specific performance of a contract for the sale of immovable property

has been made, shall neglect or fail to apply for the transfer thereof into his name, and to do all acts and things necessary to enable the transfer to be made, within three months from the date of the order, his right to claim a specific performance of the contract shall absolutely cease and determine, and no transfer of the property into the name of the purchaser in the books of the Land Registry Office shall be made under the authority of the order.

Effect of transfer.

5. Where any purchaser under a contract for the sale of immovable property shall obtain an order for the specific performance of the contract and shall duly cause the property to be transferred into his name in the books of the Land Registry Office, the property shall on the transfer thereof become vested in him for all the estate and interest therein of the vendor under the contract; and the Court by whose order specific performance of the contract has been directed, may make all such orders directing the vendor to deliver up possession of the property or otherwise for securing the purchaser in the possession thereof, as to the Court shall seem fit.

Effect of deposit of Contract.

6. Where a copy of any contract has been deposited at the Land Registry Office under the provisions of this Law, it shall from the date when it is deposited be open to inspection at the office where it is deposited; and notwithstanding any voluntary transfer that may subsequently be made of the property therein described to any person other than the purchaser under the contract, the property shall at any time thereafter, upon the order of a Court, be transferred into the name of the purchaser, and the remedy of any other person into whose name the property may (subsequently to the deposit) have been transferred, whether by way of gift, sale, inheritance, mortgage or otherwise, shall be in damages only against the vendor under the contract.

The deposit of a copy of a contract of sale of immovable property at the Land Registry Office shall not operate to defeat or delay any sale which may prior to the date of the deposit have been directed by any Court or Judge.

Saving power of Court.

7. Nothing in this Law contained shall be construed as depriving any Court of the right to award damages for breach of a contract for the sale of immovable property, where the Court shall so think fit, in lieu of ordering specific performance of the contract.

Liability of heirs of vendor.

8. If any vendor under a contract for the sale of immovable property in respect to which the formalities prescribed by section 1 have been complied with, shall have died subsequently to the

110   APPENDIX.

execution of the contract, the purchaser shall be entitled to claim against the heirs of the vendor all such relief as he is by this Law entitled to against the vendor.

Remedies of vendor.

9. Where any purchaser of immovable property under a contract in respect to which the formalities prescribed by section 1 have been complied with, shall refuse to pay the purchase money and accept the property, the remedy of the vendor under the contract shall lie in damages only.

10. This Law may be cited as the Sale of Land (Specific Performance) Law, 1885.

CONFISCATION OF PUBLIC LANDS LAW, 1885.

1. The word Land in this Law means all cultivable land.

Confiscation.

2. Public land (arazi-mirie) which has been left uncultivated for ten years, unless under the provisions of Section 5 of this Law, shall be confiscated by the Government.[1]

[1] See *Loizo v. The Principal Forest Officer* (1892) C.L.R. II., pp. 106, 107, and *Juma v. Halil* (1899) C.L.R. V., 16.

Offer to former owner.

3. The Government on confiscating the land shall offer it to the former owner at the equivalent value, and, if he refuse it, shall put it up to auction for one month and adjudge it to the highest bidder.

Decision as to equivalent value.

4. The equivalent value shall be decided by two experts, one chosen by the Government and one by the party interested. Before considering the price the two experts shall appoint a third party, who shall decide the price in case of difference between the other two.

Exceptions.

5. There shall be excepted from such confiscation any lands which have remained uncultivated either,
   (1) From the inundation of water ; or
   (2) Because the land, having formerly been vineyard, requires to remain for a longer time uncultivated in order that it may become fit for replanting; provided that no such land shall be so exempted if it remains uncultivated on the whole for more than twenty years ; or
   (3) Because the land belongs to a chiftlik by right of title, or to a monastery as being its property *ab antiquo*, and has been always used as pasture-land (*mera*), or as forest.

PRESCRIPTION. 111

Repeals.

6. The relative Articles of the Law on land of the 7th Ramazan 1274, *i.e.*, Articles 68, 69, 70, 71, 72, 73, 74 and 75, and all previous orders inconsistent with this Law are repealed.

7. This Law may be cited as the Confiscation of Public Lands Law, 1885.

IMMOVABLE PROPERTY LIMITATION LAW, 1886.[1]

To amend the Law as to the Acquisition of Title to Immovable Property by Adverse Possession.

1. In this Law :—

"Adverse possession" means possession by some person not entitled to possession, where the express consent or permission of the person so entitled has not been given or obtained for such possession ;

"Undisputed adverse possession" means adverse possession as hereinbefore defined which is had without dispute on the part of any person entitled to bring an action for the recovery of the property adversely possessed ;

"Registered" means registered in the books of the Land Registry Office ;

"The period of prescription" means the period of undisputed adverse possession of any immovable property which by Law constitutes a valid defence to an action for the recovery of such property.

[1] See note to Art. 20 of the Land Code, p. 8 *supra*.

Computing period of prescription.

2. The period of prescription shall be computed to commence from the time when the right to bring an action for the recovery of property adversely possessed first arose ; and where the person having the right to maintain an action for the recovery of any immovable property is under any of the disabilities hereafter mentioned, that is to say, infancy, idiocy, lunacy, unsoundness of mind or absence[1] from Cyprus, then the period of prescription shall not be deemed to have expired until the expiration of five years from the time when he first ceased to be under disability or died.

[1] See *Muzaffer v. Collet* (1904) C.L.R. VI., 108.

Adverse possession by unregistered person.

3. An action for the recovery of immovable property of which some person in whose name the same has not been registered has had undisputed adverse possession for the period of prescription shall not be maintainable unless the person instituting the action has, during some part of the time of such adverse possession, prior to the expiration of the period of prescription, been lawfully

entitled to be and has been actually registered as the owner thereof; but such action shall be maintainable where the person instituting it has during some part of the time aforesaid been lawfully entitled to be and has been actually so registered.

Adverse possession by registered person.

4. If any person shall have undisputed adverse possession of any property for the period of prescription, and shall during the whole of that period have been registered as the owner thereof, no action for the recovery of the property shall be maintainable against him after the expiration of that period.

Religious foundations.

5. Until the passing of a special law on the subject of the immovable property of Religious foundations, the managers of such foundations shall have the right, even without a title[1] or registration, to bring an action, before the expiration of the period of prescription, against persons adversely occupying the property.

[1] See *Sophronios v. The Principal Forest Officer* (1890) C.L.R. I., 120, 121.

Absence.

6. Save in the case of absence from Cyprus, the time within which an action may be brought for the recovery of immovable property shall not in any case after this Law shall come into force be extended or enlarged by reason of the absence, during all or any part of that time from the town or village in or in the neighbourhood of which the property is situate, of the person having the right to bring the action, or of any person through whom he claims.

7. This Law may be cited as the Immovable Property Limitation Law, 1886.

FRAUDULENT TRANSFERS AVOIDANCE LAW, 1886.

To Provide for the setting aside of Transfers of Property made to hinder Creditors.

1. In this Law—The expression "Creditors of a Debtor" means not only the persons to whom he is actually indebted, but also every sheriff, and every person acting for a sheriff, who shall lawfully put into execution any judgment given against the debtor, and also every person (if any) in whom the property of the debtor or the right to sell and dispose of it shall either by his own act or by operation of law become vested for the common benefit of all the persons to whom he is indebted; and the expression "Judgment Debt" means not only a debt for the payment of which a judgment has been given by a competent Court, but also every debt in respect of which the person to whom it is due has duly established his right to rank as a creditor of the person

FRAUDULENT TRANSFER.

from whom it is due on the distribution of the property of the last-mentioned person under any law providing for the distribution of the property of bankrupts or insolvent persons among their creditors.

2.—(1) Every gift,[1] sale, pledge, mortgage or other transfer or disposal of any movable or immovable property made by any person with intent to hinder or delay his creditors or any of them in recovering from him, his or their debts shall be deemed to be fraudulent, and shall be invalid as against such creditor or creditors; and, notwithstanding any such gift, sale, pledge, mortgage or other transfer or disposal, the property purported to be transferred or otherwise dealt with may be seized and sold in satisfaction of any judgment debt due from the person making such gift, sale, pledge, mortgage or other transfer or disposal.

(2) Every transfer or assignment of any property made otherwise than in exchange for money or other property of equivalent value shall be deemed to be fraudulent for the purposes of this Law if it is made to any parent, spouse, child, brother, or sister of the transferor or assignor.

(3) No sale, mortgage, transfer or assignment made in exchange for money or other property of equivalent value shall be voidable under the provisions of this Law, unless the purchaser, mortgagee, transferee, or assignee shall be shown to have accepted it with knowledge that such sale, mortgage, transfer, or assignment was made by the vendor, mortgagor, transferor, or assignor with intent to delay or defraud his creditors.

[1] See *Christodoulides v. Mehmet* (1915) C.L.R. X., 82.

3.—(1) Any gift, sale, pledge, mortgage or other transfer or disposal of any movable or immovable property deemed to be fraudulent under the provisions of section 2 of this Law may be set aside by an order of a Court, to be obtained on the application of any judgment creditor made in the action or other proceeding wherein the right to recover the debt has been established, and to the Court before which such action or other proceeding has been heard or is pending.

(2) No gift, sale, mortgage, or other transfer of any property shall be set aside under the provisions of this Law, except it shall have been made within a period of one year next before the commencement of the action or proceeding in which the application to set it aside is made.

4. It shall be lawful for the proper officer of Land Registry on delivery to him of an office copy of any order made under the provisions of the last preceding section to make or cause to be made all such registrations in the books of the Land Registry Office as may be necessary consequent on the order.

5. This Law may be cited as the Fraudulent Transfers Avoidance Law, 1886.

114   APPENDIX.

SALE OF MORTGAGED PROPERTY LAW, 1890.

To AMEND THE LAW RELATING TO THE POWERS OF MORTGAGEES AND ATTORNEYS TO SELL MORTGAGED PROPERTY.

Sale when attorney named by mortgagor.

1. Where immovable property is mortgaged for the payment of a debt, whether before or after the passing of this Law, and the person mortgaging it shall have named any person his attorney to sell it if the debt be not paid to the person to whom it is due at the time when it becomes payable, the property may be sold on application to be made either by the person so named attorney as aforesaid or by the person to whom the money is due to the Principal Officer of Land Registration of the District within which the property is situate (hereinafter called the Principal Officer of Land Registration), and on evidence to the satisfaction of the officer being forwarded to him,—

   (a) That the debt for the payment of which the property is mortgaged has actually become payable;

   (b) That the person named attorney for the sale of the property, or the person to whom the debt is due, or some person representing them or one of them has, two months at least prior to the time when the application for the sale of the property is made, served upon the person mortgaging the property a notice in writing calling upon him to pay the money for which the property is mortgaged and informing him that if default shall be made in payment thereof for the space of two months from the time when the notice is served the property mortgaged may thereupon be put up for sale;

   (c) That the debt for the payment of which the property is mortgaged, or some part thereof, remains unpaid at the date when the application is made.

Sale when no attorney named.

2. Where immovable property is at any time after the time when this Law shall come into operation mortgaged for the payment of a debt, then, whether or not any person has been named attorney as aforesaid, the property may be sold on such application and the furnishing of such evidence as is prescribed by the last preceding section, such application to be made and such evidence to be furnished by the person to whom the debt is due.

Evidence.

3. Evidence of the several matters mentioned in sub-sections (a), (b), and (c) of section 1 shall be furnished by affidavit, unless the person testifying shall object to be sworn, in which case the evidence shall be furnished by affirmation, the several facts to which the person affirming can testify being stated in writing and

SALE OF MORTGAGED PROPERTY.

the statement so prepared being affirmed by him to be true. Every affirmation shall state that the person affirming objects to be sworn and the grounds on which he so objects.

Form of affidavit or affirmation.

4. Affidavits under this Law shall be made in the same manner and form as affidavits are required to be made under any Rules of Court for the time being in force for regulating the procedure of the Courts in civil actions, except that they shall be entitled with a statement showing in relation to what matter they are made, and for that purpose shall set forth the name of the person for the sale of whose property application is made and his surname, if any, or, if none, the name of his father; also his place of residence; and in other respects they may be in the Form A in the Schedule.

Affirmations under this Law shall be made as nearly as possible in the same manner and form as affidavits.

How made.

5. Affidavits and affirmations under this Law shall be sworn and affirmed before the Registrar of any District Court, and no fee shall be chargeable in respect of the swearing or affirming thereof.

Form of notice and mode of service.

6. The notice mentioned in section 1 may be in the Form B in the Schedule.

Service of any such notice shall be effected by delivering it into the hands of the person to be served therewith or by tendering it to him personally or by leaving it at his usual or last known place of abode in Cyprus, or, if he is not an inhabitant of Cyprus and cannot be found therein, by posting it on some conspicuous place on the property charged with the payment of the debt which is sought to be recovered or, if the property consists of several separate parcels, on each of the separate parcels.

If the person to be served is an infant, lunatic, or person of unsound mind, service of the notice shall be effected in the same manner as service of a writ of summons is required to be effected under the Rules of Court for the time being in force for regulating the procedure of the Courts in civil actions.[1]

[1] See Order IV., rr. 8, 9. Statute Laws, II. 682.

Penalty for false statement.

7. Any person who shall knowingly make any false statement in any affidavit or affirmation made under this Law shall be liable to the same penalty as if he had given false evidence in a judicial proceeding.[1]

[1] See Cyprus Courts of Justice Order, 1882, Cl. 193. Statute Laws, II., 285.

APPENDIX.

Discretion of Principal Officer of Land Registration as to sales.

8. If the Principal Officer of Land Registration on the statements contained in any affidavit or affirmation shall consider that the notice to pay the money sought to be recovered has not come to the knowledge of the person whose property is mortgaged for the payment thereof, or that owing to his absence from Cyprus or otherwise he has not had sufficient time to comply with the demand made by the notice, he may refuse to put the property up for sale and may defer the sale either generally or for some specified time as he may think good, and he may require the person applying for the sale of the property to furnish further evidence of any of the matters mentioned in sub-sections (*a*), (*b*), and (*c*) of section 1 ; but whether he shall defer the sale or not, or whether he shall or shall not require the production of further evidence, or whatever course he may in the *bona fide* discharge of his duty as an Officer of Land Registration pursue in relation to the sale, he shall not be responsible either to the person for the sale of whose property application is made or to the person applying for the sale for any damage or loss that may occur to them or either of them in consequence of his acts in relation to the sale.

Sales in accordance with Rules of Sale.

9. Every sale made on any such application as is mentioned in section 1 shall be by public auction in accordance with the Rules of Sale for the time being in force under the Civil Procedure Law, 1885.[1]

[1] See p. 102 *supra*.

Effect of sale.

10. Where any property is sold on application under this Law, the registration thereof in the name of the purchaser shall indefeasibly transfer to him all the estate and title of the person by whom the property was mortgaged[1] for the payment of the debt in satisfaction whereof the property is sold, notwithstanding any false statement made without the knowledge of the purchaser of any informality contained in any affidavit or affirmation presented to the Land Registry Office in conformity with the provisions of this Law ; and if the person whose estate and title in the property is transferred as aforesaid shall be in any way prejudiced by any such false statement or informality as aforesaid his remedy shall be in damages only against the person on whose application the property was sold.

[1] See *Haji Nicola v. Fieros* (1917) C.L.R. X., 102.

Saving of right to bring civil action.

11. Nothing in this Law contained shall operate to prevent any person claiming a right to have mortgaged property sold in satisfaction of a debt charged thereon from enforcing his right

by a civil action,[1] and any such action may be instituted at any time, either before or after application to the Principal Officer of Land Registration under the provisions of this Law. Provided always that where the Court shall be of opinion that the institution and prosecution of the action was not reasonably necessary for enforcing the plaintiff's right it shall have power to direct that the whole of the costs of the action, including the costs of the defendant, be paid by the plaintiff.

[1] See *Kenan v. Skordi* (1914) C.L.R. X., 69.

12. [Commencement.]

13. This Law may be cited as the Sale of Mortgaged Property Law, 1890.

SCHEDULE

FORM A. (S. 4.)

In the matter of the mortgage of A. B.
    of
To the Principal Officer of Land Registration for the District
    of
I, L. M., of   hereby make oath and say as follows :—

1. On the   day of   , 19   , A. B., of   mortgaged his property situate at

[*Here describe the property.*]

for the payment to me of the sum of £   with interest thereon at the rate of   per cent. per annum and the said A. B. agreed to pay the said principal sum of £   on the   day of   , 19   , and he named of   attorney for the sale of the said property if he the said A. B. should make default in payment of the said sum of £   and interest on the said   day of. 19 .

2. On the   day of   , 19   , I served upon the said A. B. a notice in writing whereof the document produced to me at the time of my swearing this affidavit and marked is a true copy. The said notice was served upon the said A. B. by

[*Here state what was done with the document in order to bring it to the knowledge of debtor.*]

3. There is now due to me on the security of the above-mentioned mortgage a sum of £

                                    (Signed.)   L. M.

Sworn before me,

APPENDIX.

FORM B. (S. 6.)

To A. B. of

Take notice that there is now due to me the sum of £   on the security of a mortgage made by you on the   day of   , 19 , whereby you secured to me the repayment of a sum of £   with interest thereon at the rate of   per cent. per annum and nominated your attorney to sell the property hereinafter described, that is to say,

[*Here describe the property according to registered description.*]

if you should fail to pay the said sum of £   on the day of

And take notice that you are hereby required to pay the sum of £   now due as aforesaid ; and that if you shall not within   calendar months hereof pay the said sum in full together with such further interest as may accrue due on the said principal sum up to the day of payment, the said property may be sold without further notice to you.

(Signed) L. M.,

Mortgagee.

LAND TRANSFER AMENDMENT LAW, 1890.

1. No sale or mortgage of any immovable property in pursuance of any contract shall be registered at the Land Registry Office until the proceedings and formalities specified in sections 2, 3, and 4 have been complied with.[1]

[1] " The Law here clearly implies a contract of sale pre-existing." *Gavrilidi v. Georghi* (1895) C.L.R. III., p. 141.

Proceedings in sale and mortgage.

2. Any person desiring to sell or mortgage any immovable property shall produce to the proper Land Registry official,[1] (*a*) the qochan for the property ; (*b*) a receipt from the tax collector of the division in which the property is situate showing that all verghi due on it has been paid ;[2] and (*c*) in the case of a mortgage, the contract of mortgage duly stamped, (*d*) a statement in writing setting forth that he is the owner of the property and the person in whose name it is registered in the books of the Land Registry Office, the nature and extent of the property and its boundaries (if any) and that he has agreed to sell or mortgage it for a specified consideration, and requesting, in the case of a sale, that the property may be registered in the name of the intending purchaser, and in the case of a mortgage that the mortgage may be registered.

[1] See s. 2 of the Land Transfer Amendment Law, 1913, p. 122 *infra*.

[2] See s. 35 of the Immovable Property Registration and Valuation Law, 1907, p. 132 *infra*.

SALE AND MORTGAGE.

3. The person desiring to purchase the property or to advance money on the security thereof shall, together with the vendor or mortgagor, appear before the proper Land Registry official[1] and produce a statement in writing setting forth that he has agreed to purchase the property for the specified consideration or to advance money on the security of the property and requesting, in the case of a sale, that the property may be registered in his name and, in the case of a mortgage, that the mortgage in his favour be registered.

[1] See note 1 to s. 2.

Declarations by parties.

4. The written statement or statements so produced to the Land Registry official shall be read over to the parties by whom they were produced and the contents thereof be declared by them to be true in the presence of the Land Registry official.[1]

The parties producing the statement or statements shall thereupon, if they are able to do so, sign the same, or, if illiterate, affix their marks thereto, and they shall then be signed by the Land Registry official before whom the declarations were made.

[1] See note 1 to s. 2.

5. The written statements hereinbefore mentioned may in the case of a sale be in the Form No. 1 in the Schedule, and in the case of a mortgage in the Form No. 2 in the Schedule.

Issue of qochans.

6.—(1) When the declarations of the parties to the sale or mortgage have been signed as hereinbefore mentioned, the proper Land Registry official may, notwithstanding that any further or other formalities are prescribed by any law, order, or regulation, on payment of the fees, effect the necessary registrations and issue the proper qochans.[1]

(2) The proper Land Registry official may decline to issue the qochans unless they are applied for and the prescribed fee paid within twenty days of the date of the signing of the declarations; and if the qochans are not so applied for and the fees paid within the said period of twenty days may require the proceedings and formalities required by sections 2, 3, and 4 to be again complied with.

(3) The Principal Officer of Land Registry of the District within which the property is situate may for reasonable cause direct that the sale or mortgage be not registered unless and until the person desiring to sell or mortgage the property shall furnish him with such further evidence as to the ownership of the property or nature, extent, and boundaries thereof and the price for which

120   APPENDIX.

it has been agreed to be sold as to the officer shall seem fit, or until such local inquiry shall have been held as he shall consider necessary.

[1] See *Constanti v. Theodossi* (1897) C.L.R. IV., 58.

Penalty for false declaration.

7. Any person who knowingly and with fraudulent intent makes or causes to be made a false statement in any declaration made under Section 4 of this Law shall be guilty of an offence and shall be punishable in the same way as though he had given false evidence in any judicial proceeding.[1]

[1] See Clause 193 of the Cyprus Courts of Justice Order, 1882. Statute Laws II., 285.

Declarations to be made personally or by authorized person.

8.—(1) Any declaration under section 4 may be made either personally or by any person who shall prove to the satisfaction of the Land Registry official[1] before whom the declaration is made that the person in whose behalf it is made has authorized him by a document in writing duly certified by a competent authority to appear and consent to the transfer or to the registration of the mortgage.

(2) Where a declaration is made by such representative, the representative shall produce to the Land Registry official[1] before whom the declaration is made the document in writing authorizing him to make it and shall deposit it in the Land Registry Office; and no transfer or registration of a mortgage shall be made in pursuance of such declaration until the document has been so deposited.

[1] See note 1 to s. 2.

Fee on mortgaging Arazi Mirie.

9. The fee to be taken on the mortgaging of Arazi Mirie lands shall be one per cent. on the amount secured by the mortgage.

10. This Law may be cited as the Land Transfer Amendment Law, 1890.

SCHEDULE. (S. 5.)

FORM No. 1.

I, A. B., of   [*or* X. Y. the duly authorized agent of A. B. of   ] for myself declare that I am [*or* that A. B. is] the person in whose name the property described in qochan [No.   and dated   ] is registered in the books of the Land Registry Office, that I am

SALE AND MORTGAGE. 121

[or that A. B. is] the owner of the said property, and that the said property consists of
bounded by
and that I have agreed [or the said A. B. has agreed] to sell the same for the sum of £   to C. D. of
and I hereby request that the said property be registered in his name. And I, the said C. D. of
[or W. Z. the duly authorized agent of C. D. of   ]
for myself hereby declare that I have agreed [or that C. D. has agreed] to purchase the property hereinbefore described for the sum above mentioned and I hereby request that the said property may be registered in my name [or the name of the said C. D.]

(Signed)   A. B.
C. D.
[or X. Y. agent for A. B.]
[W. Z. agent for C. D.]

Read over to and signed by the said A. B. [or X. Y.] and C. D. [or W. Z.] in my presence this   day of   19
P. Q.
Tapou Clerk.

FORM No. 2.

I, A. B., of   [or X. Y. the duly authorized agent of A. B. of   ] for myself declare that I am [or that A. B. is] the person in whose name the property described in qochan No.   and dated   is registered in the books of the Land Registry Office, that I am [or that A. B. is] the owner of the said property, and that the said property consists of
bounded by
and that I have agreed [or the said A. B. has agreed] to mortgage the same for the sum of £   to C. D. and I hereby request that the said mortgage be registered in favour of the said C. D. and I, the said C. D. [or W. Z. the duly authorized agent of C. D. of   ] for myself hereby declare that I have agreed [or that C. D. has agreed] to advance the said sum of £
upon the security of the said property and I request that the mortgage in my favour [or the mortgage in favour of C. D.] be registered.

(Signed)   A. B.
C. D.
[or X. Y. agent of A. B.]
[or W. Z. agent of C. D.]

Read over to and signed by the said A. B. [or X. Y.] and C. D. [or W. Z.] in my presence this   day of   19
P. Q.
Tapou Clerk.

APPENDIX.

LAND TRANSFER AMENDMENT LAW, 1913.

2.—(1) All or any of the proceedings or declarations prescribed in the Principal Law,[1] Sections 2, 3, 4, or 8 may be taken and made before the Land Registry official in charge of a District other than that in which the immovable property the subject of such proceedings or declarations is situate upon payment of the fee of one shilling.

(2) The Land Registry official before whom any such proceeding or declaration is taken or made shall forward the documents to the proper Land Registry official in charge of the District in which the said immovable property is situate and such Land Registry official may thereupon act as if such proceeding or declaration had been taken or made in his presence.

[1] The Land Transfer Amendment Law, 1890.

ECCLESIASTICAL PROPERTIES LAW, 1893.

TO MAKE TEMPORARY PROVISION TO PROTECT THE CLAIMS OF ECCLESIASTICAL CORPORATIONS TO CERTAIN PROPERTIES.

Whereas questions have arisen as to the rights of Ecclesiastical Corporations with regard to the tenure of land in the Island of Cyprus ;

And whereas it is expedient that, pending the settlement of such questions, Ecclesiastical Corporations in Cyprus should not be disturbed in the enjoyment of any immovable property of which they are now actually in possession :

Be it therefore enacted :—

1. This Law shall remain in force until the 31st of May, 1920. (See Law IX. of 1919.)

2. Nothing in this Law contained shall be deemed to apply to any land of the category known as Mulk.

Evidence of title to cultivated land.

3.—(1) In any action brought by an Ecclesiastical Corporation in respect of any interference with or trespass upon any cultivated lands in the possession of the corporation, it shall not be necessary for the plaintiff to produce evidence of his title to such cultivated lands, but evidence of ten years' possession[1] alone shall be sufficient to enable the corporation to maintain the action against any person interfering with the lands, even if he is the registered owner in the books of the Land Registry Office.

(2) The privileges conferred by this section shall not apply to any lands of which any such corporation has taken possession after the 22nd May, 1891.

[1] See *Gavezian v. Pandeli* (1895) C.L.R. III., 256.

ECCLESIASTICAL AND SCHOOL PROPERTY.

Waste land.

4.—(1) It shall not be lawful for any person to break up or pasture upon or cultivate or cut wood upon any waste land over which any Ecclesiastical Corporation has exercised during the last fifteen years an exclusive right of pasturage and with respect to which it has either lodged before the passing of this Law or shall lodge within six months from the passing thereof in the Land Registry Office of the District within which the land is situate, a statement setting forth the boundaries, situation and approximate extent thereof.

(2) Nothing in this section shall interfere with or affect any rights or claims of the Government in respect of any forest land.

Definition.

5. In this Law, the words "Ecclesiastical Corporation" mean every archbishop or bishop acting on behalf of his see, every abbot or other chief ecclesiastical functionary or governing body of any monastery acting on behalf of the monastery, and every church committee or other body of persons for the time being exercising the superintendence over and management of the affairs of any church.

6. [Repeals Law 19 of 1891.]

7. This Law may be cited as the Ecclesiastical Properties Law, 1893.

EDUCATION LAW, 1905.

58. All property, whether movable or immovable, acquired by or for any school under this Law or any Law heretofore in force and regulating the acquisition of such property, or otherwise, shall be vested in the President of the Village Committee for the time being or the Chairman for the time being of the Committee constituted under section 20, as the case may be, and the following provisions shall have effect :—

(1) All such immovable property of every category shall be registered in the books of the Land Registry Office in the name of the President or Chairman aforesaid as trustee for the Committee, unless it has been acquired by gift or dedication, in which case the property shall be held and registered in accordance with the terms of the deed of gift or dedication, if any.

(2) No disposition of the property shall hereafter be made without the authority of the District Committee of Education signified under the hand of its Chairman and subsequently approved by the Board of Education.

(3) No Government, Municipal, or other tax, rate, or due shall be leviable in respect of the property, unless it shall appear that the school derives income therefrom.

APPENDIX.

SECURITIES FOR DEBT (OFFENCES AND PROTECTION) LAW, 1905.

For the better Protection of Mortgagees and Judgment Creditors against Fraud and Damage.

1. This Law may be cited as the Securities for Debt (Offences and Protection) Law, 1905.

2. In this Law the word "mortgagor" includes also any person who has an interest in immovable property which is subject to a mortgage as an heir or devisee of the mortgagor thereof.

3. Whoever, being a mortgagor of immovable property, or having an interest, as owner, heir, or devisee, in immovable property which is charged with the repayment of a judgment debt, shall do any act, or shall order or wilfully permit any act to be done, whereby the property is destroyed or materially damaged shall, unless he establishes to the satisfaction of a Court that he acted without any fraudulent intent, be guilty of an offence and shall be liable to a fine not exceeding twenty pounds, or to imprisonment for any term not exceeding one year.

4. During the existence of any mortgage of immovable property, or of any charge of a judgment debt on any immovable property, the person entitled to the benefit of the mortgage or charge shall be deemed to have concurrent and equal rights with the owner of the property for the purpose of taking any action, whether by civil or criminal process, against any third person for the protection of the property against destruction or damage.

IMMOVABLE PROPERTY REGISTRATION AND VALUATION LAW, 1907.[1]

1. This Law may be cited as the Immovable Property Registration and Valuation Law, 1907.

[1] As amended by the Immovable Property Registration and Valuation Law, 1909

2. In this Law unless the context otherwise requires—

The expression "immovable property" means and includes lands, trees, vines, houses and other buildings and constructions of all descriptions and of any category and any share or interest (not being a leasehold interest) therein, but does not include any lands, trees, vines, houses or other buildings or constructions whereof the ownership is by any law or custom not required to be registered in the books of the Land Registry Office.

The expression "unregistered owner"[1] means any person whether in the occupation or not of any immovable property, who is entitled to be registered in the books of the Land Registry Office as the owner or possessor of such immovable property.

REGISTRATION.

The expression "Principal Land Registry Officer" means with reference to the District of Nicosia, the Registrar General, and, with reference to any other District, the Commissioner of the District, unless the High Commissioner shall otherwise direct.

[1] See the Immovable Property Registration and Valuation Law, 1913, s. 9, p. 136 *infra*.

PART I.—REGISTRATION.

Compulsory Registration.

3. When any immovable property is not registered in the books of the Land Registry Office in the name of the person by Law entitled thereto, the Principal Land Registry Officer may compel the same to be so registered in accordance with the following provisions.

Notice to unregistered owner.

4.—(1) For the purpose aforesaid the Principal Land Registry Officer may serve or cause to be served upon any person whom he may believe to be an unregistered owner a notice in writing, in English, Turkish, or Greek, as the case may require, calling upon him within sixty days from the date of the service of such notice to cause such property to be registered in his name or to shew cause why such registration should not be made, and a notice to the like effect shall be posted for general information at the place where public notices are usually posted in the village within the boundaries of which the property is situate.

(2) Every such notice shall contain a description of the immovable property, its extent, boundaries and situation, and the grounds on which the right to be registered has accrued, together with a statement of the fees payable in respect of the registration.

(3) Service of a notice upon an unregistered owner shall be effected :—

(i.) By handing it to the person to be served therewith, or
(ii.) On refusal by him to accept the same by tendering it to him and informing him that it is a notice from the Land Registry Office under the provisions of this Law, or
(iii.) By leaving it at his usual place of residence.

Plan.

5. Where a general registration and valuation has been directed to be made of all the immovable property in any village and a plan of the village lands and of the various holdings as surveyed, together with a statement of particulars of the areas, boundaries and names of the owners of the several holdings, has been furnished to the Mukhtar the following provisions shall have effect :—

(1) The notice required by section 4 to be served upon the unregistered owner shall be a good and sufficient notice for the purposes of the law if it specifies the nature and extent

APPENDIX.

of the property and the fees payable in respect of the registration of it with a reference to the number of the plot and plan in which the property appears.

(2) In lieu of the notice referred to in the concluding portion of section 4, sub-section (1), there shall be posted for general information at the place where public notices are usually posted in the village a notice to the effect that the plan and particulars aforesaid have been so furnished to the Mukhtar.

(3) Every owner of property in the village is empowered on application to the Mukhtar to obtain access to and to make any extract from or copy of the plan and statement of particulars aforesaid, and any Mukhtar who fails on demand to give access to or to allow extracts or copies to be made of such plan or particulars shall be liable to a fine not exceeding £2.

Notice on infants, persons of unsound mind and absentees.

6.—(1) In the case where the unregistered owner is an infant or of unsound mind, or resident abroad, the notice may be served upon the guardian or duly authorised agent of such person, as the case may require, or, where such guardian or agent cannot be found, by affixing the notice to some conspicuous part of the property or to the church or mosque of the village in which the property is situate.

(2) If, in the case of an infant, no guardian has been appointed the notice may be served upon the living parent, if any, or upon the person with whom the infant resides or under whose care he is ; but where the Mukhtar of the village in which the parent or person having care of the infant resides gives notice in writing to the Principal Land Registry Officer that such parent or person is incompetent to represent the infant for the purposes of this Law, the Principal Land Registry Officer shall apply to the District Court or a Judge thereof for the appointment of a person to represent the infant in manner provided by the next sub-section of this section.

(3) Where no guardian of a person of unsound mind or agent of an absentee has been appointed, or where such guardian or agent is unknown, the Principal Land Registry Officer may apply to the District Court or a Judge thereof to appoint a person to represent the unregistered owner for the purposes of this Law, and service of notice on the person so appointed shall be deemed to be good service for the purposes of this Law.

Failure to comply with notice.

7. If the unregistered owner on whom notice is served fails to cause the immovable property specified in the notice to be registered in accordance with the terms of the notice, or does not, within the time specified, show good cause why the registration

should not be made, the Principal Land Registry Officer may proceed to register such property in the name of the unregistered owner.

Provided however that the Principal Land Registry Officer shall not register any share or interest in any immovable property under the provisions of this section other than the share or interest to which such unregistered owner is entitled.

Fee on registration.

8.—(1) Upon the registration under the foregoing provisions of any immovable property of the categories of Arazi-Mirié or Arazi-Mevcoufé the fee which is by Law chargeable upon such registration (hereinafter referred to as the transfer fee) shall be payable in three equal instalments of which the first shall be due on the first day of October next following the date of registration and the remaining two upon the first day of October in each of the succeeding two years.

(2) Upon such registration of immovable property of any category other than Arazi-Mirié or Arazi-Mevcoufé the whole of the transfer fee shall be payable on the first day of October next following the date of registration.

(3) The fees to be levied in respect of any registration effected under this Law shall be in accordance with the amendments hereinafter set out in section 29.

Fee a charge on the property.

9. The payment of the transfer fee due in respect of any immovable property registered under the foregoing provisions shall be a charge upon such property having priority over all charges and incumbrances whatsoever and whether accruing before or after the date of registration, and no subsequent transfer of the property shall be registered in the Land Registry Office until the transfer fee due in respect of the registration effected under the provisions of section 7 has been paid in full.

Enforcement of payment by sale.

10.—(1) Where any sum or instalment by way of transfer fee remains unpaid after the date on which the same has become payable, the Principal Land Registry Officer may by notice in writing call upon the person by whom the fee is due to pay the same by a date to be fixed, and, if payment be not duly made in accordance with the terms of the notice, it shall be lawful for the Principal Land Registry Officer without further process to sell so much of the immovable property in the possession of such person as may be deemed sufficient to realize on sale—

(i.) The transfer fee or instalment then due ;
(ii.) All other instalments remaining to be paid to complete the payment of the transfer fee in full.

128   APPENDIX.

Provided however that if such person prior to the date appointed for the sale pays to the Principal Land Registry Officer or, on the day of the sale, to the person appointed to conduct the sale the transfer fee or instalment so due, together with the charge for posting the notices of sale, the sale shall forthwith be stayed.

(2) Every sale of property under the provisions of the preceding sub-section shall be conducted in conformity with the Rules of Sale for the time being in force with regard to the sale of immovable property in execution of a judgment,[1] but no fee shall be charged for preparation of the notices of sale in the Land Registry Office. Upon any such sale it shall be lawful for the Principal Land Registry Officer to fix a reserve price and to direct that the property ordered to be sold shall not be sold unless the amount bid therefor and to be paid by the purchaser shall be equal to or shall exceed such reserve price.

(3) On the completion of any such sale it shall be lawful for the Principal Land Registry Officer to apply the proceeds of such sale in payment of the expenses of the sale, the transfer fee or instalment then due or all other instalments remaining to be paid as aforesaid, as the case may be ; and, if the sum realized at the sale is more than sufficient to meet these payments, the surplus shall be paid to the unregistered owner, or, where he cannot be found, into the public treasury, to remain there until claimed by him or by his lawful heirs.

(4) Where any unregistered owner or other person is aggrieved by any decision of a Principal Land Registry Officer to cause his property to be sold under the provisions of this section he may apply to the District Court of the District in which the property offered for sale is situate for an order to stay such sale and to restrain such Principal Land Registry Officer from taking further action in the matter, and, at the hearing of such application, it shall be lawful for the District Court to make such order as the justice of the case may seem to it to require.

[1] See p. 102 *supra*.

No compulsory registration until after valuation.

11. No registration shall be enforced under the provisions of Part I. of this Law unless and until the immovable property the subject of such registration has been valued under the provisions of sections 13 to 24 ; and where the fee leviable in respect of such registration is proportional to the value of the property it shall be calculated upon the value so determined.

Ecclesiastical properties.

12. No registration of immovable property in the occupation of any Ecclesiastical Corporation as defined by the Ecclesiastical Properties Law, 1893, shall be enforced under the provisions of this Law.

REGISTRATION.

PART II.—DEALS WITH VALUATION.

PART III.—MISCELLANEOUS.

Commutation of Succession Dues.

28.—(1) Where immovable property is, at the time of the coming into operation of this Law, duly registered in the books of the Land Registry Office in the name of the person entitled thereto, then, upon the devolution thereafter of such property by inheritance, no fee shall be levied or taken in respect of such devolution or of any subsequent devolution thereof by inheritance, but from the date of the first devolution aforesaid the property shall be liable to an annual charge equal to one-fortieth of the fee which but for the provisions of this section would have been payable in respect of such devolution.

(2) Where immovable property is not so registered the unregistered owner shall be required to make good his title thereto and shall pay the fees due in respect of the registration of the property in his name in the books of the Land Registry Office, and thereafter upon devolution of the property by inheritance the provisions of the preceding sub-section shall come into operation.

(3) Where such property devolves upon two or more persons the said charge shall not be levied until the property has been duly divided among such persons in accordance with their respective interests, or, where they hold the property in undivided shares, unless it be apportioned in the ratio of the respective shares.

(4) The charge aforesaid shall continue to be levied on the property into the hands of whomsoever it may pass and shall be levied and taken in like manner and at the same time as the Verghi Kimat on the property is levied and taken.

Reduction in fees.

29. In lieu of the fees heretofore levied and taken there shall be levied and taken—

(1) Upon effecting an original registration of title to Arazi-Mirié or Arazi-Mevcoufé acquired by ten years undisputed possession, a fee at the rate of two and a half per centum of the value of the property so registered.

(2) Upon registering a title acquired by inheritance, whether from an unregistered owner or not, and subject to the provisions of section 28—

(i.) In the case of Arazi Mirié and Arazi Mevcoufé, two and a half per centum of the value of the property;

(ii.) In the case of Mulk and Idjaretein Mevcoufé, one-half per centum of the value of the property;

and no unregistered owner shall be liable to pay fees in respect of any devolution of such property prior to the immediate devolution thereof upon him.

K

130 APPENDIX.

(3) Upon registering a sale or gift by parents to children of the following classes of immovable property—
(i.) Mulk and Idjaretein Mevcoufé, one-half per centum of the value of the same ;
(ii.) Arazi Mirié and Arazi Mevcoufé, two and a half per centum of the value of the same.

(4) Where, in the case of an original registration of title, the value of the immovable property so registered is less than one hundred piastres the fee of six piastres commonly known as "clerks' and paper fee" levied in respect of the qochan issued shall cease to be taken.

Partition.

30.—(1) Where immovable property is held in undivided shares by two or more persons or where two or more persons have become entitled thereto it shall be lawful for the Principal Land Registry Officer on the application of one or more of such persons and subject to the provisions of the next section to make a partition of the property amongst the several persons entitled thereto in accordance with their respective shares and to register the portions into which the property is divided upon such partition in the names of the persons to whom the same are respectively allotted.

(2) No partition shall be made under the provisions of this section until due notice of the application for and of the time appointed for making the same has been served by the applicant for partition in manner provided by sections 5 and 6 of this Law upon the other person or persons co-interested.

(3) In making such partition the Land Registry Officer shall, as far as possible, apportion the property in accordance with the wishes of the persons co-interested, having regard to the Ottoman Law concerning partition.[1]

(4) Any person who is dissatisfied with the share allotted to him on any such partition may, within 30 days of the making of the partition, apply to the District Court to have the partition varied or set aside, and upon such application the District Court may vary the same as justice may require or may set aside the partition and remit the matter to the Principal Land Registry Officer in order that a new partition may be made.

(5) Nothing in this section contained shall be construed as depriving any person co-interested in immovable property from obtaining a partition of the same by proceedings in a Court of Law.

[1] See Land Code, Art. 15 *et sqq.* p. 7 *supra.*

Partition not obligatory in certain cases.

31.—(1) Where the shares of the persons entitled to any immovable property are so small that, in the judgment of the Principal Land Registry Officer they cannot be held and enjoyed in severalty without prejudice to one or more of the persons entitled thereto, the Principal Land Registry Officer shall not be obliged to make a partition of the property.[1]

(2) Where the Principal Land Registry Officer has declined to make a partition of any property for the reason aforesaid, any person entitled to a share in the property may apply to the District Court of the District in which the property is situate and the Court may—

- (i.) Order that the property shall be sold by public auction and the proceeds of the sale, after deducting the expenses of the same, disposed of among the persons entitled thereto in accordance with their respective interests, or
- (ii.) Make such other order as in the circumstances may seem just.

[1] See the Immovable Property Registration and Valuation Law, 1913, s. 7, p. 135 *infra*.

Mukhtar to report death of owner.

32. Upon the death of any person possessed of or beneficially interested in any immovable property it shall be the duty of the Mukhtar of the village in which the deceased person last resided to report such death forthwith to the Principal Land Registry Officer, and, if, without reasonable cause, such report be not made within one month of the date of such death, such Mukhtar shall be liable to a fine not exceeding £2.

Rewards to Mukhtars.

33. It shall be lawful for the Principal Land Registry Officer to grant to any Mukhtar reporting a death as required by the preceding section a reward not exceeding two shillings.

Decisions of Court affecting title.

34.—(1) Whenever the judgment or order of a District Court or of the Supreme Court, in any proceedings in which the title to any immovable property is in question, in the opinion of the Court necessitates any new registration in the books of the Land Registry Office or any change in any existing registration, the Court shall direct the Registrar to furnish the Principal Land Registry Officer with certified copies of the judgment or order and of the writ of summons or application by which the claim was made.

(2) Every such certified copy shall be sufficient authority to the Principal Land Registry Officer to make in the books of the Land Registry Office the registrations or alterations required by the judgment or order to be made and to recover in the manner provided by Part I. of this Law the fees, if any, payable in respect of such registration or alteration.

APPENDIX.

Collection of Verghi and charges.

35.—(1) Where upon any proceedings in the Land Registry Office under the Land Transfer Amendment Law, 1890, for the sale or mortgage of property the vendor or mortgagor fails to produce the receipt of a Revenue Collector or other evidence, to the satisfaction of the Principal Land Registry Officer, of the payment up to date of all Verghi and other charges incidental to the tenure of the property dealt with, the intending purchaser or mortgagee may deduct from the purchase money or the amount to be secured by the mortgage such sum as shall be sufficient to cover the Verghi and other charges aforesaid upon the said property for the three years next preceding the date of the intended transfer or mortgage.

(2) The sum so deducted shall be deposited in the District Treasury and the balance thereof, after satisfaction of all Verghi and other charges due in respect of the property in question, shall be refunded to the vendor or mortgagor.

Procedure.

36.—(1) Every proceeding in a District Court had or taken under the provisions of this Law shall be by way of application; and the procedure thereon subject to any Rules of Court which may be made under this Law shall be regulated by the Rules of Court for the time being in force with regard to applications in civil actions.

(2) The procedure upon appeals, subject as aforesaid, shall be governed by the Rules of Court for the time being regulating appeals to the Supreme Court from interlocutory orders.

(3) No fees of Court other than copying fees shall be taken in respect of any proceedings in applications to the District Court under Parts I. and II. of this Law nor by the Supreme Court in respect of any proceedings in an appeal against the decision of a District Court in respect of any such application.

Appeals.

37. Except where specified to the contrary the Principal Land Registry Officer or any person affected by an order of the District Court disposing of any application made under the provisions of this Law may appeal against the same to the Supreme Court, and the Supreme Court shall have power to hear and determine such appeal.

Costs.

38. Every District Court and the Supreme Court are empowered to make such orders as appear to them just in regard to the payment of the costs of proceedings had under the provisions of this Law.

REGISTRATION.

Village certificates and Mukhtars' fees.

39.—(1) Every Village Certificate required by any law or custom to be produced to the Land Registry Office in evidence of any fact relating to the tenure or partition of immovable property or any interest therein or as to persons in occupation of immovable property or entitled thereto and the heirs left by them or for any other purpose in connection with immovable property or dealings therewith shall be signed and sealed by the Mukhtar and signed by two Azas of the village or quarter in which the property is situate or the person respecting whom the information is given resides or last had his abode, and every Mukhtar upon issuing such certificate is entitled to charge the fees set out in Schedule II. hereto.

(2) Any Mukhtar exacting payment of a fee in excess of the rates hereby prescribed shall upon conviction be liable to a fine not exceeding £2.

Penalty for false certificates.

40. Any Mukhtar and any Member of a Village Commission who issues or signs or seals, or allows to be issued, or signed or sealed on his behalf, any certificate required by Law to be issued or signed or sealed or which for purposes of registration is customarily received as evidence, knowing that such certificate is false in any material particular shall be guilty of an offence and shall be punished on conviction thereof with imprisonment for a term not exceeding two years, and any Mukhtar, where the facts set out or to be set out in the certificate are not within his personal knowledge, may so endorse or word the certificate as to make it apparent that the facts are accurately stated to the best of his knowledge and belief on information furnished to him by reliable persons to be named. The grounds of refusal to issue or sign or seal any certificate on application shall be stated in writing by the Mukhtar, and any Mukhtar so refusing to issue, sign or seal a certificate without good and sufficient cause shall be liable to a fine not exceeding £2.

Certification of seals and signatures.

41.—(1) The signature, seal or mark of any person to any document required to be furnished under the provisions of this Law or under any law respecting the registration of title to immovable property or connected with dealings with immovable property which require to be registered in the books of the Land Registry Office may be certified by the Mukhtar and one Aza of the village or quarter in which the person executing the document resides.

(2) No Mukhtar nor Aza shall certify any signature, seal or mark unless—
   (i.) Such signature, seal or mark is affixed to the document in his presence, or is declared to the Mukhtar and Aza by the person affixing it to be his signature, seal or mark;

134 APPENDIX.

(ii.) The person signing, sealing or marking the document is personally known to him, or his identity is attested by two persons personally known to him which persons shall sign the document as witnesses to the signature, seal or mark of the principal party.

(3) Such certification shall be effected by inscribing upon the document a certificate to the following effect and by affixing thereto the signature and seal of the Mukhtar and the signature of the Aza.

" Signed (or sealed or marked) this day in our presence by A. B. who is personally known to us (or Declared to us this day by A. B. who is personally known to us to be his signature (seal or mark)). In testimony whereof we hereto set our hands and seal this   day of

L.S.   *Signature of Mukhtar.   Signature of Aza.*

" Signed (or sealed or marked) this day by A. B. in our presence and in the presence of C. D. and E. F. who are respectively known to us and who have declared to us that the person signing (sealing or marking) is A. B. and that the said A. B. is personally known to them (or Declared to us this day by A. B., in the presence of C. D. and E. F. who are respectively known to us and who have declared that he is A. B. and is personally known to them, that the signature (seal or mark) is his signature (seal or mark)). In testimony whereof we hereto set our hands and seal this   day of

Signatures of C. D. and E. F.

L.S.   *Signature of Mukhtar.   Signature of Aza.*

(4) Every Mukhtar and every Aza upon his election as such shall furnish a copy of his signature to the Land Registry Office of the District in which his village is situate.

(5) Upon certifying any signature, seal or mark there shall be paid to the Mukhtar and Aza certifying the same the sum of 4½ piastres.

(6) Any Mukhtar or Aza acting in contravention of the provisions of sub-section 2 of this section shall be liable to a fine not exceeding £2, and any person who shall before any Mukhtar or Aza make a false declaration as to the identity of any person or personate any other person or subscribe to any document any false or fictitious name shall be liable to imprisonment for a term not exceeding five years.

Erection and destruction of land marks.

42. The Principal Land Registry Officer may cause any land mark to be erected for purposes connected with any survey undertaken by him or with the registration of title to or the valuation of immovable property, and any person who wilfully destroys,

REGISTRATION.

moves or defaces any land mark fixed under the authority aforesaid or does any act which renders such land mark less useful as such shall be guilty of an offence and shall be punished upon conviction thereof with a fine not exceeding £3, and may also be ordered to pay such compensation as the Court adjudges proper.

Obstruction.

43. Any person really obstructing an officer or person in the execution of the duties imposed upon him by this Law shall be guilty of an offence and shall be liable on conviction to a penalty not exceeding £1.

Agent may represent owner.

44. Wherever in this Law it is provided that the owner of immovable property shall receive or give notice or make any application or do any act the same may be received, given, made or done by his duly appointed representative or agent unless the context shall otherwise specifically require.

Rules.

45. It shall be lawful for the High Commissioner, with the advice and assistance of the Chief Justice and of the Registrar General, to make Rules[1] for all or any of the following purposes, and from time to time to repeal, alter or amend the provisions of any Rule so made, that is to say :—

 (i.) For regulating the practice in the District Courts and in the Supreme Court in any proceedings under this Law ;
 (ii.) For regulating the proceedings in the Land Registry Offices and of Principal Land Registry Officers and Valuers ;
 (iii.) For prescribing the forms to be used in connection with the registration and assessment of immovable property and in proceedings had or taken under this Law.

[1] See p. 136 *infra*.

46. The enactments named in Schedule III. hereto are repealed to the extent specified therein.

SCHEDULE III.

ENACTMENTS REPEALED.

Enactment.	Extent of repeal.
The Titles Registration Law, 1885.	The whole, except sections 11, 12 and 13.
The Nufous and Emlak Registration Law of 17 Djemazi-ul Evvel, 1277.	So much as is repugnant to the provisions of this Law.

APPENDIX.

IMMOVABLE PROPERTY REGISTRATION AND VALUATION LAW, 1913.

1. This Law may be cited as the Immovable Property Registration and Valuation Law, 1913, and shall be read as one with the Immovable Property Registration and Valuation Law, 1907 (hereinafter called the Principal Law) and the Immovable Property Registration and Valuation Law, 1909, and this Law and the said Laws may together be cited as the Immovable Property Registration and Valuation Laws, 1907 to 1913.

7. Notwithstanding anything contained in the Principal Law, when property is held in undivided shares and the estimated value of such property does not exceed £2 the Registrar General may, unless the co-owners agree to transfer their shares to one owner or the property is capable of being divided and the co-owners agree to divide it, cause the property to be sold by public auction and the proceeds of sale, after deducting the expenses of such sale, shall be paid to the shareholders in proportion to their shares.

9. In the Principal Law the words " owner or occupier " and in this Law the word " owner " mean the person registered or entitled to be registered in the books of the Land Registry Office as the owner of the property.

RULES OF COURT, 1909.[1]

1. Subject to the provisions contained in the said Law, every application to a District Court and every appeal to the Supreme Court shall be made in the same way and shall be subject to the same rules as interlocutory applications in a civil action, provided that any application other than an application in a pending matter shall be in writing and shall be filed in the Court.

[1] See s. 45, p. 135 *supra*.

2. The application shall be entitled :—
   In the matter of Law 12 of 1907, sec.
   and
   In the matter of the [Insert sale, partition, valuation, or otherwise as the case may be.]
   of [Set out particulars of property.]

3. [Relates to valuation under Section 23.]

4. The Court shall in any case have full power to extend or abridge any time prescribed by any of the Rules of Court referred to in Rule 1.

CORPORATE BODIES (IMMOVABLE PROPERTY REGISTRATION) LAW, 1908.

TO ENABLE IMMOVABLE PROPERTY TO BE ACQUIRED BY AND REGISTERED IN THE NAMES OF CORPORATE BODIES.

1. This Law may be cited as the Corporate Bodies (Immovable Property Registration) Law, 1908.

2. For the purposes of this Law, unless the context otherwise requires:

The term " Immovable Property " means and includes lands, trees, vines, water, houses and other buildings and constructions of all descriptions and of any category, and any share or interest therein (not being a leasehold interest) but does not include any lands, trees, vines, water, houses or other buildings or constructions whereof the ownership is by any law or custom not required to be registered in the books of the Land Registry Office.

The term " Corporate Body " means and includes :

(a) Any Company, Association or Society already incorporated or which may hereafter be incorporated under any Act of Parliament in the United Kingdom, or under any Law, Ordinance, or other Enactment of any British Colony or Possession.

(b) Any Company, Association, Society or other body the corporate existence of which is recognized by the Laws of the State within which it has its principal place of business.

(c) Any Collectif, Commandite or Anonyme partnership or Company formed under the Ottoman Commercial Code and qualified to pursue its business within the Island.

(d) Any Agricultural Bank established in Cyprus under the provisions of the Agricultural Bank Law, 1890.

(e) Any Charitable, Philanthropic, Social or Athletic Institution or Association not established or conducted for commercial gain.

Registration in name of corporate body.

3. Immovable property may be acquired by and registered in the books of the Land Registry Office in the name of a corporate body and when so registered the following provisions shall have effect:

(a) The Laws and Regulations for the time being in force with regard to the tenure of such property shall apply in as full and the like manner as to the same property held and enjoyed by private individuals.

(b) A corporate body in whose name immovable property is registered shall have, with reference to the sale, mortgage or other disposition of such property, the same rights as are by Law conferred upon individuals in whose names immovable property is registered.

138

APPENDIX.

Evidence required on registration.

4. On application to register immovable property in the name of a corporate body there shall be produced to the Registrar General, and recorded by him if registration is effected :

(1) In the case where incorporated in the United Kingdom or any British Colony or Possession :

   (a) A certificate of incorporation under the hand of the Registrar of Joint Stock Companies or of an Assistant Registrar.

   (b) A copy of any Act, Ordinance, Statute or other Enactment under the provisions of which such corporate body was created, and purporting to have been printed by the Government Printing Office of such Colony or Possession.

(2) In the case where incorporated otherwise than in the United Kingdom or a British Colony or Possession copies of the Law, Order, or Enactment, and of any act or deed made thereunder by virtue of which, the corporate body was incorporated or its corporate existence recognized, every such copy being proved to be true and correct by the oath or solemn declaration of some officer of the corporation made before a Notary Public or Justice of the Peace in Great Britain or Ireland, or before a British Consul, or before the President of a District Court in Cyprus.

(3)—(a) In the case of a Collectif or Commandite partnership or Company, a copy of the articles of partnership certified by the Registrar of a District Court to be a true copy of the articles of partnership produced to him at the time of the certification of such copy.

   (b) In the case of an Anonyme Company a copy of the Order of the High Commissioner authorising the incorporation of such company pursuant to the provisions of the Ottoman Commercial Code.

(4) In the case of an Agricultural Bank, a certificate under the hand of the Chief Secretary to Government or any officer authorised to act on his behalf testifying that such Bank has been duly established in Cyprus.

(5) In the case of a Charitable, Philanthropic, Social or Athletic Institution or Association an affidavit by the President or Chairman of the Committee or Managing Body thereof to the effect that such Institution or Association is established solely for Charitable, Philanthropic, Social or Athletic purposes and not for purposes of commercial gain.

Local business address must be lodged.

5. On application for registration under this Law there shall be deposited with the Registrar General a writing under the hand

CORPORATE BODIES.

of the Secretary or other officer or member of the corporate body giving some address in the Island as the business address of the corporate body in Cyprus. Service of any notices or documents at such address shall be a good service of the same on the corporate body.

Registration to be in name of corporate body.

6. No registration effected under the provisions of this Law shall take cognisance of the relative shares or interests of the respective partners, shareholders or other persons constituting or interested in a corporate body, and all immovable property acquired by and registered in the name of a corporate body shall be deemed to be held collectively by and on behalf of such body.

Evidence of authority of attorney.

7. A person shall be entitled to act generally or in respect of any specified matter as the attorney of a corporate body :

(a) If he is empowered in that behalf by an instrument under the common seal of the corporate body, or

(b) In the case of a corporate body whose corporate action is lawfully expressed otherwise than by means of a common seal, if he is empowered to act as aforesaid by an instrument executed in the manner in which instruments are lawfully executed by such corporate body.

(c) In the case of a Charitable, Philanthropic, Social or Athletic Institution or Association if he is empowered in that behalf by a document signed by the President or Chairman and one or more members of the Committee or Managing Body thereof.

Registrar General not compelled to test validity of proceedings.

8. It shall not be incumbent on the Registrar General to test or determine in any case the validity of the transactions by or on behalf of a corporate body, and any registration may be effected by him and any disposition allowed by him of immovable property registered in the name of a corporate body if the documents and instruments tendered in respect thereof appear to him to be properly executed in accordance with the provisions of this Law.

Application to Court for directions.

9. The Registrar General or any person beneficially interested in or any officer of a corporate body may apply to the District Court for directions on any of the following matters, namely :

(1) As to the right of any body of persons to be registered or to continue to be registered as a corporate body, or

(2) As to the authenticity or sufficiency of any document which may be produced in support of the claim of any body of persons to be so registered, or

(3) As to the right of any person to act as attorney on behalf of any corporate body generally or in respect of any specific act.

Upon the hearing of such application the Court after hearing all interested parties and the Registrar General, or such of them as shall attend, shall make such order as may appear just. There shall be an appeal from every such order in like manner as though it were an order in a civil action.

Payment in lieu of fees on devolution.

10. In addition to the fee leviable upon effecting an original registration or a registration by prescription, sale, gift or exchange there shall be paid in respect of all immovable property while registered in the name of a corporate body an annual payment equal to one-fortieth of the fee which would be payable on the devolution by inheritance of such property, the first of such payments being due on the first day of April next following the date of registration; and such payment shall be recovered with and in the same manner as the Verghi Kimat due upon the property in question.

Law not applicable to Ecclesiastical properties.

11. Nothing in this Law shall apply to immovable property in the occupation of any Archbishop or Bishop acting on behalf of his See, or of any Abbot, Governing Body or Committee of Management of any Monastery or Church or to the registration of any property under the Titles Registration Law, 1885, in the name of any person as trustee for a Church or Monastery.

Power to make Rules of Court.

12. The High Commissioner, with the advice and assistance of the Chief Justice, may from time to time make Rules of Court[1] for regulating the course of procedure to be observed upon any application to the Court under this Law and for prescribing the fees of Court to be charged in respect of such proceedings.

[1] No Rules have hitherto been made under this Section.

INDEX.

NOTE.—*Pages 81 and upwards refer to the Appendix.*

ABANDONMENT : of country by villagers, 25.
AB ANTIQUO :
    harvesting, 6.
    rights of pasture, 31, 32.
        of passage, 7, 40.
    usage as to water, 40.
        as to rice fields, 41.
    user, no prescription, 33.
ABSENCE · preventing prescription, 8, 112, and *see* RIGHT of TAPOU.
ABSOLUTE DISAPPEARANCE : *see* GHAIBET-I-MUNQATA.
ACCOMPLICE : *see* SLAYER.
ACTIONS, 48
    as to pledges and mortgages of mulk, 67.
    presence of officials at hearing, 48.
    and *see* DECEPTION, MORTGAGES.
ADMINISTRATIVE COUNCILS : duties, 46, 48, 49, 66.
ADVERSE POSSESSION, 111.
ALIEN : *see* FOREIGNER.
ALIENATION : *see* TRANSFER.
ANIMALS :
    damage by, 40.
    number allowed to pasture, 32.
ANTIQUITIES, 35.
ARMY : *see* SOLDIERS.
ARAZI MEMLOUKE : *see* MULK.
ARAZI MEVQUFE : *see* MEVQUFE LAND.
ARAZI MIRIE : *see* STATE LAND.
AUCTION :
    sale by, 46, 52, 62, 88.
    price below tapou value, 29.
BACHTENE LAND, 41.
BALTALIK, 30.
BANKRUPTCY : of foreigner, 58.
BEDL-I-MISL, 17, 60.
BEIT-UL-MAL, 3, 4.
BOUNDARIES :
    destruction of, 41.
    in sale determine extent, 18.
BUILDING :
    leave for, 13, 79.
    meaning of, 13.
    of new quarter or village, 13.
    on land of another, 14.
    jointly possessed, 14.
    prohibited places, 30, 31.

BUILDINGS :
    dedicated becoming ruined, 29.
    erected without leave, 13
    fallen into ruin, site, 27.
    ground rent, 13.
    mulk, on another's land, 17.
    purchaser of, right to site, 18.
BRICKS AND TILES : manufacture of, 7, 80.
BURIAL OF CORPSE : prohibition, 13.
CERTIFICATES, 44, 65, 76, 77.
CHIFTLIKS :
    belonging to orphans, 49, 50.
    death of owner, 42.
    definition, 42.
    held by Imperial Mulknamé, 57.
    ijaretein vakf buildings, 71.
    when can be formed, 41.
CHURCH PROPERTY : *see* ECCLESIASTICAL PROPERTY.
CIVIL PROCEDURE LAW, 1885, 82.
CIVIL PROCEDURE AMENDMENT LAW, 1919, 99.
COINS AND TREASURES, 35.
COMPANIES : *see* CORPORATE BODIES.
COMPETENT OFFICIAL, 10.
CONFISCATION, 24, 110.
CO-POSSESSORS, 54, and *see* PARTITION, PREFERENTIAL RIGHTS.
CORPORATE BODIES (IMMOVABLE PROPERTY REGISTRATION) LAW, 1908, 137.
CO-VILLAGERS : *see* ESCHEAT, PREFERENTIAL RIGHTS
CREDITORS : rights as to debtor's land, 38.
CROPS :
    death of cultivator without heirs, 27.
    sown on State land, kind of, 6.
    uprooting, 10.
DAMAGE : *see* ANIMALS.
DEAD LAND, 5, 33.
DEBTS : to State, 60, and *see* SALE FOR DEBTS.
DECEIT : actions for, 39, 48.
DEDICATED LAND : *see* MEVQUFE.
DEDICATION OF LAND, 3, 40.
DEPRECIATION, 9, 27.
DIVISION : *see* PARTITION.
DIVORCE : effect of on inheritance, 57.
DURESS :
    prevents prescription, 8.
    transfer under, void, 37.
ECCLESIASTICAL PROPERTY, 81, 82, 112, 128, 140.
ECCLESIASTICAL PROPERTY LAW, 1893, 122.
EDUCATION LAW, 1905, s. 58, 123.
EJR MISL, 9, 27, 60.
EMBLEMENTS : on death of cultivator, 27.
EQUIVALENT VALUE, 52, 60, 110.
ESCHEAT :
    effect of on debts, 22, 80.
    failure of heirs, preferential rights, soldiers, 21.
    of mulk, 67.
    when occurs, 22, 46.

INDEX.

EXECUTION OF JUDGMENTS, 84-92, 98, and see SALE IN EXECUTION.
EXCHANGE: leave for, 15.
FALSE DECLARATION : as to purchase money, 44.
FEES, 44, 54, 65, 66, 67, 73, 74, 106, 119, 127, 129.
    for mevqufé land, to whom paid, 4.
FERAGH BIL VEFA, 38, 39, 57, 69.
FLOODING OF LAND, 24.
FORFEITURE : see CONFISCATION.
FOREIGNERS :
    inheritance, 36.
    right to hold land, 58, 59.
FORESTS : see BALTALIK, JEBALI MOUBAHA, WOODLAND.
FRAUD : see DECEIT.
FRAUDULENT TRANSFERS AVOIDANCE LAW, 1886, 112.
FRUIT TREES : leave to plant, 11, and see TREES.
FUEL, 30.
GABR-I-FAHISH, 39.
GARDENS : devolution of, 27.
GEIUKTEREKE, 40.
GHAIBET-I-MUNQATA, 20, 25.
GRAFTING : see TREES.
GRAZING RIGHTS, 34.
GROUND RENT, 12, 13.
GUEDIKS, 69, 76, 78.
GUARDIANS :
    disabilities of, 19.
    non-cultivation by, 26.
    partition, 8.
    power to sell, 19.
HEIRS : see INHERITANCE.
HAQ-I-SHURB, 40.
HUQUQ-I-TESSARUF, 2.
HERBAGE, 27.
HIGHWAY : see PUBLIC HIGHWAY.
HOMICIDE : see SLAYER.
IJARE-I-ZEMIN, 12, and see GROUND RENT.
IJARETEIN : meaning of word, 60.
IJARE VAHIDE, 75.
IMBECILES : see LUNATICS.
IMMOVABLE PROPERTY LIMITATION LAW, 1886, 111.
IMMOVABLE PROPERTY REGISTRATION AND VALUATION LAW, 1907, 124 ;
    1913, 136.
INALIENABLE LAND, 73, 75.
INFANTS : see MINORS.
INHERITANCE :
    absent heirs, soldiers, 20.
    divorced wife, 57.
    formalities, 44, 66.
    heirs, 56.
    of moussaqafat and mousteghilat ijaretein vakfs, 68.
    illegitimate children, 56.
    none between Moslems and non-Moslems, 36.
    pregnancy, effect of, 20.
    recent legislation, 78.

INDEX.

INHERITANCE—*continued*.
    representation, 56.
    surviving spouse, 56, 57.
INTERIM ORDERS, 83, 84.
IRRIGATION : *see* WATER RIGHTS.
JEBALI MOUBAHA, 5, 12.
JUDGMENTS :
    Land Registry Officers acting on, 97, 131.
    making charge on land, 92-95.
    subject to obtaining registration, 51.
    and *see* EXECUTION OF JUDGMENTS.
KHALI LAND, 5, 33, 45, 52.
KHARAJ-I-MOUKASSEME, 1.
KHARAJ-I-MOUVAZZEF, 1.
KHASSE LAND, 41.
KILIMBA, 6.
KIRACH, 45, 52.
KISHLAK AND KISHLAKIE, 11, 32.
KUROU, 12, and *see* WOODLAND.
LAKE : land formed by receding, 40.
LAND :
    classes of, 1.
    granted by woodland officers, 41.
    recent legislation, 79.
    reclaimed from sea, 42.
LAND TRANSFER AMENDMENT LAW, 1890, 118 ; 1913, 122
LEASES, 6, 26.
LEGAL OWNERSHIP (RAQABE), 1, 4, 79, 80.
LIMITATION : *see* PRESCRIPTION.
LUNATICS AND IMBECILES :
    chiftliks of, 19.
    disabilities, 18.
    land of, unlawfully seized, 9.
    right of tapou, 22, 23.
    transfer, 18, 19.
MAHLOUL : *see* ESCHEAT.
MARKETS AND FAIRS : places assigned for, 31.
MAZBOUTA VAKFS : title-deeds for, 73, 75.
MEADOW LAND :
    possession by title-deed, 6.
    right of tapou to, 28.
MERAS, 4; and *see* PASTURING GROUNDS.
MEVAT LAND, 2, 5, 30, and *see* DEAD LAND.
METROUKE LAND, 4, 30.
MEVQUFE LAND :
    application of Land Code to, 4.
    kinds of, 4.
    possession of without title-deed illegal, 71.
    takhsisat, 4.
MINERALS : right to, 35.
MINORITY : prevents prescription, 8.
MINORS :
    chiftliks of, 19.
    disabilities, 18.

INDEX.

MINORS—*continued.*
    land of, unlawfully seized, 9.
    right of tapou, 22, 23.
    transfer, 18, 19.
MONASTERIES, 15, 40, 110, and *see* ECCLESIASTICAL PROPERTY.
MORTGAGE DEBTS : liability for, 49.
MORTGAGED PROPERTY :
    death of mortgagor, 49, 59.
    protection of, 124.
    and *see* SALE OF MORTGAGED PROPERTY LAW, 1890.
MORTGAGES, 48, 57, 59.
    actions as to, 49, 50.
    of mulk, 67.
    informal, void, 49.
    plenipotentiary in, 49.
    recent legislation, 79.
    and *see* LAND TRANSFER AMENDMENT LAW, 1890, 118.
MORTAL SICKNESS : transfer in, 39.
MOUBAH, 33, 45.
MOUHAIA, 7.
MOUKATA'A, 11, 64, 70.
MOUSSAQAFAT AND MOUSTEGHILAT VAKFS, 59, 60, 61, 69, 70.
    becoming mahloul, 75.
    definition, 59.
    succession to, 68.
    title-deeds for, 70, 71, 72-75.
MUAJELE, 3, 56, 75.
MUEJELE, 60.
MUDDET-I-SEFER, 9.
MUHASSILS, 3, 54.
MULHAQA VAKFS, title-deeds for, 73, 75.
MULK, 1.
    compulsory registration, 64.
    title-deeds for, 67, 74.
MULTEZIMS, 3, 45, 53, 54.
MUSAVEGHAT CONDITIONS, 19.
MUSSULMANS AND NON-MUSSULMANS :
    equal treatment of, 72.
    no inheritance between, 36.
MUSTEHIKI TAPOU, 15, and *see* RIGHT OF TAPOU.
MUSTESSNA VAKFS, 71.
MUTESSARIF OF STATE LAND, 3.
NATIONALITY : change of by Ottoman subjects, 36, 77.
NEED OF LAND BY VILLAGERS, 17, 21, 47.
NEW QUARTER OR VILLAGE : *see* BUILDING.
NOKSAN ARZ, 9, 27.
NON-CULTIVATION :
    by absent heir, 24.
    by heirs after do. by ancestor, 24.
    by lunatics, etc., 26.
    by minors, 26.
    excuses for 24.
    forfeiture for, 24.
    rights of heirs, 24.

L

николаNOTICE OF DEATH OF PROPERTY OWNER, 77, 131.
OFFICIAL: see COMPETENT OFFICIAL.
ORCHARDS : site of, 29, and see FRUIT TREES.
OTLAK, 34.
PALAMUD TREES, 12.
PARTITION :
    duly made, binding, 7.
    how effected, 7.
    informal, cured by prescription, 7.
    in Cyprus, 98, 130.
    leave necessary, 7.
    minors, etc., 8.
    obstruction of official, 7.
    record of, 54.
    when permissible, 7.
    when impracticable, 7.
PASSING OVER LAND, 7.
PASTURING GROUNDS :
    ancient delimitations, 32.
    grazing rights, 32.
    held by title-deed, 11.
    of chiftliks, 32.
    right of tapou, 28.
    summer and winter, 32.
    village (meras), rights over, 31.
PERNALLIK, 8, 33.
PLANTING :
    leave for 11.
    on another's and co-possessor's land, 14.
    without leave, 11.
    and see FRUIT TREES, VINEYARDS.
PLEDGE, 38, and see MORTGAGE.
POSSESSORY TITLES, 76.
PRE-EMPTION : right of (shoufa), 17.
PREFERENTIAL RIGHTS OF PURCHASE :
    co-possessors, 16, 54.
    fellow villagers, 17.
    owners of trees and buildings, 17, 23.
PRESCRIPTION :
    acquisitive, 26.
    of mevat, 27.
    adverse possession, 111.
    against State, 9.
    excuses, 8, 111.
    form of judgment, where title by proved, 9.
    in Cyprus, 111, 112.
    lessee or borrower, none in favour of, 10.
    of actions, 8.
    period of, 8, 26.
    renunciation of rights, 9.
    when none, 8, 26, 33.
    title-deeds, 53.
    and see PARTITION.
PRISONERS OF WAR, 24.

INDEX.

PROVISIONAL CERTIFICATES, 47, 50, 66.
PUBLIC HIGHWAY, 4, 30.
PUBLIC USE : places assigned for, 31, 33, 45, 73, 75.
PURCHASE MONEY : bond for, 66.
QA'IMETEN QIMET, 12.
QOCHANS, see TITLE-DEEDS.
RAQABE, 3, and see LEGAL OWNERSHIP.
RECENT LEGISLATION : note on, 78.
RECLAMATION FROM SEA, 42.
REGISTERS AND RECORDS, 47, 48, 51, 55, 66, 69, 73.
REGISTRATION :
    by creditor in debtor's name, 95-97.
    of mulk, 63.
    of State land, 43.
    and see IMMOVABLE PROPERTY REGISTRATION, LAND TRANSFER, TITLES REGISTRATION.
RESTING SOIL : excuse for non-cultivation, 24.
RICE FIELDS, 41.
RIGHT OF TAPOU :
    absence of person entitled, 22.
    definition, 20.
    does not pass to heir, 23.
    enquiries, 46.
    illicit occupation, 26, 51.
    indefeasible by higher bid, 28.
    lunatics and imbeciles, 22, 23, 26.
    meadow land, 28.
    minors, 22, 23.
    non-cultivation occasioning, 24.
    pasturing grounds, 28.
    period for exercising, currency, 22.
    refusal to exercise, 22, 23, 46.
    soldiers' privileges, 21, 23, 25.
    valuations, 46.
    when arises, 15, 20, 21, 24, 25, 27.
    when none, 78.
RIVERS : land formed by receding, 40.
RUINS : see BUILDINGS.
RULES OF COURT :
    costs, 102.
    execution, 100, 101.
    Immovable Property Registration, etc., Law, 1907, 136.
RULES OF SALE, 1901, 102-107.
SALE OF MORTGAGED PROPERTY LAW, 1890, 114.
SALE FOR DEBT, 59, 60.
SALE IN EXECUTION OF JUDGMENT, 61-63, 85-91.
    exemptions, 61, 79, 85, 99.
    notice by creditor, 85, 99.
    objections, 63, 88, 90.
    putting debtor in possession, 61.
    sheriff, application for directions, 87, 101.
    and see RULES OF SALE.
SALT PANS, 13.
SCHOOL PROPERTY, 123.
Shufa (Right of pre-emption) 17.

SEA : land reclaimed from, 42.
SECURITIES FOR DEBT (OFFENCES AND PROTECTION) LAW, 1905, 124.
SEIZURE FOR DEBT, 38.
SEQUESTRATION, 82, 83, 97.
SIPAHIS, 3, 41, 45, 53, 54.
SLAVES : land possessed by, 36.
SLAVERY : abolition of, 37.
SLAYER AND ACCOMPLICE : cannot inherit from victim, 35, 36.
SOLDIERS ON SERVICE : non-cultivation by, 25, and *see* ESCHEAT, INHERITANCE, RIGHT OF TAPOU.
SPECIFIC PERFORMANCE, 108-110.
STATE LAND :
    building on, 3, 79.
    crops, 6.
    definition, 2.
    granted in separate pieces, 6, 41.
    history and analysis, 3.
    leases and loans, 6.
    left uncultivated, 6.
    legal ownership, 2.
    not (*semble*) granted to Monastery, 15.
    possession, how acquired, 3.
    rights of possessors, 3.
    what comprised in, 2.
SUCCESSION : *see* INHERITANCE.
TAGRIR, 39.
TAKHSISAT MEVQUFE LAND, 4.
TAPOU FEE, 3.
TAPOU-I-MISL (TAPOU VALUE), 21.
TAPOU OFFICIALS : disabilities, 29, 63.
TAPOU : right of, *see* RIGHT OF TAPOU.
TAPOU VALUE : definition, 21.
TAXES : *see* TRANSFER.
TEBSIYET, 17.
TERHIN, 67.
THRESHING FLOORS :
    held by title-deed, 13.
    on land of another, 7.
    village, 31.
TIMARS, 3.
TITHES :
    who accountable, 41.
    temporary exemption, 45.
TITLE-DEEDS, 43, 53, 54.
    contents of, 45.
    essential, 51, 64.
    for mulk, 63, 64.
    issue of, 44, 71, 72.
    lost, 45, 54.
    marginal notes abolished, 51.
    new for each transaction, 51.
TITLES REGISTRATION LAW, 1885, 81.
TRANSFER :
    arbitrary, of land of another, 17.

INDEX.

TRANSFER—*continued*.
    by co-possessor, 16, 17.
    by foreigners, 59.
    conditional, 38, 39.
    death of transferee, 15.
        transferor, 16, 39, 109.
    distinguished from sale, 15.
    formalities, 43, 51, 54, 55.
    gratuitous, 16.
    leave for, 15.
    payment of taxes on, 15, 118, 132.
    no price fixed, 16.
    of lands in village, 6, 41.
    of mulk, 65, 67.
    payment of taxes, 15, 118.
    position of heirs, 16.
    unlawful (mufsid) conditions, 37.
    where carried out, 45, 55.
    and *see* LUNATICS, INFANTS.
TREES :
    cutting down, 12.
    grafting and cultivating, 11, 12.
    growing naturally, 12, 18.
    mulk, 17.
        withered, etc., 28.
    planted with leave, 12.
    planting, prohibited, 30, 31.
    when included in sale, 18.
TRESPASS : *see* PASSING OVER, ANIMALS.
TRIBUTE : kinds of, 1.
UNCLASSED LAND, 5, 35.
UNCULTIVATED LAND : *see* KHALI LAND.
UNLAWFUL (MUFSID) CONDITIONS, 37.
UNLAWFUL OCCUPATION, 9, 10.
VACANT LAND :
    giving information as to, 47.
    sale for undervalue, 29.
VAKF LAND : *see* MEVQUFE.
VEKIALET-I-DEVRIE, 39.
VINEYARDS ·
    dedicated, site of, 29.
    devolution of, 27.
    former site of, 28.
    planting, effect of, 11.
        leave for, 11.
    purchaser of, 18.
VILLAGERS : preferential rights, 17, 47.
VOINGHS : land assigned to, 41.
WATER CHANNEL : on another's land, 7.
WATER RIGHTS : disputes as to, 40.
WOODLAND :
    clearing, 8.
    cutting trees on, 12.
    fee for title-deed, 53.
    ground rent for, 12.

Section 3: *The Ottoman Land Laws, with a commentary on the Ottoman Land Code of 7th Ramadan 1274, R.C. Tute*

THE
OTTOMAN LAND LAWS

WITH

A COMMENTARY

ON THE OTTOMAN LAND CODE

OF 7th RAMADAN 1274

BY

R. C. TUTE

PRESIDENT OF THE LAND COURT — JERUSALEM.
BARRISTER AT LAW OF THE MIDDLE TEMPLE.
LATE OF THE INDIAN CIVIL SERVICE.

ALL RIGHTS RESERVED

Ptd. at Greek Conv. Press.

PREFACE.

This book is intended to furnish an explanation of the Law of Mirie and other State lands in Palestine, for the benefit of English speaking judges and lawyers.

It is the only book in English which deals with the development of this branch of Turkish Law in Palestine, and for this reason apologies, which may be needed for its contents, are not needed for its existence.

It gives the text of the Ottoman laws contained in Sir Stanley Fisher's "Land Laws" together with the Iraq translation of the Provisional Laws. This makes it a fairly complete book of reference up to the time of the Occupation.

The numerous Orders-in-Council and Ordinances, which have been passed since that date, are collected in the two volumes of "The Legislation of Palestine" compiled by Mr. Norman Bentwich M.C., which is adequately indexed. Their inclusion in this volume would, therefore, serve no useful purpose.

The commentary is confined to the Ottoman Land Code, though of course the notes contain frequent references to subsequent legislation.

It differs from the ordinary legal text book in that it does not contain references to decided cases. This is due to the fact that, in the absence of an adequate system of law reporting, it is impossible to ascertain either, what decisions have been passed, or what decisions are operative on any given point.

Under these circumstances an attempt to quote cases would necessarily be incomplete, and almost certainly misleading.

The most that can be safely attempted in this direction is to give the trend of decisions, where such a trend can be clearly discerned. This has been done.

The author has taken considerable pains to explain the underlying principles of the Ottoman Law of Immovable Property. This has led to short disquisitions on those Articles of the Mejelle on which the Land Law is, in part, based.

Pains have also been taken to show the policy underlying matters which are likely to be unfamiliar to the English lawyer, such as the devolution of land by right of Tapou, and the manner in which the strange tenure known as Quasi Mulk came into existence.

It is hoped that notes of this character will assist the English reader to grasp the meaning and scope of the Land Law with some facility.

The writer is acquainted with no work in a European language which proceeds on these lines, except Chiha's fine essay written in the French language.

Sir Stanley Fisher has kindly permitted the use of the admirable translations contained in his book on the Land Code. As they have established themselves as the standard English tivt in Palestine, a commentary based on a fresh translation would have suffered under grave disability.

Thanks are due to my friend, and brother Judge Aziz, Eff. il Daoudi for help, which he has kindly given, in completing the notes on the last chapter of the Land Code.

The author is keenly conscious of the inadequacy of the equipment of an English lawyer for the task he has undertaken. He has, however, done his best to convey to his readers the result of several years experience as President of a Land Court, in such a form as will enable them to avoid difficulties and perplexities, which cost him much time trouble to surmount.

He will be grateful for such suggestions and corrections as they may care to furnish.

Before closing it is necessary to stress the fact that questions of jurisdiction and procedure are not discussed in this commentary. It is confined to substantive Law.

The reason for this decision is that the law relating to jurisdiction and precedure is in an unsettled state. Many changes have been introduced since the Occupation and the advent of a Land Settlement will necessitate many more.

Under such circumstances no discussion of these branches of the law in their relation to the work of the Land Courts can have more than an ephemeral interest or importance.

R. C. TUTE.

Jerusalem, 4th January, 1927.

THE OTTOMAN LAND CODE
OF 7th RAMADAN 1274 (= 21st APRIL 1858)

INTRODUCTORY CHAPTER

ARTICLE 1.

Land in the Ottoman Empire is divided into classes as follows:
- (I) "Mulk" land, that is land possessed in full ownership;
- (II) "Mirie" land;
- (III) "Mevqufe" land;
- (IV) "Metrouke" land;
- (V) "Mevat" land.

NOTE 1 (Art. 1.)
Classification of Lands in the Code.

The classification of lands which is given in this Article is somewhat illogical.

Classes II. IV. and V. are all varieties of land of which the State is the Supreme owner.

Mulk land is land held in private ownership, and Mevqufe is land held, theoretically, in the ownership of the Deity, and, for practical purposes, by the properly constituted Wakf or Trust authority.

There are thus three main classes of land :- MULK, MEVQUFE, and STATE lands.

Mulk lands are governed by the provisions of the Mejelle, Mevqufe lands by the general Sharia law, and Mirie lands by the Land Code. It will be seen later that this statement is a little too wide. It will however serve to emphasise the fundamental distinctions between the three main classes of land. (Vide Art. 2 Note 6).

In each class the ultimate ownership, or rakaba, lies in different hands.

In the case of Mulk property it lies with the mulk owner, with the result that his is the most complete form of ownership known to Moslem Law. In the case of Mevqufe land, the circumstance that ownership is attributed to the Deity is responsible for the fact that these lands cannot normally be transferred or diverted from the use to which they were originally dedicated. In the case of Mirie land, the fact that the rakaba resides in the State has rendered it possible for the State to assume the management of these lands under the provisions of the Land Code. State lands consist in Mirie (II), Metrouke (IV) and Mevat (V). These are the lands with which the Land Code and this Commentary deal.

— 2 —

Mirie, as already indicated, is agricultural land held from the State. Metrouke lands are those which are reserved for public or communal use — such as roads and pastures. Mevat lands are those uncultivated areas which lie outside the boundaries of existing villages, and which are usually available for clearing and cultivation.

NOTE 2. (Art. 1.)

Objects of the Land Code.

Previous to the passage of the Ottoman Land Code lands of all kinds, except Wakfs of the perfect, or Sahih, class, were dealt with by the Courts under the Civil Law which is codified in the Mejelle.

At that time it was easy to convert Mirie land into mulk by building or planting. This transferred the rakaka from the State to the individual. On becoming full owner in this way, the individual was under considerable inducement to pass the land into the Wakf class by dedication. He could do so on terms which would ensure all its benefits to himself and his descendants, while his property was protected by the strongest legal and religious sanctions known to Moslem Law from seizure by the State or its Officers.

The process was one of breaking the control of the State in two stages. Its result was the progressive deprivation of the State of very valuable rights. One of the main objects of the Land Code was to put a stop to this process.

An equally important object was to bring the persons who cultivate State lands into direct relations with their overlord. Before the passage of the Code these lands were managed by feudatories and farmers, who purchased the right to collect tithes by payments in money or service. The interest of such persons lay in immediate and rapid acquisition - in other words, in extortion. It was opposed to the interest of the State, which is best secured by the development and extension of cultivation, and the well being of the cultivator.

The Land Code therefore contains provisions which are designed to bring the State into direct relations with the cultivators of its lands.

The means adopted to achieve the two ends which are here indicated are to be learned from the articles of the Land Code, and the provisions of subsequent legislation.

— 3 —

NOTE 3. (Art. 1.)

Public Lands.

The Order in Council published in the Gazette of the 1st. September, 1922 brings into existence a class of lands called Public lands. They are defined (Art. 2.) as "All lands in Palestine which are subject to the control of the Government of Palestine by virtue of Treaty, conventions, agreement or succession, and all lands which are or shall be acquired for the public service or otherwise." Article 12 vests these lands and all rights therein in the High Commissioner, and Article 13 gives him the power to grant or lease them in accordance with law, then existing, or to be passed hereafter.

It is difficult to assign limits to the application of the very wide terms of the definition of Public lands given in Article 2 of the Order in Council. Under Arsicle 12 (2) all mines are included in the category of public lands, except those which are the subject of an existing and valid concession.

The lands dealt with under the Land Code as "Mahlul", i.e. as left vacant by failure of heirs or cultivation, must under this definition be classed as public lands. The Mahlul Ordinance of the 1st. October, 1920 recognises that lands of this class should now be dealt with by way of lease instead of grant, as provided for in the Land Code.

ARTICLE 2.

Mulk land is of four kinds :

(I) Sites (for houses) within towns or villages, and pieces of land of an extent not exceeding half a donum, situated on the confines of towns and villages, which can be considered as appurtenant to dwelling houses.

(II) Land separated from State land and made mulk in a valid way, to be possessed in the different ways of absolute ownership according to the Sacred Law.

(III) Tithe-paying land, which was distributed at the time of conquest among the victors, and given to them in full ownership.

(IV) Tribute-paying land, which (at the same period) was left and confirmed in the possession of the non-Moslem inhabitants. The tribute imposed on these lands is of two kinds :-

(a) "Kharaj-i-moukasseme", which is proportional, and is levied to the amount of from one-tenth to one-half of the crop, according to the yield of the soil.

(b) "Kharaj-i-mouvazzef", which is fixed and appropriated to the land.

The owner of Mulk has the legal ownership

— 4 —

It devolves by inheritance like movable property, and all the provisions of the Mejelle, such as those with regard to dedication pledge, or mortgage, gift, pre-emption, are applicable to it.

Both tithe-paying and tribute-paying land become State land when the owner dies without issue, and land becomes vest in the Treasury (Beit-ul-mal.)

The provisions and enactments which are applicable to the four kinds of mulk land are stated in the books of the Sacred Law, and will not therefore be dealt with in this Code.

NOTE 1. (Art. 2.)

Kinds of Mulk Land.

This Article describes the various kinds of mulk lands which are to be met with in the area of the old Ottoman Empire. The kinds described under III. and IV. (a) need not be discussed, as they are not met with in Palestine. Of the others (I) refers to urban properties. This kind of mulk can no longer be brought into existence by the improvement of land in urban areas. The Mulk Titles Act of 1874 put an end to this process in a manner which will be explained later. Vide note 2 infra.

The second kind—described in (II)—refers to dead land which has been appropriated with the leave of the Sultan on terms which transfer the rakaba from the State to the occupier. The method by which this was effected is shown in Article 1272, Mej.

The same article shows that by a similar process Mevat or dead lands can be occupied and improved without a transference of the rakaba. Such lands become Mirie and not Mulk.

As to IV. (b)—This class includes the greater part of the mulk properties which are in existence outside of the towns. They are held subject to the payment to the State of a fixed tax which is collected by the Verko Department.

NOTE 2. (Art. 2.)

Mulk Titles Act.

Mulk property is the most complete form of private ownership known to Moslem law. The mulk owner is under no obligation to cultivate, or to make any given use of the land. He can transfer it to the Wakf class at will, thus

— 5 —

placing it still further beyond the reach of the State. In the old days, the best method of insuring that property was secured from the interference of the State was to turn it unto mulk, and then to dedicate it to a Wakf, in such a way that its benefits were secured to the dedicator's descendants by any scheme of inheritance which he might lay down. The only way to stop this process was to stop the creation of mulk.

To this end the Mulk Tithes Act of 1874 was passed.

It provides, that, from the date of its becoming law, no one may possess land as mulk, unless he holds a title deed which describes it as such, or, unless he is permitted to do so by a Firman of the Sultan.

The result is that all claims to hold land as mulk which are supported neither by a title deed nor by a Firman must fail. In particular the improvement of urban lands no longer gives rise to a right under Article 2 (1) to hold them as mulk. Whether proof that the improvement is older than the date of the passage of the Mulk Titles Act would suffice to revive the operation of the sub-section under reference is a matter which has not, so far, been judicially decided.

With this possible reservation mulk property may now be defined for the lawyer as property which is held as such by title deed or by Firman.

NOTE 3. (Art. 2.)

Legal Incidents of Mulk Property compared with those of Mirie.

Article 2 goes on to state that the owner of mulk land has the legal ownership thereof. In other words that the rakaba is vested in him.

It follows that the Land Code is not applicable to this class of property: since the land dealt with by that Code is land of which the rakaba is vested in the State. The law which applies to it is that contained in the Mejelle. The Article goes on to specify some of the main points in which, for this reason, the legal incidents of mulk differ from those of Mirie property.

We have already noted (Note 2 above) that the owner of mulk property can make it Wakf at his discretion. This has the effect of placing its devolution and user under a scheme devised by the dedicator, and of bringing its legal incidents under the control of the Sharia Courts, and the Sharia Law.

Gifts and sales of mulk property are dealt with under the provisions of the Mejelle. Under that system of law transfers are subject to restrictions when they are made by a person in "mortal" sickness. (Mejelle 393 et seq - 877 et seq.). In the case of Mirie property gifts or sales made by a man on his death bed are in all cases valid, if the proper procedure is complied with. (Art. 120 Land Code).

— 6 —

Pre-emption is a right which is peculiar to mulk property; but an analogous right of prior purchase exists also with regard to mirie. There are important differences in the grounds and procedure under which each of these rights can be claimed. The inheritance of mulk property is the same as that for movable property. The inheritance of mirie is governed by Statute and cannot be altered by will. It can however be evaded by a death bed gift or transfer as already noted.

NOTE 4. (Art. 2.)

Creation of new Mulk.

The transfer of the rakaba of mulk land to the State which takes place when the owner dies intestate, and which has the effect of making the land Mirie in the case of the kind of mulk defined in Article 2 (IV) b, may be compared with the reverse process of changing mirie into mulk.

We have already noticed (Art. 2 note 2) that mirie land cannot be made into mulk, merely, by placing thereon certain improvements, when it is situated in an urban area. This process was stopped by the Mulk Titles Act 1874. The only valid ways in which mirie or state land, of any kind can now become mulk are (1) by Firman, or in these days by order of the Head of the Palestine Government; and (2) by prescription. As to the latter, the prescription required to change the rakaba of any class of immovable property is one of 36 years. Thus if an owner of mulk property which adjoins mirie land encloses a portion of the latter with his mulk holding, or otherwise converts it to his use, he will be able to claim the area so appropriated as part of his mulk holding only after 36 years.

It is of course the right of the state to convert mirie to mulk at its pleasure - or at any rate with the object of securing, thereby, some benefit to the State. This has been done recently in the case of mirie lands which have been converted into war cemeteries. The change was necessitated by the fact that the Land Code (Art. 33) forbids burial in Mirie land, and also by the circumstance that the acquisition of uncultivated mirie land by a squatter is deliberately facilitated by the Land Code (vide Art. 78).

NOTE 5. (Art. 2.)

Prescriptive Periods.

The period of prescription which suffices to transfer the ownership of mulk property from one owner to another without changing its class is 15 years. In the case of mirie property, as will be seen later, the period is 10 years. (Vide Art. 20 Land Code) To change the rakaba from one class to another requires, as has been shown in Note (4), a prescriptive period of 36 years.

— 7 —

NOTE 6 (ART. 2.)

Quasi Mulk.

Article 1272 of the Mejelle states that in all cases a person who sinks a well or makes a water course in Mevat land, with the leave of the State, becomes the mulk owner of these accretions. The right is not dependant on whether the land was originally given to him as mirie, or as mulk.

It follows that, under this Article, a mirie holder can put certain accretions on his property, and by doing so, becomes the mulk owner of them, though his rights to the land remain those of a mirie holder. The Land Code further amplifies this position, and enacts that buildings or plantations of trees or vines have the same effect. The result is to create an intermediate class of property which is conveniently termed Quasi Mulk. Its legal incidents are fully described in the Code. (Vide Art. 25 and much of Bk. 1 Ch. II).

It may here be stated that, so long as the land and the accretions remain in the hands of the same owner, the property devolves under mulk inheritance; its acquisition by prescription comes under the mulk period of 15 years; it is not liable to be claimed either by pre-emption or prior purchase; it cannot be dedicated as a whole to a Wakf; on the complete disappearance of the accretions it reverts to mirie.

The further creation of this class of property was stopped by the Provisional Law of Disposal of 1329 (30 the March). Since its passage accretions on mirie land follow the law of the land, and do not rank as mulk, either in themselves, or for the purpose of altering the legal incidents of the holding.

ARTICLE 3.

State land, the legal ownership of which is vested in the Treasury, comprises arable fields, meadows, summer and winter pasturing grounds, woodland and the like, the enjoyment of which is granted by the Government.

Possession of such land was formerly acquired, in case of sale or of being left vacant, by permission of or grant by feudatories (sipahis) of "timars" and "ziamets" as lords of the soil, and later through the "multezims" and "muhassils".

This system was abolished and possession of this kind of immovable property will henceforward be acquired by leave of and grant by the agent of the Government appointed for the purpose. Those who acquire possession will receive a title-deed bearing the Imperial Cypher.

The sum paid in advance (muajele) for the right of possession which is paid to the proper Official for the account of the State, is called the Tapou fee.

— 8 —

NOTE 1. (Art. 3.)

Some Incidents of Mirie Land.

As stated in this definition Mirie Lands belong, in respect of the rakaba, to the State. This fact enabled the State to make a special Code of Law to govern them in the shape of the Ottoman Land Code. Such lands were originally held by feudatories or farmers, who had the right to collect tithe in return for services rendered, or monies paid for this privilege to the State. Some Mirie lands also came into existence by the clearing of Mewat under the conditions described in Art. 1272 Mejelle, the chief of which was that the rakaba should remain with the State. It is clear that the system thus indicated left the cultivator at the mercy of men whose interests were best served by extortion.

The Land Code was designed to set it aside, and to bring the cultivators of mirie land into direct relation with their overlord, the State. It enacted that, from the date of its passage, holders of mirie should enjoy their lands under a grant direct or implied from the Sultan.

The State imposed conditions on these grants, which are set forth in the Land Code and in subsequent amending legislation. By this body of law the rights of the State are deliberately curtailed in certain directions; while those of the grantees fall short of full ownership only in the respects set forth in the law. It is impracticable to give here a resumé of these rights and liabilities. To do so would amount to making a resumé of the greater part of the Land Code, and subsequent legislation on the subject of mirie land.

It is sufficient for our present purposes to say that the State permits the grantee to hold in perpetuity, provided that he obtains the grant in a proper manner (generally on payment of a fee); that he keeps the land under cultivation; and that he pays tithe and taxes. The inheritance of mirie is laid down by the Land Code, and has since been modified by Statute. Such land cannot be passed by will. It can however be transferred by sale gift and mortgage under conditions of which the chief is that all such transactions must be registered in the Tabou or Land Registry.

The obligation to register has been extended by legislation to owners of mulk holdings by the Mulk Titles Act of 1874 and later acts.

NOTE 2. (Art. 3.)

Prescriptive Periods.

Prescrition in respect of mirie lands falls under three heads.
(a) as between private individuals.

— 9 —

(b) as between the individual who claims as a grantee and the State.
(c) as between the individual who claims as a mulk owner and the State.

The period under (a) and (b) is 10 years. Under (c) which has been discussed under Art. 2 Note 4 it is 36 years.

NOTE 3. (Art. 3.)

Grants in Common:

The intention of the Land Code was that each cultivator should be given a separate piece of land on a separate title deed. This is explained in Article 8. In the notes to that article it is shown also that, in spite of its provisions, lands are still held in common in large areas, The confusion which results from this state of affairs is also briefly indicated.

NOTE 4. (Art. 3.)

The Provisional Law of Disposal.

The Land Code limits the right of user of mirie land in many directions. Thus the holder may not build on it; he may not use the soil for brick making. His rights are virtually limited to the use of the surface of the land for the purpose of cultivation. The mulk owner on the other hand enjoys without conditions "ab coelo usque ad inferos".

These restrictions have been set aside by the Provisional Law of Disposal of 1329; the result being that the modes of use of mirie are now practically unrestricted except in respect of burial, and mining, or prospecting (see Notes to Art. 107).

NOTE 5. (Art. 3.)

Takhsisat Wakfs.

The grantee of mirie land cannot dedicate his rights to a Wakf without the leave of the Sultan. On the other hand certain mirie lands have in the past been dedicated by bygone Monarchs, or, with their consent, by their feudatories. These dedications do not suffice to take the lands out of the mirie class, or out of the operation of the Land Code, unless all the benefits arising from them have been alienated. The point will be further elaborated under Article 4. This class of Wakfs is known as the "Takhsisat" class.

NOTE 6. (Art. 3.)

Quasi mulk.

The tenure which arose, and still continues, from the existence of mulk accretions on mirie land, which date from a period prior to the passage of the Provisional Law of Disposal of 1329, has been discussed in Nate 5 Article 2. This is the Quasi Mulk tenure. It is further discussed under Article 25 and other articles.

NOTE 7. (Art. 3.)

The position of the Mejelle in relation to The Land Code.

The Land Code purports in its last paragraph to repeal all previous legislation which its provisions replace, or with which they are inconsistent. This leaves a great deal of the earlier law on the subject untouched. It has to be sought for in the Mejelle. For this reason numerous references to the Mejelle will be found in the notes to this work.

NOTE 8. (Art. 3.)

Once mirie always mirie.

Once land has been classed as mirie it is always mirie. Thus land which has once been redeemed from mewat by clearing and cultivation, or for which a title deed has once issued, does not, on failure of cultivation, lapse to mewat status, however much the traces of former cultivation and clearing may have been obliterated. Such land can, for example, always be claimed from the State by the squatter of 10 years standing, who bases his claim on Article 78. His rights in this respect have been, however, importantly modified by the Mahlul and Mewat lands Ordinances, passed by the present Government.

ARTICLE 4.

Mevqufe or dedicated, land is of two kinds:-

(1) That which having been true mulk originally was dedicated in accordance with the formalities prescribed by the Sacred Law. The legal ownership and all the rights of possession over this land belong to the Ministry of Evqaf. It is not regulated by civil law, but solely by the conditions laid down by the founder The Code therefore does not apply to this kind of mevqufe land.

(II) Land which being separated from State land has been dedicated by the Sultans, or by others with the Imperial sanction. The dedication of this land consists in the fact that some of the State imposts, such as the tithe and other taxes on the land so separated have been appropriated by the Government for the benefit of some object. Mevqufe land of this kind is not true waqf. Most of the mevqufe land in the Ottoman Empire is of this kind. The legal ownership of land which has been so dedicated (of the takhsisat category) belongs as in the case of purely State land to the Treasury, and the provisions and enactments hereinafter contained apply to it in their entirety. Provided that, whereas in the case of purely State land the fees for transfer, succession and the price for acquiring vacant land are paid into the Public Treasury, for this kind of mevqufe land such fees shall be paid to the vaqf concerned.

The provisions hereinafter contained with regard to State land are also applicable to mevqufe land, therefore, whenever in this Code reference is made to mevqufe land, this land which has been so dedicated is being understood as being referred to.

But there is another kind of such dedicated land of which the legal ownership is vested in the Treasury (Beit-ul-mal) and the tithes and taxes thereon belong to the State and of which only the right of possession has been appropriated for the benefit of some object, or the legal ownership is vested in the Treasury and the tithes and taxes as well as the right of possession have been appropriated for the benefit of some object.

To such dedicated land the provisions of the civil law with regard to transfer and succession do not apply; it is cultivated and occupied by the Evqaf Authorities, directly or by letting it and the income is spent according to the directions of the dedicator.

NOTE 1. (Art. 4.)

Classes of Wakfs.

This article deals with perfect, or Sahih, and imperfect dedications. To the former class belong dedications of true mulk property. It has been shown in Note 6. Art. 2. that Quasi Mulk land cannot be dedicated.

Such dedications are dealt with under the Sharia Law by the Sharia Courts, which alone administer that Law.

They are excluded from the jurisdiction of the Land Courts, unless a claim to ownership has to be decided.

Imperfect dedications are called Takhsisat Wakfs. They are dealt with under the second paragraph of the Article. It is a master-piece of confused exposition.

Its effect may however be stated in a fairly simple form. It lays down that mirie land may not be dedicated except by, or with the leave of the Sultan. Dedications of Mirie land made with such permission may embrace either (a) all the benefits arising from the land or (b) only some of those benefits.

In the first case the land is taken out of the categories with which the Land Code deals, and is regarded as true wakf. The reason for this is that, as no benefit remains to the State, the rakaba is regarded as having passed to the Wakf.

In case (b) the rakaba is regarded as remaining vested in the State, and the Land Code applies to the property in full.

The benefits arising from Mirie land are those of possession, tithes, taxes, and fees.

NOTE 2. (Art. 4).

Classification of Takhsisat Wakfs.

Takhsisat Wakfs are classified as
(1) Mazbuta
(2) Molhaka
(3) Mostasna

Wakfs of class (1) are fully controlled by the Wakf Council, officially known as the Supreme Moslem Sharia Council. This body succeeds to most of the rights and powers of the Turkish Ministry of Evkaf. They are, for the most part, dedications made for a charitable or religious purpose.

Wakfs of Class (2) are controlled by thier Mutawallies, or managers. The appointment of the Mutawalli is regulated by the deed of dedication, or Wakfieh. They are controlled, chiefly in respect of finance, by the Wakf Council, which has periodical inspections made through its officers, and is empowered to take fees for this service. Such Wakfs are, for the most part, intended to benefit the descendants of the dedicator along a line of devolution which has been defined by him.

Wakfs of class (3) are for the most part private wakfs, like those in class (2), but are not subject to control and inspection by an outside authority.

NOTE 3. (Art. 4.)

Representation of a Wakf.

For the purpose of litigation a Wakf must be represented by its Mutawalli. When no Mutawalli exists the Court must refer the party interested to the Sharia Court, to have one appointed. The fact that a person is a beneficiary of

— 13 —

a Wakf does not enable him to bring or defend a suit concerning the corpus of the Wakf property. He is not regarded in Moslem Law as having an interest in the trust of a proprietary nature. He is entitled to receive a certain proportion of the money, or other benefit, which the property periodically produces, and there his rights cease. In the case however, of a Wakf of the private class on which there is only one surviving beneficiary no Mutawalli need be appointed, and the beneficiary in question has the right of suit.

NOTE 4. (Art. 4.)

Period of prescription.

The period of prescription applicable to Wakf property is 36 years vide Mejelle Article 1661-from which period time may be deducted under the provisions of the later articles of the Chapter in which this article occurs.

NOTE 5. (Art. 4.)

The rakaba of true Wakf property.

In theory the rakaba of true Wakf property rests with the Almighty. For this reason Wakf property cannot be transferred by sale or gift except under very rare circumstances. This fact supplies the reason for denying to beneficiaries any proprietary status.

NOTE 6. (Art. 4.)

Resumption.

The power of the State to resume Wakfs of the Takhsisat class is an interesting question. It turns mainly on (a) the extent to which the Head of the State, who was responsible for the dedication, acted in the interests of the State in making it, and (b) the extent to which under Moslem Law he was bound to regard himself as a trustee for the State.

Instances of such resumption exist in the history of the Ottoman Empire.

The resumption of a Wakf of the perfect or Sahih class is legally impossible; though such lands are no more exempt than lands of any other kind from acquisition by the State or by a Municipality under the special statutes which regulate this form of acquisition.

— 14 —

ARTICLE 5.

Land left for the use of public (metrouke) is of two kinds:-

(I) That which is left for the general use of the public, like a public highway for example;

(II) That which is assigned for the inhabitants generally of a village or town, or of several villages or towns grouped together, as for exambe pastures (meras).

NOTE 1. (Art. 5.)

Distinctions between Public and Communal Lands.

The distinction drawn by the article between lands which are left for the use of the public in general, and those assigned to the use of a community, or group of communities, is important.

This arises from two considerations. In the first place the right to sue in respect of trespass or damage to a public reservation is inherent in any member of the public, which makes use of it. Similar actions in regard to communal reservations can be brought by a member of the interested community, only if it exceeds in number 100 persons. If it is less than that number all members of the community interested must be joined as plaintiffs. This arises from the provisions of Articles 1645 and 1646 of the Mejelle. They press very unfairly on small communites, since the inclusion of every person entitled is often difficult to secure; and it is easy to make non-inclusion the ground of constant applications for postponement.

The second consideration is even more important. The Article under discussion states, that communal reservations are "assigned", while public reservations are merely "left".

The distinction appears to throw on the asserter of a communal right the burden of proving an act of assignment.

This matter is discussed in the notes on Book II which deals with Metrouke and Mewat lands.

NOTE 2. (Art. 5.)

Other rights of Common.

There are two classes of land in which the public has rights; but which are not classed by the Code as Metrouke. They are (1) Moubah, or mountainous areas, over which the general public has the right to cut wood, and (2) unassigned pastures. These classes are dealt with in Arts. 104 and 105 respectively under the general heading of Mewat.

— 15 —

The first of these classes cannot be resumed by the Land Registry Department, and cannot be granted by it to individuals for clearing and cultivation.

Land in the second class can be used by the villages, within whose boundaries its lies, as a free pasture. But outsiders must pay fees to the State for its use. There appears to be nothing to prevent the State from resuming these lands, or turning them to another purpose.

The fact that these pastures are described as unassigned, reinforces the argument which places the burden of proving an assignment on the person who asserts that it took place.

NOTE 3. (Art. 5.)

Unchangeable use of assigned Metrouke.

The most important incidents of true metrouke lands of both classes are that they can never be acquired by an individual, and may never be put to any use, other than that for which they were originally intended.

No period of prescription avails to break this rule. So long as the present law remains unrepealed, it holds good against the State with the same force as against the individual.

ARTICLE 6.

Dead land (mevat) is land which is occupied by no one, and has not been left for the use of the puplic. It is such as lies at such a distance from a village or town from which a loud human voice cannot make itself heard at the nearest point where there are inhabited places, that is a mile and a half, or about half an hour's distance from such.

NOTE 1. (Art. 6.)

Definition of Mewat Discussed.

This curious definition is derived from Art. 1270 of the Mejelle. It is repeated with some amplification in article 103 of the Land Code. It was framed for the purpose of excluding from the Mewat area the pastures of adjoining villages. The method of exclusion is very rough, because the land was regarded as of little value, and because delimitation by metes and bounds was regarded as impracticable. In this connection it must also be borne in mind that no cadastral survey has ever been made.

— 16 —

Under these circumstances, it is difficult to see how the end in view could have been attained otherwise than as the Article under discussion indicates.

NOTE 2. (Art. 6.)

Its Shortcomings.

The Land Code (vide Art. 31) did not contemplate the extension of the inhabited sites which were in existence when it was passed. It was not therefore foreseen that the extension of those sites would create difficulties.

Their rapid growth in recent years brings them continually nearer to the former Mewat area, and, under the definition we are discussing, must result, in a progressive curtailment of that area. The process, at the same time, brings into existence an indeterminate class of land, which was formerly Mewat. On this area which is neither Mewat, Mirie, nor assigned pasture, squatters are likely to settle, against whom the present law gives the State no rights, other than those conferred by a strict enforcement of the prohibition of building contained in Art. 31. Such land cannot regarded (under Art. 105) as unassigned pasture, because, *ex hypothesi*, it lies outside the boundaries of any town or village.

NOTE 3. (Art. 6).

Method of Acquiring Mewat:-

Mewat land is granted out for clearing and cultivation under the rules given in Art. 103. The unauthorised squatter, who reclaims such land, can demand a title deed; but only on condition of paying the value of the land to the State.

No right to such land can be acquired by prescription. The Mewat Lands Ordinance, which importantly modifies the rights of the unauthorised squatter on Mewat, should be consulted. Its effect is dealt with in the notes to Art. 103.

ARTICLE 7.

This Code is divided into three Books.

Book I. — State Land. "Arazi Mirie".

Book II. — Land which has been left for the public, "Arazi Metrouke", and "Arazi Mevat". In this Book jebali moubaha will also be dealt with.

Book III. — Miscellaneous kinds of land not clasified in the preceding categories.

CHAPTER I.

PREFATORY—NOTE 1.

Only four Articles of this chapter, the 8th, the 20th, the 23rd and 33rd can be regarded as operative. The rest have been replaced by the Provisional Law of disposal of the 31st March 1329, and by the Law of Partition of the 1st of December, 1329. The rights which have accrued under replaced articles - e.g. under Articles 13 or 14 - continue, of course, to exist.

The replaced Articles regulated (a) the uses to which Mirie land may be put, (b) damage and trespass by strangers and co-owners, and (c) partition.

The new Law of Disposal has restated (a) in such away as to abolish almost all the pre-existing restrictions on user. It has restated (b) with modifications. The old law of Partition (c) is replaced by an entirely new law.

Hence, for all practical purposes, the Chapter may be regarded as having been reduced to the four Articles named.

The first of these (8) prohibits the issue of title deeds to groups and communities. The second (20) and third (23) state the law of prescription obtaining between private persons. The fourth (33) prohibits burial in Mirie land.

PREFATORY—NOTE 2.

It should be noted that the Provisional Laws do not purpot to repeal the old laws. It may therefore be held that the latter remain unrepealed in respect of such provisions as are not inconsistent with the new laws, and are not restated in them.

The question is probably of little practical interest; since the doubtful points do not seem to affect matters about which litigation is likely to arise.

ARTICLE 8.

The whole land of a village or of a town cannot be granted in its entirety to all of the inhabitants, nor to one or two persons chosen from amongst them. Separate pieces are granted to each inhabitant and a title deed is given to each showing his right of possession.

— 18 —

NOTE 1. (Art. 8.)

Scope of Article:-

This Article states that the whole land of a village cannot be granted to a community, or to a person or persons selected to represent a community.

Each person who holds land is to be given a separate title deed, and to enjoy separate ownership.

The proviso implied by making the article apply only to a grant of the whole of the lands of a village, appears to legalise a grant of some of the lands in common.

NOTE 2. (Art. 8.)

Its Effect on Registration:-

When registration was first introduced the authorities were faced with the fact that large areas of mirie land were, de facto, held in common. The ownership of these lands had to be registered so as to show the facts, and at the same time comply with the provisions of the law contained in Art. 8. The two requirements are often contradictory. In the result, two methods for the registration of "Masha" lands were adopted. Some of these lands were registered as held in common by all the de facto co-owners, each being shown as holding a stated proportional share. Others were registered as being owned by the heads of the families, whose members were the actual co-owners. The last named scheme of registration has led to a number of suits, by which the descendants of the recorded owners seek to exclude the heirs of owners who were not recorded.

NOTE 3. (Art. 8.)

Confusion in the Records of Masha Lands:-

It has been the custom in a number of villages to allow the co-owners to retain a portion of the Masha in individual ownership, and to apply the process of periodical division only to the balance. The principle on which this was carried out has never been recorded in the land Registers. The result is inextricable confusion. Lands, which are recorded as Masha, are actually held, without record of the fact, in separate ownership, and, as the process often dates back to ancient times, these separately owned portions were often developed into a subordinate division of Masha, claimed by the descendants of

— 19 —

those who originally assumed individual ownership, as co-owners. In some cases the last named process has even resulted in a fresh set of individually owned plots, based on the subordinate Masha, together with a residual area of the secondary Masha.

NOTE 4. (Art. 8.)

Effect of Custom which runs counter to statutory Inheritance.

The confusion discussed in Note 3 is sometimes intensified by the existence of customs of inheritance, which are contrary to the scheme laid down by Law. A custom by which women are excluded is commonly met with. Another, frequently pleaded custom, is that women who marry into another village give up their shares. Such customs, when proved, are given effect to by the Courts. They are not recorded in the Land Registers, so that the Courts are deprived of all guidance in dealing with cases based on them, other than that afforded by oral evidence of a highly partisan kind.

ARTICLE 9. (Obsolete)

State land may be sown with all kinds of crops such as wheat, barley, rice, madder (boia), and other cereals. It may be let on lease or loaned for the purpose of being sown but it must not be left uncultivated, except for sound and duly established reasons set out in the chapter headed Escheat of State Land.

ARTICLE 10. (Obsolete)

Meadow land and crop of which is harvested by ap antiquo usage, and on the produce of which tithe is taken is reckoned as cultivated land. Possession of it is given by title-deed. The possessor alone can profit from the herbage which grows there, and can prevent all others from making use of it. It can be broken up and put under cultivation by leave of the Official.

ARTICLE 11. (Obsolete)

The possessor by title-deed of an arable field which is left fallow in accordance with its needs can alone derive profit from the herb called "kilimba" which grows there. He can also refuse admission to the field to anyone wishing to pasture cattle there.

ARTICLE 12. (Obsolete)

No one without the leave of the Official first obtained can dig up the land in his possession for the purpose of making bricks or tiles. Should he do so, whether the land is State land or mevqufe land, the offender shall pay the price of the soil thus used by him, according to its local value, into the Treasury.

NOTE 1. (Art. 12.)

Vide Art. 7 of the Provisional Law of Disposal of 1329.

ARTICLE 13. (Obsolete)

Every possessor of land by title deed can prevent another from passing over it, but if the latter has an **ab antiquo** right of way he cannot prevent him.

NOTE 1. (Art. 13.)

Vide Art. 10 of the Provisional Law of Disposal of 1329.

ARTICLE 14. (Obsolete)

No one can arbitrarily make a water channel or a threshing floor on the land of another, nor do any other arbitrary act of possession on it without the sanction and knowledge of the possessor.

NOTE 1. (Art. 14.)

Vide Art. 10 of the Provisional Law of Disposal of 1329.

ARTICLE 15. (Obsolete)

If any land possessed in individual shares by several persons is capable of being divided, that is to say if each portion can yield separately as much produce as if it continued to form part of the whole, if partition is demanded by the co-possessors, or by one or more of them, shares shall be parcelled

— 21 —

out, according to their value, and distributed by lot in accordance with the provisions of the Sacred Law, or in any other equitable manner. The partition shall be made in the presence of the interested parties or their representatives by the Official, who shall allot to each his share.

If the land is incapable of being divided it must remain undivided. In this event partition of enjoyment (mouhaia) that is possession by the co-possessors in turn cannot be resorted to.

NOTE 1. (Art. 15.)

This Article has been replaced by the Provisional Law of Partition of 1329.

ARTICLE 16. (Obsolete)

After partition in manner described in the preceding Article and after each co-possessor has set his boundaries and entered into possession of the share which hass fallen to him none of them can annul the partition which has taken place and demand the making of another.

NOTE 1. (Art. 16.)

This Article refers specifically to Article 15 which has been repealed by the Provisional Law of Partition.

ARTICLE 17. (Obsolete)

Partition of land cannot take place without the leave and knowledge of the Official, nor in the absence of a possessor or his agent. Every partition which has so taken place is invalid.

NOTE 1. (Art. 17.)

The present position is that a partition made by consent cannot be annulled after it has been approved by the Registration Officer (Mamour Tapou) and attested by him.

A partition made by the Court, and set forth in a decree, can be appealed under the general rules governing appeals from Civil Magistrates Courts.

Article 17 of the Land Code provides for the sanction of the Tapou Office as essential to the validity of a partition. The reference is, of course, to a partition made by consent. Article 4 of the Provisional Law of Partition contains a provision for submission to the Mamour El Tapou, and replaces the old Article.

ARTICLE 18. (Obsolete)

If one of several of co-possessors of either sex are minors partition of land in their possession which is capable of being divided in accordance with Article 15 must be carried out through their guardians. So also with regard to land possessed by lunatics or imbeciles of either sex partition must be effected through their guardians.

NOTE 1. (Art. 18.)

This Article again must be taken as applying to partition by consent. Partitions made by a Court are conducted and safeguarded under the provisions of the Code of the Civil Procedure. The Article states that all persons under disability, who are parties to a partition, must be legally represented.

This provision must be regarded as still operative. Vide Mejelle Arts. 943 and 966 also Arts. 944 and 945. Vide also the Provisional Law of of Partition.

ARTICLE 19. (Obsolete)

Any one who has sole posssession by title deed of woodland or "pernallik" can clear it in order to turn it into cultivable land. But if such woodland or pernallik is in joint possession one co-possessor alone cannot without the consent of the others clear all or part of it in order to turn it into cultivable land. Should he do so the other co-possessors will also be co-possessors of the and so cleared.

NOTE 1. (Art. 19.)

This Article has been set aside by Article 12 of the Provisional Law of Disposal.

"Pernallik" is the land in which the holm oak grows.

The Law gives a right to the possessor of "Pernallik" to cut down the trees, and render the land fit for cultivation, without its being necessary to obtain the sanction of the Department concerned (Article 19 of the Land Code).

Article 12 of the Provisional Law of Disposal gives an equivalent freedom of user.

ARTICLE 20.

In the absence of a valid excuse according to the Sacred Law, duly proved, such as minority, unsoundness of mind, duress, or absence on a journey (muddet-i-sefar) actions concerning land of the Kind that is possessed by title-deed the occupation of which has continued without dispute for a period of ten years shall not be maintainable. The period of ten years begins to rum from the time when the excuses above-mentioned have ceased to exist. Provided that if the Defendant admits and confesses that he has arbitrarily (fouzouli) taken possession of and cultivated the land no account is taken of the lapse of time and possession and the land is given back to its proper possessor.

NOTE 1. (Art. 20.)

Scope of Article.

This important Article has not been repealed. It states the Law of prescription between private persons in respect of Mirie land. This is, of course, the land which is referred to in the Article as being "of the kind that is possessed by title deed".

The period is ten years.

It commences to run from the date of occupation, provided that the legal owner cannot show, (1) that he was prevented from taking his land by duress; or (2) that he was absent on a journey during a part of the period; or (3) that he was a minor when the period commenced or a lunatic.

In case (1) time begins to run from the cessation of the duress. In case (2) time begins to run from the date of the legal owner's return. In case (3) time begins to run from the legal owner's majority or recovery.

The Article goes on to state that a person who admits that he originally occupied the land without show of right cannot claim to benefit by prescription.

The Defendant is not compelled to show how his occupation originated. If however he elects to make such a disclosure, it must be truthful. If the disclosure is shown to be untruthful, the Courts have assumed that his occupation originated in some form of usurpation, which forbids the acquisition of a right to hold by prescription.

In a case from the Beersheba district, plaintiff sued for the return of land, which he claimed to be held by Defendant as mortgagee.

Plaintiff had no documents, and offered very poor oral evidence of the mortgage.

Defendant claimed that he held by inheritance runing back through several generations. His own witnesses stated that the land originally belonged to the plaintiff. The Court held that, as defendant's, story was shown to be untruthful, it must accept the plaintiff's version of the origin of the occupation; though that version was supported by evidence of poor quality. On this ground it held defendant. to be a mortgagee.

NOTE 2. (Art. 20.)

Holding of Title deed not essential to suit.

It should be noted that the legal owner need not hold a title deed in order to maintain a suit. It is only necessary that the land should be of the kind for which title deeds ought to be issued. In other words the land must be Mirie, or Wakf based on Mirie, i.e. of the Takhsisat class.

NOTE 3. (Art. 20.)

Duress.

The excuse of "duress" is one which is not likely to be pleaded, at the present day.

It must not be compared with an unsuccessful attempt to regain possession by force. Such an incident does not furnish the rightful owner with a reason for curtailing his opponents' period of effective occupation; still less does it relieve him from the necessity of bringing a suit before the expiry of 10 years, if he desires to retain his land.

The meaning of duress is explained in Article 1663 of the Mejelle. The relevant paragraph states that "when a person's action is with one who is in power, if time elapses in consequence of his not being able to bring his action, while the power of his opponent lasts, it does not prevent the hearing of that action".

The state of affairs to which such a provision of the law could relate has passed away.

The Mejelle deals also with other forms of duress which are defined in Articles 948 and 949 of the Mejelle, as major and minor forms of illegal compulsion through fear.

These forms of compulsion must, in order to have legal effect as such, take place in the presence of the person exercising the compulsion, or in the presence of his agent. (article 1005 of the Mejelle).

Their applicability to the adverse possession of land is doubtful; since the continued presence of the "compeller" or his agent, throughout a period of 10 years, is an unlikely contingency. In all ordinarily conceivable cases the rightful owner can have recourse to the Courts, at some time or other, and, if he desires to maintain his rights is bound to do so.

NOTE 4. (Art. 20.)

Absence.

The excuse of absence has reference to Section 1664 of the Mejelle.

The absence must be absence at some place distant from the property by a journey of more than three days, at a moderate rate of travel. This has been held to be equivalent to 18 hours journey on a camel.

The extent to which this old fashioned estimate should be modified by the development of rapid means of transit does not appear to have been judicialy ascertained.

It is presumed that the 3 days travel enjoined by Art. 1664 will be interpreted to mean travel by the most rapid means of transit ordinarily available in the locality to which the suit relates.

NOTE 5. (Art. 20.)

Disability.

The excuse of disability is dealt with in Article 1663 of the Mejelle.

Time which elapses while the legal owner is an infant, an idiot. or a lunatic does not count towards prescription.

NOTE 6. (Art. 20.)

Effect of Admissions and value of Prescriptive Title.

The provision which allows the adverse occupier to deprive himself of benefit by admitting that he never had a good title to the land is based on Article 1674 of the Mejelle. That Article states that "a right is not destroyed by the time being passed for hearing an action". It then proceeds to enable an adverse occupier to nullify his claim to prescription in the manner we have indicated.

The words quoted from Art. 1674 are held by Arabic lawyers to show that a prescriptive title is in some way less valid than a title of the ordinary kind.

Since the advent of registration this is not the case.

The successful claimant by adverse possession is entitled to receive a title deed, and in this respect is on the same basis as any other owner.

Moreover a prescriptive title, once acquired, is not subject to defeat by dispossession at the hands of the original owner, provided that the dispossession is for a less period than ten years. This holds whether the adverse occupier has perfected his title by obtaining registration or not. Thus adverse possession for an effective period of ten years cancels the right of the original owner and creates a new right in the adverse holder, which cannot be defeated by a brief period of dispossession, and which is independent of registration.

From this point of view, therefore, the title of adverse possession is one of an exceptionally complete kind, and in practice is indistinguishable, after registration, from any other title, except for the fact that the Koshan shows prescription as the origin of the holder's right.

It has been repeatedly ruled by the Turkish Court of Cassation that a holder by prescription cannot come into Court as a plaintiff for the purpose of claiming the land.

The prohibition, of course, disappears as soon as he has been granted a title deed.

Cases arise in which the rightful owner sues for trespass in the Magistrate's Court. That Court, on ascertaining that the defendant claims to own the land, refers the parties to the Land Court. It has been held that a suit instituted in the Land Court by the former defendant is, under these circumstances, maintainable, since the claimant was a defendant when the litigation was first instituted.

The argument thus outlined must be considered in relation to Art. 78, which gives the person holding without dispute for ten years the right to claim a title deed from Government without payment.

This shows that the disability under which such a holder has been held to lie in respect of instituting a case against the legal owner, does not extend to a suit brought by him against the State.

It would appear therefore that the proper procedure of the holder who desires to perfect a claim based on 10 years occupation, is to bring a suit against the State under Article 78.

To this suit the legal owner may be made a party.

Further if the legal owner seeks to oust the occupier by force, the latter is certainly entitled to bring a suit against him for trespass.

Such a suit originates in the Civil Magistrate's Court, and, if it involves a claim to ownership, the parties will be referred by him to the Land Court. Under such reference the occupier can institute proceedings, which should not be open to the objection of disability.

Even in this case, it is probable that the soundest course would be to institute proceedings against Government under Article 78, and make the legal owner a party to them.

NOTE 7. (Art. 20.)

Effect of some Combinations of the Legal "Excuses".

In legal practice the excuses of absence and disability are often found together.

This state of affairs arises when an absent owner dies leaving minor children.

When such an heir subsequently sues he is entitled to deduct from his opponent's period of occupation.

(a) the absence of his father, till the latter's death, and,

(b) the period of his own minority from the date of his father's death.

Cases arise in which the absent owner dies leaving both adult and minor children.

The former are entitled to benefit only under (a) the period of their father's absence. In the result it often happens that the claim of the adverse holder succeeds against the children who were adults at their father's death, and fails against those who were minors when that event occured. In such cases the minor children succeed only to the extent of their undivided shares by inheritance.

NOTE 8. (Art. 20.)

What Constitutes return from Absence.

The excuse of absence is nullified by the return of the absentee to the property, if the circumstances of the return were such as to cause him to be aware of the fact of adverse possession, and to allow of his filing a suit against the adverse possessor.

In such cases the absentee forfeits the right to deduct the period of his absence prior to the visit.

The onus of proving that the return was not of a nature which can be regarded as giving the legal owner notice of the adverse possession, is on the legal owner, and is, in practice, difficult to shift. It has been shifted in an instance in which the legal owner was a soldier, and revisited his home on short leave, after which he rejoined his regiment abroad.

NOTE 9. (Art. 20.)

Prescription may be defeated by presumed Trusteeship.

The acquisition of a title by prescription is subject to another important limitation, when the claimant to this benefit holds adversely to co-heirs. In such a case the claim will fail; as an heir who is in possession of the shares of co-heirs is regarded as in the position of a trustee. In these circumstances, no length of adverse possession, whether by an original adverse holder, or by his children, will suffice to cancel the rights of the original co-heirs, or those of their descendants.

For this reason, an inheritor, who seeks to oust his co-heirs by a plea of prescription, generally alleges a title to the property, which is independent of his heirship.

If he can succeed in doing this, he can rely on the provisions of Art. 20 to the same extent as a stranger who has occupied the land.

Cases occur in the following forms:

X dies leaving three sons A, B, and C, of full age, and in possession of their faculties.

"A" takes possession of the property on the death of his father, and 11 years afterwardwards B and C sue him for their shares, as co-heirs of X.

B and C have lived in the neighbourhood since the death of X.

In such a case A may plead inter alia,

(1) That he is entitled by prescription, as having held for over 10 years.

(2) That X partitioned the property among his three sons before his death, and that the land in suit falls in his share.

(3) That X sold his property to him before his death.

(4) That B and C sold him their shares after X's death.

Under (1), as we have seen, A will fail, since he is to be regarded as a trustee for B. and C.

Under (2), if A proves the partition he will succeed. None of the sons claim by inheritance, and A is not in a position of implied trusteeship for his brothers.

Under (3), if A proves the sale he will succeed. If X sold to A while in mortal sickness, and A cannot prove that B and C ratified the sale after X's death, A will still succeed (vide Art. 120), as Article 393 of the Mejelle does not apply to Mirie Land.

This holds good also in the case of a gift in mortal sickness to one of the heirs (Mejelle Art. 879 and Land Code Art. 120).

Under (4) A will succeed on proof of the sale.

The above considerations are liable to modification, if the partition in (2) and the sales in (3) and (4) were not made in a legal manner - i.e. by registration. The Court will then have to consider, whether, in the exercise of its discretion under Art. 7 of the Land Courts Ordinance, it should, or should not validate the transactions retrospectively.

If it decides to validate, the consequences already detailed will follow.

If it does not do so, A will fail under (2), (3) and (4), unless the Court considers that B and C have made admissions, which relieve A from his implied trusteeship. Decisions bearing on this point are not available.

NOTE 10. (Art. 20.)

Age of a Litigant, and dates of Death and Birth how proved.

A Land or District Court is entitled to assess the age of a litigant, and its finding on this matter is final..

The date of a death is usually established by an Alam, or certificate, of the Sharia Court; but, if the date so found is disputed, a Land or District Court may require evidence to be produced on the point, and proceed to settle it itself.

The date of a death may also be proved by the certificate of the religious authority of the community to which the deed belonged; by the certificate of his Consul; or by the production of documents, which suffice to prove the date in the country in which the man died.

Similar considerations apply to proof of birth, except that in this case, birth certificates are occasionally available. These certificates were required by the Turkish Government to enable it to trace the persons available for service in the army. In order to put off the date of the enforcement of this obligation they were frequently post-dated by several years. They cannot, for this reason, be accepted by a Court with a great degree of confidence.

NOTE 11. (Art. 20.)

Determination of Heirs.

The determination of the heirs of a Moslem, and the shares to which they are each entitled in the Mulk and Mirie properties left by their "testators", is the business of the Sharia Court.

The decision of such a Court on these points can not be questioned by any other. If inaccuracy is suspected the party interested must be referred to the Sharia Court to get the certificate amended by way of appeal, or otherwise.

Previous to the Palestine Order in Council of 1922, which confers rights similar to those of the Sharia Courts on certain religious communities other than the Moslem, the Sharia Courts dealt with the members of all religious communities in the country, who were Ottoman subjects.

— 30 —

NOTE 12. (Art. 20.)

Prescription against the State.

The Law of prescription as between the individual and the State is discussed under Article 78. Under that Article will also be found a discussion as to the conditions under which a claim to alter the "rakaba" of the land from Mirie or Mewkoufe to Mulk will succeed.

NOTE 2. (Art. 3.)

Under the old Turkish Procedure a claim to hold by prescription had to be decided by the Court before issues were examined. Since the passage of the addendum to the Code of Civil Procedure (Article 14) this is no longer the case.

NOTE 14. (Art. 20.)

Admissions considered as Gifts or as Restorations.

A few words are needed on the last para of this article.

It was intended to keep the Land Code in harmony with Chapter III Sect. 2 of the Mejelle.

This Chapter lays down the conditions under which property may be transfered by an admission.

Put very briefly, such an admission must be intended to operate by way of gift in which case it must be accompanied or followed by delivery; or it must be intended to operate as a restitution, by the maker, of property which he considers to belong rightfully to another.

It was in order to keep alive the possibility of making such restitution that the last para of Art. 20 was framed.

Because the possibility of restitution always exists in the case of a title by prescription, the Moslem lawyer has come to regard it as of inferior validity.

NOTE 15. (Art. 20.)

Admissions when valid.

Article 1674 of the Mejelle lays down, that an admission to be operative, must be made in writing and must be rigorously proved.

— 31 —

Such an admission operates only to cancel the period of possession which elapsed before it was made.

It is of course clear that no power is given to a Court to compel a person who claims by prescription to disclose the origin of his possession.

NOTE 16. (Art. 20.)

Prescription applied to Judgments.

Cases arise in which one of the parties has been in possession for over 10 years, in virtue of a Judgment passed by a criminal or civil court, which was not competent to decide ownership.

Thus A sued B for ejectment as a trespasser in the Civil Magistrate's Court. He got a decree. More than ten years after B sues A in the Land Court, for a declaration that he is the owner of the land. His suit will not be entertained; since he was bound to contest the judgment putting A in posssession within ten years.

In the case of mulk property the corresponding period would be 15 years. In general the period of prescription applicable to the subject matter of the litigation is the period applicable to the judgment.

ARTICLE 21. (Obsolete)

When land which has been taken and cultivated unlawfully or by violence and on which the taxes have been paid has after trial been restored to the possession of the rightful occupier by the Official neither Official nor the rightful occupier shall be entiltled to claim from the person who unlawfully or by violence seized and cultivated it either damages for depreciation *(noksan arz)* or an equivalent rent *(ejr misl)*. the same provisions apply to land belonging to minors, lunatics, and imbecies of either sex.

NOTE 1. (Art. 21.)

This Article has been taken up by Arts. 11 and 14 of the Provisional Law of Disposal of 1329.

It should be noted that, under the last named Law, the provision as to the payment of compensation is no longer operative.

The effect of the new law is to allow a person who has been dispossessed to claim rent for the period of dispossession. The old law expressly left him without this remedy.

ARTICLE 22. (Obsolete)

On restitution of land taken and cultivated arbitrarily or by force the person who has reclaimed the land can have the seeds or crops which the usurper has sown or caused to grow there removed through the Official, he has no right to take them for himself.

Addition. 15 Jemazi'ul Evvel, 1302. When the seeds have not yet issued from the soil at the time of restitution the claimant shall take possession of the land with the seeds as they are on condition that he pays their value to him who has sown them.

NOTE 1. (Art. 22.)

It may taken, though with no great certainty that this Article is repealed by Article 14 of the Provisional Law of Disposal of 1329.

Under the last named Article rent is the only form of compensation claimable for dispossession. Article 22 of the old law gives him a further remedy.

It remains to be seen whether the remedy in the new Law is held to be in substitution for the old, or in addition to it.

ARTICLE 23.

A person who takes land from the possessor under a lease or loan acquires no permanent right over the land by reason of the length of time for which he cultivates and possesses it, so long as he acknowledges himself a lessee or borrower. Consequently no account is taken of lapse of time and the possessor will always have the right to take back his property from the lessee or borrower.

NOTE 1. (Art. 23.)

This Article states that a person holding land by lease, or loan, cannot count towards prescription the period during which he holds as a lessee or borrower.

This, of course, continues to be operative.

Difficulties suggest themselves. For example, does a tenant who holds over after the expiry of his lease, without paying rent, hold adversely? This will probably be answered in the affirmative if he pays werko tax after his lease has expired, and in the negative if payment of werko continues to be made by his landlord.

The well known rule of English law that the tenant is not allowed to teny his landlord's title corresponds with the rule enunciated in Article 23.

ARTICLE 24. (Obsolete)

Places which have been used as winter (kishlak) and summer (yaylak) parsturing grounds *ab antiquo* other than those that are appropriated to the common use of one or several villages, differ in nothing from cultivable land when they are possessed by title-deed by one person exclusively or by several persons jointly. All enactments hereinafter applicable to State land, are equally applicable to such pasturing grounds. From the owners of both kinds of pasturing grounds (whether those of communities or private persons) are taken dues called "yaylakié", and "kislakié", in propotion to the yield.

ARTICLE 25. (Obsolete)

No one can plant vines or fruit trees on land in his possession and make it a vineyard or orchard without the leave of the Official. Should he do so the State has the right, for 3 years, to have what has been planted removed. At the end of that period trees which have reached a fruit-bearing state must be left as they are. Trees and vines planted with the leave of the Official and those planted without leave which have been left for 3 years, are not considered as subject to the land but belong in full ownership to the possessor of the land. But tithe is taken of the produce annually. Fixed rent *(moukataa)* shall not be charged on the sites of such vineyards and orchards on the produce of which tithe is taken.

NOTE 1. (Art. 25.)

Article 25 defines the interesting tenure which is conveniently known as Quasi Mulk. When vineyards groves or buildings are put on Mirie land two kinds of ownership are physically fused into one. The land is the property of the State, but the accretions are (or were) the mulk property of their possessor.

As, when the Code was written, the distinction between the two forms of ownership was acutely felt, its framers considered it incumbent on them to make special provision for the case in which they presented themselves in combination.

— 34

They tried therefore to reconcile a complete form of ownership, which carried the right of dedication; which was subject to a special and sacred form of devolution; and which was protected by a prescriptive period of 15 years: with an ownership of a subordinate kind (that of the mirie holder), which could not be alienated by dedication; which was subject to a statutory form of devolution; and which could be extinguished by a period of 10 years adverse possession.

The attempt to deal with this question led to a number of intricate provisions in the Land Code which have not been very successful.

A variety of problems had to be solved

What happens when the land is sold; but not the accretions; - or vice versa?

What happens when trespass takes the form of placing mulk accretions on Mirie Land?

What happens when the accretions disappear?

What happens when the accretions are dedicated?

When the land becomes vacant, or mahlul, through failure of heirs, how are the rights of Tapou (vide Art. 59 et seq.) dealt with?

The Articles under which these matters are treated are Nos. 35, 44, 49, 59 (1), 66, 77, 82 and 83.

NOTE 2. (Art. 25.)

Effect of Provisional Law of Disposal.

Quasi Mulk property cannot now be created by planting or building. The Provisional Law of Disposal of 30th. March, 1329 lays down that, from the date of its passage, the status of Mirie land shall not be capable of alteration by these means. Since the passage of that law accretions put on mirie land follow the law of the land, and are treated as mirie, and not as mulk property. New registrations of property as Quasi Mulk still take place, as the result of Judicial decisions, since accretions which are shown to have existed prior to the passage of the law of Disposal, ipso facto, constitute the land Quasi Mulk. The special provisions of the Land Code, which govern Quasi Mulk, continue to be of force in respect of the remnants of this tenure.

NOTE 3. (Art. 25.)

Scope of Holding.

It has been judicially decided that when a portion, only, of land held under a single title deed carries mulk accretions of the requisite age, this portion must be classed as Quasi Mulk. The rest of the land continues to be mirie.

— 35 —

The rule holds even when the accretions cover only a very small part of the land; as when a hut has been put up on a large agricultural holding. The result is to create confusion and litigation; as under the mulk scheme of inheritance persons often exist who share in the mulk accretions, but not in the mirie land.

It is doubtful whether the rule holds in cases in which separation of the holding into two portions cannot be achieved without reducing its value as a whole.

NOTE 4. (Art. 25.)

Devolution and Prescription.

Quasi mulk descends by mulk inheritance, with a prescriptive period of 15 years, so long as the land and the accretions are owned by the same person.

When the land is separately held — a case which arises on sale of the accretions — it passes under mirie inheritance. In the unlikely case, in which adverse possession of the land as apart from the accretions is claimed, the period would be one of 10 years.

NOTE 5. (Art. 25.)

Pre-emption and prior purchase.

Claims to purchase by either pre-emption or prior purchase are alike inapplicable to Quasi Mulk property, and cannot be entertained by a Court. In this connection however Art. 44 should be consulted.

NOTE 6. (Art. 25.)

Effect of Inheritance.

The person who owns the mulk accretions by inheritance has peculiar privileges. He has the senior right of Tapou under Art. 59 (1), and when the land becomes Mahlul, he can occupy under Art. 77 before laying to claim to it through the Tapou Office.

The acquirer of mulk accretions, otherwise than by inheritance, has none of these rights, though he can claim a right of Tapou in succession to all other claimants under Art. 66.

NOTE 7. (Art. 25.)

What constitutes planting.

The question whether trees or vines of the requisite age, which stand on mirie land, suffice to make it a Quasi Mulk tenure, turns on whether they are

— 36 —

planted thickly enough to prevent the use of the land for the growing of ordinary crops, or not.

In this connection it should be noted that, if it can be shown that the plantation was once thick enough to prevent ordinary cultivation by the plough, and if some of the trees remain, the tenure is established, since all trace of the grove has not disappeared.

Reversion to Mirie does not take place till all trace of the accretions has gone, whether they take the form of groves, vineyards, or buildings.

ARTICLE 26. (Obsolete)

Everyone who grafts or cultivates trees standing naturally on land in his possession, with a sole or joint title, acquires full (mulk) ownership of them, and neither the Official nor the joint possessor can interfere with the ownership of such trees. But tithe shall be taken on their annual produce.

ARTICLE 27. (Obsolete)

No one has the right to graft or cultivate trees standing naturally on the land of another without the leave of the possessor of the land. If he attempts to do so the possessor can prevent him. If the grafting has taken place the possessor of the land has the right, through the Official to have the trees cut down from the place where they have been grafted.

NOTE 1. (Art. 27.)

Article 27 has been replaced by Article 10 of the Law of Disposal.

ARTICLE 28. (Obsolete)

All trees without exception, whether fruit-bearing or not, such as "*palamud*" trees, wulnut trees, chestnut trees, yoke elms, and oak trees, growing naturally on State land are subject to the land; the produce goes to the possessor of the site, but tithe is taken of the produce of the fruit-bearing trees by the State. Trees standing naturally can neither be cut nor uprooted either by the possessor of the site or anyone else. Whoever cuts or uproots any such tree shall be liable to pay to the State the standing value of the tree.

ARTICLE 29. (Obsolete)

Everyone who, with leave of the Official, plants non-fruit-bearing trees on land in his possession and makes it woodland (kurou) has full ownership of them; he alone can cut them down or uproot them. Anyone who cuts them down must pay their standing value. On this kind of woodland a ground-rent *(i jarae-i-zemin)* is charged, equivalent to tithe, taking into consideration the value of the site according to its situation.

ARTICLE 30. (Obsolete)

Woodland, not being woodland on the mountains *(jebali moubaha)* or forests and woodland appropriated to the use of inhabitants of villages, on which the trees growing naturally are destined for fuel, and which has devolved by succession or has been bought from a third person, is possessed by title-deed, and the possessor alone can cut the trees thereon. If anyone else attempts such cutting the possessor, through the Official, can stop him. If the cutting has taken place, the standing value of the trees cut shall be paid to the State. A ground-rent equivalent to the tithe is taken by the State for the site of such woodland. The same procedure as is applicable to State land is applied to this kind of woodland.

ARTICLE 31. (Obsolete)

No one can erect a new building on State land without previously obtaining the leave of the Official. Buildings erected without such leave may be pulled down by direction of the State.

ARTICLE 32. (Obsolete)

With the leave of the Official a possessor of State land can erect, in accordance with the necessity of the case, farm buildings such as mills, mandras, sheds, barns, stables, straw-stores, and pens upon it. A ground-rent, equivalent to the tithe, is assessed and appropriated for the site, according to the value of the situation. But for building a new quarter or village by erecting new dwelling houses on bare land, a special Imperial decree must be obtained; in such a case the leave of the Official alone is not sufficient.

NOTE 1. (Art. 32.)

Articles 28, 29, 30, 31 and 32 have been replaced by Art. 5 of the New Law.

ARTICLE 33.

Neither the possessor, nor a stranger, can bury a corpse on land held by title-deed *(ba tapou)*. In case of contravention of this provision if the corpse is not already reduced to dust it shall be exhumed by the Official and removed to another place; if nothing is left of it the ground which covered it shall be levelled.

NOTE 1. (Art. 33.)

Article 33 forbids burial on Mirie Land held by title-deed.

It does not appear to have been set aside by Art. 5 of the law of Disposal as the very full liberty of user conferred by that Art. does not specifically include the right of burial.

This Article provides the main reason for the conversion of the Mirie lands on which war graveyards are placed into Mulk, by order of the High Commissioner. This order is equivalent to the Sultan's Firman.

ARTICLE 34. (Obsolete)

Land separated from State land to be used as a threshing floor, the possession of which has been granted by title-deed with a joint or separate title, follows the procedure applicable to other State land. In this class are ranked also salt-pans which are separated from State land. For such threshing floors and salt-pans a ground rent, equivalent to the tithe, is taken annually.

NOTE 1. (Art. 34.)

This is replaced by Articles 9, 11 and 13 of the New Law.

ARTICLE 35. (Obsolete)

(i) If any one arbitrarily erects buildings, or plants vineyards or fruit-trees on land in the lawful possession of another the latter has the right to have the buildings pulled down and the vines and trees uprooted through the Official.

(ii) If any one erects buildings or plants trees on the entirety of land held under a joint title by himself and others without being authorized so to do by his co-possessor, the latter can proceed in the manner pointed out in the preceding paragraph so far as their share is concerned.

(iii) If any one erects buildings or plants trees on land which he possesses by a lawful title which he has obtained by one the means of obtaining possession, as for instance by transfer from another person, or from the State, supposing that the land was vacant (mahloul), or by inheritance from his father or his mother, and there afterwards comes forward another person claiming to have the right to the site on which the buildings or trees are situated, and proves his right to it, in that case if the value of the buildings or of the trees, if they were to be uprooted, exceeds that of the site payment shall be made to the successful claimant of the value of the site, which shall then remain in the hands of the owner of the buildings or trees. If on the contrary the value of the site is greater than that of the buildings or trees then the value of the buildings or of the trees as they stand shall be paid to their owner and they shall be transferred to the successful claimant of the site.

(iv) If anyone erects buildings or plants trees on a part of land which is possessed in common by himself and others without the leave of his co-possessor, the land shall be partitioned in conformity with the provisions of Art. 15, and if the site of the buildings or trees falls to the share of one of the other co-possessors the said procedure shall be likewise applied.

NOTE 1. (Art. 35.)

The provisions of this Article are unlikely to invoked in the future as suits based on them are presumably barred after 15 years from the date of the building or planting to which they refer.

Such suits must of course deal with building or planting which took place prior to the passage of the Provisional Law of Disposal of 1329.

CHAPTER II.

ARTICLE 36. (Obsolete)

A possessor by title-deed of State land can, with the leave of the Official, transfer it to another, by way of gift, or for a fixed price. Transfer of State land without the leave of the Official is void. The validity of the right of the transferee to have possesion depends in any case on the leave of the Official, so that if the transferee dies without the leave having been given the transferor (farigh) can resume possession of it as before. If the latter dies (before the leave is obtained), leaving heirs qualified to inherit State land as hereafter appears they inherit it. If there are no such heirs it becomes subject to the right of tapou (mustahiki tapon) and the transferee (mufroughunleh) shall have recourse to the estate of the original vendor to recover the purchase money. In the same way exchange of land is in any case dependent on the leave of the Official. Every such transfer must take place with the acceptance of the transferee or his agent.

NOTE 1. (Art. 36.)

Importance of repealed Laws of Transfer.

The Law of Transfer contained it this and the two following articles is no longer in force. It was replaced by the Provisional Law of Disposal of 1329 and has been further modified by the Land Transfer Ordinance of 1920 since the British Occupation. As however the rights of parties may depend on whether a given transfer was or was not valid at the time at which it took place, it is essential that the provisions of the past law on the subject should be understood.

NOTE 2. (Art. 36.)

Effect of presence or Absence of Consent of the Tapou Office.

Article 36 states that a transfer made without the leave of the Official - i.e. of the Registration Authority entitled in this behalf, is void.

If the buyer dies the seller can resume the property from his heirs. If the seller dies his heirs can set aside the sale. If the seller dies without heirs, the possessors of the right of Tapou (Art 59) can claim as if no sale had taken place. The same provisions apply to transfer by gift and to exchange.

The sole right of the transferee on a transfer, which is void as having been made without consent, is to recover what he has paid from the seller, or from his estate, if he has died before resumption.

All this may be summarised by saying that a transfer made without registration is void, and that the only right of the transferee is to recover any consideration that has passed. The Provisional Law of Disposal 1329 abolished the necessity for consent. It was however reintroduced in the Land Transfer Ordinance of 1920.

NOTE 3. (Art. 36.)

Poasibility of Escheat.

The State could clearly claim property by escheat in the event of the seller without the consent of the Tabu Office dying without heirs, or in the absence of claimants by right of Tabu, It is possible however that such a transfer without consent would now be validated by a Land Court. (Vide Article 7 of the Land Court Ordinance. Vide also Article 120 of Ottoman Land Code.

NOTE 4. (Art. 36.)

Condition as to consent withdrawn by Provisional Law.

The Provisional Law of Disposal of 1329 (20th. March) modified these provisions by the withdrawal of the condition of consent.

This means that, whereas under the old Law "the Official" could refuse to register a sale, under the new he had no such power.

Since the occupation consent has again been made a condition of legality, as has already been noted.

NOTE 5. (Art. 36.)

Private Modification of Registered Conditions forbidden.

Under the old law parties were not prohibited from modifying the conditions of a sale, as registered, by private agreement. Under the new law of Disposal such modification was forbidden. In the case of mulk property it may be noted that it was forbidden much earlier by the Mulk Titles Act of 1874.

NOTE 6. (Art. 36.)

Special treatment accorded to transfers made during the war.

Although the Provisional Law forbade the modification of the terms of a registered sale by private agreement, nevertheless, such modifications were extensively made during the war. During this period lenders would not advance money on mortgages, because they were afraid of being repaid in a currency which was rapidly falling in value. They therefore insisted on the transaction taking the form of a registered sale, while giving the borrower a writing to say that he could reclaim the property on payment of his debt in a specified currency generally in Gold. The Courts have often given effect to these private undertakings in the exercise of the powers conferred by the Land Courts Ordinance (Art. 7).

It is submitted that effect should only be given to them if they took place either before the 30th. March 1329, or after the outbreak of the war with Turkey. During the intermediate period they were forbidden by law, and there appears to be no general principle of equity which would justify a Land Court in validating them.

NOTE 7. (Art. 36.)

Transfers ptohibited after occupation.

After the occupation all transfers were prohibited by the well known Ordinances Nos. 75 and 76.

Each deals with a specified portion of Palestine, and between them they cover the whole country.

The dates of occupation are stated to be as follow: For the Sanjak of Jerusalem 1st. December, 1917 and for the Sanjaks of Nablus and Acre 1st. October, 1918.

The Ordinances are themselves dated in 1918 but are retrospective in their effect. They make all transfers and leases of over three years void if they took plase on or after the date on which the Sanjak in which the property is situated, was occupied.

The only exception is provided by the case in which a transfer has been made with the written consent of an Officer of the Administration.

NOTE 8. (Art. 36.)

Priority of registered over unregistered transfer.

The question as to the extent to which a purchaser by registered sale can claim priority over an earlier purchaser by unregistered deed must be considered.

Under Art. 7 of the Land Courts Act a Land Court is authorised to accept deeds of the last named class and to validate them as transfers. The validation of course ex post facto, The deed is not valid until it has been made so by the Court under the anthority of the Article quoted.

If a purchaser by such a deed is followed by a second purchaser, who, acting in good faith, buys by registered purchase, the Court has no power to set aside the second transfer. It must therefore abstain from validating the first. This line of reasoning has not always been followed by the Courts. It has been argued that proof of the first transaction establishes the fact that the seller had no property which he could transfer by the later transaction. The argument fails to notice that the unregistered transaction was not a legal sale, and cannot become one, unless the Court in the exercise of an equitable jurisdiction decides to validate.

NOTE 9. (Art. 36.)

If the second purchaser, who takes by registered transfer, was not acting in good faith - i.e. if he knew of the first transaction, and purchased simply in order to deprive the first transferee of benefit - a further problem arises, which may be considered under two heads, according to whether the registered purchaser has proceeded promply to take possession, or has taken no steps to this end.

In the first case it is difficult to see how he can avoid winning his case. He holds on a registered transaction, which the Court has no authority equitable or otherwise to set aside. No equity exists in favour of the holder by an illegal transfer for the reason that no equity exists against the law.

In the second case it might be held that in permitting the first purchaser to continue to hold the land and (presumably) to pay tithe and taxes for it, the second purchaser has estopped himself from claiming. Such a case would propably turn in great measure on the time which the registered purchaser allowed to elapse before trying to take possession.

It should be noted that vis-à vis the State the second purchaser has no right to rely on his title deed after he has been out of possession for three years. This provision of the Law (Art. 68) cannot be made use of between private parties. It indicates however that postponment of action for more than three years might be regarded more unfavourably than postponment for a shorter period by the Courts.

NOTE 10. (Art. 36.)

Interpretation of sale deeds.

Cases frequently arise - chiefly over unregistered deeds of sale - as to the meaning of the transaction. The buyer claims that it was an outright sale, the seller that it was a mortgage. The case of transactions made during the war in the form of registered sales with a private undertaking, to return the property on repayment, has already been considered.

— 44 —

Where however the case is concerned with the interpretation of a single deed certain established rules exist.

They make be summarised under the following heads:-

(a) The deed whether registered or unregistered is on the face of it a sale.

In this case the parties are bound by the terms of the document or of the registration, unless, in the case of the registered deed, a private undertaking in writing exists, which modifies its terms. In the case of the registered transaction, the private document must, as we have seen, date. either prior to the passage of the Provisional Law of Disposal, or after the outbreak of the war. In the case of the unregistered deed, such private undertakings are more rare. It is presumed however that if proved they would be given effect to irrespective of the period within which they are dated. Oral evidence is not admissible to vary the terms of either the registered or the unregistered sale. Even the evidence of the attesting witnesses cannot be heard for this purpose. Their business is to prove the execution of the document. They are in no way responsible for its contents.

This rule is sometimes rendered inoperative by a plea that the deed of sale has been lost. On proving the loss the party concerned proceeds to prove its contents by oral evidence. This enables him to give the latter whatever colonr he chooses, if he is sufficiently unscrupulous.

(b) The deed is unregistered and is a sale with a condition for the return of the property on repayment.

This is a mortgage and not a sale and must be treated as such in all cases.

(c) Is allied to (b). Here the document purports to be a mortgage, which is to become a sale, only, if repayment is not made within a specified time.

Such a document is a mortgage and must remain one in spite of the condition. The latter is to be treated as wholly inoperative. The Mejelle forbids sales which are intended to take effect at a future date, and, on this ground, the Moslem Lawyer comes to the same conclusion as that conveyed by the English legal saw "Once a mortgage always a mortgage". (Vide Mefelle Art. 170).

ARTICLE 37.

The leave of the Official being the sole requirement for the transfer of State land, if the transferor, having obtained leave, dies before the transferee has obtained his title-deed, the transfer is nevertheless valid, and the land cannot be deemed to be vacant.

— 45 —

NOTE 1. (Art. 37.)

Consent.

This Article regards the obtaining of consent as preliminary to the issue of the Title deed.

Once registration has been effected and the title deed issued consent is presumed.

ARTICLE 38.

In case of a transfer by way of gift, that is without any price being specified, neither the transferor nor his heirs in case of his death, can claim any purchase money. But if a transfer has taken place with leave of the Official in consideration of a definite sum, and the amount has not been received, the transferor or in case of his death, his heirs entitled to inherit have the right to have the land restored by the transferee, or his heirs in case of his death. If however the price has been paid they have no right to bring an action for retransfer.

NOTE 1. (Art. 38.)

Gift - no price can be claimed on failure of sale unless specified.

Gift is defined in this section as a transfer which takes place without any price specified. If no price is specified none can be claimed. Non-payment of the price is a good ground for claiming re-transfer by the transferor or his heirs.

ARTICLE 39.

No one who in a valid and definite way with leave of the Official has parted with his land, gratuitously or for a fixed price, can go back on such a transaction.

ARTICLE 40.

If anyone, having transfereed his land with the leave of the Official, transfers it to another without the leave of the first transferee this second transaction is void.

— 46 —

ARTICLE 41.

The owner of an undivided share in State land cannot transfer his share, by way of gift or in consideration of payment, without the leave of the persons jointly interested. If he does so the latter have the right, within 5 yrs., to claim from the transferee the restitution of his share, on paying him its value at the time of the claim. The right of claiming back the land lapses at the expiration of the said term, even if there exist the excuses recognised by law, viz., minority, unsoundness of mind, or absence on a journey.

But if any person jointly interested at the time of the transfer has given his consent to it, or has refused to take the share in question although offered to him, he cannot afterwards maintain any claim.

ADDITION. 19 Sha'ban 1291. In the event of the person jointly interested dying within the said period of 5 years his heirs, having the right of succession, shall have the right to claim possession of the property from the transferee or his heirs in the event of the death of both the person jointly interested and of the transferee the heirs of the former shall have the right to claim possession from the heirs of the latter.

NOTE 1. (ART. 41)

Conditions of prior purchase.

This Article defines the right of prior purchase, which is to mirie land what the right of pre-emption is to mulk.

Mulk property can be pre-empted by

(a) A Cosharer.

(b) A Khalit or sharer in a private right of way or water (vide Mejelle Art. 954).

(c) By an adjoining neighbour. Vide Mejelle 1008.

The right of prior purchase can be claimed by the co-sharer and the Khalit but not by the adjoining owner.

NOTE 2. (ART. 41.)

By Cosharer.

Transfer by an undivided cosharer without the consent of his co-owners gives the latter the right to claim the share sold on paying its value - not the price actually paid at the time of the claim. The claim must be by suit within 5 years of sale. The period cannot be extended by any of the "legal excuses"

— 47 —

which are effective in defending claims to hold by adverse possession. (see Art. 20).

If some of the co-sharers consent and others do not, the consenting co-sharers are debarred from claiming.

NOTE 3. (Art. 41.)

By a Khalit.

The Khalit is one of the persons "jointly interested" referred to in the Article. The term is defined in the Mejelle Art. 954. The Khalit is a person who shares in a right to a private road or a private water channel, which serves both his property and the land which is the subject of the claim.

The two lands need not adjoin.

The Khalit can claim under precisely the same rules as the co-sharer.

A water channel or road are private when the right to use them is limited to a certain number of persons.

NOTE 4. (Art. 41.)

Priorities.

In the case of pre-emption the priorities run as shown in Note 1. If a co-sharer claims, a Khalit is excluded from making a claim.

It is presumed that the same rule would be applied by the Courts in the case of a claim to purchase by priority.

NOTE 5. (Art. 41.)

Prior purchase not claimable over Quasi Mulk.

Quasi Mulk land as defined in Article 25 is neither true mulk nor true mirie. For this reason claims for either pre-emption or prior purchase cannot be made in respect of this class of property except in the special case dealt with in Art. 44.

NOTE 6. (Art. 41.)

Prior Purchase and Heritable Right.

The last para of Article 41 states that the right of prior purchase is heritable, provided that the period of claim is kept within the 5 years. This para is a later addition to the Land Code.

— 48 —

NOTE 7. (Art. 41.)

The right of purchase by priority has considerable resemblance to that of pre-emption, and in part was founded on it.

There are however important differences between the two which should be noted.

The right by pre-emption arises

(a) in respect of sale of mulk property,

(b) in favour of cosharers khalits and adjcining neighbours,

and (c) is based on the price actually paid.

In the case of prior purchase the property must be true mirie. Transfer by gift as well as sale gives rise to the right. Contiguity is not a ground on which it can be claimed. The price at which prior purchase may be demanded is the value of the property at the time of claim, not the price actually paid.

Apart from these differences it should be noted that the right of pre-emption can only be claimed after the meticulous performance of certain formalities by the claimant

The right of prior purchase arises automatically from an omission on the part of the seller of the property, and is perfected without any effort on the part of those entitled to claim as soon as transfer has taken place.

For this reason the right of prior purchase cannot be lost like the right of pre-emption by conduct after transfer on the part of the claimant from which consent may be deduced. Actual waiver of the right may of course be made.

The right of pre-emption is personal, and must be claimed as soon as the sale on which it is based is made known to the claimant. The right of prior purchase is heritable, and the period within which the claim may be made is limited to 5 years from the date of transfer.

ARTICLE 42.

If amongst three or more co-possessors there is one who wishes to transfer his share, he may not give preference to anyone of those jointly interested. If the latter wish to acquire the share they can take it in common. If one co-possessor disposes of the whole of his share to one of the other co-possessors the others can take their proportionate shares in it. The provisions of the preceding Article are applicable in this case.

NOTE 1. (Art. 42.)

Suits in succession.

The last para of this Article appears to give the persons jointly interested leave to sue in succession provided that the suits are brought within 5 years from the date of transfer.

Thus is A,B,C & D are co-sharers. A sells his share to X and B sues X for a transfer of the land by prior purchase. It appears that C can afterwards sue B for half the share he has obtained from X, and D can then sue B & C for a third of the interest obtained by them. This can be avoided if the Court takes the precaution to make all the cosharers parties to the first case.

NOTE 2. (Art. 42.)

As the addition to Art. 41 is not specifically made applicable to Art. 42 it is doubtful whether it can be taken to apply to it.

ARTICLE 43.

If anyone, with leave of the Official, but without the authorization of the possessor, arbitrarily disposes of land of a third person or of his co-possessor, and if the transaction is not ratified by the possessor, the latter shall have the right, through the Official to recover the land from whomsoever it has become vested in consequence of the arbitrary act.

NOTE 1. (Art. 43.)

This Article is a re-statement of Art. 378 of the Mejelle.

ARTICLE 44.

The possessor of any land on which there are mulk trees or buildings, land of which the cultivation and possession are subordinate to (tebsiyet) the trees and buildings, cannot part with the land by way of gift or for a price, to anyone other than the owner of the trees or buildings, if he claims to have it transferred to him on payment of its tapou value (tapou-i-misl).

Should such transfer however take place, the owner of the trees or buildings shall, for ten years, have the right to claim the land, and to take it on paying the value at the time when he made the claim (bedl-i-misil). The excuses of minority, unsoundness of mind, and absence on a journey are not applicable to this case.

NOTE 1. (Art. 44.)

Land and accretions separately owned.

This article refers to Quasi Mulk accretions which are owned by one person while the land is owned by another.

The article states that, on sale of the land, the owner of the accretions has a right to claim it by prior purchase at its value as assessed at the time the claim is made. The last noted condition differentiates this species of claim from one under Art. 41, and is intended to penalise delay. The claim can be made within 10 years instead of the 5 allotted to co-sharers and Khalits. In both cases the period cannot be extended by the use of the "legal excuses".

NOTE 2. (Art. 44.)

Distinguished from Art. 49.

This Article should be distinguished from Art. 49, which deals with the case in which the accretions and the land are in the same hands, and the owner of the land is at the same time the author of the accretions.

NOTE 3. (Art. 44.)

Owner by accretions by Inheritance.

The owner of the mulk accretions who has obtained them by inheritance has a prior claim to the land on failure of heirs by right of Tapou (Art. 59 (1), and under these circumstances is further entitled, to seize the land (Art. 77) before making his claim. The owner of the mulk accretions, who has obtained otherwise than by inheritance, has the right to claim at the Tapou value in succession to the possessors of that right enumerated in Art. 59.

ARTICLE 45.

If the possessor by title-deed of land lying within the boundaries of a village has transferred it to an inhabitant of another village the inhabitants of the former place who are in need of (zarourat) land have, for one year, the right to have the land adjudged to them at the price at which it has been sold.

NOTE 1. (Art. 45.)

Right of Tabu by co-villages.

The transfer of land lying within one village to an inhabitant of another village gives the inhabitants of the former the right to claim by prior purchase at its Tapou value at the time of the sale. The right must be claimed within the year.

Fisher's translation is incorrect in stating that the price at which re-transfer is claimable is that actually paid.

NOTE 2. (Art. 45.)

Zarurat.

The phrase which limits the right to persons having need of the land which they claim, must be strictly interpreted. "Zarurat" indicates need of an urgent kind. It may be laid down that the need must be for land to be used for cultivation; that the possession of other land in sufficient quantity would be a disqualification; and that the mere speculator in land would not be eligible under the article under discussion.

Land which though recorded as mirie is actually building land would probably be excluded from the operation of this section.

NOTE 3. (Art. 45.)

Not applicable to clearings from Mewat.

A transfer of land which has been cleared from Mewat under the conditions laid down in Art. 103 does not give rise to the right defined in this section; since such land does not lie within the boundaries of any village.

ARTICLE 46.

The right of pre-emption (shoufaa) which is applicable to mulk land, is not applicable to State or mevqufé land, that is to say if any one has alienated land which belongs to him for a fixed price, his immediate neighbour cannot claim it by saying "I will take it at the same price".

NOTE 1. (Art. 46).

The contents of this article have already been referred to in the Notes to Art. 41.

ARTICLE 47.

When there is a question as to land sold as being of a definite number of donums or pics the figure alone is taken into consideration. But in the case of land sold with boundaries definitely fixed and indicated the number of donms or pics contained within them are not taken into consideration whether mentioned or not, the boundaries alone are taken into account. So for example if a piece of land which has been sold, of which the owner has fixed and indicated the boundaries, saying that they contained 25 donums, is found to be 32 donums, such owner cannot claim from the purchaser either the separation and return of 7 donums of the land or an enhancement of the purchase money, nor if he dies after the transfer can his ascendants or descendants prosecute such a claim. Similarly if the piece of land only contains 18 donums the transferee cannot claim the refund of a sum of money equal to the value of the 7 donums.

NOTE 1 (Art. 47).

Effect of indefinite boundary.

This article has given rise to a great deal of trouble. Owners of title deeds which show one or more boundaries as "waste" often act as if they had a free hand to encroach on the waste without limit. So long as the formal statement of boundaries contained in the title deeds continues applicable - i.e. so long as all the waste is not enclosed - they consider that they can rely on the provisions of this article to secure them against an action brought by the Government for the recovery of the area enclosed.

This is not the case. The article says that the boundary must be definitely stated. A statement that on one side a property is bounded by "waste" land is not a definite statement of the boundary.

If a boundary is not definitely stated, and the area is, the owner is limited to the area given.

Cases under this article may therefore be expected to turn chiefly on the question as to whether a given boundary or boundaries are stated in a definite manner or not.

ARTICLE 48. (Obsolete)

Trees growing naturally on the land of a person who has sold it, being subject to the soil, are included in the sale.

But unless the transferor has sold the mulk trees on the land, mentioning them at the time of the sale, the transferee has no right to take possession of them.

NOTE 1. (Art. 48).

Mulk Trees.

Mulk trees are trees planted on the land as opposed to natural growths, when planted closely enough to constitute a grove or orchard, and to prevent ordinary crops from being raised. Such planting converted the land into Quasi Mulk. The planting must of course have taken place prior to the passage of the Provisional Law of Disposal of 1329 (30th. March), which forbids the further creation of Quasi Mulk.

Mulk trees remained the mulk property of the planter, and did not pass with the land on sale of the latter; unless the fact was specifically mentioned in the sale deed.

Since the date of the Provisional Law all trees planted on mirie land go with it, and on sale of the land pass with it.

ARTICLE 49.

When the owner of mulk trees, vines or puildings, planted or built with the leave of the Official subsequently to his taking possession, on land held by title-deed has sold them, he is bound to transfer the ground through the Official to the purchaser of the trees, vines or buildings. The same result follows in the case of woodland of which the ground is State land and the trees mulk.

NOTE 1. (Art. 49).

Accretions cannot be sold without the land by the owner of both.

This article refers to the case of a man who has put mulk accretions on his land. It states that he cannot sell the accretions without the land. It appears however that if he sells the land he is not bound to sell the accretions with it.

NOTE 2. (Art. 49).

The heirs of the owner referred to in Note 1. do not appear to be bound by this article.

ARTICLE 50.

Persons who have not attained the age of puberty, lunatics and imbeciles of either sex cannot transfer their land. If any such person does so and dies before the age of puberty or before recovery the land passes to his heirs who have the right of succession as hereinafter appears, and failing them it becomes subject to the right of tapou.

— 54 —

ARTICLE 51

Persons of either sex who are minors, lunatics or imbeciles cannot buy land Nevertheless if it is shown that it is for their profit or advantage their natural or appointed guardians can, in their capacity as such, buy land in their name.

NOTE 1. (Art. 51).

Disability.

The prohibition contained in this article is based on art. 361 of the Mejelle, which requires that both parties to a contract of sale must be reasonable persons. The guardians of persons under disability can act for them when such action is in accordance with their duty.

ARTICLE 52.

Natural and appointed guardians of minors of either sex cannot transfer to another or to themselves land which has devolved on their wards by inheritance, or in any way come into their possession, under pretext of payment of debts, expense of maintenance or otherwise. Should they do so the wards have the right, for ten years after attaining their majority or after having become capable of having possession, to reclaim from the possessor through the Official the restoration and possession of property. If they die before attaining their majority the land will pass to their heirs, and in default it will become subject to the right of tapou. But when it is shown that chiftliks belonging to minors of either sex cannot be managed by their guardians except in a manner which occasions loss to the wards, and that, the appurtenances of the chiftlik being valuable, it would be injurious to the wards to leave them to be destroyed or lost, and that in these circumstances the sale of it would be sanctioned by the Sheria Law, if it is proved that retention of the land alone would, by reason of its being separated from the buildings and other appurtenances, be injurious to the interests of the minor the sale of the land and its appurtenances at the true value is allowed after getting a hudjet from the Sheria Court. When a sale has been effected under these conditions minors will have no right to claim the restitution of the chiftlik or its appurtenances after attaining their majority. The same provisions apply to the land of lunatics and imbeciles.

NOTE 1. (Art. 52.)

Guardians defined.

Art. 974 of the Mejelle describes the various kinds of guardians and the order in which the natural guardians assume their responsibilities.

NOTE 2. (Art. 52.)

Chiftlik.

Chiftlik is defined in Art. 131. The notes on that section should be consulted as to the scope of the definition.

ARTICLE 53.

When persons of either sex who are minors, lunatics or imbecile possess trees or vines which have become orchards or vineyards, or newly erected buildings on State or mevqufé land their natural or appointed guardians can sell such orchards, vineyards or buildings on Sheria musaveghat conditions and they can also sell the land on which they are as being subordinate to them.

NOTE 1. (Art. 53.)

Musasavaghat conditions.

The Musavaghat conditions are given by Khalis Ashraf 1315 Ed. page 334. They are:-

1. When there is a candidate to buy at double value.

2. When the minor needs maintenance and has nothing except immovable property, and when it is necessary to sell it for his maintenance.

3. When the deceased leaves debts and there is nothing to pay them except the immovable property.

4. If 1/3 or 1/4 of what the deceased left is bequeathed to some object and it is necessary to sell the property in order to carry out the testator's wishes.

5. If the income of the property is insufficient to pay the dues on it.

6. If the propety is a house or shop or similar building and the minor has no funds to repair it with.

7. If the property is possessed in partnership and the share of the minor will not bring in a profit when separated.

8. If there is a fear of unavoidable interferance by someone by duress— See note to art. 20 for meaning of duress.

CHAPTER III.

DEVOLUTION OF STATE LAND BY INHERITANCE.

ARTICLE 54.

On the death of a possessor of State or mevqufé land of either sex the land devolves in equal shares, gratuitously and without payment of any price, upon his children of both sexes, whether residing on the spot or in another country. If the deceased leaves only sons or only daughters, the one or the other inherit absolutely without the formality of purchase. If the deceased leaves his wife pregnant the land remains as it is until the birth.

NOTE 1. (Art. 54.)

Article repealed.

The Chapter which opens with this Article deals with a scheme of inheritance which was modified by the Law of 21st. May 1867 (1284) and replaced by the Provisional Law of Inheritance of 1328 (27th. Feb.). Its interest is therefore of an academic nature, except in respect of devolution which took place before modification.

NOTE 2. (Art. 54.)

Statutory devolution cannot be changed by will.

The Succession to Mirie land being statutory cannot be altered by will. It may however be defeated by death bed gift or sale, if the transfer so made, takes place in valid form (vide Art. 120). The right of the State to hold by escheat in default of heirs can be defeated by the same means.

NOTE 3. (Art. 54.)

Customary inheritance.

Though Mirie succession is statutory and forms one of the conditions on which grants of mirie land are made, it is by no means invariably observed.

Ancient and invariable customs exist which the statute law has not been able to break. Thus in some villages there is a custom which forbids women from taking a share by inheritance in the common lands. In other villages, and among some of the Bedouin tribes, a woman who marries out of her community foregoes her interest in the communal or tribal land. It is clear

— 57 —

that these customs originally arose for the purpose of preventing one tribe or village from obtaining a pretext for interfering with the lands of another.

When such a custom exists it lies at the root of practically all the rights to land enjoyed in the area which it affects. It cannot be set aside without throwing all these rights into confusion, and creating a swarm of claimants whose operations must plunge the community into endless litigation. Under these circumstances a great increase of violent crime may be anticipated. Since prescription does not apply to possession which is passed by inheritance, and is adverse to co-heirs, there is no limit to the period of past time over which an inquiry intended to bring the rights of the inhabitants into line with the Statute must extend.

It follows from these considerations that the enforcement of a Statutory scheme of inheritance is a legal as well as a practical impossibility in the areas over which these ancient customs obtain.

It is for this reason that the Courts have held that such customs are valid when shown to be ancient and invariable, in spite of the fact that they run counter to Statute Law.

Cases have been decided in this sense both in Samaria and in Jerusalem.

The Mejelle furnishes a certain amount of support to these decisions. Arts. 17, 36, 41 and 45 may be consulted. They lay down, in effect, that what is sanctioned by custom is sanctioned by law; that "continuous and preponderant custom should be given effect to"; and that equitable relief may be given by the Courts in certain cases. It should also be noted that Art. 7 of the Land Courts Ordinance gives to those Courts a wide equitable discretion in the application of Ottoman Law.

It is often difficult to attach a meaning to the term "equitable" which is capable of translation into Arabic in a form which an English lawyer would recognise.

In the Land Courts Ordinanace it is rendered as "according to sacred Law or Custom".

In the case in hand however, this rendering suffices to justify the decisions we have been discussing, when read with the articles of the Mejelle which have been quoted.

NOTE 4. (Art. 54.)

Legitimacy.

Inheritance is not dependent on legitimacy. Natural sons and daughters have the same rights those born in wedlock.

NOTE 5. (Art. 54.)

Proof of Inheritance.

It is the business of the Sharia Court to set forth in the Inheritance certificate the names of the heirs and their respective shares in both the mulk and mirie properties left by the decd, when the dect was a Moslem.

This document cannot be questioned by a civil Court. If error is suspected it must be referred to the Sharia Court for amendment at the instance of the party interested.

Other Religious Courts are now given analogous powers to those of the Sharia Courts. Vide Order in Council of 1922 and the Succession Ordinance of 1923.

ARTICLE 55. (Obsolete)

State and mevqufé land of which the owner dies without leaving children passes gratuitously as above to the father or if he leave none to the mother.

ARTICLE 56.

If some of the children of the deceased are present and some absent under conditions called ghaibet-i-munqata (absolute disappearance) the land devolves on the present living children: Provided that if the absent one reappears within three years from the death of his parent or is proved to be still alive, he takes his share in the land. These provisions apply also in the case of a father or a mother.

NOTE 1. (Art. 56.)

Article not repealed.

This article has not been repealed by subsequent Statutes which modify inheritance.

NOTE 2. (Art. 56.)

Proof of disappearance.

It is the business of the Sharia Court to pronounce whether a disappearance is of the absolute kind referred to in the article or not in the case of Moslems.

ARTICLE 57.

The land of a person who is not known to be alive or dead and who has disappeared under the aforesaid conditions for three years shall pass as stated in the preceding Article to his children and in default to his father and failing him to his mother. In default of such heirs the land becomes subject to the right of tapou, that is to say that if under the conditions hereinafter set forth there are persons having the right of tapou, the land will be granted to them on paying the tapou value. If there be no such heirs it will be put up to auction and adjudged to the highest bidder.

ARTICLE 58.

A soldier in the Army actually serving in another country whether he is known to be alive or has disappeared under ghaibat-i-munqata conditions, succeeds to the land left by his father, mother, grandfather, grandmother, sister, wife or child. It cannot be granted to another without proof of his death in accordance with the Sheria Law. Even if transfer takes place and the soldier heir reappears at any time he has the right to recover the land which devolved upon him from whomsoever is in possession of it, and to take possession of it. Provided that, solely with a view to safeguarding the rights of the Treasury, the land of such soldiers is caused to be cultivated by his relatives, or persons to whom he has entrusted his movable property and goods, or failing them by a third person, and thus the collection and payment of the dues are ensured.

NOTE 1. (Art. 58.)

Serving soldiers.

This article does not appear to have been repealed in the sense that the special privileges which it confers on the serving soldier are set aside.

It seems however that it should be interpreted, in the light of subsequent legislation, to read that under the circumstances stated in the article the soldier will inherit according to the scheme of inheritance in force at the time of the death of the person from whom he takes. The article is unlikely to assume importance since Palestinians do not now serve in the army.

CHAPTER IV.

ESCHEAT OF STATE LAND.

PREFATORY NOTE TO CHAPTER IV, BOOK 1.

This chapter deals with the legal incidents which are created by;

(a) failure of heirs,

(b) failure to cultivate,

(c) disappearance of mulk accretions.

Cases (b) and (c) are sufficiently dealt with in the notes to the articles which treat of them.

Case (a) is of sufficient importance to merit a certain amount of preliminary discussion, in order to bring the somewhat disjointed articles of the Code which deal with it into focus.

When land falls vacant from failure of heirs, two sets of rights have to be provided for, to wit, the rights of the possible squatter, and those of the claimant by right of Tapou.

Anyone can seize vaeant land. If he reports his occupation he is entitled to a title deed on payment of the Tapou value or badal il misl as defined in art. 59. If he omits to report he may be ejectet when his occupation is discovered, provided that it has not continued without challenge for 10 years. Ten years unchallenged occupation give the squatter the right to claim a title deed without payment of badal il misl.

These privileges are described in arts. 77 and 78, and may be termed the squatter's rights.

The right of the holder of a right of Tapou as against the squatter is that of bringing a suit for ejectment, whether the squatter has or has not reported his occupation. In the case in which the squatter has reported and paid badal il misl he cannot be ejected until its value is repaid to him by the successful plaintiff.

The holders of the right of Tapou fall into four classes. A claim by a holder in a given class excludes all claims from classes below it. The classes are;

(1) The inheritor of the mulk accretions

(2) The Cosharer and Khalit (Vade art. 41)

(3) The local resident who has need of the land

(4) The holder of mulk accretions otherwise than by inheritance.

— 61 —

(1) and (4) must claim within 10 years, (2) within 5 years, and (3) within 1 year. The periods cannot be extended. The right is not heritable

The mahlul Land Ordinance seeks to curtail the rights we have been discussing, more especially those of the squatter. It has not been a successful piece of legislation for reasons which are explained in the notes to art.

ARTICLE 59.

When a possesor (of either sex) of State land dies without leaving heirs qualified to succeed under the Law of 17 Muharram, 1284, the land will be given on payment of the tapou value, that is to say for a price to be fixed by impartial experts who know the extent, dimensions, boundaries and value of the land, according to its productive capacity and situation;

(i) In equal shares to those who have inherited any mulk, trees or buildings which are on the land. Their right to claim lasts for ten years.

(ii) To co-possessors, or those having a joint interest. Their right to claim lasts for five years.

(iii) To such inhabitants of the locality, where the land is as are in need and want of it (zarourat vé ihtiyaj). Their right to claim lasts for one year. When several such inhabitants claim a right to take the land so to be disposed of as aforesaid, if there is no obstacle to partition and if no damage will result from it, the land is divided into shares, and a share is given to each of them. But if the land cannot be divided, or if damage will result from division it is given to the inhabitant who needs it most. If several have equal need of it one who has personally and actually served in the Army and has returned home after completing his time will be preferred to the others. In default of such recourse shall be had to drawing lots and the land will be given to him on whom the lot falls. After being so allotted no other person can lay claim to the land.

NOTE 1. (ART. 59.)

Assessment of Tapou value.

The law which governs the devolution of Mirie land is now the Provisional Law of Inheritance of 27th. February, 1328.

NOTE 2. (Art. 59.)

Owners of mulk accretions.

The right of the person who has inherited mulk accretions is more valuable than that which belongs to the stranger who has acquired them.

The former has the right of Tapou in the highest degree. He can also anticipate the decision of his claim by seizing the land (Art. 77).

The latter has the right of Tapou in the lowest degree-ranking in this respect after all the classes mentioned in Art. 59. (vide Art. 66).

NOTE 3. (Art. 59.)

Reference to Art. 41.

The possessors of the right of Tapou in the second degree are those, who are entitled to claim by prior purchase in the event of sale. (vide Art. 41). The period, within which they may claim the right of prior purchase is that within which they may claim by right of Tapou i.e. 5 years.

NOTE 4. (Art. 59.)

Rights of neighbours.

The third class consists in inhabitants of the locality who are in need of the land.

Such claimants are entitled to obtain a partition of it among themselves. If it is incapable of partition the Article goes on to specify a further procedure The interpretation of the term "locality" has not been ascertained as yet by judicial decision. It can only be supposed that if the Land Code meant by it persons living within the boundaries of the village in which the property is situated it would have said so. Persons so defined are elsewher referred to in the Code. It may be that the framers had in mind the possibility tha the land under claim had been taken from mewat, and was included within no village area.

Judicial decision as to what constitutes "need" or "want" is also lacking. Presumably the conditions required are those set forth in the notes to Art. 45.

NOTE 5. (Art. 59.)

Position of strangers.

This article is framed in order to exclude strangers. It was the policy of the framers of the Code to keep agricultural areas unchanging and unprogressive In this connection vide Art. 31., which prohibits building on them.

— 63 —

Article 66 is a slight concession to the stranger who purchases mulk accretions.

It shoul be noted however that any person can seize vacant land, and that on reporting his seizure and paying the Tapou value, he is entitled to a deed (vide Arts. 61 and 77, 78).

The holders of the right of Tapou can however dispossess the squatter who gets a title deed by this means, if they make their claim within the period allotted by the Code.

ARTICLE 60.

If a possessor of land, of either sex, dies without direct heirs, that is to say without leaving heirs as designated by Art. 1 of the Law of 17 Muharram, 1284, nor any persons having the right to take the land on payment of the tapou value as above mentioned, or if having left such persons they have forfeited their right by refusing to pay the tapou value, the land becomes purely and simply vacant (mahlul), and it is put up to auction and adjudged to the highest bidder.

If those who have the right to acquire possession of the land on payment of its tapou value are minors, or of unsound mind, forfeiture of the right cannot be alleged against them or their guardians

NOTE 1. (Art. 60.)

Explanatory.

This article is a definition of the term mahlul or vacant land.

When land becomes mahlul it can be occupied and cultivated by any person without penalty. Should the occupation continue without challange for 10 years the squatter can claim a title deed (vide arts. 77 and 78) from the State without fee.

NOTE 2. (Art. 60.)

Disability.

Minors and persons of unsound mind are entitled to claim by right of Tapou provided of course that they do so within the appropriate statutory period.

— 64 —

NOTE 3. (Art. 60.)

The State incurs no liability for debts of former title holders.

Land which reverts to the State as Mahlul does not carry with it a liability against the State, to the extent of its value, to pay the debts of the deceased. (Yanni v. The Queen's Advocate (1888) CLR. I. 46).

NOTE 4. (Art. 60.)

How land becomes vacant.

Land becomes mahlul on failure of heirs to the deceased title holder.

It may then be

(a) claimed by a holder of the right of Tapou or

(b) occupied by a squatter, who may either report his occupation or neglect to do so.

The prefatory note outlines the legal incidents which follow each of these cases. Vide also the notes to arts. 77 and 78.

ARTICLE 61.

The above mentioned periods of time for claims run from the death of the possessor of the land. During the currency of the said periods, whether the land has been given to someone else or not, those having the said right of tapou, can have the land granted to them by the State on payment of the tapou value at the time when the claim is made. After the expiration of the said periods, or if those who have such rights have forfeited them no claim concerning such rights shall be any longer maintainable. Excuses such as minority unsoundness of mind, or absence do not apply in respect of claims of right of Tapou, and after the expiration of the prescribed periods, notwithstanding the existence of any of these excuses, the right of tapou lapses.

NOTE 1. (Art. 61.)

Right of Tapou not heritable and period of claim cannot be prolonged.

It should be noted that a right of Tapou in any degree is not heritable, and that the statutory period cannot be extended by the use of any of the legal excuses.

NOTE 2. (Art. 61.)

Squalter's right versus right by Tapou.

Art. 78 (second para) gives the right to any person to take any land and get a title deed for it on paying the Tapou value as soon as it becomes mahlul or vacant, provided that he acts openly; in other words if he reports his occupation. This privilege is stated by Article 61 to be given subject to the right of a claimant by right of Tabou to claim the land from him, provided that the claim is not time barred.

ARTICLE 62.

If one of those who have a right of tapou of the same degree refuses to take his share of the vacant land on payment of its tapou value and thus loset his right over it, the others can take the entirety of the land on payment of the tapou value.

ARTICLE 63.

If minors, persons of uusound mind, or persons who are absent who have a right of tapou over vacant land, have not been able to take the land, the disposal of the land is not stopped nor postponed but it is given, on payment of the tapou value, to those who have a right of tapou of the same degree as that of those who have not taken it, or to those who have a right of a lower degree, preserving for the first mentioned, according to their degree, their right to assert their claim within the prescribed period. If there are no such persons, or if they have lost their right, the land will be put up to auction.

NOTE 1. (Art. 63.)

Effect by absence or disability.

This article preserves the right of persons who are absent or under disability to claim their right by Tapou even against those of the same or lower degrees of right who have in the meanwhile received the property.

As against holders of the right in the same degree their claim would have to be for a proportional share.

— 66 —

ARTICLE 64.

If persons having rights of tapou in the first of the three degrees enumerated above lose their rights by refusal to take the land over which they have the right on payment of the tabou value, it shall be offered to those of the subsequent degrees successively in turn. If they all refuse it it shall be put up to auction and adjudged to the highest bidder.

If anyone who has the right of tapou dies before having exercised it the right does not pass to his children or other heirs.

ARTICLE 65.

If any of those who have a right of tapou are minors, lunatics, or imbeciles in whose interest it is advantageous to acquire the land over which they have such right their natural or appointed guardians shall acquire it on their behalf on paying the tapou value.

ARTICLE 66.

If a possessor of land which is possessed and cultivated as subordinate to mulk trees or buildings upon it belonging to another who is a stranger as regards family, dies without leaving anyone with a right of tapou as stated above, the said stranger shall have preference to any other person, if he claims the land it shall be granted to him on paying the tapou value. If it is given to a third person without being offered to him he shall have the right for ten years to claim it, and to recover it on payment of its value at the date of the claim.

NOTE 1. (Art. 66.)

Right of holder of Quasi Mulk by Inheritance.

We have already noted this case in the Notes of Art. 59 (1).

The distinction between the holder of mulk accretions by inheritance and the holder who has taken in some other fashion is that the former has the right of Tapou in the 1st. degree and may also seize the land prior to claiming his right; the latter has a right of Tapou only in succession to all other holders of that right and has not the privilege of seizing the land on its becomming vacant.

ARTICLE 67.

To those having a right of tapou who shall be proved to have served, actually and personally, for five years in the regular army, there shall be granted gratuitously and without any payment five donums of the land over which there is a right of tapou. In respect of anything more than five donums they shall be subject to the same provisions of the law as others having a right of tapou.

ADDITION. 25 Muharram, 1287: The privilege of having five donums of the land over which they have a right of tapou given to them gratuitously is accorded to officers in the regular army, and to retired officers and private soldiers who are on pension. To those who have completed the military age and passed into the reserve, whether they are actually serving in the reserve or not, there shall be given gratuitously two and a half donums of the land over which they have a right of tapou. Those who joined the regular army as substitutes are not entitled to this privilege.

ARTICLE 68.

Except for one of the following reasons, duly established, namely:-

(i) Resting the soil for one or two years, or even more if owing to its exceptional nature and situation it is requisite;

(ii) Obligation to leave land which has been flooded uncultivated for a time after the water has subsided in order that it may become cultivable;

(iii) Imprisonment of the possessor as a prisoner of war; land which has not been cultivated, either directly, by the possessor, or indirectly, by being leased or loaned, and remains unproductive for three years consecutively becomes subject to the right of tapou, whether the possessor be in the locality or absent. If the former possessor wishes to recover the land, it shall be given to him on payment of its tapou value. If he does not claim it it shall be put up to auction and adjudged to the highest bidder.

NOTE 1. (ART. 68.)

Effect of Provisional Law.

This article sets forth the obligation to cultivate which is one of the prime conditions under which mirie land is held.

The provisions of the Land Code greatly restricted the right of user of a mirie holder. He could not use the land for making bricks; he could not claim to share in the profits of any mineral deposit (Art. 107). In short his rights were confined to the use of the surface of the land for the purpose of tillage.

— 68 —

This state of affairs has been completely altered by the Provisional Law of Disposal of 1329. Under Art. 5 of that law all restrictions as to user except those which attached to mining (Art. 107 of the Land Code) have been removed.

A mirie holder may now build on his land, but he must have the fact recorded by registration, and must pay an annual rental estimated as equivalent to the tithe.

He must however make some use of the land. If he does not build he must cultivate under the rules laid down in the Land Code. If he fails to do either he can be dispossessed, unless he pays the Tapou value, and thus obtains a renewal of his title deed.

Mining is now dealt with under a special Ordinance. Vide notes to Art. 107 of Land Code.

NOTE 2. (Art. 68.)

Penalty for non cultivation.

Dispossession for non cultivation is not absolute as the holder can take the land back on payment of its Tapou value. If he fails to claim this right the land is put up to auction.

NOTE 3. (Art. 68.)

Effective cultivation - practical difficulties.

It is sometimes difficult to say what constitutes effective cultivation in Palestine. Some of the Mirie Lands which are situated in rocky localities are only capable of being ploughed in small patches. Again there are lands which can only be cultivated in alternate years owing to their poverty. Under these circumstances the only test is whether or no the holder has made as much use of the land as its nature permits.

An inquiry to ascertain whether land should be forfeited or not under this article takes the form of a case brought by the Government against the holder in the Land Court. The Court generally calls on the Plaintiff to furnish proof of the exact extent of the cultivation, by means of a detailed map showing all the ploughed land. The making of such a map may cost more than the land is worth in the poorer areas, as in these areas the detail showing all the patches which have been cultivated is apt to be excessive.

NOTE 4. (ART. 68.)

Abandonment.

Abandonment of a holding by the title holder does not render the land vacant or mahlul.

So long as the title deed remains uncancelled the land is technically occupied whether it is, as a fact, cultivated or not.

After proceedings under this section, the title deed is either renewed on payment of badal il misl, or a fresh title deed is issued to the auction purchaser in cancellation of the old deed. Under either circumstance, the tenure is maintained, and the land is not at the disposal of the State.

If as a fact the title holder has failed to cultivate, and has let in a squatter, the cultivation of the latter bars a suit by Government under this article against the title holder; but the latter has a remedy by private suit until the squatter has acquired a right by prescription.

Thus abandonment of cultivation cannot give rise to rights against the State on the part of a squatter in the case in which the land is not ownerless, that is to say not strictly Mahlul; until the said squatter has completed 10 years of unopposed occupation.

When this condition has been fulfilled, he is entitled to a title deed without payment of badel il misl under Art. 78. Until the 10 years have been completed, he is liable to ejectment at the suit of the owner, but the State cannot interfere.

His proper course is to bring a suit for a title deed against the Land Registration Department under article 78. To this suit the "legal" owner can be made a party. If he commences the suit under article 20 against the latter the Court may refuse to entertain it on the ground that a claim to hold by prescription can not form the basis of an action. This may be compared with the English equitable ruling that prescription is to be regarded as available for defence only. It is a shield not a sword.

ARTICLE 69.

Land, by whomsoever it is possessed, which has been flooded for a long time and on which the water afterwards subsides does not for this reason become subject to the right of tapou, the former possessor keeps it in his possession and under his control as before. If the former possessor is dead his heirs shall have possession and enjoyment of it, and failing them it shall be given on payment of the tapou value, to those who have the right of tapou. But if on the water subsiding, and when the land can be cultivated the possessor, or his heirs do not enter into possession of it, and leave it unproductive for three years without valid excuse it shall then become subject to the right of tapou.

ARTICLE 70.

If land which has been abandoned and left unproductive by the possessor for two consecutive years without valid excuse is then transferred by him, or, owing to his death devolves on his heirs, and is left uncultivated as before for a further one or two years by the transferee or by the heirs without valid excuse it shall not become subject to the right of tapou.

NOTE 1. (Art. 70.)

Liability for non cultivation is personal.

This means that the period of non cultivation is reckoned during the holding of the person against whom proceedings under Art. 68 are being taken.

The purchaser of a holding which has remained untilled for more than three years is not liable for the neglect of his predecessor, unless the latter's neglect has covered a period of at least three years.

NOTE 2. (Art. 70.)

Rights of heirs.

If the holder disappears for 3 years and the land remains untilled during his absence rights to it arise in favour of certain relatives detailed in Art. 57, and the right of resumption cannot be claimed by the State, until a further period of 3 years expires, during which the land is still unclaimed. It will then arise against the persons entitled undr art. 57.

The next article (Art. 71) states that on the death of a holder whose holding is liable to resumption the heirs must pay the Tapou value as a condition of being permitted to take the land.

ARTICLE 71.

If a possessor of land, who shall be shown to have left the land uncultivated for three consecutive years without valid excuse, dies after the expiration of the three years, without the land having been given by the Official to another,

— 71 —

having heirs, they cannot inherit the land gratuitously, but it shall be offered to them on payment of the tapou value. If they refuse it, or if the possessor died without heirs having the right to succeed, search shall not be made for persons having the right of tapou; the land shall be put up to auction and adjudged to the highest bidder.

NOTE 1. (ART. 71.)

See Note 2. Article 70.—Also Notes to Article 78.

ARTICLE 72.

If all, or a portion of, the inhabitants of a village or town leave their country *(vatan)* for a legitimate reason, the land in their possession does not become subject to the right of tapou. If however their abandonment of their country has taken place without legitimate reason, or if they do not return for three years from the day when the legitimate reason which constrained them to go away ceased and the land has thus been left unproductive without reason it shall then become subject to the right of tapou.

ARTICLE 73.

Land possessed by a soldier actually and personally employed in the army in another country, whether it be under lease or loan or left uncultivated, shall not become subject to the right of tapou so long as the death of the possessor has not been proved. If by chance it has been given to another, the soldier on returning home at the expiration of his time of service, can recover it from whomsoever is in occupation of it.

ARTICLE 74.

If a person who is known to be alive and who is absent inherits land from his father, mother, brother sister, or spouse, and neither comes himself to personally take possession of the land he has inherited, nor gives anyone authority, by writing or otherwise, to cultivate it, and leaves it unproductive for three consecutive years without valid excuse it shall become subject to the right of tapou.

NOTE 1. (ART. 74.)

Liability of absent heir.

An absent heir who becomes entitled must make use of the land within three years on penalty of forfeiture.

In this case the absentee does not appear to have the right of resuming the land on payment of the Tapou value. This arises presumably, from the probability that his whereabout are unknown to the authorities.

NOTE 2. (Art. 74.)

Explanatory.

The person to whom the authority is given must cultivate in accordance therewith. If he fails to do so the penalty indicated in the article can be exacted. The wording is a little obscure but this seems to be the meaning.

ARTICLE 75.

If on the death of a possessor of land, of either sex, it is unknown whether an heir with right of succession who is absent under conditions of ghaibet-i-munqata (absolute disappearance) is dead or alive the land shall become subject to the right of topou. Provided that if the heirs re-appear within three years of the day on which the person whose heir they are died, they shall have the right to take possession of the land without payment. If they appear after the expiration of that period they cannot make any claim nor bring an action.

ARTICLE 76.

Land possessed by persons, of either sex, who are minors, lunatics or imbeciles can never become subject to the right of tapou by reason of its being left uncultivated. If their natural or appointed guardians leave it uncultivated or do not cause it to be cultivated for three consecutive years without valid excuse, the guardians shall be requested by the Official to cultivate the land themselves or by means of others. If they decline to do so it shall be let by the Official to anyone wishing to lease it on payment of the estimated rent, solely for the purpose of preserving it from remaining uncultivated. The fixed rent received from the lessee shall be paid to the guardians on behalf of their wards. When the wards attain their majority, or are cured, they can recover their land from the lessee.

ARTICLE 77.

If it is shown that a person having the right of tapou of the highest degree over vacant land has secretly and arbitrarily occupied it, without having had it transferred to him by the State, for less than ten years, the land shall be

— 73 —

granted to him on payment of its tapou value at that time. If he does not wish to acquire it, and if there is any other person having a right of tapou in respect of whom the period of time applicable to the degree to which he belongs has not expired, it shall be granted to him. Failing such persons, or if being such persons they have lost their right, the land shall be put up to auction and adjudged to the highest bidder. If it is shown that the person who has so arbitratily occupied and cultivated the land for less than ten years as mentioned above is a stranger, the land shall be taken from him and given to him who has the right of tapou on payment of the tapou value at the time of his taking it. Failing such person, or if he has forfeited his right, the land shall be put up to auction and adjudged to the highest bidder.

NOTE 1. (Art. 77.)

Meaning of Mahlul.

Vacant or Mahlul land is defined in Art. 60. It may be briefly described as land which has been left vacant through failure of heirs. Such land is liable to claims by right of Tapou, and also carries the legal incidents described in this article.

The right of Tapou also arises in respect of land which is left uncultivated but in respect of which failure of heirs cannot be assumed — vide Arts. 68, 74, 75. — To such land art. 77 does not apply.

NOTE 2. (Art. 77.)

State a necessary party to suits under Articles 77, 78.

The squatter on vacant land which is also mahlul in the sense defined in Art. 60 has rights against and liabilities towards the State which are defined in Arts. 77 and 78.

The squatter on vacant land which is not mahlul, in the sense of art. 60. has rights and liabilities vis à vis the persons entitled to the land, and not vis à vis the State. He is liable to be ejected at the suit of such persons if suit is brought in time, otherwise he acquires a prescriptive title (Art. 20). Vide note to art. 68.

NOTE 3. (Art. 77.)

Rights of Inheritor of Quasi Mulk accretions.

The only person who can as of right squat on mahlul land, before his claim to hold by right of Tapou is either made or sstablished, is the **inheritor**

— 74 —

of the mulk accretions (if any) on the land. If there are no mulk accretions, i.e. buildings or plantations which date prior to the passage of the Provisional Law of Disposal of 1329, no one has the right to seize the land on its becomming mahlul, unless he reports and expresses willingness to pay the badal il misl (vide para 2 Art. 78).

NOTE 4. (Art. 77.)

The stranger.

The stranger is clearly any person, who has not a right of Tapou. In this connection it should be noted that any resident of the locality can claim a right of Tapou over mahlul land in the third degree (vide Art. 59 (iii)).

If a stranger occupies mahlul land and pays tithes and taxes for it, the State will not ordinarily interfere unless it is moved to do so by a person, who claims to take by right of Tapou. The power of ejectment is however reserved by the article, even in the absence of any claimant by right of Tapou.

NOTE 5. (Art. 77.)

For effect of Mahlul Ordinance of 1st. October, 1920, on this article vide note 7 to the next article (78).

NOTE 6. (Art. 77.)

Land excludes mulk accretions on sale.

In the case of Quasi Mulk it is to be noted, that the right of sale conferred by this article extends only to the land. The accretions are of course private property. If the land is heirless, it does not follow, that the accretions are also heirless, and liable to escheat; since (as we have seen) mulk succession is different from the Statutory Succession by which mirie land passes at death.

NOTE 7. (Art. 77.)

Secret taking of possession.

This is dealt with under the law of Tapou Sanads (7 Sha'ban 1276, Art. 4). This article lays down that if the secret occupier has a right of Tapou the land will be given to him on payment of badal il misl calculated on the value at the time of discovery.

— 75 —

If he refuses to take it, or if the secret occupier has no right of Tapou the land is to be auctioned. A person having a right of Tapou must report his occupation within 6 months, unless he can show that he is entitled to the benefit of one of the legal "excuses".

If he fails to report within 6 months the land will be put up to auction and he will have the option of taking it at the value of the highest bid. If he refuses it the highest bidder takes.

Under Art. 6 of the same Law it is declared illegal to put up for auction any land over which there is a right of Tapou. This provision must be read in the light of the provisions of Art. 4 which provide auction as a penalty for failure to report within 6 months.

It is to be presumed that the holder of the right of Tapou who seizes land must be the holder in a senior degree as compared with other actual claimants.

ARTICLE 78.

Every one who has possessed and cultivated State or mevqufé land for ten years without dispute (bila niza) acquires a right by prescription and whether he has a valid title-deed or not the land cannot be regarded as vacant, and he shall be given a new title-deed gratuitously. Nevertheless if such person admits and confesses that he took possession of the land without any right when it was vacant, the land shall be offered to him on payment of the tapou value, without taking into account the lapse of time; if he does not accept, it shall be put up to auction and adjudged to the highest bidder.

NOTE 1. (ART. 78.)

Meaning of "without dispute".

The first para of this Article confers a right against the State. The conditions under which it may be claimed are defined so as to ensure, as far as, possible that there will be no rival claimant. If the squatter has been sued in respect of the land within the ten years a title deed is not issuable under this article; since whatever the result of the suit, time does not commence to run, till after its termination. The words "without dispute" means therefore without legal proceedings. This point has been discussed in the notes to Article 20.

NOTE 2. (Art. 78.)

"Vacant" - Meaning of the term. -

The word "vacant" means subject to claim by right of Tapou or in default auctionable by the State. It is the translation of the word Mahlul - a term which has been defined in Article 60.

NOTE 3. (Art. 78.)

Art. 78. wider than Art. 77.

It will be noticed that article 78 is more than a mere continuation of the provisions of article 77, since the latter refers to mahlul only, while the former refers to any land subject to the Law of Mirie. But in this connection the last note on this article should be consulted.

NOTE 4. (Art. 78.)

Article 77 deals with the case of a person, who has "secretly and arbitrarily" occupied mahlul land. The second para of Art. 78 deals with the case of a person, who has done so openly and admittedly. In either case the taking is without legal title.

The second para must be read in the light of article 61, which states that a holder of the right of Tapou, who claims within his allotted period, can obtain the land, whether in the interim it has been given to some one else or not. Thus para two of article 78 provides for giving out the land as a provisional arrangement to a third person pending a claim by right of Tapou. It states that any person, who takes the land openly-presumably after reporting to the Tabou authorities. when it is mahlul, is to be permited to pay the Tapou value. If he does so he can continue to hold, until be is dispossessed under Article 61 by a holder of the right of Tapou, who claims within his legal period. In this connection vide also Art. 80.

On the other hand the person, who "secretly and arbitrarily" takes the land, has no such privilege and may be ejected at once. Occupation which was originally secret and arbitrary, can be regularised by report to the Tapou Office, provided that the report is made before that Office has taken steps to eject the occupier.

Whether a title deed would, or wonld not, be issued before the expiration of the period, during which a claim by right of Tapou might be made, is a matter of administrative detail. If a deed is issued, it should set forth the provisional character of the right, which it confers. In this connection Art. 1 of the Regulations as to Title deeds (7th Sha'ban 1276) should be consulted. Para Art. 8 of these Regulations is important.

— 77 —

Its effect is to limit the powers of the Land Registration officials to cases in which the claimant has a right to the land arising out of inheritance, sale, or grant, as well as a right by prescription.

This simply means that the Tapou Office is not competent to issue title deeds based on prescription only, but is compelled to refer the applicant to the Courts.

When the Registers were first made towards the end of the 13th century this restriction was inoperation. A very large number of title deeds issued in this period were frankly based on possession of more than ten years duration. Such entries are generally described as having been made by "euklama" i. e. as the result of local inspection and enquiry.

Title deeds of this character are generally accepted by the Courts, with the reservation that a party who desires to prove that the name so entered was intended merely to represent a number ot co-owners is given an opportunity to do so. Such proof generally takes the form of showing that the registered owner held by inheritance, and that in consequence his co-heirs were also co-owners.

NOTE 5. (Art. 78.)

Overlapping of private prescription with rights defined in Art. 78.

To return to the first para, it must be pointed out that under art. 20 the period of private prescription (which is also 10 years) can be extended by the "legal excuses". It follows that a squatter may claim and obtain a Title Deed under the first para of Article 78 before the possibility of a private suit being brought against him has been extinguished. It is to be carefully borne in mind that this para is not explicitly limited to land, which is, or is believed to be, mahlul.

A successful suit under Article 20 would involve the cancellation of a title deed granted under the first para of art. 78, and a deed issued under the second para might be contested and set aside by a claimant under art. 61, who takes proceedings within time.

NOTE 6. (Art. 78.)

Effect of Article 75.

If land treated as Mahlul under the second para should turn out to have been incorrectly placed in this category, the provisions of art. 75 come into operation. By that article a claim on the part of the missing heir is barred on the expiry of three years from the death of the person from whom he inherits. Within the three years he can claim the land from any transferee of the State.

NOTE 7. (Art. 78.)

Effect of the mahlul land ordinance.

The Mahlul Land Ordinance of 1st. October, 1920 was issued for the purpose of obtaining a correct record of all cases of occupation of mahlul lands.

It calls upon all who have occupied such lands, prior to the date of the promulgation of the ordinance, to report the fact within 3 months. Failure to report may be visited with a fine not exceeding L.E. 50, or imprisonment not exceeding 3 months, or with both these penalties. The Ordinance does not purpot to set aside the existing law as stated in Articles 77 and 78. Hence although failure to report may be punished criminally, the rights accruing under arts. 77 and 78 appear to remain unaffected.

When a report is made those rights are taken away; though the the Administration may "in proper cases" grant a lease to the person, who has thus complied with the Law.

Hence if no report is made, the squatter apparently retains his rights; but may be criminally punished. If a report is made he loses his rights; but is not liable to punishment.

It should be noted that the Ordinance deals only with occupation which took place prior to the promulgation of the Ordinance. Occupation subsequent to that date does not come within its scope, and is dealt with, presumably, under the ordinary Law.

NOTE 8. (Art. 78.)

It has been shown elsewhere (vide notes to Art. 20) that the claimant by prescription should in all cases proceed against the State under Art. 78 and not against the Title holder or his heirs under Art. 20. In this connection the two following notes should be consulted.

NOTE 9. (Art. 78).

The question as to how the holder of land, otherwise than by title deed, is to defend himself against trespassers or persons who desire to oust him is of interest.

The Magistrate's Law (Provisional) of 1913, Arts. 24, 25 and 26, deals with this matter.

In the case of registered lands the holder who claims by prescription is entitled, under the last para of Art. 24, to sue the legal owner, who possesses a title deed, in the event of being ousted by force. He should sue for an order to compel the title holder to bring a formal suit for the property, and ask to have him dispossessed till he does so.

— 79 —

When the suit is brought as a result of the Civil Magistrate's order, the title holder will be a plaintiff, and the claimant by prescription will be in the right position to defend himself by proving 10 years continuous holding under Art. 20.

An alternative course would be (it is suggested) to sue direct in the Land Court for a title deed under Art. 78: to make the title holder a party to the suit: and to allege that, though actually out of possession, possession has been constructively continuous; since the title holder, having ousted the occupier by an illegal act, is a trustee for his interests.

In the case of lands for which no title deed has been issued the holder is in a difficult position; since the provisions of the Magistrate's Law appear to apply only to registered lands.

It has however been held in certain Beersheba cases, where registration is almost unknown, that, when neither side can produce a title deed, the holder who has been ousted can recover his land under Art. 24 of the magistratis Law.

Unregistered sale or mortgage deeds are treated by the Magistrates Courts as presumptively valid title deeds; though it appears that registration in the Werko register only is not regarded as having this force.

Hence, in the case of unregistered lands, the holder who has been ousted by force must, it would appear, meet the production of an unregistered document of title by the other side, with a demand for an order to compel his opponent to bring a formal suit for the land under the last para of Art. 24, or else by suit under Art. 78.

In this connection Note 6 to Art. 20 should be consulted, also note 10 to Art. 78.

NOTE 10. (Art. 78.)

The view taken in these notes as to the scope of Art. 78 is not accepted without controversy. It is therefore advisable to give an outline of the alternative theory as to its proper use.

It proceeds from the position that Art. 78 can refer only to mahlul land, in spite of the general terms in which it is couched, because the heading of the chapter in which it occurs professes to deal with land of this kind.

From this position the following consequences flow:

(1) The adverse holder has no recourse against the title holder under Art. 78, or indeed under any article of the Land Code: unless

(2) he can show that he occupied the land when it was uncultivated under the conditions laid down in Art. 71, and therefore mahlul: but

(3) his heirs can sue under Art. 78 after his death, because they can plead heirship in addition to adverse occupation, a circumstance which is expressly provided for in Art. 8 of the Regulations as to Tapou Sanads of 1276.

This opinion is probably unsound for the following reasons:

In the first place it depends on a very arbitrary view of the force to be attributed to the heading of a chapter.

In the second it is entirely contrary to the policy of Art. 1 of the Regulations as to Title Deeds of 1276, which states that no one may possess State land without a title deed for any reason whatever.

As these regulations were passed two years after the Land Code became law, it is fair to assume that the provisions of the latter were supposed by the framers of the Regulations to make adequate provision for the case of the adverse holder. Hence they must have regarded Art. 78 as operative for this purpose.

In the third place, the view in question commits the legal solecism of giving to a man's heirs rights in excess of those held by their predecessor in interest.

In the fourth place the theory of recourse to Art. 78, if the occupier can show that the land was uncultivated under the comditions laid down in Art. 71 when he took possession, involves another breach of legal principle, in as much as it allows the said occupier to sue under a contract to which he was not a party. The contract in question is of course that between the State and the title holder.

ARTICLE 79.

Nothing shall be recovered in respect of diminution in value (noksan arz) or by way of rent (ejri misl) from a person who has arbitrarily occupied and cultivated vacant State or mevqufé land, as stated in the two preceding Articles and regularly paid the imposts on it.

NOTE 1. (Art. 79).

Effect of Provisional Law of Disposal.

Article 21 of the Land Code contains a similar provision, to cover the case of land which is not mahlul, and which has been occupied by a squatter. The protection which it affords the latter, if he has paid the State dues on the land, has been removed by Art. 14 of the Provisional Law of Disposal of 1329, which makes the squatter liable to pay back rent at the suit of the owner.

Art. 79 is apparently designed to protect the squatter in the same way against a demand for damages, or back rents, made by the State.

If this is its meaning it appears to be unaffected by art. 14 of the Provisional Law.

If however it is intended to have reference to the rights of a private plaintiff, such rights cannot arise in the case of land which is mahlul, and therefore, by definition, ownerless. They might arise under the first para of article 78 when the rightful pwner, who has been able to prove himself entitled to benefit by one of the legal excuses, has brought, a successful, suit. To this extent Art. 79 has been repealed by Art. 14 of the Provisional Law.

A squatter who obtains a title deed under second para of Art. 78, may be ejected by a missing heir under art. 75. Under Art. 79 such an heir could not claim damages, or back rents. Under Art. 14 of the Provisonal Law of Disposal he apparently can claim back rent, at any rate for the time which elapsed between the actual seizure of the land, and the time at which the squatter reported his occupation, and applied for a title deed.

It is clear that the law is stated in an exceedingly confused manner. Article 14 of the Provisional Law gives the rightful owner the right to claim back rents from the squatter. Can he make a similar claim when squatting took place in the reasonable belief that the land was mahlul and therefore ownerless?

This is the essence of the matter.

Under the old law the squatter was protected; provided that he paid his dues on the land to the State. Under the new law payment of dues does not protect him.

There is however a difference in equity between the case of the squatter who occupied in the belief that the land was mahlul, and that of the squatter who took without such belief.

It is probable that the Courts would hold that the latter is protected by Art. 79, and that to this extent the old Law stands unrepealed.

ARTICLE 80.

If a possessor of a field dies after sowing it, leaving no heirs entitled to succeed to it, the Official grants it to a person who has a right of tapou over it, or to some other applicant. The crops which have already come up in the field shall be reckoned as part of the estate of the deceased possessor, and the purchaser has neither the right to have them removed nor to claim any rent from the heirs. The same provisions apply to herbage which grows by cultivation or irrigation as to sown crops. As to herbage which has come up naturally without any labour on the part of the deceased, it does not pass to the heirs.

NOTE 1 (Art. 80.)

Explanatory.

The first paragraph of this article throws light on the meaning of the second para of Article 78 and explains the procedure contemplated when land becomes mahlul.

ARTICLE 84.

Vineyards and gardens made on the State land possessed by title-deed by planting, after taking possession, mulk trees and vines thereon with the leave of the Official, as also mulk buildings newly erected thereon, pass on the death of the owner of the trees, vines or buildings to the ownership of his heirs in the same way as his other mulk property. A fee in the nature of succession duty (intiqal) shall alone be charged upon the assessed value of the land upon which the trees are and the land shall be granted gratuitously to the heirs in proportion to the shares of the trees, vines and buildings which they respectively inherit, and the records in the registers deposited at the Defter Khané shall be amended accordingly and a note thereof made in the margin of the title-deeds given to the parties.

NOTE 1. (Art. 81.)

Inheritance of Quasi Mulk.

This article lays down that Quasi Mulk passes by mulk and not by mirie inheritance. This has been noted in Note 4 to Article 25. The general incidents of Quasi Mulk property are discussed in the notes to that article and elsewhere.

ARTICLE 82.

If mills, enclosures, sheepfolds or other mulk buildings built on State land possessed by title-deed have fallen into ruin and leave no traces of building, the site on which they stood becomes subject to the right of tapou and will be given to the owner of the structures if he claims it, if not, to another. Provided always that if such land has passed in possession of the owner of the structures by inheritance, from his father, mother, grandfather, grandmother, children of his brothers or sisters of from his spouse, or otherwise, if he pays the fixed rent for it to the State he cannot be turned out or deprived of the possession of it.

NOTE 1. (Art. 82.)

Explanatory.

This article deals with two cases.

In the first the owner of the mulk accretions is not the owner of the land, and in the second he is. The words "or otherwise" in the second para appear to deprive the proviso, that the owner of the land and the accretions shall have acquired the latter by inheritance, of all meaning.

— 83 —

NOTE 2. (Art. 82.)

Explanatory.

It should be noticed that to make the article operative, the mulk accretions must have disappeared in the most complete manner.

NOTE 3. (Art. 82.)

Explanatory.

On complete disappearance of mulk accretions, when they are separately owned, Government can claim the land for agricultural use, and can deal with it under the rules by wich the right of Tapou is regulated. The owner of the structures is given first place in the chain of claimants to take the land on payment of its Tapou value. The claim of the actual owner of the land appears to be destroyed.

When however the structures and the land are in the same hands, the owner is unaffected by disappearance of the accretions, so long as he pays the fixed rent.

It does not appear that the right to hold on these terms is transferable. If it is, the effect of the article under discussion is to create a mulk holding in favour of the owner of the land and the vanished accretions.

ARTICLE 83.

If mulk trees and vines of a garden or vineyard planted on State land held by title deed afterwards wither away or are rooted up, and no trace of them is left, the site becomes subject to the right of tapou and will be given to the owner of the trees or vines if he claims it, if not to another. Provided that if the site has passed into the possession of the owner of the trees or vines by inheritance from his father, mrther, grandfather, grandmother, children of his brothers or sisters or from his spouse or in any other way, he cannot be dispossessed of it nor can his possession of it be contested.

NOTE 1. (Art. 83.)

This article repeats article 82 for the case of accretions which take the form of plantations.

ARTICLE 84.

Summer and winter pasturing grounds held by title-deed which have not been used for three years consecutively without excuse, and of which the dues have not been paid, become subject to the right of tapou.

ARTICLE 85.

Meadow land held by title-deed, on the produce of which tithe is taken, and has been taken *ab antiquo*, which has not been sown and of which the tithe has not been paid for three years consecutively without excuse, and has thus been left unproduction becomes subject to the right of tapou.

ARTICLE 86.

If when a person having a right of tapou over land desires to acquire it on payment of the tapou value, and a stranger to the family comes forward and seeks to take it for a sum in excess of the tapou value, his offer is not taken into consideration.

ARTICLE 87.

If after vacant land, whether State or mevqufé land, has been put up to auction and adjudged to the highest bidder another person comes forward and offers an enhanced price, the latter cannot for the reason of that the title-deed has not been yet handed over enter in and dispossess the former of the land which has been adjudged to him. Provided that if after such land has been given to anyone it is shown that it was given for a price very much less than its tapou value, the grantee shall be bound within ten years to make up the price to the amount of the tapou value at the time it was adjudged to him. In default of his doing so the purchase money paid by him will be returned to him, and the land shall be given to the applicant for it. After the expiration of the ten years from the time when the land was adjudged to him he can no longer be interferred with nor can the land be taken from him. These provisions apply also to those who, having a right of tapou, have taken vacant land on payment of its tapou value.

NOTE 1. (Art. 87.)

Ghabin el Fahish.

Sale by auction of mahlul land is absolute in favour of the auction purchaser; even before he obtains a title deed.

The only exception to this is provided by the case in which the auction price is scandalously inadequate.

Article 165 of the Mejelle defines "Ghabin el Fahish" in respect of real property as a defect in value to the extent of one fifth or more. This is the standard which the Courts would probably adopt in dealing with a case under Article 87.

NOTE 2. (Art. 87.)

Explanatory.

The State can force the auction purchaser to make up the value until 10 years from the sale. It has then no further power of interference.

Before the lapse of 10 years the State can presumably dispossess the auction purchaser, if he refuses to pay the difference in value due from him.

NOTE 3. (Art. 87.)

When the Tapou value has been inadequately assessed, the person who pays it is dealt with under the same rules as the auction purchaser.

ARTICLE 88

A tapou official in a Qaza cannot acquire vacant land or land which has become subject to the right of tapou during the duration of his service, nor give it to his chi[l]dren, brother, sister, father, mother, wife, slave of either sex, or any of his dependents. He can only acquire possession of land which has devolved upon him by inheritance. If he has a right of tapou he must obtain possession of the land in the proper way through a tapou official of another Qaza.

ARTICLE 89.

If a building, standing on State land dedicated to a certain object falls into ruin leaving no traces and if the trustee (mutawelli) does not repair it and pay the State the ground rent, the place is taken from him and given to whomsoever wishes to buy it. But if the trustee repairs the building or pays the rent, there

— 86 —

shall be no interference but it shall remain in his hands. The same provisions apply to places where the site is mevqufé and the building dedicated to another object.

NOTE 1. (Art. 89.)

Explanatory.

This article deals with two cases. The first is that of mirie land which has been made Wakf (thus comming into the Takhsisat class), and carries mulk accretions appertaining to the Wakf. The second is the case of state land carrying buildings which have been dedicated, while the land itself remains under the rakaba of the State.

NOTE 2. (Art. 89.)

Avoidance of liability by trustee.

In both the cases noted, the mutawalli or trustee of the wakf can avoid liability to the State by, either, repairing the building, or, by continuing to pay the rent assessed on the property in lieu of tithe.

NOTE 3. (Art. 89.)

Effect of Provisional Law.

As we have seen (vide Art. 25) buildings erected on Mirie land, with the acquiescence or consent of the State, became the mulk property of the person who built them. They could therefore be dedicated apart from the land. This state of affairs continued till the passage of the Provisional Law of Disposal of 1329. Under art. 5 of that law, buildings put on mirie land follow the law of the land. In other words they cannot be made Wakf.

Hence Article 89 only applies to buildings erected prior to the passage of Provisional Law referred to.

ARTICLE 90.

If a vineyard or orchard on State land, the vines and the trees of which are dedicated to a certain object, is ruined and no trace of the tree and vines remains, and the trustee leaves them abandoned for three consecutive years without excuse, and does not pay the fixed ground rent, and does not restore

— 87 —

the property to its original state by planting trees and vines, the laud becomes subject to the right of tapou. The same provisions apply to places where the site is mevqufé, and the trees or vines dedicated to another object.

NOTE 1. (Art. 90.)

This article makes provision for the case of plantations on State land which are dedicated to a Wakf on the same lines as the preceding article.

BOOK II.

LAND LEFT FOR THE USE OF THE PUBLIC AND DEAD LAND.

CHAPTER I.

LAND LEFT FOR THE USE OF THE PUBLIC.

ARTICLE 91.

The trees of woods and forests called "baltalik" assigned *ab antiquo* for the use and for the fuel of a town or village shall be cut by the inhabitants of such town or village only, no one of another town or village can cut wood there. So also with regard to woods and forests assigned *ab antiquo* for the same purpose to several towns or villages, the inhabitants of such places alone shall cut wood there and not the inhabitants of other places. No due shall be taken in respect of such woods and forests.

ADDITION. 10 Rabi' ul Awwal, 1293 - 3 March, 1292.

If it is proved that the inhabitants of another village have encroached upon or cut wood from a baltalik assigned to the inhabitants of a village, having had no right to do so, the standing value of the trees which have been cut or uprooted shall be collected from those who have wrongfully interfered or cut them and the money so collected shall be divided amongst all the inhabitants of the village who have the right to cut wood from the baltalik.

NOTE 1. (ART. 91.)

Explanatory.

The importance of the qualifying words "assigned ab antiquo" will be discussed under Article 97.

NOTE 2. (ART. 91.)

Explanatory.

Metrovki is defined in article 5; and the Notes on that Article give a brief account of the subject.

NOTE 3. (Art. 91.)

Explanatory.

Baltalik means land for the axe.

ARTICLE 92.

Neither individual nor joint possession of part of a wood or forest assigned to the use of the inhabitants of a village can be given to anyone to make it into a private wood or to cut it down and plough up the ground for cultivation. If anyone acquires such possession the inhabitants can at any time stop it.

NOTE 1. (Art. 92.)

Unchangeable nature of assigned land.

This Article should be read with Article 102. The Law is that land assigned to a community for a given use cannot be acquired for any purpose by an individual, and must be put to the use contemplated in the assignment for ever.

Prescription canot be relied on as a defence to an action brought by or on behalf of the community to eject a squatter, or to restore the ancient usage.

ARTICLE 93.

No one shall erect buildings or plant trees on a public road. If anyone does so they shall be pulled down or uprooted. In general no one shall do any act of possession on a public road, and if anyone does so he shall be stopped.

NOTE 1. (Art. 93.)

Assignment not necessary in case of public rights.

Metrouki left to the use of the public is not necessarily characterised by assignment. Proof of ancient user is sufficient to establish the legal existence of this kind of Metrouke.

NOTE 2. (Art. 93.)

Right of suit.

Any member of the public can sue in respect of the infringement of a public right.

NOTE 3. (Art. 93.)

Mejelle on user of public roads.

Mejelle Article 926 states that every one can use a public road for passage so long as he does not endanger others or their property.

Mejelle Art. 927 forbids hawkers from making stands on a public road without leave from the Goverment. Vide also Articles 932, 933, 937, which deal with riding and driving animals on a public road.

ARTICLE 94.

Places such as those assigned for worship, and open spaces left, either inside or outside towns or villages, for the use of the inhabitants for putting vehicles or collecting cattle are treated in the same way as public roads, and can neither be bought nor sold, trees shall not be planted, nor shall buildings be erected, upon them. No' one can exercise a right of exclusive possession over such places. If anyone does so the inhabitants can stop him from doing so.

NOTE 1. (Art. 94.)

Rights to "Standings".

This Article deals with (a) places assigned for worship and (b) spaces left (but not necessarily assigned) for collecting cattle and standing vehicles.

In the case of (b), although the Article does not state that user must be ab antiquo, proof of such user would clearly establish the right. If the land in (b) is of the kind which might be held by title deed i.e. agricultural land, which has been diverted to the use of the village, it is possible that a prescription of 10 years would suffice to establish the right of the community either against an individual, or against the State (Vide arts. 20 and 78). The point is however somewhat doubtful and does not appear to have been judicially decided. In this connection Art. 8 which forbids the grant of title deeds in common would have to be considered.

ARTICLE 95.

Places registered at the Defter Khané as having been left and assigned *ab antiquo* for use as a market, or for a fair, cannot be bought or sold, nor shall a title deed giving a right to exclusive possession of such places be given to anyone. If anyone enters into possession of such a place he shall be stopped, and the dues, whatever they may be, for such places shall be taken by the Treasury.

NOTE 1. (Art. 95.)

Effect of Registration.

Places used for markets and fairs, and which are registered as such, are dealt with in this Article. In such cases the State has a right to the dues.

Places similarly used, but which are not registered, are not dealt with by the Article.

The framers of the Code do not seem to have contemplated the existence of sites for fairs and markets in which the State has no rights of collection.

Presumably, the community which claims a right to such places and their dues would be able to establish it in the Courts by proof of ancient user, on the analogy of Article 96.

ARTICLE 96.

Threshing floors set apart *ab antiquo* for the inhabitants of a place in general, shall neither be sold nor cultivated. No one shall be allowed to erect any building thereon. Possession thereof cannot be given by the title-deed either to an individual, or to persons jointly. If anyone takes possession of such a place the inhabitants can eject him. Inhabitants of other villages cannot bring their crops and thresh them on such threshing floors.

NOTE 1. (Art. 96.)

Threshingfloors - Proof of right. -

The right to threshing-floors is to be established by proof of ancient user. Assignment is not necessary.

ARTICLE 97.

In a pasturing ground (mera) assigned *ab antiquo* to a village, the inhabitants of such village only can pasture their animals. Inhabitants of another village cannot bring their animals there. A pasturing ground assigned *ab antiquo* to a group of two, three or more villages in common shall be the common pasture of the animals of such villages, no matter within the boundaries of which of the villages the pasturing ground is situated, and the inhabitants of one of the villages cannot stop the inhabitants of another of the villages from using it. Such pasturing grounds assigned *ab antiquo* for the use of the inhabitants of one village exclusively, or of several villages collectively, can neither be bought nor sold, nor can sheepfolds, enclosures, nor any other buildings be erected upon them; nor can they be turned into vineyard or orchards by planting vines or trees on them. If anyone erects buildings or plants trees thereon, the inhabitants may at any time have them pulled down or uprooted. No one shall be allowed to plough up and cultivate such land like other cultivated land. If any one cultivates it he shall be ejected, and the land shall be kept as a pasturing ground for all time.

NOTE 1. (Art. 97.)

No presumption of assignment.

It is to be observed that assigned pastures and unassigned pastures can exist side by side in the same village area (vide Art. 105). This throws upon the asserter of an assignment the burden of proving that it took place. For this purpose, when the actual deed cannot be produced, registration as assigned pasture would probably be accepted by a Court as sufficient. There is clearly no presumption in favour of assignment. Indeed Art. 105 shows that the presumption is the other way.

NOTE 2. (Art. 97.)

Nature of deed of assignment.

The assignment alleged must be *ab antiquo*. This makes it unlikely that an original deed of assignment can ever be produced which purports to originate the holding. The deed would have to be in the nature of a comparatively recent confirmation of rights anciently enjoyed.

NOTE 3. (Art. 97.)

Prescription barred by Art. 102.

The rights of a community to its assigned pasture are protected from infringement by an individual or by the State by art. 102, which states that no lapse of time will suffice to protect such infringement.

NOTE 4. (Art. 97.)

Pasture to a suit for assigned Metrouke.

Art. 1645. of the Mejelle states that a "limited" community can only sue by having all its members joined as Plaintiffs. An "unlimited" community can on the other hand sue through "some" of its inhapitants. This limitation of the rights of a small community practically destroys its right of suit, as litigation can be indefinitely prolonged by pleas of non-joinder by the opposite party. A limited community is one which does not exceed hundred persons.

NOTE 5. (Art. 97.)

Assignment involves specification of area.
Rights to pasture cannot be acquired by prescription.

Art. 98 states that when land has once been assigned as pasture the area so assigned cannot afterwards be altered. This means that an assigned area is also a defined area. This again indicates that the burden of proving an assignment rests on the community which asserts it. There is a note to this effect in Young's Corpe de Droit Ottoman vi. p. 72. The note states that a community cannot acquire a right to pasture by prescription. This appears to be the fact. The only right of acquisition by prescription against the State, is that defined in art. 78. The lands dealt with in that article are mirie and mevkufé lands. Metrouke lands do not fall whithin these classes; nor do pasture lands, whether assigned or unassigned. The same result may be reached from another point of view. The pastures in suit must be either assigned or unassigned. If unassigned art. 105 applies and brings the land under Chapter II. Book II. dealing with lands owned by the State which are not mirie, and therefore not acquirable by prescription under Art. 78.

NOTE 6. (Art. 97.)

Arabic equivalent for the word "assigned".

The word "assigned" is given in Arabic as "Mukhassas" or "set aside for". The word does not in itself imply an act of assignment, but, as already indicated, the possible co-existence of unassigned with assigned pastures throws the onus of proving assignment on the asserter. The circumstance that the area of an assigned pasture cannot be altered necessitates the assumption that an assigned area is a definite area, and this in turn involves the assumption that the area in question was originally defined by a document of assignment.

ARTICLE 98.

So much assigned land as has been left and assigned as such *ab antiquo* is deemed to be pasturing ground. Delimitations subsequently made are of no validity.

NOTE 1. (Art. 98.)

Vide Note 5 Art. 97.

ARTICLE 99.

Whatever number of animals of a chiftlik situated within a town or village have grazed *ab antiqvo* in the common pasture of a town or village such number cannot be prevented from continuing to graze there. Pasturing grounds, other than common pasturing grounds of towns or villages, assigned to such chiftlik exclusively *ab antiquo*, are not considered as metrouké land, as pasturing grounds left and assigned *ab antiquo* to the inhabitants of towns and villages are. In such a chiftlik pasturing ground the possessor of the chiftlik to whom it belongs can alone pasture his animals. He can stop others from bringing animals there to pasture. Right of possession of this last kind of pasturing grounds is acquired by title deed, and it is subject to the same procedure as other State land. In respect of such chiftlik pasturing grounds a yearly tax is taken, equivalent to the tithe.

NOTE 1. (Art. 99.)

Chiftlik pasture.

The common pastures under reference may be assigned or unassigned (Vide Art. 105).

The article considers the rights of the owner of an estate (Chiftlik) within a village area. It states that such an owner can continue to exercise an ancient right of pasturage, to the extent sanctioned by ancient user, in the common pastures.

If other pastures have been assigned to him they are not metrouke within the meaning of this Chapter. He should hold a title deed for them, and they are to be reckoned as mirie lands. This indicates that they can be acquired from him by private prescription based on 10 years under Art. 20.

ARTICLE 100.

Whatever number of animals an inhabitant of a village has been accustomed to send to a pasturing ground, whether it be that of a single village or common to several, the succeeding offspring of such animals cannot be prevented from grazing there also. An inhabitant of a village has no right to bring animals from elsewhere there and so prejudice the animals of his fellow inhabitants. A person who comes from elsewhere to a village and takes up his residence there and builds a house can bring animals of his own from elsewhere and pasture them on the pasturing ground of the village, provided that he does not prejudice the animals of the village. Anyone who acquires the dwelling of an inhabitant of a village can pasture without hindrance, the same number of animals on the pasturing ground of the village as did the owner of the dwelling.

ARTICLE 101.

The inhabitants of the places to which they were assigned have the sole and exclusive enjoyment of the herbage and water of summer and winter pastures registered at the Defter Khané and assigned *ab antiquo* to the inhabitants of one village exclusively, or to those of several in common. The inhabitants of other villages who are strangers connot enjoy any benefit from the herbage and water of such pasture. Dues called yaylakié and kishlakié are taken for the State from the inhabitants who enjoy the benefit of the herbage and water of this kind of summer and winter pasturing grounds according to their ability to pay (tehammul). These summer and winter pastures cannot be bought and sold, nor can exclusive possession of them be given to anyone by title deed; and they cannot be cultivated without the consent of the inhabitants.

NOTE 1. (Art. 101.)

Summer and winter pastures.

The pastures with which this article deals must be distinguished from the assigned pastures of Art. 97 and the unassigned pastures of Art. 105.

The words "registered and assigned *ab antiquo*" probably mean little more than registered, since registration will probably be taken as proof of assignment, once ancient user is established. The registration in this case must, however, be such as to distinguish the kind of pasture to which it refers. If it fails to do this, it is not easy to say to which class a Court would assign pasture lands, in default of other evidence on the point. In such a case the fact that a pasture is used only in the summer, or only in the winter, might be a deciding factor.

— 96 —

These pastures are reckoned as metrouke, but may be cultivated with the consent of the inhabitants.

NOTE 2. (Art. 101.)

Beduin tribes mainly interested.

It may be presumed that the persons chiefly interested in the provisions of this article are nembers of the Beduin tribes, who wander in search of pasture and water, and do a little sporadic cultivation when the rainfall permits.

ARTICLE 102.

Lapse of time is not taken into consideration in actions relating to land which has been assigned and left *ab antiquo* to the use of the public, such as woods and forests, public roads, sites where bazaars and fairs are held, threshing floors, and summer and winter pasturing grounds.

NOTE 1. (Art. 102.)

Reference to Mejelle.

Article 1675 of the Mejelle states that lands from which the public benefits cannot be acquired by adverse possession. It gives as an example the case of a person who has held the common pasture land of the village for 50 years, and states that he has no claim to plead a right based on prescription. Art. 102 repeats and amplifies this provision.

NOTE 2. (Art. 102.)

The State is bound by assignment.

Art. 102 holds against the State as well as against an individual. The only way in which the State can legally acquire land protected by this article is through special enabling legislation, which is not in conflict with the terms of the mandate and which provides for the maintenance of the existing rights of the inhabitants of Palestine.

CHAPTER II.

DEAD LAND.

ARTICLE 103.

The expression dead land (mevat) means vacant (khali) land, such as mountains, rocky places, stony fields, pernallik and grazing ground which is not in possession of anyone by title deed nor assigned *ab antiquo* to the use of inhabitants of a town or vilage, and lies at such a distance from towns and villages from which a human voice cannot be heard at the nearest inhabited place. Anyone who is in need of such land can with the leave of the Official plough it up gratuitously and cultivate it on the condition that the legal ownership (raqabé) shall belong to the Treasury. The provisions of the law relating to other cutivated land shall be applicable to this kind of land also. Provided that if any one after getting leave to cultivate such land, and having had it granted to him leaves it as it is for three consecutive years without valid excuse, it shall be given to another. But if anyone has broken up and cultivated land of this kind without leave, there shall be exacted from him payment of the tapou value of the piece of land which he has cultivated and it shall be granted to him by the issue of a title-deed.

NOTE 1. (Art. 103.)

Reference to Mejelle Art. 6.

Dead land is defined in art. 6 and also in the Mejelle Art. 1270. The definition in this article is not as complete as that in art. 6.

NOTE 2. (Art. 103.)

Purpose of definition.

The definition excludes (a) all lands held by title deed, and (b) all lands which have been assigned *ab antiquo* to a town or village.

It is also framed so as to exclude village pasture lands which adjoin it by the provision that it shall lie beyond the reach of a loud call from the nearest inhabited site. Lands lying within this limit, which are in a rough state, are regarded as being reasonably claimable by the inhabitants as pasture, though not necessarily as assigned pasture.

In the absence of any natural or artificial boundaries, and in the absence of a cadastral survey, it is difficult to see how this quaint definition could have been improved upon.

NOTE 3. (Art. 103.)

Effect of extension of inhabited sites.

The Code does not contemplate any great extension of the village sites which existed when it was framed (Vide art. 31). Of late years the sites of many towns and villages have, however, been greatly extended, and new inhabited-sites have been formed. This means that the limits of the Mewat have retreated with the advance of habitation. The process results in the creation of intermediate land which cannot be brought under any of the classes dealt with by the Code.

As the rakaba of such land has never been transfered it apparently remains with the State.

It might however be held that, under the conditions referred to, the boundaries of towns or villages adjoining the Mewat must be held to enlarge with the area reachable by the human voice Whatever view is taken the result is that the mewat lands of the State are being steadily reduced by the subtraction of areas which, are often of great and increasing value. Legislation is clearly required to deal with the situation.

NOTE 4. (Art. 103.)

Effect of Mewat Lands Ordinance.

The Mewat Land Ordinance (Gaz. 38, 1-III-21.) amends Art. 103, and deprives the person who breaks up or cultivates Mewat, of all right to claim a title deed. It further renders him liable to prosecution for trespass. This sets aside the provisions of Art. 103. by which the squatter on Mewat can claim a title deed on payment of the Tapou value.

NOTE 5. (Art. 103.)

What constitutes improvement.

Mewat land may be granted for cultivation on application. Land which remains uncultivated at the end of three years from the date of the grant is resumable, and available for grant to some one else. In this provision the land Code follows Art. 1273 of the Mejelle, except that the latter goes on to state that unimproved land lying on the middle of improved land goes with the latter.

Improvements are defined in Mejelle Arts. 1275-1276.

NOTE 6. (Art. 103.)

Enclosure.

The Mejelle recognizes a right arising from enclosure, which gives the person who makes the enclosure a right to claim a grant (such as that contemplated in art. 103.) for three years. This right has been done away with by the Mewat Land's Ordinance. On this head Arts. 1277-1278-1279 of the Mejelle should be consulted.

NOTE 7. (Art. 103.)

Derivation from Mejelle.

The provisions of Art. 103, to the effect that the rakaba of mewat land which has been granted to an individual must remain with the State is taken from Art 1272 Mejelle. Mewat land which is acquired under Art. 103 becomes, of course, mirie.

NOTE 8. (Art. 103.)

Mewat Land.

The Law of Tapou Sanads (7 Sha'ban 1276) lays down that land which has once been tilled, but which has subsequently remained uncultivated, is not included in the definition of Mewat and cannot be granted under the provisions of Art. 103. It can only be disposed of by sale. (Art. 5).

NOTE 9. (Art. 103.)

Art. 5 of the Law of Tapou Sanads, alluded to in the foregoing note, goes on to state that, in the case of a person who cultivates mewat land without permission, the Tapou value is to be calculated as the value at the time of clearing; provided that the cultivator reports his occupation within 6 months. If he delays reporting his occupation for a longer period, the Tapou value will be assessed on the value at the time of report.

ARTICLE 104.

Anyone can cut wood for fuel and for building on mountains which are "moubah", which are not woods or forests assigned *ab antiquo* to the public, without anyone being able to prevent him. Trees cut there and herbage collected there are not titheable. No portion of such "moubah,, mountains can be detached and given possession of by title-deed to anyone, either individually or jointly, by the Official in order that it may be made (private) woodland.

NOTE 1. (Art. 104.)

Incidents of Moubah.

This article refers to lands over which the public has the right to take and cut wood. It is called "Moubah", and is distinguished from the "Baltalik" of art. 91 in that it has not been assigned, and is not reserved for any given community.

Art. 13 of the Tapou Law forbids the grant of Moubah to an individual by the Tapou department.

It cannot be acquired by prescription.

A great deal of this land has now been converted into forest areas under the provisions of the Forests Ordinance No. 5 of 1926.

ARTICLE 105.

If there is a grazing ground (otlak) within the boundaries of a village, other than the pasturing grounds assigned to the use of inhabitants of towns or villages, the inhabitants of that village shall have the enjoyment of the herbage and water there and the right to send their animals to graze there, without having to pay any fee for so doing. Those who put in animals from elsewhere and profit by the herbage and water of the grazing ground shall pay the State a suitable grazing fee and the inhabitants of the village cannot prevent them nor claim any share of the grazing fee.

NOTE 1. (Art. 105.)

Incidents of unassigned pastures.

On comparing this art with art 97 it will be seen that assigned and unassigned pastures can coexist in the same village area. It follows that, when assignment is unproved, the land must be placed in the unassigned class. In other words assignment cannot be presumed.

This land cannot be acquired by prescription.

ARTICLE 106.

Trees growing naturally on Mulk, State, mevqufé, metrouké or mevat land cannot be possessed by tapou. But trees growing naturally on State, or mevqufé are possessed as being appurtenant to the land, as stated in the chapter dealing with possession.

BOOK III.

UNCLASSED LAND.

ARTICLE 107.

Minerals such as gold, silver, copper, iron, different kinds of stone, gypsum, sulphur, saltpetre, emery, coal, salt and other minerals found on State land, by whomsoever it is possessed, belong to the Treasury. The occupier of the land cannot take possession of any of them, nor claim any share of any mineral which is discovered. Similarly all minerals found on mevqufé land of the takhsisat kind belong also to the Treasury; neither the occupier of the land nor the wakf authority can interfere with regard to it. Provided that in the case of both State and mevqufé land the possessor must be indemnified to the extent of the value of the land which ceases to be in his possession and under cultivation owing to the working of the minerals. In the case of metrouké and mevat land one fifth of the minerals found belongs to the Treasury and the rest to the person who finds them. In the case of true wakf land the minerals belong to the Wakf. Minerals found in mulk land in towns and villages belong entirely to the owner of the soil. Fusible minerals found in tithe paying (ushrie) and tribute paying (kharajie) land belong as to one fifth to the Treasury, and the rest to the owner of the soil, As regards ancient and and modern coins and treasures of all kinds of which the owner is unknown, found in any kind of land, the legislation which regulates them is contained in the books of the Sacred Law (fiqh).

NOTE 1. (Art. 107.)

Recent legislation on minerals.

The Order in Council of the Gazette of the 1st Sept. 1922. Arts. 12. (b), and 13, vests all mines and minerals in the High Commissioner, and gives him the power to grand Concessions for their working.

The Mining Ordinance as published in the Gazette of 1st. July 1925. lays down that no one may prospect or mine without license.

It provides for the exclusion pf certain specified areas (e.g., town areas) from the operations incident to mining and prospecting, and gives the High Commissioner power to add to these areas at his discretion.

It lays down that a miner or prospector must obtain the leave of the owner of the land, or, failing that, must provide such security to compensate him for damage as the Controller of Mines may require. The Order in Council lays down that the vesting of all mines and minerals in the High Commissioner is subject to any right existing at the date of the Order held in virtue of a valid concession.

NOTE 2. (Art. 107.)

Former statutes.

The chief statutes which were formerly operative in this connection are;

(a) Law of 14 Safar 1324, (Young vol. vi. p. 17).

(b) Law of 23 Nebi al akpir (Young vol. II. p. 389).

ARTICLE 108.

One who slays another cannot inherit land from his victim nor can he have any right of tapou over his land.

ADDITION.   28 Rabia II, 1292 — 22 May 1291.

Nor can the land of the victim devolve upon those who helped the slayer, nor have they any right of tapou over the land.

ARTICLE 109.

The land of Moslem cannot devolve by inheritance on a child, grandchild, father, mother, brother, sister, or spouse of his who is not a Moslem, nor can the land of one who is not a Moslem devolve by inheritance on a child, grandchild, father, mother, brother, sister, or spouse who is a Moslem. One who is not a Moslem cannot have the right of tapou over the land of a Moslem, nor can a Moslem have the right of tapou over the land of one who is not a Moslem.

NOTE 1. (Art. 109).

No Inheritance between different Religious Communities.

There is no right of inheritance, and there is no right of Tapou between members of differerent religions.

NOTE 2. (Art. 109.)

The whole attitude of the law of succession as regards foreigners and non-Moslems has been changed by the Succession Ordinance published in 1923 in Gazette 88 after the Occupation.

— 103 —

Art. 22 of that Ordinance lays down that no person shall be deemed to be under a legal incapacity to inherit by reason only of his nationality or religious belief.

NOTE 3. (ART. 109.)

The sate of affairs indicated in Art. 109 was modified by the Law of 7 Moharram 1293 (23 January 1876) which placed all Ottoman subjects on the same footing as regard the acquisition or transfer of land.

ARTICLE. 110.

The land of an Ottoman subject cannot devolve by inheritance on any heir of his who is a foreign subject, nor can a foreign subject have a right of tapou over land of an Ottoman subject.

NOTE 1. (ART. 110.)

This Art. has passed through certain modifications and has now been rendered obsolete by Art. 22 of the Succession Ordinance published in Gazette 88, of 1923.

In 1284 a law was passed giving foreigners all the rights of Ottoman subjects in the matter of possessing immovable properties; provided that they they conform to the existing laws of Succession alienation etc.—pay all dues—and submit to the jurisdiction of the Ottoman Courts.

By a ruling dated 7 February 1330, the Shorai Daulat Council modified this statement of the law by holding that foreigners were not entitled to benefit by the prodisions of Arts. 78 and 103. These articles are those which deal with prescription, and the clearing of Mewat respectively.

NOTE 2. (ART. 110.)

The Majlis Wakala in its meeting of 24 Rabia Akhar 1290 (June 1289) lays down that a Turkish woman who has married a foreigner cannot transmit her immovable property to her husband, or to children by him, on her decease; unless the Govt. to which her husband was subject has accepted the procedure laid down by the Turkish Govt. concerning the acquisition of property.

NOTE 3. (Art. 110.)

Art. 110 was again amended on the 24 Rabia Akhar 1290. The amendment states that the children of a foreigner who are Turkish nationals have a right to succed to their father in his Miri lands. The father has however no corresponding right of inheritance from his children.

The Imperial Iradeh of 25 May 1324, gives foreigners a right of succession inte-rse in Mulk property, and immovables which are subject to a servitude.

ARTICLE 111.

The land of a person who has abandoned his Ottoman nationality without obtaining official permission from the Ottomman Government does not devolve by inheritance on his children, grandchildren, father, mother, brothers, sisters, or spouse who are foreign subjects, but immediately become mahlul and, without enquiry whether there is anyone with a right of tapou over it, it is put up to auction and adjudged to the highest bidder. But if a man abandons his (Ottoman) nationality by obtaining permission in the proper way his land does not become mahlul but remains in his possession as he will enjoy all the rights defined by the law giving the right of possession to foreigners on condition that the State of which he has become a subject has signed the protocol attached to that Law.

NOTE 1. (Art. 111.)

This Art. appears to be obsolete in view of the provisions of Art. 22 of the Succession Ordinance.

It is of course operative for transfers which took place by succession before it was set aside.

The amending legislation noted in the comments of the two preceding articles should also be consulted.

It should be observed that under article 5 of the amending law of Safar 1284 the privileges, which are granted by that law to foreigners, are dependant on the prior acceptance of it by the power concerned.

NOTE 2. (Art. 111.)

When a Turkish woman married a foreigner she became ipso facto a national of the Govt. to which her husband was subject. Hence on her death her mirie property could not pass to her husband or other foreign relative (including her children).

— 105 —

NOTE 3. (Art. 111.)

The corporate bodies which can own immovable property are defined in the Provisional Law of 22 Rabia El Awal 1331 (16 February 1328).

Under Art. 8 of the Land Transfer Ordinance of September 1920 any banking Company may take a mortgage of land; but may not acquire land in excess of that required for its business. Similarly any Commercial Company registered in Palestine can, with the consent of the Registrar, acqaire such land as is necessary to its undertaking.

Under Art. 122 a monastery may hold land.

ARTICLE 112.

A slave, of either sex, who, with the consent of his master and through the Official, has acquired possession of land cannot either before or after being freed be dispossessed of it by his master nor can the latter intermeddle in it in any way. Nor, if the master die before the slave is freed, can his heirs in any way interfere with such land. If a slave, of either sex, die before being freed, as the land cannot devolve on anyone by inheritance, no one except co-possessors, persons jointly interested or inhabitants of the village who have need of it shall have any right of tapou over it, unless there are mulk trees or buildings on it. If there are any mulk trees or buildings on the land, the master of the slave shall have preference over every other person seeking to acquire it, and shall have his right for a period of ten years on payment of the tapou value. If the slave dies after being freed the land will devolve by inheritance on his free heirs.

Failing them if there are no mulk trees or buildings on the land neither his master who freed him nor the master's children shall have a right of tapou but it shall be given to his own free relations who have a right of tapou on payment of the tapou value. Failing them it shall be put up to auction and adjudged to the highest bidder. But if there are mulk buildings or trees on the land it shall be given on payment of the tapou value to such of the heirs, having a right of tapou of the first degree, who have inherited the mulk trees and buildings.

ARTICLE 113.

Transfer of State and mevqufé land brought about by duress, exercised by one who is in position to give effect to his threats, is void. If a person who through such duress has become possessed of land transfers it to another, or if at his death it has devolved by inheritance on his heirs as hereinbefore designated, or if on his death without leaving heirs it becomes\mahlul, the transferor, the victim of the duress, or his heirs after his death can bring an action based on the duress. But if he dies without leaving heirs the land shall not be treated as mahloul, and it remains in the hands of the actual possessor.

NOTE 1. (Art. 113.)

Duress discussed.

Duress is defined in arts. 941-949 of the Mejelle. It is of two kinds — major (mulgi) and minor (ghair-mulgi) —. The first kind consists in compelling a person to act in a certain way by fear of death or grievous bodily harm. The second kind deals with actions induced by fear of pain, distress, or imprisonment. Duress must proceed from a person who is able to execute his threat (Mej. 1003), and the person compelled must be persuaded that the threat will be executed if he fails to comply (Mej. 1004).

The action caused by the Duress must take place in the presence of the person from whom duress proceeds or in the presence of his agent. (1005).

Minor duress can be pleaded to set aside transactions entered into by word of mouth; but major duress must be prooved to set aside transactions entered into by deed (Mej. 1006-1007).

NOTE 2. (Art. 113.)

An excepted variety of duress.

As to duress which stops a person from bringing an action by reasons of powerful influence which renders legal recourse impracticable, vide art. 1663 Mej. and Note 3 to Art. 20 of the Land Code.

NOTE 3. (Art. 113.)

The taker by duress is regarded as a trustee.

The position of a person who has acquired property by duress is that of a trustee. His heirs are in the same position. The liability only ends by the death of the transferor without heirs. No prescription canebe pleaded in defence to a plea of duress.

NOTE 4. (Art. 113.)

Both major and minor duress are included in the article.

The wording of the opening lines of this article reads literally "Whoever procures a transfer by force and duress applied by one who can execute his threat". It will be noted that this does not draw the distinction between major and minor duress which appears in the Mejelle. It is therefore open to the courts to hold that either form suffices to cancel a transfer by deed. The provisions as to the effect of duress on transfers made verbally need not be considered as such transfers would not in any case be accepted in a Court.

ARTICLE 114.

Transfer of State or mevqufé land on conditions regarded as unlawful (mufsid) by the Sharia Law, as for instance a transfer on condition that the transferee shall look after and maintain the transferor until the death of the latter, is invalid. Consequently if any one transfers land to another on unlawful condition, or if on the death of the latter it has devolved py inheritance upon his heirs, the original transferor, or on his death his heirs, has the right to bring an action claiming the cancellation of the transfer on the ground of illegality on payment of its value.

AMENDMENT of 18 Safar, 1306-12 October 1304.

Transfer of State land held by tapou on condition that the transferor shall be provided for until his death by the transfere is valid and the condition is permissible. When the transfer has been carried out, and so long as the transferee is ready to provide for the transferor, the latter cannat take back the land. But if the transferor claims that the transferee is not providing for him in conformity with the contract and if the transferee disputes this, recourse is had to experts to ascertain the facts and if the claim of the transferor is found to be well founded by the competent court after trial, the land will be given back to him. If the transferee dies before the transferor, the heirs who have the right of inheritance to the land will be bound to provide for the latter until his death. If they do not discharge this obligation the transfeor shall have the right to take back the land that has passed to the heirs. If the transferee dies without leaving heirs with the right to inherit the land it shall not be given to any one else but shall be returned to the transferor as before. So long as the transferor lives neither the transferee nor his heir shall have power to alienate the land to another. Hereafter transfers executed with such conditions shall be valid, and the condition shall be inserted in the title-deed. Actions based on such conditions which are not so recorded shall not be heard.

— 108 —

ARTICLE 115.

Although a creditor cannot seize land in possesion of his debtor against the debt; he force the latter by taking the appropriate steps to sell it to another and discharge the debt out of the purchase money; at the death of the debtor whether he has any movable property and other effects or not, the land in his possession shall pass to his heirs with the right of inheritance; if he leave none it shall be subject to the right of tapou and granted on payment of the tapou value to those who have the right of tapou, and in default of such it shall be put up to auction and adjudged to the highest bidder.

NOTE 1. (Art. 115.)

This Art. (a) protects a Mirie holder from seizure of his land for debt during his lifetime, and (b) after his death extends the same protection to his heirs, and to persons taking by right of Tapou.

(a) has been modified by the law of the 28th Dec. 1871 (15 Sheval 1288), which made it possible for the creditor, who has obtained a decree for the debt, to have the debtor's property sold in satisfaction, with the exception of a house and land sufficient for the latter's maintenance. On the death of the debtor such a decree can be executed against his heirs to the extent of their inheritance of the deceased's mirie property

Previous to the date of this law an Iradeh Sanieh of 1278 authorised the sale of lands surplus to the cultivator's essential requirements for the recovery of arrears of land taxes due to Govt., but not for similar arrears due to a tithe farmer.

As to (b) — Art. 16 of the Provisional Law of Disposal of 1329-1331, has rendered Art. 115 obsolete by enacting that, either during the debtor's lifetime, or after his death, mirie property may be sold for debt, even it becomes mahlul. Land essential for maintenance must however be excepted from sale.

Art. 115 has no application to mortgaged property.

ARTICLE 116.

State and mevqufé land cannot be pledged; provided always that if a debtor, against the debt and through the Official, transfers land in his possession to his creditor, on condition that the latter will return it to him whenever he discharges the debt, or if he makes a transfer with right of redemption called feragh-bil-wafa, that is to say that whenever he discharges the debt he shall have the right to claim re-transfer of the land, the debtor cannot without previously discharging the debt, whether there be a time fixed or not, force a re-transfer of the land; he can only have it back after complete discharge.

NOTE 1. (Art. 116.)

This Art. limits the procedure by which mirie land can be pledged for debt to an outright transfer subject to a condition of re-transfer on repayment.

The variety called "firagh bil wafa" gives the debtor the right to claim re-transfer whenever he elects to pay off his debt.

The law of 28 Rejeb 1291 (10 September 1874), which deals with mulk property only, lays down in Chapter II Art. 19 that a condition which is not mentioned in the mortgage deed may not be proved.

This was not the case with mirie property until the passage of the Provisional Laws of Mortgage and Disposal. Hence, until the passage of these laws, it was not illegal to modify the conditions of a transfer, which purported to be an outright sale, by a separate agreement to accept redemption.

The Provisional Law of Mortgage is dated 1st Rabi Uthani 1331 (25 February 1328), and the date of the Provisional Law of Disposal is 5th Jumada II Awwal 1331 (30th March 1329). Art. 4 of the last named law forbids the form of hypothecation under discussion.

The Provisional Law of Mortgage does not however lay down that the form of registered mortgage with which it deals is the only way in which land may be hypothecated for debt. If however another form is adopted the transaction must-under the Law of Disposal-be fully registered. If this condition is complied with, the laws discussed do not forbid the transfer of a property for debt with a condition of retransfer on repayment.

In fact, during the period which elapsed between the passage of the two laws, the procedure laid down in Art. 116, which, as we have seen, did not forbid the existence of a concealed modification of the terms of transfer, was allowed as an alternative means of hypothecation.

The Provisional law of mortgage has undergone further modification since the Occupation by the Mortgage Law Amendment Ordinance of 1920.

NOTE 2. (Art. 116.)

During the war, owing to the depreciation of Turkish paper money, it was customary, in defiance of the law, to make transfers which purported to be outright sales, accompanied by an unregistered agreement promising the retransfer of the property on repayment in a specified currency-generally French or Turkish gold.

The Land Courts have given effect to such undertakings, if in writing, when they fall within the period of the war in the exercise of their equitable jurisdiction.

NOTE 3. (Art. 116.)

A Mortgage containing a condition that failure to redeem within a specified period converts the transaction into a sale are commonly dealt with in the Land Courts. These Courts have invariably held that the condition is inoperative.

From the point of view of English Law their rulings follow the maxim "once a mortgage always a mortgage." From the point of view of Turkish Law the same end is arrived at from a consideration of Art. 107 Mej, on the ground that a sale cannot be transacted so as to take effect at some future time.

NOTE 4. (Art. 116.)

The Provisinal Law of Mortgage of 1328 lays down in Arts. 9 and 10 that sales of mortgaged property must take place through the Land Registry Department.

The transfer of Land Ordinance (No. 2 of 1921-Gazette 41) sets this aside, and vests this authority in the Presidents of District Courts with power to postpone sale, if they consider that undue hardship would be involved.

It also takes the actual conduct of sales from the Land Registry and gives it to the Execution Office.

ARTICLE 117.

If a debtor after transferring land in his possession to his creditor against a debt, whether on the above-mentioned condition, or in the form of transfer, with right of redemption (feragh-bil-wafa finds himself unable to discharge the debt at the time agreed upon, and if he gives the creditor a power of attorney, (wakalat-i-dowrieh) that is to say if he entirely puts the latter in his position, without power of revocation, and gives him power to sell the land, or caused it to be sold, to repay himself the amount of the debt out of the purchase money, and pay to him any balance; under these conditions, the creditor so empowered, in case of non-payment at the time agreed, can sell the land during the life time of the debtor, through the Official and pay himself the amount due to him; or if the debtor has invested a third person with such powers, the latter can, at the expiration of the agreed pariod, and in virtue of his power of attorney, sell the land and pay the creditor the debt due by the debtor, his principal.

NOTE 1. (Art. 117.)

This Article is based on Article 760 Mej.

Whether the agent is the creditor himself or a stranger, the agency is not sit aside by the death of the principal, if consideration was passed.

It has been claimed in the Courts that the creation of a perpetual attorney for sale is equivalent to actual sale. This is not the case. The attorney's power extends only to having the land sold "through the Official"; and unless and until this procedure has been complied with, ownership has not been transferred.

NOTE 2. (Art. 117.)

The rules which are operative in the event of death may be summarised as follow:

(1) The creditor dies before the date of redemption.

In this case his heirs inherit his rights in respect of sale.

(2) If the debtor dies before the mortgage falls due, the debt becomes immediately payable, and the mortgaged property may be sold unless the heirs settle.

This holds good even if no perpetual agency has been created.

If the heirs fail to settle the debt, and if some of them are absent, or are minors, or under some other disability, the Kadi has power to appoint a person called the Mazun to represent their interests.

(Vide ruling of Shorai Daulat of 19 August; 1317.)

ARTICLE 118.

If a debtor who has transfered his land to his creditor, whether upon the above-named condidion or by transfer with right of redemption, dies before his debt has been entirely discharged, the said debt like his other debts are discharged from his available estate, and if he has left none, or insufficient to discharge his debts, a piece of his land sufficient to discharge the debt shall be put up to auction, and granted to the highest bidder for the price bid for it and the debt is discharged whether the debtor leaves heirs entilted to succeed, or to a right of tapou, or not.

NOTE 1. (Art. 118.)

Explanatory.

This article has been amended by the Law of Forced sale of mortgaged property of 1869 and replaced by the Provisional Law of Mortgage of 1326. The Provisional has in turn been modified by the Mortgage Law Amendment Ordinance of 1920.

ARTICLE 119.

Actions for deceipt (taghrir) or excessive deception (ghubni-fahish) between a transferor and transferee in connection with State and mevqufé land in general shall be maintainable. After the death of the transferor, the heirs having right of succession shall not have the right to institute an action and the land cannot be treated as mahlul.

NOTE 1. (Art. 119.)

Fraud defined together with "excessive fraud".

Fraud is "taghrir" as defined in Art. 164 Mej. "Excessive deception" is the usual translation of the term "Ghabn il Fahish". It is defined in Art. 165 Mej.

Excessive deception to be actionable must cause a loss to the extent of at least one fifth of the value of the property in suit, in the case of immovables.

NOTE 2. (Art. 119.)

Effect of fraud on a transfer.

Art. 356 Mej. states that, except in the case of property belonging to the State, to a Wakf, or to orphans, excessive deception without fraud does not furnish a ground of action. The wording of Art. 119 Land Code appears at first sight to give a right of action based on either one or the other. It is probable however that the intention of the wording is not to modify Art. 356 of the Mej.; but to include in its scope the second and third paras of that Article. These are the paras by which the property of the State, of orphans, and of Wakfs is preferentially treated in the manner noted above. It may be taken therefore that Art. 356 Mej. applies in its entirety to sales of mirie property as well as to sales of mulk.

— 113 —

NOTE 3. (Art. 119.)

This Article should be compared with Article 113.

It appears that actions arising out of duress (Mej. 948-949) are heritable, while those arising out of "fraud and excessive deception", are not.

The reason is that the Ottoman Land Code follows the provisions of the Mejelle Arts. 356 to 360.

These Articles lay down that, except in the case of certain relations of trust, inadequacy of consideration does not give a cause of action, unless it is (a) substantial and (b) brought about by fraudulent misrepresentation.

Substantial inadequacy means that the price paid most vary from the true value by at least one filth in the case of immovable property (Mej. 164). Such a cause of action is personal and cannot be inherited. It is lost if the property deteriorates, is modified, or destroyed, in the hands of the buyer. It is also lost if the buyer exercises proprietary dominion over it.

It must not be concluded that these Articles are intended to define the scope of actions based on fraud, or breach of trust in general.

Such actions when arising out of contract are, under English Law, inheritable, and it may be laid down that the Courts in this country have usually taken the same view.

In the case of breaches of trust, it has been shown in the notes to Article 20 that an heir who takes possession of, or transfers, property which belongs to co-heirs is regarded as a trustee. He can never acquire a right to it by prescription, and, therefore, can never make a legal transfer of it.

Article 23 in the same way regards the lessee or borrower of land as a trustee for his principal's title.

In the case of fraud, the English rule which regards all contracts entered into under illegal influance as voidable at the option of the injured party, because the reciprocal understanding which is the essence of contractual relations is wanting, is not found in the Mejelle in a specific form.

The rule may however be inferred from various articles of that work.

Thus a contract is void in which

(a) one of the parties is an idiot; and

(b) in which the property is non-existent, incapable of enjoyment, incapable of appropriation, or incapable of delivery (361, 362, 363 M.).

Again, contracts may be void because they have never been completed. This is the case when acceptance is not absolute, or if it is unduly deferred (182, 184 M.); if the purchaser has what is called a money option (315 M.); or if the sale is intended to take effect at a futare date (170 M.).

In all these cases the cause of action is heritable.

It is clear that, except in the two last cases, the contract is void because, either the parties were not *ad idem*, or because the contract was not completed. These provisions cut out a good many of the possibilities of fraud and correspond with English Law.

As to voidable contracts. A contract is voidable for indefiniteness in the description of the property (213 M.). It is voidable if the property has been wrongly described (310 M.). It is voidable if the property sold is defective (336 M.).

In all these cases the cause of action is heritable.

Here again the Mejelle deals with some of the possible bases of fraud, and is much the same as English Law in its result.

On the other hand, causes of action based on a clause in the contract permitting one or both of the parties to annul within a fixed time (300 M.), and the option of inspection, by which the purchaser has a right to see the property before the sale becomes final (320 M.), are not heritable.

These provisions do not however leave much more scope for fraud than the English Law.

Finally, we have an article (230 M.) which states that local custom is to be followed in interpreting the effect of the contract.

This brief note is not intended to exhaust a very wide subject. It is merely intended to show that, except in certain relatively unimportant instances, actions arising out of contract, and based on an allegation of fraud, are in general heritable; and further, that the conception of fraud and its consequences, as deducible from the Mejelle, corresponds fairly closely with English Law.

ARTICLE 120.

Transfer of State and mevqufé land effected in mortal sickness is valid. Land so transferred by permission of the Official shall not pass by inheritance to the heirs; nor failing them, does it become subject to the right of tapou (mustahiki-tapou).

NOTE 1. (Art. 120.)

Legality of transfer in mortal sickness.

This article sets aside the provisions of 393 et seq of the Mejelle as to sales in mortal sickness, and of 877 et seq as to gifts in mortal sickness. In respect of mulk property the provisions of these articles of course hold good.

The result is that a person can make a valid transfer of mirie property on his death bed provided that it takes place in legal form.

NOTE 2. (Art. 120.)

Validatory powers of Land Court.

In case in which a death bed transfer dating prior to the occupation has been made in illegal form, a Land Court might validate in the exercise of its equitable powers (Art. 7 Land Court's Ordinance).

NOTE 3. (Art. 120.)

Compensation for inability to pass mirie land by will.

The fact that mirie land cannot be disposed of by will is mitigated by the power given by this Article.

NOTE 4. (Art. 120.)

Effect of death bed transfer on heirs, creditors, and the State.

A transfer under this article will defeat the claims of heirs.

A dying title holder can use the Article to prevent the escheat of his mirie property to the state as mahlul.

He can also use it to defeat the claims of creditors unless they are protected by mortgage.

ARTICLE 121.

No one can dedicate land in his possession by title-deed to any object without being previously invested by Imperial patent (mulkname) with the full ownership of the land.

NOTE 1. (Art. 121.)

Explanatory.

This article renders the dedication of Qasi Mulk land as well as ordinary mirie land illegal. But the Code contemplates the possibility of a dedication of the mulk accretions on Quasi Mulk without the land. (Vide arts. 89 and 90.).

The Provisional Law of Disposal of 1329 (art. 8) has put a stop to the latter possibility also.

ARTICLE 122.

Land attached *ab antiquo* to a monastery registered as such in the Imperial archives (Defter Khane) cannot be held by title-deed; it can neither be sold nor bought. But if land after having been held *ab antiquo* by title-deed has afterwards passed by some means into the hands of monks; or is in fact held without title-deed, as appurtenant to a monasatery the procedure as to State land shall be aplied to it, and possession of it shall be given by title-deed as previously.

NOTE 1. (Art. 122.)

Explanatory.

The article contemplates two kinds of land which may belong to a monastery. They are (a) land attached to it under its original charter as registered in the Imperial Archives, and (b) land which is appurtenant to the monastery, or which has passed into the hands of monks from holders by title deed.

In case (a) the land is regarded as Wakf Sahih in that it cannot be registered under the Land Code. In case (b) a title deed may be issued to the monastery.

NOTE 2. (Art. 122.)

Interpretation of Firmans.

Cases arise in which the monastery sues for the ownership of mirie land held by title deed in the name of a deceased monk. In these cases, since the devolution of mirie land is laid down by Law, the monastery cannot succeed, unless it can show a Firman by which an exception has been made in its favour. If such a Firman is produced the case will be decided on the interpretation given to the operative clauses.

ARTICLE 123.

If pieces of land fit for cultivation come into existence by the receding of the water from an ancien lake or river they shall be put up to auction and adjudged to the highest bidder, and shall be subjected to the procedure applicable to State land.

ARTICLE 124.

In disputes as to rights of watering crops and animals (haq-i-shurb) of irrigation and over water channels only *ab antiquo* usage is taken into account.

NOTE 1. (Art. 124.)

Ancient user decisive in questions of rights to water.

The article of course refers only to ancient rights. (Vide Mej. 1262-1269).

It is virtually a repetition of Mej. 1224. which is based in turn on Art. 6. Mej.

The treatment of irrigation rights in the Land Code is of a very sketchy character. Usage *ab antiquo* might be pleaded for the purpose of preventing the creation of such rights, as well as for their assertion.

No provision is made for rights to water which are not ancient, though it is clear that new rights of this kind may from time to time be, and have been, created.

ARTICLE 125.

The taking of animals through vineyards, orchards, and fields called geiuktereke is not allowed. Even if there has been a practice of so taking them *ab antiquo*, as damages cannot be of time immemorial. The owner of the animals shall be warned to firmly control his animals until after the crop has been removed. If after the warning they cause damage by being sent to or put in such places by their owner the latter will have to pay compensation. After the crop is removed animals can pass over places over which it has been the practice *ab antiquo* to take animals.

NOTE 1. (Art. 125.)

Geiutercke.

Geiutercke may be freely translated as standing crops. The article states that animals may be taken over the lands, over which the custom of such passage exists *ab antiquo*, but that this right may not be exercised when damage would result.

ARTICLE 126.

If the fixed and distinguishing ancient boundary marks of towns or villages have disappeared or are no longer distinguishable, there shall be chosen from among the inhabitants of the neighbouring towns or villages, trustworthy persons of mature years who shall go to the spot and through mediation of the religious authority the four sides of the ancient boundaries shall be fixed and new marks shall be put where necessary.

NOTE 1. (Art. 126.)

Demarcation now in the jurisdiction of a Land Court.

The power of demarcating boundaries whether between villages or individual owners, is now vested in the Land Court. Vide Land Courts Ordinance arts 2 and 9.

ARTICLE 127.

The tithe of agricultural produce and crops is regarded as the produce of the place within the boundaries of which the crop was grown wherever the threshing floor may be. On the same principle the taxes and fixed rates on summer and winter pastures, grazing grounds, inclosnres, mills and such like are charged on the villages within the limits of which they lie.

ARTICLE 128.

If the water supply of any rice field registered at the Defter Khane as such deterioratest, it must be repaired by the person who sows the rice field. Possession of rice fields, as in case of all other State land, is acquired by title-deed. Provided that local usages observed *ab antiquo* with regard to rice fields must be observed.

ARTICLE 129.

Possession of land called "khassé" assigned before the organization "tanzimat" to sipahis and others, and of bachtene land assigned to voinghs, the system of which has been abolished, and of land granted by tapou by woodland officers, which system has also been suppressed, is acquired by title-deed, and is subject similarly to the procedure applicable to State land in respect of transfer, devolution by inheritance, and grant.

— 119 —

ARTICLE 130.

The lands of an inhabited village cannot be granted in their entirety to an individual for the purpose of making a chiftlik, but if the inhabitants of a village have dispersed, as mentioned above, and the land has become subject to the right of tapou, if it is found impossible to restore it to its former state by bringing new cuitivators there and settling them in the village and granting the land in separate plots to each cultivator, in such a case the land can be granted as a whole to a single person or to several for the purpose of making a chiftlik.

NOTE 1. (Art. 130.)

Rights of tenants and villagers.

Vide art 8 which forbids the grant of all the lands of a village to persons in common.

This article (130) provides that village lands cannot be granted as a chiftlik unless (a) it has remained uncultivated for more than 3 years and is therefore subject to the right of Tapou.

Even in this case the village must be restarted if possible, instead of being granted as a chiftlik. It is recognized by Ordinance. (art. 8. Transfer of Land Ord. 1920-21), that on the sale of large estates the tenants settled on them must be provided for by suitable grants of land from them.

ARTICLE. 131.

Chiftlik, in law, means a tract of land such as needs one yoke of oxen to work it, which is cultivated and harvested every year. Its extent is, in the case of land of the first quality from 70 to 80 dunims; in the case of land of the second quality from 100 dunims, and in case of land of the third quality from 130 dunims. The dunim is 40 ordinary paces in length and breadth, that is 1,600 pics. Every portion of land less than a dunim is called a piece (kita). But ordinarily speaking "chiftlik" means the land of which it is comprised, the buildings there, as well as the animals, grain, implements, yokes of oxen and other accessories, built or procured for cultivation. If the owner of a chiftlik dies leaving no heir or person having a right of tapou, the chiftlik is put up to auction by the State and adjudged to the highest bidder. If he leaves no heir with right of inheritance to the land and the buildings, animals, grain, and so on pass to the other heirs, then the land is granted to the latter on payment of the equivalent value, as they have a right of tapou over the land possessed and cultivated as subordinate to the chiftlik, as stated in the chapter on Escheat. If they decline to take it the land by itself, appart from such property and goods as devovle upon them, shall be put up to auction and adjudged to the highest bidder.

NOTE 1. (Art. 131.)

Explanation of definition of chiftlik.

The definition of chiftlik has little or no legal utility. The land is dealt with under the provisions of the land Code, whether the term is applied to it or not. Thus, as the article states, the inheritors of the mulk accretions are entitled to take the land by right of Tapou in the first degree when it becomes mahlul. This is in accordance with art 59 (1).

Perhaps the only distinction which can be drawn between chiftlik and ordinary mirie is that the chiftlik holder may be granted pasture land, as such, with his plough lands.

NOTE 2. (Art. 131.)

The Mudawara.

The so-called Chiftlik or Mudawara of the Sultan Hamid, which is now owned by the State, was acquired by him by gift, by private purchase and at auction sales. etc.

It includes both mulk and mirie properties. The latter has in part been given out to individual cultivators under the Beisan Lands agreement as mirie by the present Govornment.

NOTE 3. (Art. 131.)

Rights of cultivators in the Mudawara.

The holders of lands under the Sultan in the Mudawara area are not owners or title holders in any sense contemplated by the Land Code. They are merely tenants of the title holder — the Sultan —, and the Land Code does not deal with the rights of such persons. Their rights are regulated by their contracts with the title holder, under the rules laid down in the Mejelle. For this reason, claims for prior purchase, as between such tenants, cannot be maintained. Claims against Government to hold under Art. 78 by prescription would not be maintainable, because Government holds as landlord and not as the grantor of the title deed. This state of affairs can be changed only when a title deed has been granted by Government under the law in force (or by special agreement) for the grant of mirie lands.

NOTE 4. (Art. 131.)

Under provisions of Art. 3 of the Law of 22 February, 1921, the Mussulman and non-Mussulman are on an equal footing as regards the transfer of Mirie and Mevqufeh lands. Disposal of Mirie Lands registered in the name of minors is forbidden by the Land Code. However, unavoidable dispositions are authorized, as in the case of "Chiftliks", when the animals, buildings etc., forming an integral part thereof, may be sold, together with the land, on proof that proper care cannot be taken of the property, and that prejudice will be sustained by the minors.

ARTICLE 132.

Any person who, with the Imperial sanction reclaims land from the sea becomes absolute owner of it. But if for three years from the date of the Imperial sanction, he does not carry out the reclamation, he shall lose his rights, and any other person, with a new Imperial sanction, can by similarly embanking become the owner of the place. Every reclamation from the sea made without sanction is the property of the Treasury and shall be offered by the State on payment of its value to the person who has made it. If he declines to buy it, it shall be put up to auction and adjudged to the highest bidder.

CONCLUSION.

This Imperial Law shall come into force from the day of its promulgation. All Imperial decrees, old or recent, hereto before issued with regard to State and mevqufé land of the takhsisat category which are inconsistent with this Law are repealed, and fetvas issued by the Sheikhs of Islam based on such decrees shall be null and void. This Law shall be the sole enactment which shall henceforward be followed, by the Department of the Sheikh-ul-Islam, the Imperial Offices, and by all Tribunals and Councils. The ancient Laws and Ordinances concerning State and mevkufé land shall not be observed in the Imperial Divan Office, the Defter Khané or elsewhere.

ADDENDUM No. 1.

ADDITION to Article 20: 11 Jumada, I, 1305 (12 January 1302).

No actions may be brought against immigrant settlers after two years without showing "excuse" in respect of the possession of the vacant or mahlul lands which they hold from the State by title deed, and which they have cultivated or built over.

ADDENDUM No. 2.

ARTICLE 59, as originally embodied in the Land Code.
The present article printed in the body of the Code was substituted for the original article in 1284. The original article is as follows:-

The lands of a title holder of either sex who dies without issue and leaves neither father nor mother to survive him devolve as follows:

(1) To his full or half brother on the father's side, on payment of badal il misl — that is to say — for a value assessed by impartial experts, who are acquainted with the quality of the land, its area, boundaries, and productivity, and with the locality.

Claims to hold, take, or recover the lands must be made within 10 years.

(2) Failing the heirs described above, the land devolves on a full sister or half sister on the father's side, whether she is living in the town or village within whose limits the land lies, or elsewhere.

This claim must be made within 5 years.

(3) Failing the above, the land devolves on the grandchildren through males in equal shares.

This claim must be made within 10 years.

(4) Failing the above the land devolves on the surviving spouse.

This claim must be made within 10 years.

(5) Failing the above the land devolves on the brother or sister (on the mother's side) in equal shares.

This claim must be made within five years.

(6) Failing the above the land devolves on grandchildren of either sex through a daughter in equal shares.

This claim must be made within 5 years.

(7) Failing the above, if there are accretions of the mulk class on the land such as buildings or plantations, the land devolves on the heirs entitled to these accretions.

This claim must be made within 10 years.

The above named relatives can claim by right of Tapou and no other relatives can claim by that right.

(8) Failing the relatives detailed above, the land devolves for its Tapou value on co-owners and Khalits.

This claim must be made within 5 years.

(9) Failing co-owners or Khalits, the land will be given for its Tapou value to those of the village who need and require it.

This claim must be made within one year.

If several persons entitled in the same class claim land by the right of Tapou, they must share it equally, and if partition is feasible they have the right to have it partitioned amongst them. In this way each will be given a separate portion.

If, however, the land cannot be partitioned, or if partition would cause loss, then the land will be given to the person who most urgently needs and requires it. If claimants are equally needy, and one of them has served as a soldier in person and has completed his service in the army and has returned to his home, he will be given the land.

Failing this lots will be, cast and the land will be given to the person to whom the lot falls.

When the land has been allotted under the foregoing provisions no further claim will be entertained on any account.

Note para (5) is confused. The translation required by the general sense is as given. The article is merely of antiquirian interest as all claims under it are long since time barred.

THE HEJIRA CALENDER & THE TURKISH FISCAL YEAR.

The Hejira calender commenced on the 16th of July, 622. A.D.

This calender is a lunar one divided into 12 months, the odd months, of which have 30 days, while the other months are of 29 days each. The total days of the year fluctuate between 354 and 356. The difference of two days is due to the fact that in the course of 30 Hejira years there are 11 leap years.

The exact length of the lunar month is 29 days, 12 hours, 44 minutes and 2 seconds.

The difference between the Christian and the Hejira years is from between 10 to 12 days per annum. This means that 32 Christian (solar) years equal 33 Hejira (lunar) years minus 6, 7 or 8 days.

The Turkish Fiscal year was commenced on the year 1205 H., (1290 A.D.), when the Sultan Selim the III instructed the then Minister of the Exchequer, Morali Osman, to put the Finances of the Empire on a sound basis. This year is a mixture of both the solar and the lunar calendars. The number of the years is that of the Hejira, while the months are those of the Christian calender. The number of its days is 365 or 366 in leap year. It commences on the first day of March, by the Julian Calender.

— 127 —

List showing Hejira. Fiscal, Jewish and Christian years, beginning from the year, 1255 Hejira.

HEJIRA	FISCAL (Malieh)	JEWISH	CHRISTIAN
1255	1255	5600	1839
1256	1256	5601	1840
1257	1257	5602	1841
1258	1258	5603	1842
1259	1259	5604	1843
1260	1260	5605	1844
1261	1261	—	do.
1262	1262	5606	1845
1263	1263	5607	1846
1264	1264	5608	1847
1265	1265	5609	1848
1266	1266	5610	1849
1267	1267	5611	1850
1268	1268	5612	1851
1269	1269	5613	1852
1270	1270	5614	1853
1271	1271	5615	1854
1272	1272	5616	1855
1273	1273	5617	1856
1274	1274	5618	1857
1275	1275	5619	1858
1276	1276	5620	1859
1277	1277	5621	1860
1278	1278	5622	1861
1279	1279	5623	1862
1280	1280	5624	1863
1281	1281	5625	1864
1282	1282	5626	1865
1283	1283	5627	1866
1284	1284	5628	1867
1285	1285	5629	1868
1286	1286	5630	1869
1287	1287	5631	1870
1288	1287	5632	1871
1289	1288	5633	1872
1290	1289	5634	1873
1291	1290	5635	1874
1292	1291	5636	1875
1293	1292	5637	1876
1294	1293	5638	1877
1295	1294	5639	1878
1296	1295	5640	1879
1297	1296	5641	1880
1298	1297	5642	1881
1299	1298	5643	1882
1300	1299	5644	1883
1301	1300	5654	1884
1302	1301	5646	1885
1303	1302	5647	1886
1304	1303	5648	1887
1305	1304	5649	1888
1306	1305	5650	1889
1307	1306	5650	1889
1308	1307	5651	1890
1309	1308	5652	1891
1310	1309	5653	1892
1311	1310	5654	1893

HEJIRA	FISCAL (Malieh)	JEWISH	CHRISTIAN
1312	1311	5655	1894
1313	1312	5656	1895
1314	1313	5657	1896
1315	1314	5658	1897
1316	1315	5659	1898
1317	1316	5660	1899
1318	1317	5661	1900
1319	1318	5662	1901
1320	1319	5663	1902
1321	1319	5664	1903
1322	1320	5665	1904
1323	1321	5666	1905
1324	1322	5667	1906
1325	1323	5668	1907
1326	1324	5669	1908
1327	1325	5670	1909
1328	1326	5671	1910
1329	1327	5672	1911
1330	1328	—	do.
1331	1329	5673	1912
1332	1330	5674	1913
1333	1331	5675	1914
1334	1332	5676	1915
1335	1333	5677	1916
1336	1334	5678	1917
1337	1335	5679	1918
1338	1336	5680	1919
1339	1337	5681	1920
1340	1338	5682	1921
1341	1339	5683	1922
1342	1340	5684	1923
1343	1341	5685	1924
1344	1342	5686	1925
1345	1343	5687	1926
1346	1344	5688	1927
1347	1345	5689	1928
1348	1346	5690	1929
1349	1347	5691	1930
1350	1348	5692	1931
1351	1349	5693	1932
1352	1350	5694	1933
1353	1351	5695	1934
1354	1352	5696	1935
1355	1353	5697	1936
1356	1354	5698	1937
1357	1355	5699	1938
1358	1356	5700	1939
1359	1357	5701	1940
1360	1358	5702	1941
1361	1359	5703	1942
1362	1360	5704	1943
1363	1361	5705	1944

— 129 —

TAPOU LAW.

LAW AS TO THE GRANTING OF TITLE-DEED FOR STATE LAND.
8 Jemazi'ul Akhir, 1275 — 14 December, 1858.

CHAPTER I.

ART. 1.—Inasmuch as the granting of State land in the provinces is entrusted to officials of the Treasury, that is Treasurers, Malmudirs, and District Mudirs, they are considered to be the owners of the land.

ART. 2.—The directors of agriculture having nothing to do with the sale, devolution and transfer of such land, will be treated as regards these matters as ordinary members of the Council with equal rights.

ART. 3.—Every transferor must produce a certificate (ilmouhaber) bearing the seal of the Imam and the Mukhtar of his village or quarter, showing— (a) that he is in fact the possessor of the land, (b) the sale price, (c) the qaza and village where the land is situated, and (d) the boundaries and number of donums. The transferor and transferee or their duly authorised agents, then present themselves to the Council of the locality, the certificate is presented and the fee for sale (muajele) is deposited. Declaration of the fact of the proposed sale must be made in the presence of the local Mudir or of the fiscal authorities, according to whether it is made in a qaza, or in a sanjak, or a vilayet. A title-deed is given as soon as the registration has been made. If the transfer is made in a qaza the title-deed, with a report mentioning the aforesaid fee is sent to the chief administrative authority who retains it, and after having registered it, sends another to the Defter Khané with the title-deed attached to have the transfer written in the margin if the title deed is a new one, or to have it deposited there and a new one issued if it is an old one. In case of a transfer taking place in a chief town of a sanjak a report is forthwith drawn up and sent to the Defter Khané. When the transferor has not an old title-deed, note is made of his right of possession in the report to be made as mentioned above.

ART. 4.—To transfer land in a province to a person residing at Constantinople a certificate must be obtained from the Council of the Sanjak interested, showing that the transferor has in fact possession of the land; after which the transferor and transferee, or their representatives make the declaration required by law at the Defter Khané. If the title-deed is a new one the transfer is noted in the margin in accordance with the preceding Article; if the title-deed is not a new one, a new one is issued. Whenever a title-deed is issued, a certificate will be sent from the Defter Khané to the place concerned so that local registration may be made.

ART. 5.—When the right of possession devolves by inheritance, the Imam and the Mukhtar of the village or quarter issue a certificate bearing their seals showing:—

(1) That the deceased in fact possessed the land of which the right of possession has devolved,

(2) The approximate value of the land, and

(3) Upon whom the exclusive right to inherit it has devolved in accordance with Articles 54 and 55 of the Land Code.

— 130 —

The fee to be taken from the heir (succession duty) and the report shall be sent to the Defter Khané in accordance with Article 3. Then the transfer will be made.

ART. 6.—A transferee of land shall pay a fee of five per centum on the purchase money. In case of a false declaration made with a view to lessen the fee, the land is valued impartially and the fee is taken in accordance with the valuation. The same procedure is followed with regard to a transfer of land by way of gift.

Addition. 24 Jemazi'ul Akhir, 1292 (14 July, 1291). If anyone, not being a person employed in Evqaf or Land Office, has given notice to Government and proved that a false declaration has been made as to State or mevqufé land, moussakafat vakf land or mulk land, which has been sold, the transferor and the transferee shall each pay half of double the amount of the fee chargeable in respect of the amount which has not been declared. Half of this sum shall be paid into the Imperial Treasury and the other half shall be given to the informer.

Articles 7 to 10 prescribe the amount of the fees to be taken in respect of various dealings and transactions. They were afterwards amended.

ART. 11.—On the certificate of the village or qurter respectively and on the necessary enquiries being made a report shall be drawn up and they shall be sent to the Defter Khané in order that new title-deeds may be issued— (1) To occupiers of land without title-deeds (other than vacant State land clandestinely occupied) on payment of all fees such as succession duty, and the price of paper; (2) On payment of the price of paper only: *(a)* To persons in possession of land in virtue of old titles issued by sipahis, multezims, and other similar persons. *(b)* To persons who are shown by the the official registers to have lost their title-deeds.

ART. 12.—The grant of khali and kirach (stony) land to persons intending to break it up in pursuance of Article 103 of the Land Code is made gratuitously and without fee. A new title-deed is issued to them on payment of three piastres for the price of paper, and they are exempted from payment of tithes for one year, or for two years if the land is stony.

ART. 13.—Administrative and fiscal authorities must take care as part of their duty, that dead land is granted only to persons who intend to break it up and cultivate it as above mentioned and that no one should seize such land in some other way. They must take special care that for land on mountains (moubaha) and land left and assigned for purposes of public utility title-deeds are not granted to anyone, and that they are not occupied by anyone. It is incumbent on them also to cause land to be cultivated which for want of cultivation has become subject to the right of tapou (mustehiki tapou).

ART. 14.—In the printed title-deeds bearing the Imperial Cypher at the top issued to occupiers of land stating their title to occupy it there shall be stated the Qaza and village where the land is situated, and the boundaries and number of donums, and they shall be sealed with the seal of the Treasury Office.

ART. 15.—Transfer, devolution by inheritance and other transactions concerning land in a village will be carried out at the chief town of the Qaza to which the village belongs. Declarations of transfer can also be made at the chief towns of the Sanjak or Vilayet within which the Qaza lies. Nevertheless it can only be proceeded with after it is established that the transferor owes nothing to the Treasury in respect of the land to be transferred, and that it has not been put under sequestration. The necessary enquiries must be made as promptly as possible. In conformity with Aticles 16 and 18 of the law the certificate shall be written in the locality for land concerning which enquiries and biddings take place at the chief town of the Qaza, as well as for that for which the biddings take place at Constantinople.

ART. 16.—If land becomes subject to the right of tapou (mustehiki tapou) when there are persons entitled to a right of tapou an enquiry shall be held at the place where the land is, throught the local Administrative Council; after which those having a right of tapou shall be invited in order by the Council to accept the grant, on payment of a sum fixed justly, and not prejudicially to the Treasury. If the offer is accepted, the grant is made without any bidding, and a report of all the proceedings is drawn up. But the valuation of the said Council only suffices in case the extent of the land is under a hundred donums: if it is larger than that the valuation of the Council of the Vilayet is required in addition to that of the Council of the Sanjak; and after that the land is granted, also without being put up to auction. In any case the enquiries and valuations shall not serve as a pretext for postponing the issue of the necessary title-deed; and those who have a right of tapou according to law shall not lose their rights in consequence.

ART. 17.—If those who have a right of tapou renounce it, and do not accept the grant of the land at the price fixed, a report, mentioning the renunciation by the persons having a right of tapou, shall be drawn up, so that the land may be put up to auction as hereinafter mentioned and adjudged to the highest bidder.

ART. 18.—Land which, in default of persons having a right of tapou, or in case of renunciation of such right, becomes vacant (mahloul) and which in accordance with Article 77 of the Land Code must be granted by being put up to auction, if it is not more than three hundred donums in extent must be put up to auction and granted to the highest bidder by the Council of the Qaza. If the land is from three hundred to five hundred donums it may be put up to auction for a second time by the Council of ihe Sanjak. But when the land exceeds five hundred donums a fresh auction must be held by the Ministry of Finance after the auctions held by the Councils of the Qaza and the Sanjak. The date of the beginning and close of the biddings to the Councils of the Sanjak and the Vilayet, with particulars of the boundaries and extent of the land, shall be published in the newspapers of the Vilayet; and in case of land of over five hundred donums in those of Constantinople. Copies of these announcements as well as the document relating to the biddings shall be sent to the Minister of Finance before being published. Bidders in Constantinople shall address themselves to this Ministry. Tapou clerks shall assist the Councils of Qazas, and officials of the Defter Khané the Councils of Sanjaks and Vilayets. Members of such Councils who wish to bid must withdraw from the Council during the bidding. If the land, being of a certain value, is not susceptible of partition or is appurtenant to a chiftlik the right of tapou belongs only to those who have the right pointed out in Article 59 of the Land Code as belonging to the seventh and eighth degrees which have become the first and second since the Law of 17 Muharrem, 1284, that is to say to those who inherit the mulk trees and buildings and to persons jointly interested and associated. If the inhabitants of the place need the land they shall be treated as having a right of the last degree and it shall be granted to them according to their need.

— 132 —

Art. 19.—The sum required in advance for vacant land as well as all fees of transfer or succession and the price of paper to be obtained as before, shall be paid to the Treasury.

Art. 20.—Whoever, not being employed by the State or Evqaf Authorities, shall inform the Administration of the fact of State cr mevqufé land or mussaqafat mevqufé or pure mulk, being vacant and of that fact being concealed, the Government not having heard of it, shall receive a reward of ten per centum of the amount for which the land has been adjudged (bedel muajel) after the transfer of the land to the highest bidder.

Art. 21.—As soon as the transfer, devolution or grant of land has been carried out in accordance with what is stated above, and the payment in advance and the fees paid, there shall be issued, without delay, to the new possessor a certificate bearing the seal of the Council authorising him to possess and cultivate the land until the arrival of the title-deed.

Art. 22.—There shall be kept in the chief town of a Sanjak a special register of the lands in each Qaza; and of the sales, devolutions by inheritance, and grants of such lands.

Art. 23.—All reports as to the issue of title-deeds for possession of land shall be sent by post in a separate envelope direct to the Defter Khané. Nevertheless it is also permitted on the request of the future possessor of the land to entrust such a report to him to be presented by him to the Defter Khané.

Art. 24.—All actions for deceit or dxcessive fraud, and all other disputes of a like nature, concerning State Land, which are judged in accordance with the Sacred Law, shall be prosecuted in the presence of financial officials appointed for the purpose, or their delegates, who represent the owner of the land.

CHAPTER II.

Concerning the Right of Possessors of State Land to Mortgage it for Debts.

Art. 25.—In accordance with the Land Code every possessor of State land can mortgage it to secure the payment of a debt; but if the debtor dies and leaves no heir with right to inherit the land the creditor cannot keep the land in liquidation of the debt; it becomes by law subject to the right of tapou (mustehiki tapou). Nevertheless he is allowed, in accordance with the Imperial Ordinance of 7 Ramazan, 1274, in view of the public interest requiring it, to recover the debt from the purchase money (bedel) of the land. The following provisions deal with the conditions which are necessary in order to mortgage (vefa en feragh) State land.

Art. 26. —When a possessor of State land wishes to borrow money and mortgage his land as security for the debt, the debtor and the creditor or their representatives must go before the Administrative Council of the Qaza, Sanjak, or Vilayet accordingly as the land is within a or in the chief town of a Sanjak or a Vilayet. They there make a declaration in the presence of the financial authority, as to the extent and boundaries of the land to be mortgaged, the amount of the debt and of the legal interest and the contract of mortgage. Upon that declaration an official document is drawn up and the title-deed of the land is deposited with the mortgagee, and a note is made in the register kept for the purpose. In case the debtor\wishes to release the land by paying off the debt the two contracting parties must present themselves again before the competent Council; the document creating the debt and the title-deed are given up and the registration in the said book is corrected.

ART. 27.—The transfer of land mortgaged as before mentioned cannot be effected either by the mortgagor or the mortgagee: Provided that when in accordance with Articl 117 of the Land Code the debtor has nominated as plenipotentiary the mortgagee or another person to effect the transfer and pay the debt out of amount realized, in the event of the debtor not paying the debt within the time agreed upon, the said plenipotentiary puts the mortgaged land up to auction through the official for a period of from fifteen days to a maximum of two months according to extent of the land and its value. The mortgage debt shall be paid out of the price realized. It follows that the nomination of a plenipotentiary under the said condition must be clearly mentioned in the official document of mortgage of which mention is made in the preceding Article and an action relating to such a power is not maintainable if it is not mentioned in the official document.

ART. 28.—If a debtor, who through the Official, as above mentioned, has mortgaged the land he possesses by title-deed, dies without paying the debt, his estate is liable for the debt in the same way as for all other liabilities. But if he leaves no property, or if his assets are not enough to meet his liabilities, the heirs connot take possession of the land in question without paying what is due in full. The creditor has the right to prevent them from taking possession of the land until they discharge the debt.

ART. 30.—If a creditor and debtor, contrary to the above mentioned provisions, make a private document on their own responsibility it is null and void. All actions withe regard to a mortgage are within the jurisdiction of the local Council, who will determine them, in the presence of the fiscal authority (malmemour) in accordance with the official document creating the mortgage and the remarks in the register before-mentioned.

Concerning Chiftliks Belonging to Orphans.

ART. 31.—When chiftliks ordinarily so called, that is to say property comprising buildings, cattle, pairs or oxen, vines and other property, and State land capable of being cultivated attached to it devolve by inheritance on minors, such chiftliks must be preserved in the same condition for the minors until they attain majority; provided that they can be let on lease at a rent equal to $2\,^1/_2$ per 500 on their estimated value and on condition that existing movable property or cattle which is destroyed or perishes shall be replaced in accordance with the rule concerning *demir bash*, that is by other things of the same kind.

ART. 32.—When the greater portion of the property in such a chiftlik is movable property and when the depreciation of the other property of the chiftlik, such as some of the buildings or straw stores, might cause expense which would be very small in comparison with the value of the land, the movable property shall be sold without delay and the land shall be let on lease, no matter at what rent, and kept in the name of the minors.

ART. 33.—When it is proved in accordance with Sacred Law by experts that immovable property belonging to a chiftlik such as gardens, vines, mills and other large buildings are of considerable value, and that their destruction would cause substantial loss to orphans the whole shall be put up to be sold by public auction, and permission shall be given for the transfer of the land as appurtenant to the properties sold under the document and report *(hujjet ve mazbata)* which is received by the Defter Khané. Similarly, if proved as above mentioned, land which is used appurtenant to a house, the price of which would be substantially diminished if separated (from the house) may be sold together with the house.

Addition 26 Safer, 1278. An action about a mortgage on State or mevqufé land of the tahsisat category is not maintainable in the absence of a document proving the mortgage.

— 134 —

REGULATIONS AS TO TITLE-DEEDS (TAPOU SENEDS).

7 Sha'ban, 1276.

PREAMBLE.

The fundamental provisions as to State land have been set out in the Land Code published in 1274, and in the Tapou Law published in 1275 but further measures having been taken to facilitate, assure, and regularise the system, certain provisions of those enactments have been modified, and others need some degree of explanation. Thus Article 21 of the said enactment of 1275 which provided that provisional certificates bearing the seal of the Council should be given to occupiers of land until the sending of title-deeds by the Defter Khané has been modified ao that in future there will be given printed certificates in accordance with special directions; they will be detached from printed counterfoil registers which have been sent for this purpose to all parts of the Empire. Pending the publication of an exhaustive enactment which will complete the enactment in force, the publication of the following instructions has been deemed necessary to meet provisionally the necessities of the moment.

ART. 1.—No one in future for any reason whatever shall be able to possess State land without having a title-deed. Those who have not one will be obliged to procure one, and those who have old title-deeds, excepting always title-deeds (tapou seneds) bearing the Imperial Cypher, must exchange them for new ones. Governors-General (Valis), Mutessarifs, Qaimaqams, Members of Councils and Fiscal Officials, District Mudirs and Tapou Clerks having been charged with the duty of making the necessary enquiries and taking the necessary precautions will all be held responsible for any default or negligence. The most trustworthy and competent of the clerks of the census, or of the Courts, or of the District clerks shall be chosen and employed as Tapou Clerk.

ART. 2.—When anyone desires to part with his land, he must proceed in conformity with the provisions prescribed by Article 3 of the Tapou Law. But as, in consequence of the new procedure it is not allowed to make a separate report (mazbata) for one transaction, every month printed reports shall be drawn up in Districts and in the capitals of Sanjaks as explained in the above mentioned printed direction. When a transfer or any other transaction is effected the lists of certificates accumulating durinh the month shall be sent from the capital of the Sanjak at the end of the month to the Defter Khané. The said lists may be sent before the end of the month if necessary but it is forbidden to detain them in the place where they originate for more than a month.

ART. 3.—As a consequence of the new procedure the writing of notes in the margins of title-deeds is abandoned. For each transaction a new title-deed shall be given, and there shall be charged for each document a fee of three piastres for cost of the paper, and one piastre for cost of writing for the benefit of the local clerk. There shall be no charge except these fees

ART. 4.—If an occupier of land dies leaving no heirs entitled to succeed, and if it is found that some one has taken possession of the land which has become subject to the right of tapou (mustehiki tapou) secretly, in such case in accordance with Article 77 of the Land Code if the possessor has a right of tapou the land will be granted to him on payment of its equivalent value at the time the discovery is made. In case of his refusal to take it or if the occupier has no right of tapou, the land shall be put up to auction and granted to the highest bidder. But in consequence of this new system, now in force, a person having a right of tapou who has no legal excuse, such as minority, unsoundness of mind, imbecility, or absence from the country, is bound to present himself to the Local Council within a period of six months, from the date of the arrival in country of the counterfoil registers, mentioned above, to demand a certificate in order to get a new title-deed for the land which he possesses secretly. If this formality has been omitted and the irregularity is subsequently discovered, the land will be put up for sale and offered to him to buy at the price it reaches at public auction. If he pays this price the land will be granted to him; if not it shall be adjudged to the highest bidder The Official shall always get from the occupier a document establishing his refusal to have the said land. The local authorities shall be obliged to explain these provisions fully to interested persons.

ART. 5.—Khali and kirach (stony) land far from inhabited places will be granted gratuitously in accordance with Article 12 of the Tapou Law, in order to be broken up; there shall only be payable a fee of three piastres for paper; in accordance with the new system, one pistre shall be paid in addition for the local clerk. Land which has been tilled, but which subsequently remained uncultivated, in default of an owner, shall not come under this enactment, it shall be granted on sale. In accordance with Article 103 of the Land Code, in order to be able to break up land and make it fit for cultivation, the previously obtained permission of the State is necessary. Occupiers of land who after the publication of this Law shall break up land without obtaining the leave of the Official will have to pay the equivalent value of the land at the time when they occupied and cultivated it, and if the possessor does not present himself within the period of six months, as mentioned in the preceding Article, unless there is a legal excuse, and pay the equivalent value as above mentioned, then he will have to pay the equivalent value at that time and the land will be granted to him

ART. 6 —The equivalent value that shall be received for land granted to a person having a right of tapou is not the price that it would realize if put up to auction nor the price that anyone might offer, but in accordance with its actual value, fixed by impartial experts on the basis and according to the ratio of other similar land: therefore it is illegal to put up to auction land over which there is a right of tapou, and if for cash or for any other motive the experts fix the price at higher or lower than the real value, as the price (equivalent value) of the land belongs legally to the Treasury, they shall be punishable with the penalties fixed by the Penal Code Civil and fiscal officials will be specially responsible for this The same formalities will be strictly complied with when valuing land for the payment of the ordinary fee (kharj mutal)

ART. 7.—On the issue of title-deeds in accordance with the law for land on which there are chittlik buildings, vineyards, gardens and such like a fee of five per centum on the value of the land will be charged In making the estimate no account shall be taken of the buildings, vines, and trees which are thereon; the land shall be valued as a mere field and it is on this valuation that the fee of five per centum shall be taken and not on the actual value In the case of woodland on which the trees grow naturally the fee of five per centum will be taken on the total value of the trees and land

ART. 8.—Persons who, in accordance with Article 78 of the Land Code, have a right by prescription having acquired possession by devolution by inheritance, sale by the previous possessor, or grant by competent persons and having had undisputed possession for ten years, but who do not possess a title-deed shall be given a new title-deed on paying a fee of five per centum. They will be bound also to conform with the above mentioned provisions within a period of six months; after the expiration of that period, in default of a legal excuse those who have not a title-deed will pay a double fee.

Art. 9.—Article 11 of the Tapou Law provides that holders of title-deeds, issued by sipahis, revenue farmers *(multezims)* and other similar persons, will have issued to them new title-deeds, paying a fee of three piastres for price of paper, provided that the old title-deeds are trustworthy so as to be able to serve as proof; that is to say the seal which these documents bear must be recognized and known in the place. Title-deeds which bear no seal and those of which the seal is not recognized shall not be considered valid, and occupiers of land by virtue of such title-deeds shall be treated in the same way as those who have none; they shall receive new title-deeds, if a right by prescription is proved, on paying five per centum, the price of the paper and clerk's fee. But if a right by prescription is not proved they will be subject to the provisions contained in Article 4 with regard to land possessed secretly. Holders of old valid title-deeds as above mentioned must present them within a period of six months to be exchanged for new ones; after the expiration of that time, in default of a legal excuse, they will pay the ordinary fee of five per centum.

Art. 10.—As provided in Article 11 of the Tapou Law, persons who can prove by official entries that they have lost their title-deeds, can obtain new ones, paying only three piastres for the price of paper. This provision applies to title-deeds issued by the Defter Khané bearing the imperial Cypher, when lost. As to persons who claim to have lost title-deeds issued prior to the year 1263 by sipahis, revenue farmers, collectors of taxes *(muhassils)* and such like they will pay the ordinary fee of five per centum. Persons who prove by official entries the loss of title-deeds bearing the Imperial Cypher must, within a period of six months, obtain new ones. If they fail to comply with this formality without a legal excuse, they will be subject in every case to the fee of five per centum. In case holders of old title-deeds bearing the Imperial Cypher wish to exchange them for new ones, they will pay a fee of three piastres for for the cost of the paper, and one piastre for the clerk, and their lists *(dzedveller)* will be sent, in accordance with the new procedure, to the Defter Khané. This exchange of title-deeds is entirely optional.

Art. 11.—If a person wishes to transfer to a third person a share of land possessed in common which has not been partitioned, it must first be offered to the co-possessor and if he declines to take it a declaration in writing must be taken from him.

This circumstance must be noted in the transfer column of the Schedule of Certificates. In case of partition of land possessed in common mention must be made in the transfer column of the same Schedule that the partition has been made in accordance with the law, in conformity with Article 15 of the Land Code, which provides for partitisn being made equitably, and the title-deeds in their hands shall be changed.

Art. 12.—When a portion of a piece of land possessed by one or several title-deeds is divided off and sold separatly a certificate will pe sent to the purchaser as in the case of ordinary sales and all the formalities will be complied with. If in consequence of this separation, the boundaries of fields or the number of donums mentioned in the title-deeds are altered the title-deeds shall be changed.

Art. 13.—In case of sale of land which has not been transferred in a legal manner to a person to whom it belongs by right of inheritance, there shall be taken from the vendor, as mentioned in Article 10 of the Tapou Law,

— 137 —

a fee of five per centum as succession duty; there shall also be taken from the purchaser a like fee as transfer fee, but it is forbidden to exact a double fee for the transfer on the pretext that the father of the present vendor of the land inherited it from his father. If land which has not been transferred in accordance with the law to the heir is granted gratuitously, the succession fee payable by the transferor and the transfer fee payable by the transferee shall be fixed in accordance with the estimated value of the land.

Art. 14.—In accordance with the system now in force a person who wishes to sell his land, who already has a certificate detached from the counterfoil register, must previously deposit, before the arrival of the official title-deed issued by the Defter Khané, the amount of the transfer fee in accordance with the rule. After compliance with this formality the official will issue a certificate to the transferee and the certificate which is in the hands of the transferor shall be sent attached to the Second Schedule of the new certificate to the Defter Khané in accordance with system, and in the column of reasons for issue it shall be written as follows:— "The Defter Khané not' having yet sent the official document, the old certificate relating to this title is attached hereto". If the Defter Khané draws up and sends the official title-deed to its destination, issued on the basis of the old certificate before receiving the Schedule of the new certificate, in such case the title-deed must be retained at the place to which it has been sent, and when the title-deed to be drawn up on the basis of the new Schedule is received it shall be given to the transferee, and the retained title-deed will be sent with the transferee's certificate to the Defter Khané. The same steps will be taken in case the holder of a provisional certificate dies before the arrival of the title-deed.

Art. 15.—The transfer, devolution by inheritance and other matters concerning land in any village can only be carried out in the chief town of the Qaza in which the village is situated; it cannot take place in another Qaza nor in the chief town of the Sanjak. With regard to land in respect of which an enquiary is made, or which is put up to auction in the chief town of a Sanjak in accordance with Articles 16 and 18 of the Tapou Law, and also with regard to land which has to be put up to auction again in the Capital of the Empire, in the case of such land the formalities required by law must first be complied with, and then the certificates must be drawn up, as stated above, at the place itself.

Art. 16.—The counterfoils of certificates, as stated in the explanatory law on title-deeds must be kept as a record in the capital of every Qaza. A summary book for each Qaza shall be kept at the capital of every Sanjak These books as well as the counterfoils shall be kept deposited in safe places that they may be consulted when required.

Conclusion. In cases of doubt arising with regard to executing the new system applications for explanation can be made to the Defter Khané.

NOTE (1) TO THE TAFOU LAW OF 1275 AND THE REGULATIONS
TO TITLE-DEEDS OF 1276.

These enactments were passed in the two years following the passage of the Land Code. They are binding as administrative rules on the persons charged with the administration of that Code, but do not appear to be intended as amendments to the Code.

Under a more modern system of law making they would take the form of rules passed under the authority of an enabling article in the substantive law.

— 138 —

LAW EXTENDING THE RIGHT OF INHERITANCE TO STATE AND MEVQUFE LAND.

17 Muharrem, 1284.— 21 May, 1867.

His Majesty the Sultan, desiring to facilitate transactions (*i.e.* relating to landed property) and to further extent and develop agriculture and commerce and thereby the wealth and prosperity of the country, has sanctioned the following provisions relating to the transfer of State and mevqufé land, held by tapou :—

ART. 1.—The provisions of the Land Code which established the right of succession with regard to State and mevqufé land possessed by title-deed in favour of children of both sexes in equal shares are preserved. In default of children of either sex (who constitute the First Degree) the succession to such land shall devolve on the heirs of subsequent degrees in equal shares without payment of any price as follows:—

2nd. Grandchildren, that is to say sons and daughters of children of both sexes.

3rd. Father and mother.

4th. Brother, and half-brothers by the same father.

5th. Sisters, and half-sisters by the same father.

6th. Half brothers born of the same mother.

7th. Half sisters born of the same mother.
and, in default of heirs of all the above degrees,

8th. Surviving spouse.

ART. 2.—An heir of one of the above-named degrees excludes one of a subsequent degree; for instance grandsons and granddaughters cannot inherit State or mevqufé land if there are children (*i.e.* sons and daughters) so too a father and mother are excluded by grand-children and so on. Provided always that the children of deceased sons and daughters take the place of their parents by right of representation in respect of the share to which their father or mother would have been entitled in the estate of their grandfather or grandmother . A surviving spouse has the right to a fourth part of the property which devolves on the heirs of all degrees from the Third to the Seventh inclusive, but not of that which devolves on those of the First and Second.

FOREIGNERS.

ART. 3.—The system of *feragh bil vefa* which is commonly made use of to make immovable property a security for debt, and the conditions under which immovable property, which is not mortgaged, can be made liable for the payment of the debts of the debtor (possessor) as also the procedure to be followed for this purpose, both in the lifetime of the debtor (possessor) and after his death, will be determined by special enactments.

ART. 4.—The rules applicable to State and mevqufé land shall be applied in their entirety to land and chiftliks which are held by virtue of an Imperial Mulknamé. But the annual rent paid by such farms and chiftliks shall continue to be paid as before in accordance with the special rules applicable to them.

Art. 5.—The provisions contained in the Land Code with regard to the possession of buildings and trees on State and mevqulé land shall remain in full force as before.

Art. 6.—This Law shall come into force from the day of its publication. The Land Code and the Tapou Law shall be amended in accordance with the provisions hereinbefore contained and they shall be published and proclaimed (*i.e.* as amended).

Addition. 29 Rebi'ul Akhir, 1289. When a spouse dies after a revocable divorce but before the expiration of the legal delay *(iddet,* 130 days) or after the celebration of the marriege but before its consummation, the survivor has a right of inheritance over the land if such right is duly proved according to the Sheria Law and when a man divorces his wife irrevocably being in a state of mortal illness and dies before the expiration of the legal delay the wife shall have a right of inheritance if such right is duly proved according to the Sheria Law.

LAW GIVING FOREIGNERS THE RIGHT TO POSSESS IMMOVABLE PROPERTY IN THE OTTOMAN EMPIRE.

7 Safer, 1284.

In order to secure the extension of wealth and property in the Ottoman Empire and to remove the difficulties, abuses, and doubts of all kinds which arise by reason of foreign subjects becoming possessors of property (emlak), and to place this important matter under a firm Law, and to complete financial and civil security this Law has been enacted by an Imperial Iradé as follows:—

Art. 1.—Foreign subjects are allowed, with the same title as Ottoman subjects and without any other condition, to enjoy the right to possess immovable property, urban or rural, anywhere within the Empire, except the province of the Hedjaz, on submitting to the laws and regulations which govern Ottoman subjects themselves, as is hereinafter enacted.

This provision does not apply to Ottoman subjects by birth who have changed their nationality, who will be regulated in this matter by a special Law.

Art. 2.—Foreign subjects, who are possessors of urban or rural immovable property in accordance with Article 1, are consequently in the same position as Ottoman subjects in all that concerns their real estate. This assimilation has the effect in law:—

(i.) Of obliging them to conform to all laws and police and municipal regulations which now govern, or shall govern in the future, the possession, succession, alienation and charging of landed property;

(ii.) Of rendering them liable to all charges and dues of whatever form and under whatever designation they may be, which owners of immovable property, rural or urban, who are Ottoman subjects are now liable to pay or shall in future be liable to pay;

(iii) Of rendering them directly subject to the jurisdiction of the Ottoman tribunals in all questions relating to landed property, and in all real actions, whether as plaintiffs or defendants, even when both parties are Ottoman subjects, without being able in this matter to avail themselves of their nationality; but subject to any privileges attached to their person and movable property in accordance with treaties. Such cases shall be heard in accordance with the rights, conditions and procedure concerning owners of immovable property who are Ottoman subjects.

Art. 3.—In the case of the bankruptcy of a possessor of immovable property who is a foreign subject, the syndics of the bankruptcy must apply to the Ottoman Government and tribunals for the sale of immovable property possessed by the bankrupt, which by its nature and according to law is liable for the debts of the possessor. It will be the same when a foreigner has obtained a judgment in a consular court in a matter not connected with immovable property against another foreigner who is the possessor of immovable property of his debtor, he shall apply to the Ottoman Government and tribunals in order to obtain the sale of such of the immovable property as is liable for the debts of the possessor, and this judgment can only be executed by such authorities and tribunals after it has been established that the immovable property the sale of which is sought really belongs to the class of that which can be sold by law for payment of debts.

ART. 4.—A foreign subject has the right to dispose, by gift or by will, of such of his immovable property the disposition of which in this way is allowed by law. As to immovable property which he has not disposed of, or which the law does not allow him to dispose of by gift or by will, the succession to it shall be regulated in accordance with Ottoman Law.

ART. 5.—All foreign subjects shall enjoy the advantage of this Law as soon as the Power on which they are dependent shall have adhered to the arrangements proposed by the Ottoman Government concerning the purchase of immovable property.

LAW AS TO FORCED SALE, AFTER THE DEATH OF THE DEBTOR OF MORTGAGED STATE AND MEVQUFE LAND, AND MOUSSAQAFAT, AND MOUSTEGHILAT PROPERTY.

23 Ramazan, 1286.—26 December, 1869.

As promised in Article 3 of the Law extending the right of inheritance to land, which amends Article 23 of the Tapou Law, and in Article 5 of the Law relating to the extension of inheritance of moussaqafat and mousteghilat vakfs, this enactment points out the procedure to be followed both during the lifetime and after the death of the debtor so that his debts may be paid after his death out of the proceeds of sale of his mortgaged land, or out of his moussaqafat and mousteghilat properties with extension of inheritance.

ART. 1.—In order to mortgage State or mevqofé land possessed by title-deed to a creditor the provisions of Article 26 of the Tapou Law must be complied with,

ART. 2.—If a mortgagor having morgaged his State or mevqufé land to his creditor through the Official dies before paying the debt it shall be paid like other debts out of the estate he leaves. Bdt if he leaves nothing or insufficient estate, part of that land sufficient to discharge the debt shall be sold by auction, for the equivalent value *(bedl-i-misl)* and the debt shall be discharged from the purchase money, The land shall be put up to auction whether the deceased left heirs with right of succession to the land or persons having a right of tapou over it or not.

ART. 3.—The provisions of Article 2 shall apply also to moussaqafat and mousteghilat vakfs the right of succession to which has been extended by the Law of 13 Safer, 1284, and the annual rent (ijare muejele) whereof has been increased to *ejr misl*.

ART. 4.—If the sum realised by mortgaged land and moussaqafat and mousteghilat vakfs is not enough to pay the debt of the deceased debtor the creditor cannot have recourse to the other lands and moussaqafat and mousteghilat vakfs of the deceased which he did not mortgage.

ART. 5.—These provisions being an addition to the Laws of 17 Muharrem, 1284 and 13 Safer, 1284, shall come into force from the date of their publication.

ART. 6.—The State and mevqufé land as well as *idjaretein* (double rent) moussaqafat and mousteghilat vakfs of persons who die leaving debts, whether personal or as guarantors, due to the State can be sold for payment of such debts in case their movable and immovable mulk property is insufficient to pay the debt to the State.

ART. 7.—Vacant land (mahloul) shall be excepted from the operation of Article 6. Immovable property mortgaged to a third person can only be sold on condition that the amount of the debt for which the property has been mortgaged is deducted from the sum realised by the sale for the benefit of the mortgage creditor. If the heir who inherits moussaqafat and mousteghilat vakfs has no other house sufficient for his living in, a dwelling place cannot be sold, and if the deceased debtor had no other means of livelihood than husbandry, a piece of land sufficient for the maintenance of the deceased's family shall be left to his heirs, and the extent of the land to be thus left shall be fixed through the Court (*Mejlis*) before whom the case is brought.

— 143 —

SALE OF IMMOVABLE PROPERTY FOR PAYMENT OF DEBTS.

15 Sheval, 1288.—28 December, 1871.

ART. 1.—Moussaqafat and mousteghilat vakfs at double rent as well as State land shall be sold, without the consent of the debtor, like pure mulk property, for payment of a judgment debt, put a house suitable for the condition of the debtor is not sold for his debt, and is left, and in case the debtor is a farmer some land sufficient for his maintenance, unless it is pledged and subject to *vekialet-i-devrié*, also is not sold, but is left and the extent of the land to be thus left shall be fixed by the Court *(mahkemé)* before which the case was tried.

ART. 2.—If a debtor proves that, with the net income of his immovable property, he can discharge his debt within three years, paying also legal interest and costs, and if he assigns the proceeds of the said income to his creditor, the property shall not be sold.

ART. 3.—If a judgment debt has been assigned to a third person who accepts it and gives notice thereof to the debtor he can claim the sale of the debtor's immovable property in the same way as the original creditor.

ART. 4.—The immovable property of a debtor cannot be sold under a judgment given in absence before the period for taking objection has expired

ART. 5.—A creditor shall draw up a notice claiming the sum due to him and stating that in case of non-payment, he will apply that the immovable property of his debtor may be up for sale; he must send the notice to the debtor personally or to his residence together with a copy of the judgment.

ART. 6.—The sale of the immovable property of a debtor cannot be demanded before the expiration of thirty-one days from the sending of the above mentioned notice. If ninety-one days pass after the serving of the said notice a second notice must be sent, and a further thirty-one days must elapse.

ART. 7.—The formalities prescribed by Articles 5 and 6 having been complied with the executive authority will send a special official to take over the immovable property. A document shall be drawn up in duplicate which shall contain a concise statement of the judgment of the Court, the date of the judgment, the cause of sending and the functions of the Official, and the nature of the immovable property, its situation and boundaries. If the immovable property to be sold is a khan, house, shop or such like, the name of the city or town, qaza and quarter where it is situated must be inserted, as well as the name of the street, the number of the door and the nature of the adjoining immovable property (aqar). In the case of land there shall be inserted the name of the qaza and village and the situation of the property and also the approximate number of donums, and if there are buildings and trees on it their number and kind, the name of the Court issuing the judgment and the plaintiff's name and residence.

ART. 8.—The auction shall be announced by special notice in the newspapers, twenty-one days beforehand. Notices shall also be posted in the most central places in the town where the auction is to take place.

ART. 9.—The auction shall last for sixty-one days; at the expiration of that period the property shall be adjudged to the highest bidder, and the adjudication shall be provisionally noted by the executive authority on the document of adjudication. If within thirty-one days from the above named date a higher bidder comes forward with an advance of at least five per centum the bidding is reopened. The property shall be adjudged to the last highest bidder on payment of the price reached in the biddings and the other expenses. The proper office shall then issue the title-deeds for the property to the said bidder.

ART. 10.—If the bidder to whom the property has been adjudged refuses to take it, the bidding shall be re-opened and any loss resulting as well as the expenses of the business shall be made good by him.

ART. 11.—The officials charged with the duty of putting immovable property up to auction and the members and officials of the tribunal who have ordered the sale cannot take part in the bidding. In case of breach of this provision they will be liable to the penalties laid down by the Law.

ART. 12.—Whoever interferes with the free course of a sale by auction shall be punished in accordance with Articl 218 of the Penal Code.

ART. 13.—If anyone comes forward and claims proprietary rights over immovable property put up to auction he must begin his action before the final adjudication of the property; and if his claim fails any loss or damage caused by the auction having been postponed or otherwise shall be entirely made good by him. His right to bring an action after adjudication is not lost if he proves that he was prevented by a lawful excuse from coming and making his claim before the last adjudication.

ART. 14.—If a creditor does not ask for the sale of his debtor's immovable property within the prescribed period another creditor has the right to do so under the provisions of this Law.

ART. 15.—If part of the immovable property of a debtor is sufficient to pay his debt, if he be present, there shall be sold the part that he wishes, and if he be absent that of which the sale is most beneficial to the debtor.

[An appendix to this Article provides that debts incurred prior to the date of publication of this Law shall be subject to the old Laws in force at the time the debt was incurred].

LAW AS TO TITLE-DEEDS FOR PURE MULK TO BE ISSUED BY THE DEFTER KHANE.

28 Rejeb, 1291.—10 September, 1874.

This Law regulates the issue of title-deeds for pure mulk properties situated in cities, towns villages, and nahiehs of the Empire that is to say houses, of which the ground and the buildings and trees thereon are mulk, shops, vineyards, and gardens, and other immovable property and buildings, vines and trees situated on moukata'ali mevqufé and State land subject to bedel-i-ushr.

INTRODUCTION.

ART. 1.—New title-deeds with the Imperial Cypher at the head will be issued for all mulk property in cities, towns, villages and nahiehs, and henceforth possession of mulk property without a title-deed is forbidden.

ART. 2.— These new title-deeds will be of two kinds: (1) For pure mulk, and (2) For moukata'a land with mulk trees and buildings thereon.

ART. 3.—The officials of the Defter Khané are charged with the duty of carrying out this procedure with regard to mulk properties. In each Sanjak there will be a special clerk under the official of the Defter Khané for mulk property business and in each Qaza a Mulk Property Clerk will be associated with the Tapou Clerk as representative of the said official, and they will have such assistants as shall be necessary.

ART. 4.—A special office in the Defter Khané will be set apart as the headquarters of the records of transactions relating to mulk property.

CHAPTER I.

As to the Issue of New Title-Deeds for Mulk Property.

ART. 5.—Starting from the chief city the Clerk of Mulk Properties will travel round the cities and towns and then the villages and nahiehs of each Qaza and will make an inspection (yoklama) of mulk properties. He will take as a basis of the yoklama the Registration Book of the places in which the registration has been completed. In this way accompanied by a member of the Administrative Council (Mejlis Idaré) of the Sanjak or of the Qaza, who is an expert in such matters, and in the presence of the registration official, of the Imam, and of the Mukhtars and Council of Elders of the Quarter, he will register the mulk properties and will make up the Yoklama Book in accordance with the specimen. He will examine the hujjets and other title-deeds produced by the owners. He will enquire whether the possession of those have no hujjets or title-deeds is based on a legal ground, and this shall be noted in the column for remarks. The hujjets and other title-deeds shall be stamped showing that the yoklama has been carried out and that new title-deeds have been issued. It has been decided that the yoklama in villages and nahiehs shall not be proceeded with until that of the properties in cities and towns has been made and completed.

ART. 6.—[Relates to approval of the yoklamas by Administrative Councils].

ART. 7.—[Deals with issuing provisional certificates].

— 146 —

Art. 8.—[Provides for there being different registers for pure mulk properties, for moukata'ali properties, and for the sending of copies of Yoklama Books to the chief city of the Sanjak with a report, and fees, and for the sending of a summary, with fees, to the Defter Khané].

Art. 9.—Title-deeds bearing the Imperial Cypher prepared on the basis of the registers to be received will be sent by the Defter Khané to its officials who will hand them over to the owners on return of the provisional certificates.

Art. 10.—Besides a fee for paper of three piastres, and clerk's fee of one piastre, in inspection (yoklama) fee will be levied once in the following proportions: for property of the value of from 5,000 to 6,000 piastres a fee of five piastres which will be increased by five piastres for each 10,000 above, up to fifty piastres for 100,000 piastres, and above that 100 piastres. Below 5,000 piastres nothing will be charged for paper fee and clerk's fee.

CHAPTER II.

Procedure on Sale and Purchase, Mortgage Succession, Gift and Devise.

Art. 11.—To alienate mulk property the vendor must obtain a certificate (ilmou haber) of the Imam and of the Mukhtar of his Quarter, certifying that he is alive and that the property belongs to him, and, after having obtained a qochan from the registration official, if there is one, he goes to the Administrative Council of the place where the property is and a declaration will be made there by the vendor and purchaser, or their lawful agents, that the sale is legal, real and irrevocable in the presence of the Naib and the Clerk of the Defter Khané or of the Tapou Clerk; and on the offer and acceptance by the parties the document will be registered in the proper book, and approved and sealed by the Council.

If the entirety or part of the price [is to be paid afterwards the Council will cause the debt to be secured by a bond and this bond (deyn sened) will also be certified and sealed by them.

Art. 12.—The purchaser shall day for the benefit of the Treasury a proportional fee of ten piastres for every 1,000 according to the price of the property sold, three piastres for paper, and one piastre clerk's fee. A printed provisional certificate will be drawn up in accordance with the specimen form showing the sale, and delivered to the purchaser after being sealed in accordance with Article 7. In a case where the mulk property being sold has a new title-deed only the paper fee and the clerk's fee shall be taken for this provisional certificate; otherwise the special fees set out in Article 10 shall also be taken.

Art. 13.—On the death of the owner of mulk property the Local Administrative Council shall be obliged to proceed in accordance with the Register of Successions *(defter kassam)* or, if there is not one, to act in accordance with the official report *(mazbata)* signed and sealed by the Sheria authorities based on the certificate of the Imam and Mukhars of the Quarter showing the number of the heirs. After the matter has been registered in its special register to be kept in accordance with Article 11 and after has been approved by being sealed at the foot of the page succession duty of five piastres per 1,000, paper fee of three piastres and clerk's fee of one piastre will be taken by the Treasurer and provisional certificates will be given to the heirs.

ART. 14.—The sale fees and succession duty will be calculated on the total value of the pure mulk properties only, but only on the value of the mulk trees and buildings if the property is subject to a fixed rent (moukata'ali).

ART. 15.—The mulk property of persons who die without leaving heirs and intestate shall be sold by auction to the highest bidder like vacant State land (mahloul) and the purchase money paid to the Defter Khané, after being entered in the Book of Receipts.

ART. 16.—For mortgage (terhin) of mulk property the certificate and the registration counterfoil of the quarter where the property is situated, to be obtained as in Article 11, and the bond written on paper duly stamped, and the title-deed of the property shall be taken to the official of the Defter Khané or to the Tapou Clerk and the matter will proceed as follows:—A specially printed document in counterfoil for mortgage transactions will be filled up in the presence of the debtor and the creditor or their duly appointed representatives, sealed at the foot by the official of the Defter Khané, or the Tapou Clerk, and detached from the counterfoil and handed to the creditor with the title-deed and the bond. There shall be taken a mortgage fee of one piastre per 1,000 on the amount of the debt, three piastres cost of paper and one piastre clerk's fee. The same fees shall be taken on redemption and the bond and the title-deed shall be returned to the owner. The mortgage and redemption fees shall be paid to the Treasury and sent to the Sanjak with the montly receipt book to be drawn up where it will be entered in the Summary Book and sent to the Defter Khané. The prosedure in the case of mortgages by *bei-bil-vefa* and *bei-bil-istighlal* shall be the same as above.

ART. 17.—Transfer of mulk immovable property by way of gift or under a will cannot be effected without an ilam of a Sheria Court.

ART. 18.—Title-deeds given for mulk property in conformity with the formalities hereinbefore pointed out, being official deeds, shall be recognised and given effect to by all tribunals and councils.

ART. 19.—Actions based on a pledge or a mortgage asserting that a transaction was subject to a condition of which no mention is made in the bond shall not be heard. Thus after a vendor has sold mulk property absolutely and a bond (sened) of sale has been duly handed to the purchaser, if he brings an action asserting that he pledged or mortgaged it, or sold it conditionally such an action is not heard.

ARTS. 20 and 21.—As to apportionment of fees.

ART. 22.—Enquiries and formalities with regard to mulk property and the drawing up and sending of the books and summaries shall be carried in accordance with the instructions and explanatory Law regulating State land in so far as they are not repugnant to this Law.

LAW AS TO MOUSSAQAFAT AND MOUSTEGHILAT VAKFS POSSESSED IN IJARETEIN.

4 Rejeb, 1292.—24 July, 1291.

ART. 1.—The right of succession to all moussaqafat and mousteghilat vakfs possessed in ijaretein devolves as follows:—

(i) On children of both sexes, as in the past, in equal shares if there are several heirs, or entirely on an only child;

(ii) In default of children of either sex on grandchildren, that is to say on sons and daughters of heirs of the first degree of either sex, in equal shares, or entirely on an only child;

(iii) On parents;

(iv) On full brothers and sisters, in equal shares;

(v) On full brothers and sisters by the same father, in equal shares;

(vi) On brothers and sisters by the same mother, in equal shares;

(vii) On a surviving spouse;

A surviving father or mother shall have the right to the whole portion devolving on both of them. This provision is equally applicable to brothers and sisters.

ART. 2.—An heir belonging to one of the seven degrees above mentioned excludes heirs of a lower degree. For instance grandchildren cannot inherit if there are children; parents are similarly debarred from inheriting if there are grandchildren; Provided that children of sons and daughters who die during the lifetime of their parents take the place of such sons and daughters, inheriting by right of representation the portion of their deceased father or mother in the inheritance of their grandfather or grandmother. So that the share which would have devolved upon a deceased child in succession to his father or mother, supposing he were still living, will devolve in equal shares on his children of both sexes, or entirely on an only child. A surviving spouse shall have the right to a quarter of the inheritance in moussaqafat and mousteghilat vakf property which devolves on the heirs of the four degrees from the succession of the father and mother to the succession of the brothers and sisters by the same mother inclusive. In default also of brothers and sisters by the same mother, belonging to the sixth degree of inheritance, moussaqafat and mousteghilat properties devolve entirely on a surviving spouse, and in default of the latter they become mabloul.

ART. 3.—The system of *feragh bil vefa* made use of to secure a debt will continue as in the past. The conditions of this system and the procedure relating thereto will be determined by special enactments.

ART. 4.—By way of compensation for the loss which vakfs will incur in consequence of the extension of the right of inheritance, an annual rent of one per thousand is imposed on the value of *moussaquafat* and *mousteghilat* vakf immovable property in accordance with their value registered in the new Registration Books, and all other former rents will be abolished. As to *moussaqafat* and *mousteghilat* vakf properties which are mixed with several vakf properties all possessed in *ijaretein*, the site of all such properties shall be subjected to survey and to delimitation, and the proportion of the rent to be paid to each of the vakfs shall be fixed separately upon the basis of the actual value of the whole property as recorded in the Registration Book. In case of any *moussaqafat* or *mousteghilat* property being mixed with a *moukata'a* vakf, or with a pure mulk property, the annual rent of one per thousand shall be imposed only on such part of the total estimated value of the property shown in the Registration Book as is attributable to the portion which is possessed in *ijaretein*.

Art. 5.—Heirs of the first degree will, as before, pay succession duty at the rate of 15 piastres per 1,000 on *moussaqafat* and *mousteghilat* property. Heirs of the second degree will pay succession duty at the rate of 30 per 1,000 and those of the third degree at the rate of 40 per 1,000. As to heirs of subsequent degrees, they will pay succession duty at the rate of 50 piastres per 1,000. In case of sale the duty to be paid will remain as heretofore at 30 per 1,000; and that for mortgage *(feragh bil vefa* and *istighlal)* and redemption at 5 per 1,000.

Art. 6.—A quarter of the fee received on the transfer of *moussaqafat* and *mousteghilat* vakf property to heirs of the first degree will be paid as heretofore to the clerk and collector *(djabi)* of the Vakf. Except in the case of heirs of the first degree, fees on transfer levied on heirs shall be paid to the Imperial Treasury in order to be placed intact to the credit of the vakf.

Art. 7.—The conditions and procedure above mentioned shall be also applicable in the case of *guédiks* possessed in *ijaretein*, that is to say that according to the values registered in the Registration Book, both of the *guédiks* and of the mulk property to which they are appurtenant, a rent of 1 per 1,000 shall be separately imposed.

Art. 8.—After the annual rent of *movssaqafat* and *mousteghilat* properties has been fixed in accordance with the above mentioned system if any of them are burnt down or destroyed their sites alone will be newly estimated, and only the proportion of the original rent attributable to the new value shall be received and the proportion attributable to the building which has been burnt or the property which has been destroyed shall be deducted.

Art. 9.—After the annual rent has been fixed in accordance with the new system of sites of which the buildings have been burnt down or destroyed, and of sites which had no buildings thereon, if buildings are erected on them, their new state shall be estimated by expests and an annual rent of 1 per 1,000 shall be fixed according to the new valuation.

Art. 10.—For five years from the fixing of annual rent of *moussaqafat* and *mousteghilat* vakf properties in accordance with the new system, no increase or diminution of the rent, based on the increase or decrease in value of immovable property, can be made. Provided that every five years the value of *moussaqafat* and *mousteghilat* vakf properties shall be enquired into, and the rent shall be renewed or altered.

Art. 11.—Title-deeds issued under the new system shall henceforth have no marginal note. In case of sale, succession, division and partition new title-deeds shall be drawn up and issued. The old ones shall be returned to their holders with the note *batal* (null and void) thereon.

ART. 12.— *Moussaqafat* and *mousteghilat* vakf properties the site of which is held under the system of *moukata'a* (fixed rent) on which there are mulk buildings or plantations will be subject to the old system. In case of transfer or devolution of such properties the old *moukata'a* will be levied at the proper rate.

ART. 13.—The law relating to the extention of the right of inheritance to *moussaqafat* and *mousteghilat* properties promulgated on the 17th Muharrem, 1284 (21 May, 1867) as well as the Regulation published on the 2nd Zi'l Qa'dé, 1285, annexed to the said Law, as to putting it into execution, are repealed by the present Law which comes into force from the date of its promulgation. The old rents are, and remain, abolished from the end of the month of February, 1290, and the new rents of 1 per 1,000 shall be levied from the 1st March, 1291.

INSTRUCTIONS AS TO THE ISSUING OF TITLE-DEEDS FOR MEVQUFE LAND BY THE DEFTER KHANE.

6 Rejeb, 1292.—7 August, 1875.

ART. 1.—Title-deeds for *moussaqafat* in villages and towns of which the site and buildings are vakf as well as for the buildings only of chiftliks which are *idjaretein* vakfs will be issued by the *Mouhassebedjis* of Evqaf; and title-deeds for *moussaqafat* and *mousteghilat* attached to exceptional vakfs *(mustessna)* will be issued by the *mutevellis* as heretofore. Excepting the above named properties title deeds for all places paying a fixed ground rent, for mevqufé land paying tithe or a fixed ground rent equivalent to tithe, and for vineyards and gardens the vines and trees whereof are vakf will be issued by the Defter Khané; and sales and declarations and sales by auction, according to the law, of the mahlouls of such property, and of other vacant land shall be carried out and heard by the officials of the Defter Khané in Sanjaks and by Clerks of the Tapou Office in Qazas in accordance with the formalities followed *ab antiquo* with regard to State land, mevqufé land, and vakf land.

ART. 2.—[Deals with the duties of Defter Khané officials with regard to inspections *(yoklamas)*.]

ART. 3.—Possession of mevqufé land without a title-deed having been always illegal and possession by title-deeds other than those issued since the 25th Ramazan, 1281 (9 February, 1280) by the Ministry of Evqaf and bearing the Imperial Cypher being equally illegal since the above mentioned date; title-deeds issued by *mutevellis* and agents before that date, bearing recognised seals, must be exchanged for title-deeds bearing the Imperial Cypher on payment of a fee of four piastres, being the fee for the paper, and the clerk's fee. A new title-deed will be issued to persons who have lost their title deeds, after examination of the registers and on payment of the fee for the paper and the clerk's fee.

— 152 —

LAW CONCERNING LAND.

7 Muharrem, 1293.—22 January, 1291.

ART. 1.—Mussulman and non-Mussulman subjects are on the same footing as regards the acquisition or transfer of land belonging to land of chiftliks, pastures or villages in the Ottoman Empire, whether State or mevqufé land sold by auction or by individuals. In the case of any State or mevqufé land which cannot, in accordance with ancient local usage, be transferred to non-Mussulman subjects of the State, this usage is abolished and the provisions of this Law will be equally applied.

ART. 2.—Equality of treatment shall operate, in accordance with the Law, with regard to land and mulk immovable property acquired by Mussulman and non-Mussulman subjects from one another

ART. 3.—Mussulman and non-Mussulman cultivators residing in certain chiftliks shall enjoy a preferential right to acquire land sold by auction or transferred by private persons.

— 153 —

LAW AS TO TITLE-DEEDS FOR MOUSSAQAFAT AND MOUSTEGHILAT VAKFS.

9 Rebi'ul Evvel, 1293.—5 April, 1876.

As it is necessary that title-deeds of *moussaqafat* and *mousteghilat* vakfs, both at Constantinople and in the provinces, shall henceforward be issued by the Defter Khané the following instructions showing the precedure to be followed with regard thereto shall have effect.

CHAPTER I.

TRANSACTIONS IN THE CAPITAL.

ART. 1.—The Office charged with the issuing of title-deeds of property of the Ministry of Evqaf is transferred and annexed to the Ministry of the Defter Khané. This Office shall be called the Defter Khané Administration of Constantinople, as in the provinces, and henceforward all transactions relating to every kind of land and property situated within the municipal limits of Constantinople, such as transfer, succession, mortgage *(istighlal)*, redemption of mortgage, and such like will be carried out in this Ministry in accordance with special regulations.

ART. 2.—When transactions, relating to every kind of land and property, are carried out no marginal notes shall be written on old title-deeds, as in the provinces their owners shall be given provisionat certificates according to the enclosed specimen until the issue of the Imperial (Khaqani) title-deeds, and the old title-deeds stamped with a stamp bearing the words "A new title-deed has been issued" shall be given back to the owner.

ART. 3.—For land and property with regard to which the formalities of registration have been carried out and provisional certificates have been issued the Ministry of the Defter Khané shall cause to be drawn up, in accordance with the tables presented by the Defter Khané Administration of Constantinople, a new title-deed which will be delivered to the owner in return for the provisional title-deed. The final title-deed will be drawn up uniformly, and for every kind of *moussoqafat* and *mousteghilat* vakf property; but the title-deed of properties which have been subjected to an extension of the sight of inheritance shall bear on the reverse side in printed characters the law as to extension of inheritance; and title-deeds issued to foreigners shall have on the reverse side the provisions of the law as to rights of possession.

ART. 4.—Title-deeds of *maztouta* vakf properties shall be issued by the Ministry of the Defter Khané and shall bear its seal. The title-deeds of *mulhaqa* vakf properties shall bear the seal of the Ministry and the mutevelli of the vakf will be called upon to seal it.

ART. 5.—New special registers shall be opened for each of the thirteen (municipal) areas of the Capital, and all transactions shall be entered therein.

ART. 6.—With the exception of land assigned for the use of the public which cannot be let or sold, all *monssaqafat* property in Constantinople and the environs which has become mahloul, as well as that held at a single rent which is required to be converted into *ijaretein*, and sites the sale of which is permitted, shall be sold by public auction, in accordance with special regulations, at the Ministry of Evqaf. After final adjudication and payment of the price of the property sold, the Ministry of Evqaf shall draw up a report, in order to effect the transfer of the property in question to the purchaser enclosing the *defter*. The Defter Khané acting on this report will make the registration and will give the purchaser the title-deed of the property in return for the delivery of the certificate of adjudication.

ART. 7.—The cost of preparing title-deeds for mevqufé land and moussaqafat property, 3 piastres for paper and 1 piastre clerk's fee, will be paid to the Defter Khané: Provided that the salaries and expenses of the staff who issue the title-deeds, transferred from the Evqaf Ministry to the Defter Khané, shall be paid by the Defter Khané Treasury.

ART. 8.—All fees levied on transfer of moussaqafat property and mevqufé land shall be paid to the Treasury of the Defter Khané. The portion of these fees payable to the mutevellis of mulhaqa vakf properties will be retained to be paid to them and the remainder shall be sent every week, with a special account, to the Ministry of Evqaf. The shares in these proceeds of the clerks *(kiatibs)* and collectors *(djabis)* entitled thereto shall be paid at once to them by the Ministry of Evqaf in accordance with the procedure relative thereto.

ART. 9.—Title-deeds for mulk property will be issued, and transactions relative thereto will be carried out, at Constantinople and the environs, in the same way as they are issued and carried out in the provinces by Defter Khané officials under special regulations.

CHAPTER II.

Issue of Title-Deeds in the Provinces.

ART. 10.—The registers of *moussaqafat* and *mousteghilat* vakfs in each district shall be handed over by the Mouhassebejis of Evqaf to the Sanjak officials of the Defter Khané, as has been done with regard to the registers of mevqufé land in the provinces.

ART. 11.—All dealings with *moussaqafat* and *mousteghilat* vakf property, that is to say, transfer, succession and other transactions shall be carried out according to special regulations by the officials of the Defter Khané. Provisional certificates will be issued by the officials to safeguard the owners until the issue of final title-deeds which will be sent by the Defter Khané as in the case of mevqufé land. Old title-deeds will pe restored to the owners after having been stamped, as in Constantinople.

ART. 12.—A schedule of *moussaqafat* and *mousteghilat* vakf property for which provisional title-deeds have been issued in consequence of any dealing, as well as of dealings with mevqufé land, shall be drawn up and sent every month to the Ministry of the Defter Khané, in order that final title-deeds may be drawn up and sent.

ART. 13.—The fee to be paid to the officials of the Defter Khané and the portion to be assigned to the *mutevellis* of local *mulhaqa* vakfs shall be deducted and retained from the amount of the fees taken on each transaction relating to *moussaqafat* and *mousteghilat* vakf property, and from the mevqufé land fee.

The balance shall be sent to the local Treasury for the account of the Mouhassebejis of Evkaf, who shall give receipts, which shall be forwarded every month with the accounts relative thereto to the Ministry of the Defter Khané.

ART. 14.—In conformity with Article 13 the officials of the Defter Khané shall pay forthwith one-fourth of the amount received from the fees of *mulhaqa* vakfs to the *mutevellis* or their deputies who shall seal the provisional certificates. The portion set apart for *mutevellis* or their deputies who are at Constantinople shall be forwarded with the accounts relative thereto to the Defter Khané and they (*i.e.* the *mutevellis* or their deputies) will be sent for and their shares will be paid to them and the final title-deeds will be caused to be sealed by the Ministry. Title-deeds of vakf properties of which the *mutevellis* or their deputies are not certain, or cannot be found, shall be sealed by officials of the Defter Khané as agents in order that the title-deeds may not be delayed and the portion set apart shall be sent to the Ministry of Evkaf to be given to the *mutevellis* as soon as they appear. Final title-deeds, drawn up at the Defter Khané in accordance with records received from the provinces, will be sent to their destination. Title-deeds of *mazbouta* vakfs as also those of *mulhaqa* vakfs of which the *mutevellis* are at Constantinople shall be given to the owners as they are sent from the Capital; and title-deeds of *mulhaqa* vakfs of which the *mutevellis* are in the provinces, shall be given to the owners by the officials of the Defter Khané, after being sealed by the *mutevellis*, and in exchange for the provisional certificates.

ART. 15.—Transactions with regard to *moussaqafat* properties in the provinces being henceforward within the prerogative of the Defter Khané all salaries and all expenses of the service will be paid by this Ministry. Consequently the fees of three piastres for paper and one piastre clerk's fee taken in accordance with the practice on new title-deeds issued for *moussaqafat* and *mousteghilat* properties shall be paid into the Treasury of the Ministry of the Defter Khané.

ART. 16.—With the exception of land, transactions with regard to which have been carried out in the provinces in conformity with the Land Code, *movssaqafat* and *mousteghilat idjaretein* property becoming *mahloul* and *moussaqafat* of a single, rent *(ijare wahide)* which is to be converted into *idjaretein*, and building sites the sale of which is allowed, excepting places which, as stated in Article 6 are not leased to anyone, and are assigned to the public *ab antiquo* and the sale of which is not allowed, such properties shall be put up to auction by the Mouhassebejis of Evqaf as before in accordance with the proper regulations and usages, and the purchase money *(muajele)* shall be received by them and the transfer *(ihale)* shall be carried out by them, and provisional certificates shall be issued to the highest bidders, to whom the transfer shall be carried out by the Defter Khané officials in accordance with the auction bill and the proper report *(mazbata)* to be issued by the Administrative Council.

ART. 17.—The *muajele idjare* fees of *idjaretein moussaqafat* and *mousteghilat* properties in the provinces shall be collected annually by the Mouhassebejis of Evkaf as before who are likewise charged with the sale at public auction and transfer of vacant properties. The officials of the Defter Khané shall send monthly to the Mouhassebejis of Evkafa table showing the transfers, successions and all other transactions and dealings in order that they may collect regularly the annual *idjare* fees, take cognizance of properties as to which the right of succession has been extended, and distinguish between those which have and which have not become vacant so as to facilitate the collection of rent and carrect the records kept by the Mouhassebejis.

ART. 18.—The Ministry of the Defter Khané shall from time to time draw up and circulate the necessary instructions as to departmental procedure both in Constantinople and in the provinces, and as to the duties of Defter Khané officials.

— 156 —

LAW AS TO POSSESSORY TITLES.

INSTRUCTIONS AS TO PROPERTY DRAWING UP CERTIFICATES TO BE SENT TO THE EMLAK OFFICE.

10 Rebi'ul Akhir 1293.

ART. 1.—Certificates *(ilmou haber)* as to transfer, succession, and construction of buildings, to be presented by owners to the Emlak Office at the Prefecture of the Capital shall be applied for and obtained from the Imam of the Quarter where the property lies. In order that Mukhtars may keep themselves acquainted with these matters and make themselves responsible these certificates must be sealed by them.

ART. 2.—In the absence of a Mukhtar, or in case of refusal by a Mukhtar to sign, a note of the fact shall be made in the margin of the certificate of whatever kind it may be and sealed again by the Imam.

ART. 3.—Certificates issued for transfers or successions by the Mukhtars or by the Patriarchates or by the Grand Rabbinate shall state the number of the mulk properties, the road or street where they are, the number of the title-deeds, the name, address, and nationality of the owner, and the proportional interest of the co-owners, if there are such.

ART. 4.—The certificates required for transfer of a *guèdik* must state if the owner is living or not, and after such a certificate is issued by the Imam and Mukhtars of the Quarter where the owner of the certificate lives, a note as to his share and as to the value of the *guèdik* shall be made and sealed on the certificate by the head of the body (guild) to which the owner belongs or by the mejlis of the khan, if the *guèdik* is in a khan.

ART. 5.—Certificates as to transfer, successions, or construction, issued by Imams or Quarters, which are undated, or with words struck out or with erasures, are of no validity.

ART. 6.—In order that the fact of mulk property having become *mahloul* by the death of the owner without heirs may be noted it is incumbent on imams and mukhtars to notify the Emlak Office at the Prefecture of the Capital of the fact by certificate of the Quarter at the same time as the Ministry of Evcaf is notified.

ART. 7.—The owner will present to the Emlak Office any title-deeds *(kemessouk)* that he has, together with the certificate for transfer, succession, or construction.

ART. 8.—If anyone, for any reason whatever, renounces the transfer of mulk property after the issue of a license by the Emlak Office it is incumbent on Imams and Mukhtars to send back to the Emlak Office the license issued by it, within ten days.

ART. 9.—The said certificates shall be drawn up in conformity with the form hereto annexed. Application shall be made to the said Office direct for every certificate which requires to be drawn up differently from these forms.

LAW RELATING TO PROPERTIES (EMLAK) AND LAND OF PERSONS EXCLUDED BY ART. 1 OF THE LAW CONCERNING THE ACQUISITION OF PROPERTIES BY FOREIGNERS.

25 Rebi'ul Akhir, 1300.

ART. 1.—Persons who were originally Ottoman subjects and changed their nationality before the promulgation of the law on Ottoman nationality whose assumption of foreign nationality the Imperial Government has recognised and ratified according to treaty, as also those who changed their nationality after the promulgation of the above mentioned law, in accordance with its provisions, shall enjoy all rights conferred by the law of 7 Safer, 1284 which concedes to foreign subjects the right to possess immovable property. Provided always that it is essential that the State of which they have assumed the nationality has adhered to the protocol annexed to the said Law of 7 Safer, 1284.

ART. 2.—Persons who have changed their nationality without obtaining the official permission of the Imperial Government and whose nationality has been divested from them by the Imperial Government are deprived of the rights of acquisition of and succession to property in the Ottoman Empire.

ART. 3.—Immovable property *(aqar)* possessed by persons who, in accordance with the preceding Article, are to be deprived of the rights of acquisition and succession will be, like movable property, divided amongst their heirs who are Ottoman subjects, but in conformity to Articles 110 and 111 of the Land Code such persons will leave no right of tapou over State or mevqufé land. State and mevqufé land of which they become possessed before their change of nationality does not devolve upon their heirs, but becomes vacant *(mahloul)*. These provisions are also applicable in their entirety to moussaqafat and mousteghilat vakf property held in ijaretein.

ART. 4.—The Ministries of Jusrice and of Finanke are charged with the carrying out of this Law.

TRANSLATIONS
OF
TURKISH LAWS.

PRELIMINARY NOTE.

For the translations of the laws numbered (6), (7), (9), and (11) the Judicial Department is indebted to the Judicial Department of the Palestine Administration.

A provisional law is a law which had not received formal ratification from the General Assembly at Constantinople. Laws were promulgated and put into force provisionally before receiving such ratification, and it has in the majority of cases not been possible to trace any notice of the fact that they have been ratified. It is assumed that they have the force of law in the absence of information to the contrary.

The orders, circulars and instructions issued by various Ministries and published in the Dastur or the Jaridat-ul-'adliyya appear to have been regarded as binding on the Courts.

The following technical terms, which apply only to waqf property, have been allowed to stand untranslated and require some explanation:—

Moussaqatat.—Waqf land on which buildings exist or which is appropriated to building purposes.

Moustaghillat.—Waqf land appropriated to cultivation or tree-planting.

Awqaf madbuta.—Waqf under the direct management of the Waqf Department, and including *(a)* Imperial waqf, of which the Sultan is technically mutawalli and which is actually administered by the Waqf Department on his behalf, and *(b)* waqf of which the administration has been taken over by the Waqf Department on the lapse of the mutawalli-ship provided for by the testator.

Awqaf mulhaqa.—Waqf administered by the mutawalli under the superintendence of the Waqf Department.

Awqaf mustathna.—Waqf administered by a mutawalli who is not under the superintendence of the Waqf Department.

Ijara wahida.—An ordinary lease of waqf property.

Ijaratayn.—Or double lease. Waqf property which had become waste or fallen into disrepair and of which the income did not suffice for its upkeep might be leased for a long term a sum practically equivalent to the value of the property being paid down by the lessee, who was further bound to pay annually a nominal sum as hire.

The transaction was practically a sale, but without transfer of title.

— 162 —

LAW REGULATING THE RESPECTIVE PROVINCES OF THE RELIGIOUS AND CIVIL COURTS OF 23rd DHI-L-QA'DA 1332= 30th SEPTEMBER 1330.

Art. 1.—The Civil Conrts exercise jurisdiction in all commercial and criminal cases, and in all actions relating to the possession, transfer and partition of immovable property, or to lending, borrowing and interest, or to questions of damages, farm leases of concessions and contracts, and of all other matters (except inhibitions) whereof by virtue of the Mejelle and other laws and regulations they have cognisance.

The province of the Religious Courts is confined to matters outside the jurisdiction of the Civil Courts, such as property in waqf, inhibitions and the termination of inhibitions, wills, the nomination end removal of guardians and trustees and the granting of loans from the estates of orphans and wadf estates. They shall also hear suits to decide the shares of the heirs to movable and immovable property in accordance with the laws pertaining thereto and the Sharia procedure, and suits relating to estates in which letters of administration must be taken out, together with all other suits concerning rights under the Sharia law.

In the event of the parties before the Religious Court making a written agreement that, in spite of proper jurisdiction, the suit shall be heard by that Court, no application to hear the suit shall be entertained subsequently by the Civil Court.

Art. 2.—Actions properly within the province of the Religious Courts shall not be heard by the Civil Courts, and in like manner actions properly within the province of the Civil Courts shall not be heard by the Religious Courts.

Art. 3.—This Law shall come into force from the date of its publication.

Art. 4.—The Department of the Sheikh ul Islam and the Ministry of Justice are charged with the execution of this Law.

PROVISIONAL LAW RELATING TO THE INHERITANCE IMMOVABLE PROPERTY.

3rd Rabi'ul awwal 1331=27th February, 1324.

ART. 1.—On the death of a person the mirie and waqf land held by him are transferred to a person or persons according to the following degrees. These are called "ashab haqq al intiqal".

ART. 2.- The heirs of the first degree are the descendants of the deceased, i.e., his children and grandchildren. The right of succession within this degree belongs in the first place to the children and then to the grandchildren who are their descendants and then to the children's grandchildren. Therefore when a man dies the descendants of his surviving descendants lose their right of succession, as it is through this surviving descendant that they are related to the deceased. If a descendant dies before the deceased, his descendants represent him and take the share which he would have taken. If all the children of the deceased die before him, the share of each will pass to his descendants who are through him related to the deceased. If any of the children of the deceased have died without descendants the right of succession will be conferred upon the other children and their descendants only. The same rules will be applied where there are several descendans. Sons and daughters, grandsons ane granddaughters have equal rights.

ART. 3.—The heirs of the second degree are the parents of the deceased and their descendants. If both parents survive, they share equally. If either of the parents have died his descendants represent according to the rules mentioned in the previous article. If the deceased parent has no descendants, the surviving parent, father or mother, will alone have the right. If both parents have predeceased him the share of the father will pass to his descendants and that of the mother to hsr descendants. If either dies without descendants, his or her share will pass to the descendants of the other.

ART. 4.—The heirs of the third degree are the grandfathers and grandmothers of the deceased and their descendants. If all the grandparents on both sides are alive, they will share equally. If one has predeceased, his descendants will represent him in accordance with the rules already mentioned. The share of a grandparent who has no descendants will pass to the grandparent who is his or he spouse. If the spouse is also dead, this share passes to his or her descendants. If all the grandparents on one side, whether paternal or maternal, and their descendants have predeceased then the right of succession passes to the grandparents on the other side and their descendants. The rules relating to the first degree of heirs apply to descendants in this article who succeed to their pasents or grandparents.

ART. 5.—The descendant, whether of the first, second or third degree, who acquires a right of succession though more than one source, retains them all.

ART. 6.—If there is a person in any of the degrees mentioned with a prior right, the others in the later degrees will have no right of succession; but if the deceased leaves children or grandchildren and his father and mother or either of them are still alive, then a share of one-sixth will be given to the latter.

ART. 7.—If the deceased is survived by his or her spouse, the surviving spouse will have the right to succeed to a share. If the heirs are of the first degree this share will be one-quarter. If the heirs are either of the second degree or are the grandparents of the deceased, the share will be a half. If in accordance with article 4 descendants of a grandparent succed with any of the grandpasents their share will also taken by the spouse. If there are no heirs of the first or second degrees or no grandparents surviving the spouse alone succeeds.

ART. 8.—The provisions of the foregoing articles apply also to waqf moussaqafat and moustaghillat, whether let on ijara wahida qadima or ijaratayn or mousteghilat of Muqata'a qadima.

ART. 9.—Owing to the extension of the limits of succession mentioned in the previous article, if existing rents of waqf moussaqafat and moustaghillat, Muqata'a qadima, or Muqata'a badal ushar of waqf lands are less than $8\,{}^1/_2$ per thousand of their value estimated for land tax they will be increased to that amount. The same rule will apply to new creations of Muqata'a.

In addition waqf moussaqafat and moustaghillat, the limits of succession to which have not yet been extended in accordance with the previous rules, will pay the fee for extension of inheritance at the rate of 30 per thousand of the land tax, which will be paid by sixty annual instalments of one-half per thousand.

ART. 10.—When the limits of succession to waqf property have been extended by condition of the dedicator of the waqf the conditions will be observed and the rents fixed will continue.

ART. 11.—This Law shall come into force from the date of the promulgation.

ART. 12.—The Ministers of Waqf and Finance shall be charged with the execution of this law.

PROVISIONAL LAW CONCERNING THE RIGHT OF CERTAIN CORPORATE BODIES TO OWN IMMOVABLE PROPERTY.

22nd Rabi'al awwal 1331=16th February, 1328.

ART. 1.—The following may own immovable property: (1) the Department of the State and Municipalities; (2) Societies in accordance with their special charters; (3) Turkish Commercial, Industrial or Development Companies in accordance with their charters, contracts and regulations sanctioned by the Government.

ART. 2.—Ottoman Agricultural Companies, the shares of which are registered by name and are held by Ottoman subjects, may own immovable property in accordance with their charters, contracts and regulations sanctioned by the Government; provided that the immovable property is not to be situated within the boundaries of an inhabited village, within the zone of fortifications or at the entrance of a military port or in another place to which the Government may take objection.

If these companies desire to sell their land the inhabitants of the village and owners of land in the village have the right to purchase in priority to any other purchaser on payment of the assessed value.

ART. 3.—Charitable Institutions and Ottoman Communities may own immovable property provided that it is house property in towns and villages only, paying taxes and fees. But immovable property formerly connected with a Charitable Institution, whose title has been registered in the Tapou Register, shall be owned as it was owned previously.

PROVISIONAL ARTICLE.

Immovable property in towns and villages which up to the present has been owned by Charitable Institution and Ottoman Communities undes a borrowed name may be correcly registered in the names of the said Institutions and Communities if they apply within six months in accordance with the terms of the previous article. This term of six months shall commence from the date of promulgation of this law. After that period no claim made by the said Institutions and Communities will be heard in respect of immovable property in regard to which no petition has been made to the Government Registry Office for rectification within the said period, or in regard to which no action has been brought before the propes court, if an action should become necessary.

ART. 4.—Dispositions in the name of the Corporate Bodies described in this law are made by the offer and acceptance of the following :- In the case of Government Departments and Municipalities, the principal official; in the case of Waqf Madbuta, the Ministry of Waqf, Mudir and Mamur; in the case of Charitable Institutions and Communities, the presidents; and in the case of Societies and Commercial Companies, the presidents and managers.

ART. 5.—The corporate Bodies shall pay an annual tax on all immovable property as long as it remains in their possession. This tax shall be in the case of mirie and waqf mirie land one piastre per thousand of its estimated value, and in the case of mulk property a half piastre per thousand. An annual payment of ten piastres per thousand shall be paid in respect of waqf property.

Mulk and mirie property owned by the Government Departments are exempt.

ART. 6.—This law will come into fosce from the date of its approval by the Sovereign.

ART. 7. The Ministers of Waqf and Finance are charged with its execution.

— 166 —

PROVISIONAL LAW FOR THE MORTGAGE OF IMMOVABLE PROPERTY.

1st Rabi'uth Thani 1331=25th February, 1328.

1. Immovable property whether held as separate property or in common, and whether mulk, mirie, waqf or moustaghillat and moussaqafat waqf land may be given as security for a debt by means of a mortgage.

If the value of the land is greater than the debt, the land may be mortgaged for other debts in the second, third degree or any other degree; and in this case the mortgages of prior degree will have preference over the mortgages of later degree.

2. Immovable property may be mortgaged for the benefit of the Agricultural Bank or of a waqf to secure a sum of money advanced from the money of the waqf as for the benefit of Companies and Banks of Turkish origin, authorised by the Government to lend money on roofed buildings and on land intended to be built on in towns, provided that such Companies and Banks may not definitely obtain the ownership of the immovable property mortagaged.

3. In the first place a certificate, approved by the Municipality, containing a statement whether the immovable property which is to be mortgaged has been leased or not, and if so for what period it has been leasee, will be produced. If the period of the lease is longer than the period of the mortgage, when the claim becomes due, or if he does not the mortgagee must agree in writing that he will not proceed to execution until the lease expires.

4. The deed of mortgage will be drawn un at the Tapou Registry Office in duplicate and signed or sealed by the parties who must elect a domicile in that town. After the offer and acceptance have been made in the presence of the witnesses and have been approved, a copy be delivered to each of the parties. These formal documents will be considered valid in all Courts and by the Administrative Authorities without further proof.

5. Buildings, trees and vines already erected or planted, or which may be erected or planted on immovable property mortgaged will be considered as forming part of the property and subject to the mortgage.

6. The mortgagors have the right to use and enjoy immovable property mortgaged and in the same way they bear any loss or injury to the same.

7. A mortgagee may assign his right over immovable property mortgaged to him to a third person through the Registry of Tapou and with the consent of the mortgagor, but if the document is payable to "order" the consent of the mortgagor is not necessary.

The mortgagor may sell the immovable property mortgaged with the mortgagee's consent to a third person who undertakes to repay the debt. The rights of the mortgagee over the same remain.

8. Mortgagors may pay their debts secured by formal documents, together with any additions which may have accured, before the date on which they fall due. In that case the principal sum, together with the amount of damages, if provided for in the document, will be paid to the account of the mortgagee at a bank authorised by the Government under the name of the Tapou Registry, and after the receipt has been produced to the Tapou Registry the Tapou will inform the mortgagee of the action taken, and will cancel the mortgage.

9. If the period for the payment of the debt has passed and the debt is not paid, or if the debt becomes due under a condition terminating the mortgage, on the demand of the mortgagee or his heirs, or of any other mortgagee in a later degree, provided that the first mortgagee does not object, the immovable property mortgaged may be sold by the Tapou Registry Office in which the mortgage is registered according to the following articles. Even if the morgagor has died or if he has no heirs or becomes bankrupt it is not necessary to obtain a judgment or decision or to have recourse to the inheritance (*i.e.*, the representative of the debtor) or to the trustee in bankruptcy.

10. When, in accordance with the preceding article, the mortgagee makes a demand to the Registry Office for payment, the Registry Office will notify the mortgagor in accordance with the Rules of Civil Proceduse that he must pay the debt within a week. If the mortgagee is dead this notification will be made to his heirs or to their guardians or at their residence or to his trustee in bankruptcy if he is bankrupt.

If, after this period, the debt is unpaid, the immovable property mortgaged will be sold by public auction during the next 45 days. After this period has expired another period of 15 days is allowed for the offer of further bids in advance of 3 per cent at least. It is then sold finally and directly to the highest bidder.

If necessary the Execution Officer on the order of the Registry Office will cause the immovable property mortgaged to be vacated and will deliver it to the purchaser.

The proceedings of the auction sale and delivery will not be suspended by opposition made before the Court by the mortgagor. Nor will they be suspended by claims as to the existence of leases which were not mentioned in the document referred to in Art. 3.

But an order of the Court that the mortgagee, if a private individual, shall give personal security, or, if a Company authorised to lend money, shall give an undertaking in writing, shall be executed at once.

11. The remainder of the price after deduction of the expenses will be retained for the payment of the debts which are mentioned in the formal documents made in the Registry Office.

On a claim for payment being made the terms of the contract and the degree of priority of the morgagee will be consided.

Sums due to mortgagees who do not claim payment will be placed to their credit by the Registry Office in an authorised bank.

If the price is not sufficient to pay the whole debt the creditor may claim the balance from the mortgagor.

12. This law shall be applied from the date of its promulgation.

— 168 —

WAKALA DAWRIYYA.

I.—Order issued by the Ministry of Tapou under a decision of the Majlis Wokala and an Imperial Iradah, dated 18th Dhi'l Hijjah 1306=2nd August, 1305.

If the mortgagee of immovable property by "Wakala Dawriyya" and sale with a condition of right to re-purchase, holding an authenticated deed, desire to sell the property according to the law relating thereto, and produce a deed of "Wakala Dawriyya" executed by the debtor, notice may be served upon the debtor through the Mamur of the Tapou Department, and if the debtor thereupon fail to apply to the Court and obtain an order for stay of proceedings, the property may be sold by the agency of the said Mamur.

Provided that, if application have been made to the Court, proceedings will be stayed pending an order of the Court.

If the "wakil dawri", having been appointed under an authenticated deed, refuse to perform the duties which under his "wakala" he is legally bound to perform, proceedings shall be in accordance with the decision of the Court.

II.—Order dated 14th Rabi'ul Awwal 1308=16th October, 1306.

In the case of immovable property mortgaged by "Wakala Dawriyya" or sold with a condition of right to re-purchase, transfer may be effected by the Execution Officer upon receipt of an order from the Tapou office without reference to or orders from a Court, as though the trensaction were a lease.

[*Note.*—For "sale with a condition of right to re-purchase" (v). Mejelle Articles 118 and 396 *(ff)*].

PROVISIONAL LAW REGULATING THE RIGHT TO DISPOSE OF IMMOVABLE PROPERTY.

5th Jumad-il-Awwal 1331=30th March, 1329.

Art. 1.—Every kind of disposition of Mirie and mauquf land must be made only in the Tapou Registry and a formal title-deed shall be delivered for every disposition. A disposition without receiving a formal title-deed is not allowed. In places where under the new cadastral law (5th Feb., 1913, New Dustur, vol. 5, p. 79), the new cadastral system has been carried out, the Civil and Shara' Courts will not hear any case, nor will the Administrative authorities allow any dealings with regard to lands for which no formal deed is produced.

This provision also applies to all mulk land and moustaghillat and moussaqafat land of "waqf madbutah" and waqf mulhaqa and waqf mustathna.

Fees relating to the registration of waqf mustathna will be paid to the waqf and every month information will be given to the waqf. A copy of the books of the moussaqafat and mousteghilat waqf shall be delivered to the Tapou Registry.

Art. 2.—In all dealings with regard to moussaqafat and moustaghillat waqf, if the mutawalli is not present, the Mudir or Mamur or clerk of the Tapou Registry shall act for him.

Art. 3.—Formal title-deeds are valid and executory. The Civil and Sharia Courts shall give judgment on these deeds and their registration further proof. A formal title-deed shall not be annuled except by a judgment of a Court based on lawful reasons provided that errors, which contradict unambiguous entries and official documents, may be corrected by the Registry office on an order given by the Administrative Council after informing the parties interested.

Art. 4.—No action of muwada'a or nam musta'ar will be heard in respect of mulk land and immovable property owned by virtue of a title-deed.

[*Translator's Note.*—Muwada'a is the fiction by which a person executed a deed in an illegal form, *i.e.*, not before the Registry which deed expressed the true transaction between the parties and at the same time executed a second deed before the Registry which did not represent the true transaction. The usual case is a deed of absolute sale on the register representing a deed of mortgage which is not registered.

Nam musta'ar means registration in the name of nominee. The effect of the provision with regard to nam musta'ar is that no action will be heard in the Courts in which it is alleged that a person though registered as owner is in fact only a nominee].

With regard to mulk land and immovable property transferred by muwada and nam musta'ar to secure a debt or for any other reason or necessity, a period of two years is allowed during which both parties may by agreement apply to the Registry office and obtain a new title-deed in correction of the former, or if any dispute arises may apply to the Courts. The Courts are not allowed to hear cases brought after this period, unless the party was prevented by legally valid reasons from filing his suit within the period.

Art. 5.—Whoever owns by virtue of a formal title-deed mirie or mauquf land may transfer it absolutely or subject to redemption and may lease it and

— 170 —

lend it and mortgage it as security for a debt, and he alone has the right to all increase and to the full use of it and to all the crops which grow naturally upon it; he is also entitled to cultivate the fields, pastures, and gardens and cut down the timber or vines on it, and, if there are buildings on it, to destroy them or pull them down and convert the land on which they are erected into cultivated land. He may also convert his land into gardens by planting vines or trees and fruit trees provided that the ownership remains with the State. He may erect and construct on the land houses or shops or any buildings for industrial or agricultural use provided that the buildings do not form a village or mahalla (quarter). He may set apart a piece of the land as a threshing floor. In all cases in which any alteration is made a new formal title-deed in correction and in place of the first shall be obtained. The rules for disposal and transfer in the manner specified above, of vines and trees, plants, and buildings together with the fixtures and additions constructed on mirie or waqf land will be the same as for the land itself. A sum will be fixed as an annual tax on land if it is used in a manner which does not permit of the title being levied.

Art. 6.—The building of a new village or mahalla (quarter) on all land owned by virtue of a formal title-deed is subject to the rules of the vilayet law, and the persons who are to inhabit these villages or mahallas as a community must be Ottoman subjects.

Art. 7.—Every person owing land, of which he has the right to dispose, may use its soil, may make tiles and bricks and may sell the sand and stone, subject to the rules contained in the special laws on the subject.

Art. 8.—Mirie land owned by virtue of a formal title-deed cannot be constituted waqf or left by legacy unless the State confers the absolute ownership by Imperial mulknama according to Sharia Law.

Art. 9.—If a person owning mirie or mauquf land by virtue of a formal title-deed has erected buildings or planted trees upon it and a third person establish a claim to the land on which these buildings have been erected or trees planted, then, if the value of the buildings or of the trees as they stand is greater than the value of the land, the value of the land will be paid to the claimant and the land remains in the possession of the person who erected the buildings or planted the trees; but if the value of the land is greater than that of the buildings or trees as they stand the latter will be delivered to the claimant and their value will be paid by the claimant to the owner of the land.

Art. 10.—If a person has the ownership of mirie or mauquf land, no other person is allowed to interfere with it or take possession of it or use it or take its natural crops, or to pass through it unless he has that right, or to make upon it a threshing floor or a water channel. If he does any of these things he will be liable for damages. Similarly he shall not plough forests or pastures and convert then into land for cultivation or take timber or cut down the trees or graft them. If he does any of these things he will be liable for damage to the value of the trees as they stand to the owner of the land. The owner of the land may either cut off the grafts and make the grafter pay for the damage to the trees, or he may keep the grafts and pay their value to the grafter.

Art. 11.—If a person erects buildings or plants trees or vines on mirie or mirie waqf land without the consent of the owner may destroy them, or if their destruction is injurious to the land he may dispose of them and pay their value when destroyed (in value of materials).

ART. 12.—If one of the co-owners of mirie or mauquf land held in common, which consist of forests or pernallik and the like, ploughs them and turns them into land for cultivation without the permission of the other co-owners the latter will take their shares of the ploughed land without sharing in the expense and they will also receive their share of the trees cut down or of the value of the trees as they stood; but if the ploughing was authorised by them they will share in the expense in accordance with their respective share.

ART. 13.—If a co-owner without the permission of the other co-owners erects buildings or plants trees or vines on the whole land then on partition the rules of Art. 11 will be followed.

If a co-owner without the permission of the other co-owners erects buildings or plants trees or vines or grafts trees on part of the land then on partition, if the erections or plantations fall into the lot of another co-owner, the rules of Art. 11 will be followed; but in the case of grafting the co-owner into whose lot the grafted trees fall will be indemnified up to the value of the trees as they stood.

ART. 14.—If a person takes possession of mirie or mauquf land and cultivates it without the consent of the owner, the owner may claim its rent for the period during which it was held by the other, but he shall have no right to compensation for the decrease in the value of the land. This rule applies to Moussaqafat and Moustaghillat Waqf.

ART. 15.—The Mamur Tapou represents the State in all actions by or against the State in regard to the raqaba or the disposal of mirie mauquf and mulk mahlul lands.

The period of prescription in cases referring to the raqaba of these lands is 36 years.

It is not necessary that the Mamur Tapou should be present at cases in regard to immovable land between private persons.

ART. 16.—Mirie and mauquf land and moussaqafat and moustaghillat of waqf owned by a person are security for his debts during his life and after his death, even if it becomes mahlul land. But if the debtor is a cultivator that part of the land which is required for his support will not be sold unless it is already the object of a contract of conditional sale or mortgage, or unless the debt represents the price of the land.

This rule applies also to the house which is necessary for the accommodation of the debtor, or of his family after his death.

ART. 17.—Actions claiming the ownership of immovable property, sold through the Tapou office by public auction in accordance with special laws, must be brought before the sale is completed. In that case if the court suspends the proceedings of the auction and if the claimant in the end loses his claim he will be responsible for the damages and loss of profit caused by the suspension of the auction or from any other cause.

The Courts are forbidden to hear cases where the claim is brought after the sale has been completed unless the celay was due to a lawful cause.

ART. 18.—This law is to be applied from the date of its promulgation.

ART. 19.—This law is to be applied provisionally untill Parliament ratifies it.

[*Translator's Note.*—The words "owners, ownership and own" are used in this translation to represent the actual interest which exists in the land, whether its be Mulk, Mirie, Waqf or any other description of land].

-- 172 --

LAW OF THE PARTITION OF JOINT IMMOVABLE PROPERTY.

1. Any co-sharer in Miri or Waqf land, or in "mustaghillat" or "moussaqafat" Waqf property, or in other Mulk and immovable property held in common, may apply for partition thereof, and no previously existing contract for the continuance of joint possession in perpetuity shall entitle any co-sharer to object to such Partition. Property which is capable of partition, that is, property of which the value is not decreased by partition, may be partitioned, and property which is incapable of partition may be sold by auction in order to dissolve joint possession

2. Partition may be postponed for five years by consent of the parties. Upon the expiry of this period, the co-sharers may, if they so desire, renew the agreement to postpone

3. Property which is capable of partition may be partitioned either by consent or by decree For partition by consent, the consent of all the co-sharers is necessary. Partition may be made by decree upon the application of one or more of the co-sharers. The guardian of a co-sharer who is a minor or under tutelage may apply for partition on his behalf.

4. In the case of partition by consent, the co-sharers may effect partition among themselves in such manner as they may deem fit, subject to the provisions of Article (1), and shall then produce before the Mamur of Tapou a statement setting forth the manner of the partition which they shall obtain from the Mukhtar of the quarter or village and two members of the Village Council and, if possible, a map. This statement they shall declare and attest before the Mamour of Tapou, and each co-sharer shall thereupon be furnished with a deed showing his separate possession. Or they may make direct application to the Mamour of Tapou, who shall thereupon proceed to the place where the property is situated. The Mamur shall, if possible, be accompanied by the Tapou or Municipal Engineer. He shall inspect the property in the presence of the co-sharers and the Village Council. and, if it appear to be capable of partition, shall effect partition in accordance with the following article.

5. The procedure in the partition of cultivable and waste land shall be as follows:—

First.—There shall be ascertained the area of the land in yards or donums, the advantages of site and other qualities, and its degrees of capacity for production; it shall then be divided into a number of shares corresponding to the number of the co-sharers, care being taken that the shares shall be distinct, so far as possible, in respect of rights of way, rights of water and liability to flood, and that the value of the shares correspond. The value of the shares shall be fixed by the consent of the co-sharers, or, in case the co-sharers fail to agree, by experts appointed by the Mamur of Tapou.

Secondly.—If the shares be of unequal value with respect to productive capacity, adjustment shall be made by cash payments.

Thirdly.—A record of the proceeding and, if possible, a map shall be prepared in the course of the proceeding.

Fourthly.—The shares shall be assigned to the co-sharers by drawing lots. and the result shall be entered in the record of the proceeding which shall be signed and sealed by the co-sharers and attested by the officials present,

Where there are more properties than one to be partitioned, they may, if the co-sharers consent, be partitioned in one proceeding. The partition of "Moussaqafat" shall be effected according to the preceding provisions and article 1151 of the Mejelle.

6. If one of the co-sharers desire partition and others of the co-sharers do not consent, or if one of them be a minor, or be absent, the co-sharer desiring partition shall produce before the Peace Judge a certificate from the Village Council within the jurisdiction of which the property is situated to prove his indentity and that he is a co-sharer. The Peace Judge shall thereupon cause notice to be served upon the other co-sharers or their guardians summoning them to be present at the partition, and shall fix a date not less than seven days later. If one of the co-sharers be absent, the Peace Judge shall proceed according to the provisions of the Code of Civil Procedure regarding the service of notices. Upon the date fixed the Peace Judge or a person deputed by him shall proceed to the place where the property is situated with the co-sharers and shall effect the partition in the presence of the Village Council in the manner set forth in article (4). If no member of the Village Council be present, there shall be present not less than two neighbours. Copies of the proceeding shall be served on the persons concerned and one copy in the form of a decree shall be sent to the local Tapou office.

7. Any share which has been separated according to the preceding articles shall, if it be inherited and held jointly by heirs, be partitioned among them according to the preceding rules.

8. If one of the co-sharers who are in undivided possession of cultivatle land, "Moustaghillat," "Moussaqafat" or other immovable property claim that it is incapable of partition and apply for the sale of his sale his share to the co-sharers or to other persons, the Mamour of Tapou shall first inspect the property in the manner set forth in article (4). If he find that it is incapable of partition, the local Administrative Council shall appoint experts to determine the market value of the share, and notice shall be served upon the co-sharers requiring them to state whether they desire to purchase the said share at the price so fixed or not. The applicants to purchase shall then be entitled to purchase in proportion to their interest Provided that, if one of them do not consent to joint purchase and pay and amount exceeding the price fixed, the share shall be auctioned among the co-sherers and shall be sold to the highest bidder.

9. If within the period fixed no one of the co-sharers purchase the share which is to be sold, and if the sharer who has applied for sale persist in his application or if he refuse to accept the market price which has been determined, the whole property shall be sold by auction in accordance with the law concerning the sale of immovable property which is hypothecated, and it shall be transferred to the purchaser and the proceeds divided among the co-sharers in proportion to their share, by the Peace Judge. The transfer to the purchaser of properties thus sold shall, upon applications, be effected by the Execution Office.

10. If no bidder for the whole property be forthcoming, or the price offered be insufficient, the property shall be auctioned among the co-sharers only. If this be impossible, the co-sharer who has applied for the sale of his share may sell the share to a purchaser who is not a co-sharer, if he can find such. In such case the co-sharers who refuse to purchase at the determined

market price shall forfeit their right of pre-emption. If sale in this manner also be impossible, the auction may be re-opened after a reasonable period has elapsed.

11. After the completion of a transfer of property under article (9) no suit instituted by co-sharer or the guardian or executor of a co-sharer for the cancellation of the sale shall be heard.

12. The costs of partition shall be borne by the co-sharers in proportion to their shares according to the value thereof determined at the partition. The costs of auction shall be deducted from the sale proceeds. The costs of an auction which does not result in sale shall be borne by the co-sharer upon whose demand it was held.

13. In places where there is no Peace Judge the Court of First Instance shall effect partitions according to the Peace Judge's Law and the preceding articles.

14. This law shall come into force from the date of its proclamation.

15. It shall be enforced by the Ministers of the Interior, Finance, Justice and Waqf.

(The law is issued provisionally by Imperial Iradah and and is subject to confirmation by the General Assembly, 14th Muharram 1332=1st December, 1329).

IMPERIAL IRADAH ON THE LEASING OF IMMOVABLE PROPERTY OF 28TH JUMAD-IL-AWWAL 1299=5TH APRIL 1296, AS AMENDED BY THE PROVISIONAL LAW OF 18TH RABI-UL-AWWAL 1332=1ST FEBRUARY, 1329.

1. In order to lease houses, shops, land, farms or other immovable property, whether at Constantinople or in the provinces, a deed of agreement must be executed by the lessor and the lessee.

2. There shall be set forth in the deed the names of the lessor and lessee, their occupations, their places of residence, their nationalities, the class and situation of the property, the purpose to which it is applied, the period of the lease and the amount of the rent. If the rent be payable in advance, it shall be recorded as so payable.

3. The parties may introduce into the agreement any condition which is not repugnant to law or public morality.

4. There may be prepared a list of the appurtenance of the property with a statement of the condition of the property at the time of the lease, and in such case such list and statement shall be mentioned in the deed of contract. Upon the expiry of the lease, the lessee is bound to deliver to the lessor the things shown in the said list to have been received by him, and shall deliver the property leased in the same condition as is recorded in the said statement. Provided that the lessee shall not be held responsible for deterioration due to natural causes.

5. Deeds on behalf of minors, lunatics or idiots may be drawn up by the Court clerk on the application of their guardians or trustees, and leases of waqf property on single lease may be drawn up by the Court clerk on the application of the mutawalli.

6. Contracts prepared by the Court shall be stamped with contract-stamps. A fee of one-tenth of the value of such stamps shall be recovered on account of the preparation of the document, and note to that effect shall be recorded on the back of the document over the signature and seal of the Court.

7. Waqf property on single lease shall not be leased for a period exceeding three years. All other immovable property, including waqf on double lease, may be leased for such period as the lessor may desire, according to article 484 of the Mejelle.

8. If the property be held by owners in joint possession, the share of each shall be stated separately in the deed of contract.

9. The deed of contract shall be drawn up in duplicate and each copy shall be signed by both parties and by their sureties, if any.

10. (as amended). A fee of one-quarter per cent. shall be levied on deeds of lease by means of contract-stamps. Such deeds shall also be stamped with the "tamgha" under the Stamp Act. The contract-stamps shall be paid for by the lessor, and the "tamgha" by the parties who retain the copies.

11. Contract-stamps shall be of various values and shall be so printed that they may be divided into two parts. Special stamps shall be printed for each Municipal Office, bearing the number of the Office.

— 176 —

12. (as amended. Contract-stamps of the Municipal Office within the jurisdiction of which the property is situated shall be affixed to the deed of lease, to the value of one-quarter per cent. of the rent for the whole period of the lease. The stamps shall be divided into two halves; one-half shall be affixed to the copy retained by the lessor and the other half to the copy retained by the lessee. If the property be jointly owned by co-sharers, or if there be more lessees than one, and each lessor or lessee desire to have a copy, certified copies shall be granted by the Office which granted the original copies, and no stamps need be affixed except to the first two copies; provided that a fee of five piastres or of the value of the stamps on the first two copies, if that be less than five piastres, shall be recovered for every such copy.

13. If it be impossible to procure a single stamp to cover the whole fee, more stamps than one may be affixed.

14. The stamps shall be affixed at the time of signing and sealing the document, and shall be cancelled by writing the date over the inscription printed on them.

15. In the case of leases prepared by the Court, the value of the stamps to be fixed shall be calculated after deduction of the fee specified in article (6).

16. This rule shall apply also to leases prepared by Government Offices.

17. (as amended). If a lessee desire to transfer his right for a portion of the term of the lease, a note shall be made at the foot of the lease, and shall be sealed, and a contract-stamp of the value of 5 piastres shall be affixed; provided that if the lessee sublet the property at a higher rent, contract-stamps of the value of one-quarter per cent. of the excess rent shall be affixed. Upon the death of the lessor or of the lessee the contract shall continue to be binding without payment of additional fees.

18. (as amended). The lessor and lessee may alter any of the conditions of the lease by entry at the foot of the deed, provided that if the amount of the rent or the term of the lease be altered, there shall be affixed contract-stamps of the value of one-quarter per cent. of the increase.

19. If the Government acquire for a public purpose property held under a lease, the lessee shall vacate the property within the time fixed.

20. (as amended). For the enforcement of the conditions of a duly stamped lease either party may apply to the Peace Judge, or, if there be no Peace Judge, to the Court of First Instance, within whose jurisdiction the property is situated. The Peace Iudge or the President of the Court, as the case may be, shall warn the recusant party that he must carry out the conditions of the lease within fifteen days, and if he fail to do so within the said period he shall be compelled by the police. On the termination of the period of the lease the property shall be vacated according to the Law of the Notary Public. If a suit be pending between the parties, the property shall neverthelless be delivered to the lessor without awaiting the result of the suit. If a lease not duly stamped be presented to the Peace Judge or the Court for enforcement, the parties shall not be entitled to benefit by the preceding provisions until the penalty prescribed by this law be paid to the Municipal Office.

Of the proceeds of stamps issued and cancelled by the Notary Public, five per cent. shall be paid to the vendor and the balance shall be paid to the Municipal Office.

— 177 —

21. No claim for the performance of a condition not stated in the deed of lease shall be heard.

22. (as amended). A lessor who fails to execute a written deed of lease shall be liable to pay a cash penalty equal to three per cent. of the rent of the property for one year. Further, stamps of the value of one-and-a-half per cent. of the total rent shall be purchased at his expense and cancelled in his presence.

23. (as amended). If a deed of lease which has not been duly stamped according to the provisions of this law, or which has been duly stamped but of which the stamps have not been cancelled as require by article (14), be presented at any Court or Office of Government, contract stamps to the value of one-quarter per cent. of the total rent shall be affixed thereon, and there shall also be recovered a cash penalty equal to one-and-a-half per cent. of the total rent. If the lease be insufficiently stamped, or if the rent or period of the lease have been subsequently altered, and a note of such alteration have been made at the foot of the deed, and the new rent be greater than the original rent, and stamps of value proportionate to the excess have not been affixed, then stamps for the excess due shall be affixed to the deed and there shall also be recovered a cash penalty equal to one-and-a-half per cent. of the excess.

24. (as amended). The hearing of any case which requires the production of a deed of lease shall be suspended until the penalties mentioned in articles (22) and (23) have been paid, where such are due.

25. Cash penalties due to Municipalities will be paid to them according to the Municipal accounts rules.

26. (Penalties for forgery of stamps, etc., under the Penal Code).

27—29. (Sale of stamps, etc.).

INDEX.

Note: This index has been compiled by Mr. SOLOMON YAHUDA.

I have also to acknowledge with thanks the help of Mr. Y. STEPHAN in correcting proofs.

ABANDONMENT
    a ground for granting village for making Chiftlik, 117.
    by villagers. 71.
    effect of, 69, 70.

AB ANTIQUO
    assignment of land for public purposes, effect of, 96.
                pasturing grounds, 92.
                Threshing floors, 91.
    holding land by Monastery, 116.
    right of watering crops and animals, 117.
              way, 20, 170.
    taking of tithe on Meadow land, 84.
    usages as to rice-fields, 118.

ABSENCE
    combined with disability, 27.
    of co-sharer in partition proceedings, 173.
    discussed. 25.
    effect of, on right of Tapou, 65.
    of heirs, 58, 71, 77.
    return from, what constitutes, 27.
    of Soldier serving abroad, 59.

ABSOLUTE DISAPPEARANCE. see GHAIBAT-I-MUNQATA.

ACCOMPLICE, see SLAYER.

ACCRETIONS (MULK) see QUASI MULK.

ACTIONS
    concerning Rakaba, Mamur Tapou to represent State in. 171.
    presence of Treasury Officials at hearing of, 132.
    on conditions not mentioned in deeds, 147.

ADMINISTRATIVE COUNCILS
    approval of Yoklamas by, 145.
    duties as to distridution of title deeds, 134.
               land subject to right of Tapou, 131.
    Jurisdiction as to Mortgage vested in local, 132, 133.
    participation of officers in auction, 131.

— 180 —

ADMISSION
    considered as gift or restoration, 30.
    in case of prescription, 23, 25, 75.
    when valid, 30.

AGE
    of litigant how proved, 29.

ALIEN see FOREIGNER.

ANIMALS
    number allowed to pasture on chiftlik, 94.
    on village pastures, 95.
    Taking of, into vineyards etc., damage caused by, 117.

ANTIQUITIES
    Disposition of, regulated by Sacred Law, 101.

ARADI MAMLUKÉ see MULK LAND.
ARADI MEVKUFÉ see MEVKUFÉ LAND.
ARADI MIRIE see MIRIE LAND.

ASSIGNMENT
    assumptions drawn from the fact of, 93, 94
    of judgment debt by creditor, 143
    of lands, unchangeable nature of, 14, 15, 88, 89, 91.
    proof of, onus of, 14, 92, 93.
    of shares in partition determined by lot, 172.
    State bound by, 96.
    of threshing floors, 91.
    unnecessary in case of public rights 89.

AUCTION
    Administrative Council officers not to participate in, 131.
    bidder at, refusing to take, 144.
    Chiftlik residents' priority over land put to, 152.
    claiming rights on land sold by, 144, 172.
    costs of, in partition proceedings, 174.
    of debtor's land, 142, 143.
    interference with, 144.
    of land subject to right of Tapou, 59, 75, 131.
    of Mevkufé land, by Defter Khané officials, 151.
    officers in charge of, connot bid at, 144.
    of orphans' chiftlik, 133.
    procedure in case of mortgaged property sold by, 167.
    of property incapable of partition, 172, 173.

BACHTENE LAND
    TENURE OF, subject to land Code, 118.

BALTALIK (Woods and Forests)
    assigned, cannot be owned privately, 89.
        exclusive use of, 88.
    distinguished from Moubah, 100.
    meaning of, 89.

BANKRUPTCY and see DEBTOR
    forced sale in, of a foreigner, 140.

BEDEL-I-MISL
    Insolvent debtor, part of land of, to be sold at, 142
    Legal excuses unavailable for taking land at, 49, 50.
    Owner of accretions may claim land at, 49, 50.

BEI-BIL-WEFA
    combined with Wakala Dawryya, 168.

BEISAN LANDS AGREEMENT
    Mudawara lands, part of, disposed of, under, 120.

BEIT-UL-MAL
    rakaba over Takhsisat Wakf vested in 11, 12.

BIRTH
    date of, how proved, 29

BOUNDARY
    Demarcation of, determined by Land Court, 118
    Disappearance of, between towns and villages, 118
    Indefinite, effect of, 52

BUILDING
    on another's land, 38, 170
    bona fide erection of, 38, 39, 178
    on dedicated State Land, falling into ruins, 85.
    ground rent in lieu of tithe, 37, 170
    on land held in joint ownwership, 38, 171.
    Mulk, inheritance of, 82
    of new village or quarter, 37
    owner of, may acquire land at Tapou-i-Misl, 49
        may claim land, 49
    permissiom to erect, on State land required, 37
    Separate ownership of, and land, 50
    without leave, 37
    on Mirie land Court be made Wakf as a Whole

BRICKS AND TILES
    Leave required for making, 20
    Manufacture of, subject to leges speciales, 270

BURIAL
    prohibited on Mirie land, 6, 9, 38

CALENDARS
    fiscal, origin of, 126
    table of years of fiscal, Hegira etc. calendars, 127-128

CERTIFICATES
    contents of, 129, 146, 156
    invalid, 156
    Mukhtars to seal, 156
    obtainable from Imam of quarter, 156

CHARITABLE INSTITUTIONS
may own houses in towns and villages, 165.
registration, correction of, to the name of, 165.

CHIFTLIK
of abdul Hamid, disposed of under Beisan Agreement, 120.
definition and incidents, 119, 120.
disposition of, belonging to orphans, 133.
held by Imperial Mulkname, subject to Land Code, 138.
of minors, how dealt with, 54, 121.
Residents, priority of, over land sold by auction, 152.
title deeds for building on, 151.
village granted as conditions under, 119.

CHIFTLIK PASTUR
Incidents and nature of, 94.

CIVIL PROCEDURE
priority of prescription as an issue destroyed by, 30.
regulated partition by the Court, 22.

CO-HEIRS
no prescriptive title as against, 27, 28, 57.

COINS & TREASURES
Disposition of, regulated by sacred law, 101.

COMMON
Registration of Mirie property held in 18.
Right of, 14.

COMMUNAL LANDS
Distinguished from Public lands 14.

COMMUNITIES, OTTOMAN
may own house property in towns and villages, 165.

COMPANIES, see CORPORATE BODIES.

COMPANIES, OTTOMAN AGRICULTURAL
not to hold land in particular places, 165.
villagers enjoy priority over land sold by, 165.
may lend on the security of mortgage, 166.

CONDITIONS (REGISTERED, OF SALE)
Private modification of, 41.

CONSENT
of first mortgagee for sale of Mortgaged property by subsequent Mortgagee 167.
Presumed, once registration effected, 45.
of Registering authority to validate Transfer, 40, 41.
Validation of Transfer without, 41, 42.

CONSIDERATION
inadequacy of, when actionable, 113.

CONTRACTS
    Nullity of, for perpetual joint Possession 172.
    When void, 113.
    Voidable 114.

CONVERSION
    of Mirie land into Mulk. 4.
    of Mulk land into Wakf, 4, 5.
    State may convert Mirie into Mulk 6.

CO-POSSESSOR—and see CO-SHARER.
    must be offered his partner's Share before it is sold 136.

CORPORATE BODIES
    Annual tax payable for land by, 165.
    by whom represented in land transactions 165.
    Power of, to hold land, 105, 165.

CO-SHARER
    Auction costs in partition to be borne by, 194.
    claiming by prior purchase 46, 136.
    holder of right of tapou, 60.
    refusing to buy, loses right to pre-emption 174.
    Right to dispose of Pernallik & Forests 171.
    suits in succession by, 49.

COURTS, PROVINCES OF, LAW AS TO, 23rd zil-Keda, 1332.
    text, 162.

CO-VILLAGERS
    Grant of land on failure of heirs to, 61, 62.

CREDITOR
    Assignment of judgment debt by, 143.
    Death of, before redemption, 111, 142.
    sale by, under a wakala Dawryya, 111.
    sale of debtor's land may be asked by any, 144.

CROPS
    Kinds of, to be sown on State Land, 19.
    on land left by owner dying without issue, 81.
    Removal of, by restored owner, 32.

CULTIVATION
    arbitrary or forcible, 31, 32, 171.
                  rent recoverable for 31, 80, 171.
                  decrease of value caused by, 31, 80, 171.
    compulsory, 67.
    dispossession for want of, 68.
    effective, what constitutes, 130.

CUSTOM
    counter statutory inheritance, 19, 57.

DAMAGE
    caused by animals, 117.
    claimant of land sold by auction liable for, 171.
    for treaspass, 170, 171.

DASTOUR
orders, etc., published in, binding character of, 161.

DEATH
date of, how proved, 29.
of debtor, forced sale of mortgaged property, after, 142.
    before redemption, 111, 142.

DEBT
to State, 142.

DEBTOR
death of, before redemption, 111, 142.
dwelling place, sale of, 142, 143.
land of, sale of, 108, 109, 110, 111, 133.
land of, sold at instance of any creditor, 144.
notice to, before sale of land, 143.
Portion of property exempted from sale, 142, 143, 144, 171.
    may be sold under Wakala Dawryya, 143.
property of, not to be sold if debt payable in 3 years, 143.

DECEIT, see FRAUD.

DEDICATION and see WAKFS and MEVKUFÉ LAND
of Mirie land prohibited, 115.
of Quasi Mulk, 85, 86, 87, 115.

DEFTER KHANE
custudian of registers of Moussaqafat and Mustaghilat, 154.
duties of officers of, 145, 146.
issuing title deeds for Mevkufé land, 151.
    issuing title-deeds for Ministry of Evkaf properties, 153.
for Mulhaka Wakfs, 155.

DEMIR BASH
rule in regard to, 133.

DEPRECIATION
of land by wrongful cultivation, 30, 80.

DISABILITY
affecting right of Tapou, 63, 65.
combined with absence, 27.
of guardians, to sell or buy wards' property, 54.
of officers charged with auction, 131, 144.
persons under, non cultivation by, 72.
    partition of land held by, 22.
    transfer of land by, 53, 54.
    unaffected by lapse of prescriptive period, 23, 25, 26.
Tapou Official under; to acquire vacant land, 85.

DISPOSITION OF IMMOVABLE PROPERTY, LAW OF, (30th March, 1329).
    disposition of land to be effected in Land Registry, 169.
    effect of, as to arbitrary and wrongful cultivation, 31, 170, 171.
        burial on Mirie Land, 38.
        creation of Quasi Mulk, 7, 34, 53, 170.
        co-sharers to share land cleared, 22, 171.
        grafting and planting of trees, 36, 170.
        removal of crops, 32, 171.
        sale for debt, 108, 171.
        squatter's rights, 80, 81 171.
    limitations on user of Mirie land removed by, 9, 20, 37, 68, 169, 170.
    modifying law of transfer, 40, 41, 53, 169.
    Nam Mustaar actions abolished, 169.

DIVORCE
    inheritance in case of irrevocable, 139.
                          revocable, 139.

DOUBLE LEASE (IJARETEIN)
    Explained, 161.
    Moussaqafat & mustaghilat held on, inheritance of, 148, 149.
                              Nationality, change of, 157.
                              sale of, for debt, 143.
                                    for State debts, 142.
                                      title deeds issued by Evkaf Ministry, 151.

DURESS
    discussed, 24, 106, 107.

EJR-MISL (EQUIVALENT RENT)
    Annual rent of Mousaqafat & Mustaghilat increased to, 142.
    not recoverable for arbitrary or wrogful cultivation, 31, 80.
        recoverable, 171.

EMBLEMENTS
    of cultivator dying without issue, 81.

EMLAK OFFICE.
    To be notified of Mulk becoming Mahlul, 156.

ENCLOSURE
    Right arising from, 99.
    Effect of Mevat Land Ordinance 1920, 99.

EQUITABLE POWERS OF LAND COURT
    as to customary inheritance, 57.
    Retrospective validation of informal transactions, 28, 21-42, 115.

EQUIVALENT VALUE and see BEDL-I-MISL.
    Definition of, 135.
    sale of property of debtor at 142.

ESCHEAT-see MAHLUL.

EVIDENCE (oral).
    inadmissible to vary terms of sale, 44.

EVKAF MINISTRY
Charged with auction of Moussakafat & Moustaghilat 155.
Issuing Title deeds for Moussakafat 151.
monthly schedule of Transfer to be sent to, 156.
Property of, title deeds of, issuable by Defter Khane 153.
Rents of Mousakafat & Moustaghilat collected by, 155.
succeeded by Supreme Moslem Council 12.

EXCESSIVE DECEPTION
Actionable, when, 112.
Defined, 112.
Right of action on, not heritable 113.
in sale of Mahlul land, 85.

EXCHANGE
of land, leave required for, 40, 169.

EXCUSES, LEGAL,
Combination of, effect of, 27.
must be shown as against immigrant Settler 123.
not entertainable in prior purchase, 46, 50.
right of tapou 64.
Prescription intercepted by, 23, 77.

EXECUTION OFFICER
may evict from mortgaged property 167.
Transfers land sold by auction 173.

FALSE DECLARATION.
as to purchase money, 130.

FEES
False declaration to lessen, 130.
Inspection & Transfer of Mulk 146.
Mortgage & redemption 147.
Mevkufé, Moustaghilat & Musakafat, payable weekly to Treasury, 154.
Mevkufé, payable to Wakf concerned, 11, 154.
Portion of Mutawallis 154, 155.

FERAGH BIL WEFA
means of securing debts 108, 109, 110, 138.
of Moussakafat and Moustaghilat, 149.

FEUDATORIES
managed Mirie Land before passage of Land Code, 2, 7, 8.

FIRMAN
High Commissioner's order equivalent to, 38.
Interpretation of, in connection with monasteries 116.
necessary for building quarter on Mirie land, 37.
title for Mulk land, 5, 6.

FLOOD
Land affected by, not subject to right of Tapou, 69.

FOREIGNER
cannot hold land in Hedjaz, 140.
charges and dues on tenure of land, 140.
debtor or Bankrupt, sale of landed property, 140.
Disposition by, of his immovable property, 141.
Law applicable to, endorsed on title deed issued to, 153.
Ottomans becoming, entitled to hold land, 157.
Possession by, from when, lawful, 141, 157.
Right of, to inheritance, 103.
Law as to, to possess immovable property 140.
subject to lex and forum as to disposition of land 140.

FORESTS
Trees of, used as fuel, 88.

FORESTS ORDINANCE 1926.
converting Moubah lands into Forest Areas, 100.

FOUZOULI
Possession gives no title by lapse of prescriptive period 23.

FRAUD (TAGHRIR)
Actions based on, 112, 132.
defined, 112.
Effect of, on transfer 112.
Right of action based on, not heritable 113.

FRUIT TREES, and see QUASI MULK AND PLANTING.
leave to plant, 33.
Effect of law of Disposition on, 34, 170.

FUEL
Trees of woods and forests used as, 98.

GARDENS
devolution, 82.

GEUITERCKE
Liability for damage by animals 117.
Meaning of, 117.

GHABN-EL-FAHISH.
in auction of Mahlul land, 85.

GHAIBAT-I MUNQATA
of heirs, 72.
of soldier, Effect of, 59.

GIFT
Admission Considered as, 30
of Mirie land in Mortal Sickness, 5, 30.
of Mulk land, 5.
Procedure in case of 147.
Transfer by way of, 45.
defeats law of inheritance, 56.
fees on. 230.

GRAFTING
    by owner of natural growing trees, 36, 170.
    without permission of owner, 36, 170, 171.

GRAND RABBINATE.
    Certificates issued by. contents of, 156.

GRANT
    by Feudatories, of Mirie land, 2, 7, 8.
    in common, 9.

GROUND RENT.
    Charged on non fruit bearing trees, 37.
    on buildings. 37.
    on woodland 37.

GRAZING
    Right to, 100.

GUARDIANS.
    Definition, 54.
    Disability of, to buy word's property. 54.
    neglecting cultivation 72.
    Partition of minors' properties, 22.

GUEDIKS.
    Contents of Certificate for transfer of, 156.
        issue of certificate for, 156.
    on double rent subject to law & procedure of Mousaqafat, 249.

HAK-I-SHURB-see WATER RIGHTS.

HEIRS.
    Absence of, 71.
    Determination of, 29.
    Failure of, escheat on 60, 61, 63,
    Mortgagee's rights precedes succession by 142.
    Partition as between, 173.

HERBAGE.
    rights as to, 95.

HIGHWAY, PUBLIC,
    part of Metrouké lands, 14, 89.
    user of, 90.

HOMICIDE see SLAYER.

HUJJEH,
    a document of title, 145.

IJARETEIN see DOUBLE RENT.

IJARET-I-ZEMIN,
    charged on non-fruit-bearing trees, 37.

IJARÉ MUAJELE,
    increased to Ejr Misl in Mousaqafat, 142.

IJARÉ WAHIDA,
    explanation of, 161.
    Mousaqafat held on, may be sold by auction, 155.

ILMOUHABER, see CERTIFICATES.

IMAM OF QUARTER,
    to issue certificates, 156.
    to notify mulk becoming mahlul, 156.

IMBECILES see MINORS.

IMMIGRANT SETTLER.
    prescription as to possession by, 123.

IMPROVEMENT and see QUASI MULK,
    what constitutes, 98.

INALIENABLE LAND,
    assigned land, 15, 89, 90, 91, 153, 155.
    pasturing grounds, 92.
    Standings, 90.
    Threshing floors, 91.

INFANTS, see Minors.

INFORMER.
    as to false declaration as to value of land, 130
    as to land being vacant, 132.

INHERITANCE,
    to accreations on Mirie land, same as in Mulk, 7, 35.
    as affected by change of nationality, 104.
    customary v. statutory, 19, 56, 57.
    devolution by, procedure on, 129, 130.
                        in Mulk, 146.
    Divorce, effect of, 139.
    husband, a foreigner, 103,
                        his children, 104.
    Legitimacy, effect of, 57.
    to Mirie land, by special Law, 6, 56, 138, 163.
                  Modified, 103
    to Mousaqafat and Moustaghilat on double rent. 148-149.
    to Mulk, governed by law of Movables 6.
    Ottomans and Foreigners, as between, right to. 103.
    Persons deprived of right to acquire land. 157.
                  divested of Nationality, 157.
    Possessors by, to be granted title deeds 135.
    Pregnant wife, 56.
    Prescription as between heirs not applicable 57.
    Proof of, 58.
    Religious Communities, as between, right to, 102.
    to Victim's land by his slayer and accomplices 102.
    to Wakf property, as regulated by dedicator 164.

INHERITANCE, LAW OF
as originally embodied in land Code 124.

INHERITANCE, EXTENSION OF
Children to succeed in equal shares 138.
repeated by law of Mousakafat and Moustaghilat 150.
Spouse excluded in 1st. & 2nd. degrees 138.

INHERITANCE, PROVISIONAL LAW OF (3rd Rabi 1. 1331).
Effect of Extension of, to Mousaqafat and Moustaghilat 164.

IRRIGATION-see WATER AND RIGHTS.

JARIDA-UL-ADLYYA
Orders etc. published in, binding character of, 161.

JEBALI MOUBAHA. see MOUBAH.

KHALI LAND. see KHIRACH AND KHALI LAND.

KHALI
Prior purchases by 47.
right of Tabu of, 60.

KHAN
Mejlis of, to issue certificate for guedik situate in, 156.

KHARAJ MUKASSAMI
Class of tribute paying land 3.
not met with in Palestine 4.

KHARAJ MUVAZZEF
consists of, 4.

KHASSE LAND
Tenure of, 118.

KILLIMBA
groving on land, enjoyable by possessor only, 19.

KIRACH & KHALI LANDS
Exemption from payment of titthes on 130.
Gratuitous Grant of, 130, 135.
Land once cultivated, not included in, 135.
Secret occupation of, 135.

KISHLAK
Dues on, regulated by ability to pay, 95.
Prescription not operative in.

KUROU, see WOODLAND.

LAND
Assessment, 135.
becomes Mahlul, 64.
Classification of, 1.

LAND (continued).
    Grant of, 27.
    reclaimed from the Sea 124.
    separate ownership as distinguished from accretions 49, 50.
    vacant, can be seized by anyone, 60, 63.

LAND LAW CONCERNING
    discrimination in favour of Moslems abolished, 151.

LAND CODE
    Governs Mirie, Mevkufé, Mevat and Metrouké lands, 1, 11.

LAND COURTS   ) see EQUITABLE POWERS OF LAND
LAND COURTS ORDINANCE 1921)   COURTS.

LEASE
    Gives no permanent title, 32.
    of Minors etc. by official, 72.
    of Mirie land 19, 169.
    of Wakf property not to exceed 3 years, 175.

LEASE OF IMMOVABLE PROPERTY, IMPERIAL IRADÉ. 1299-1332
    assignment of, 176,
    contents of agreement, 175.
    Delivery of property pending decision of Suit, 176.
    evacuation of property required for public purposes, 176.
    Penalties under, 177.
    Remedies for breach of Contract, 176.
    Responsibility for deterioration, 175.
    Stamps and fees on contracts, 175, 176.

LEGAL OWNERSHIP, see RAKABA.

LEGITIMACY
    Inheritances not affected by, 57.

LIMITATION, see PRESCRIPTION.

LOCALITY
    meaning of, 62.

MAHALLA
    building of, subject to rules of Vilayet, 170.

MAHLUL LANDS and see TAPOU, RIGHT OF.
    Definition, 63, 76, 73.
    Excepted from sale for debts due to State 142.
    included in Public lands, 3.
    Land acquired before change of Nationality, 157.
    Land becomes, how, 60, 64, 61, 131.
    Mevkufé, auction of, by Defter Khané, 151.
    Moussaqafat and Moustaghilat, sale of, by Evkaf Ministry, 155.
    Mulk, 147.
    Notice of, to Evkaf Ministry, 156.
    Procedure when land becomes, 41.

MAHLUL LANDS and see TAPOU RIGHT OF. (continued).
Reasons preventing land becoming, 67, 71, 72.
Reverts to State without liability for owner's debts, 64.
Secret possession of, 72, 74.
Security for debts of Former owner 171.
Vendor dying without issue, invalid Sale by, 41.

MAHLUL LAND ORDINANCE, 1920
curtailing right of Squatter, 10, 61.
Effect of, 71, 78.

MAMOUR TAPOU.
Court Clerk may be required by, to draw up single lease 175.
replaces Mutevelli when absent, 169.
represents State for all actions re Rakaba, 171.

MANDATE FOR PALESTINE
Protection of Metrouké lands under, 96.

MARGINAL NOTES
Abolished, on title deeds, 134.
Transfer evidenced by, 129.

MARKETS
assignment of, registration of, Effect of, 91.

MAZBOUTA WAKF.
Explanation of, 161.
Title deeds on, issuable by Defter Khané, 153, 155.

MER'AS, see PASTURE
assigned, 4.

MESHA LANDS, and see CO-SHARERS AND CO-POSSESSORS
Registration of, 18.

METROUKÉ LAND
assignment of, 14, 15, 88, 89.
assignment of, onus of proof, 14, 92.
assigned, use of, unchangeable, 15, 89.
Defined, 2, 14, 88.
Kinds of, 14, 15, 88, 89.
Prescription unavailable in use of, 15, 93, 96.
Protected by Mandate, 96.
Presumption of unassigned, by State, 15.
Part of State Lands,

MEVAT LAND
acquisition of, method of, 16.
Defined, 2, 15, 97.
Definition of, Shortcomings of, 16, 98.
Effect of law of Tapou Seneds on, 99.
governed by Land Code, 1, 16.
how convertible into Mulk, 4.
how convertible into Mirie, 4, 8.

MEVAT LAND (continued).
    Improvement in, 7, 98.
    Land once cultivated, ceases to be, 99.
    Part of State land, 1.
    Rakaba in, 99.
    to whom granted, 130.

MEVAT LAND ORDINANCE, 1920.
    Modifies rights of squatter on Mevat land, 10, 16, 98.
        arising from Enclosure, 99.

MEVKUFÉ LAND and see **TAKHSISAT**
    acquired before change of Nationality becomes Mahlul, 157.
    Governed by land Code, 11.
    Kinds of, 10, 11.
    Possession of, without title deed illegal, 151.
    Restriction on disposition of, removed, 169, 170.
    Trespass on, 170.

MINES
    Included in Public Lands, 3.
    Mining Ordinance regulates exploitation of, 101.
    vested in High Commissioner by Order in Council 1922, 3, 101.

MINERALS
    Ownership of, in State and other lands, 101.
    Former laws governing disposition of, 102.

MINING
    Prohibited in Mirie Land, 9, 101.
    under Mining Ordinance, 1925, 101, 102.

MINORS
    Absent owner dying, leaving, 27.
    Arbitrary cultivation of land of, 31.
    Chiftlik of, 54.
    Guardians may buy land for, 54, 66.
        sell land of, 55.
    land of, becomes subject to right of tapou, 53, 54.
    may not transfer their land, 53.
    Partition of land of, 22, 173.
    Remedies as against guardians, 54.
    right of Tapou of, 63.

MIRIE LAND
    Accretions on, follow, since law of Disposition, 7.
    Annual tax payable by Corporate Bodies, 165.
    became mulk by building or planting, 2.
    Burial in, prohibited, 6.
    cannot be dedicated, 115, 170.
    cannot be devised by Will, 8, 56, 170.
    comprises, 7.
    Crops, which may be sown on, 19.
    Disposition of, not affected by Mortal Sickness, 5, 28, 114.
    Erection of buildings on, 37, 170.

MIRIE LAND (continued).
    Governed by Land Code, 1.
    grant of, 7, 17, 18. 119.
    History, 7.
    Incidents of, 8, 170.
    Lease of, 19.
    Legal incidents of, compared with Mulk, 5-6.
    New title deed for every alteration, 170.
    Once, always, 10.
    Possession of, granted by Feudatories, 7.
    Prescription in, 6.
    Removal of restrictions on disposition of, 169, 170.
    Right of prior purchase, 6.
    Right of State to convert into Mulk, 6.
    Statutory Definition, 7.
    Trespass on, 170.
    Ultimate ownership, 1, 129, 170.
    Unauthorized Cultivation, 171.

MONASTERY
    Firmans in connexion with, 116.
                            Interpretation of, 116.
    Tenure of land by, 116.

MORTAL SICKNESS
    Divorce in, as affecting inheritance, 139.
    Sale or transfer of Mirie land in, 5, 28, 114, 115.

MORTGAGE
    assignable, 166.
    actions re, 133.
            Vested in Local Council, 133.
    Discharge before maturity, 166.
    Deed, mandatory for sale must be mentioned in, 133.
        Private, null and void, 133.
    during the war, 41-42, 109.
    inconvertible into sale, 110.
    land not subject to, not to be sold for debt secured by, 142.
    of Mirie land, Conditions as to 109.
        Procedure in case of, 132.
    of Mulk, Procedure in case of, 147.

MORTGAGE, PROVISIONAL LAW OF, 1st. Rabi 11. 1331.
    Text, 166-167.

MORTGAGED PROPERTY
    Execution Officer may evict from, 167.
    Heirs cannot possess without paying mortgage debt, 133, 142.
    Present and future accretions included in, 166.
    Sale of, not to be suspended by resort to Court, 167.
        by Mortgage, 133.
        conducted by Execution Officer, 110.
        vested in President District Court, 110.

MORTGAGE
 Consent of 1st., for sale of mortgaged property by subsequent, 167.
 Sum due to absent, to be deposited in Bank, 167.

MOUBAH LANDS
 cannot be possessed by title-deed, 99, 130.
  resumed by Government, 15.
 Incidents of, 100.
 Mountains, use of yield on, 99.

MOSLEM AND NON MOSLEM
 Holding land, non descrimination as between, in, 152.
 no inheritance of State land between, 102.

MOUSSAQAFAT AND MOUSTAGHILAT
 arbitrary Cultivation of, 171.
 attached to Mustesna Wakf, Mutevelli to issue title deeds, 151.
 building on, 149.
  to be estimated every 5 years, 149.
 Explained, 161.
 Held on double rent, change of Nationality, 157.
  Mukata rent system 150.
 Mamur Tapou to deal with, when mutawalli is absent, 160.
 mortgaged, forced sale of, Law as to, 142.
 Partition, 173.
 Registers to be handed to Delter Khané, 153, 154.
 Sale of, for debt, 143.
 Subject to Double Rent, succession to, 148, 149.
 Succession to, same as in Mirie Land, 164.

MUAJELE
 fees on Idjaretein Mousaqafat, 155.
 Is Tapou fee, 7.

MUDAWARA LANDS
 Right of Cultivation in, 120, 121.

MUDDET-I-SEFER, see ABSENCE.

MUEJELE
 rent of Moussaqafat increased to Ejr Misl, 142.

MUHASSILS and see FEUDATORIES.
 title deeds issued by,

MUKHTAR
 Contents of Certificate issued by, 156.
 giving Statement re Partition, 172.
 giving notice of Mulk becoming Mahlul, 156.
 Sealing of Certificates by, 156.

MULHAKA, WAKF
 Explanation, 161.
 Title deeds, sealed by Mutevellis, 153, 155.
  handed to oweners by Defter Khané, 155.

MULK PROPERTY
    annual Tax payable by corporate Bodies, 165.
    becoming Mahlul, notice of, to Emlak Office and Evkaf Ministry, 156.
    Governed by Mejelle, 1.
    Kinds of, 3, 4.
    Legal incidents of, Discussed, 5.
    no longer created by improvement of land, 4, 5, 6.
    Prescription, 6.
    Renunciation of Transfer of, 156.
    Title deeds, issuable by Defter Khané, 145.
    vested in individual owner, 1, 3, 1.

MULK TITLES ACT
    Effect of, discussed, 4, 6.
    Prohibiting modification of registered conditions, 41.
    Registration of Mulk Holdings obligatory, 8.

MULTAZIMS AND MUHASSILS
    Possession of Mirie land granted by, 7, 130, 136.

MUNICIPALITY
    to issue certificates re Mortgage, 160.

MUSTESNA, WAKF
    Explanation, 161.
    Mousaqafat and Moustaghilat attached to, 151.
    Registration, fees, for, payable to Wakf, 169.

MUSAVEGHAT CODITIONS
    enumerated, 555.

MUSTAHIKI-TAPOU, see RIGHT OF TAPOU.

MUTEVELLIS
    control Mulhaka Wakf, 12.
    Controlled by Wakf Council, 12.
    fees, portion of, payable to. 155.
    liability of, to dispossession, 85, 87.
    Mamour Tapou to replace, when absent, 169.
    representing wakf in litigations, 12.
    to repair dedicated accretions, 85.
    to seal Metrouké title deeds, 153, 155.
    title deeds issued by, 151.
        signed by, to be exchanged, 151.

MUWADA'A
    Actions bassed on, abolished, 169.
    Meaning of, 169.

NAM MUSTAAR
    Actions bassed on, abolished, 169.
    delay granted for actions based on, 169.
    meaning of, 169.

NATIONALITY
  abandoned by Ottoman subject, without leave, 104, 140. 175.
  Land, Mirie and Mevkufé, acquired before change of, extracts, 175.
  Persons without, 157.
  Succession Ordinance, 1923, effect of, on, 104.

NEED OF VILLAGERS, see ZARURAT.

NON CULTIVATION
  absent, Heir, 71.
  Disability, effect of, 72.
  Legal excuse for, 67, 69.
  Liability for, 70.
  Penalty for, 68.

NOTICE
  To absent co-sharers in partition proceeding, 173.
  in case of sale of Immovable property, 143.

ORCHARDS
  Dedicated disppearance of, 86.

ORDER-IN-COUNCIL, PALESTINE, 1922.
  Mines, vested in High Commissioner, 3, 101.
  Public Lands, meaning of, under, 3.
  Religious Courts under, furnish proof of inheritance, 58.

ORPHANS
  Chiftlik belonging to, 133.

OTLAK (GRAZING GROUNDS)
  enjoyable by Villagers without payment, 100.

OWNERSHIP
  Meaning of, under law of Disposition, 171,
  Separate, of land and accretions, 50, 170, 171.

PALAMUD TREES
  growing naturally on Mirie, are subject to Mirie, 36.

PARTITION
  assignment of shares in, by lot, 172.
  before death of ancestor, 281.
  binding if duly made, 21.
  Co-owners of land and bindings, 171.
  by consent, 172.
  Court of ost. Instance to effect where there is not Peace Judge, 174.
  how effected, 20-21 172, 173.
  Judicial, 22, 172, 173.
        Safeguarded by Civil Procedure, 22.
  of land acquired by right of Tapou, 61, 62.
        held by persons under disability, 21.
  Leave necessary for, 11.
  may be postponed by agreement, 172.
  of Mousakafat, 173.

PARTITION (Continued)
    nullity of contract for perpetual exclusion of, 172.
    property incapable of, 21, 171.
    Provisions of land Code as to, superseded, 17, 21.
    title deed to be issued for each separate plot, and after, 172.
    value of shares to correspond, 172.
            how fixed, 172.
            adjusted, 172.

PARTITION, LAW OF (1st DEC. 1329).
    Its effect on Land Code 17.
    Procedure in Partition by Conseut, 23, 172.

PASSING OVER LAND
    disallowed except by ab antiquo right, 20, 1701.

PASTURE
    assigned distinguished from summer and winter, 95.
    assigned, prescription not operative in, 93, 96.
            parties to suit in, 93.
    assignment of, Effect of, 92, 93.
    become subject to right of Tapou, 84.
    Beduins mainly interested in summer and winter, 96.
    Held by title deed, 33.
    Chiftlik, 94.
    Individual rights of, 95.
    may be granted to Chiftlik holder, 120.
    subject to provisions of State land, 33.
    Uassigned, incidents of, 100.

PATRIARCHATE
    Certificate issued by, Contents of, 156.

PERNALLIK
    Definition, 22.
    disposition of, right of, by Co-Sharer, 171.
    may be turned into cultivable land, 22.

PLANTING
    arbitrary, 38.
    leave for, 33.
    Quasi Mulk cannot be created by, 34.
    What Constitutes, 35.

PLEDGE, see MORTGAGE
    Possessory Titles, law as to, 256.

POSSESSION
    Effect return from absence on adverse, 27.
    Fouzouli no title acquired by, by prescription, 23.
    by immigrant, 123.
    Incompetent Court, awarding, 31.
    of Immovable property by Foreigners, 103, 140.
    joint, nullity of Contract for perpetual, 172.
    of Meadow land by title deed, 19.

POSSESSION (Continued)
 Secret, 74.
 by Squatter, 73.
 by stranger, 74.
 wrongful, 31, 32, 49.

PRE-EMPTION
 Co-Sharer refusing to buy, loses right to, 174.
 Difference between prior purchase and, 48.
 Peculiar to Mulk, 6, 51.
 Quasi Mulk, not applicable to, 35, 47.

PRESCRIPTION
 acquisitive, 26, 75.
   how enforced, 78, 79.
   not availaible in Metrouké, 15, 89, 93, 96.
 against the State, 30, 75.
 applied to judgments, 31.
 in Chiftlik Pasture, 94.
 claim by, how enforced, 78-80.
 duress, as defence against, 106.
 Disclosure of origin of title by, 23, 31.
 Disability, persons under, not affected by, 23, 25, 26, 76.
 Immigrant Settler, 123.
 Mevat land cannot be acquired by, 16.
 in Mirie land, 8, 9, 23.
 in Moubah land, not effective 100.
 in Mulk, 6.
 Possessors by, to be granted title deeds, 135.
 Priority of decision on, before other issues 30.
 Quasi Mulk, 35.
 Rakaba, Period of, in 6, 9.
 in Right of Tapou same as in Prior purchase, 62.
 Title by, Value of, discussed, 25.
   defeated by presumed trusteeship, 27, 28.

PRIOR PURCHASE
 Difference between pre-emption and, discussed, 48.
 Prescription in same as right of Tapou 2nd degree, 62.
 Priority in, 47.
 in Quasi Mulk, 35, 47.
 Right to, heritable, 46, 47.
   of Village inhabitants, 50.
 in Mirie land, 46, 47.

PRISONER OF WAR
 Excuse for non cultivation, 67.

PROPERTIES
 Law relating to, 157.

PROVISIONAL CERTIFICATES
 Grant of, 132.
 replaced by printed, 134, 146.

— 200 —

PUBLIC HIGHWAY
  Part of Metrouké, 14.
  Possession, act of, on, 89.

PUBLIC LANDS
  Definition under Order in Council 1922 and 3.
  Distinction between, and Communal lands, 14.

PUBLIC USE
  Land left for, not to be sold by auction, 153, 155.
  Markets and Fairs, 91.
  prescription not available, 96.
  title deeds not to be granted, 130.

PURCHASE MONEY.
  False declaration as to, 130.

QUARTER
  building of, subject to rules of Vilayet, 170.
  Imperial order required for building of, 37.

QUASI MULK
  creating Mulk, 4, 6.
  Dedication of, 115, 15, 86, 87.
  Devolution of, 35, 82.
  Disappearance of, right of Tapou accruing on, 82.
  Discussed, 7.
  Excluded from sale on escheat of land, 74.
  Extent of Holding, 34.
  land may be sold without accretions, 53.
  pre-emption and prior purchase inapplicable, 7.
  Prescription in, 35.
  Right of Tapou in, 35, 50, 60, 62, 66, 73.
  separate owneship of, 49, 50.
  separate sale of, 53.
  Tenure, 10, 33, 34.

QOCHANS, see TITLE DEEDS.

RAKABA
  could be transferred from Mirie to Mulk prior to Land Code, 2.
  Mamur Tapou to represent Sale in actions re, 171.
  Prescription for change of Rakaba, 6, 171.
          on Mevat land, 99.
          on Wakf, 13.
  Transfer of, on death of Mulk owner without issue, 6.
  ultimate ownership, 1.

RECLAMATION FROM SEA
  confers full title if made with leave, 121.

REGISTERS AND RECORDS
  Counterfoils etc. to be kept in capital of each Kaza, 137.
  of lands, to be kept in each Kaza, 132.
  Note of mortgage to be made on, 132.
  Transfer of, to Defter Khané.

REGISTRATION
    Enforcement of prescription title, Effect of, 26.
    of Mesha Lands, Modes of, 18.

RESTING SOIL
    an excuse for non cultivation, 67.

RESUMPTION
    of Metrouké land, 15.
    of unclaimed land, 70.
    of Wakfs, 13.

RICE FIELDS
    Tenure of, 118.

RIGHT OF TAPOU, see TAPOU.

RIVERS
    receding, land formed by, 116.

ROADS
    Use of, under Mejelleh, 90.

RUINS. see BUILDINGS.

SALE
    conditions of, modification of registered, 41, 44, 147.
    Debtor's property, 108, 143.
                      Exemption from, 142, 143, 144.
                      Procedure, 143.
    deeds, interpretation of, 43, 44.
    divided property, 136.
    in execution of judgment, 143.
    final, after transfer in partition proceeding, 174.
    forced, law as to, of Mirie and Mevqufé mortgaged land, 142.
    land subject to succession duty, 136, 137.
    Mirie land, in Mortal Sickness, 5, 28, 114.
    of Mortgaged property, 110, 111.
                      at expiration of period, 167.
    of Mulk land, in mortal sickness, 5.
                      procedure, 146.
    in satisfaction of debts to Government, 142.
    of share in partition proceedings, 173, 174.
    of undivided property, 136.

SALE OF IMMOVABLE PROPERTY FOR PAYMENT OF DEBTS: LAW AS TO
    not retroactive, 144.

SALT PANS
    Separated from Mirie land.

SEA
    Land reclaimed from, 121.

SEIZURE FOR DEBT and see SALE.
    creditor connot seize land in possession of debtor, 108

SHARIA COURTS
  to determine heirship, 29, 58.
  Determines disappearance of heirs, 58.
  Issuing Hujjets or documents of title to land, 145.

SIPAHIES, see FEUDATRIES.

SLAVE
  dying after being freed, land of, passes to his heirs, 105.
  Holding of land by, 105.

SLAYER AND ACCOMPLICE
  cannot inherit from victim, 102.

SOLDIER
  Absence of soldier serving abroad, 59.
  Effect of non-cultivation by serving, 71.
  Priority in right of Tapou, 61.
  Right of, to be given land free of Tapou payment, 67.

SQUATTER
  Abandonment, position of, in case of, 69.
  Acquisition of Mirie land, by, facilitated by Land Code, 6.
  Can be objected by holders of right, of Tapou, 63, 65.
  Land held by, prescription applicable to, 10, 60.
  Rights of, modified by Mahlul and Mevat Ordinanc, 10.
  Title holder, position of, as against, 31, 78, 79, 80.
                                    under Law of Disposal, 80, 81, 171.
  unauthorized, on Mevat land may claim title deed, 16.
  vacant (Mahlul). land, rights, of, 73, 60.

STAMPS
  To be affixed on lease Contracts, 175, 176.
  Penalties for failure to affix, 177.

STANDINGS
  Right as to, 90.

STATE and see MIRIE LAND.
  comprise, 1.

STRANGER
  bidding higher than holder of right of Tapou, 84.
  Definition of, 74.
  Position of, as to right of Tapou, 62, 63, 66, 74.

SUCCESSION, see INHERITANCE.

SUCCESSION ORDINANCE
  as to persons different religions, 102, 103.
                          rationalities 103.
  as to proof of Inheritance, 58.

SUPREME MOSLEM COUNCIL
  Position of as to Wakfs, 12.

TAGHRIR, see FRAUD.

TAKHSISAT WAKFS
    accretions on, 85, 86, 87.
    Classification, 12.
    Expalained, 9.
    Enactments as to, previous to Land Code, repealed, 122.
    Mortgage on, proved by document, 133.

TAPOU, RIGHT OF
    in Chiftlik, 119.
    by Co-villagers, 51.
    curtailed by Mahlul land Ordinance, 1920, 61.
    claimant by, rights of, 60, 61, 76.
    Disability, as affecting, 63, 65,
    holders of, classes of, 60.
        right of to elect squatter, 60, 63, 65, 77.
    Land subject to, 131.
        Procedure when, 131.
        Sale of, 84, 85.
    Mevat Lands, not applicable to, 51.
    Mirie Lands becomes subject to, 40, 53, 54, 59, 81, 82, 83, 84, 132.
    Mortgagee's right against persons entitled to, 142.
    not heritable, 61, 64, 66.
    of owner of Quasi Mulk, 35, 50, 61, 62, 82.
    Prescription runs from death of possessor.
    Quasi Mulk, disappearance of, 82.
    Right to hold land, persons deprived of, leave no, 157.
    of second degree, governed by provisions of Prior purchase, 62.
    Secret Possession of land subject to 134, 135, 136.
    Soldier, priority of, to obtain by, in case of need, 61.
    Shangers, position of Shangers as to, 84.

TAPOU FEE
    payable by possessor, 7.

TAPOU-I-MISL, see TAPOU VALUE.

TAPOU LAW, (8 JEMAZIL AKHIR 1275)
    forbids grant of moubah land to individuals 100, 130.

TAPOU SENEDS, LAW AS TO (7 SHAABAN 1276)
    As to disposition of Mevat land, 99, 135.

TAPOU VALUE
    Assessment of, 135.
    payable Cultivated Mevat land, 99.
    Responsibility as to assessment of, 135.

THRESHING FLOORS.
    Proof of right to, by user, 91.
    prescription not operativ in, 96.

TIMARS, see FEUDATORIES

— 204 —

TITHE
  Charged on agricultural produce, 36, 118.
  Chiftlik Pasture, 94.
  Meadow land, 19.
  Threshing floor and Salt Pans.

TITHE PAYING LAND
  becomes Miries on owner dying without issue, 4.
  included in Mulk, 3.
  not met with in Palestine, 4.

TITLE DEEDS.
  Contents of, 130.
  Every disposition of land to be evidenced by new, 149, 169.
  Incidental duties on loss of, 136.
  Issue of, manner of, 130.
  lost, 130, 136, 151.
  Marginal notes abolished, 134.
  on Mevkufé land issuable by Defter Khané, 151.
  Meadow land, possession of, by, 19.
  Moubah cannot be held by, 99, 100, 130.
  In Mortgage, to be deposited by mortgagee, 132.
  on Mousaqafat etc. issuable by Evkaf Ministry, 151.
             by Mutevellis, 151.
  Possession of land by, compulsory, 5, 134, 145.
  Regulations as to, 134-127.
  Squatter on Mevat Land, could demand, 16.
  To be changed, on change of boundaries, 136.
  Validity of, 169.

TITLE DEEDS, INSTRUCTIONS AS TO, re MEVQUFÉ LAND.
  Text, 151.

TITLE DEEDS, LAW AS TO, MOUSAQAFAT AND MOUSTAGHILAT
  Auction Sale, by Evqaf Ministry, 155.
  Custody of registers, with Defter Khané, 154.
  fees assigned to Mutevellis, 154, 155.
  Schedule of Provisional title deeds to be sent monthly, 154.

TITLE DEEDS, LAW AS TO, FOR MULK
  Text, 145-147.
  Defter Khané to keep separate registers for Mukataali land. 146.
  Fees 146.
  Final title deeds issuable by Defter Khané, 146.
  Procedure as to issue of title deeds, 145.
             sale, 146.
             mortgage, 146.
  Transfer by way of Gift in Sharia Court, 147.
             by Will   in Sharia Court, 147.

TITLE DEEDS REGULATIONS AS TO
  Text 134-137.
  Binding character of, 137.

TOWNS
  Demarcation of boundaries of, 118.

UNCULTIVATE LAND, see KHALI LAND

UNLAWFUL OCCUPATION
    Liability for, 21, 22.

VACANT LAND, see MAHLUL.

VILLAGES
    cannot be granted as a whole, 17, 18, 119.
    Demarcation of boundaries of, 118.
    Inhabitants of, have priority over land sold by Agricultural Companies, 165.
    To pay taxes for grazing grounds and pastures, 118.
    when granted for making chiftlik, 199.

VILLAGE COUNCIL.
    Partition to be effected in presence of, 172, 173.
    to sign certificate in partition by consent, 172.

VILLAGERS
    priority over land of their own village, 50, 51, 131.

VINEYARDS
    dedicated, disappearance of, 86, 87.
                            duties of Mutevellis in case of, 86, 87.
    disapearance of, 83.
    go with land in case of sale, 63.
    planted with leave, inheritance of, same as in Mulk, 82.
    planting of, with or without leave, 33.

VOINGHS
    bachtene land assigned to, held by title deed, 118.

WAKALA DAWRYYA
    agency for sale by, 110.
    confers no right of ownership, 111.
    direct transfer of property mortgaged by, 169.
    Conforcement of, 168.
    person appointed by refusing to act, 169.
    sale by creditor under, 143.
           mortgagee under, 133.

WAKF
    annual tax payble by corporate bodies, 165.
    classes of, 11.
    conversion of Mirie into, 2.
                   Mulk into, 2.
    control of Sharia Council on, 12.
    extension of inheritance, loss suffered by, compensation for, 148.
    position of accretions and land subjeet to, 85, 87.
    prescription, 13.
    Quasi Mulk cannot as a whole be made, 7
    Rakaba on, 13.
    representative of, 12, 169.
    resumption of, 13.

single lease contract, may be made by Court clerk, 175.
    not exceed 3 years, 175.
succession to, if regulated by dedicator, must be observed, 164.

WASTE
shewn as boundary, 52.

WATER CHANNEL
arbitrary and wronful making of, 20, 170.

WATER RIGHTS
ancient user deisive in disputes as to, 117.

WITHOUT DISPUTE
Meaning of, 75.

WOODLAND
clearing by possessor, 22, 171.
    co-possessor without leave leave, 22, 171.
cutting of trees growing naturally, 37.
fee payable on, 135.
ground rent payable on, 37.
unappropriated for use of village held by title deed, 37.

WORSHIP
places assigned for, provisions as to, 90.

YAYLAK
assigned for use of village, 95-96.
dues collected according to ability to pay, 95.
    in proportion to yield, 33.
unappropriated for use of village, held by title deed, 33.

YEARS
comparative table of, of different calendars, 127-128.

YOKLAMA, 145, 151.

ZARURAT
discussed, 51.
of inhabitants of village, 50, 131.
priority of serving soldier in case of, 61.
right of tapou of co-villagers, 51, 61.

ZIAMETS, 7, and see FEUDATORIES.

ERRATA CORREGENDA.

Page.	Line.	Errata.	Corregenda.
31	25	impecies	imbeciles
42	25	plase	place
94	13	chifthk	chiftlik
102	5	Nabi al Akper	Rabia al Ahkir
118	17	inclosners	inclosures
118	21	deterioratest	deteriorates
121	20	Srate	State

Section 4: *Translation of Turkish Tapu Laws made from French translation contained in George Young's 'Corps de Droit Ottoman' and revised after comparison with the original Turkish text*

CONFIDENTIAL.

Dated Basra, the 28th October 1916.

From—Captain A. T. WILSON, Chief Political Office, Basra,

To—MAJOR R. CHENEVIX TRENCH, Assistant Secretary to the Government of India in the Foreign and Political Department, Simla.

At the request of Sir P. Cox, I send herewith a copy of a translation of Turkish Tapu Laws which has been made in the Office of the Revenue Commissioner here from the French edition published by Young, after comparison with the Turkish original which in points differs considerably from Young's edition.

The Chief Political Officer would be much obliged if 100 copies could be printed and sent to him for the use of the Administration; if 10 could be sent lightly bound it would be convenient.

Translation of Turkish Tapu Laws made from French translation contained in Young's "Corps du Droit Ottoman" and revised after comparison with the original Turkish Text.

CHIEF POLITICAL OFFICE,
BASRA:
28th October 1916.

(*Young*, page 90.) *No. 105. Ministery of Survey. (Record Office).*

"Bureau de Cadastre" is the accepted French translation of the Turkish word "Defterkhane"; but it is necessary to remark that the Record Office (Defterkhane) does not undertake the classification or scheduling of lands and is only an office for registration and for the granting of title-deeds relating to immoveable property, such as deeds of transfer, mutation, mortgage, etc.

This system of registration dates from the time of Umar Faruq, and is at present based on a survey of lands undertaken in the year 975 A. H. and terminated in 1010, the registers relating to which are still preserved in the Record Office. An attempt to complete the survey which was limited to operations during the year 1860, was unsuccessful, except in the towns of Constantinople and Brussa; in 1874 the project of surveying the Empire was abandoned and it was decided to limit the scope of the work to a revision of the old survey. Other survey projects, one of which was proposed in 1895, and another published in a Regulation, which appeared in the Turkish newspapers of the 10th July 1900, have succeeded no better. There are at present in existence about 1,000 land registers at Constantinople in the keeping of the Keeper of the Imperial Seal, who alone can make alterations therein and that only in virtue of an Imperial *Farman*. The entries in these registers are considered as faultless for all time and constituting definite proof (see Civil Code, Article 1757).

The Survey Minister is not a member of the Council; his department comprises a Council, a title-deeds office and a Directorate of matters relating to the immoveable property of the State. For the provincial organisation of the administration see the following instructions:—

Young—Page 91, Text No. 105 (1). (Central) Record Office Administrative arranegements.

Article 1.—A Director of Survey, two secretaries or, if necessary three shall be attached to each Sanjaq until the termination of the survey. Similarly a Tapu clerk shall be stationed in every Qaza directly subordinate to the Director of the Record Office stationed at the headquarters of the Vilayat and having under his orders an Assistant Director and an office Establishment of 7 clerks, each clerk being responsible for one Sanjaq. The Qaza officials shall correspond with the Tapu clerks in the Sanjaqs, who, in turn, will correspond with the Directorate at the Headquarters of the Vilayat. The Directorate will be responsible to the (Central) Record Office.

Article 2.—The Real Property Code dated the 7th Ramdhan 1274, the Regulation dated the 8th Jamadi al thani 1275, and the Explanatory Rules dated the

2

15th Sha'ban 1276, will remain in force. Nevertheless, the new Law regarding the Vilayats having modified the administrative arrangements of the Survey, certain developments of the rules, laws and ordinances quoted above have been found necessary.

Questions relating to *Miri* lands held on the strength of Tapu deeds, may be divided into several classes :—

The first class comprises all questions relating to alienation or transfer, escheat to the State and unrecognised possession. Officials will be required in all cases mentioned above to conform strictly to the Real Property Code and to the Land Laws.

The second class comprises lands held on the strength of titles delivered in accordance with former custom by farmers of revenue or collectors as also those acquired by the occupier on the strength of such lands having been cultivated by him for 10 years. In the first of these two cases, the Code provides that old titles recognised as valid should be changed for new ones. In the second case, the right of the occupier is confirmed by the grant of a title deed. Officials will conform to these arrangements. Title deeds on presentation should always be carefully verified, and the right of enjoyment can only be enquired by continuous cultivation of land for 10 years : mere possession of land which has been cultivated once or twice and subsequently allowed to lie fallow in no way constitutes such rights.

In the third class are comprised all lands which are not required by the State, forests and common mountain lands alienated by the State through competent officials after verification. Lands granted to immigrants, that is to say, those taken from among uncultivated lands are, of course, excluded from this class ; as also are those leased to the inhabitants of a town or village as *baltalik*, those included in the lands of a *chiftlik* by Imperial Farman, and finally woods recognised as forming part of a Waqf.

Finally as experience has shown that boundaries are sometimes demarcated simply on the strength of a partial report, a state of affairs which causes a number of complications, it is necessary to examine all the lands of every village, except those half on the strength of title-deeds drawn up in proper form and recognised as valid. These lands will be registered and proceedings in respect of them will be in conformity with the Law.

Article 3.—The following measures should be taken in the case of the alienation of woods situated in uncultivated land, as also in the case of the grant of lands which are not in the possession of any one and do not form part of the grazing grounds of a village ; and finally in the case of the alienation of all lands mentioned in the preceding article. First and foremost the Administrative Council of the Qaza concerned shall be informed and the question of the alienability of the lands and woods in question shall be verified. In the event of alienability being established they shall be classified and a price fixed according to the position, utility, or desirability of the lands. Secondly the persons desirous of acquiring such properties shall be informed, the properties shall be put up to auction in the presence of the Administrative Council of the Qaza by lots and acres and shall be granted to the highest bidder. On every acre of the said woods and lands an annual Tax of 10 or 20 paras will be collected in lieu of revenue, the basis of such taxation always being the situation and desirability of the said properties. The amount to be collected in this way will be entered on the title-deed delivered to the purchaser.

Though Government may have permitted the transformation of certain lands useless and covered with undergrowth, into fields and have granted title-deeds in respect of the same, nevertheless, in places devoid of woods, the breaking up of land covered with under-growth shall not be permitted, but they will be granted at a moderate price to those who undertake to preserve them as they are in order that, in the course of time, the said places may become afforested.

The officials should observe the distinction to be made between lands to be preserved for general enjoyment and those which are of no use to the public ; this distinction, being of capital importance, no proceedings should be taken in respect of the said lands, except after the making of a valuation on the spot, and, in cases of doubt, reference should be made to superior authority.

Articles 4 to 12.—(Administrative formalities regarding Survey).

Article 13.—The land officials and Tapu clerks in the provinces shall attend the sittings of the Administrative Councils on every occasion when there is a question of the consideration of problems concerning land; at the close of such sittings they will also sign the minutes thereof.

Articles 14 to 15.—(Travelling expenses, etc.),

TEXT No. 105 (2).

Record Office, Title-deeds in respect of miri and mauqufa lands, 8th Jamdi-al-thani 1275, corresponding to 14th December 1858.

CHAPTER I.

Article 1.—In the provinces the grant of state lands is entrusted to the officials responsible for the revenue administration, *i.e.*, defterdars, mal-mudirs and mudirs of qadhas representing the proprietor of the land.

Article 2.—The agricultural authorities having nothing to do with the sale, transfer and grant of these lands will be treated, so far as this subject is concerned, as other members of the Council whose only public function is membership of the Council.

Article 3.—Every vendor should provide himself with a certificate bearing the seal of the Imam and notables of his quarters or village and showing:—

(*a*) that the vendor is really the possessor of the lands;

(*b*) the sale-price thereof;

(*c*) the district and village in which they are situated; and

(*d*) the boundaries and area.

Thereupon the vendor and the vendee or their lawful representatives shall appear before the local council. The certificate they bring shall be taken and filed and the transfer fees levied, and when their admissions have been heard in the presence of the mudir (at the headquarters of a qadha) or of the financial authorities (at the headquarters of a sanjaq or of a vilayet) the transaction shall be registered. If the sale proceedings take place at the headquarters of a qadha, the title deed taken (from the vendor) shall be sent with a report and the said fee, to the headquarters of the sanjaq concerned, where the report from the qadha shall be filed, the transaction registered, and another report drawn up and despatched to the Ministry of Land Records. If the sale proceedings take place at the headquarters of a sanjaq, a report shall forthwith be drawn up and despatched to the Ministry of Land Records. At the said Ministry the sale shall be recorded on the margin of the title-deed, or, if the title-deed is an old one, it shall be filed and a new one issued. If the vendor has not an old title-deed, the fact of his being in possession must be recorded in the reports drawn up as explained above.

Article 4.—When it is desired to sell lands situated in the provinces to a person living at Constantinople, a certificate should be obtained from the Council of the Sanjaq concerned, stating that the vendor is actually in possession of the land; thereafter the vendor and vendee or their representatives shall make the declaration required by law at the Record Office. If the title-deed is a new one, the sale of the land is recorded on the margin in accordance with the preceding article; if there be no new title-deed, a new one will be delivered. If a new title-deed is delivered, the Director must inform the competent Administrative authority thereof in order that the necessary registration may be carried out on the spot.

Note.—Such provisions of Articles 4 and 5 above as conflict with the second and third articles of the Instructions concerning Tapu Sanads, dated 7th Sha'ban 1275 A. H. are revoked.

Article 5.—When possession is transferred by inheritance, the Imam and Mukhtars of the quarter or village shall give a certificate sealed with their seal and stating:—

Firstly, that the deceased actually possessed the lands to be transferred;

4

Secondly, the approximate value of the said lands; and

Thirdly, that he to whom they are to be transferred in accordance with Articles 54 and 55 of the Land Code, has the exclusive right thereto.

The charges to be levied on the said inheritor and the necessary report shall be communicated to the Record Office as required by Article 3. Thereupon the transfer of the land shall be effected.

Article 6.—Any one who becomes the possessor of lands by purchase pays 5 per cent. on the sale price on account of fees; in the case of false declaration to avoid payment of full fees, the price of the land is estimated and the price fixed impartially, the fees being collected on the basis of such estimation. The same procedure applies to the sale of land without consideration.

The fees levied on mortgages shall be at half the above rate, *viz.*, $2\frac{1}{2}$ per cent on the amount of the debt.

The phrase in Article 5 " in accordance with Articles 54 and 55 of the Land Code " is modified by the Law relating to the Transfer of state lands by inheritance dated 17th Muharram 1284 A.H.

(The fees fixed by Article 6, as also those fixed by Articles 7, 8, 9 and 10 have been modified by the Schedule.)

*Supplement to Article 6, dated 24th Jamadi-al-thani, 1292.—When an individual not being an official of the Waqf or Land Departments, shall have notified to Government and proved that a false declaration of value has been made in respect of State or Mauqafa lands, urban or dedicated properties or *Mulk* lands, which have been sold, the vendor and the vendee will be obliged to pay, half and half, twice the fees leviable on the amount so under-declared. Half of this sum will be deposited in the Imperial Treasury, and the other half given to the individual who has laid the said information.

* NOTE.—This is not to be found in Turkish text (Dastur).

Article 11.—Upon receipt of a certificate from the village or quarter, as the case may be, and after the necessary investigations, a report shall be prepared and sent to the Record Office with the certificate in order that new titles may be delivered:—

firstly—to those who are in possession of lands without title-deeds (except in the case of Mahlul land or lands possessed without authority) on payment of all expenses, such as the cost of postage and paper;

secondly—on payment of the price of paper only:—

(a) to those in possession of land by virtue of old titles delivered by military lessees, farmers and other similar persons; and

(b) to those who have lost title-deeds of which there is record in official registers.

Article 12.—The grant of uncultivated lands to persons who are willing to bring them under cultivation, is made free of cost in accordance with Article 103 of the Land Code. Such persons shall receive a new title-deed on payment of 3 paistres as cost of the paper, and they are exempted from paying tithes for one year or, if the land they bring under cultivation is rocky for two years.

Article 13.—All Executive and Revenue Officers should take care that uncultivated lands (Mevat) are only granted as required above to persons who are prepared to bring them under cultivation and to cultivate them; it is their duty to take special care that lands situated on mountain sides and lands left unoccupied for reasons of public utility, are not granted to, or occupied by any body; it is also their duty to make over for cultivation, or (if necessary) to delay the cultivation of, lands which are capable of being acquired by Tapu.

Artilce 14.—The printed title-deeds headed by the Imperial Cypher which shall be delivered to possessors of lands shall contain mention both of the qadha and of the village where the lands are situated, and also of the boundaries and area of such lands.

Article 15.—Transfers, mutations and other operations affecting lands situated in a village, shall be carried out at the headquarters of the Qadha to which they belong. Declarations of alienation may also be received at the headquarters of the Sanjaq or Vilayat within which the said Qadha is situated. No action shall, however, be taken until the fact that the transfer owes nothing to the principal Treasury of the said territory has been verified, as well as the fact that the land is not under sequestration. The requisite enquiries shall be made with the least possible delay.

In conformity with Articles 16 and 18 of the Law, the certificate shall be prepared on the spot for lands in regard to which enquiries are to be made and of which sale by auction is to take place at the head quarters of the Sanjaq, as well as for those which are to be auctioned at the capital.

Article 16.—If there be persons, who in virtue of Article 59 of the Land Code should have preference to the cession of land by Tapu, enquiry shall be made on the spot (whether village, town, etc.) where such lands are situated, through impartial local experts thereupon those who have the right to receive the title-deeds, shall be invited in turn to take possession of such lands on payment of a sum fixed by the said experts in a manner not prejudicial to the Treasury; in case of acceptance the grant shall be made without the land being put up to auction, and a report on the points hereinbefore mentioned shall be drawn up.

The valuation made by the Council of the Qadha, however, is sufficient only when the said lands are less than 100 deunums in area; where the area exceeds the said number of deunums, a valuation by the (Administrative) Council of the Sanjaq is required in addition to that made by the Council of the Qadha; thereafter the said lands are similarly granted without being put up to auction. In no case shall such enquiries or valuations be made a pretext for delay in the delivery of the necessary title-deeds, and those who have the right to such title-deeds according to Law shall not in consequence thereof lose their rights.

Note.—Such provisions of this Article 16 as are contrary to the Law relating to the transfer of State Lands by inheritance dated 17th Muharram 1284 are revoked.

Article 17.—In the event of those who have a right to the title-deed renouncing such right and refusing to accept the lands granted to them at a price proportionate (to their value), recourse shall be had to the grant of the said lands, by auction sale to the last and highest bidder, and a report mentioning the renouncement of those entitled to the title-deed shall be prepared.

Article 18.—Lands which, whether for want of persons with a right to the title-deed or on account of the renouncement of such right belong exclusively to the State, and which in accordance with Article 77 of the Code, should be granted by sale by auction, should if they do not exceed 300 acres in extent and are grantable by auction-sale, be sold to the last bidder by the Council of the Qadha. If such lands are from 300 to 500 acres in extent, the final adjudication can be revised within an interval of three months by the Council of the Sanjaq; but when such lands exceed 500 acres in area, they shall be re-auctioned within a similar interval by the Administrative Council of the Vilayat.

The date of commencement and closing of auction-sales at the Councils of Sanjaq and Vilayat, as also the boundaries and extent of the said lands, shall be published in the newspapers of the Vilayat; and in the case of lands exceeding 500 acres in area, in the newspapers of the Capital. Copies of such announcements, as also of the statement of the conditions of the auction, shall be sent to the Ministry of Finance before being published. Bidders living in Constantinople will apply to the said Ministry.

The Tapu officials shall attend at meetings of the Qadha Councils and representatives of the Record Office at meetings of the Councils of the Sanjaq and Vilayat. Those members of such Councils, who wish to join in the bidding, must retire from the Council during such bidding.

If the land, being of a certain value, is not capable of partition or appertains to a farm (*chiftlik*), the right to the title-deed belongs solely to the persons indicated in article 59 of the Land Code as belonging to the 7th or 8th degrees, which have become the 1st and 2nd degrees respectively since the promulgation of the Law of the 17th Muharram, 1284; that is to say, to those who have inherited trees and buildings which are *mulk*, and to those who have a joint interest and share. If the inhabitants of the locality concerned have need of the land, they shall be considered as entitled in the last degree and the land shall be granted to them according to their need.

Article 19.—All amounts levied on account of the grant of such lands by the State, as also all transfer fees and " paper " fees shall be paid into the Treasury.

Article 20.—Any one who gives information to Government of the vacation of *miri, mauqufa, museqqafat mauqufa* and simple *mulk* lands of which Government has no direct cognizance, shall receive, except in the case of Revenue and Auqaf officials, a rewar damounting to 10 per cent of the adjudication price after the transfer of the said land to the claimants.

Article 21.— As soon as the sale transfer or grant of the said lands has been made in accordance with the above provisions and as soon as the expenses have been paid, a certificate sealed with the seal of the Council authorising the possession and cultivation thereof, shall be made over without delay to the new possessor pending the arrival of the title-deed.

Article 22.—A special register of the lands situated in each Qadha is maintained at the headquarters of the Sanjaq, as also a register of sales, transfers and grants of such lands.

Article 23.—All reports regarding the grant of title-deeds in respect of lands shall be sent direct to the Record Office. Nevertheless it is also permitted that such reports be, at their request, handed over to the said future possessor for presentation at the Record Office by them.

Article 24.—All suits relating to fraud or deception, as also all other similar disputes concerning State lands, which are tried in accordance with the religious Law, shall be prosecuted in the presence of officials of the department of Finance or their delegates, as representing the proprietor of the land.

CHAPTER II.

(Of the right of possessors of State lands to mortgage them as security for debts.)

Article 25.—It is permitted, according to the Land Code, to all persons in possession of State lands to mortgage them as security for the repayment of a debt; but if a debtor dies without leaving any heir enjoying a hereditary right over such lands, the creditor—mortgagee may not occupy them in satisfaction of his claim; it is absolutely necessary that he should have a legal right to the Tapu before he can take possession thereof.

Nevertheless it is permitted to him, according to the Imperial Ordinance of the 9th Ramzan 1274, in virtue of the public interest which necessitates it, to claim the sale of such lands to reimburse him for his claim. The following provisions shew the conditions necessary for the hypothecating of State lands.

This article 25 has been revoked in so far as it conflicts with the Law of execution sale dated 23rd Ramzan 1286 A. H. (*Young CIV.*)

Article 26.—When a person in possession of State lands by virtue of a Tapu Sanad wishes to borrow money by mortgaging his lands as security for the debt, both the debtor and the creditor shall appear in person or by proxy before the Administrative Council of the Qadha, Sanjaq or Vilayat, according as they reside within the limits of a Qadha or at the headquarters of a Sanjaq or Vilayat, they shall declare before the said Council in the presence of the authority responsible for the supervision of local revenues, the area and the boundaries of the lands to be mortgaged, the amount of the debt and of the legal interest payable and the fact of mortgage. On such declaration being made, a formal document is drawn up and the title-deed of the said lands is made over in deposit to the creditor-mortgagee and a brief record of the proceeding is entered in a register.

In the case of the redemption of a mortgage for payment of a debt the two parties contracting shall appear again before the competent Council. The deed constituting the claim and the title-deed shall be returned and the necessary remarks are made in the register aforesaid.

Article 27.—The sale of lands mortgaged as aforesaid cannot be claimed either by the mortgagor or by the creditor-mortgagee. When, however, in accordance with Article 117 of the Land Code, the debtor has named as his representative by *wakala dauriyya* either the creditor-mortgagee or any other person to claim sale and to reimburse himself for his claim out of the proceeds; and when the debtor has been unable to meet his obligation within the specified period, the said representative puts the mortgaged lands up to sale by auction through a competent official within an interval from 15 days to 2 months at the most according to the area and value of the said lands; the proceeds of the auction sale shall be applied to meet the mortgage debt. But in that case the nomination of a representative under the conditions aforesaid must be clearly entered in the formal document of mortgage, of which mention is made in the preceding Article, on pain of the appointment of such representative being inadmissible thereafter.

Article 28.—If a debtor, who, through the intermediary of competent authority as aforesaid, has mortgaged the lands which he possessed by Tapu deed, dies without having been able to meet his obligation before his death, his heirs are responsible for the debt as for all his other obligations. But if he has not left any fortune, or if the property he has left is insufficient to meet his obligations, his children or father or mother can not take possession of the lands in question unless they pay in full that which is due. The creditor has the right to prevent them from doing so until payment.

The last paragraph of Article 28 and the whole of Article 29 have been replaced by the 'Law of Execution Sale' [*vide* No. 104 (1)].

Article 30.—When a creditor and a debtor have, contrary to the provisions hereinbefore mentioned, entered upon an agreement under their private seal or their own responsibility, such agreement is null and void. In short all proceedings relative to mortgage are within the competence of the local Council concerned, and such Council shall take cognizance of them in the presence of a competent Revenue Official in accordance with the official document constituting the mortgage and the entries in the register hereinbefore mentioned.

For Articles 31, 32 and 33 concerning the "*chiftliks*" of minors, see note to Article 52 of the Land Code.

TEXT 105 (3).

Record Office.—*Title deeds relating to* Mulk *immoveable property held in full proprietary right — 28th Rajab 1291 corresponding to the 10th September 1874.*

This law deals with the regular grant of title-deeds to the owners of (1) purely mulk property, *i.e.*, houses, shops, vineyards, gardens, etc., of which both the ground and the trees (sic) are mulk, (2) Waqf lands held on the Muqataa system, (3) Mulk property standing on miri land which pays tithe.

CHAPTER 1.

Grant of new titles.

Article 1.—New title-deeds headed by the Imperial cipher shall be delivered for all *mulk* properties in towns, villagers and districts, and henceforth the possession of *mulk* land without a title-deed is forbidden.

Article 2.—These titles shall be of 2 sorts:—

Firstly for *mulk* property proper; and

Secondly for *muqataa* land on which there are mulk trees of buildings.

Article 3.—(Establishment sanctioned for dealing with formalities relating to mulk).

Article 4.—There shall be a Special Department in the Land Records Office as a centre for the registration of documents relating to mulk,

8

Article 5.—Starting from headquarters the *Imlak* clerk shall make the tour of the Qadha to execute a survey of *mulk* lands. He will take as his basis the cadastral survey in so far as it has been completed. Thus, with the assistance of a member of the Administrative Council of the Sanjaq or Qadha who is experienced in these matters, and of the *Tahrir Mamur*, and in the presence of the Imam, the Mukhtar and the local Council of Elders, he shall register *mulk* lands and examine the *Hujju* and other titles. He shall examine the question whether the possession of those who have no *hujja* or other title-deed rests on a legal basis which confers a *mulk* right. The completion of the survey shall be noted on the title-deeds, as also the fact that new title-deeds have been delivered.

Articles 6—8.—Formalities regarding inspection.

Article 9.—Title-deeds bearing the Imperial Cyphhr and prepared on the basis of the returns sent in shall be sent by the Record Office to its officials, who shall deliver them to the proprietors in return for the provisional certificates issued to them.

Article 10.—In addition to the cost of paper amounting to three piastres and a registration fee of 1 piastre, a survey fee shall be collected once for all at the following rates :—

When the value of the lands is between 5,000 and 10,000 piastres.	A fee of 5 piastres.
For each 10,000 piastres in excess	.. A fee of 5 piastres.
Above 100,000 paistres ..	.. A fee of 5 piastres.
If the value is less than 5,000	.. No fee but the cost of paper and the registration fee shall be levied.

CHAPTER II.

Procedure relating to alienation, succession, mortgage, etc.

Article 11.—To alienate a *mulk* property, the vendor shall obtain a certificate from the Imam and the Mukhtar of his quarter, certifying that he is alive and that the property belongs to him, and having obtained a certificate from the *Tahrir Mamur* if there is one, he shall appear before the local Administrative Council, and a declaration shall there be made by the vendor and the vendee or by their legal representatives that the sale is legal, actual and irrevocable in the presence of the Naib (Kadhi) and of the officials of the Record Office or the Tapu Office ; and, when it has been admitted by the parties concerned, the document, shall be registered, ratified and sealed by the Council.

If payment of the whole or part of the price is deferred to a later date, the Council shall record the debt in a document and such obligation shall be similarly confirmed and sealed by it.

Article 12.—A proportional fee of 10 Piastres per 1,000 shall be levied on the vendee on behalf of Government, as also a fee of 3 piastres for the cost of paper and 1 piastre as registration fee.

A provisional printed certificate stating the fact of sale shall be prepared and delivered to the vendee after having been sealed in conformity with Article 7. When there is a new title-deed in respect the property sold, only the paper fee and registration fee shall be levied. If there is none, the special fees mentioned in Article 10 shall be levied.

Article 13.—On the death of the proprietor of a *mulk* property, the Administrative Council shall be required to observe the following procedure in conformity with the register of successions, or, in default thereof, in conformity with a certificate, signed and sealed by the Shara authorities and based on the certificate of the Imam and the Mukhtar of the quarter, designating the heirs, and after the matter has been registered and ratified, a succession fee of 5 piastres per 1,000, a paper fee of 3 piastres and a registration fee of 1 piastre shall be levied and provisional certificates delivered to the heirs.

Article 14.—Sale and succession fees shall be calculated on the total value of the *mulk* properties themselves; but only on the value of trees and buildings, which are *mulk* if the land is held on a *muqataa* basis.

Article 15.—The *mulk* properties of those, who die without heirs and intestate, shall be sold by auction to the highest bidder, just like *miri* lands fallen vacant, and the sale price shall be paid to the Record Office.

Article 16.—For the mortgage of *mulk* immoveable property, the certificate of the quarter, the certificate of the *Tahrir Mamur* the certificate of debt written on stamped paper and the title-deed of the property shall be forwarded to the Director of the Record Office and to the Tapu Clerk, who shall proceed as follows:—

A certificate printed in foil and counterfoil shall be written up in presence of the debtor and the creditor or or their representatives, sealed by the Record Office official or the Tapu officials, the foil separated from the counter-foil and the former delivered to the creditor with the title-deed and the certificate of debt.

A mortgage fee of 1 piastre per 1,000 on the amount of the debt, a paper fee of 3 piastres and 1 piastre for registration shall be levied. No fee shall be levied on the redemption of the mortgage and the certificate of debt and title-deed shall be returned to the proprietor. Mortgage fees shall be paid into the Treasury and sent to the Record Office at headquarters.

The procedure for mortgages known as *Bai bil Wafa* and *Bai bil Istighlal* shall be the same as above.

Article 17.—The formalities relating to transfer by gift or will in the case of *mulk* immoveable properties shall not be carried out except in accordance with a decree of the *Shara'* Court.

Article 18.—Title-deeds issued in respect of *mulk* immoveable property in conformity with the provisions hereinbefore laid down, being official, shall be taken cognizance of and given effect to by all Courts and Councils.

Article 19.—Suits presented in respect of a mortgage or hypothecation (*Wafa* and *Istighlal*), which are not recorded on the title-deed, shall be rejected. Thus, if a proprietor unreservedly sells his immoveable property by giving the vendee a deed of sale in conformity with general custom, but sues on the allegation that he had given him the property in mortgage or conditionally, he shall be unsuited.

Articles 20 and 21.—Division of proceeds of fees.

Article 22.—The survey and other formalities and procedure relative to *mulk* immoveable property shall be in conformity with the provisions regulating *miri* immoveable property, in so far as the latter are not inconsistent with this Law.

TEXT 105 (4).

Record Office—Titles relating to mauqufa *immoveable property Regulation dated the 6th Rajab 1292 corresponding to the 7th August 1875.*

Article 1.—Titles for *musaqqafat* in villages and towns of which the site and buildings are *waqf*, as also for buildings alone on *waqf* farms (*chiftliks*) at double rent, will be delivered as hitherto by the Accountants of the Waqf Department; and title relating to *musaqqafat* and *mustaghilat* comprised in excluded *waqfs* (*mustasna*) shall be delivered by the *mutawallis*.

With the exception of the *waqfs* above-mentioned titles for all lands paying a fixed rent (*muqataa*), for all immoveable *waqf* property paying tithe or a fixed rent equivalent to tithe and for vineyards and orchards of which the trees and vines are *waqf* shall be delivered by the Record Office; and the sale and transfer of or other procedure in connection with such properties in accordance with the laws regulating the alienation thereof shall be carried out by the officials of the Record Office in the *Sanjaqs* and by the Tapu officials in the *Qazas* in accordance with the formalities followed from the beginning in respect of *miri* and *waqf* lands.

Article 2.—(Procedure relating to registration).

10

Article 3.—The possession of *mauqufa* immoveable property without title-deed having always been illegal and the possession thereof by other title-deeds than those issued since the 25th Ramzan, 1281, by the Ministry of Auqaf and bearing the Imperial Cipher being equally illegal since the above-mentioned date, the title-deeds delivered by the *mutawallis* and agents before the said date and sealed with recognised seals must be changed for titles bearing the Imperial Cipher on payment of a fee of 4 pisatres, the price of paper and writing.

New title-deeds shall be delivered to persons who have lost their title-deeds after examination of the registers and on payment of the price of paper and writing.

(Articles 4 to 11 are of no general interest.)

TEXT 105 (5).

Record Office—Title-deeds relating to Musaqqafat and Mustagilat Waqf immoveable properties dated the 9th of Rabi-al-Awal, 1293, corresponding to the 5th April 1876.

In conformity with the provisions of the last Imperial *Farman* the title-deeds relating to *musaqqafat* and *mustaghilat waqf* properties, whether situated at Constantinople or in the provinces, shall henceforth be prepared by the Ministry of Survey (Record Office) as is already the case in regard to *miri, mauqufa* and *mulk* lands.

CHAPTER I.

Delivery of titles in the Capital.

(Not applicable in Occupied Territories.)

CHAPTER II.

Delivery of titles in the provinces.

Article 10.—The register of *musaqqafat* and *mustaghilat waqf* properties in each district shall be sent by the Accountants of the Auqaf Department to the officials of the Record Office, as has been done in the case of the registers of titles to *aradhi mauqufa* (*waqf* lands).

Article 11.—All kinds of mutations of *musaqqafat* and *mustagilat waqf* properties, that is to say transfer, succession, etc., shall be recorded in accordance with the special regulations by the officials of the Record Office.

Provisional titles shall be delivered to the proprietors pending the delivery of permanent title deeds, which shall be sent by the Ministry of the Record Office in accordance with the rules in force with regard to *waqf* lands. Old title deeds shall be restored to the proprietors after having been stamped, as in the capital.

Article 12.—A statement of *musaqqafat* and *mustaghilat waqf* properties, as also of *waqf* lands, for which provisional title-deeds are delivered in consequence of a transfer of any kind, shall be sent monthly to the Record Office in order that the said office may prepare and despatch the permanent title-deeds for delivery.

Article 13.—The fees payable to the officials of the Record Office and the sum due to the *mutawallis* of *mulhaqa waqfs* shall be deducted from the sum of the income from *waqf* lands and the fees collected on formalities relating to *musaqqafat* and *mustaghilat waqf* properties. The balance of this sum shall be remitted to the local treasury for credit to the Accountants of the Auqaf Department, who will grant receipts, which shall be forwarded monthly with the accounts relating thereto, to the Record Office.

Article 14.—In conformity with Article 13, the officials of the Record Office shall remit a quarter of the *mulhaqa waqf* receipts to the *mutawallis* or their substitutes and take a provisional receipt therefor. The sum due to the *mutawallis* or their substitutes residing at Constantinople, shall be remitted with the accounts relating thereto to the Record Office, which shall remit it to those entitled

11

and shall prepare and seal the title deeds for delivery. The same procedure will be followed in the case of title-deeds for *waqf* properties, of which the *mutawallis* and their substitutes are not forthcoming, but the sum due to the said *mutawallis* and their substitutes shall be remitted to the Ministry of *Auqaf* to be remitted to them as soon as they appear.

Permanent title-deeds prepared by the Record Office on the basis of the statements received from the provinces shall be forwarded to their destination. Title deeds relating to *mazbuta waqfs*, as also to *Mulhaqa waqfs*, of which the *mutawallis* are resident in Constantinople, shall be sent from the capital; in the same way, title-deeds relating *Mulhaqa waqfs*, of which the *mutawallis* reside in the provinces shall be delivered to the proprietors by the officials of the Record Office after being sealed with the seal of the *mutawali* and on restoration of the provisional title.

Article 15.—Formalities relating to *musaqqafat* properties in the provinces being henceforth part of the business of the Record Office, all salaries of personnel and expenses of administration shall be paid by the said Record Office. Consequently the fees of 3 piastres for paper and 1 piaster for writing to be levied on new title deeds delivered in respect of *musaqqafat* and *mustaghilat* properties, shall be paid to the Treasury of the Record Office.

Article 16.—With the exception of lands which are dealt with in the provinces according to the Land Code, the *waqf* accountants are entrusted, as in the past, with the business of putting up to auction, collecting the purchase-money (*mu'ajjala*) and effecting the transfer of:—

(1) any double-rent *musaqqafat* or *mustaghilat waqf* property which happens to be left without a possessor (*mahlul*);

(2) such *musaqqafat* properties as are held at single rent but ought to be granted on a double rent and more;

(3) such sites (unlike those mentioned in Article 6, which have never been leased to anyone, and which have been devoted to the public use from time immemorial, are legally barred from being sold) to the sale of which there is no objection. The person to whom it is decided to transfer registered *mahlul* lands shall be provided with a certificate of adjudication and, on the report of the local Administrative Council, the officials of the Record Office, after having made the prescribed registration, shall deliver the necessary provisional title to the transferee.

Article 17.—Lease fees on account of *musaqqafat* and *mustaghilat* properties at double rent situated in the province shall be collected annually through the Accountants of the Waqf Department, who are at the same time responsible for the sale by public auction and the grant of untenanted properties. The officials of the Record Office shall send monthly to the Accountants of the Waqf Department, a statement of mutations to facilitate the regular collection of annual rents and to enable them to take cognisance of properties in respect of which the right of succession has been enlarged, to make a record of those, which have fallen vacant and to register transfers in the registers maintained by the Accountants.

Article 18.—The Record Office will be responsible for issuing fuller instructions on this subject, as may be necessary, whether at Constantinople or in the provinces and with regard to the duties of its officials.

TEXT 105 (6)

Record Office—Possessory titles—Instructions; undated.

Article 1.—Certificates relating to alienations, successions and buildings to be presented by owners of *mulk* property to the office of *Amlak* at the municipality shall of course be obtained from the Imam of the quarter where the property is situated, but in order that the Mukhtars may be able to keep themselves informed

12

of such matters and that they may be held responsible, certificates shall be sealed by them also.

Article 2.—In the absence of Mukhtars, or in the case of their refusal to sign the fact of their absence or refusal shall be noted on the margin of the certificate and signed by the Imam.

Article 3.—Certificates issued in respect of sales or successions by quarters, Patriarchates or Rabbinates shall show the number of the properties, the street where they are situated, the number of title-deeds, the name, description, trade, nationality and proportional shares of the co-proprietors, if any.

Article 4.—Certificates required in the case of the alienation of a *gedik* (or furnished building) should make it clear whether the proprietor is alive or not. A sealed and certified declaration showing the extent and value of the *gedik* shall be entered on the certificate by the Chief of the Corporation to which it belongs, as also by the committee of the *khan*, if the *gedik* is situated in a *khan*.

Article 5.—Certificates granted by (the chief men of) quarters which are not dated or contain erasures are null and void.

Article 6.—In order that the fact that a property has been left vacant by the death of its proprietor without heirs, may be noted, it is the duty of the Imams and Mukhtars to notify the fact to the office of *Amlak* by a certificate at the same time as the local authorities notify the Auqaf Ministry.

Article 7.—The proprietor shall present to the office of *Amlak* the title deeds, which he possesses, at the same time as the certificate relating to alienation, construction or succession.

Article 8.—If the proprietor renounces the alienation of his property, it is the duty of the Imams and Mukhtars to return to the office of Amlak the authorisation issued by it within an interval of 10 days.

Article 9.—Certificates shall be drawn up in conformity with the attached models. Application shall be made to the office itself in respect of all certificates requiring a form differing from these models.

SCHEDULE A.

Record Office.—Cost of operations relating to immoveable property.

1. *Waraqa.*—For all title-deeds relating to immoveable properties situated in the Capital or in the headquarters of a Wilayat or Sanjaq, or to buildings used for commercial or industrial purposes, or to villas, and for all blank title-deeds delivered to the *mutawallis* of excluded *waqfas* (*mustasna*) 10 piastres as fees for a title of the 1st class.

For all title-deeds relating to immoveable properties in Qazas or Nahiyas 7½ piastres as fees for a title of the 2nd class.

Five paistres as fees for a title of the 3rd class in villages.

2. *Badal-i-Ushr.*—For transfer of a building which is *mulk* but situated on *amiri* site ; 30 paras per 1,000 on the price of transfer ; and for mutation the same fee calculated on the recorded value.

3. *Ijara-i-Muajjala.*—This monthly fee is collected in conformity with the provisions of the title deeds.

4. *Ijara-i-Tausi' Intiqal.*—This annual fee of 1 per 1,000 is collected on immoveable property subjected to Tausi' Intiqal to compensate for the diminution of the probability of its falling vacant.

5. *Ijara-i-Zamin.*—The same observation. (See No. 103, Note 9).

6. *Khusus Kharji.*—This tax, levied when an official is sent to the site to take delivery of the agreement in the Capital, is of 50 to 300 piastres according to the value of the property and the distance. In the provinces it is only 30 piastres as a maximum ; in the interior of towns and outside villages it varies according to the rates fixed by the authorities.

SCHEDULE B.

Operation.	Proportion on 1,000 piastres. On miri, mauqufa, musaqqafat, gidak and potable waters.	On mulk and mulk lands on muqataa basis.	Method of levy.	Payable by
1	2	3	4	5
1. Sale and transfer for consideration.	30	15	On the recorded value or on the price of transfer, whichever is greater.	The vendee or the person whose name the property transferred.
2. Gift or transfer without consideration.	30	15	On the recorded value	Donors or persons in whose name the transfer is made
3. Sale or transfer by exchange	30	15	On recorded value	Both parties severally
4. Transmission by inheritance and by mutation.	15	7½	Ditto (vide Note 2)	The heirs or beneficiaries mutation.
5. Mortgage or hypothecation	5	2½	On the amount of the sum borrowed.	The debtor
6. Acquisition without written title-deed.	50	25	On the value	The possessor
7. Prescription (Haq-i-Qarar)	30	30	Ditto	The beneficiary
8. Extension of transfer (Tausi' Intiqal).	30		On the recorded value	The possessor
9. [illegible] (Kami-Tahsil)	25		On the amount of the debt liquidated.	The creditor
10. Brokerage	20		Ditto ditto	Ditto
11. Partition	2 (or in any part of 1,000 piastres).		On actual value	The co-proprietor
12. Grant of Waqf immoveable property that is vacant.	2		On the sale price	The purchaser
13. Rectification of record	2		On the value recorded in the title deed.	The applicant
14. Coipes of entries	1		Ditto ditto	The proprietor

(Note 1.—In calculating the fees on *muqataa* holdings and *badal-i ushr* holdings 2-3rd of the value shall be reckoned as being and buildings, etc., are estimated separately). Official Note.
(Note 2.—The fee on transfer by inheritance is levied on the recorded value and not on the sale price.) Record Office Circular

Exceptions.	Explanation.	Destination.
6	7	8
The Mineral Water Ministry collects no fees on transfers of potable waters.	The fee for potable waters of the *Topkhana* shall be calculated on the basis of 15,000 piasters per *masura* for the waters of the *Kharuk Chashma* 12,000 piastres, and for Bosphorus Ps. 12,000.	....
No fees are charged on the restoration of a property gifted conditionally or transferred without consideration of the maintenance of the transferee.	....	
....	....	....
....	....	....
Nothing is paid on redemption, nor on agreement made at the Agricultural Bank or in the case of the properties of orphans.	....	....
....	For the lands mentioned in Art. 10 of the instructions relating to Tapu and of Art. 10 of the regulations of mulk, title-deeds shall be granted on payment of the Waraqa fee only for 5 years subsequent to 1318.	
....	....	....
....	This fee is collected on musaqqafat, mustaghilat and waqf gidaka.	For the benefit of the waqf.
	Levied by the Record Office on the proceeds of the sale of immoveable property for debts.	Payable to the Record Office.
....	Ditto ditto.	Payable to the broker.
....	New title-deeds relating to properties delivered in cases of partition or division.	Payable to the Record Office.
....	Levied after sale by the representatives of the Wafq.	Ditto.
....	....	Ditto.
....	On copies delivered on application by a private person or on the order of the Court.	Ditto.

of the trees and buildings and 1-3rd as value of the site. In farms the fees on trees

Sha'ban, 1305.

Section 5: *Translations of the Ottoman Constitutional Laws and the Wilayet Administrative Law the Municipal Law and Various other Laws*, Ministry of Justice, Baghdad

TRANSLATIONS

OF

TURKISH LAWS

TABLE OF CONTENTS.

(1) Law on the method of publishing and proclaiming laws and rules.
        (2nd Jumadi-l-akhir 1329=11th May, 1327).

(2) Law regulating the respective provinces of the Civil and Religious Courts.
        (23rd Dhi-l-qa'da 1332=30th September, 1330).

(3) Imperial Iradah on the abolition of foreign privileges (the Capitulations).
        (17th Shawal 1332=26th August, 1330).

(4) Law on the rules of Court to be followed in deciding suits between Ottoman subjects and subjects of foreign powers.
        (27th Dhi-l-qa'da 1332=4th October, 1330).

(5) Law concerning the rate of interests.
        (9th Rajab 1304=22nd March, 1302).

(6) Provisional Law of cheques.
        (24th Jumadi-l-awwal 1332=7th April, 1330).

(7) Provisional Law relating to the inheritance of immovable property.
        (3rd Rabi'ul-awwal 1331=27th February, 1328).

(8) Provisional Law concerning the right of certain corporate bodies to own immovable property.
        (22nd Rabi'-ul-awwal 1331=16th February, 1328).

(9) Provisional Law for the mortgage of immovable property.
        (1st Rabi'-uth-thani 1331=25th February, 1328).

(10) Orders by the Ministry of Tapu concerning " Wakala Dawriyya."
        (18th Dhi-l-hijja 1306=2nd August, 1305).
        (14th Rabi'-ul-awwal 1308=16th October, 1306).

(11) Provisional Laws relating to the right to dispose of immovable property.
        (5th Jamadi-l-awwal 1331=30th March, 1329).

(12) Provisional Law on the partition of joint immovable property.
        (14th Muharram 1332=1st December, 1329).

(13) Imperial Iradah on the leasing of immovable property of 28th Jumadi-l-awwal 1299=5th April, 1298, as amended by the temporary law of 18th Rabi'-ul-awwal 1332=1st February 1329.

(14) Right of Occupancy in the case of Miri and Waqf lands (Land Code, articles 20 and 78) with Instructions concerning Tapu Sanads, dated 7th Shawal, 1276.

(15) Circular from the Ministry of Tapu to local Tapu offices.
        (5th Safar 1310=16th October, 1308).

PRELIMINARY NOTE.

For the translations of the laws numbered (6), (7), (8), (9) and (11) the Judicial Department is indebted to the Judicial Department of the Palestine Administration.

A provisional law is a law which had not received formal ratification from the General Assembly at Constantinople. Laws were promulgated and put into force provisionally before receiving such ratification, and it has in the majority of cases not been possible to trace any notice of the fact that they have been ratified. It is assumed that they have the force of law in the absence of information to the contrary.

The orders, circulars and instructions issued by various Ministries and published in the Dastur or the Jaridat-ul-'adliyya appear to have been regarded as binding on the Courts.

The following technical terms, which apply only to waqf property, have been allowed to stand untranslated and require some explanation :—

Musaqqafat.—Waqf land on which buildings exist or which is appropriated to building purposes.

Mustaghillat.—Waqf land appropriated to cultivation or tree-planting.

Awqaf madbuta.—Waqf under the direct management of the Waqf Department, and including (a) Imperial waqf, of which the Sultan is technically mutawalli and which is actually administered by the Waqf Department on his behalf, and (b) waqf of which the administration has been taken over by the Waqf Department on the lapse of the mutawalli-ship provided for by the testator.

Awqaf mulhaqa.—Waqf administered by the mutawalli under the superintendence of the Waqf Department.

Awqaf mustathna.—Waqf administered by a mutawalli who is not under the superintendence of the Waqf Department.

Ijara wahida.—An ordinary lease of waqf property.

Ijaratayn.—Or double lease. Waqf property which had become waste or fallen into disrepair and of which the income did not suffice for its upkeep might be leased for a long term a sum practically equivalent to the value of the property being paid down by the lessee, who was further bound to pay annually a nominal sum as hire.

The transaction was practically a sale, but without transfer of title.

Law on the method of publishing and proclaiming laws and rules.

---

(1) Laws and rules to be issued under Imperial Iradah shall be sent to the Imperial Secretariat for registration. The necessary number of copies shall be there made, dated with the date of the Imperial Iradah, certified under the hand of the Secretary to be true copies, and sealed with the official seal. The copies shall then be sent to the Ministries which are required to enforce the said laws and rules, and the original with the Imperial Iradahs and the connected papers shall be sent to the Ministry of Justice.

(2) Laws and rules which are sent to the Ministry of Justice shall be published without delay in the judicial gazette (Taqwim Waqa'ya) and shall be inserted in the Dastur. They shall then be returned to the Imperial Secretariat to be filed. Every copy of the Dastur shall bear the Imperial Tugrah, shall be certified to be a true copy, and shall be sealed with the seal of the Ministry of Justice.

(3) From the certified copies issued from the Imperial Secretariat under article (1) there shall be made a sufficient number of copies which shall, if necessary, be printed in the form of a circular from the Ministry charged with the enforcement of the law or rule. These shall be sent to the offices, the vilayets, the liwas (separate and attached) and the qadas, and shall thence be distributed without delay to the nahiyas. They shall also be published in the vilayet journals and made known by such other means as may be feasible and suitable.

(4) All laws and rules shall come into operation over the whole of the Ottoman Empire from the date specified in the text thereof and after publication in the Taqwim Waqa'ya according to article (2). In cases where no date is specified, they shall come into force after a period of sixty days beginning from the date of their publication.

(5) No law or rule shall have retrospective effect, except in cases where a lesser penalty is substituted for a greater. In such cases the law or rule shall have retrospective effect.

(6) This law shall come into force from the day after its publication.

(7) (Repeal of previous provisions).

(8) All Ministries are charged with the enforcement of this law. (Issued by Imperial Iradah and ratified by the General Assembly. 2nd Jumadi-l-akhir 1329=11th May, 1327).

Law regulating the respective provinces of the Religious and Civil Courts of 23rd Dhi-l-Qa'da 1332=30th September, 1330.

Art. 1. The Civil Courts exercise jurisdiction in all commercial and criminal cases, and in all actions relating to the possession, transfer and partition of immovable property, or to lending, borrowing and interest, or to questions of damages, farm leases of concessions and contracts, and of all other matters (except inhibitions) whereof by virtue of the Mejelle and other laws and regulations they have cognisance.

The province of the Religious Courts is confined to matters outside the jurisdiction of the Civil Courts, such as property in waqf, inhibitions and the termination of inhibitions, wills, the nomination and removal of guardians and trustees and the granting of loans from the estates of orphans and waqf estates. They shall also hear suits to decide the shares of the heirs to movable and immovable property in accordance with the laws pertaining thereto and the Shara' procedure, and suits relating to estates in which letters of administration must be taken out, together with all other suits concerning rights under the Shara' law.

In the event of the parties before the Religious Court making a written agreement that, in spite of proper jurisdiction, the suit shall be heard by that Court, no application to hear the suit shall be entertained subsequently by the Civil Court.

Art. 2. Actions properly within the province of the Religious Courts shall not be heard by the Civil Courts, and in like manner actions properly within the province of the Civil Courts shall not be heard by the Religious Courts.

Art. 3. This Law shall come into force from the date of its publication.

Art. 4. The Department of the Sheikh ul Islam and the Ministry of Justice are charged with the execution of this Law.

Imperial Iradah upon the abolition of Foreign Privileges (The Capitulations).

In order that the operation of the various ordinances by which States regulate public rights may be extended to those subjects of Foreign States who are resident in the Ottoman Dominions, all the financial, economic, judicial and administrative privileges (known as the "Capitulations") hitherto enjoyed by such subjects as aforesaid as well as the liberties and rights derived therefrom or accruing thereto, are hereafter made null and void with the approval of and by the decision of the Council of Ministers.

This Imperial Iradah shall have the force of law as from the 18th September (Eylool) 1330. The Cabinet is charged with the execution thereof. 17th Shawal 1332=26th August, 1330.

2

Provisional Law dealing with the rules of court to be followed in deciding suits between Ottoman subjects and subjects of Foreign Powers under the Iradah of 18th September.

1. Civil actions relating to movable property of a value in excess of 1,000 piastres, as also commercial cases, between Ottoman Subjects and Subjects of Foreign Powers, which have originated prior to the 18th September, 1330, shall be heard and decided according to the rules heretofore in force. Only, by reason of the abolition of the ancient treaty-rights of foreigners, no privileges shall be accorded to them.

Commencing from 18th September, 1330, the plaints, whether in a Court of First Instance or in a Court of Appeal, of those persons who fail to bring their cases into Court within a space of six months shall be struck out ; and petitions for the reinstatement of the same shall be made to competent court, having in view the value and the nature of the case.

2. This law shall come into force from the date of publication thereof.

3. The Ministry of Justice is charged with the execution of this law. 27th Dhi-l-Qa'da 1332 = 4th October, 1330.

Law concerning the Rate of Interest of 9th Rajab, 1304=22nd March, 1302.

(1) With effect from the date of promulgation of this law, the maximum rate of interest for all ordinary and commercial credits shall be nine per cent. per annum.

(2) (Obsolete.)

(3) If it be proved that a creditor and debtor have in a deed of contract agreed to a rate of nterest higher than the legal rate, whether this be explicit in the deed or whether the excess be ncluded in the principal amount, the rate shall be reduced to nine per cent. per annum.

(4) The total interest on a debt shall not exceed the principal amount of the debt, irrespective of the period of the debt. No Court shall grant a decree for interest exceeding the principal amount.

(5) Compound interest shall not be allowed. Provided that, if the debtor have paid nothing on account for three years, or if the creditor and debtor have agreed that the accumulated interest for three years shall be added to the capital, interest for three years only shall be added to the capital.

Compound interest on current accounts between merchants kept under the rules of the Code of Commerce are excepted from this rule.

(6) Claims for the reduction of interest to the legal rate may be heard so long as there is an account outstanding between the parties, even though the account have been transferred or the debt renewed. When the debt has been paid and accounts between the creditor and the debtor have been closed, no claim to recover an excess of interest paid shall be heard.

Provisional Law of Cheques, 24th Jumadi-l-auwal, 1332=7th April, 1330.

Issue and form of Cheques.

Art. 1—Cheques shall contain :—

1. The word "cheque" at the bottom of the document.
2. Authority to pay a stated sum without restriction or condition.
3. The name of the drawer.
4. The place of payment.
5. The place and date of issue.
6. The signature of the drawer.

Art. 2—A document will not be considered a cheque if any of the abovementioned conditions are omitted, except in the cases mentioned below. If the place of payment is not specifically mentioned then the place written as the address of the drawer shall be the place of payment as well as the domicile of the drawer.

If no place of payment is mentioned, the cheque will be paid at the place of issue.

If the place of issue is not mentioned it will be presumed to have been issued at the place written as the address of the drawer.

It is not necessary that different places should be mentioned in a cheque.

Art. 3—A cheque may be drawn on a drawee who holds money subject to the order of the drawer in accordance with an express or implied agreement obliging the drawer to pay its value.

Any person who issues a cheque without observing the previous conditions, or who post-dates an otherwise valid cheque, will be liable to be punished in accordance with Art. 159 of the Penal Code.

Art. 4—A cheque may be drawn payable to a person named or to his order. It may also be drawn to bearer, and may even be drawn to the order of the drawer himself. A cheque drawn on the bearer himself payable to bearer is null.

Art. 5—A cheque may be drawn on a banker or any other person.

3

Art. 6—The drawer guarantees payment, a condition contained in the cheque that he does not guarantee payment is void.

Art. 7—All cheques except those payable to bearer may be transferred by endorsement even if the words "to order" were not written.

If the drawer has written "not drawn to order" or any similar expression the cheque will not be transferrable by endorsement but will be treated as an (ordinary) Bill of exchange and subject to the rules relating thereto.

Art. 8—Endorsements shall be written without restriction or condition, any condition will be considered null.

An endorsement of part of the amount due, an endorsement of the payment being (subject to) the condition that it is to bearer, and an endorsement made to the drawee are void.

Any person other than the drawer who endorses a bearer cheque is regarded as guaranteeing the drawer and he is held responsible.

Endorsement to the drawer is considered as a release from the obligation to pay, unless the drawee has different establishments and the beneficiary of the endorsement is other than that on which the cheque is drawn.

SECURITY AND PAYMENT.

Art. 9—Cheques cannot be accepted. An acceptance written on a cheque is null.

Art. 10—The payment of a cheque may be guaranteed by a personal security called "Awwal", and this security may be given by a third person other than the drawee even by one of those who signed the cheque. The articles of the Commercial Code concerning "Awwal" of Bills of exchange are applicable to cheques.

Art. 11—A cheque shall be paid at sight. A document which contains a fixed date for payment is not a valid cheque.

Art. 12—The cheque must be presented to the drawer within ten days if payment is to be made at the place of its issue, and within a month if payment is to be made at some other place.

Art. 13—If a cheque is drawn on places with different calendars then the date of issue will be changed to a date agreeing with the calendar of the place of payment.

Art. 14—The death or incapacity of the drawer after the cheque has been issued will not effect its validity.

Art. 15—The recession of the mandate implied in a cheque takes effect from the time of its presentation.

Although the drawer or bearer notify the drawer that the cheque has been lost or come into the possession of a third person fraudulently, the drawer will not be released from payment unless he proves that it has come into the possession of the holder lawfully; and if the mandate is not cancelled, the drawer still retains the right to pay the cheque even after the period of the mandate is passed.

Art. 16—If the drawee pays the cheque he is entitled to ask the bearer to make and give him a note to the effect that he has received the sum. The bearer has the right to refuse part payment. In the case of part payment the drawee has the right to have the amount written on the cheque and to be given a receipt for it.

Art. 17—A cheque, which has two parallel lines drawn across it, may only be paid to a banker. These lines may be made by the drawer or bearer and may be general or special. If nothing is written between the lines or if the word "banker" or other equivalent term such as "and company" is written the crossing is general.

If the name of a banker is inserted between the lines the crossing is special.

A crossed cheque which is general may be made special but not *vice versa*.

A cheque which is specially crossed may only be paid to the Banker named, but if this banker does not wish to receive the money himself he may appoint another banker to receive it in his place.

The crossing and the name of the banker may not be erased.

If the crossing is general and the drawee pays the cheque to a person who is not a banker, or if the crossing is special and it is paid to some one other than the banker specified he is held responsible for any loss which may result. But this damage cannot exceed the value of the cheque.

Art. 18. The drawer or bearer may write horizontally across the front of the cheque "to be entered in the account" or some other equivalent phrase, and this will prevent the cheque being paid in money, and in this case the cheque will be settled by an entry in writing which will be equivalent to payment in money. This phrase "to be entered in the account" when written on the cheque may not be erased, and the drawer who obliterates this order is responsible for the damages which may result, but this damage may not exceed the value of the cheque.

RETURN IN CASE OF NON-PAYMENT.

Art. 19. If a cheque which was presented within the proper time is not paid the bearer has the right to return to the drawer, endorsers and other debtors. He must prove presentation and non-payment of the cheque:—

(1) By an official document, i.e., protest of non-payment.

(2) By stating the day of presentation and by a dated entry written on the cheque by the drawee.

Art. 20. The protest of non-payment must be made before the expiration of the time appointed for presentation.

4

Art. 21. The articles of the Commercial Code relating to the right of the bearer to return and the guarantee of endorsers for non-payment of bills of exchange or promissory notes to order, with the exception of those relating to acceptance, shall be applied to cheques.

SEVERAL COPIES OF A CHEQUE.

Art. 22. A cheque issued in one country to be paid in another, or issued in one part of a country and to be paid in another part which is separated by the sea may be drawn in several copies corresponding to each other provided the cheque is not payable to bearer. These copies should be marked with the number which is on the cheque; if this number is omitted each copy will be deemed a separate cheque.

Art. 23. Payment of one of these copies releases the drawee although it may not be provided that this will cancel the other copies.

He who endorses copies of the cheques to different persons will be responsible for all the copies which bear his signature and all subsequent endorsers if the copies are not returned.

PRESCRIPTION.

Art. 24. The right to return to drawer and endorsers will be prescribed after one month from the date fixed for presentation.

The right to return which endorsers have against each other or against the drawer will be prescribed after six months from the date on which the endorser paid the value of the cheque, or from the date on which an action was brought against him.

Art. 25. This law shall come into force from the date of its promulgation.

Provisional law relating to the inheritance of removable property.

3rd Rabi'ul awwal 1331 = 27th February, 1328.

Art. 1. On the death of a person the miri and waqf land held by him are transferred to a person or persons according to the following degrees. These are called "ashab naqq al intiqal."

Art. 2. The heirs of the first degree are the descendants of the deceased, i.e., his children and grandchildren. The right of succession within this degree belongs in the first place to the children and then to the grandchildren who are their descendants and then to the children's grandchildren. Therefore when a man dies the descendants of his surviving descendants lose their right of succession, as it is through this surviving descendant that they are related to the deceased. If a descendant dies before the deceased, his descendants represent him and take the share which he would have taken. If all the children of the deceased die before him, the share of each will pass to his descendants who are through him related to the deceased. If any of the children of the deceased have died without descendants the right of succession will be conferred upon the other children and their descendants only. The same rules will be applied where there are several descendants. Sons and daughters, grandsons and granddaughters have equal rights.

Art. 3. The heirs of the second degree are the parents of the deceased and their descendants. If both parents survive, they share equally. If either of the parents have died his descendants represent according to the rules mentioned in the previous article. If the deceased parent has no descendants, the surviving parent, father or mother, will alone have the right. If both parents have predeceased him the share of the father will pass to his descendants and that of the mother to her descendants. If either dies without descendants, his or her share will pass to the descendants of the other.

Art. 4. The heirs of the third degree are the grandfathers and grandmothers of the deceased and their descendants. If all the grandparents on both sides are alive, they will share equally. If one has predeceased, his descendants will represent him in accordance with the rules already mentioned. The share of a grandparent who has no descendants will pass to the grandparent who is his or her spouse. If the spouse is also dead, this share passes to his or her descendants. If all the grandparents on one side, whether paternal or maternal, and their descendants have predeceased then the right of succession passes to the grandparents on the other side and their descendants. The rules relating to the first degree of heirs apply to descendants in this article who succeed to their parents or grandparents.

Art. 5. The descendant, whether of the first, second or third degree, who acquires a right of succession through more than one source, retains them all.

Art. 6. If there is a person in any of the degrees mentioned with a prior right, the other sin the later degrees will have no right of succession; but if the deceased leaves children or grandchildren and his father and mother or either of them are still alive, then a share of one-sixth will be given to the latter.

Art. 7. If the deceased is survived by his or her spouse, the surviving spouse will have the right to succeed to a share. If the heirs are of the first degree this share will be one-quarter. If the heirs are either of the second degree or are the grandparents of the deceased, the share will be a half. If in accordance with article 4 descendants of a grandparent succeed with any of the grandparents their share will also be taken by the spouse. If there are no heirs of the first or second degrees or no grandparents surviving the spouse alone succeeds.

Art. 8. The provisions of the foregoing articles apply also to waqf musaqqafat and mustaghillat, whether let on ijara wahida qadima or ijaratayn or mustaghillat of Muqata'a qadima.

5

Art. 9. Owing to the extension of the limits of succession mentioned in the previous article, if existing rents of waqf musaqqafat and mustaghillat, Muqata'a qadima, or Muqata'a badal ushar of waqf lands are less than 8½ per thousand of their value estimated for land tax they will be increased to that amount. The same rule will apply to new creations of Muqata'a.

In addition waqf musaqqafat and mustaghillat, the limits of succession to which have not yet been extended in accordance with the previous rules, will pay the fee for extension of inheritance at the rate of 30 per thousand of the land tax, which will be paid by sixty annual instalments of one-half per thousand.

Art. 10. When the limits of succession to waqf property have been extended by condition of the dedicator of the waqf the conditions will be observed and the rents fixed will continue.

Art. 11. This Law shall come into force from the date of the promulgation.

Art. 12. The Ministers of Waqf and Finance shall be charged with the execution of this law.

Provisional law concerning the right of certain corporate bodies to own immovable property.

22nd Rabi 'al awwal 1331 = 16th February, 1328.

Art. 1. The following may own immovable property : (1) the Departments of State and Municipalities ; (2) Societies in accordance with their special charters ; (3) Turkish Commercial, Industrial or Development Companies in accordance with their charters, contracts and regulations sanctioned by the Government.

Art. 2. Ottoman Agricultural Companies, the shares of which are registered by name and are held by Ottoman subjects, may own immovable property in accordance with their charters, contracts and regulations sanctioned by the Government ; provided that the immovable property is not to be situated within the boundaries of an inhabited village, within the zone of fortifications or at the entrance of a military port or in another place to which the Government may take objection.

If these companies desire to sell their land the inhabitants of the village and owners of land in the village have the right to purchase in priority to any other purchaser on payment of the assessed value.

Art. 3. Charitable Institutions and Ottoman Communities may own immovable property provided that it is house property in towns and villages only, paying taxes and fees. But immovable property formerly connected with a Charitable Institution, whose title has been registered in the Tapu Register, shall be owned as it was owned previously.

PROVISIONAL ARTICLE.

Immovable property in towns and villages which up to the present has been owned by Charitable Institutions and Ottoman Communities under a borrowed name may be correctly registered in the names of the said Institutions and Communities if they apply within six months in accordance with the terms of the previous article. This term of six months shall commence from the date of promulgation of this law. After that period no claim made by the said Institutions and Communities will be heard in respect of immovable property in regard to which no petition has been made to the Government Registry Office for rectification within the said period, or in regard to which no action has been brought before the proper court, if an action should become necessary.

Art. 4. Dispositions in the name of the Corporate Bodies described in this law are made by the offer and acceptance of the following :—In the case of Government Departments and Municipalities, the principal official ; in the case of Waqf Madbuta, the Ministry of Waqf, Mudir and Mamur ; in the case of Waqf mulhaqa, the Mutawalli after informing the Ministry of Waqf, Mudir and Mamur ; in the case of Charitable Institutions and Communities, the presidents; and in the case of Societies and Commercial Companies, the presidents and managers.

Art. 5. The Corporate Bodies shall pay an annual tax on all immovable property as long as it remains in their possession. This tax shall be in the case of miri and waqf miri land one piastre per thousand of its estimated value, and in the case of mulk property a half piastre per thousand An annual payment of ten piastres per thousand shall be paid in respect of waqf property.

Mulk and miri property owned by the Government Departments are exempt.

Art. 6. This law will come into force from the date of its approval by the Sovereign.

Art. 7. The Ministers of Waqf and Finance are charged with its execution.

Provisional law for the mortgage of immovable property.

1st Rabi 'uth Chani 1331 = 25th February, 1328.

1. Immovable property whether held as separate property or in common, and whether mulk, miri, waqf or mustaghillat and musaqqafat waqf land may be given as security for a debt by means of a mortgage.

6

If the value of the land is greater than the debt, the land may be mortgaged for other debts in the second, third degree or any other degree; and in this case the mortgages of prior degree will have preference over the mortgages of later degree.

2. Immovable property may be mortgaged for the benefit of the Agricultural Bank or of a waqf to secure a sum of money advanced from the money of the waqf or for the benefit of Companies and Banks of Turkish origin, authorised by the Government to lend money on roofed buildings and on land intended to be built on in towns, provided that such Companies and Banks may not definitely obtain the ownership of the immovable property mortgaged.

3. In the first place a certificate, approved by the Municipality, containing a statement whether the immovable property which is to be mortgaged has been leased or not, and if so for what period it has been leased, will be produced. If the period of the lease is longer than the period of the mortgage the lessee may consent to subjugate his rights to the rights of the mortgagee, when the claim becomes due, or if he does not the mortgagee must agree in writing that he will not proceed to execution until the lease expires.

4. The deed of mortgage will be drawn up at the Tapu Registry Office in duplicate and signed or sealed by the parties who must elect a domicile in that town. After the offer and acceptance have been made in the presence of the witnesses and have been approved, a copy will be delivered to each of the parties. These formal documents will be considered valid in all Courts and by the Administrative Authorities without further proof.

5. Buildings, trees and vines already erected or planted, or which may be erected or planted on immovable property mortgaged will be considered as forming part of the property and subject to the mortgage.

6. The mortgagors have the right to use and enjoy immovable property mortgaged and in the same way they bear any loss or injury to the same.

7. A Mortgagee may assign his rights over immovable property mortgaged to him to a third person through the Registry of Tapu and with the consent of the mortgagor, but if the document is payable to "order" the consent of the mortgagor is not necessary.

The mortgagor may sell the immovable property mortgaged with the mortgagee's consent to a third person who undertakes to repay the debt. The rights of the mortgagee over the same remain.

8. Mortgagors may pay their debts secured by formal documents, together with any additions which may have accrued, before the date on which they fall due. In that case the principal sum, together with the amount of damages, if provided for in the document, will be paid to the account of the mortgagee at a bank authorised by the Government under the name of the Tapu Registry, and after the receipt has been produced to the Tapu Registry the Tapu will inform the mortgagee of the action taken, and will cancel the mortgage.

9. If the period for the payment of the debt has passed and the debt is not paid, or if the debt becomes due under a condition terminating the mortgage, then on the demand of the mortgagee or his heirs, or of any other mortgagee in a later degree, provided that the first mortgagee does not object, the immovable property mortgaged may be sold by the Tapu Registry Office in which the mortgage is registered according to the following articles. Even if the mortgagor has died or if he has no heirs or becomes bankrupt it is not necessary to obtain a judgment or decision or to have recourse to the inheritance (i.e., the representative of the debtor) or to the trustee in bankruptcy.

10. When, in accordance with the preceding article, the mortgagee makes a demand to the Registry Office for payment, the Registry Office will notify the mortgagor in accordance with the Rules of Civil Procedure that he must pay the debt within a week. If the mortgagee is dead this notification will be made to his heirs or to their guardians or at their residence or to his trustee in bankruptcy if he is bankrupt.

If, after this period, the debt is unpaid, the immovable property mortgaged will be sold by public auction during the next 45 days. After this period has expired another period of 15 days is allowed for the offer of further bids in advance of 3 per cent. at least. It is then sold finally and directly to the highest bidder.

If necessary the Execution Officer on the order of the Registry Office will caused the immovable property mortgaged to be vacated and will deliver it to the purchaser.

The proceedings of the auction sale and delivery will not be suspended by opposition made before the Court by the mortgagor. Nor will they be suspended by claims as to the existence of leases which were not mentioned in the document referred to in Art. 3.

But an order of the court that the mortgagee, if a private individual, shall give personal security, or, if a Company authorised to lend money, shall give an undertaking in writing, shall be executed at once.

11. The remainder of the price after deduction of the expenses will be retained for the payment of debts which are mentioned in the formal documents made in the Registry Office.

On a claim for payment being made the terms of the contract and the degree of priority of the mortgagee will be considered.

Sums due to mortgagees who do not claim payment will be placed to their credit by the Registry Office in an authorised bank.

If the price is not sufficient to pay the whole debt the creditor may claim the balance from the mortgagor.

12. This law shall be applied from the date of its promulgation.

7

Wakala Dawriyya.

I.—Order issued by the Ministry of Tapu under a decision of the Majlis Wakala and an Imperial Iradah, dated 18th Dhi'l Hijjah 1306 = 2nd August, 1305.

If the mortgagee of immovable property by "Wakala Dawriyya" and sale with a condition of right to re-purchase, holding an authenticated deed, desire to sell the property according to the law relating thereto, and produce a deed of "Wakala Dawriyya" executed by the debtor, notice may be served upon the debtor through the Mamur of the Tapu Department, and if the debtor thereupon fail to apply to the Court and obtain an order for stay of proceedings, the property may be sold by the agency of the said Mamur.

Provided that, if application have been made to the Court, proceedings will be stayed pending an order of the Court.

If the "wakil dawri", having been appointed under an authenticated deed, refuse to perform the duties which under his "wakala" he is legally bound to perform, proceedings shall be in accordance with the decision of the Court.

II.—Order dated 14th Rabi'ul Awwal 1308 = 16th October, 1306.

In the case of immovable property mortgaged by "Wakala Dawriyya" or sold with a condition of right to re-purchase, transfer may be effected by the Execution Officer upon receipt of an order from the Tapu office without reference to or orders from a Court, as though the transaction were a lease.

[*Note.*—For "sale with a condition of right to re-purchase" (*v*). Mejelle Articles 118 and 396 (*ff*).

Provisional law regulating the right to dispose of immovable property.

5th Jumad-il-Awwal 1331 = 30th March, 1329.

Art. 1.—Every kind of disposition of Miri and manqut land must be made only in the Tapu Registry and a formal title-deed shall be delivered for every disposition. A disposition without receiving a formal title-deed is not allowed. In places where under the new cadastral law (5th Feb., 1913, New Dustur, vol. 5, p. 79), the new cadastral system has been carried out, the Civil and Shara' Courts will not hear any case, nor will the Administrative authorities allow any dealings with regard to lands for which no formal deed is produced.

This provision also applies to all mulk land and mustaghillat and musaqqafat land of "waqf madbutah" and waqf mulhaqa and waqf mustathna.

Fees relating to the registration of waqf mustathna will be paid to the waqf and every month information will be given to the waqf. A copy of the books of the musaqqafat and mustaghillat waqf shall be delivered to the Tapu Registry.

Art. 2.—In all dealings with regard to musaqqafat and mustaghillat waqf, if the mutawalli is not present, the Mudir or Mamur or clerk of the Tapu Registry shall act for him.

Art. 3.—Formal title-deeds are valid and executory. The Civil and Shara' Courts shall give judgment on these deeds and their registration without further proof. A formal title-deed shall not be annulled except by a judgment of a Court based on lawful reasons provided that errors, which contradict unambiguous entries and official documents, may be corrected by the Registry office on an order given by the Administrative Council after informing the parties interested.

Art. 4.—No action of muwada'a or nam musta'ar will be heard in respect of mulk land and immovable property owned by virtue of a title-deed.

[*Translator's Note.*—Muwada'a is the fiction by which a person executed a deed in an illegal form, *i.e.*, not before the Registry which deed expressed the true transaction between the parties and at the same time executed a second deed before the Registry which did not represent the true transaction. The usual case is a deed of absolute sale on the register representing a deed of mortgage which is not registered.

Nam musta'ar means registration in the name of a nominee. The effect of the provision with regard to nam musta'ar is that no action will be heard in the Courts in which it is alleged that a person though registered as owner is in fact only a nominee.]

With regard to mulk land and immovable property transferred by muwada and nam musta'ar to secure a debt or for any other reason or necessity, a period of two years is allowed during which both parties may by agreement apply to the Registry office and obtain a new title deed in correction of the former, or if any dispute arises may apply to the Courts. The Courts are not allowed to hear cases brought after this period, unless the party was prevented by legally valid reasons from filing his suit within the period.

Art. 5.—Whoever owns by virtue of a formal title-deed miri or manquf land may transfer it absolutely or subject to redemption and may lease it and lend it and mortgage it as security for a debt, and he alone has the right to all increase and to the full use of it and to all the crops which grow naturally upon it; he is also entitled to cultivate the fields, pastures, and gardens and cut down the timber or vines on it, and, if there are buildings on it, to destroy them or pull them down and convert the land on which they are erected into cultivated land. He may also convert his land into gardens by planting vines or trees and fruit trees provided that the ownership remains with the State. He may erect and construct on the land houses or shops or any buildings for industrial or agricultural use, provided that the buildings do not form a village or mahalla (quarter). He may set apart a piece of the land as a threshing floor. In all cases in which any alteration is made a new formal title-deed in correction and in place of the first shall be obtained. The rules for disposal and transfer in the manner specified above, of vines and trees, plants, and buildings together with the fixtures and additions constructed on miri or waqf land will be the same as for the land itself. A sum will be fixed as an annual tax on land if it is used in a manner which does not permit of the title being levied.

Art. 6.—The building of a new village or mahalla (quarter) on all land owned by virtue of a formal title deed is subject to the rules of the vilayet law, and the persons who are to inhabit these villages or mahallas as a community must be Ottoman subjects.

Art. 7.—Every person owing land, of which he has the right to dispose, may use its soil, may make tiles and bricks and may sell the sand and stone, subject to the rules contained in the special laws on the subject.

Art. 8.—Miri land owned by virtue of a formal title-deed cannot be constituted waqf or left by legacy unless the State confers the absolute ownership by Imperial nulknama according to Shara' Law.

Art. 9.—If a person owning miri or manquf land by virtue of a formal title-deed has erected buildings or planted trees upon it and a third person establish a claim to the land on which these buildings have been erected or trees planted, then, if the value of the buildings or of the trees as they stand is greater than the value of the land, the value of the land will be paid to the claimant and the land remains in the possession of the person who erected the buildings or planted the trees ; but if the value of the land is greater than that of the buildings or trees as they stand the latter will be delivered to the claimant and their value will be paid by the claimant to the owner of the land.

Art. 10.—If a person has the ownership of miri or manquf land, no other person is allowed to interfere with it or take possession of it or use it or take its natural crops, or to pass through it unless he has that right, or to make upon it a threshing floor or a water channel. If he does any of these things he will be liable for damages. Similarly he shall not plough forests or pastures and convert then into land for cultivation or take timber or cut down the trees or graft them. If he does any of these things he will be liable for damage to the value of the trees as they stand to the owner of the land. The owner of the land may either cut off the grafts and make the grafter pay for the damage to the trees, or he may keep the grafts and pay their value to the grafter.

Art. 11.—If a person erects buildings or plants trees or vines on miri or miri waqf land without the consent of the owner, the owner may destroy them, or if their destruction is injurious to the land he may dispose of them and pay their value when destroyed.

Art. 12.—If one of the co-owners of miri or manquf land held in common, which consist of forests or pernallik and the like, ploughs them and turns them into land for cultivation without the permission of the other co-owners the latter will take their shares of the ploughed land without sharing in the expense and they will also receive their share of the trees cut down or of the value of the trees as they stood ; but if the ploughing was authorised by them they will share in the expense in accordance with their respective share.

Art. 13. If a co-owner without the permission of the other co-owners erects buildings or plants trees or vines on the whole land then on partition the rules of Art. 11 will be followed.

If a co-owner without the permission of the other co-owners erects buildings or plants trees or vines or grafts trees on part of the land then on partition, if the erections or plantations fall into the lot of another co-owner, the rules of Art. 11 will be followed ; but in the case of grafting the co-owner into whose lot the grafted trees fall will be indemnified up to the value of the trees as they stood.

Art. 14. If a person takes possession of miri or mauquf land and cultivates it without the consent of the owner, the owner may claim its rent for the period during which it was held by the other, but he shall have no right to compensation for the decrease in the value of the land. This rule applies to Musaqqafat and Mustaghillat Waqf.

Art. 15. The Mamur Tapu represents the State in all actions by or against the State in regard to the raqaba or the disposal of miri mauquf and mulk mahlul lands.

The period of prescription in cases referring to the raqaba of these lands is 36 years.

It is not necessary that the Mamur Tapu should be present at cases in regard to immovable land between private persons.

Art. 16. Miri and mauquf land and musaqqafat and mustaghillat of waqf owned by a person are security for his debts during his life and after his death, even if it becomes mahlul land. But if the debtor is a cultivator that part of the land which is required for his support will not be sold unless it is already the object of a contract of conditional sale or mortgage, or unless the debt represents the price of the land.

This rule applies also to the house which is necessary for the accommodation of the debtor, or of his family after his death.

Art. 17. Actions claiming the ownership of immovable property, sold through the Tapu office by public auction in accordance with special laws, must be brought before the sale is completed. In that case if the court suspends the proceedings of the auction and if the claimant in the end loses his claim he will be responsible for the damages and loss of profit caused by the suspension of the auction or from any other cause.

The Courts are forbidden to hear cases where the claim is brought after the sale has been completed unless the delay was due to a lawful cause.

Art. 18. This law is to be applied from the date of its promulgation.

Art. 19. This law is to be applied provisionally until Parliament ratifies it.

[*Translator's Note.*—The words " owners, ownership 'and own " are used in this translation to represent the actual interest which exists in the land, whether its be Mulk, Miri, Waqf or any other description of land.]

9

Law of the Partition of Joint Immovable Property.

(1) Any co-sharer in Miri or Waqf land, or in "mustaghillat" or "musaqqafat" Waqf property, or in other Mulk and immovable property held in common, may apply for partition thereof, and no previously existing contract for the continuance of joint possession in perpetuity shall entitle any co-sharer to object to such partition. Property which is capable of partition, that is, property of which the value is not decreased by partition, may be partitioned, and property which is incapable of partition may be sold by auction in order to dissolve joint possession.

(2) Partition may be postponed for five years by consent of the parties. Upon the expiry of this period, the co-sharers may, if they so desire, renew the agreement to postpone.

(3) Property which is capable of partition may be partitioned either by consent or by decree. For partition by consent, the consent of all the co-sharers is necessary. Partition may be made by decree upon the application of one or more of the co-sharers. The guardian of a co-sharer who is a minor or under tutelage may apply for partition on his behalf.

(4) In the case of partition by consent, the co-sharers may effect partition among themselves in such manner as they may deem fit, subject to the provisions of Article (1), and shall then produce before the Mamur of Tapu a statement setting forth the manner of the partition, which they shall obtain from the Mukhtar of the quarter or village and two members of the Village Council and, if possible, a map. This statement they shall declare and attest before the Mamur of Tapu, and each co-sharer shall thereupon be furnished with a deed showing his separate possession. Or they may make direct application to the Mamur of Tapu, who shall thereupon proceed to the place where the property is situated. The Mamur shall, if possible, be accompanied by the Tapu or Municipal Engineer. He shall inspect the property in the presence of the co-sharers and the Village Council, and, if it appear to be capable of partition, shall effect partition in accordance with the following article.

(5) The procedure in the partition of cultivable and waste land shall be as follows :—

First.—There shall be ascertained the area of the land in yards or donums, the advantages of site and other qualities, and its degrees of capacity for production ; it shall then be divided into a number of shares corresponding to the number of the co-sharers, care being taken that the shares shall be distinct, so far as possible, in respect of rights of way, rights of water and liability to flood, and that the value of the shares correspond. The value of the shares shall be fixed by the consent of the co-sharers, or, in case the co-sharers fail to agree, by experts appointed by the Mamur of Tapu.

Secondly.—If the shares be of unequal value with respect to productive capacity, adjustment shall be made by cash payments.

Thirdly.—A record of the proceeding and, if possible, a map shall be prepared in the course of the proceeding.

Fourthly.—The shares shall be assigned to the co-sharers by drawing lots, and the result shall be entered in the record of the proceeding which shall be signed and sealed by the co-sharers and attested by the officials present.

Where there are more properties than one to be partitioned, they may, if the co-sharers consent, be partitioned in one proceeding. The partition of "Musaqqafat" shall be effected according to the preceding provisions and article 1151 of the Mejelle.

(6) If one of the co-sharers desire partition and others of the co-sharers do not consent, or if one of them be a minor, or be absent, the co-sharer desiring partition shall produce before the Peace Judge a certificate from the Village Council within the jurisdiction of which the property is situated to prove his indentity and that he is a co-sharer. The Peace Judge shall thereupon cause notice to be served upon the other co-sharers or their guardians summoning them to be present at the partition, and shall fix a date not less than seven days later. If one of the co-sharers be absent, the Peace Judge shall proceed according to the provisions of the Code of Civil Procedure regarding the service of notices. Upon the date fixed the Peace Judge or a person deputed by him shall proceed to the place where the property is situated with the co-sharers and shall effect the partition in the presence of the Village Council in the manner set forth in article (4). If no member of the Village Council be present, there shall be present not less than two neighbours. Copies of the proceeding shall be served on the persons concerned and one copy in the form of a decree shall be sent to the local Tapu office.

(7) Any share which has been separated according to the preceding articles shall, if it be inherited and held jointly by heirs, be partitioned among them according to the preceding rules.

(8) If one of the co-sharers who are in undivided possession of cultivable land, "Mustaghillat", "Musaqqafat" or other immovable property claim that it is incapable of partition and apply for the sale of his share to the co-sharers or to other persons, the Mamur of Tapu shall first inspect the property in the manner set forth in article (4). If he find that it is incapable of partition, the local Administrative Council shall appoint experts to determine the market value of the share, and notice shall be served upon the co-sharers requiring them to state whether they desire to purchase the said share at the price so fixed or not. The applicants to purchase shall then be entitled to purchase in proportion to their interest. Provided that, if one of them do not consent to joint purchase and pay an amount exceeding the price fixed, the share shall be auctioned among the co-sharers and shall be sold to the highest bidder.

(9) If within the period fixed no one of the co-sharers purchase the share which is to be sold, and if the sharer who has applied for sale persist in his application or if he refuse to accept the market price which has been determined, the whole property shall be sold by auction in accordance with the law concerning the sale of immovable property which is hypothecated, and it shall be trans-

ferred to the purchaser and the proceeds divided among the co-sharers in proportion to their share, by the Peace Judge. The transfer to the purchaser of properties thus sold shall, upon applications be effected by the Execution Office.

(10) If no bidder for the whole property be forthcoming, or the price offered be insufficient, the property shall be auctioned among the co-sharers only. If this be impossible, the co-sharer who has applied for the sale of his share may sell the share to a purchaser who is not a co-sharer, if he can find such. In such case the co-sharers who refuse to purchase at the determined market price shall forfeit their right of pre-emption. If sale in this manner also be impossible, the auction may be re-opened after a reasonable period has elapsed.

(11) After the completion of a transfer of property under article (9) no suit instituted by a co-sharer or the guardian or executor of a co-sharer for the cancellation of the sale shall be heard.

(12) The costs of partition shall be borne by the co-sharers in proportion to their shares according to the value thereof determined at the partition. The costs of auction shall be deducted from the sale proceeds. The costs of an auction which does not result in sale shall be borne by the co-sharer upon whose demand it was held.

(13) In places where there is no Peace Judge the Court of First Instance shall effect partitions according to the Peace Judge's Law and the preceding articles.

(14) This law shall come into force from the date of its proclamation.

(15) It shall be enforced by the Ministers of the Interior, Finance, Justice and Waqf.

(The law is issued provisionally by Imperial Iradah and is subject to confirmation by the General Assembly, 14th Muharram 1332=1st December, 1329).

Imperial Iradah on the leasing of immovable property of 28th Jumadi-l-awwal 1299=5th April, 1298, as amended by the Provisional Law of 18th Rabi-ul-awwal 1332=1st February, 1329.

(1) In order to lease houses, shops, land, farms or other immovable property, whether at Constantinople or in the provinces, a deed of agreement must be executed by the lessor and the lessee.

(2) There shall be set forth in the deed the names of the lessor and lessee, their occupations, their places of residence, their nationalities, the class and situation of the property, the purpose to which it is applied, the period of the lease and the amount of the rent. If the rent be payable in future instalments, the amount of such instalments shall be stated; if it be payable in advance, it shall be recorded as so payable.

(3) The parties may introduce into the agreement any condition which is not repugnant to law or public morality.

(4) There may be prepared a list of the appurtenances of the property with a statement of the condition of the property at the time of the lease, and in such case such list and statement shall be mentioned in the deed of contract. Upon the expiry of the lease, the lessee is bound to deliver to the lessor the things shown in the said list to have been received by him, and shall deliver the property leased in the same condition as is recorded in the said statement. Provided that the lessee shall not be held responsible for deterioration due to natural causes.

(5) Deeds on behalf of minors, lunatics or idiots may be drawn up by the Court clerk on the application of their guardians or trustees, and leases of waqf property on single lease may be drawn up by the Court clerk on the application of the mutawalli.

(6) Contracts prepared by the Court shall be stamped with contract-stamps. A fee of one-tenth of the value of such stamps shall be recovered on account of the preparation of the document, and a note to that effect shall be recorded on the back of the document over the signature and seal of the Court.

(7) Waqf property on single lease shall not be leased for a period exceeding three years. All other immovable property, including waqf on double lease, may be leased for such period as the lessor may desire, according to article 484 of the Mejelle.

(8) If the property be held by owners in joint possession, the share of each shall be stated separately in the deed of contract.

(9) The deed of contract shall be drawn up in duplicate and each copy shall be signed by both parties and by their sureties, if any.

(10) (as amended). A fee of one-quarter per cent. shall be levied on deeds of lease by means of contract-stamps. Such deeds shall also be stamped with the "tamgha" under the Stamp Act. The contract-stamps shall be paid for by the lessor, and the "tamgha" by the parties who retain the copies.

(11) Contract-stamps shall be of various values and shall be so printed that they may be divided into two parts. Special stamps shall be printed for each Municipal Office, bearing the number of the Office.

(12) (as amended). Contract-stamps of the Municipal Office within the jurisdiction of which the property is situated shall be affixed to the deed of lease, to the value of one-quarter per cent. of the rent for the whole period of the lease. The stamps shall be divided into two halves; one-half shall be affixed to the copy retained by the lessor and the other half to the copy retained by the lessee. If the property be jointly owned by co-sharers, or if there be more lessees than one, and each lessor or lessee desire to have a copy, certified copies shall be granted by the Office which granted the original copies, and no stamps need be affixed except to the first two copies; provided that a fee of five piastres or of the value of the stamps on the first two copies, if that be less than five piastres, shall be recovered for every such copy.

11

(13) If it be impossible to procure a single stamp to cover the whole fee, more stamps than one may be affixed.

(14) The stamps shall be affixed at the time of signing and sealing the document, and shall be cancelled by writing the date over the inscription printed on them.

(15) In the case of leases prepared by the Court, the value of the stamps to be fixed shall be calculated after deduction of the fee specified in article (6).

(16) This rule shall apply also to leases prepared by Government Offices.

(17) (as amended). If a lessee desire to transfer his right for a portion of the term of the lease, a note shall be made at the foot of the lease, and shall be sealed, and a contract-stamp of the value of 5 piastres shall be affixed; provided that if the lessee sublet the property at a higher rent, contract-stamps of the value of one-quarter per cent. of the excess rent shall be affixed. Upon the death of the lessor or of the lessee the contract shall continue to be binding without payment of additional fees.

(18) (as amended). The lessor and lessee may alter any of the conditions of the lease by entry at the foot of the deed, provided that if the amount of the rent or the term of the lease be altered, there shall be affixed contract-stamps of the value of one-quarter per cent. of the increase.

(19) If the Government acquire for a public purpose property held under a lease, the lessee shall vacate the property within the time fixed.

(20) (as amended). For the enforcement of the conditions of a duly stamped lease either party may apply to the Peace Judge, or, if there be no Peace Judge, to the Court of First Instance, within whose jurisdiction the property is situated. The Peace Judge or the President of the Court, as the case may be, shall warn the recusant party that he must carry out the conditions of the lease within fifteen days, and if he fail to do so within the said period he shall be compelled by the police. On the termination of the period of the lease the property shall be vacated according to the Law of the Notary Public. If a suit be pending between the parties, the property shall nevertheless be delivered to the lessor without awaiting the result of the suit. If a lease not duly stamped be presented to the Peace Judge or the Court for enforcement, the parties shall not be entitled to benefit by the preceding provisions until the penalty prescribed by this law be paid to the Municipal Office.

Of the proceeds of stamps issued and cancelled by the Notary Public, five per cent. shall be paid to the vendor and the balance shall be paid to the Municipal Office.

(21) No claim for the performance of a condition not stated in the deed of lease shall be heard.

(22) (as amended). A lessor who fails to execute a written deed of lease shall be liable to pay a cash penalty equal to three per cent. of the rent of the property for one year. Further, stamps of the value of one-and-a-half per cent. of the total rent shall be purchased at his expense and cancelled in his presence.

(23) (as amended). If a deed of lease which has not been duly stamped according to the provisions of this law, or which has been duly stamped but of which the stamps have not been cancelled as required by article (14), be presented at any Court or Office of Government, contract stamps to the value of one-quarter per cent. of the total rent shall be affixed thereon, and there shall also be recovered a cash penalty equal to one-and-a-half per cent. of the total rent. If the lease be insufficiently stamped, or if the rent or period of the lease have been subsequently altered, and a note of such alteration have been made at the foot of the deed, and the new rent be greater than the original rent, and stamps of value proportionate to the excess have not been affixed, then stamps for the excess due shall be affixed to the deed and there shall also be recovered a cash penalty equal to one-and-a-half per cent. of the excess.

(24) (as amended). The hearing of any case which requires the production of a deed of lease shall be suspended until the penalties mentioned in articles (22) and (23) have been paid, where such are due.

(25) Cash penalties due to Municipalities will be paid to them according to the Municipal accounts rules.

(26) (Penalties for forgery of stamps, etc., under the Penal Code.)

(27) — (29) (Sale of stamps, etc.)

Right of occupancy in the case of Miri and Waqf lands. (Haqq-ul-qarar).
Land Code, articles 20 and 78.

(20) If any person having a right to the possession of Miri land allow the said land to be occupied by another person for ten years without making a legal claim to possession and without valid reason, such as the use of force by the person in occupation, minority, insanity or absence on a journey, no suit for the restoration of possession shall be admitted. The period of ten years shall run from the date upon which the said reasons ceased to exist. Provided that if the defendant admit that he has taken possesssion of and cultivated the land without right (fuduli), the time which has elapsed shall not be considered, and the land shall be restored to the person legally entitled to possession.

(78) Any person who has without dispute held possession of and cultivated Miri or Waqf land for a period of ten years, whether he have or have not a legal deed of title, shall acquire a right of occupancy. Thenceforth the land shall not be considered to be unoccupied, and he shall be granted a new Tapu deed without charge. Provided that if such person admit that, when the land was unoccupied, he took possession thereof without right, any right of pre-emption shall be disregarded and such person shall be given the option of acquiring the land on payment of the Tapu tax. If he refuse, the land shall be auctioned and sold to the highest bidder.

12

(Instructions concerning Tapu Sanads, 7 Shawal 1276 : Dastur, Vol. 1, p. 209 ff.)

(8) Any person who, under article 78 of the Land Code, proves his right of occupancy, that is, proves that he acquired the land by sale of succession or by transfer from some person entitled to transfer, and has held possession for ten years without dispute, and who does not hold a title-deed, will be given a new title-deed on payment of a fee of five per cent. Provided that notice of such circumstances must be given and action taken within six months, and if no title-deed be obtained within six months and there be no reasonable cause for the delay the fee will be doubled.

(Cassation Rulings (Muqarrarat at Tamyiz), p. 281, No. 125, dated 9-9-1328).

Held under the above article (8) that a claimant to a right of occupancy, if suing under article 78 of the Land Code, must establish his claim under one of the three heads specified and that otherwise his claim will be dismissed.

Circular, dated 5th Safar 1310=16th October, 1308, from the Ministry of Tapu, to local Tapu Offices.

Since the greater part of the lands of ʽIraq are Miri lands and are leased out annually for cultivation, and since according to the provisions of the Land Code no right of occupancy can exist in such lands, and since the alienation of Miri lands in ʽIraq, whether by sale at the market price or by auction, has been forbidden by an Imperial Iradah, accordingly enquiry has been made concerning the rights of occupancy in such lands, and a reply has been received, that an Imperial Iradah has been issued after a decision of the Council of State and the Representative Assembly to the effect that, until such time as permission may be given for the alienation of Miri lands in ʽIraq by sale at the market price or by auction, no right of occupancy shall accrue in such lands in ʽIraq as are held on various forms of tenure (that is, which are Miri lands and which are leased for cultivation), and that if any claim to such a right be made, it shall be rejected by the Courts. Provided that since the term ʽIraq includes Shahr Ruz and other tracts which are not subject to this form of tenure, claims to rights of occupancy may be made in such tracts.

Special attention shall be paid to legal and local rights in cases where villages have been deserted by their population and the lands have escheated to Miri. With a view especially to safeguarding legal and local rights in such cases, it is ordered that claims to a right of occupancy in lands in ʽIraq leased out for cultivation shall not be considered.

I am directed by the Ministry of Tapu to communicate these facts to you and to request that the said Imperial Iradah may be acted upon.

MINISTER OF TAPU.

(*Note* :—The Iradah referred to in the above has not yet come to light ; the circular is therefore printed as it stands.)